Klassiker der Theologie
Zweiter Band

KLASSIKER DER THEOLOGIE

ZWEITER BAND

VON RICHARD SIMON
BIS DIETRICH BONHOEFFER

Herausgegeben von
Heinrich Fries
und Georg Kretschmar

VERLAG C. H. BECK MÜNCHEN

Mit 20 Porträtabbildungen

CIP-Kurztitelaufnahme der Deutschen Bibliothek

Klassiker der Theologie / hrsg. von Heinrich Fries
u. Georg Kretschmar. – München : Beck
NE: Fries, Heinrich [Hrsg.]
Bd. 2. Von Richard Simon bis Dietrich Bonhoeffer.
– 1983.
ISBN 3 406 08359 5

ISBN 3 406 08359 5

Satz: Georg Appl, Wemding
Druck und Bindung: May & Co., Darmstadt
Printed in Germany

INHALT

VORWORT

Der zweite Band der Klassiker der Theologie umfaßt im Unterschied zum ersten einen ungleich kürzeren Zeitraum: von Richard Simon (gestorben 1712) bis Dietrich Bonhoeffer (gestorben 1945) und Romano Guardini (gestorben 1968). Aber diese verhältnismäßig kurze Epoche ist von intensivster geistiger Dynamik erfüllt, die auch in der Theologie ihren Niederschlag gefunden hat.

Die Folgen der Reformation führten zu einer bis dahin unbekannten und in vielfacher Weise wirksam werdenden Ausbildung der Theologie in verschiedenen Konfessionen. Die Spannungen zwischen Theologie und moderner Naturwissenschaft, neuzeitlicher Philosophie, historischer Kritik und Aufklärung werden Thema der Theologie.

Daneben treten Versuche, die neuzeitliche Philosophie mit der Theologie zu versöhnen im Deutschen Idealismus, vor allem bei Hegel und in der Romantik sowie in der davon geprägten Theologie. Ebenso wirksam wurde aber auch die Bemühung, die in der Theologie verhandelte Sache des christlichen Glaubens vom Geist der Neuzeit abzugrenzen, um die Unterscheidung des Christlichen zu wahren.

Die im 19. und 20. Jahrhundert mächtig aufkommende Religionskritik von Feuerbach und Marx bis Nietzsche und Freud, der vielfältig motivierte Atheismus, die Relativierung der christlichen Religion infolge der intensiven und extensiven Begegnung mit den Weltreligionen, die neuen Weltanschauungen und Ideologien, die Erfahrung des Totalitarismus verschiedener Systeme, stellen die Theologie vor große Aufgaben, will sie nicht an der Zeit und an den Menschen achtlos und unbeachtet vorübergehen.

Diese Herausforderungen führen zu einer Begegnung der Kirchen und der in ihnen tätigen Theologen, zu einer gemeinsamen Anstrengung in der Theologie, die es allerdings nur in der Vielfalt der Theologien gibt.

Zugleich hat die mächtig aufblühende Bewegung des Ökumenismus, der, vom Ärgernis der Spaltung der Christen bewegt, nach Wegen und Zielen der Einheit sucht, die Theologie in Anspruch genommen und in den Dienst dieser Wege und Ziele gestellt. Das Zweite Vatikanische Konzil war nicht nur ein Datum der katholischen Kirche, sondern ein gesamtkirchliches Ereignis auch für die Theologie. Es bezeichnet the point of no return.

So wird die bewegte Epoche der letzten dreihundert Jahre bis in unsere Zeit in den Klassikern der Theologie, die in diesem Band vorgestellt werden, lebendig, und damit die Geschichte, die unsere Gegenwart und Zukunft entscheidend prägt und von der wir – Christen oder Nichtchristen – bestimmt sind.

München, im Herbst 1982

Heinrich Fries
Georg Kretschmar

Henning Graf Reventlow

RICHARD SIMON

(1638–1712)

Richard Simon, ein wegen Häresieverdachts entlassener Ordensmann, von dem allmächtigen Hoftheologen des „Sonnenkönigs" Ludwig XIV., Jacques-Bénigne Bossuet, hartnäckig in der Publikation seiner bibelkritischen Werke behindert, als Verfemter in nach außen hin ärmlichen Verhältnissen – aber im Besitz einer reichen Bibliothek – gestorben, wird heute von der katholischen Bibelwissenschaft als einer ihrer bedeutendsten Vorkämpfer gefeiert. Noch vor wenigen Jahrzehnten fast unbekannt[1], fehlt sein Name in keiner neueren Geschichte der Bibelexegese. Ein kritischer Kopf – und doch ein heimlicher, wenn auch ungeliebter, Anhänger der Jesuiten; ein Ausgestoßener – und doch bis zum Lebensende auf Rückkehr in den Schoß seines Ordens hoffend: Janusköpfig sieht diese eigenwillige Gestalt uns an.

I. Leben[2]

Richard Simon wurde am 13. Mai 1638 in der bretonischen Hafenstadt Dieppe in einfachen Verhältnissen geboren. In Dieppe lebte vor der Aufhebung des Edikts von Nantes – sie erfolgte erst 1684 – eine starke hugenottische Minderheit. Verständlich ist es deshalb, wenn der katholische Gemeindepfarrer, Adrien Fournier, ein berühmter Prediger, unter der Schar seiner Ministranten und der Schüler der Gemeindeschule nach Begabungen für den Priesternachwuchs Ausschau hielt. Sein Auge fiel bald auf den jungen Richard, der aus einem streng katholischen Elternhaus stammte. Sein Vater, ein Schmied – nach anderer Quelle ein Schneider –, hätte nie eine höhere Bildung seines begabten Sohnes finanzieren können. Aber es gab in Dieppe eine Ordensniederlassung: die Oratorianer hatten dort ein Kolleg. Fournier selbst war ein Mitglied dieses Ordens, dessen französischer Zweig von dem späteren Kardinal Pièrre de Bérulle im Jahre 1612 nach dem Vorbild des italienischen Oratoriums Philipp Neris begründet worden war. So konnte Fournier die Aufnahme Simons in das Kolleg in Dieppe erreichen, wo dieser bis einschließlich des ersten Jahres des obligatorischen Philosophiestudiums verblieb. Im Grunde behagte seinem rationalistisch geprägten Geist die mystisch gestimmte Spiritualität des Ordens[3] wenig. Innerlich standen ihm die Jesuiten viel näher, deren auf das Praktische gerichtete, „semipelagianische" Haltung ihn anzog. Lange wogten die Kämpfe zwischen den Jesuiten und den damals noch einflußreichen Jansenisten, die ihr Zentrum im Kloster Port Royal vor Paris besaßen und einen strengen Augustinismus vertraten, hin und her. Auch die Stadt Rouen, in dessen Jesuitenkolleg sich Simon im Jahre 1657 für sein zweites philosophisches Studienjahr begab, war von den Auseinandersetzungen zwischen „Jansenisten" und „Semipelagianern" aufgewühlt.[4] Obwohl Simon wenig über seinen Aufenthalt in Rouen berichtet, war es vermutlich dort, wo er für den Antijansenismus der Jesuiten gewonnen wurde. Im Oktober 1658 kehrt er zu den Oratorianern zurück und beginnt ein offizielles Noviziat. Wieder ist es Fournier, der ihm dafür ein Stipendium erwirkt. Der Orden besaß ein neues Gebäude in Paris an der Rue d'Enfer, in dem Simon mit den übrigen Novizen untergebracht war. Die Gründe, weshalb er diesen Versuch bald abbrach, sind nicht bekannt; auf jeden Fall ist er bereits im Sommer 1659 wieder in Dieppe. Dort erwartet ihn zuerst allerdings nur wieder die bedrückende Armut seiner Familie. Unmöglich, seine Studien fortzuführen, wenn nicht ein neuer Mäzen eingesprungen wäre: der mit ihm befreundete wohlhabende Abbé de la Roque[5]. Dieser fordert ihn auf, mit ihm zusammen nach Paris an die Sorbonne zu gehen, um dort ein von ihm finanziertes gemeinsames Studium zu beginnen. In Paris studiert Simon von 1659–1662. Neben dem üblichen scholastischen Studienbetrieb – man beschäftigt sich vor allem mit Thomas; Descartes wird nicht gelehrt – lernt er Hebräisch und Syrisch; Griechisch hatte er neben dem obligatorischen Latein bereits eifrig auf dem Kolleg in Dieppe geübt. Er beschäftigt sich besonders mit Kirchengeschichte und Bibelwissenschaft und vertieft seine Kenntnisse auf beiden Gebieten auch nach seiner anschließenden Rückkehr nach Dieppe durch ausgedehnte Lektüre kirchengeschichtlicher Literatur und zeitgenössischer Kommentarwerke.

Offenbar gerät er nach einiger Zeit wiederum in finanzielle Schwierigkeiten. Man muß annehmen, daß ihn derartige äußere Gründe bewogen, sich ein zweites Mal um ein Noviziat bei den Oratorianern zu bewerben. Im September 1662 wird er erneut aufgenommen. Auch dieser zweite Versuch verläuft keineswegs reibungslos. Zeitweise liebäugelt Simon mit einem Übertritt zu den Jesuiten.[6] Besonders die Vorschriften für das Probejahr, sich ausschließlich mit spiritueller und Meditations-Literatur zu befassen und keine anderen Bücher zu lesen, erscheint ihm unerträglich. Schließlich erwirkt er eine Spezialerlaubnis, weiter die Heilige Schrift in den Ursprachen, außerdem patristische Literatur, vor allem Hieronymus, und die besten Kommentare zu lesen.

In den nächsten Jahren erhält er einige ehrenvolle Aufträge: Von 1663–1664 ist er Dozent („régent") für Philosophie am Ordenskolleg in Juilly. Von 1664–1666 und wieder von 1668–1671 bekommt er u. a. die Aufgabe zugewiesen, in der ausgezeichneten Bibliothek des an der Rue Saint-Honoré, in der Nähe des Louvre, in Paris gelegenen Haupthauses des Ordens einen Katalog für eine einst von einem Oratorianer direkt aus Konstantinopel mitgebrachte Sammlung orientalischer Handschriften zu erstellen. Vor allem hat er reichlich Zeit für private Studien und Gelegenheit, die hervorragenden Bibliotheken von Paris, besonders die riesige königliche, zu benutzen. 1669–1670 erhält er die priesterlichen Weihen; nach einem kurzen Zwischenspiel als Hauslehrer eines jungen italienischen Prinzen 1671–1672 kehrt er in das Ordenshaus nach Paris zurück. Die Jahre 1670–1678, die Simon in Paris verbringt, werden die fruchtbarste Zeit für seine literarische Tätigkeit. Sie endet abrupt mit der Vollendung seines Hauptwerkes, der *Histoire critique du Vieux Testament,* dessen Druck im Frühjahr 1678 abgeschlossen ist. Die Druckgenehmigung des Zensors Pirot, Syndikus der Theologischen Fakultät, und des Generaloberen des Ordens ist erteilt, man wartet nur noch auf die Rückkehr des Königs aus Flandern, denn Simon erhofft die Erlaubnis zu einer persönlichen Widmung an den Monarchen. 1300 Exemplare, fertig bis auf Titelblatt und Widmung, liegen bei dem Verleger zur Auslieferung bereit. Da fällt ein Exemplar des zu Werbezwecken verteilten Inhaltsverzeichnisses Bossuet in die Hände. Bossuet (1627–1704), offiziell Diözesanbischof (von Meaux), besaß aufgrund seines literarischen Ruhmes großen Einfluß bei Hofe und betrachtete sich selbst als berufenen Wächter der Rechtgläubigkeit. Sein Blick fällt auf die Überschrift von Kapitel V: „Mose kann nicht der Verfasser von all dem sein, was in den ihm zugeschriebenen Büchern enthalten ist.“ Ohne das Werk selbst gesehen zu haben, betreibt und erreicht er eine Beschlagnahme. Die Gesamtauflage wird konfisziert und amtlich verbrannt.

Unter Druck gesetzt, schließt das Oratorium bereits im Mai 1678 Simon aus dem Orden aus. Für einige Jahre bleibt ihm als Zuflucht die Pfründe einer kleinen Pfarrstelle in der Normandie, die ihm den künftig von ihm regelmäßig geführten Titel „Prior von Bolleville“ liefert, obwohl er sie bereits 1682 wieder aufgibt. Er fährt aber bis zum Lebensende fort, täglich die Messe zu lesen, seine Priesterpflicht zu erfüllen. In seinen eigenen Augen bleibt er ein treuer Katholik. Er lebt jetzt wieder in Dieppe, eine zeitlang noch die Illusion einer möglichen Rückkehr in den Orden nährend, auch die einer Aussöhnung mit Bossuet. In dieser zweiten Schaffensperiode verfaßt Simon vor allem die dem Neuen Testament gewidmeten Schriften, aber auch polemische Auseinandersetzungen mit verschiedenen Autoren. 1694 trifft ihn der schwere Schlag des Verlustes eines großen Teils seiner Habe: von Büchern, Möbeln, Manuskripten, einer bedeutenden Geldsumme, bei der Bombardierung von Dieppe durch die britisch-niederländische Flotte.

Nachdem es ihm wegen des anhaltenden Widerstandes Bossuets nicht gelungen ist, für die 1701 in Trévoux, im unabhängigen Fürstentum Dombes, also frei von den Auflagen der Pariser Zensur, erschienene Übersetzung des Neuen Testaments ins Französische das königliche Privileg auch für Frankreich zu erhalten, ist seine Schaffenskraft gebrochen. Obwohl ihm persönlich kein Haar gekrümmt wird, ist er so verängstigt, daß er[8] nicht lange vor seinem Tode mehrere große Fässer voll seiner Papiere nächtens über die Stadtmauer rollen läßt und sie draußen auf freiem Felde verbrennt. Übrig bleibt u. a. das Manuskript der Pentateuch-Übersetzung, Torso des großen Projekts einer Gesamtübersetzung des Alten Testaments.

Am 20. März 1712 schreibt Simon seinen letzten Willen.[9] Trotz seines bescheidenen Lebensstils hinterläßt er immerhin 7000 Livres in bar und eine wertvolle Bibliothek.[10] Er stirbt am 12. April an einem Fieber und wird in der Pfarrkirche von Dieppe begraben.[11]

II. Werk

Im katholischen Frankreich des ausgehenden 17. und beginnenden 18. Jahrhunderts war die Zugehörigkeit zum Ordensklerus fast die einzig mögliche materielle Basis für intellektuelle Muße. Unter diesen Bedingungen führte Simon das typische Leben eines Buchgelehrten, der seine Tage zwischen Folianten, Schreibpult und Kapelle verbrachte. Seine literarische Produktion war, auch gemessen an der Schreibfreudigkeit des Barockzeitalters, enorm. Während zweier Jahrhunderte, in denen er zwar nie ganz vergessen[12], aber doch wenig beachtet worden war, sind seine Werke so gut wie nie wieder aufgelegt worden.[13] Erst in den letzten Jahren erschien eine große Zahl von Neudrukken; eine kritische Werkausgabe fehlt.

Während der friedlichen Jahre seines letzten Pariser Aufenthaltes übersetzte Simon zunächst drei kleine Schriften des griechischen Patriarchen Gabriel von Philadelphia über die Eucharistie ins Lateinische, mit umfangreichen Anmerkungen.[14] Seine Vorliebe für alles Orientalische, die durch seine Studien, den Umgang mit den orientalischen Handschriften und die Bekanntschaft mit einem nach Paris gekommenen Juden, Jona Salvador, geweckt worden war, zeigt sich bereits hier. Im Unterschied zu den meisten Zeitgenossen urteilte er wohlwollend über das Judentum[15] und hatte sogar für die verfolgten Juden von Metz eine Verteidigungsschrift verfaßt.[16] Auch die Übersetzung des Reiseberichts des päpstlichen Legaten Jeronimo Dandini von seiner 1596/7 zum maronitischen Patriarchen in den Libanon unternommenen Mission (gedruckt 1656) aus dem Italienischen gehört in den Bereich der orientalischen Liebhaberei.

Überraschend modern mutet das Projekt einer ökumenischen Bibelübersetzung an, über die Simon in den Jahren 1676/7 mit den Pastoren Claude und Allix vom reformierten Konsistorium in Charenton (bei Paris) verhandelte.[17] Die Protestanten benutzten noch immer die alte, mehrfach revidierte Ausgabe Olivetans von 1535 und waren deshalb bereit, dem schon als Experten bekannt gewordenen Simon die Aufgabe einer Neuübersetzung weitgehend anzuvertrauen. Über den Plan für ein *Projekt einer französischen Bibelübersetzung* mit Anmerkungen, den Simon später als Einleitung des III. Teils seiner *Histoire critique du Vieux Testament* benutzte[18], ist das Unternehmen nicht hinausgelangt; ihm machte die Vertreibung der Protestanten 1685 ein Ende.

Die *Histoire critique du Vieux Testament* besteht aus drei Büchern, in denen Simon die gesamte damalige Bibelwissenschaft zusammenfaßt: Buch I: „*Über den hebräischen Text der Bibel seit Mose bis zu unserer Zeit*" behandelt Textgeschichte und Textkritik; Buch II: „*Die wichtigsten Übersetzungen der Bibel*" handelt von den alten Übersetzungen (wie Septuaginta, Vulgata usw.), Buch III von modernen Übersetzungsproblemen und den neueren Kommentatoren. An die Veröffentlichung der *Histoire critique du Vieux Testament* schloß sich eine literarische Auseinandersetzung an, in die u. a. der berühmte niederländische Gelehrte Ezechiel Spanheim eingriff.[19] Die Antwort auf Spanheims scharfsinnige Kritik rückte Simon zusammen mit dieser in die Neuauflage von 1685 ein.[20] Wichtig ist aber vor allem die anonym in Briefform veröffentlichte Gegenschrift des später als bedeutendster protestantischer Bibelausleger der Zeit hervorgetretenen Jean Le Clerc (Johannes Clericus, 1657–1736[21]): *Sentimens de quelques théologiens de Hollande . . .*, Amsterdam 1685, in der er seine bibelkritischen Auffassungen schärfer als in seinen späteren umfangreichen Kommentarwerken zum Alten Testament hervortreten ließ. Simon antwortete 1685/6 mit einer *Réponse*[22], Le Clerc sofort mit einer *Défense*[23], dann endete diese Debatte. Simon setzte sich aber auch in einer vierbändigen, erst 1730 postum veröffentlichten *Critique de la Bibliothèque de . . . du Pin* mit einer etwa fünfzigbändigen Kirchenväterausgabe des Abbé Louis-Ellies du Pin auseinander.

Den zweiten Teil seines Lebenswerkes widmete Simon dem Neuen Testament. Über das Neue Testament veröffentlichte er (alle drei zur Umgehung der Zensur in Holland) insgesamt drei Bände, die den drei Büchern innerhalb der *Histoire critique du Vieux Testament* thematisch entsprechen: Die *Histoire critique du texte du Nouveau Testament* (1689), nach unseren Begriffen eine „Einleitung" in das Neue Testament, handelt über Sprache und Text, über alte und neue Ausleger, über Zeitgeschichte und Echtheitsfragen. Die *Histoire critique des versions du Nouveau Testament* (1690) bespricht ausführlich alte und neue Übersetzungen, darunter vor allem zeitgenössische französische, die Simon teilweise endlos bis in Einzelheiten kritisiert. Das umfangreiche Unternehmen, eine über 1000 Seiten starke Sammlung von exegetischen Belegen aus allen Perioden der Kirchengeschichte, angefangen bei den Kirchenvätern bis zur Gegenwart des Verfassers, stellt trotz der Fülle der in ihm entfalteten Gelehrsamkeit doch einige Anforderungen an die Geduld seiner Leser.[24]

Auch die neutestamentlichen Veröffentlichungen lösten langanhaltende Kontroversen aus. So hatte Simon in den beiden letzten Bänden der neutestamentlichen Trilogie scharfe Angriffe gegen die jansenistische Übersetzung des Neuen Testaments von Mons gerichtet, gegen die Antoine Arnauld (1612–1694), der große Vorkämpfer des Jansenismus, eine 1691 veröffentlichte Verteidigungsschrift verfaßte.[25] Simon antwortet mit einer scharf polemischen, gegen Arnauld und Le Clerc gerichteten Untersuchung: *Nouvelles observations sur le texte et les versions du Nouveau Testament,* die erst nach dem Tode Arnaulds 1695 erscheint. Sie passiert anstandslos die Zensur und erhält sogar das königliche Privileg, denn sie paßt in die offizielle antijansenistische Politik.

Nach dem Scheitern des ökumenischen Projekts hatte Simon unterdessen an seiner persönlichen, 1701 veröffentlichten Übersetzung des Neuen Testaments weitergearbeitet. Sie hatte allerdings nicht den Urtext, sondern – der offiziellen katholischen Linie folgend – die Vulgata als Grundlage. Nur an einigen Stellen gab Simon Abweichungen des griechischen Textes an. Doch genügten schon einige von dem vertrauten Wortlaut abweichende Neuübersetzungen[26], um das ganze Werk verdächtig erscheinen zu lassen. Die Fortsetzung, die den masoretischen Text des Alten Testaments ins Französische übertragen sollte, ist über das verschollene Genesis-Fragment nicht hinausgelangt.

Auch einige kirchenkritische Schriften Simons dürfen nicht unerwähnt bleiben: In der *Histoire de l'origine et des progrès des revenus ecclésiastiques* (Bd. I 1684; Bd. II 1706) kritisiert Simon den im Verlauf der Kirchengeschichte eingetretenen Reichtum der Kirche, die Häufung der Messen, die Machtgier der Mönche, die Habsucht der Fürsten und stellt den Mißbräuchen der Gegenwart die reinen Formen der Urkirche entgegen, deren Einfachheit er noch in den orientalischen Kirchen, aber auch bei den Bettelmönchen und vor allem den Jesuiten erhalten glaubt, die unnütze Gebete und Zeremonien zugunsten der allein gottwohlgefälligen wissenschaftlichen Studien aus ihrem Kreise verbannt hätten. Hier teilt er den typisch humanistisch-aufklärerischen Antizeremonialismus.[27]

Von den Schriften der späten Jahre ist vor allem die mehrfach aufgelegte vierbändige Sammlung der *Lettres choisies*[28] zu nennen, außerdem eine ebenfalls vier Bände umfassende Kollektion älterer Stücke und anderer Varia[29]: *Bibliothèque critique* (1708–10). Hier erscheint noch einmal das Leitwort für Simons gesamtes Lebenswerk: „kritisch" – mit dessen schillernder Bedeutung es sich anschließend zu befassen gilt.

III. Bedeutung

Es ist nicht ganz einfach, ein angemessenes Bild von der Bedeutung des Lebenswerkes Richard Simons zu gewinnen. Es ist verständlich, daß vor allem französische Forscher sich mit seiner Gestalt beschäftigt haben[30] und seine Bewunderer dazu neigten, seine Rolle zu überschätzen und in ihm nicht weniger als den „Vater der Bibelkritik" zu erblicken[31] – zumal gerade die katholische Bibelwissenschaft in ihm ihren Ahnherrn zu entdecken glaubte.[32] Dabei mag die Diskussion, ob Simon nicht gar – wie er es selbst zu sein behauptete, während Bossuet vom Gegenteil überzeugt war – als Verteidiger katholischer Orthodoxie gegen die protestantische Bibliolatrie zu gelten habe, hier auf sich beruhen. Wichtiger ist zu entscheiden, welches Gewicht seinen Beiträgen für die Anfänge der kritischen Bibelwissenschaft zukommt.

Eine gewisse Rolle spielt in diesem Zusammenhang das Verhältnis zwischen der *Histoire critique du Vieux Testament* und Spinozas[33] *Tractatus Theologico-Politicus*.[34] Es scheint sicher zu sein, daß Simon dieses 1670 erschienene Werk erst gegen 1674/1675 zu Gesicht bekommen hat, als seine *Histoire* bereits großenteils fertiggestellt war. Im Vorwort grenzt er sich ausdrücklich von ihm ab[35] – aber weder diese vielleicht nur als offizielle Schutzbehauptung zu wertende Bemerkung noch die Frage der zeitlichen Priorität beider Werke überhaupt ist von entscheidender Bedeutung. Wichtiger ist es, zunächst eine allgemeine Vorstellung von dem Stand der Bibelwissenschaft im ausgehenden 17. Jahrhundert zu gewinnen.

Von einer „Bibelwissenschaft" im heutigen Sinne des Wortes kann man für diese Zeit überhaupt nur mit großen Einschränkungen sprechen. Eine historisch-kritische Methodik, die der heute üblichen vergleichbar wäre, hat sich kaum vor J. G. Eichhorn (1752–1827)[36] entwickelt. Simons *Histoire critique du Vieux Testament* spiegelt großenteils – und das gilt ganz entsprechend für die drei Bände zum Neuen Testament – den Stand der damaligen Bibelwissenschaft wider. Die große Bedeutung, die dabei die Textkritik einnimmt, kann man nur verstehen, wenn man den damaligen Stand der dogmatischen Wertung des hebräischen Textes auf protestantischer, der Septuaginta – als der Grundlage der seit dem Konzil von Trient nach römisch-katholischen Lehre als verbindlicher Text betrachteten Vulgata – auf katholischer Seite in Rechnung stellt. In der protestantischen Orthodoxie war die Verbalinspirationslehre – die Bibel ist bis in den Wortlaut hinein vom Heiligen Geist den Verfassern der alt- und neutestamentlichen Schriften diktiert – u. a. von den beiden Buxtorfs[37] in der Weise auf die Spitze getrieben worden, daß sie sogar die masoretische Vokalisierung (Punktation) des hebräischen Textes als inspiriert behaupteten. Auf katholischer Seite hatte der Oratorianer – kurze Zeit Hausgenosse Simons – Jean Morin (Johannes Morinus)[38] demgegenüber den hebräischen Text in der masoretischen Fassung für total verfälscht, dagegen die Septuaginta für in jeder Hinsicht vertrauenswürdig erklärt.[39] Im ersten Punkt schloß er sich dem liberalen Protestanten Ludwig Capellus[40] an, im zweiten verfiel er zugunsten der katholischen Form von Orthodoxie in das entgegengesetzte Extrem. Zu diesen Fragen nahm Simon eine mittlere, später weithin allgemein anerkannte Position ein: Bei ihm finden sich Erkenntnisse wie die, daß die hebräische (aramäische) Quadratschrift erst nach dem Exil eingeführt worden sei, daß in den Urtext mit der Zeit manche Abschreiberversehen, aber keine bewußten Verfälschungen hineingekommen seien. Im Gegenteil hätten die Juden seit ihrem Streit mit den Christen ihren Bibeltext möglichst unversehrt zu erhalten versucht. Entscheidend ist aber die entschiedene Abkehr Simons von den dogmatischen Nebenabsichten der Positionen seiner Vorgänger: Er erklärt, daß der Text des Alten Testaments nach den gleichen kritischen Regeln wie andere alte Handschriften zu behandeln sei; indem er sich von der Lehre einer unmittelbaren Inspiration des Textes distanziert, macht er das Feld für eine kritische Untersuchung des Bibeltextes frei. Im engen Zusammenhang mit diesen Fragen steht das Projekt einer modernen Bibelübersetzung: Wie brisant allein der Versuch war, für diese wenigstens in einzelnen Passagen über die Vulgata hinaus auf den griechischen Urtext des Neuen Testaments zurückzugreifen, zeigt Bossuets Kampf gegen die Zulassung der Ausgabe von Trévoux. Im Kampf für eine historisch-kritische Untersuchung der Bibel gegen den orthodoxen Biblizismus spielte auch die Frage der Glaubwürdigkeit der alttestamentlichen Chronologie eine wichtige Rolle. Simon bemerkt wiederholt und führt auch gegen Spanheim dies als besonders wichtiges Ergebnis seines Prinzips der Trennung zwischen dem dogmatisch-inspirierten und dem historischen Bereich innerhalb der Bibel an, daß sie es möglich gemacht habe, die größten Schwierigkeiten der biblischen Chronologie zu lösen.[41] Da die biblischen Bücher nur Auszüge aus umfangreicheren Akten darstellten, seien die Genealogien keineswegs vollständig und könnten nicht – wie es damals noch durchaus üblich war[42] – für eine durchlaufende Weltchronologie benutzt werden. Die Bemerkung, man könne doch nicht nur die in der Bibel erwähnten persischen Könige anerkennen, sondern müsse profane Quellen mit heranziehen, die heilige durch die profane Chronologie ergänzen[43], ist für den methodischen Übergang zu einer von der Vormundschaft der Theologie befreiten weltlichen Geschichtsschreibung äußerst bedeutsam.

Dagegen wird man sagen müssen, daß die im engeren Sinne historisch-kritischen Beobachtungen, die sich verstreut bei Simon finden, in der Regel nicht viel Neues bieten. Das gilt vor allem für die von Bossuet beanstandete Aussage in Buch I, Kap. 5, daß Mose nicht der Verfasser des Pentateuchs sei, und die dafür beigebrachten Einzelargumente. Vor Simon hatten dies bereits u. a. Hobbes, Spinoza, viel früher schon Karlstadt, Masius, Pereira beobachtet[44]; Spinoza hatte dafür auf eine entsprechende Aussage bei dem mittelalterlich-jüdischen Exegeten Ibn Ezra verwiesen.[45] Über Einzelbeobachtungen auf diesem Gebiet kam auch Simon nicht hinaus; von der im 19. Jahrhundert zur Blüte gelangenden Quellenscheidung ist er methodisch noch weit entfernt.

Trotz aller Disparatheit in der Ausführung, in der deutlich wird, daß er vieles davon noch nicht klar erfaßte, hat Simon einen entscheidenden Schritt über seine Vorgänger hinaus in Richtung auf die Ausbildung einer methodisch geordneten Einleitungswissenschaft getan. „Was die Bibel ursprünglich war, welche Veränderungen sie erlitt, welche Schicksale sie bis auf unsere Zeit gehabt, dies waren die Fragen, welche in einer kritischen Geschichte der Bibel beantwortet werden sollten und in deren Beantwortung alle die Verhandlungen über den Text, den Kanon, die Übersetzungen, die Ausleger in notwendigem Zusammenhang vorkamen, die gewöhnlich in den Einleitungen (der Vorgänger Simons) vereinzelt vorgetragen zu werden pflegten."[46] Welche Bedeutung die Erkenntnis dieses Gesamtzusammenhangs aller Einzelfragen für das historisch-kritische Verständnis der Bibel hatte, kann man daran ermessen, daß uns eine solche Fragestellung inzwischen vollkommen selbstverständlich geworden ist.

In diesem Zusammenhang begegnet eine Theorie, mit der Simon selbst glaubte, seine kritischen Beobachtungen mit der von der Kirche verteidigten Tradition von der mosaischen Verfasserschaft des Pentateuchs in Einklang bringen zu können. Das ist seine berühmte These, Mose habe nach ägyptischem Vorbild „öffentliche Schreiber" („scribes" oder „écrivains publics"), die man auch Propheten nennen könne[47], eingesetzt, deren Aufgabe es gewesen sei, „die wichtigsten Ereignisse des Staates zu Papier zu bringen und die

Akten darüber in den dafür bestimmten Archiven aufzubewahren".[48] Während von Mose selbst die Gebote stammten, die er dem Volk gegeben habe, seien diese öffentlichen Schreiber die Verfasser der meisten Geschichtsberichte in den Mosebüchern, darüber hinaus aber auch im Buche Josua und den übrigen alttestamentlichen Büchern.[49] Sie seien auch Redner gewesen, die im Auftrage Gottes dem Volke seinen Willen interpretierten.[50] Trotz ihrer literarischen Uneinheitlichkeit könne man den Pentateuch mit berechtigtem Grund „Mosebücher" nennen, denn auch die anderen Verfasser schrieben auf Moses Befehl und lebten kontinuierlich seit seiner Zeit. Wenn Simon in diesem Zusammenhang auch den Begriff „Tradition" vermeidet, ist diese Sukzession von ihm doch als Trägerschaft einer ununterbrochenen Überlieferung gemeint, die gleichwohl alle im Text zu beobachtenden Unebenheiten und Brüche einschließt. Durch die für diese „Schreiber" gewählte Bezeichnung „Propheten" glaubte Simon außerdem dem Formalerfordernis der Inspiration der Schrift entsprechen zu können, „da sie in der Tat durch den Heiligen Geist geleitet waren"[51].

In dieser Theorie mischen sich in eigentümlicher Weise scheinbar ganz moderne mit zeitgebundenen und durch die besondere Situation Simons im katholisch-absolutistischen Frankreich des Barockzeitalters hervorgerufenen Gesichtspunkten. Gegenüber der Zensur beteuert Simon im Vorwort[52], seine Erkenntnis über die großen Veränderungen, welche der Text der Bibel seit dem Verlust der Originale erlitten habe, füge dem Schriftprinzip der Protestanten, besonders der Sozinianer, einen tödlichen Schlag zu.[53] Tatsächlich haben sich die Wirkungen der historischen Bibelkritik auf das protestantische Dogma später als folgenreich erwiesen. Insofern war die Erwartung Bossuets, das Werk eventuell als Waffe gegen die Protestanten verwenden zu können, nicht ganz unberechtigt. Ganz und gar im Gegensatz zur orthodoxen Auffassung stand dagegen sein Verständnis von „Tradition". Hier hatte Simon sicher kein Recht, sich auf das Decretum de Canonicis Scripturis des Tridentinums zu berufen[54], denn neben den mündlichen, vor allem den auf die Kirchenväter zurückgehenden Traditionen, welchen das Tridentinum in der Kirche neben der Schrift, als deren verbindliche Auslegung sie zugleich gelten sollten, die gleiche Autorität zubilligen wollte, bleibt die Schrift für die katholische Lehre doch die originäre Offenbarungsquelle. Davon ist das, was Simon unter „Tradition" versteht, grundsätzlich verschieden. Wie einer seiner ersten Kritiker, Ezechiel Spanheim, bereits scharfsinnig erkannt hat[55], hat er das Verhältnis zwischen Schrift und Tradition genau umgekehrt: die von ihm postulierten „öffentlichen Schreiber" sind als die Sammler und Tradenten der Akten über Staatsereignisse die eigentlichen Überlieferungsträger bereits *vor* der Bibel; die historischen Bücher des Alten Testaments, angefangen mit dem Pentateuch, sind, wie Simon in einer seiner Antwort an Spanheim selbst noch einmal präzisiert, nichts weiter als Zusammenfassungen dieser ursprünglich sehr viel umfangreicheren Akten, ausgewählt nach didaktischen Gesichtspunkten zur Belehrung des Volkes.[56] Simon kann (in seinem Vorwort) die Tradition der

Schrift ausdrücklich vorordnen: für den Pentateuch gilt, daß die Patriarchen die Tradition mündlich bewahrten, lange ehe ein geschriebenes Gesetz existierte, wie entsprechend das Evangelium schon lange verkündigt worden war, ehe es im Neuen Testament schriftlich niedergelegt wurde. Sogar die ältesten Kirchenväter haben ihre Auseinandersetzungen mit den Häretikern auf dieses nicht geschriebene Wort und nicht so sehr auf das in den Heiligen Schriften enthaltene gestützt.[57]

Man wird hier Gesichtspunkte entdecken, wie sie ähnlich erst in jüngster Zeit durch die überlieferungsgeschichtliche Forschung wieder in die Bibelexegese Eingang gefunden haben. Bei Simon ist diese Theorie aber dem (rationalistischen) Zweck dienstbar gemacht, die Bibel, zumindest das Alte Testament, als Schriftdokument ihrer normativen Autorität zu entkleiden und sie freizumachen für die Kritik an allen in ihr sichtbar werdenden philologischen und historischen Mängeln. Dabei greift eine Unterscheidung Platz zwischen *den* Aspekten der Bibel, die nach den üblichen Inspirationsvorstellungen als autoritativ gelten müssen; damit werden alle Irrtümer ausgeschlossen, „die irgendeine Veränderung im Glauben und den Sitten herbeiführen könnten“[58] – und *den* Bereichen der Schrift, die, weil in ihnen die Bibel von profaner Literatur in keiner Weise unterschieden ist, dem freien Zugriff der Kritik ausgesetzt sind. Die dogmatischen Aspekte der Bibel kann Simon um so leichter der Kritik entziehen, weil er an ihnen nicht im geringsten interessiert ist; nirgends kommt er mehr auf sie zu sprechen.

Alles in allem ist hier also ein sehr wichtiger Schritt getan, der in der Tat einen Umbruch zu einer neuen Periode der Bibelkritik markiert. Denn trotz formaler Anerkennung der Lehrautorität der Kirche in allen dogmatischen Fragen wird die Bibelauslegung damit von aller kirchlichen Bindung befreit. Und diese Auslegung richtet sich ausschließlich auf den historischen Sinn, den Wortsinn (sensus litteralis). Was dies bedeutet, kann man leicht an einem Vergleich mit dem traditionellen römisch-katholischen Schriftverständnis erkennen, wie es sich bis in die jüngste Vergangenheit hinein erhalten hat.[59] Die mittelalterliche, in ihren Wurzeln auf die Väterexegese zurückgehende Lehre vom vierfachen Schriftsinn hatte der kirchlichen Auslegung die Möglichkeit geboten, neben und hinter dem Wortsinn u. a. einen spirituellen Sinn zu entdecken, der, auf dem Wege über eine Form von allegorischer Auslegung gewonnen, es ermöglichte, aus der Bibel selbst die zentralen Sätze des kirchlichen Dogmas zu belegen. Schon die scholastische und humanistische Exegese hatte auf den Wortsinn viel Aufmerksamkeit gewandt, aber sie hatte dabei vorwiegend philologische Probleme behandelt. Diese Perspektive der Wissenschaftstradition führte Simon noch im beträchtlichem Umfang fort. Dadurch, daß er seine Exegese aber auch im übrigen auf den Wortsinn beschränkte und allein an den historischen Fakten, wie er sie verstand, Interesse hatte, vollzog er in der Praxis den von ihm nie offiziell erklärten, weil zu gefährlichen Bruch mit der katholischen Auslegungstradition. Für diese grundsätzliche Entscheidung ist es ohne Belang, ob Simon sich subjektiv weiterhin als treuen Anhänger der katholischen Lehre oder gar ihren Verteidiger fühlte, was man ihm durchaus abnehmen kann.

Erhellend ist auch ein Blick auf das Verhältnis zwischen Simons Werk und dem System Spinozas, wie es dieser vor allem in seinem *Tractatus Theologico-Politicus* entwickelt hatte.[60] Spinoza war im Unterschied zu Simon ein bedeutender Philosoph; seine Lehre besteht in einem imponierend geschlossenen System, wie es Simon, der ausschließlich philologisch-historisch interessiert war, auch nicht ansatzweise zu entwickeln versucht hat. Spinoza ist darin der Aufklärungsphilosoph par excellence, daß er zwischen zwei Bereichen streng unterschied: Auf die eine Seite stellt er, wie auch schon in seiner „Ethik", die wahre, universale Religion der Natur, die von allen Menschen durch das Licht der Vernunft erkannt werden kann und zur ewigen Seligkeit führt – sie ist die Religion der Philosophen, in der das unveränderliche göttliche Gesetz in Moral und kosmischer Ordnung regiert, und von der Heiligen Schrift vollkommen unabhängig. Daneben gibt es auch die historische Offenbarung, die von Mose zunächst nur als Instrument seiner Herrschaft über das hebräische Volk eingeführt wurde. Die in ihm enthaltenen moralischen Vorschriften waren dem Verständnis des hebräischen Volkes angepaßt und nur mit zeitlichen Belohnungen und Strafen verbunden.[61] Soweit dieses Gesetz nur zur Erhaltung des zeitlichen Lebens und des Staates diente, ist es rein menschlich; nur soweit es das höchste Gut: die Erkenntnis und Liebe des wahren Gottes bezeichnet, ist es als göttlich anzusehen.[62] Die menschliche Seite der biblischen Offenbarung steht der historischen Kritik voll offen; sie muß sich am Maßstab der Vernunft messen lassen, nicht nur im Hinblick auf ihre allen Wechselfällen der Geschichte und menschlicher Schwächen unterworfene Entstehung (*Tractatus,* Kap. 5), sondern auch im Hinblick auf ihren Inhalt, in dem man z. B. zwischen den nur zeitlich bedeutsamen Zeremonien und dem wahren göttlichen Gesetz unterscheiden muß (die Methodik dazu entwickelt Spinoza in Kap. 7). Beim Vergleich beider Denkweisen wird man eine Ähnlichkeit darin finden, daß sowohl Spinoza wie Simon zwischen zwei Ebenen: dem Reich der ewigen Wahrheiten und der historisch bedingten biblischen Offenbarung, unterscheiden. Spinoza bedeutet jedoch das System der ewigen Wahrheit alles, während Simon alles Gewicht auf die kritische Untersuchung der Bibel als historisches Dokument legt und sich für die ewigen Wahrheiten mit den traditionellen Lehren seiner Kirche, zumindest nach außen hin, zufrieden gibt. Damit vertreten sie zwei grundsätzlich verschiedene Weisen von „Aufklärung".

Die vollendeten oder angefangenen Versuche einer Neuübersetzung der Bibel in die Volkssprache sind einerseits im katholischen Raum – für die Reformation war die Bibelübersetzung Luthers in die Volkssprache bekanntlich ein grundlegendes Ereignis schon ein Jahrhundert früher gewesen – etwas Neues und zeigen besonders im Hinblick auf Simons Verhandlungen mit den Protestanten in dieser Angelegenheit, daß er seiner Zeit weit voraus war, auch wenn die konkrete Ausführung sprachlich viel zu wünschen übrig läßt. Andererseits fehlen ihnen die ursprünglich für die Reformation entscheidenden, in der protestantischen Orthodoxie erstarrten theologischen Antriebe: die Bibel ist in den Augen Simons nicht unmittelbar Gottes Wort, und so ist sein Unternehmen letztlich humanistisch (philologisch-historisch) orientiert. In der Praxis mußte der Rationalismus, mit dem Simon seine Bibelkritik betrieb, in seinen Auswirkungen das sowohl bei Katholiken wie Protestanten Gültige in Frage stellen. Daß er dies offensichtlich nicht erkennen konnte, wird man auf sein Spezialistentum zurückführen müssen.[63] Simon verkörpert den Typ eines Philologen, wie er mit dem Humanismus aufgekommen war, sich in reiner Form aber erst im Zeitalter des Rationalismus entwickeln konnte. Daß ihm das kritische Bewußtsein für seine eigenen Grundvoraussetzungen fehlte, ist typisch für den Rationalismus, der von der Illusion der Voraussetzungslosigkeit seines Denkens ausgeht und eben damit seine Vorurteile aus dem Bewußtsein verdrängt, wie es später der Historismus des 19. Jahrhunderts getan hat. Das hängt vermutlich auch mit dem damals in Frankreich einflußreichen Cartesianismus zusammen, den z. B. Simons Ordensgenosse Nicole Malebranche (1638–1715) vertrat und die Jansenisten sogar mit der von ihnen gepflegten Form der augustinischen Gnadenlehre zu vereinbaren wußten. Simon teilte – im Gegensatz zu den Jansenisten – statt dessen den Molinismus[64] der Jesuiten mit ihrer synergistischen, die Heilsmöglichkeiten des ethischen Tuns des Menschen betonenden Auffassung.

In den nichtexegetischen Schriften Simons, vor allem in seiner *Histoire de l'origine et des progrès des revenues ecclésiastiques* (Bd. I: 1684; Bd. II 1706) begegnen einige weitere typische Themen der Aufklärung. Dort kritisiert Simon den im Verlauf der Kirchengeschichte eingetretenen Reichtum der Kirche, die Häufung der Messen, die Machtgier der Mönche (die Bettelorden sind eine rühmliche Ausnahme), die Habsucht der Fürsten, und stellt den Mißbräuchen der Gegenwart die reinen Formen der Urkirche entgegen, deren Einfachheit er noch in den orientalischen Kirchen erhalten zu sehen glaubt. Er lobt auch die Jesuiten, da diese zugunsten der allein gottwohlgefälligen wissenschaftlichen Studien die unnützen Gebete und Frömmigkeitsübungen aus ihrem Kreis verbannt hätten. Das Ideal der reinen Urkirche, die es zu restituieren gilt, ist typisch für eine mit dem spätmittelalterlichen Spiritualismus einsetzende, sich vom Humanismus zum Rationalismus fortentwickelnde Bewegung, deren hervorstechendstes Kennzeichen der auch bei Simon anzutreffende Antizeremonialismus ist.[65]

Diese geistesgeschichtlichen Erkenntnisse über die inneren Antriebe und weltanschaulichen Voraussetzungen der aufkommenden historischen Bibelkritik sind erheblich wichtiger als der Streit um Wert oder Unwert historischer Einzelerkenntnisse oder um die Frage, welchem Exegeten die Priorität bei bestimmten exegetischen Einzelbeobachtungen zukommt.

IV. Wirkung

Nur in diesem allgemeinen Sinne kann man von einer Wirkung Simons sprechen. Eine unmittelbare Gefolgschaft blieb ihm versagt, da die Maßnahmen staatlicher und kirchlicher Unterdrückung in der ersten Hälfte des 18. Jahrhunderts in Frankreich die theologische Aufklärung in den Untergrund drängten und bei ihrem Erlahmen in seiner zweiten Hälfte viel radikalere, bis zu atheistischen Strömungen hervortraten. Deutschland wurde erst gegen Ende des 18. Jahrhunderts für die von Simon vertretene Grundhaltung aufnahmebereit, als Johann Salomo Semler (s. u.) zwei seiner neutestamentlichen Werke ins Deutsche übersetzte. Im 19. Jahrhundert hat man sich unter protestantischen Exegeten wenigstens gelegentlich gern an ihn erinnert.[66] Doch war die Zeit methodisch über ihn hinweggeschritten, das Interesse für ihn war antiquarischer Natur geworden. In gewissem Sinne war er der Repräsentant einer mächtigen Zeitströmung gewesen, die sich auch ohne ihn und teilweise über ihn hinweg Bahn gebrochen hatte. Die neuerwachte Anteilnahme an ihm, für die zahlreichere Publikationen der letzten Jahre sprechen[67], wird dazu mithelfen, an seiner Gestalt beispielhaft das Werden der geistigen Strömungen der Neuzeit nachzuverfolgen, die unsere Gegenwart in einer von ihm nie geahnten Weise bestimmen. Freilich sind auch ihre Schattenseiten unterdessen hervorgetreten, und manches von dem, was Simon ablehnte, oder dem er mit Unverständnis begegnete, ist in seinem unverlierbaren Wert wieder hervorgetreten. Andererseits können wir nicht hinter die Moderne, die er mit eingeleitet hat, zurück, nicht in unserem kritischen Umgang mit der Bibel und ihrer Geschichte, und auch nicht in unserem Mißtrauen gegen jede allein dogmatisch begründete Autorität, die nichtsdestoweniger auch zu unserer Zeit in so zahlreichen Formen hervortritt.

Dietrich Meyer

NIKOLAUS LUDWIG GRAF VON ZINZENDORF

(1700–1760)

Der Reichsgraf und Herr von Zinzendorf und Pottendorf hat nicht Theologie studiert und war zu seinen Lebzeiten eine umstrittene Persönlichkeit, die in Zeitungen und Streitschriften vielfältig angegriffen und bespöttelt wurde. Wenn er hier Aufnahme unter die Klassiker der Theologie findet, so mag man an die Originalität seiner Gedanken, die oft eigentümlich modern sind, und an die mit seiner Gestalt verbundene einzige Kirchenbildung, die der deutsche Pietismus hervorgebracht hat, die Herrnhuter Brüdergemeine, denken. Zinzendorfs Bedeutung für die Theologie kann nur im Zusammenhang mit der Entstehung dieser Gemeinde, die ein völlig neuartiges Modell eines ökumenischen Christentums darstellt, geschildert werden. So viel Ausstrahlungskraft von der Person Zinzendorfs ausgegangen ist, seine Leistung liegt weniger in seiner theologischen Denkweise als in den Anregungen, die er für die kirchliche Praxis und evangelische Laienfrömmigkeit gegeben hat. In der folgenden Darstellung geht es darum, die Zinzendorf eigentümliche Spiritualität und sein Verständnis von Gemeinde darzustellen.

I. Leben

Am 26. Mai 1700 wurde den Eltern Georg Ludwig von Zinzendorf, Minister am sächsischen Hof in Dresden, und seiner zweiten Ehefrau Charlotte Justine geb. von Gersdorf der Sohn Nikolaus Ludwig geboren. Der Vater rechnete sich zu den Anhängern des von 1686 bis 1691 in Dresden weilenden Oberhofpredigers Philipp Jakob Spener (1635–1705), starb aber erst achtunddreißigjährig an einer Lungenkrankheit wenige Wochen nach der Geburt seines Sohnes. Das Kind wuchs bei seiner Mutter und nach deren Wiederverheiratung mit dem preußischen Generalfeldmarschall Dubislav Gneomar von Natzmer 1703 bei seiner Großmutter Henriette Katharina von Gersdorf auf ihrem Besitz in Großhennersdorf bei Zittau/Oberlausitz auf. Diese künstlerisch begabte, durch eigene Lieder hervorgetretene, vielseitig gebildete Frau, die in Kontakt mit Spener und August Hermann Francke (1663–1727) in Halle stand, aber auch Jakob Böhme (1575–1624), den Görlitzer Mystiker, las, hat auf den Knaben einen starken Einfluß gehabt. „Ich habe meine Principia von ihr her", sagte Zinzendorf später.[1]

Von 1710 bis 1716 weilte der Knabe auf Wunsch seiner Eltern auf dem Pädagogium in Halle und erhielt dort nicht nur eine für seine Zeit fortschrittliche und gründliche Ausbildung, sondern lernte auch Franckes lebendige, auf Bekehrung drängende Frömmigkeit, seine weltweiten Beziehungen und Missionsunternehmungen kennen. Der aus dem Hochadel kommende, feinnervige und selbstbewußte Schüler, der sich durch seinen Hofmeister Daniel Crisenius eingeengt fühlte, fiel durch sein brennendes Verlangen auf, mit seinen Altersgenossen christliche Gemeinschaften, die er auch „Sozietäten" nannte, zu gründen. Mit seinem Schweizer Freund Friedrich von Wattewille wollte er für Christus Mission treiben. Als einen „Durchbruch", so nannte man in Halle die Bekehrung, verstand er damals seinen ersten Abendmahlsgang in St. Ulrich am 23. Juni 1715 bei August Hermann Francke.

Auf Wunsch der Familie, insbesondere seines weltoffenen und lebensfreudigen Vormundes Otto Christian von Zinzendorf, Generalfeldzeugmeister auf Gavernitz, sollte der junge Zinzendorf nicht in Halle, sondern in Wittenberg studieren, das dem Geist des Pietismus abhold war, und zwar Jura, um ihn auf den Staatsdienst vorzubereiten. Der junge Student fügte sich, obwohl sein Herz ganz an den theologischen Fragen und der Fortführung des erweckten Kreises von Schülern in Halle hing. Auch in Wittenberg kann er schließlich eine Sozietät mit dem Namen „Bekenner Christi" gründen, die sich eine bewußt christliche Lebensführung zum Ziel setzt. Den Grafen schmerzte die Feindseligkeit, die zwischen den orthodoxen Theologen in Wittenberg und der pietistischen Fakultät in Halle bestand, tief, und er versuchte, ein Gespräch zwischen beiden Parteien zu arrangieren. Doch die Familie, die um seine Karriere fürchtete, hinderte ihn daran, und ein Gespräch, das ohne seine Beteiligung schließlich 1719 in Merseburg zustande kam, brachte keinen Fortschritt. Er aber schreibt an einem Aufsatz: *Friedensgedanken an die streitende Kirche.*

Auf seiner Bildungsreise von 1719 bis 1720 durch Holland und Frankreich kam er in engeren Kontakt mit reformierten und katholischen Christen. Er wird in Den Haag mit dem Theologen und Historiographen Jacques Basnage (1653–1723), dem Freund des Philosophen Pierre Bayle (1647–1706), bekannt. Zinzendorf schätzte Bayles *Dictionnaire historique et critique* mit seiner scharfen Kritik an Orthodoxie und Rationalismus. Insbesondere wurde die Freundschaft mit Kardinal Louis-Antoine de Noailles (1651–1729), Erzbischof von Paris, der sich zu den Neujansenisten zählte, bedeutsam. Nachdem beide den Versuch, den anderen für die eigene Kirche zu gewinnen, aufgegeben hatten, lernten sie einander als Glieder der einen apostolischen Kirche, die sich in der „union des coeurs" verbunden wissen, schätzen und wechselten bis zum Tode des Kardinals 1729 Briefe. Die Gemeinschaft mit dem gekreuzigten Christus, der Zinzendorf in Düsseldorf bei der Betrachtung eines Bildes in der dortigen Gemäldegalerie neu lebendig wurde, erweist sich als eine die Konfessionen umgreifende Klammer. So sehr es Zinzendorf um die religiöse Frage auch auf seiner Bildungsreise ging und die Gespräche mit den verschiedensten Menschen auf diesen Punkt zusteuerten, so daß er wegen seiner pietistisch strengen

Einstellung überall auffiel, – er nahm als Glied des Adels durchaus das Bildungsgut seines Standes auf. Er lernte tanzen, auch wenn er den Tanz mit den Damen ablehnte, war ein leidenschaftlicher Reiter, spielte Billard und Schach, ging ins Theater, um Racine, Molière und Corneille zu sehen. Er hatte in Paris auch Verbindungen zu der Mutter des Regenten Elisabeth Charlotte, der „Liselotte" von der Pfalz.

Nach seiner Rückkehr von Paris stand er vor der Frage seiner zukünftigen Tätigkeit. Er hatte manches Angebot, hoffte zunächst, die Nachfolge des verstorbenen Grafen von Canstein in Halle antreten zu können, und hätte am liebsten für Gottes Reich geworben, nahm aber schließlich auf Druck seiner Großmutter hin die Stelle eines Hof- und Justizrates in Dresden an. Ein begeisterter Jurist wurde er nicht und versuchte, sich in seinem Beruf der Armen und mit dem Gesetz in Konflikt Gekommenen anzunehmen. Mit innerer Anteilnahme dagegen übernahm er einen bestehenden Hauskreis und leitete diesen Konventikel, bis er 1726 verboten und in anderer Form fortgesetzt wurde. 1722 heiratete Zinzendorf die Gräfin Erdmuth Dorothea von Reuß und kam in Verbindung mit dem Grafenhof in Ebersdorf/Thüringen. Hier lernte er eine philadelphisch gesinnte Schloßgemeinde kennen, die sich nicht an die konfessionellen Grenzen hielt, von dem Spiritualisten Hochmann von Hochenau beeinflußt war und auf den gesetzlichen Zinzendorf durch ihre in der Erlösung Jesu begründete freie und freudige Frömmigkeit Eindruck machte.

In demselben Jahr 1722 trat ein ganz unscheinbares und doch für die Zukunft des Grafen entscheidendes Ereignis ein. Zinzendorf hatte soeben das Gut Berthelsdorf von seiner Großmutter erworben und die Huldigung seiner Untertanen entgegen genommen. Als Pfarrer von Berthelsdorf gewann er den als Liederdichter bekannt gewordenen Johann Andreas Rothe, einen gewissenhaften Seelsorger und lebendigen Prediger. Dieser stellte ihm den Zimmermann Christian David aus Senftleben in Mähren vor, der für einige seiner Landsleute eine neue Heimat suchte. Zinzendorf versprach, ihm zu helfen, und Christian David machte sich sofort auf. Etwa einen Monat später erschienen zehn Mähren und baten in Großhennersdorf um Aufnahme. Der Gutsverwalter Johann Georg Heitz und der Hauslehrer Christian Gottfried Marche brachten sie in einem Lehngut unter und wiesen ihnen einen Platz zum Bau von Häusern an. Zinzendorf, der nach Dresden zurückgekehrt war, wurde kurz in einem Brief über den Vorgang unterrichtet.

Zinzendorf wußte durchaus, daß die Aufnahme von mährischen Exulanten vom Kaiser nicht gern gesehen wurde. Er hatte in Dresden die Eingaben wegen Religionsunterdrückungen in Schlesien zu bearbeiten und wußte, welchen Zulauf Pfarrer Adam Steinmetz (1689–1762) in Teschen an der 1709 errichteten Gnadenkirche mit seiner Predigt besaß. Durch ihn und seine Mitarbeiter entstand unter den heimlichen Evangelischen in Schlesien und Böhmen neues Leben. Gegen diesen Einfluß hatte Kaiser Karl VI. die Religionspatente von 1721 erlassen, die das Bekenntnis zum evangelischen Glauben in Böhmen mit harten Maßnahmen wie Zwangsarbeit und Deportation bedrohten.

Nikolaus Ludwig Graf von Zinzendorf
(1700–1760)

Darum machte sich Zinzendorf zur Krönung Kaiser Karls VI. als böhmischer König am 3. 9. 1723 in Prag auf und setzte sich für die Evangelischen ein. Immer wieder reiste er nach Schlesien (1723, 1725, 1726, 1727) und knüpfte Kontakte. Zugleich gab er ein ökumenisches Liederbuch, das sog. *Christ-Catholische Singe- und Bet-Büchlein* im Frühjahr 1728 heraus, das vor allem die Jesuslieder des Konvertiten Johann Scheffler aus dessen *Heiliger Seelen-Lust* enthält. Das Gesangbuch war für die Katholiken in Schlesien bestimmt. Zinzendorf entwarf sogar einen Brief an den Papst, um ihm das Büchlein zu dedizieren, sandte ihn dann aber wegen Fragen der Titulatur nicht ab. In seinem Brief empfiehlt er die Lieder der „Privat-Andacht" des Papstes, denn er ist der Meinung, daß sie, „wenn sie mit dero Segen begleitet werden, die gantze Römische Kirche in geistliches Feuer und Flammen setzen werden".[2]

In diesen Jahren arbeitete Zinzendorf an zwei für seine Entwicklung wichtigen Büchern. In Dresden gab er 1725/26 wöchentlich eine Flugschrift unter dem Titel *Der Dresdnische Sokrates* anonym heraus. Der Verfasser nannte sich einen „christlichen Philosophen" und nahm kritisch zu der Situation und Haltung der Kirche seiner Zeit Stellung. Vor allem möchte er ein „Vertheidiger der Religion" sein und ihre Wahrheit mit einer „weltweisen Art" den Menschen, die den Katechismus nicht mehr ernst nehmen, bezeugen. Hier findet sich der für sein Religionsverständnis charakteristische Satz: „Die Religion muß eine Sache seyen, die sich ohne alle Begriffe, durch blosse Empfindung erlangen lässet".[3]

Daneben steht bedeutsam die Edition der *Ebersdorfer Bibel.* Zinzendorf war in erster Linie ein Bibelleser und strebte religiöse Erneuerung durch das Wort der Schrift an. Der Text bot die Übersetzung Martin Luthers, erregte aber die Geistlichkeit, weil die Beigaben, die Summarien und die von Pfarrer Rothe verfaßten Übersetzungsvarianten nach einer Korrektur Luthers aussahen. Auch der Katechismus, den er unter dem Titel *Gewisser Grund christlicher Lehre* im Jahr 1725 herausgab, besteht nur aus Bibelsprüchen und belegt wie seine späteren Übersetzungsversuche die zentrale Stellung, die er der Bibel als Grundlage bei seinen kirchlich-philadelphischen Bemühungen zuschrieb.

Unterdessen wuchs die Siedlung in Herrnhut und zählte 1727 ca. 300 Einwohner, davon über die Hälfte Mähren. Unter den Kolonisten kam es zu mancherlei religiösen Spannungen, die durch den Zufluß von Separatisten 1726 ihren Höhepunkt erreichten. Zinzendorf sah sich genötigt, 1727 sein Amt in Dresden aufzugeben und sich stärker seiner Herrschaft anzunehmen. Seinem auf Bibelauslegung und geordnete Seelsorge drängenden Einfluß ist es wesentlich zu danken, daß die Ansiedler zu einer Gemeinde zusammenfanden. Neben den in ähnlichen Herrschaften der Oberlausitz auch sonst üblichen herrschaftlichen Geboten und Verboten legte der Graf am 12. Mai 1727 die sog. „Statuten der Gemeine Herrnhut" zur freiwilligen Unterschrift vor, die seinem Plan der Einrichtung einer lebendigen Sozietät oder eines „brüderlichen Vereines", wie er jetzt sagt, innerhalb der lutherischen Landeskirche entsprach. Im § 2 der Statuten wird der ökumenische Charakter der Gemeine festgelegt: „Herrnhut mit seinen eigentlichen alten Einwohnern soll in beständiger Liebe mit allen Brüdern und Kindern Gottes in allen Religionen stehen, kein Beurteilen, Zanken oder etwas Ungebührliches gegen Andersgesinnte vornehmen, wohl aber sich selbst und die evangelische Lauterkeit, Einfalt und Gnade unter sich zu bewahren suchen." Bei einer Abendmahlsfeier am 13. August 1727 unter dem lutherischen Pfarrer J. A. Rothe machte die ganze Gemeinde die sie für die Zukunft prägende Erfahrung, daß Gottes Geist die Einheit in Christus unter ihren verschiedenen Gliedern wahr mache. „Wir lernten lieben", heißt es im Diarium unter diesem Tag. Erst nachträglich entdeckte Zinzendorf die eigentümliche Nähe der Statuten zu den Ordnungen der böhmischen Brüder anhand von Comenius' *Historiola* und *Ratio Disciplinae,* erkennt in den Brüdern aber keine Sonderkirche an, sondern bindet sie auch im *Notariatsinstrument* (1729) als ecclesiola in die lutherische Landeskirche ein.

Zinzendorf hat die in sich gefestigte Gemeine von Anfang an zu „Botendienst" und missionarischer Aktivität angeregt und eingesetzt. 1732 bot sich die Gelegenheit zur Aussendung der beiden ersten Missionare (Leonhard Dober und David Nitschmann) zu den westindischen Inseln; damit begann die Brüdermission.

In den Jahren von 1729 bis 1733 findet Zinzendorfs entscheidende Auseinandersetzung mit Pietismus, Mystik und Spiritualismus statt. Der hallesche Prediger Johannes Mischke spricht ihm 1729 eine wahre Bekehrung ab, und Zinzendorf ringt um die Gewißheit der Gotteskindschaft. 1730 fährt er auf Einladung zu den Inspirierten nach Berleburg und Schwarzenau, kann aber dort trotz herzlicher Aufnahme keine bleibende Gemeineinrichtung schaffen. Die Auseinandersetzung mit dem Spiritualisten Johann Konrad Dippel (1673–1734) über die Bedeutung des Zornes Gottes und Versöhnungstodes Christi führt ihn zu der Entdeckung der Kreuzestheologie Martin Luthers und seiner Rechtfertigungslehre. Während für Dippel Jesu Weg der Heiligung und Vergottung nur Vorbild und historisches Beispiel (causa instrumentalis) für den Weg des Menschen zu neuem Leben ist, die Zurechnung seines Verdienstes aber nicht helfen könne, sieht Zinzendorf gerade in dem Verdienst Christi das entscheidende Heilmittel für den Menschen, der immer ein Sünder bleibt. „Seit 1734 wurde das Versöhn-Opfer Jesu unsre eigne, und öffentliche und einige Materie, unser Universal wieder alles Böse in Lehr und Praxi."[4] Mit dieser Entdeckung der umfassenden Bedeutung des Todes Christi gewinnt Zinzendorf seine theologisch selbständige Position gegenüber Halle und gegenüber der Aufklärung oder, wie er sagt, gegenüber der Philosophie. Diese Erkenntnis spricht er in einem Lied von 1734 anläßlich des Todes von Dippel so aus: „Du unser auserwehltes Haupt, an welches unsre Seele glaubt! Laß uns in deiner Nägelmahl erblicken die Genaden-Wahl."[5] Ausführlicher sind diese Gedanken in den *Berliner Reden* von 1738 dargestellt, die unter all seinen Schriften die höchste Auflagenziffer erlebten und am häufigsten übersetzt wurden.

Es gehört zu den betrüblichen Erfahrungen Zinzendorfs, daß seit eben dieser Zeit ein erheblicher Widerstand gegen seine Person entstand, der vor allem von Halle, insbesondere dem Grafen Christian Ernst von Stolberg-Wernigerode (1691–1771), aber auch von dem Oberlausitzer Adel und der sächsischen Regierung ausging. Auf Anstoß von Kaiser Karl VI. beschäftigte sich 1732 eine sächsische Untersuchungskommission mit Herrnhut, 1736 ein zweites Mal und erteilte Zinzendorf das consilium abeundi. Da Zinzendorf bei dem Versuch, eine Anstellung bei König Christian VI. von Dänemark zu finden, scheiterte, entschied er sich ganz für die geistliche Laufbahn. 1734 legte er vor einer Prüfungskommission in dem schwedischen Stralsund ein theologisches Examen ab und trat am 19. Dezember 1734 in Tübingen mit Einverständnis der theologischen Fakultät und des württembergischen Kirchendirektoriums in den geistlichen Stand ein, als freier Evangelist, ohne an eine Gemeinde gebunden zu sein.

Die Ausweisung aus Sachsen machte Zinzendorf seit 1736 zum Pilger, der mit seinen engsten Mitarbeitern die „Pilgergemeine" oder das „Jüngerhaus" bildete und von hier aus, ständig unterwegs, die Leitung der Gemeine wahrnahm. Dies führte zur Gründung von immer neuen Stützpunkten und Gemeinen in den verschiedensten Territorien und Ländern. Als Wohnsitz pachtete er zunächst die Ronneburg bei Büdingen, von wo aus später die Gemeinen Marienborn und Herrnhaag innerhalb einer reformierten Landeskirche zur „Rettung" der Separatisten entstanden. Ende Juli 1736 brach Zinzendorf nach Riga und Reval auf, wo sich ihm durch Verbindung zur Generalin Magdalene Elisabeth von Hallart Wege öffneten und die weitere Arbeit der brüderischen Boten zu einer Erweckung unter den Esten und Letten von bleibender Wirkung innerhalb der lutherischen Landeskirche führte.

Auf dieser Reise wurde ihm am 30./31. August in Königsberg im Blick auf die ungewisse Zukunft der Gemeine deutlich: „Man kan nicht länger so fort laviren, sondern es muß dahin kommen, daß die mährischen Brüder einen öffentlichen Durchbruch krigen . . . Sie sollen in allen Kirchen ein Salz sein und sich vermengen, ohne ihre Salzkraft zu verlieren."[6] Zinzendorf stellte sich damit hinter das Selbständigkeitsstreben der Mähren und die äußere Erhaltung dieser Kirche, so lange sie sich seiner philadelphischen Gemeinidee unterordneten. Darum strebte er nun selbst nach dem mährischen Bischofsamt, das David Nitschmann schon 1735 erhalten hatte, um es in seinem Sinn zu gebrauchen. In Herrnhaag aber sollte eine Gemeine für die Mähren entstehen. Auf der Rückreise gewann er in Berlin die Gunst und Freundschaft des Preußenkönigs Friedrich Wilhelm I. Ein Jahr später wurde der Graf nach einer Prüfung seiner Theologie in Berlin im Auftrag des Königs, der sich vergewissert hatte, daß damit keine vierte Konfession eingeführt werde, durch den Hofprediger und Bischof der polnischen Brüderkirche Daniel Ernst Jablonski (1660–1741) zum Bischof geweiht.

Schon zu Beginn des Jahres war er nach London gereist, um sich der positiven Einstellung des Erzbischofs von Canterbury, Johann Potter, zum mährischen Bischofsamt zu vergewissern. In England betrieb er auch die Ansiedlung von Brüdern in der Kolonie von Georgia in Amerika und lernte Charles Wesley kennen. Mit John Wesley hatte er bereits 1736 Briefe gewechselt, bevor er ihn auf dessen Reise nach Herrnhut 1738 in Marienborn persönlich kennenlernte. Vor allem durch Peter Böhler und August Gottlieb Spangenberg war die selbständige englische Erweckungsbewegung in Berührung mit Herrnhut gekommen, das durch seine lutherisch geprägte Frömmigkeit und seine straffe Gemeinordnung Anziehung ausübte. John Wesley wollte sich der Brüdergemeine, die bei seiner Bekehrung Pate gestanden hatte, anschließen. Es kam zu leidenschaftlichen theologischen Auseinandersetzungen, die in dem Gespräch Zinzendorfs mit John Wesley am 3. September 1741 in London gipfelten. Zinzendorf verstand nicht, warum sich Wesley von der „herrlichen Sünderschaft" lossage und auf christliche Vollkommenheit oder Heiligkeit dränge. Nach der Tagebuchnotiz von Wesley sagte Zinzendorf: „Ich erkenne keine innewohnende Vollkommenheit in diesem Leben an. Das ist der Irrtum aller Irrtümer . . . Wer eine innewohnende Vollkommenheit lehrt, der leugnet Christus."[7] Wesley dagegen wollte die Vollkommenheit des Christen aus seiner Liebe zu Gott und dem Nächsten als der Erfüllung der Gebote ablesen. Zinzendorf argumentierte von Luther her, während Wesley „mit dem 18. Jahrhundert psychologisch" (M. Schmidt) denkt. So teilte sich die englische Erweckungsbewegung fortan in die Gruppe um John Wesley und George Whitefield, die sog. Methodisten, und die Gruppe der Herrnhuter.

Zinzendorfs Äußerung, daß die Welt seine „Parochie" sei, gewann zunehmend an Wahrheit. Ende 1738 reiste er zu den Westindischen Inseln, um die Arbeit unter den Schwarzen am Ort zu studieren und zu fördern. Im Frühjahr 1741 begab er sich mit zahlreicher Begleitung nach Genf in der Hoffnung, den Genfer Theologen einen besseren Begriff von der Brüdergemeine zu geben und in nähere Verbindung zu den Schweizer Freunden, vor allem in Montmirail, dem Sitz der von Wattewilles, zu treten. Wie Hans Ruh beobachtet hat, betont Zinzendorf seit seinem Schweizer Aufenthalt stärker die Gottheit Jesu und entdeckt in dem Satz: „Der Heiland ist der Schöpfer" ein Leitmotiv seiner Theologie.

Auf einer Synode in London im September 1741 wählten die Anwesenden, inspiriert von der Tageslosung, als Nachfolger des Ältesten Leonhard Dober, der von seinem Amt zurücktreten wollte, Jesus Christus zum Generalältesten der Gemeine. Dieser Schritt entsprach ganz der Christusfrömmigkeit des Grafen, die damit zum tragenden Grund der Gemeinverfassung wird, richtete sich doch die Wahl Jesu auch gegen eine Überordnung des mährischen Bischofamtes. Zinzendorf befand sich auf der Abreise nach Amerika, wo er von November 1741 bis Januar 1743 blieb. In Philadelphia wurde Zinzendorf die treibende Kraft von sieben ökumenischen Konferenzen mit Vertretern der dortigen Kirchen, die er in einer „Gemeine Gottes im Geist" zu einigen hoffte. Er selbst hatte das Bischofsamt niedergelegt und trat als Bruder Ludwig auf, der sich zur lutherischen Gemeinde hielt. Zugleich unternahm er mehrere Reisen zu den Indianern und legte auf diese Weise den Grund für die brüderische Indianermission.

Bei seiner Rückkehr nach Deutschland fand er die „Generalkonzession zu den Etablissements der mährischen Brüder“ in Preußen von 1742 vor und war empört über das eigenmächtige Vorgehen seiner Mitarbeiter. Er sah die Gefahr, daß seine „ökumenischen“ Pläne durch die Bildung einer selbständigen mährischen Kirche als gleichberechtigt neben anderen vereitelt würden, und nahm mit dem Amt eines „vollmächtigen Dieners“ die Zügel wieder fester in die Hand. Er faßte sein ökumenisches Konzept in der Tropenlehre zusammen und legte vor Studenten des 1739 gegründeten theologischen Seminars in Marienborn in *21 Discoursen über die Augsburger Konfession* sein Verständnis dieses Bekenntnisses dar. Es gelang ihm, zu erreichen, daß die unveränderte Confessio Augustana von der ganzen Brüderkirche auf einem Synodus von 1748 als ökumenisches Bekenntnis angenommen wurde. Auch wurde die Gemeine Herrnhut in dem gleichen Jahr von einer erneuten sächsischen Untersuchungskommission als lutherische Konfessionsverwandte toleriert, und Zinzendorf durfte nach Sachsen zurückkehren.

Die Jahre von 1743 bis 1750 stellen zugleich Höhepunkt und Krise in der theologischen Entwicklung Zinzendorfs dar. In bewußtem Unterschied zu den verfaßten Kirchen und dem Zeitgeist entfaltet er seine Blut- und Wundentheologie mit einer geradezu expressionistisch anmutenden Sprache und Übersteigerung biblischer Bilder. Die Gemeine soll einfältig wie Kinder in den Wunden Christi spielen und im Gegensatz zu dem Heiligkeitsstreben der Pietisten die Seligkeit seines Verdienstes ausleben. Die Christusgemeinschaft wird einseitig als „Ehe-Religion“ ausgelegt und mit sich überstürzenden Bildern erläutert, so daß das Geheimnis der verborgenen Gegenwart Jesu gefährdet ist. Hat Zinzendorf insbesondere durch seine improvisierten Lieder solch schwärmerischer Frömmigkeit Vorschub geleistet, so erkennt er zu spät die Auswirkungen seiner Bildersprache in den Gemeinen der Wetterau, wo sein weicher, phantasiebegabter Sohn Christian Renatus in den Einfluß schwärmerischer Kräfte gerät. Erst 1749 hat er in einem Strafbrief von London aus die schlimmsten Auswüchse bekämpft, und rückblickend spricht er mit Luk 22,31 von der „Sichtungszeit“. Der Regierungswechsel in Büdingen führt 1750 zur Preisgabe der Gemeinen in der Wetterau und hat damit die schwärmerische Periode, die verständlicherweise zu einer Flut von Streitschriften Anlaß gab, jäh abgeschnitten.

Zinzendorf weilte von 1751 bis 1755 in England, meist in London, und lebte zurückgezogen als der „Ordinarius“ seines „Jüngerhauses“, stärker mit literarischen Arbeiten, etwa seiner ökumenischen Liedersammlung, dem *Londoner Gesangbuch,* oder den Losungs- und Textbüchlein beschäftigt. Die mannigfachen Gemeingründungen und Missionsaufgaben stellten Zinzendorf in London vor erhebliche finanzielle Probleme, die eine Trennung des Privatvermögens von der nun selbständiger organisierten Finanzverwaltung der Brüderkirche notwendig machte. Theologisch fand Zinzendorf jetzt zu stärkerer Ausgewogenheit und faßte die Motive seiner christozentrischen Frömmigkeit in dem Thema der „personellen Konnexion mit dem Heiland" zusammen. Seine Frau Erdmuth Dorothea starb 1756 in Herrnhut, er selbst folgte ihr nach einer kurzen zweiten Ehe mit Anna Nitschmann am 9. Mai 1760.

II. Das Werk

Zinzendorfs literarischem Werk haftet etwas Fragmentarisches und Unabgeschlossenes an. Vieles war ursprünglich nicht zur Veröffentlichung bestimmt. Seine Statuten und Instruktionen, seine Briefe und Bedenken sind weitgehend nachträglich zur Rechtfertigung seines Handelns in Sammelwerken wie der *Freiwilligen Nachlese,* den *Theologischen Bedenken* und den *Büdingischen Sammlungen* erschienen. Die Nachschriften seiner Reden ebenso wie die Lieder und liturgischen Formulare waren eigentlich für den internen Gebrauch in der Brüdergemeine bestimmt und wurden mehrfach durch Neuauflagen verbessert oder für eine veränderte Situation umgearbeitet. Die Menge des nur handschriftlich vorliegenden und als *Jüngerhaus-Diarium* an die Gemeinen versandten Materials ist um vieles größer als das gedruckte Werk. Will man seine theologische Leistung würdigen, so müssen wir zunächst die am Beispiel Herrnhuts faßbare „Gemeinidee" oder „Gemeinsache" umreißen.

Zinzendorf knüpft an Speners Gedanken der „ecclesiola in ecclesia" an. In diesem Sinne ist sein Drang zur Bildung von christlichen „Gesellschaften" oder „Sozietäten" zu verstehen. Das Ziel ist die „Erneuerung der Familie Jesu auf Erden". Im kleinen Kreis will er mit Christus in einer „personellen", lebendigen Verbindung und Konnexion leben.[8] Um die Bewährung der Jüngerschaft Jesu, wie sie in der Schrift abgebildet wird – seit 1751 nennt er sich der „Jünger" – ringt er sein Leben lang. Doch zwingen ihn die Kolonisten in Herrnhut, die in den ersten Jahren auf separatistische, kirchenkritische Anschauungen verfallen, einen Schritt weiter zu gehen. Durch die von Rothe durchgeführte Einrichtung von „apostolischen" Ämtern sollen die einzelnen Gruppen fester an die Schrift und die Herrschaft Christi, d. h. die eine Kirche gebunden werden. In den „Statuten" von 1727 gelingt Zinzendorf mit den Kolonisten der bedeutsame Schritt zu einer durch Ordnungen und Ämter gegliederten Gemeine im Unterschied zu den darauf verzichtenden Konventikeln.

Eine für die Gemeinidee weitere Wurzel ist Zinzendorfs philadelphische Neigung, wie sie sich bei dem Studenten und auf seiner Bildungsreise ausgebildet hat. Er drängt darauf, die Verbundenheit der Kinder Gottes in aller Welt zeichenhaft in einzelnen „Dörfern" zu verwirklichen. „Die unsichtbare Kirche kann der Welt sichtbar werden durch verbundene Glieder."[9] Die Gemeine in Herrnhut stellt ein ökumenisches Modell dar, das nicht etwa mit der „allgemeinen" und unsichtbaren Kirche identisch ist, aber trotz aller Unvollkommenheit auf diese eine Kirche hinweist und an ihr teilhat. Zinzendorfs Lebensgang zeigt, daß die Gemeine um ihrer äußeren Existenz willen auf die mährische Kirche als ihr Gehäuse angewiesen ist. Die Brüderkirche ist aber mehr als die mährische Kirche und will nicht an die Stelle der Konfessionskirchen treten. So wie sich Zinzendorf immer zur lutherischen Kirche bekannt hat, nimmt er die verfaßten Kirchen als eine geschichtliche Gestalt an und sieht in ihnen jeweils ein Kleinod verborgen, das ihnen Christus zur Verwahrung anvertraut hat. Freilich leidet er unter der Zerspaltenheit der Christenheit und erblickt in dieser Tatsache einen Beweis für die „Kreuzgestalt" der Kirche und ihren gegenwärtig unvollkommenen und vorläufigen Charakter. Aber diese Gestalt gehört zur Kondeszendenz und Menschwerdung Christi.

Beides, das relative Recht der Konfessionskirchen und seine Gemeinidee suchte er in der „Tropenlehre" zu vereinen. Danach sind die Konfessionskirchen verschiedene Erziehungsweisen Gottes (tropos paideias), wie er mit Christoph Matthäus Pfaff (1686–1760) sagte, die gleichberechtigt nebeneinander stehen. Dem liegt die Überzeugung zugrunde, daß die lutherische, reformierte und mährische Kirche ihre eigentliche Mitte in Christus haben und sie darum in ihrem Zentrum verbunden sind. Die Brüderkirche erkennt die unterschiedliche konfessionelle Ausprägung ihrer Glieder an, und Zinzendorf setzte „Tropenbischöfe" für die lutherische und reformierte Konfession in Parallele zu dem mährischen Bischoftum ein, damit die einzelnen Glieder nicht den Kontakt zu ihren Kirchen verlieren und sich etwa in einer indifferenten Gefühlsfrömmigkeit verirren. In der Tropenlehre ist der ökumenische Charakter der Gemeine am deutlichsten formuliert.

Nun war die Gemeine für Zinzendorf weit mehr als eine Idee oder ein „Plan". Gemeine existiert nur als Bruderschaft durch die Verbundenheit der Glieder. Neben der in der ersten *Beschreibung von Herrnhut* durch Christian David an erster Stelle genannten Einteilung der Ämter und Dienste[10] ist auf die konkreten Gemeinschaftsformen, die Gliederung der Gemeine, zu achten. In den Statuten von 1727 empfiehlt Zinzendorf die Bildung von kleinen Seelsorgegruppen, den „Banden" (§ 17). Ihr Zweck ist die regelmäßige, offene Aussprache und das Gebet über persönliche Probleme mit dem Ziel, gemeinsam in der Nähe Jesu zu bleiben. Sie werden nicht angeordnet oder organisiert, sondern es bleibt offen, „wer sich am besten zum andern schickt". Jede Bande wählte einen Bandenleiter, und diese trafen sich wöchentlich mit Zinzendorf zur Besprechung. 1730 bestanden in Herrnhut dreißig Banden, 1734 einhundert Banden. Doch werden sie verdrängt durch die für die Brüdergemeine bis ins 20. Jahrhundert gültige Choreinteilung. Die „Chöre" bezeichnen die Gliederung der Gemeine nach Geschlecht und Alter. Es gab also das Chor der kleinen Knaben, der großen Knaben, der ledigen Brüder usw. Dies Einteilungsprinzip zog Zinzendorf deshalb vor, weil es die Gemeinschaft weder auf Sympathie noch auf geistliche Erkenntnisstufen, wie bei den böhmischen Brüdern und im Pietismus vielfach üblich, sondern auf die natürlichen Entwicklungsstufen des Menschen gründet. Die Chorgliederung wurde besonders wirksam durch die Errichtung von Chorhäusern, womit die ledigen Brüder

1728 einen Anfang machten. Sie haben das Zusammenleben in geistlicher und wirtschaftlicher Hinsicht durch die Einrichtung von Chorhausbetrieben geprägt. Zinzendorf nahm das Amt der Seelsorge in den sonntäglichen Chorversammlungen wahr, indem er jedem Chor verschiedene Aufgaben zuwies und dessen besondere Beziehung zu Christus erläuterte. Nach Chören getrennt versammelte sich die Gemeine zum Gottesdienst, nach Chören getrennt sind die Gräber auf dem „Gottesacker" angelegt.

Die geistliche Mitte der Gemeine, aus der sie ihre Kraft empfängt, sind die täglichen Versammlungen. Durch die Anbetung Christi, durch Schriftlesung und Sakrament wird sie zu der Einheit des Leibes Christi geformt, wird sie eins mit ihrem Haupt, so daß die Vielzahl der Individuen durch den einen „Gemeingeist" regiert wird. Zinzendorf unterscheidet sich durch sein Verständnis für Liturgie von der pietistischen Gleichgültigkeit gegenüber der Agende und hat einen Reichtum an neuen Formen entwickelt wie das Liebesmahl, die Fußwaschung, die Ostermorgenfeier und die ursprünglich tägliche Singstunde. Aus der lutherischen Litanei entwickelte er einen liturgischen Gebetsgottesdienst, wie er überhaupt die rein liturgische Versammlung zu einer Eigentümlichkeit der Brüdergemeine machte.

In diesen Zusammenhang gehört auch Zinzendorfs Bedeutung für die Geschichte des Kirchenliedes. Ein großer Teil seiner Lieder sind Gelegenheitsgedichte, die Verwandten, Freunden und engen Mitarbeitern zugedacht waren. Andere sind in den Singstunden entstanden und reflektieren das Thema einer solchen Versammlung. Zinzendorf bewertete die Lieder am höchsten, die „aus dem Herzen gesungen", d. h. spontan in der Versammlung improvisiert wurden, weil er in ihnen ein Wirken des Heiligen Geistes wahrnahm. Dem Singen schrieb er in der Gemeine eine hervorragende Stellung zu, weil es in besonderer Weise mit Gott in Verbindung bringe. Darum hat er zeit seines Lebens die verschiedensten Gesangbücher herausgegeben und das Lied zur „Erweckung" der Gemeine eingesetzt. Unter der Fülle seiner eigenen Dichtungen sind vor allem die Jesuslieder („Christi Blut und Gerechtigkeit" außer Strophe 1; „Jesu, geh voran" urspr.: „Seelenbräutigam, o du Gotteslamm") und die Gemeine- und Streiter(Missions)lieder („Herz und Herz vereint zusammen") ein Beitrag zum evangelischen Kirchenlied.

Zinzendorfs Werk will praktische Einübung der Heiligen Schrift sein. Übertragungsversuche des Bibeltextes in die Sprache seiner Zeit unternimmt er bis ins Alter und richtet 1733 ein collegium biblicum unter Leitung von Magister Friedrich Christoph Oetinger (1702–1782) ein, um die Bibel in der Ursprache zu lesen. Aus der in Halle gelegentlich geübten Form, Bibelworte mit den Mitschülern auszutauschen, entsteht das *Losungsbuch*. Am 3. Mai 1728 gibt er der Gemeine in der abendlichen Singstunde ein Bibelwort als „Losung für den künftigen Tag" mit, und seitdem wurde für jeden Tag ein Schriftwort zunächst ausgewählt, dann ausgelost und am Morgen in jedes Haus in Herrnhut durch einen Boten herumgetragen. Ab 1731 erschien das *Losungsbuch* mit den täglichen Bibelworten und dazugehörigen Liedversen für das ganze Jahr im Druck, um in Verbindung mit den abwesenden Gliedern zu bleiben. Die Absicht war, daß die Gemeine und ihre Glieder zu „lebendigen Bibeln" werden.[11] Zinzendorf hat neben den Losungsbüchern die Bibel zu einzelnen Themen ausgewertet und diese Textbüchlein als tägliche Lektüre der Gemeine vorgelegt. Gerade diese Arbeit an Losungs- und Textbüchern hat er bis zuletzt selbst übernommen und nicht an andere delegiert.

In den *Homilien und Gemeinreden* Zinzendorfs wird seine Christozentrik am anschaulichsten. Denn sie kreisen um das eine Thema der Gemeinschaft des Christen mit dem Gekreuzigten oder, wie er sagte, um den „täglichen Umgang mit dem Heiland".

Nach der objektiven Seite hin besagt diese Kurzformel, daß der allmächtige, verborgene Gott nur in Christus zu erkennen ist. Gott hat sich herabgelassen und in einem geringen Kind offenbart. Zinzendorf lehnt die Spekulation über Gottes Wesen und jede Form einer christlichen Philosophie als schwärmerisch ab. Christus ist der „Amtsgott, durch den alles erfunden, gemacht, erhalten und wiedergebracht wird".[12] Schöpfung und Erlösung werden ganz eng miteinander verknüpft. In dem Satz, daß Christus der Schöpfer ist, konnte man das entscheidende Charakteristikum der Brüdertheologie erblicken, das die radikale Abhängigkeit des Menschen von Christus zum Ausdruck bringen will.

Christus wird bei Zinzendorf immer als der „Schmerzensmann", der „Heiland", der für uns „Verwundete" vorgestellt. In seinem Leiden und Tod gipfelt Gottes Kondeszendenz. Seine Wunden, sein Blut, das Lamm sind Symbolbegriffe dafür, daß der Christ allein aus Jesu „Verdienst" und „Opfer" lebt. Dabei sieht Zinzendorf die ganze Menschheit Christi als verdienstlich an, d. h. durch sein Leben ist das Leben seiner Nachfolger von Kindesalter an geheiligt. Mit dieser Vorstellung richtet er sich gegen alles pietistische Heiligkeitsstreben und gegen jede Form von Selbstrechtfertigung. So glaubte er Luthers Rechtfertigungslehre für seine Zeit anschaulich und lebendig zu machen. Wer aus dem Verdienst Christi lebt, erkennt seine „Sünderschaft", sein „Elend", erfährt die „Sünderscham". Aus der Entdeckung des Evangeliums folgt also erst der Abscheu vor der Sünde. Die Formel vom „Umgang mit dem Heiland" will das gänzliche Angewiesensein auf Christi Opfertod ausdrücken, das er als ein tägliches Sich-Bergen in der Gnade versteht. Damit hat er gegenüber der Nachfolgeethik seiner Jugendjahre eine legitime Form protestantischer „Christusmystik" entdeckt, die in Christi Leiden weder das Vorbild des stillen Dulders noch das Prinzip der Selbstverleugnung sah.

Nach der subjektiven Seite der Christusgemeinschaft hin drängt Zinzendorf im Sinne des 18. Jahrhunderts und seiner neuen Wertung des Individuums und der geschichtlichen Entwicklung auf persönliche, „personelle" Konnexion mit dem Heiland. Christus führt jeden auf seine, ihm besondere Weise, und Zinzendorf achtet genau auf die unterschiedlichen Führungen, auf das punctum temporis, auf den Wink Jesu, den rechten Augenblick des Tuns oder Ruhens. Von hier aus muß man den häufigen Gebrauch des Loses als ein Mittel verstehen, von Jesus einen Fingerzeig für das rechte Verhalten zu empfangen. Je enger und achtsamer die Freundschaft mit Christus ist, desto besser kann sein Werk in dieser Welt gefördert werden. Im Umgang mit dem Heiland wurzeln die Dienstbereitschaft, Kindlichkeit, Demut, der Jüngersinn und Zeugengeist der Boten.

Zinzendorf war überzeugt, daß solche Christusgemeinschaft keine Sache des Verstandes und Kopfes sei, die viel Nachdenken erfordere, sondern, wenn sie echt ist, das Herz, die Empfindungen, das Gefühl des Menschen ergreift. Christi „selbst erwehlte Marter", seine Liebe zum Sünder, die „noblesse seines Gemüths", seine „Generosität" gewinnt das stolze Herz des in sich selbst verliebten Menschen.[13] Damit wird bei Zinzendorf nicht ein neuer Religionsbegriff in die Theologie eingeführt, denn Empfindung und Gefühl des Menschen sind fest eingebunden in die Christusgemeinschaft, sind Einfühlung in Jesu Art und Tun, sind Reaktion auf Christi Liebesopfer. Aber Bettermanns Urteil, daß Zinzendorf „das Gefühl als Erkenntnisprinzip in die Theologie eingeführt" habe[14], deutet auf die Wegscheide hin, an der Zinzendorf steht. Glaube und Liebe sind folglich kaum noch zu trennen, sie werden identisch. Die Liebe zu, das „Verliebtsein" in Christus ist aber immer auf den Gekreuzigten bezogen und bedeutet das Sich-Bergen in seinem Verdienst. Zinzendorf spricht ebenso gern von der „Anschauung", der „Imagination", der „Repräsentation" des Heilandes. Anschauung und Imagination sind aber nicht als schöpferische religiöse Entfaltung des Christen zu verstehen, sondern als Mittel zur Vergegenwärtigung der Realität seines Sterbens. „Unsere Phantasie muß würcklich geschwängert, das Herz in Bewegung, und das Gefühl mit Bildern und Vorstellungen dessen, was geschehen ist, angefüllet seyn, beim Wachen und beim Schlafen."[15] Aus dieser Liebesbegeisterung erhält die Dienstbereitschaft und der Zeugentrieb der Gemeine ihre Dynamik.

Das Besondere von Zinzendorfs Christozentrik besteht nun darin, daß er immer die Gemeine im Blick hat. S. Eberhard geht in seinem für Zinzendorfs Kreuzestheologie grundlegenden Buch von der These aus, „daß alles zusammen genommen, sein [Zinzendorfs] Plan in Lehr und Anstalten bey Christen, Juden und Heyden, auf die Inthronisirung des Lammes Gottes, als eigentlichen Schöpfers, Erhalters, Erlösers und Heiligmachers, der gantzen Welt, und die Catholizität seiner Leidenslehre, als einer in theoria et praxi universal-theologie" gerichtet sei.[16] Zinzendorfs Kreuzestheologie ist von Anfang an ökumenische Theologie, ist ihm die durch alle Religionen hindurchgehende Universalreligion. Aber man hätte Zinzendorf falsch verstanden, wenn man darin nur ein theologisches Prinzip erblickte. Vielmehr folgt aus dieser Einsicht seine Leidenschaft für die Gemeinschaft der Kinder Gottes. „Ich statuire kein Christentum ohne Gemeinschaft", hält er dem Leutnant von Peistel vor.[17] Zinzendorf wehrt jede Form einer Mystik, die nur Gott und die Seele in den Blick nimmt, ab. In den Wunden Jesu, in seiner Seitenhöhle wird die Kirche geboren. Die Dreieinigkeit ist die „einige eigentliche Original-Kirche". Zinzendorfs Bedeutung für die evangelische Theologie liegt darin, daß er nicht einen abstrakten Begriff von Kirche entwickelte, sondern das Modell einer Gemeinschaft verbundener Glieder und der durch den Leib Christi geeinten Bruderschaft darstellte. Darum bekommen bei ihm alle Bilder, die die Verbundenheit Christi mit seinen Gliedern beleuchten, einen besonderen Klang. Er ist das Haupt, wir seine Glieder. Er ist der Weinstock, wir die Reben. Er ist der Bräutigam, die Gemeine seine Braut. Er ist der „Älteste" seiner Mitarbeiter. Der Heilige Geist ist die „Mutter", die ihre Kinder pflegt und erzieht.

Sehr anschaulich und faßbar wird Zinzendorfs Spiritualität in seiner Wertung und Deutung des Abendmahls. So wie die Gemeine durch die Abendmahlsfeier am 13. August 1727 begründet wurde, galt das Abendmahl als Höhepunkt der liturgischen Versammlungen und wurde zu einem eigenen Gottesdienst ausgestaltet. Zinzendorf sagt, daß er „keine Gemeine Jesu ohne Abendmahl statuire", und seine Blut- und Wundenlehre hat hier ihren Sitz im Leben.[18] Das Abendmahl ist ihm die „allerinnigste Konnexion mit der Person des Heilandes"[19], die „sakramentliche Umarmung" Jesu.

III. Bedeutung

Innerhalb der evangelischen Kirche war die an philadelphischen Bestrebungen anknüpfende Ausgestaltung einer interkonfessionellen Gemeine, die die bestehenden Konfessionen anerkannte und voraussetzte und, wie in Sachsen, innerhalb der lutherischen Landeskirche arbeitete, ein neuartiges Modell, das nicht so sehr als Vorläufer der Unionsversuche des 19. Jahrhunderts, sondern eher als ein mit den Mitteln des 18. Jahrhunderts erstelltes Modell einer ökumenischen Kirchengemeinschaft zu verstehen ist. Diese philadelphisch-ökumenische Tätigkeit der Brüdergemeine verstand Zinzendorf nicht seinerseits „konfessionell" als Sammlungsbewegung der Erweckten im Sinne ihrer Heimholung in die Brüderkirche, sondern als „Diasporaarbeit" unter und in Zusammenarbeit mit den verschiedenen Kirchen. Die zu diesem Zweck ausgesandten Boten sollten die Verbindung und Gemeinschaft unter den Kindern Gottes stärken, aber nicht Mission treiben. Zwar kann Zinzendorf gelegentlich optimistisch sagen, „den Zusammenfluß der zerstreuten Kinder Gottes fang ich an zu glauben und zu sehen",[20] doch lehnt er einen organisatorischen Zusammenschluß aller Kinder Gottes ab. Die brüderische Diasporapflege, die im 19. Jahrhundert ihre größte Ausdehnung erreichte, lebte von den guten Kontakten zu anderen Kirchen und hat nicht zu einer Vergrößerung der Bruderkirche in Europa geführt. Sie wirkte auf Intensivierung einer schlichten biblischen Christusfrömmigkeit hin gegenüber dem seit Mitte des 18. Jahrhunderts in die Landeskirchen eindringenden Aufklärungschristentum und hat so einen wichtigen Einfluß auf die Erweckungs- und Gemeinschaftsbewegung des 19. Jahrhunderts in Deutschland, Holland, Skandinavien und der Schweiz ausgeübt.

Außerhalb Europas und der Konfessionskirchen hat Zinzendorf die Brüder zu dem bedeutendsten Missionswerk der evangelischen Kirche im 18. Jahrhundert, das bald die hallesche Mission überflügelte, angespornt. In der als selbstverständlich bejahten kirchlichen Verpflichtung zur Mission und in seiner missionarischen Leidenschaft erweist er sich als Schüler A. H. Franckes, und die Anfänge der Brüdermission sind nicht ohne die Hilfestellung Halles und Dänemarks zu denken. Doch von den Voraussetzungen Herrnhuts und dem Vorhandensein einer lebendigen Gemeine her kam es zu einem neuen theologischen Ansatz. Zinzendorf verstand die Aufgabe der Mission als Auftrag der ganzen Gemeine und machte sie damit von den Instanzen der kolonialen Herrschaft weitgehend unabhängig. Die Gemeine sorgte für die Missionare, soweit das möglich war, und nahm laufend, etwa an den Gemeintagen, an ihrem Ergehen teil. Luthers Erkenntnis vom allgemeinen Priestertum der Gläubigen wurde jetzt verwirklicht, indem Laien als Prediger in die Welt zogen und der Missionsauftrag nicht wie noch in Halle an ordinierte Geistliche gebunden blieb. Daß die Brüdermission ein pietistisches „Privatunternehmen" gewesen sei, kann man für Zinzendorf im Ernst nicht behaupten, vielmehr liegen hier die Ansätze zu einer aus ökumenischem Geist betriebenen Arbeit, die stellvertretend für alle Kirchen geschah, sich aber angesichts der politischen und konfessionellen Schranken des 18. Jahrhunderts zur Brüdermission verengte. Zinzendorf wollte den Spuren Jesu zu allen Völkern in der Welt folgen und nur dort, wo Christus den Boden bereitet hat, die „Erstlinge" aus allen Völkern zu der einen Gemeine Gottes rufen. Von Massenbekehrung, der „Nationalbekehrung" eines ganzen Stammes oder Volkes hielt er nichts, sondern erblickte in der auf den einzelnen gerichteten Arbeit die Methode des Heilandes. Seine theologischen Fundamentalartikel vom Schöpferamt Christi und dem Sühnopfer Christi für alle Welt müssen im Zusammenhang seiner missionarischen Tätigkeit gesehen werden. Sie sind die Leitsätze seiner Missionspredigt und bewährten sich in ihrer theologischen Konzentration und bildhaften Eindringlichkeit auf dem Missionsfeld. Doch wirkten die brüderischen Laienmissionare vielleicht noch mehr durch ihre auf der Missionsstation praktizierte Gemeinschaft, die sobald wie möglich als geordnete Gemeine eingerichtet wurde, durch ihren brüderlichen Umgang mit den Einheimischen in weitgehender Anpassung an ihre Lebensweise, um so Christi Liebesregiment zu verdeutlichen.

IV. Wirkung

Die Wirkung von Zinzendorfs theologischen Anstößen ist nicht zu trennen von der weiteren Geschichte der Brüdergemeine. Freilich sind viele seiner originellen Bilder und Kernsätze nach seinem Tod zugunsten eines schlichten biblisch-kirchlichen Christentums abgeschliffen oder aufgegeben worden, und August Gottlieb Spangenberg (1704–1792), die prägende Gestalt der folgenden Jahre, hat in seinen *idea fidei fratrum,* einer Zusammenfassung der brüderischen

Lehre, zwar noch von Christus als dem Schöpfer gesprochen, sich aber um trinitarische Ausgewogenheit und Anpassung an das kirchliche Lehrschema bemüht. Aber das theologische Seminar der Brüdergemeine bildete bis zu seinem Ende 1945 eine Forschungsstätte, die sich mit den Gedanken Zinzendorfs auseinandergesetzt und sein Erbe kommenden Generationen vermittelt hat. Es ist zugleich ein Spiegel der Zeitsituation, denn während Hermann Plitt (1821–1900) seine dreibändige Theologie Zinzendorfs aus der Sicht der gläubigen Vermittlungstheologie schrieb, legte Bernhard Becker (1843–1894), ein Schüler Albrecht Ritschls, seine Darstellung historisch beschreibend an. In der ersten Hälfte des 20. Jahrhunderts hat durch Heinz Renkewitz, Wilhelm Bettermann und Samuel Eberhard vor allem das lutherische Erbe des Grafen gewirkt, während nach 1945 durch Otto Uttendörfer in Herrnhut und Leiv Aalen, Professor für Theologie in Oslo, demgegenüber Zinzendorfs kritische Nähe zu Mystik und Neuprotestantismus in den Blick genommen wurde. Die Beschäftigung mit Zinzendorfs Theologie geschieht heute zunehmend auf dem 1807 gegründeten theologischen Seminar in Bethlehem/USA und den theologischen Ausbildungsstätten in Südafrika, Tansania und Jamaica.

Die Wirkungsgeschichte Zinzendorfs ist aber nicht auf die Brüdergemeine beschränkt geblieben. Zu den Schülern des theologischen Seminars gehören Friedrich Schleiermacher (1768–1834), der sich als Herrnhuter höherer Ordnung bezeichnete, und der Philosoph Jakob Fries (1773–1843). Die Herrnhuter-Predigerkonferenzen des 19. Jahrhunderts haben bis weit in die Landeskirchen ausgestrahlt und wurden unter anderen von Baron Hans Ernst von Kottwitz (1757–1843), Johannes Friedrich Oberlin (1740–1826) und Johannes Evangelista Goßner (1773–1858) besucht. Zinzendorfs Lieder haben Eingang in die Gesangbücher der Landeskirchen gefunden, und die Losungsbücher sind zu einem in ganz Europa verbreiteten Andachtsbuch geworden.

Philipp Schäfer

JOHANN SALOMO SEMLER

(1725–1791)

Ab der Mitte des 16. Jahrhunderts war die Tatsache der Spaltung der abendländischen Kirche nicht mehr zu übersehen. Die Konfessionen sammelten ihre Kräfte und grenzten sich gegeneinander ab. Die Theologen suchten den Glauben ihres Bekenntnisses in einem umfassenden und in sich zusammenhängenden System darzustellen. Die protestantische Theologie berief sich auf die Schrift. Sie war ihr das Wort Gottes, das sie vom Bekenntnis der Reformatoren her auslegte. Diese Theologie, die den rechten und wahren Glauben, wie er von den Reformatoren bezeugt wurde, schulmäßig darstellte, wurde später als altprotestantische Orthodoxie bezeichnet. Die Schule der Orthodoxie nahm zu Anfang des 18. Jahrhunderts das Wissenschaftsverständnis Wolffs auf und gliederte ihren Stoff noch strenger nach den Methoden dieser Philosophie.

Zu dieser Zeit sammelten protestantische Theologen historisches Material zur Kirchengeschichte und zur Glaubenslehre (Johann Lorenz Mosheim, 1694–1755, Johann Georg Walch, 1693–1775).

Der *historischen Erforschung des Christentums* verhalf Johann Salomo Semler zum Durchbruch. In der Ablösung der Orthodoxie wies er der Theologie Wege, auf denen sie sich neu und stärker auf das Denken und das Lebensgefühl der Neuzeit einlassen konnte. Wer nach den tiefgreifenden Veränderungen im theologischen Denken der Neuzeit fragt, wird Semler, einem der bedeutendsten Theologen des 18. Jahrhunderts, begegnen.

I. Leben

In einer zweibändigen Lebensbeschreibung (1781/82), in einem Andenken an seine erste Frau (1772) und in Selbstgeständnissen (1784) unterrichtet uns Semler selbst sehr umfassend über seinen Lebensweg, seinen Ausbildungsgang und seine Forschertätigkeit.

Johann Salomo Semler ist am 18. Dezember 1725 als Sohn des Predigers, Archidiakons und späteren Superintendenten Matthias Nicolaus Semler in Saalfeld (Thüringen) geboren. Der Vater hielt sich in jungen Jahren als Feldprediger in holländischen Diensten im Ausland auf. Da erweiterte sich sein Gesichtskreis. Der Sohn erinnert sich noch an Antiquitäten aus den Wanderjahren und meint, sie hätten in ihm schon früh das Interesse an Vergangenheit und Geschichte geweckt.

In Italien hatte der Vater offene und freundschaftliche Aufnahme bei Ordensleuten gefunden. Von dieser Begegnung sieht der Sohn des Vaters Verhältnis zu den Konfessionen bestimmt. „Der genaue Umgang mit diesen Ordensgeistlichen überzeugte meinen Vater sehr bald, daß der äußerliche Unterschied der Religionsparteien meist zufällig und auf äußerliche Umstände gegründet sei" (Lebensbeschreibung 1,2).

Die späten Lebenserinnerungen zeugen von der Geborgenheit, die Semler in seinem Elternhaus und im Kreis der Freunde seiner Familie erfuhr. Durch den Hofprediger Lindner aus der Zinzendorfschen Brüderschaft gewann der Pietismus Kraft und Einfluß in seiner Heimat und am Hof der kleinen Herrschaft von Sachsen-Coburg-Saalfeld. Des Vaters gesundes Empfinden lehnte anfangs die betriebsame neue Herzensfrömmigkeit ab. Ihm wurden die Arbeiten auf dem Land übertragen. Der Sohn begleitete ihn oft und lernte seinen Vater hoch achten. Ein fester Grundsatz wurzelte in seiner Seele, „einst ebenfalls wirklich zu sein, was ich sein sollte!".

Doch blieb die Begegnung mit der neuen pietistischen Bewegung nicht problemlos. Tief erschütterte den Heranwachsenden die Sehnsucht seines Bruders nach Bekehrung und Versiegelung und die unermeßliche Traurigkeit über das Ausbleiben jeglicher wahrnehmbaren Veränderung. Nach dem Tod der Mutter öffnete sich der Vater der vom Hof geförderten Frömmigkeitsbewegung. Der Sohn bemerkte sehr rasch „mehr neuen Dialekt, als der Vater sonst einzumischen pflegte". Bald sah sich der junge Semler vom Vater selbst bedrängt. Das Nachzittern der schweren inneren Auseinandersetzungen schafft sich noch in den späten Erinnerungen Ausdruck. Nach langem Ringen unterwirft er sich schließlich dem harten und ständigen Druck. Ehrlich zu sich selbst suchte er mit allem Ernst in Stille und Gebet die sogenannte Versiegelung und die Gewißheit, daß er ein Kind Gottes sei.

1743 ging Semler zum Studium nach Halle. Die inneren Auseinandersetzungen um die Erweckung wurden durch Freunde und Einflüsse von außen zunächst noch verstärkt. Immer mehr gewinnen aber die Neigung zu vernünftiger Sittlichkeit und der angeborene Wissenstrieb gegen die Bedenken engherziger Freunde an Kraft. Es zieht den Studenten wieder zur klassischen Bildung, den Humaniora. Freunde aus Herrnhuter Kreisen verlassen Halle. Im zweiten Winter hört er Sigmund Jakob Baumgarten (1706–1757). Der Hang zu den Humaniora nimmt ab; Theologie wird ihm mehr und mehr etwas Größeres.

Baumgarten fördert den eifrigen Studenten, nimmt ihn in sein Haus auf, läßt ihn die Kinder unterrichten, die Bibliothek ordnen und regt ihn zu eigenen wissenschaftlichen Arbeiten an.

Der Versuch, in der Heimat eine Anstellung als Konrektor zu erhalten, schlägt fehl. Der Lehrer will den begabten jungen Mann an der Universität halten. Baumgartens Großzügigkeit und spärliche Einnahmen aus eigenen Arbeiten ermöglichen den Aufenthalt in Halle. 1750 disputiert er unter Baumgartens Vorsitz über Lesarten im Neuen Testament und wird zum Magister der Philosophie promoviert. Der Briefwechsel mit Gelehrten bringt ihm nach einer kurzen Anstellung in Coburg einen Ruf an die Universität der Reichsstadt Nürnberg in Altdorf ein. Ein Jahr lang lehrt er dort Historie und lateinische Poesie. Im April 1752 erreicht ihn der Ruf nach Halle auf eine theologische Professur. Er zögert und nimmt erst 1753 an. Zuvor erwirbt er in Altdorf noch den theologischen Doktor.

In Halle schließt er sich eng Baumgarten an und liest anfangs nach dessen Büchern. Von den Kollegen, die dem Halleschen Pietismus ergeben sind, wird er gemieden. Er fühlt sich einsam. Rastlos arbeitet er und sucht nach den Quellen. So erwirbt er sich ein umfangreiches historisches Wissen. Dieses und sein Bemühen um eine wissenschaftliche Darstellung der Theologie ärgern die Pietisten an der Fakultät. Doch immer mehr setzt er sich durch. Bald nach Baumgartens Tod (1757) gilt er als der bedeutendste Vertreter der Theologischen Fakultät in Halle. Dreimal wird er zum Rektor gewählt. Mit vielen bedeutenden Gelehrten seiner Zeit steht er in Briefwechsel. Nachdem Lessing die Fragmente von Hermann Samuel Reimarus (1694–1768) veröffentlicht hat, gerät er immer mehr in die Auseinandersetzung mit Naturalisten und Rationalisten.

Semler machte es sich nicht leicht auf seinem „beschwerlichen und gefährlichen" Weg, den er als einzelner, „ganz allein", „ohne Führer" gegen die Ansichten ganzer Jahrhunderte ging. Jegliche These prüfte er unter der Lupe seines Verstandes, bevor er sie annahm. Behutsam, ja beschwerlich und schwerfällig, ging er Schritt um Schritt voran. Er war eher eine beharrende Natur und rang sich nur schwer von überkommenen Anschauungen los. Aber sein Forschungsdrang trieb ihn zu kritischer Quellenarbeit. Vor der radikalen Kritik der Fragmente und des Naturalisten Karl Friedrich Bahrdt (1741–1792) bog er zurück. Er wurde vorsichtiger und zurückhaltender. Manche warfen ihm vor, er sei doppelzüngig und unwahrhaftig. Sehr verübelt wurde ihm, daß er das Wöllnersche Religionsedikt (1788), durch das die preußische Regierung das Bekenntnis gegen eine zügellose Freiheit sichern wollte, annahm. Dem Staat gegenüber hielt der Theologe, der so sehr die Selbständigkeit im Urteil schätzte, auf einen engen Untertanengehorsam. Den biederen bürgerlichen Verhältnissen seiner Zeit paßte er sich ängstlich an. Der Mann, der in seinem theologischen Arbeiten zwar mühsam, aber mutig den eigenen Weg suchte, gestaltet sein häusliches Leben ganz im Rahmen einer verkrampften Bürgerlichkeit. Im letzten Jahrzehnt seines Lebens beschäftigt er sich viel mit physikalischen Experimenten und publiziert Beobachtungen über das Leben von Insekten. Nach kurzer Krankheit stirbt er am 14. März 1791 in Halle.

II. Werk

Nach kurzen Aufenthalten in Coburg und Altdorf kehrte Semler an seinen Studienort Halle zurück. 38 Jahre lehrte er an der Theologischen Fakultät. Obwohl er noch zu Lebzeiten seines Lehrers Baumgarten Ansehen gewonnen

Johann Salomo Semler (1725–1791)

hatte und durch all die Jahre als Lehrer geschätzt war, hat er doch keine eigentliche Schule gebildet.

Allerdings hat er ein überaus reiches *literarisches Werk* hervorgebracht. Sein früher Biograph, Johann Gottfried Eichhorn (1752–1827), nennt 171 Titel. Gottfried Hornig hat 218 Titel erfaßt. Hans-Eberhard Heß hat weitere 21 Titel aufgefunden. Dazu kommen noch über 30 Dissertationen, die unter seinem Vorsitz verteidigt wurden.

Eine Übersicht zu dieser Fülle von Werken ist kaum zu geben. Semlers unsystematische Arbeitsweise und Schreibart sprengt jeden Versuch, Ordnung und Gliederung in sein literarisches Werk zu bringen. Die Themen der Arbeiten sind überaus vielfältig. Sie beziehen sich auf Probleme und Fragen aus dem ganzen Bereich abendländischer Geschichte und Kultur. Da sind kurze Anmerkungen zu Arbeiten anderer Gelehrter mit textkritischen und philologischen Hinweisen oder mit historischen Ergänzungen. Von seinem Lehrer angeregt, hat er für dessen Sammlung zur Weltgeschichte mehrere Aufsätze geliefert.

Nach dem plötzlichen Tod des Förderers hat er aus dem Nachlaß mehrere Werke herausgegeben und ihnen Vorwort, Einleitung und Anmerkungen beigefügt. Eine *Historische Einleitung in die dogmatische Gottesgelehrsamkeit, von ihrem Ursprung und ihrer Beschaffenheit bis auf unsere Zeiten* gibt er den dogmatischen Vorlesungen seines Lehrers bei. In ihnen legt er eine Fülle von historischem Material zu Kanon, Dogmen- und Theologiegeschichte vor. Er will den menschlichen Ursprung und die geschichtlichen, zufälligen Bedingungen von Begriffen, Lehrsätzen und Dogmen, die von einer erstarrten Theologie als göttlich geoffenbarte Wahrheiten überliefert wurden, aufzeigen und das theologische Denken behutsam zu Selbständigkeit und Weitherzigkeit anregen.

Sein wachsendes Ansehen als Gelehrter benützt er, um Übersetzungen bedeutender Werke aus der englischen und der französischen Wissenschaft zu fördern. Auch diesen Übersetzungen gibt er meist ein Vorwort und Anmerkungen bei. Als Beispiele seien genannt: Richard Simons Kritische Schriften über das Neue Testament (1776–1780), Samuel Clarkes Schriftlehre von der Dreieinigkeit (1774) und Arthur Sykes Versuch über Natur, Absicht und Ursprung der Opfer (1778). Durch diese Übersetzungen half er deutscher Wissenschaft, den Anschluß an die gelehrte Welt in Frankreich und England zu gewinnen. Der Blick in die ausländische Literatur hat die wissenschaftliche Arbeit der deutschen Theologie nachhaltig gefördert und ihr internationales Ansehen eingebracht.

Die meisten seiner Arbeiten befassen sich mit *historischen Themen*. In vielgeschäftigem Bienenfleiß durchwühlt er die Fülle der abendländischen Überlieferung und sucht aus der Erkenntnis der Geschichte die altprotestantische Orthodoxie aus ihrem beengenden Gerüst zu befreien. Freilich blieb er meist in uferlosen Stoffsammlungen stecken.

Seine eigenen größeren Werke befassen sich mit Fragen der *Hermeneutik* und des Studienbetriebes oder geben Hilfen zum Studium der Theologie.

Zu den meisten Briefen des Neuen Testaments und zum Johannesevangelium verfaßte er Paraphrasen. In dieser Form der Schrifterklärung legte er seine eigene Auffassung des Sinnes der Schrift breit dar und fügte historische und dogmatische Überlegungen bei.

Viel beachtet wurden die *Abhandlungen von freier Untersuchung des Canons,* die in vier Bänden von 1771–1775 erschienen.

Seine eigene Dogmatik hat er in seiner *Institutio ad doctrinam Christianam liberaliter discendam* (1774) vorgestellt. Da diese Arbeit scharfen Widerspruch, aber auch hohe Anerkennung fand, gab er sie 1777 unter dem Titel *Versuch einer freieren theologischen Lehrart* deutsch heraus.

Auf Angriffe antwortete er in mehreren polemischen Schriften. Gegen Ende seines Lebens ließ er sich in die Auseinandersetzung um die Fragmente von Hermann Samuel Reimarus, die Lessing herausgegeben hatte, und um Karl Friedrich Bahrdt (1741–1792) hineinziehen.

In mehreren Schriften erzählte er aus seinem Leben und Arbeiten. Schließlich finden sich noch Schriften über Insekten.

In allen Arbeiten über Semler finden sich Klagen über seine unsystematische, breit ausufernde Arbeits- und Darstellungsweise. Seine Sprache ist undurchsichtig und umständlich. Emanuel Hirsch (1888–1972), der ihm durchaus wohlgesonnen ist, meint, Semlers Deutsch sei das schlechteste, „das je ein Deutscher von geistigem Rang geschrieben" habe.

Als Historiker hat Semler gelernt, Tatbestände sehr genau zu betrachten. Wo immer er einen allgemeinen Gesichtspunkt oder eine überschauende Zusammenfassung zur Sprache bringen will, sucht er nach allen Seiten abzuwägen, alles auf einmal zur Geltung zu bringen und jede mögliche Eingrenzung mitzunehmen. So winden sich seine Sätze in hin- und hertastenden Gedankengängen. Der Leser tut sich schwer, die Aussage zu erkennen und zu erheben.

Keine seiner Arbeiten hat eine zweite Auflage erlebt. Manche gerieten schon zu seinen Lebzeiten in Vergessenheit. Bei aller Klage sind sich Verehrer und Kritiker Semlers jedoch einig, daß dieses umfangreiche Werk die Theologie jener Zeit bewegt hat und daß sich in den umständlichen und breiten Darlegungen Goldkörner finden. „Wer sich dennoch nicht abhalten läßt, ihm zu folgen, entdeckt allmählich, daß in dem Gewande des zerfahrenen, wortewendenden Viellesers ein ernster und gesammelter Mann steckt, der ein klares und bestimmtes Bild seiner Lebensaufgabe sich gemacht hat und diesem Bilde unerschütterlich durch jahrelange staubige Arbeit hindurch die Treue hält."[1]

III. Bedeutung

Die Bedeutung Semlers wird allgemein zunächst in seinen vorurteilsfreien historischen und kritischen Untersuchungen gesehen. „Man kann Semler nicht besser charakterisieren, denn als theologischen Revolutionär, der wie ein Maulwurf alles durchwühlt und unterhöhlt hat. In ihm erwachte der alles in

Frage und Zweifel stellende Geist, der die Steine des christlichen Gebäudes auf ihre Tragfähigkeit und Festigkeit untersuchte. Semler hat die historische Theologie mündig gemacht, indem er sie gelehrt hat, ihre Augen zu öffnen."[2]

Mit unbestechlichem Blick betrachtet er die Quellen und Zeugnisse der christlichen Überlieferung. Durch keine dogmatische Voreingenommenheit läßt er sich hemmen. Die *historische Kritik,* die außerhalb der Theologie bereits bekannt war, führt er in die Kirchengeschichtsschreibung ein. Er bleibt nicht auf halbem Wege stehen, sondern macht mit der Kritik restlos ernst. Unbekümmert nimmt er die Ergebnisse seiner kritischen Forschung auf. Dieser kritischen Erforschung unterzieht er auch die Bibel und fordert zu kritischer Haltung gegen Luther auf. Aber er lehnt auch alle pietistische Schwärmerei für das Urchristentum ab. Für diese Zeit gibt es nur wenige zuverlässige Nachrichten, dafür um so mehr Erdichtungen. Die Märtyrerlegenden erwecken seinen Argwohn. Er kommt zu dem Urteil: „Es ist also sehr ungewiß und häufig falsch, was von dem Vorzug und der Vollkommenheit der ersten Christen pflegt geglaubt zu werden."[3]

Seinen Scharfsinn wendet er an, durch die ganze Geschichte der Kirche hindurch unedle Motive aufzudecken. In religiösen Angelegenheiten sieht er häufig rein politische Absichten am Werk. Er bemerkt und benennt die unchristliche Behandlung der Juden durch Christen.

Zwar versucht Semler, den Erscheinungen in der Geschichte gerecht zu werden. Ohne alle Voreingenommenheit stellt er die nachreformatorische oder gegenreformatorische Geschichte der katholischen Kirche dar und schenkt den Jesuiten unbefangene Aufmerksamkeit. In der katholischen Kirche sei manches Gute anzutreffen, „dessen vorsichtige Nachahmung auch unter Protestanten sehr viele Vorteile . . . schaffen würde; ohne daß man zu fürchten hätte, das Papsttum wieder zu einer anderen Thüre einzuführen".[4]

Doch kommt Semler selten zu einem ausgewogenen Urteil. Er bleibt der kritische und kritisierende Sammler. Walter Nigg sieht in Semlers kirchengeschichtlichem Werk „eine bunte und krause Mannigfaltigkeit, für die sich niemand erwärmen kann. Stets behält der Pessimismus die Oberhand. Überall begegnet man in seiner Darstellung dem Klagelied, daß das Christentum im ganzen kirchenhistorischen Prozeß so wenig geistig aufgefaßt wurde".[5]

Die Bedeutung Semlers für die Theologie liegt nicht nur in der Einführung und Anwendung historischer Kritik. Ein Revolutionär der neuzeitlichen Theologie kann er genannt werden, weil er in Auseinandersetzung mit dem Pietismus die Theologie aus den selbstgeschmiedeten Fesseln der altprotestantischen Orthodoxie befreit und in eine Begegnung mit neuzeitlichem Vernunft- und Wirklichkeitsverständnis geführt hat.

Die *Orthodoxie* hatte sich als die praktische Weisheit verstanden, die aus dem geoffenbarten Wort Gottes alles lehrt, was zum Heil führt. Sie erhob den Anspruch, die Anweisung zur Vereinigung des Menschen mit Gott zu geben oder gar zu sein. Sie berief sich auf die Schrift. Schrift und göttliches Wort waren ihr eins. „Nach ihr fiel Theologie und geoffenbarte Lehre in eins, wie sich am deutlichsten an dem seltsamen Unbegriff ‚Offenbarte Theologie' (theologia revelata) zeigt, welcher dem ganzen altevangelischen dogmatischen System zugrunde gelegt ist."[6] Dieser Anspruch machte diese Theologie selbstsicher, rechthaberisch und unbeweglich.

Semler unterscheidet zwischen Theologie und Religion. Er ist Theologe. In Auseinandersetzungen mit pietistischen Kollegen und gedrängt durch seine eigenen Erfahrungen mit dem Pietismus will er die Theologie aus bloßer Erbaulichkeit und einer einfältig sich fromm gebenden Lehrart herausholen und sie an die wissenschaftlich, methodisch sauber aus der Schrift erhobene Lehre der Offenbarung binden. Andererseits sucht er, der Erfahrung des Menschen Raum zu verschaffen. Daher unterscheidet er gegen die Orthodoxie *Theologie und Religion.*

Theologie ist wissenschaftliche und akademische Erkenntnis und Darstellung der in der Schrift bezeugten Heilsordnung in ihrem inneren Zusammenhang. Sie erfordert eine angelernte Geschicklichkeit zur Erkenntnis der christlichen Wahrheit. Damit ist die Theologie als eine rationale und akademische Wissenschaft ausgewiesen, die ihre Aufgabe in einer allein vom Fleiß und natürlicher Gelehrsamkeit abhängigen Erkenntnis erfüllt.

Christliche Religion setzt eine richtige Erkenntnis der Glaubenslehren, wie sie in der Schrift gegründet sind, voraus. Diese Erkenntnis will aber im Menschen zu lebendiger Erkenntnis werden und in tätige Gottesverehrung einmünden. Religion ist Sache der Erkenntnis und des Willens. Sie ist Zustand und Verhalten des Menschen. „Die nächste Absicht dieser (christlichen) Religion, gehet auf die einzelnen Menschen in Absicht ihrer selbst, ihrer moralischen eigenen Geschichte." . . . „Die lebendige Einsicht alles wahren Übels und Elendes soll aus diesen so verdorbenen, so zerrütteten, unordentlichen Menschen, innerlich gute Menschen machen."[7] Sie will den einzelnen Menschen zu geistlicher Veränderung und zu einem neuen innerlichen Zustand führen. Die besonderen Vorstellungsarten, die äußere Darstellung und die Organisation in der Religionsgemeinschaft sind eher belanglos, wenn sie nur der Absicht der christlichen Religion dienen.

Religion will die Vereinigung des Menschen mit Gott. Semler nennt die Religion eine „moralische" Angelegenheit oder Geschichte. Unter moralisch versteht er sicher nicht sittlich in einem engen Verständnis. Moralisch ist der Gegensatz zu physikalisch und äußerlich. Es ist die Rede von der moralischen Würde des Menschen und der moralischen Liebe Gottes. Die Religion will Semler nicht auf ein ethisches Verhalten oder auf eine Leistung des Menschen einengen. Er weiß, daß diese Vereinigung mit Gott nicht vom Menschen her zu leisten ist. Gott kommt dem Menschen in Christus entgegen. Auf dem Weg zu diesem Ziel der Religion gebraucht der Mensch all seine Fähigkeiten. Er ist in seinem Denken, Fühlen, Wollen und Handeln angesprochen. Die konkrete Person ist in ihren geschichtlichen Bedingungen zur Vereinigung mit Gott berufen. Die Vereinigung mit Gott ist niemals ein für immer feststehender Tatbestand. Der Mensch vollzieht sie in seinem Leben, in seiner Geschichte.

Er ist, solange er lebt, nie fertig in ihr. Wenn Semler die Religion als moralische Geschichte beschreibt, meint er mit moralisch ein gesamtmenschliches Befinden und ein geschichtliches Verhalten des Menschen in den Kräften seines Erkennens, seines Wollens, seines Fühlens und seiner Freiheit. Als moralische Angelegenheit findet die Religion ihre Gestalt und ihre Ausprägung im Leben des Menschen.

Durch die Unterscheidung von Religion und Theologie befreit Semler Theologie und Religion aus ihrer gegenseitigen Umklammerung. Beide können sich nun freier entfalten. Da es der Religion um die dem einzelnen Menschen eigene moralische Geschichte und nicht um ihre äußere oder öffentliche Darstellung geht, kann nochmals zwischen öffentlicher und privater Religion oder Theologie unterschieden werden.

Diese Unterscheidungen ermöglichen die Ablösung des Offenbarungs- und Schriftverständnisses der Orthodoxie. Die Arbeiten am Text, den Übersetzungen und der Überlieferung der Bibel zeigen Semler, daß der Urtext nicht mehr herstellbar ist. Die vielen Abweichungen in den alten Handschriften der Bibel können ihre Ursache nur in menschlichen Bedingungen, nicht in einer göttlichen Lenkung der Überlieferung der Schrift haben. Damit ist die Schrift in ihrer Überlieferung geschichtlichen Bedingungen unterworfen, wie jedes andere Buch. Semler geht davon aus, daß alle biblischen Bücher von vernünftigen Urhebern zunächst „für besondere Leser, in einem besonderen Land, zu besonderer Zeit, und ohnerachtet sonstiger allgemeinen Brauchbarkeit, doch unter einer bestimmten Veranlassung“[8] geschrieben sind. Sie wollen konkrete Menschen in ihren Vorstellungen ansprechen. Wenn Gott einstmals Menschen durch Offenbarung ansprechen und belehren wollte, konnte er in der diesen Menschen verständlichen Sprache sprechen und an Kenntnisse dieser Menschen anknüpfen. Die Schrift kann daher nicht als einförmiges Wort Gottes gelesen werden. Der Blick auf die Umwelt und die Entstehung der Texte läßt einen völlig mechanischen Schriftbeweis nicht mehr zu. Die Einzelaussagen der Schrift müssen in ihrer Entstehungsgeschichte gewürdigt werden.

Die *Kanonkritik* zeigt, daß die Schriften des Neuen Testaments erst spät nach dem Tod der Apostel gesammelt wurden, die Kanonverzeichnisse der einzelnen Provinzen verschiedenen Umfang besaßen, der Kanon lange Zeit uneinheitlich und umstritten war. Die Urchristenheit kannte den neutestamentlichen Kanon noch gar nicht und empfand dies nicht als Mangel. Sie verkündete die christliche Botschaft vor allem mündlich. Die Schrift hat so ihre eigene Geschichte. Sie ist in der Geschichte unter menschlichen Bedingungen geworden und hat erst in der Geschichte allmählich ihr Ansehen gewonnen.

Semler setzt sich dann auch mit der Entstehung des Verständnisses der Schrift als wörtlichen Diktats Gottes auseinander und benennt die Voraussetzungen, die zur Ausbildung der Schriftlehre in der Orthodoxie geführt haben. Dann zerpflückt er die Begründung der Verbalinspiration. So kommt er zu dem Ergebnis, daß die Schrift nicht wörtliches Diktat Gottes ist. Schrift und Wort Gottes sind zu unterscheiden.

Die Bibel ist das in langer Geschichte gewordene und durch viele Hände überlieferte Buch, in dem Gottes Wort durch Menschen in menschlicher Sprache unter geschichtlichen Bedingungen bezeugt ist. Die Verfasser der einzelnen Schriften sind die eigentlichen Urheber ihrer Schriften. Damit will Semler die göttliche Inspiration der Schrift nicht grundsätzlich bestreiten. Ihm geht es nur um die Art dieser Inspiration. „Daß Gott der alleinige Urheber der biblischen Botschaft oder des in der Heiligen Schrift enthaltenen Wortes Gottes ist, hat Semler sowohl für das Alte wie für das Neue Testament anerkannt."[9] Die Schrift ist geschichtlich menschliches Zeugnis der Offenbarung Gottes. Ihr Inhalt geht auf Eingebung Gottes zurück.

Unter Eingebung versteht Semler Mitteilung von Erkenntnis an die Schriftsteller. Sie ist ein bestimmtes historisches Ereignis, das sein Ziel erreicht, wenn diese göttliche Unterweisung aus der Schrift im Glauben angenommen und genützt wird. Die Schrift kann als Offenbarungszeugnis nicht historisch und nicht rational erwiesen werden. Sie wird in ihrer göttlichen Eingebung durch das innere Zeugnis des Geistes erkannt. Durch das äußere Wort der Schrift und der Verkündigung wirkt der Geist den Glauben im Herzen des Menschen.

Gottes Wort ist zunächst Christus. Er ist das menschgewordene Wort Gottes. Er ist der Urheber heilsamer Erkenntnisse für den Menschen, hat ihnen Gnade und Wahrheit gebracht und vollkommene Erkenntnis Gottes unter ihnen verbreitet. Die Lehre Jesu und die Christusverkündigung berichten von der Liebe und der Barmherzigkeit Gottes. Ziel der Sendung Jesu ist die Versöhnung des Menschen mit Gott durch die Erneuerung des Gottesverhältnisses, das durch die Sünde zerbrochen wurde. Diese Versöhnung bewirkt das lebendige und heilsame Wort Gottes. Gott eignet dieses Wort den Menschen zu durch das Evangelium und seine Verkündigung. Die Verkündigung des Evangeliums ist Kraft Gottes, die den Glaubenden erneuert und heiligt. Dieses Wort Gottes ist in der Schrift enthalten. Sie bezeugt Christus, das Wort Gottes. Die Schriften des Alten Testaments werden danach beurteilt, ob sich in ihnen vor Christus der Geist Christi offenbart.

Das Wort Gottes, das in der Schrift enthalten ist, geht auf die Offenbarungen Gottes zurück. Semler unterscheidet eine erste und natürliche Offenbarung von einer näheren oder unmittelbaren, besonderen Offenbarung. Die erste Offenbarung umfaßt die dem natürlichen Erkennen des Menschen zugänglichen Wahrheiten. Alle vernünftigen Menschen sind imstande, diese Wahrheiten zu erkennen und sind in dieser Erkenntnis gehalten, Gemeinschaft und Vereinigung mit Gott zu suchen, wenn sie durch diese Erkenntnisse allein diese Gemeinschaft auch nicht finden können. Der Sündenfall hat diese natürliche Erkenntnis des Menschen zwar gestört, aber „die wirklichen Kräfte und Vermögen, die der Mensch als Mensch wesentlich hat, sind nicht an sich selbst von ihm weggenommen und vernichtet".[10] Diese natürliche Offenbarung in dem Erkennen der Vernunft bleibt unveränderlich wahr und richtig. Sie ist Grundlage jeder Religion. Die besondere Offenbarung nimmt diese allgemeinen Erkenntnisse der Vernunft auf. Der größte Teil des Inhalts der Bibel besteht aus natürlich bekannten Wahrheiten, die der vernünftige Mensch erkennen kann. So werden diese Wahrheiten durch die unmittelbare Offenbarung bestätigt. Die besondere Offenbarung bedarf dieser Wahrheiten. Nur von ihnen her kann sie als Offenbarung erkannt und unterschieden und angewendet werden. Es muß nach Semler daher „unwidersprechlich gewiß sein, daß die schriftliche Offenbarung demjenigen nicht widersprechen kann, was menschliche Vernunft erkennet" (Ebd. 49). Ja die Erkenntnisse der Vernunft sind der Schlüssel zur Auslegung der besonderen Offenbarung.

Diese den Menschen als Menschen durch die Vernunft bekannten Wahrheiten natürlicher Offenbarung reichen nicht hin, die Gemeinschaft mit Gott zu erlangen und zu genießen. Gott wollte aber die Menschen durch besondere Offenbarung über die Wahrheiten belehren, die zur Gemeinschaft und Vereinigung mit Gott führen. Unter dieser besonderen Offenbarung versteht Semler Mitteilungen göttlicher Wahrheiten an bestimmte geschichtliche Menschen, verbunden mit dem Auftrag, diese Wahrheiten mündlich oder schriftlich zu verkünden.

Diese nähere Offenbarung ist „der eigentliche Erkenntnisgrund des Lehrbegriffs" der Christen (Ebd. 35). Sie wird als Wort Gottes von der Schrift in bestimmter geschichtlicher Sprache bezeugt. *Die Bibel* ist die unentbehrliche Trägerin und Vermittlerin der christlichen Wahrheit. Sie hat für Semler eine unvergleichliche Autorität.

Allein in ihr ist die geoffenbarte Wahrheit zu finden. Sie ist in ihrem Gehalt von Gott gegeben. Durch dieses menschliche Zeugnis von Gottes Wort wirkt Gott und gibt den Glauben. Semler verpflichtet Theologie und Glauben, Verkündigung und christliche Religion auf die Schrift.

Aber in ihrer Geschichtlichkeit bedarf die Schrift als historische Quelle und Urkunde der gelehrten Auslegung. Daher bemüht sich Semler um die Methoden und Wege der Schriftauslegung. Da die Schrift historische Urkunde ist, kann sie auf dieselbe Weise erforscht werden wie andere historische Quellen. Es gilt, vom biblischen Befund auszugehen. Die Texte sollen in dem Sinn erschlossen werden, den der Verfasser ihnen gab. Semler sieht es als erste Aufgabe des Auslegers an, aus der Kenntnis der genauen Wortbedeutung und der geschichtlichen Bedingungen den „historischen Verstand der hl. Schrift" aufzuspüren.

Die historische Erforschung der Bibel und der Glaubensüberlieferung kann aufzeigen, wie die wenigen geoffenbarten Grundwahrheiten des Christentums in die Sprache und die Vorstellungswelt der jeweiligen Zeit, Landschaft und Sprache eingehen und von Bildern und Redensarten umkleidet werden. Die christliche Wahrheit paßt sich, um die Menschen in ihrer Freiheit zu erneuern, dem jeweiligen Denkhorizont ein.

Die Schrift enthält eigentliche, unentbehrliche, von Gott geoffenbarte Wahrheiten. Diese sind aber eingekleidet in uneigentliche, zeitgebundene und vorstellungsbedingte Wahrheiten. Diese These von der Anpassung der besonderen Offenbarung an das Erkenntnis- und Vorstellungsvermögen des konkreten Menschen nennt die Fachsprache *Akkomodationstheorie*.

Die Auslegung der Schrift erhebt die unentbehrlichen Wahrheiten in ihrem historischen Verstand. Diese Erforschung des historischen Verständnisses der Schrift genügt Semler nicht. Die Wahrheit der Schrift will Menschen bewegen, sie in ihrer Vernunft und Freiheit anrufen und sie zu moralischer Erneuerung führen. Er selbst will mit seiner Theologie Zeitgenossen ansprechen und sie von diesen Wahrheiten überzeugen. So sucht er die aus der Schrift erhobene Aussage in den Verstehensbereich seiner Mitmenschen zu übersetzen. Er bemüht sich, diese Wahrheiten so zu fassen und darzustellen, daß die Menschen in ihrer Situation und in ihrem Vorstellungsvermögen die Herablassung und Güte Gottes, die den Menschen zu größter Glückseligkeit fördert, begreifen und in ihrer moralischen Geschichte ergreifen können. Durch diese Akkomodation der geoffenbarten Wahrheit in das Erkennen des geschichtlichen Menschen soll der Mensch Subjekt seiner Vorstellungen und seines Verhaltens werden. Nur so kann er sich moralisch, wie es ihm als Menschen entspricht, verhalten.

Da die Menschen in ihrem Fassungsvermögen verschieden sind, muß sich die Verkündigung dem Menschen anpassen und muß sich verschiedener Lehrarten bedienen. Semler will bei Jesus und Paulus „eine doppelte Vorstellungsart von christlichen Wahrheiten" feststellen.[11] Den „unfähigen Christen" werden andere, die „eine Kultur des Verstandes und gelehrte Übung zu denken" haben, entgegengestellt. In der frühen Kirche sieht Semler noch eine Freiheit des Denkens gegeben, die erst nach und nach aufgehoben wurde.

Mit dieser Theorie von der Akkomodation der christlichen Wahrheit in die moralische Geschichte des einzelnen Menschen versetzt Semler den denkenden Christen in die Freiheit und in das Recht, seine eigene Religion und seine Privattheologie zu gestalten.

Gleichzeitig stellt er die universale Geltung der christlichen Religion heraus. Christliche Religion ist so nicht auf den Raum der Kirche und die Vorstellungswelt der kirchlichen Religion beschränkt. Sie hat allgemeine Geltung. Semler stellt fest: „Wenn die wahre Absicht des Stifters dieser neuen Religion behalten wird, mit Absonderung des Localen und Veränderlichen in der Einkleidung der Grundsätze: so ist es ungezweifelt, diese Religion ist die vollkommenste, sie ist also auch allgemein, und befördert die wahre, größte Glückseligkeit aller ihrer Liebhaber; welches von der jüdischen und heidnischen keineswegs gesagt werden kann."[12]

In all seiner kritischen und historischen Wühlarbeit und in den systematischen Ansätzen sucht Semler ein neues Einverständnis für die christliche Wahrheit. Ein allgemeines Einverständnis meint Semler auf dem Boden der Vernunft gewinnen zu können. Das natürliche Vorauswissen des Menschen, das zwar noch unvollkommen und erweiterungsbedürftig ist, gibt die Richtung der Auslegung an. Natürliche und spezielle Offenbarung haben das eine Ziel: die Vereinigung und die Gemeinschaft des Menschen mit Gott. In der

Auslegung ist die aus der Schrift erhobene Wahrheit so darzustellen, daß ihre Bedeutsamkeit für den Menschen auf dem Weg zur wahren Erfüllung menschlichen Lebens in der Vereinigung mit Gott zur Sprache kommt. Alle Aussagen der Schrift werden auf diese moralische Bedeutsamkeit oder ihre Brauchbarkeit für das menschliche Subjekt zur Vereinigung mit Gott hin befragt. Die christliche Wahrheit, die in sich unendlich ist, soll in einer Vernunft erfaßt werden, die offen ist auf Freiheit hin.

Semler sieht in der Aufnahme der christlichen Wahrheit ein Fortschreiten von den Anfängen bis zu seiner Gegenwart. Die Vollkommenheit der christlichen Religion wird sich jedoch erst in der Zukunft zeigen. Der unendliche Inhalt der christlichen Religion wird sich mehr und mehr entfalten. Einzelne historische Religionen werden sich auflösen. Die aus den Quellen der empfangenen Liebe Gottes und der Gnade Christi lebende Liebesreligion wird sich entfalten und alle Christen zur Gemeinschaft des Heiligen Geistes zusammenschließen.

Zur Zeit Semlers haben andere Theologen radikaler als er die christliche Offenbarung auf die Vernunft bezogen. Teilweise ließen sie die Offenbarung nur noch sagen, was die Vernunft erkennt. Ob Semler dieser Richtung der Neuerung oder Neologie zugerechnet werden kann, ist in der Forschung umstritten. Semler hat ja bis zuletzt daran festgehalten, daß die Schrift Wort Gottes enthält, das dem Menschen unentbehrliche Wahrheiten von der Gemeinschaft mit Gott erschließt.

IV. Wirkungsgeschichte

Die Wirkung Semlers wird je nach der Einstellung des Forschers gewürdigt und auf verschiedenen Bereichen der Theologie angesetzt. Semler hat so viele Fragen und Probleme aufgegriffen, aber er hat keine „wirklich zu Ende behandelt. Keine Tiefe und Untiefe des Gedankens hat er wirklich durchmessen. Sein Lebenswerk steht nicht als eine Reihe abgeschlossener Leistungen vor uns, sondern als eine Werkstatt mit unzähligen Plänen, Entwürfen, Skizzen, Probestücken und nicht zuletzt einer unübersehbaren Menge Abfall".[13] Aber gerade diese unabgeschlossenen Arbeiten griffen Themen auf, die damals andrängten und daher sehr rasch von anderen aufgegriffen und weitergeführt wurden. Die Anregungen zu diesen Fragestellungen wurden meistens rasch vergessen, aber die Fragen und Probleme blieben. Wer nicht in irgendeiner Weise kennengelernt hat, was in der Werkstatt Semlers ersonnen und versucht wurde, fand und findet nicht den Anschluß an die Theologie der Neuzeit.

Die historisch kritische Erforschung der Bibel, der Kirchen- und Dogmengeschichte blieb der Theologie nach Semler unverzichtbar. Sein Verständnis von Theologie und ihrer Aufgabe hat sich breit durchgesetzt. Die Unterscheidung von Theologie und Religion und von öffentlicher und privater Religion wurde zwar verschiedentlich kritisiert und verändert, aber sie hat das theologische Denken weiterhin beschäftigt.

Die Theologie nahm es als ihre Aufgabe an, den christlichen Glauben aus der kirchlichen Herkunft und Überlieferung einer gegenwärtigen Vernunft in und zu kritischer Freiheit zu vermitteln.

Bahnbrechende Exegeten und Historiker haben unmittelbar oder mittelbar von Semler gelernt. Johann Jakob Griesbach (1745–1812) hat die Arbeit an der Textkritik vorangebracht und das synoptische Lesen der ersten drei Evangelien eingeführt. Johann Gottfried Eichhorn (1752–1827) begründete die neutestamentliche Literaturgeschichte, wies die synoptische Frage als Problem der Literaturgeschichte aus und brachte sie so einen wesentlichen Schritt voran. Gottlieb Jakob Planck (1751–1833) wurde von Semlers Arbeiten zur Erforschung der Geschichte der Kirchenverfassung und der Konfessionskunde angeregt.

Georg Schwaiger

JOHANN MICHAEL SAILER

(1751–1832)

Johann Michael Sailers langes Leben – fast auf das Jahr genau die Lebenszeit Goethes – hat zwei Jahrhunderten und zwei tiefgreifend verschiedenen Epochen der neueren Geschichte angehört. Zeitgenossen und Spätere rühmten den Theologen, Seelsorger und Erwecker religiösen Lebens, der 1832 als Bischof von Regensburg starb, als „erste Leuchte" der katholischen Kirche, als „bayerischen Kirchenvater", als „Heiligen jener Zeitenwende".[1] Sailer erfuhr in seiner Jugend noch die ungebrochene kirchliche Religiosität der süddeutschen Barockepoche, erlebte das Vordringen der Aufklärung bis zur Radikalität der Spätphase, die von Frankreich ausgehende grundstürzende Revolution mit ihren Auswirkungen auf ganz Europa und Amerika, die „Säkularisation" in Deutschland mit dem Ende der geistlichen Reichsstände (1803), der Aufhebung der Stifte und Klöster, mit dem Ende der katholischen Universitäten und fast aller anderen kirchlichen Bildungseinrichtungen, die napoleonischen Kriege und den Untergang des Heiligen Römischen Reiches (1806), die tiefgreifendsten politischen und sozialen Veränderungen in ganz Europa, die restaurative Neuordnung Europas auf dem Wiener Kongreß, die Neuorganisation der schwer angeschlagenen katholischen Kirche und den gewaltigen geistigen Umbruch „von der Aufklärung zur Romantik".[2] Im Geisteskampf der Philosophen und Ideologen legte er als Universitätslehrer, Prediger und Bischof, mit seinem gesprochenen und geschriebenen Wort, im letzten mit seiner ganzen Existenz, glaubensstark und geistesmächtig Zeugnis ab für die Lebenskraft der christlichen Botschaft. So wurde er für die katholische Kirche in Deutschland der bedeutendste Brückenbauer aus der alten in eine neue Zeit, einer der grundlegenden Väter des notwendigen Neubaues in der Theologie, ein Erwecker lebendigen Christentums.

I. Leben

Johann Michael Sailer wurde am 17. November 1751 als Sohn eines Dorfschusters und Kleinbauern in Aresing bei Schrobenhausen im Kurfürstentum Bayern geboren. Er wuchs in einer armen, tiefreligiösen Familie heran, besuchte in wirtschaftlich bedrängten Verhältnissen das Jesuitengymnasium in München (1762–1770), trat in die Gesellschaft Jesu ein und empfing im zweijährigen

Noviziat in Landsberg am Lech (1770–1772) die geistliche Bildung des Ordens, die im anschließenden Universitätsstudium in Ingolstadt (1772–1777) ihre Vertiefung fand, aber auch Einflüsse einer maßvollen katholischen Aufklärung in sich schloß. Benedikt Stattler wurde sein bedeutendster theologischer Lehrer. Nach der päpstlichen Aufhebung des Jesuitenordens (1773) wurde Sailer am 23. September 1775 im Augsburger Dom zum Priester (Weltpriester) geweiht.

Im Anschluß an seine Studien wirkte er als Repetitor der Philosophie und Theologie, 1780/81 als 2. Professor der Dogmatik in Ingolstadt, neben Benedikt Stattler, wurde aber mit diesem in den Auseinandersetzungen um die Universitätsreform als „Exjesuit" entlassen. Die folgenden ersten „Brachjahre" nützte Sailer vornehmlich zur literarischen Tätigkeit. Seine Kraft und Eigenart als Lehrer konnte sich zum erstenmal entfalten, als er 1784 an die fürstbischöflich-augsburgische Universität Dillingen – als Professor der Ethik und Pastoraltheologie – berufen wurde.

Im Zuge maßvoller aufgeklärter Reformen setzte ein erstaunlicher Aufschwung der kleinen, vorwiegend der Priesterbildung dienenden Hochschule ein, der vornehmlich der begeisternden Lehrtätigkeit Sailers zu danken war: „Mit hoher Kraft gerüstet und mit dem Geist der Liebe gesalbt wie wenige, stand er da und wirkte – wie ein himmlischer Genius auf die empfänglichen Jünglinge. Oft war es, als ob Flammen von ihm ausgingen, . . . leuchtend und erwärmend."[3] Vor allem ging es Sailer darum, die künftigen Priester zur Heiligen Schrift zu führen und durch ihr betrachtendes Lesen „lebendiges Christentum" und „gottselige Innigkeit" zu wecken.[4] Dazu gebrauchte er im Unterricht die deutsche Sprache und vertiefte die Unterweisung in kleinen Gruppen, auf Spaziergängen und in der abendlichen gemeinsamen Schriftlesung. In Dillingen gewann bereits erste Gestalt, was man später Sailers Priesterschule genannt hat.

Die Auseinandersetzung zwischen einer streng konservativen Gruppe und einer stärker zeitaufgeschlossenen Richtung, als deren Repräsentant Sailer erschien, führte schließlich zu jahrelangen Untersuchungen und zur Entlassung und Maßregelung Sailers und seiner engsten Freunde (November 1794) durch den Fürstbischof von Augsburg, Clemens Wenzeslaus von Sachsen, zugleich Kurfürst-Erzbischof von Trier. Neid und Mißgunst einiger weniger erfolgreicher Kollegen, die Exjesuiten von St. Salvator in Augsburg und ihre Anhänger hatten schließlich den lange zögernden, seit Ausbruch der Revolution in Frankreich ängstlich gewordenen Fürsten dazu veranlaßt. Schwer getroffen, aber schließlich nicht verbittert, fand Sailer in Ebersberg (bei München) eine Zuflucht. Er nützte die zweite aufgezwungene „Brachzeit" wieder zu fruchtbarer literarischer Tätigkeit.

Als angeblicher Aufklärer war Sailer in Dillingen entlassen worden, als vermeintlichen Aufklärer berief ihn der leitende bayerische Minister Montgelas 1799 an die Universität Ingolstadt, die 1800 nach Landshut verlegt wurde. Hier lehrte Sailer bis 1821 Pastoral, Moral, Homiletik, Pädagogik, Liturgie und Katechetik. Zugleich war er Universitätsprediger. Sein Hauptfach war die Moraltheologie. Bedeutende Professoren aller Fakultäten zählten zum Sailerkreis in Landshut, der immer mehr, wenn auch in heftigen Auseinandersetzungen, Heimstatt und Strahlungspunkt gleichgestimmter Menschen wurde. Der Grundzug war tiefe, aus der Heiligen Schrift, den Kirchenvätern und der Liturgie lebende Frömmigkeit, treue Liebe zur Kirche, verbunden mit der Aufgeschlossenheit für alles Gute und Schöne.

Auch auf viele evangelische Christen machten Sailers Güte und Wahrhaftigkeit tiefen Eindruck; mit zahlreichen hielt er freundschaftliche Verbindung, von der Familie Lavaters in Zürich bis zu Matthias Claudius in Hamburg, zur gräflichen Familie Stolberg-Wernigerode im Harz und zum Juristen Friedrich Carl von Savigny in Berlin. Bewußt trat Sailer, ohne seiner katholischen Überzeugung etwas zu vergeben, für den Frieden unter den christlichen Kirchen ein.[5]

In den zwei Jahrzehnten seiner Wirksamkeit in Landshut hat Sailer über tausend Priester herangebildet, die meisten für Bayern selbst. Hier unterrichtete er 1803 auch den damaligen Kurprinzen, den späteren König Ludwig von Bayern. Aus dieser Begegnung wuchs hohe wechselseitige Wertschätzung für ein ganzes Leben, die Sailer später zum kirchenpolitischen Berater des Königs werden ließ.[6] Viele kirchlich Gesinnte sahen im Wirken Sailers ein sichtbares Werkzeug der göttlichen Vorsehung, damit der Offenbarungsglaube, Kirche und Priestertum nicht untergingen.

Eine harte Gegenposition vertrat in Landshut der Kantianer Matthäus Fingerlos, Pastoraltheologe und Direktor des Georgianums, Vertreter einer rationalistischen Aufklärung in der Theologie und stark dem staatlichen Nützlichkeitsdenken in der Priesterbildung verpflichtet. In den schweren geistigen Kämpfen konnte sich schließlich Sailer mit seinen Freunden (darunter vor allem der Dogmatiker Patriz Benedikt Zimmer) durchsetzen.

Nach dem Wiener Kongreß stand die kirchliche Neuordnung dringend an. 1817 wurde das Konkordat zwischen dem Heiligen Stuhl und dem Königreich Bayern unterzeichnet. Infolge erheblicher Unklarheiten zog sich die tatsächliche Neuorganisation der katholischen Kirche Bayerns bis 1821 hin. 1818 lehnte Sailer höflich den ehrenvollen Ruf des Königs von Preußen als Professor nach Bonn und als künftiger Erzbischof nach Köln ab, genauer: Er überließ die letzte Entscheidung dem Papst. Rom hüllte sich in Schweigen. Als König Max Joseph von Bayern – auf Betreiben des Kronprinzen Ludwig – Sailer zum Bischof von Augsburg nominierte, sprach der Heilige Stuhl 1819 die entschiedene Ablehnung aus. Neben anderen Denunziationen spielte dabei eine maßgebliche Rolle das Gutachten des Wiener Redemptoristen Klemens Maria Hofbauer. Die alten Vorwürfe, die 1794 zur Entlassung in Dillingen geführt hatten, wurden darin erneut erhoben, kräftig erweitert und durch kritiklos übernommenen Klatsch über Exzesse falscher Mystik erweitert: Sailer sei gefährlicher als Luther; dieser habe offen die Kirche umzugestalten versucht, während Sailer dies geheim betreibe. Gegen zähen Widerstand konnte Kronprinz Lud-

Johann Michael Sailer (1751–1832)

wig in langen Bemühungen die Rehabilitierung Sailers durchsetzen, obwohl an der Römischen Kurie ein von den Gegnern geschürtes Mißtrauen blieb. Sailer, der sich wie kein zweiter Mann in Deutschland in dieser verworrenen Zeit für den christlichen, katholischen Glauben eingesetzt hatte, mußte sich aber der römischen Forderung beugen und eine Erklärung abgeben, daß er der römischen Kirche und dem Papst treu ergeben sei, alles glaube, was diese glaubten, und alles widerrufe, was er etwa dagegen gefehlt habe. Obwohl zutiefst verletzt, gab er diese demütigende Erklärung ab, „dem Beispiele des großen Fénelon nachfolgend“.[7]

Durch die unablässigen Bemühungen des Kronprinzen wurde Sailer 1821 ins Regensburger Domkapitel berufen, im folgenden Jahr dem altersschwachen Bischof Johann Nepomuk Freiherrn von Wolf (1821–1829) als Koadjutor, Weihbischof und Generalvikar beigegeben. Am 28. Oktober 1822 empfing Sailer im Regensburger Dom die Bischofsweihe. So wurde Sailer im letzten Jahrzehnt seines Lebens, die letzten Jahre als regierender Bischof (1829–1832), der geistliche Leiter des ausgedehnten Bistums Regensburg. Trotz seines vorgerückten Alters war er bis Ende der zwanziger Jahre noch erstaunlich rüstig.

Bei aller Sorge für sein Bistum wirkte Sailer – wie eh und je – fast über ganz Deutschland hin und noch darüber hinaus. Der gefeierte Vater der historischen Rechtsschule, Friedrich Carl von Savigny, der mit Sailer an der Universität Landshut eng vertraut geworden war, schrieb 1823 von der Universität Berlin nach Regensburg: „Mein teurer, geliebter Sailer! Du bist zwar jetzt ein Kirchenfürst geworden, und ich sollte also wohl bloß noch mit Ehrfurcht und aus einer gewissen Ferne Dich begrüßen; aber Dein kindliches Herz ist geblieben wie immer, und so kann ich's nicht lassen, ich muß Dich zugleich lieben wie immer und als ob Du noch meinesgleichen wärest, mit der verehrenden Dankbarkeit eines Sohnes und mit der vertraulichen Freundschaft eines Bruders.“[8]

Die schwere Bürde, die Sailer noch im Greisenalter auf seine Schultern nahm, wurde ihm erleichtert durch die treue Mitarbeit seines gleichgesinnten, hochbegabten Geheimsekretärs. Es war dies der junge Melchior Diepenbrock, der spätere Fürstbischof und Kardinal von Breslau. Beide Männer waren an Alter und Herkunft grundverschieden, aber gleich in der Lauterkeit des Charakters. Im jungen Diepenbrock fand Bischof Sailer einen Hauskaplan und Geheimsekretär, wie er ihn brauchte. Sailer schenkte ihm unbegrenztes Vertrauen, und Diepenbrock zeigte sich des Vertrauens wert.

„Elf Jahre hindurch“, schreibt 1852 der Fürstbischof und Kardinal Diepenbrock, „habe ich in ununterbrochenem Verkehr mit ihm gelebt, die letzten acht Jahre als sein nächster Haus- und Tischgenosse, habe ihn bei seinem sommerlichen Landaufenthalt im nahen Schloß Barbing (das ihm König Ludwig freundlichst angewiesen hatte) und auf mehreren größeren Reisen in die Schweiz und an den Rhein begleitet, habe unter seiner Leitung seinen weit ausgebreiteten Briefwechsel mit den verschiedensten Menschen über die verschiedensten Verhältnisse größtenteils geführt, bin in seine Freundschafts- und

Geschäftsbeziehungen eingeweiht worden, habe ihn stündlich beobachtet in gesunden und kranken Tagen, in heitern und trüben Stunden, . . . und ich kann vor Gott versichern: ich habe ihn nie klein, nie sich ungleich, nie stolz oder eitel, nie gereizt, nie entmutigt, nie erzürnt oder verdrießlich, und wenn auch zuweilen tief verletzt und betrübt, doch nie außer Fassung, nie leidenschaftlich bewegt, stets seiner selbst würdig gefunden, habe ihn stets als ein Musterbild vor mir stehen sehen, an dem man sich erheben, erbauen und lernen konnte, ein Mann, ein Christ zu sein . . . Das durchscheinende Geheimnis seines inneren Lebens war die stete Gegenwart Gottes."[9] Zwischen Sailer und Diepenbrock bestand ein Verhältnis unbegrenzten gegenseitigen Vertrauens. Schon zur Abfassung des ersten Hirtenbriefes mußte der Sekretär dem alten, jetzt auch altersschwachen, aber immer noch geistig hellwachen Bischof „Herz und Hand und Feder" leihen.

Daß Sailer nicht etwa ein Hofbischof war, bewies seine entschlossene, doch stets maßvolle Haltung im Streit um die konfessionsverschiedenen „Mischehen", der damals auch das Königreich Bayern ergriffen hatte.

Eine andere Art der Frömmigkeit des 19. Jahrhunderts verkörperte in Regensburg Sailers Weihbischof Michael Wittmann, gewiß hochangesehen und hochverdient um Seelsorge und Priesterbildung, aber von großer büßerischer Strenge geprägt und nicht ohne rigoristische Züge.

Sailer starb, wie er gelebt hatte, im Gefühl der Gegenwart Gottes, am 20. Mai 1832 in Regensburg, umgeben von liebenden Verwandten und Freunden. Aus den Händen des Weihbischofs Wittmann hatte er die Sterbesakramente empfangen und dann mit vollem Bewußtsein die Sorge für sein Bistum dem Weihbischof anvertraut. Mit Sailer starb einer der edelsten Priester und Bischöfe des 19. Jahrhunderts.

Sailer wurde im vorderen südlichen Seitenschiff des Regensburger Domes beigesetzt. Weihbischof Wittmann rühmte ihn: „Unter den hiesigen Bischöfen wird er nach Jahrhunderten noch groß dastehen."[10] Als kurze Zeit danach König Ludwig I. von Bayern Regensburg besuchte, ließ er sich zu Sailers Grab führen. Dort sprach er, daß die Umstehenden es deutlich hören konnten: „Hier ruht der größte Bischof von Deutschland . . . Mir ist ein Schutzgeist gestorben."[11] Die Verbundenheit zwischen Sailer und König Ludwig hatte nicht zuletzt darin gewurzelt, daß beide die goldene Mitte suchten, für ein gerechtes Abwägen der kirchlichen und staatlichen Interessen eintraten. Noch zu Lebzeiten Sailers traten andere, radikalere Kräfte auch in der katholischen Kirche stärker hervor, die gegen die Mitte des Jahrhunderts immer mehr zur alleinigen Geltung drängten. Sailers Andenken konnte über Jahrzehnte verdunkelt werden, seine menschliche, christliche Größe leuchtet hell in der gegenwärtigen Zeit.

II. Sailers literarisches Werk und theologische Bedeutung

Ungeachtet der Vorlesungen, häufigen Predigten, seelsorgerlichen Beratungen und einer ausgedehnten Korrespondenz fand Sailer noch Zeit, große Werke philosophischen, theologischen und religiös-erbaulichen Inhaltes abzufassen. Von erheblicher Bedeutung für das geschriebene Wort Sailers wurden die sogenannten Brachjahre, die freien Jahre nach seiner Entlassung in Ingolstadt (1781–1784) und nach seiner Maßregelung und Entlassung in Dillingen (1794–1799). In diesen Jahren mußte Sailer von schmalen Einkünften leben, doch der Aufenthalt bei Freunden enthob ihn der drückenden materiellen Sorgen und gab ihm Muße zu ungestörter Arbeit.

Neben seiner Tätigkeit als Universitätslehrer und geistiges Haupt eines weiten Freundeskreises ist das literarische Schaffen Sailers die zweite große Komponente seines Einflusses auf das geistig-religiöse Leben Deutschlands in der ersten Hälfte des 19. Jahrhunderts. Hubert Schiel zählt 194 Einzelveröffentlichungen Sailers. 41 stattliche Bände umfassen Sailers sämtliche Werke, wie sie der Sailerschüler Joseph Widmer herausgegeben hat, die gleichwohl erhebliche Lücken aufweisen, besonders zum Frühwerk Sailers.

Es ist nicht ohne Reiz, daß das literarische Werk des machtvollen religiösen Erneuerers mit einem „oekonomischen Versuch" beginnt: *Wie man einen Weyer von seinem Geröhre ohne Ableitung des Wassers reinigen kann* (Ingolstadt 1774). Zehn Jahre später beschäftigte sich Sailer ein zweitesmal mit dem Wasser, aber diesmal in ganz anderem Sinn. Die Überschwemmungskatastrophe des Jahres 1784 bot ihm Anlaß zu einer umfangreichen Schrift *Über die Wasserflut in unserm Deutschland* (München 1784). Er zeichnet die Not in packenden Bildern und beantwortet die Frage nach dem Walten der Vorsehung Gottes in solchen Naturereignissen. In Fristingen, einem Dorf bei Dillingen, das in der verheerenden Flut gänzlich überschwemmt worden war, hielt Sailer seit 1785 beim alljährlichen Dankfest für die überstandene Not häufig die Predigt. Das Volk gewann den Prediger sehr lieb und nannte ihn das „Wasserherrlein".

Die frühen theologischen Arbeiten Sailers stehen, wie kaum anders zu erwarten, noch ganz im Schatten seines Lehrers Benedikt Stattler. So brachte er Stattlers *Demonstratio evangelica* als Kompendium heraus (München 1777). Auf dem Titelblatt bekannte er sich dankbar als Stattlers Schüler. Auch seine umfangreiche theologische Doktorarbeit, die 1779 zu Augsburg unter dem Titel *Theologiae Christianae cum Philosophia nexus* erschien, bewegte sich in den traditionellen scholastischen Bahnen der Zeit. Schon jetzt begann er damit, kleine Gelegenheitsschriften herauszubringen, Predigten zu besonderen Anlässen, Nachrufe, Mahn- und Erbauungsreden.

Sailer hat nie in seinem Leben die fruchtbaren Anregungen der Jesuitenschule seiner Jugend verleugnet, auch nicht in der Zeit, da er als Exjesuit verschrien wurde und von Exjesuiten Verfolgung und Verleumdung erlitt. „In der Gesellschaft Jesu lernte ich den Geist des Gebetes und der Selbstverleugnung", notierte er am 15. Mai (wohl 1803) in sein Tagebuch.[12] Die großen Leistungen des Ordens hat er nie verkannt, auch wenn er offen aussprach, daß er selber „nimmer in die alte Ordensform" passe und an eine neue nicht zu denken sei (1801).[13] In einer Selbstdarstellung schreibt Sailer über die Jesuiten: „In der Entstehung des Ordens regte sich viel Göttliches, in der Ausbreitung viel Menschliches, in der Aufhebung vieles, das weder göttlich noch menschlich war."[14] Schon am Jesuitengymnasium zu München und vor allem im Noviziat zu Landsberg am Lech wurde er in die aszetische, stark von der spanischen Spiritualität geprägte Tradition des Ordens eingeführt. Sailers Mitnovize Anton Daetzl überliefert wesentliche Einzelheiten. Immer noch hat man in Landsberg die „Geistlichen Exerzitien" des Ignatius von Loyola eingeübt, wurde von der via purgativa zur via illuminativa und zur via unitiva hingeführt. Das große Werk des Alfons Rodriguez *De perfectione* gehörte zur selbstverständlichen Lektüre. Sailer stieß nicht erst durch Lavater oder Matthias Claudius auf mystische Innerlichkeit. Das ganze 18. Jahrhundert hindurch war die große mystische Literatur der Vergangenheit in Bayern noch bekannt und lebendig, die deutsche Mystik des Mittelalters und noch mehr die spanische des 16. Jahrhunderts. Im fortschreitenden Jahrhundert der Aufklärung begann die Überlieferung zwar zu stocken, doch erloschen ist sie nicht. Die deutlichen Spuren der jesuitischen Ausbildung zeigen sich nicht nur in den frühen Werken Sailers. Die ignatianischen „Meditationspunkte" sind in sein erbauliches Schrifttum zunächst verhüllt einbezogen. Im späteren Werk wurden sie methodisch ausgebaut. Doch ist Sailer eine zu starke, originale religiöse Persönlichkeit, als daß er sich einer bestimmten Schule einordnen und von Jugendeindrücken her gleichsam erklären ließe. Er nahm fruchtbare Anregungen von allen Seiten auf. Bereits als junger Professor der Dogmatik in Ingolstadt, im Alter von dreißig Jahren, zeichnet sich klar sein geistiges Profil ab: Sailers Werke werden nach Inhalt und sprachlicher Form „sailerianisch". Ein äußerer Umstand kam ihm dabei zu Hilfe.

In der bayerischen Traktatenliteratur und in der großen Barockpredigt des späten 17. und des 18. Jahrhunderts wirkte eine ursprüngliche Kraft, die der lateinischen Scholastik fehlte: die Volkssprache, das Volkstümliche. Die deutschen Predigten und Erbauungsschriften großer Prediger und Mystiker des deutschen Mittelalters wurden zugleich bedeutende Zeugnisse sprachlicher Kultur und geistiger Verfeinerung. In Spanien hatten Theresia von Avila und Johannes vom Kreuz in ihrer Landessprache geschrieben und dadurch auch zur literarischen Blüte des „goldenen Jahrhunderts" ihren Beitrag geleistet. Die große Zeit der Jesuitenschule war im 18. Jahrhundert bereits Vergangenheit. Die ordnende Macht der suarezianischen Scholastik war in den eklektizistischen Systemversuchen rationalistisch aufgelöst, wesensfremden Denkformen unterworfen worden und daran zerbrochen, wie schließlich der Orden selbst. Überdauert hat aber die geistliche, der Mystik verbundene aszetische Literatur. Sie konnte sich gegen alle Angriffe der Aufklärer behaupten, gewann neue Freunde in Kreisen des Pietismus, der Erweckung, der Empfindsamkeit, der früh aufbrechenden romantischen Bewegung. Eine neue Welle mystischer Innerlichkeit verband im ausgehenden 18. und im frühen 19. Jahrhundert gleichgestimmte Seelen über die nationalen und konfessionellen Grenzen hinweg, von Frankreich über das protestantische und katholische Deutschland bis tief in die russische Orthodoxie hinein. Man sollte nicht nur das Sektiererische solcher Kreise sehen: stärker wirkte das Gemeinsame, die Übermacht der Sekten Sprengende, alle wahren Christen Zusammenführende. Sektiererisch wurden manche Erweckungsbewegungen nicht zuletzt erst in der harten Unterdrückung durch staatliche und kirchliche Macht. Dies gilt auch für die „Allgäuer Erweckungsbewegung" der späten neunziger Jahre des 18. Jahrhunderts, der Sailer in den Anfängen nahestand und in der Sailerschüler eine maßgebliche Rolle spielten.

Eines der frühen Werke, das Sailers spirituelle und theologische Eigenart bereits deutlich erkennen läßt, ist die *Theorie des weisen Spottes* (München 1781). Dieses „Neujahrsgeschenk eines Ungenannten an alle Spötter und Spötterinnen über Dreyeinigkeit" – so der Untertitel – zeigt die Genialität des religiösen Volkserziehers schon in der Anlage der Schrift. Der Ausdruck ist locker, sprachlich sehr genau. Man hat Sailers Stil gelegentlich mit Lessing verglichen. Die sprachliche Präzision wird am deutlichsten, wenn man die nur wenig zurückliegende, vielfach noch zeitgenössische Predigt- und Erbauungsliteratur im katholischen Süden des Reiches danebenhält. Sailer schreibt aus ungebrochener Religiosität heraus. Aber seine Religiosität hat die scholastische Enge gesprengt. Sie „begibt sich frei auf das rationalistische Argumentationsfeld der Zeit. Sie spricht erst einmal ‚vernünftig', vernunftgemäß, weil das rationalistische Argument schwer und entscheidend ins Gewicht fallen muß. Aber die ideellen Fixierungen sind zugleich ‚weise'. Sie sind gesteuert durch Taktgefühl und Pietät, – durch gelassene Humanität".[15] Da wird erst einmal der Spötter in seiner ganzen Armseligkeit bloßgestellt. Dann zeigt Sailer den verspotteten Gegenstand: die göttliche Dreifaltigkeit. Auch darin wird wieder von der Vernunft ausgegangen. Vernunftgemäß werden drei Faktoren beschrieben, die im Innern des Menschen zusammenwirken und ein lebendiges Ganzes bilden: Tätigkeit, Selbstbewußtsein und Liebe. So entwirft Sailer das Bild einer gegliederten, lebendigen geistigen Einheit. Dieses Schema der Vernunft wird in zwei weiteren, tiefer eindringenden meditativen Stufen ausgebaut. Zum Schema der Vernunft tritt die Sprache der Heiligen Schrift (Vater, Sohn, Heiliger Geist), und an diese schließt sich an die Sprache der Kirche (die beseligende Vollkommenheit der drei göttlichen Personen). Dabei wird nichts von außen aneinandergefügt. Alles wird von innen her notwendig entfaltet. Damit man die Vernunft und ihre Gründe verstehen kann, muß die Heilige Schrift aufgeschlagen und die Lehre der Kirche vernommen werden. Denn nur so können die eigentlich humanen Bedürfnisse befriedigt werden, kann der Gesamtheit der Seelenkräfte Genüge geschehen. Auf solche Weise entfaltet sich der romantische Universalismus Sailers. Er drückt sich aus in einer individuellen Frömmigkeit, die alle Kräfte des Verstandes, des Herzens, der Seele ergreift und durchdringt, schließlich die ganze den Menschen umgebende Welt. Vernunftsprache, Bibelsprache und Kirchensprache führen hin zum einen dreieinigen Gott, und indem sich das Bild der Dreifaltigkeit erfüllt, werden alle seelischen Kräfte angesprochen. Zwar klingt in der Sprache der entworfenen typographischen Schaubilder das Prinzip der zureichenden Vernunft Benedikt Stattlers an. Aber Sailer eröffnet mit der typographischen Darstellung des dreifaltigen Gottes zugleich die Fülle menschlichen Seins. Deshalb kann er am Schluß auch sagen: „Freund, Selbstdenker! Dir trau ichs zu, daß Du diese angewiesenen Meditationspunkte Deines Nachdenkens würdigest, und für Dich stehen sie da; denn der Spötter, – er liest nicht so weit."[16]

Diese kleine Schrift *Theorie des weisen Spottes* wurde schon ein Jahr nach ihrem Erscheinen neu aufgelegt (Augsburg 1782), doch wohl ein Zeichen, daß sie einem echten religiösen Bedürfnis der Zeit entsprach, da eben Kants *Kritik der reinen Vernunft* viele suchende, zweifelnde Geister von neuem in Unsicherheit stürzte. Sailers Anliegen war es, seine Leser religiös zu fördern. So bot seine *Theorie des weisen Spottes* eine Meditationsanleitung, die in drei Stufen zu immer höherer Vollkommenheit, zur Begegnung mit dem dreifaltigen Gott führen wollte. Verborgen, aber doch erkennbar schimmert der Gegensatz zum Illuminatenbund Adam Weishaupts durch, zu dessen Antijesuitismus. Die Leser sollten die Meditationspunkte erfahren und mitvollziehen.

In diesem religiösen und pädagogischen Anliegen Sailers spiegeln sich deutliche Einflüsse der *Geistlichen Übungen* des heiligen Ignatius von Loyola. Überzeugt von der Vortrefflichkeit dieser Geistlichen Übungen, die er im Noviziat zu Landsberg lebendig erfahren hatte, konnte er die ignatianische Methode der Meditation so überzeugend vortragen. Sailer wirkte für die Verbreitung der ignatianischen Exerzitien gerade in der Zeit, als seine Schüler des „Allgäuer Pietistenkirchleins" bis an die Grenze der Abspaltung gerieten. 1799 erschienen in Mannheim und Landshut seine *Übungen des Geistes zur Gründung und Förderung eines heiligen Sinnes und Lebens*. In dem Büchlein wurden die Geistlichen Übungen des Ignatius von Loyola gottsuchenden Menschen in der Sprache ihrer Zeit vermittelt. In der Einleitung spricht Sailer von der Hoffnung, daß diese Arbeit an vielen Menschen ihre siegende Kraft beweisen werde.

An dieser Stelle ist ein Wort über Sailers Verhältnis zu Benedikt Stattler nötig. Unter Sailers Lehrern war Stattler ohne Zweifel der bedeutendste. Stattler vermittelte dem jungen Sailer sein System der Dogmatik, seine theologische Konzeption überhaupt, aber auch die zugehörigen philosophischen Grundlagen. Als öffentlicher Repetitor an der Universität Ingolstadt hatte Sailer auch das Stattlersche System allen Hörern wiederzugeben. Im Jahr 1780 griff Sailer mit zwei polemischen Schriften für seinen Lehrer auch in den Streit um Stattlers *Demonstratio Catholica* ein, der vor allem durch den Benediktiner Wolfgang Froelich aus St. Emmeram entfacht worden war. Im *Handbuch der christlichen Moral* (1817) rühmt Sailer seinen Lehrer Stattler als einen Mann, der seine Schüler vom ersten Satze der Logik bis zum letzten der Theologie in strenger Konsequenz eigenständiges, kritisches Denken gelehrt habe. Dies galt für die Hinführung zum konsequenten Durchdenken eines Problems und noch mehr für die Anleitung zur selbständigen geistigen Arbeit. Hier konnte der alte Sailer mit Recht sagen, daß er Stattler viel, ja alles verdanke; er dachte dabei gewiß auch an den irenischen, ökumenischen Geist, von dem dieser sonst durchaus streitbare Mann eigentümlich geprägt war.

Aber die philosophisch-theologischen Grundkonzeptionen Stattlers hat Sailer schon seit 1781 Zug um Zug verlassen. Die räumliche Trennung nach der Entlassung der beiden „Exjesuiten" von der Universität Ingolstadt erleichterte gewiß auch die innere Distanzierung. Den entscheidenden Anstoß bot für Sailer die Auseinandersetzung mit Immanuel Kant.

Bis 1781 war Sailer wohl auch Anhänger der Wolff-Leibniz'schen Philosophie im System Stattlers. Benedikt Stattler vertrat den philosophischen und theologischen Eudämonismus – darin repräsentiert er das Denken und den Geschmack seiner Epoche. Stattlers Theologie ist im Grunde Anthropologie. Das Formalobjekt seiner Theologie ist nicht Gott als Gott, sondern die Glückseligkeit des Menschen. Darin ist er ganz Kind des aufgeklärten Jahrhunderts. Auch das Heilshandeln Gottes wird völlig unter dem Gesichtspunkt der menschlichen Glückseligkeit gesehen. Die Glückseligkeit des Menschen ist der Angelpunkt, um den sein ganzes Denken kreist. Auf dieses Ziel hin ist sein philosophisches und theologisches Konzept angelegt. Deshalb kann man sein theologisches System, nicht nur seine Ethik, als eudämonistisch kennzeichnen. Der eudämonistische Ansatz führte zu weittragenden Folgerungen, die von Stattler in strenger Konsequenz gezogen wurden. So wird menschliche Glückseligkeit zum Zweck der ganzen Schöpfung. Das göttliche Gesetz erscheint als Beitrag zur Förderung menschlicher Glückseligkeit. Unabhängig vom Gewissen gibt es keine objektiven Gesetze. Das Gesetz wird zur Nützlichkeitsregel. Nur die Affekte der Lust und Unlust bestimmen den Willen wirksam. Unsittliches Handeln erscheint als Torheit, nicht als Schuld, sittliches Handeln ist Weisheit. Das menschliche Gewissen ist damit nicht mehr der Wesensordnung verpflichtet oder dem bindenden Willen Gottes, sondern der Glückseligkeit. In Stattlers System, das er gleichsam more geometrico „aus zureichenden Gründen" entwickelt, wird der Mensch zum Maß und zur Norm der Sittlichkeit gemacht.

Kants *Kritik der reinen Vernunft* (1781) schränkte bereits Sailers Hochschätzung für seinen Lehrer Stattler in religions-philosophischen Fragen erheblich ein. Vor allem die geistige Auseinandersetzung mit Kant, über Jahrzehnte hin, spiegelt den Umbruch in Sailers ethischem Denken: die Abkehr vom eudämonistischen Ansatz Stattlers und seiner Zeit, die Hinwendung zu einem wieder an der Offenbarung orientierten Denken. Sailer vollzog diesen entscheidenden, für die Zukunft trotz aller Rückschläge grundlegenden Umbruch in der Moraltheologie. In dem aufgewiesenen Weg zeigt sich Sailers denkerische Kraft und theologische Ursprünglichkeit, die ihn mit vollem Recht in die Reihe der großen theologischen Persönlichkeiten der letzten Jahrhunderte eingliedert. Auf katholischer Seite hat sich Sailer über Jahrzehnte hinweg am entschiedensten mit Kant auseinandergesetzt.[17]

Schon die erste „Brachzeit" nützte Sailer zu intensiver geistiger Arbeit. So entstand zunächst das Werk, das ihn in breiten Kreisen bekannt und berühmt machte, sein *Vollständiges Lese- und Betbuch zum Gebrauche der Katholiken* (München-Ingolstadt 1783, „Zusätze" München 1785). Einen Auszug davon brachte er wenig später heraus (*Vollständiges Gebetbuch für katholische Christen,* München 1785). Diese Werke hatten ungeahnten Erfolg. An die Stelle schauerlich-breiter Phantasie-Schilderungen, wie etwa die Seelen im Fegfeuer gequält würden, setzte Sailer die kraftvoll tröstenden Worte der Heiligen Schrift, der kirchlichen Liturgie, die er in den Hauptteilen in voller Übersetzung brachte, und Texte aus den Werken der Kirchenväter. Der reißende Absatz beweist, wie lebendig das Bedürfnis nach echter geistlicher Erbauung in allen Schichten der Bevölkerung war, nach der oft schier erstickenden Überlast der Barockzeit und der verflachenden Wirkung der Aufklärung. Das Gebetbuch führte Sailer ungezählte Verehrer und Freunde zu, auch aus der evangelischen Welt, so vor allem die Gräfin Eleonore Auguste von Stolberg-Wernigerode, mit der ihn in der Folge ein herzlicher Briefwechsel und manche Besuche in Wernigerode verbanden. Lavater in der Schweiz sprach seine höchste Anerkennung aus. König Ludwig I. von Bayern erbaute sich später täglich an Sailers Gebetbuch. Da das Buch auch von Protestanten, vor allem pietistischen Kreisen, viel benützt wurde, brachte der Berliner Buchhändler und aufklärerische Popularphilosoph Friedrich Nicolai 1786 und 1787 seine gehässigen Angriffe gegen Sailer heraus; er suchte den Verfasser als verschlagenen Exjesuiten und Proselytenmacher herabzusetzen, allerdings ohne viel Erfolg. Sailer blieb dem Buchhändler die nötige Antwort nicht schuldig.

Im Jahr 1785 erschien Sailers Schrift *Über den Selbstmord. Für Menschen, die nicht fühlen den Werth, ein Mensch zu seyn.* Darin trat Sailer der verhängnisvoll um sich greifenden „Werther-Krankheit" entgegen. Leidenschaftlich erregt und aufgewühlt durch Goethes *Leiden des jungen Werthers* glaubten zahlreiche, vor allem junge Menschen, Glück und Leid des liebenden Werther an sich selber erleben und nachempfinden zu müssen, bis zum Selbstmord.

Noch im selben Jahr 1785 erschien ein drittes großes Werk Sailers, sein philosophisches Hauptwerk: *Vernunftlehre für Menschen, wie sie sind.* Die Vernunftlehre ist eine philosophische Ethik im Einklang mit den Lehren des Christentums. Sailer nimmt hier auch Stellung zur Philosophie der Zeit. Er setzt sich ernstlich mit Kant auseinander, doch ist der Einfluß seines Lehrers Benedikt Stattler in dieser frühen Schrift noch unverkennbar, wie auch Immanuel Kant seine deutlichen Spuren im Denken des jungen Magisters hinterlassen hat.

In weit stärkerem Maße zeigt sich die Entwicklung in Sailers erstem großen moralphilosophischen Werk, das aber auch das starke pädagogische Anliegen des Verfassers vertritt: *Glückseligkeitslehre aus Vernunftgründen, mit Rücksicht auf das Christentum. Zunächst für seine Schüler, und dann auch für andere denkende*

Tugendfreunde (1787). Dieses moraltheologische Frühwerk ist in Anlehnung an die Ethik Benedikt Stattlers zwar dem Namen nach noch eine „Glückseligkeitslehre", doch wendet sich Sailer bereits bewußt und folgerichtig vom Eudämonismus ab, wie ihn Stattler vertreten hatte. Die Gewissenslehre zeichnet sich als Kernstück von Sailers Moraltheologie ab. Sailer begründet und erklärt die Autorität des Gewissensanspruches dadurch, daß das Gewissen in Gott seinen Ursprung hat. Aber die Art, wie denn der Gewissensanspruch als „Stimme Gottes" zustande kommt, wird noch nicht näher dargelegt. Obwohl der herkömmliche Eudämonismus deutlich zurückgewiesen wird, ist eine gewisse Unausgeglichenheit im Entwurf der „Glückseligkeitslehre" zu spüren. Mit diesem Frühwerk Sailers stieß die katholische Moraltheologie der Zeit, bis dahin vorwiegend eudämonistisch angelegt, auf die Ethik Kants. Die aufgegriffenen Probleme und die neue Fundierung der Moraltheologie sollten Sailer drei Jahrzehnte beschäftigen. Die Marksteine auf diesem Weg wurden die *Grundlehren der Religion* (1805) und das *Handbuch der christlichen Moral* (1817).

Als Professor der fürstbischöflich-augsburgischen Universität Dillingen brachte Sailer „auf Befehl" des Kurfürsten und Bischofs Clemens Wenzeslaus ein Werk heraus, das in seiner Art neu war: *Vorlesungen aus der Pastoraltheologie* (3 Bände, München 1788/89). Die Pastoraltheologie, die Lehre von der kirchlichen Seelsorge, war im Zug der Theresianischen Reformen erstmals an den Universitäten der Habsburger Lande 1774 zur selbständigen theologischen Disziplin erhoben worden. Viele katholische Universitäten des Reiches folgten diesem Beispiel. Die junge Pastoraltheologie wurde in Österreich aber von Anfang an stark dem Nützlichkeitsdenken des aufgeklärten Staates eingegliedert. Der Seelsorgepriester sollte in starkem Maße Vollzugsorgan des Staates in der Erziehung des Menschen zum tugendhaften, gewissenhaft arbeitenden und steuerzahlenden Untertan sein. Sailer ist nun der erste, der die Pastoraltheologie aus diesem überstarken Einfluß zu lösen beginnt und sie auf ihren legitimen Ort stellt, auf das Fundament der Offenbarungsreligion. Dazu ist Sailers großes Verdienst innerhalb der katholischen Theologie die konsequente Fundierung der jungen Disziplin. Auch nach Sailer trägt der Priester eine hohe Verantwortung als Freund, Führer und Berater des Volkes in allen Lebenslagen; vor allem aber betont er den entscheidenden Vorrang der seelsorgerlichen, priesterlichen Aufgaben. Sailer wurde der Vater der modernen Pastoraltheologie. Außer dem genannten Hauptwerk hat er immer wieder in Predigten, besonders in den häufigen Primizpredigten für seine Schüler, in Aufsätzen und Nachrufen seine Auffassung vom Priestertum, vom wahrhaft „geistlichen" Priester dargelegt, von der Priesterausbildung und -fortbildung, vom pastoralen Dienst.

In seiner Landshuter Zeit wurden diese Äußerungen auch vom Kampf gegen den radikal aufklärerischen Pastoraltheologen und Priestererzieher Matthäus Fingerlos erheblich mitbestimmt.[18] Wesentlich aus diesem Kampf erwuchsen Sailers *Neue Beyträge zur Bildung des Geistlichen* (2 Bände, München 1809–1811). Neben Ägidius Jais wurde Johann Baptist Hirscher, obwohl nicht unmittelbarer Sailerschüler, der bedeutendste Moral- und Pastoraltheologe Deutschlands aus der Geisteshaltung Sailers heraus.

Die zweite „Brachzeit“ Sailers wurde eingeleitet durch ein Werk, das an Bedeutung für das religiöse Leben das *Lese- und Betbuch* zumindest erreichte, wenn nicht übertraf. Es war dies die Übersetzung der *Nachfolgung Christi* des Thomas a Kempis (München 1794). Sailer hat dies heute nach der Bibel am weitesten verbreitete christliche Buch klassisch übersetzt und damit zu einem wirklichen Volksbuch im deutschen Sprachraum gemacht.

Ein anderes, ebenfalls weit verbreitetes Übersetzungswerk Sailers sind die *Briefe aus allen Jahrhunderten der christlichen Zeitrechnung* (6 Bände, 1800–1804). Diese Sammlung enthält die schönsten und wertvollsten Zeugnisse christlichen Geistes, angefangen von Briefen der frühchristlichen Martyrerzeit bis ins 18. Jahrhundert hinein, weitergeführt bis in die revolutionären Tage der Gegenwart.

Seine vielbesuchten religionsphilosophischen Vorlesungen für Hörer aller Fakultäten an der Universität Landshut veröffentlichte Sailer 1805 unter dem Titel: *Grundlehren der Religion.* Er führte diese Gedanken fort in mehreren Aufsätzen. Sie erschienen 1807 unter dem Titel: *Religionslehre. Über die vornehmsten Hindernisse auf dem Wege zur richtigen Erkenntnis, zur gründlichen Wertschätzung und männlichen Ausübung des Christentums.*

Der erste Ansatz dieser überarbeiteten Vorlesungsreihe ging noch in die Dillinger Lehrtätigkeit zurück. In Dillingen hatte Sailer unter dem Titel *Antideistik* Vorlesungen für Hörer aller Fakultäten gehalten und darin systematisch das schwierige Problem der natürlichen Gotteserkenntnis behandelt. Dieses Thema erschien ihm offenbar in seiner Zeit besonders wichtig. Deshalb setzte er seine Vorlesungstätigkeit darüber in Landshut fort.

Inzwischen war Kants *Religion innerhalb der Grenzen der bloßen Vernunft* (1793) erschienen. Diese Schrift hat ihn unter allen Schriften Kants wohl am tiefsten getroffen und zum scharfen Widerspruch herausgefordert. Im evangelischen Deutschland griff Schleiermacher die Frage nach der christlichen Religion wort- und geistesmächtig auf in seinen *Reden über die Religion, an die Gebildeten unter ihren Verächtern* (1799). Im katholischen Deutschland haben sich mit der Infragestellung der überkommenen christlichen Religion Sailer und wenig später Johann Adam Möhler geistig ebenbürtig auseinandergesetzt.

Für Kant ist religiöses Verhalten gleichbedeutend mit gutem Lebenswandel. Für die personale Bezogenheit zwischen Gott und Mensch und für alle kultischen Formen der Gottesverehrung besteht kein Verständnis. Dieser These Kants und seiner Anhänger tritt Sailer entgegen, schon in den *Grundlehren der Religion,* schärfer in den *Neuen Beyträgen zur Bildung des Geistlichen,* am schärfsten später im *Handbuch der Moraltheologie* (1817). Die subjektive Religion, verstanden als wirkliche Anerkennung Gottes, ist für ihn die Seele aller Pflichterfüllung; deshalb ist auch alles im Grunde Religionspflicht, was Pflicht gegen sich selbst und andere bedeutet. Aber die Religion schließt eben auch eigene Pflichten des Menschen gegen Gott in sich, ob man Gott in seinem Wesen, in seinem Verhältnis zur Menschheit oder als Schöpfer und Erhalter der Welt betrachtet. Sailer war sichtlich bemüht, Hörer aller Fakultäten anzusprechen. Den Hauptteil des dreigliedrigen Werkes *Grundlehren der Religion* umfaßt die Glaubenslehre; Sitten- und Seligkeitslehre nehmen ihr gegenüber nur geringen Raum ein. Es ging Sailer eben darum, der glaubensunsicheren, skeptischen oder fortschrittsgläubigen akademischen Jugend an der Universität einen Zugang zum christlichen Glauben zu vermitteln. Daher legte er nicht etwa Grundlehren der Religion ganz allgemein vor, sondern seine Religionsphilosophie und zugleich seine Fundamentaltheologie, die *Fundamentallehren des katholischen Christentums.*

In den *Grundlehren der Religion* führt Sailer auch die Neubegründung der Moraltheologie, die er in der *Glückseligkeitslehre* begonnen hatte, ein gut Stück weiter. Es geht darum zu zeigen, wie im Vernunftgesetz und in dem darin offenbar werdenden Anspruch des Sittlichen der Anspruch Gottes sichtbar wird. Sailer unternimmt nun, und zwar in der *Glaubenslehre,* diesen Versuch mit Hilfe der Religionsphilosophie Friedrich Heinrich Jacobis. In den *Grundlehren der Religion* wird klarer herausgearbeitet, daß die im Gewissen erfahrene Gesetzgebung dem Menschen als eine göttliche bewußt ist. Die Art dieser Bewußtheit wird aber nicht näher erklärt. Die Erfahrung von Gut und Böse, wie sie im Gewissenserlebnis gemacht wird, weist hin auf eine transzendente Person, auf ein ‚höchst heiliges, höchst gerechtes' Wesen. Jede Gotteserkenntnis hat das Gewissen zur Voraussetzung, sowohl erkenntnistheoretisch, weil die Begriffe Heiligkeit und Gerechtigkeit nicht aus der Natur, sondern aus dem Gewissen erfahren werden, als auch sittlich, weil die Vernunft nur durch Gewissenhaftigkeit zur Erkenntnis Gottes fähig und bereit wird. Die Erfahrung Gottes als des Gesetzgebers wird erklärt mit Hilfe des Begriffes der ‚gottvernehmenden Vernunft', der von Jacobi übernommen wird. Gewissen wird verstanden als gottvernehmende Vernunft in ethischer Hinsicht. Die theonome Gewissensauffassung muß als klare Antithese zu Stattlers Lehre vom rein ‚philosophischen Gewissen' angesehen werden, auf die Sailer in der *Glückseligkeitslehre* noch nicht ausdrücklich eingegangen war. – Im Gehorsam gegen das Gewissen und in der Gewissenhaftigkeit sieht Sailer auch die Bedingung der Hoffnung des Christen, nämlich der Heilszusage Gottes. Damit gewinnt das Gewissen ausdrücklich Bedeutung für das übernatürliche Heil des Menschen.[19]

Als Professor der Pädagogik gab Sailer 1807 die Schrift *Über Erziehung für Erzieher* heraus. Dieses Werk ist neben der *Glückseligkeitslehre* (1787) die bedeutendste pädagogische Schrift Sailers. Einflüsse von Rousseau, Kant, Basedow und Pestalozzi sind unverkennbar. Der neuen Bildungsidee der Humanität, der sittlich autonomen Persönlichkeit hat sich Sailer weit geöffnet. Die legitimen Forderungen der Menschennatur stehen aber für ihn nie im Gegensatz zur Übernatur, zum Evangelium, zur Kirche. Religiöse, sittliche, intellektuelle Bildung sind ihm eine organische Einheit, ein harmonischer Ausgleich unter Wahrung des Primates der Religion. Das Prinzip der Erziehung, ihr leitender Gedanke und die Atmosphäre, in der sich Erziehung vollzieht, ist die Liebe zum Kind, und diese wieder ist verankert im christlichen Hauptgebot der Gottes- und Nächstenliebe. Ziel der Erziehung ist die freie, selbständige, religiöse Persönlichkeit.

1817 erschien das moraltheologische Hauptwerk Sailers, sein dreibändiges *Handbuch der christlichen Moral, zunächst für künftige katholische Seelsorger und dann für jeden gebildeten Christen*. Es ist das letzte große und reifste theologische Werk Sailers – ein würdiger Abschied vom theologischen Lehramt. Mit Sailers Handbuch beginnt etwas völlig Neues in der katholischen Moraltheologie. In Sprache, Methode, Einteilung und Form hat Sailer die frühere Darstellungsweise der Schultheologie verlassen. Sein Neubau der Moraltheologie, ganz auf biblischem Fundament, erfolgte in der zähen Auseinandersetzung mit Kant. In mehr als drei Jahrzehnten hat sich Sailer so gründlich wie wohl kein zweiter unter den zeitgenössischen katholischen Theologen in das Denken Kants eingearbeitet. Er kann nun Kants Prinzipien, Kriterien und Methoden verwenden, auch wenn er in einer bewußten, durch die Umstände geforderten Tarnungstaktik Kant kaum einmal mit Namen nennt. Sailer übernimmt von Kant, was er als wahr erkennt, als „Vernunftlehre" in die Moraltheologie. Aber auch sein kritisches Verhältnis zu Kant tritt nun weit stärker hervor als in der *Glückseligkeitslehre* und in den *Grundlehren der Religion*. Kants Standpunkt der Vernunft genügt Sailer nicht, und so bemüht er sich um die organische Verbindung von Vernunftlehre, Religionslehre und christlicher Offenbarung. Sailers eigentliche Kritik richtet sich gegen Kants Theodizee und die daraus resultierende Trennung von Religion und Moral. Der Unterschied zwischen Sailer und Kant zeigt sich wieder in der verschiedenen Lehre vom Gewissen als dem Kernpunkt der Moralsysteme.

Vernunft und Freiheit sind in Sailers Anthropologie die Wesensmerkmale des Menschen. Sie treffen sich als die Voraussetzungen für die Sittlichkeit im Gewissen. Schon in den *Grundlehren der Religion* hat Sailer zwischen Vernunft und Verstand unterschieden. Die Unterscheidung wird im Handbuch der Moral systematisch ausgebaut: Verstand ist die Fähigkeit des Menschen, der Welt und seiner selbst bewußt zu werden; Vernunft ist die Fähigkeit, Gottes bewußt zu werden. „Die Wahrnehmung Gottes durch die Vernunft macht den Menschen erst eigentlich zum Menschen und ist die Möglichkeitsbedingung jeder anderen Wahrheitserkenntnis. Weil Gewissen Vernunft in ethischer Hinsicht ist, wird im Gewissen Gott selber als höchster Gesetzgeber vernommen. – Die Freiheit des Wollens wird nicht in erster Linie als Wahlfreiheit verstanden, sondern von der Dynamik der Vernunft und des Gewissens auf Gott hin als Freiheit zum Guten. Die Freiheit des Wollens ist dem Menschen gegeben, damit er die sittliche Freiheit erreiche." Die Auseinandersetzung mit Kant wird am Verhältnis von Sittlichkeit und Religion besonders deutlich: „Gegen die Autonomie des Gesetzes bei Kant setzt Sailer die Theonomie des Gewissensgesetzes. – Gegen die Unabhängigkeit der Moral von der Religion bei Kant setzt Sailer die Priorität der Religion gegenüber der Moral. – Gegen die

Reduktion des Religiösen auf das Sittliche setzt Sailer den Eigenwert des Religiösen. – Indem Sailer das Gewissen ausdrücklich als religiöses Organ faßt, in dem im Sittlichen immer schon Gott als Gesetzgeber miterfahren wird, überwindet er ein rein innerweltliches Gewissensverständnis."[20]

In solchem Zusammenhang wurde Sailer ein Menschenalter später der Vorwurf des „Ontologismus" gemacht, weil er die Unmittelbarkeit der menschlichen Erkenntnis Gottes in der Vernunft und des göttlichen Gesetzes im Gewissen betone. Der Regensburger Bischof Ignatius von Senestrey stellte daher 1873 den Antrag, alle Werke Sailers auf den Index der verbotenen Bücher zu setzen. Der Schritt hatte keinen Erfolg, und eine sorgfältige Prüfung der Texte ergibt die Grundlosigkeit der Verdächtigung.

Neben den genannten Hauptwerken verfaßte Sailer noch eine große Zahl anderer Werke, zum Beispiel Gelegenheitsschriften, Predigten, Lesungen für alle Sonntage des Kirchenjahres, Werke über den Religionsunterricht, über Priesterbildung. Ihm geht es auch in seinem geschriebenen Wort nie darum, nur akademisch-theoretisch zu dozieren. Er will nicht nur Wissen vermitteln, sondern den Menschen christliche Hilfe bieten in frohen und schweren Stunden, letztlich auch mit seinem geschriebenen Wort religiöses Leben wecken, das er als „gottselige Innigkeit" versteht, hingelenkt auf die Grundaussage des Christentums, in der alle christlichen Kirchen übereinstimmen: „Gott in Christus – das Heil der Welt."[21] Aus solcher Geisteshaltung sind viele Schriften Sailers entstanden, die sich an das Volk, vor allem an die Gebildeten, richten, etwa auch die reizvolle Veröffentlichung aus dem Jahr 1810: *Die Weisheit auf der Gasse, oder Sinn und Geist deutscher Sprichwörter. Ein Lehrbuch für uns Deutsche, mitunter auch eine Ruhebank für Gelehrte, die von ihren Forschungen ausruhen möchten.* Der Band zählt über 400 Seiten.

In der Pastoral- wie in der Moraltheologie und Religionspädagogik beschritt Sailer neue Wege, die herausführten aus der dünnen „natürlichen Religion" und dem schalen Moralisieren der rationalistischen Aufklärer. Von besonderem Interesse erscheint heute auch sein Bemühen, Geist und Sinn der Liturgie dem Volk wieder zu erschließen (*Kirchengebete für katholische Christen, aus dem Missale übersetzt . . .,* 1788. *Vorbereitung des christl. Volkes zur Feier der Geburt unseres Herrn Jesu Christi,* 1796. *Das Hochamt,* 1802. *Die Weihnachtsfeier,* 1813. *Die Kirchweihfeier,* 1816. *Die hl. Charwoche nach dem Ritus der römisch-katholischen Kirche,* 1817).[22]

Gewiß ist Sailer nicht überall ein origineller Denker und Schriftsteller. Er schrieb – nach einem Wort Diepenbrocks – „mit breitem Kiel".[23] Aber immer sind es Worte, die aus einem kindlich gläubigen Herzen kommen. Überall spüren wir die Lebensmacht der christlichen Botschaft, ihre herbe Kraft, aber auch ihre Innigkeit und Gemütstiefe. Überall stoßen wir bei Sailer auf eine Kenntnis der Heiligen Schrift und der Väter, wie sie nur aus einer lebenslangen beständigen Beschäftigung erwachsen kann. Sailer lebt und atmet in dieser ursprünglichen Welt. Und er wußte ihre unvergänglichen Werte in einer genialen Weise zu erschließen und weiterzugeben.

Man hat manchmal geglaubt, Sailer als bloßen Kompilator und Eklektiker abtun zu können. Gründliche Untersuchungen der letzten Zeit haben aber gezeigt, daß Sailer wohl starke Einflüsse von der Aufklärung, von der Romantik, von der Deutschen Bewegung her empfangen hat, daß es aber verfehlt wäre, ihn einer bestimmten Richtung oder geistigen Bewegung zuzuordnen. Er steht als Mensch und Theologe fest und kraftvoll in einer schwankenden Zeit.

Viele der großen deutschen Theologen des 19. Jahrhunderts hat er maßgeblich beeinflußt, zumindest ihnen den Weg bereitet und ihnen nach dem Zusammenbruch der Barockscholastik und dem theologischen Eklektizismus, auch dem Zersetzungsprozeß einer rationalistischen theologischen Aufklärung, neue, tragfähige Fundamente gebaut.

Freilich war Sailer nie strenger Systematiker, und dies erschwert die Untersuchung. Neben den Arbeiten von Gerard Fischer, Barbara Jendrosch, Karl Gastgeber, Johann Hofmeier, Konrad Baumgartner, Konrad Feiereis, Franz Georg Friemel und Manfred Probst hat vor allem Joseph Rupert Geiselmann ein glänzendes Beispiel einer Einzeluntersuchung zur Sailerschen Theologie geliefert: *Von lebendiger Religiosität zum Leben der Kirche. Johann Michael Sailers Verständnis der Kirche geistesgeschichtlich gedeutet* (Stuttgart 1952). In gewaltiger Spannweite hat Sailer durch alle Stadien lebendiger Auseinandersetzung mit den geistigen Bewegungen seiner Zeit die Konstruktion seines Kirchenbegriffes durchgeführt. Er vertiefte den tridentinischen Traditionsbegriff (Überlieferung ist eine die Schrift ergänzende Offenbarungsquelle) zur Auffassung der „lebendigen Überlieferung", die ein das ganze Kirchentum tragendes Prinzip wird. Lebendige Überlieferung heißt für Sailer nicht nur Weitergabe des Apostolischen Glaubensbekenntnisses, sondern Fortpflanzung des religiösen Lebens überhaupt, im Gottesdienst, in der Feier des Kirchenjahres, in christlichem Kult und Brauchtum im weitesten Verstand des Wortes. An diesen Begriff der lebendigen Überlieferung konnte später Johann Adam Möhler anknüpfen. Von hier führt die geistige Linie zu einem neuen zusammenschauenden Verständnis der „Quellen der Offenbarung" in den Aussagen des Zweiten Vatikanischen Konzils.

Sailers Kenntnis der Schrift und der Väter, seine tiefe, mystische Frömmigkeit hatten nicht nur zur Folge, daß sich ihm der Sinn für die übernatürlich-mystische Seite der Kirche neu erschloß. Das Organismus-Denken der Romantik verhalf ihm auch dazu, die beiden Seiten der Kirche, ihre sichtbare, fehlbare Erdengestalt und ihre unsichtbare, übernatürliche Innenseite, zu einer organischen, lebendigen Einheit zu verbinden. Er hat damit die Voraussetzungen geschaffen, daß in der Theologie des 19. Jahrhunderts die Kirche in ihrer Schönheit und Wesensfülle wieder erfaßt werden konnte. Johann Michael Sailer also, und nicht etwa Johann Adam Möhler oder gar Matthias Joseph Scheeben, ist das Verdienst zuzuschreiben, der katholischen Theologie des 19. Jahrhunderts gegenüber dem dürren juridischen Kirchenbegriff der nachtridentinischen Kontroverstheologie zur Wiederentdeckung des mystischen Kirchenbegriffs verholfen zu haben. Allerdings hat diese Sicht der Kirche erst durch

Möhler und Scheeben ihre spekulative Ausgestaltung erfahren. Freilich können auch die zeitbedingten Grenzen des Sailerschen Kirchenbegriffes nicht übersehen werden. So versteht Sailer etwa das Papsttum – wie die meisten katholischen Theologen seiner Zeit – in dem Bild Cyprians vom „Mittelpunkt der Einheit", ohne die überkommenen primatialen Rechte zu bestreiten.

Ein treffliches Urteil über Sailers Persönlichkeit und geistige Leistung hat Joseph Görres in dem Schreiben abgegeben, das er 1825 zur Thronbesteigung an König Ludwig I. von Bayern gerichtet hat: „Unter den achtbaren Männern, die auf deinen Bischofsstühlen sitzen, ist einer der Berufenen, der früher im Lehramt mit Segen sich versucht. Er hat mit dem Geist der Zeit gerungen in allen Formen, die er angenommen; vor dem Stolz des Wissens ist er nicht zurückgetreten, sondern hat seinen Ansprüchen auf den Grund gesehen; keiner Idee ist er furchtsam zur Seite ausgewichen, vor keiner Höhe des Forschens ist er bestürzt geworden, immer nur eine Stufe höher hat er besonnen und ruhig das Kreuz hinaufgetragen und, wenn auch bisweilen verkannt, in Einfalt und Liebe wie die Geister, so die Herzen ihm bezwungen. Er hat eine Schule von Priestern dir erzogen, die, den Forderungen der Zeit gerecht, deinen guten Absichten bereitwillig entgegenkommt: ihr darfst du dein Volk und seine Erziehung kühnlich anvertrauen."[24]

III. Wirkung

Es gibt Gestalten der Geschichte, die den Menschen nicht mehr loslassen, der ihnen einmal wirklich begegnet ist, und dies ohne jeden inneren oder gar äußeren Zwang. Vielen, den meisten wohl, ist es so ergangen, die Sailer in seinem langen Leben begegnet sind. Dazu gehörten viele hundert begeisterte Studenten in Dillingen und Landshut, aber auch so grundverschiedene Menschen wie Lavater, Matthias Claudius, Friedrich Carl von Savigny, die „königliche" Antonie Brentano in Frankfurt mit ihrer Familie, die enthusiastischen, komplizierten Geschwister Clemens, Christian und Bettina Brentano, die katholischen Stolberg in Sondermühlen und die evangelischen in Wernigerode, Jung-Stilling und Passavant, Ignaz Heinrich von Wessenberg und Alois Gügler, schließlich Eduard von Schenk, die Mediziner Andreas Roeschlaub und Johann Nepomuk Ringseis, König Ludwig I. von Bayern, Melchior von Diepenbrock und die fast ungezählten geistlichen Schüler und Freunde in allen kirchlichen Rängen. In der menschlichen Ausstrahlung, im gesprochenen noch stärker als in seinem geschriebenen Wort, lag die erste und wichtigste Wirkung Sailers. Er vermittelte den Menschen, die ihm näher begegnet sind, den unmittelbar überzeugenden Eindruck einer absolut wahrhaftigen, im christlichen Glauben lebenden Persönlichkeit: „Das durchscheinende Geheimnis seines inneren Lebens war die stete Gegenwart Gottes", so bezeugt dies Diepenbrock.[25] Clemens Brentano beschreibt seinen Eindruck vom Spätherbst 1818, unmittelbar nach einer längeren Begegnung mit dem siebenundsiebzigjährigen Sailer:

„Gestern ist der große, fromme, lustige, mutwillige, zärtliche, hüpfende, fliegende, betende, alles umarmende Gottes-Knabe Sailer und Christian [Bruder Clemens Brentanos] bei mir angekommen."[26] – „Er opferte, lehrte und segnete, und war so lustig, innig, ja mutwillig, daß alles trunken war vor Freude."[27] Sailer vermittelte lebendiges Christentum.

Eine entscheidend wichtige Wirkung ging in eine neue Priestergeneration, zunächst von den drei Jahrzehnten seiner Lehrtätigkeit in Dillingen (1784–1794) und Landshut (1800–1821) aus, auf indirektem Weg aber weit darüber hinaus, vornehmlich für Altbayern und das bayerische Schwaben, doch auch mit starker Ausstrahlung in die deutsche Schweiz, nach Württemberg und Baden, Österreich, Westfalen und das Rheinland, beträchtlich auch ins evangelische Deutschland, besonders in pietistisch gestimmte Kreise.

Den Ausgangspunkt für die Hochschätzung bei evangelischen Christen boten zunächst Sailers *Lese- und Betbuch* und die Übersetzung der *Nachfolge Christi,* dann Korrespondenzen, persönliche Begegnungen und grundsätzlich Sailers Herausstellen des Gemeinsam-Christlichen und die lebenslange Zurückweisung wechselseitiger konfessioneller Polemik. Von dieser christlich-irenischen, gütigen, stets hilfsbereiten Haltung blieb die weite „Pristerschule" Sailers gekennzeichnet.

Durch den Einfluß des Kronprinzen und Königs Ludwig I. von Bayern gewannen Sailerschüler und Freunde bei der Neuorganisation der katholischen Kirche Bayerns seit 1821 in den Domkapiteln und auf Bischofsstühlen beträchtliches, in den späten zwanziger und frühen dreißiger Jahren bestimmendes Gewicht. Sailers Geist übte zudem beträchtlichen Einfluß im Bereich des alten Bistums Konstanz, im Bistum Rottenburg (Königreich Württemberg mit der katholisch-theologischen Fakultät in Ellwangen und Tübingen), im Erzbistum Freiburg und in der deutschen Schweiz (Lyzeum Luzern), nicht zuletzt in der kirchen- und kulturpolitischen Beratung König Ludwigs I. und des Ministers Eduard von Schenk bei der Neueinrichtung der Universität München 1826 im Geist der „Landshuter Romantik".

Der unmittelbare Einfluß Sailers, seiner Freunde und Schüler ging schon ein Jahrzehnt nach Sailers Tod rasch zuende, in Bayern etwa zusammenfallend mit dem Ministerium Carl August von Abel (1837–1847). In der katholischen Kirche wuchs der Ultramontanismus mit jedem Jahr. Im preußischen Mischehenstreit, seit dem „Kölner Ereignis" (Gefangensetzung des Kölner Erzbischofs Clemens August Droste zu Vischering durch die preußische Regierung 1837) und dem Erscheinen des *Athanasius* aus der Feder des alten Görres (1838) verschärfte sich die konfessionelle Polemik in allen Lagern.

Sailers denkerische Kraft, seine philosophische und theologische Leistung wurde in Behandlung seiner literarischen Arbeiten bereits dargelegt. In der Pastoral- und noch bedeutsamer in der Moraltheologie legte er durch biblische Fundierung einen neuen Grund, ebenso in der Religionspädagogik: Er ließ die Barockscholastik seiner Jugendzeit hinter sich, führte aber auch aus der dünnen „natürlichen Religion" und dem Moralisieren so vieler Aufklärer heraus zu einem „lebendigen Christentum“. Obwohl sein gewiß breit angelegtes Werk auf eine erstaunliche Geisteskraft schließen läßt, ging es auch dem Theologen Sailer nicht um die Wissenschaft um der Wissenschaft willen, sondern stets um die Bewahrung der recht verstandenen Glaubenslehre, um die Weckung religiösen Lebens, um ein letztlich pädagogisches Anliegen. Er wollte als tief gläubiger, von Gott erfüllter Priester gute Priester bilden und die Menschen seines Einflußbereiches zu Gott führen, ihnen die Mitte der Offenbarung erschließen: „Gott in Christus – das Heil der Welt.“[28]

Durch den wachsenden Ultramontanismus und das Vordringen der kirchenamtlich mächtig geförderten Neuscholastik in der kirchlich betriebenen Philosophie und Theologie wurden Sailers neue theologische Ansätze zunächst eher verschüttet. Am ehesten verstand Johann Baptist Hirscher noch die Pastoral- und Moraltheologie aus Sailers Geistigkeit heraus, geriet aber seinerseits ebenfalls in kirchliche Bedrängnis. Theologische Einflüsse Sailers gingen in die Bemühungen der älteren Generation der katholischen Tübinger Theologen des vorigen Jahrunderts ein, stärker indirekt als direkt.

Als sich an der Wende vom 19. zum 20. Jahrhundert die alte, seit langem schwelende Frage nach der Glaubwürdigkeit des Christentums in der modernen, gewandelten Welt – das Kernproblem aller christlichen Kirchen seit dem Durchbruch der Aufklärung – mit neuer Macht erhob, griffen merkwürdigerweise viele der besten katholischen Denker auf den fast vergessenen, in der zweiten Hälfte des 19. Jahrhunderts bewußt verdrängten Sailer zurück, so Herman Schell, Sebastian Merkle, die Kreise um das junge „Hochland“ mit ihrem religiös-kulturellen Programm, Remigius Stölzle, dann Philipp Funk und Hubert Schiel. Nicht wenig trug die genauere Erforschung der Komplexe „Aufklärung“ und „Romantik“ zur neuen Phase der Sailerforschung bei. Als Ergebnis begann sich im 20. Jahrhundert fortschreitend die Entlastung Sailers von ungerechten Vorwürfen der Vergangenheit abzuzeichnen, seine wirkliche Bedeutung im geistigen und geistlich-religiösen Leben seiner Zeit, sein tiefes unterschwelliges Nachwirken im Klerus und Volk Altbayerns und Schwabens, vornehmlich über die vielen Priester aus Sailers Schule, aber auch seine theologischen Neuansätze in der Moral- und Pastoraltheologie, in einer religiös getragenen Erziehung und Bildung, in der Liturgik, in einer offenen geistigen Auseinandersetzung mit allen Problemen der modernen Welt. Sailer wird heute nicht nur als einer der wichtigsten Väter der neueren katholischen Theologie gesehen. Viele seiner zukunftweisenden Ansätze haben im Zweiten Vatikanischen Konzil, wenn auch nicht im bewußten Rückgriff, ihre Entfaltung und Bestätigung gefunden.

Hermann Peiter

FRIEDRICH SCHLEIERMACHER

(1768–1834)

Schleiermachers „Lebenswerk ist gekennzeichnet durch eine Universalität und in ihr durch eine Verbindung von philosophischer und theologischer Arbeit, die ungewöhnlich, ja einzigartig anmutet und die in der Geschichte der deutschsprachigen Theologie und Philosophie nach ihm allenfalls im Lebenswerk ... Paul Tillichs noch einmal eine gewisse Entsprechung hat ... Die nach seinem Tode erschienene Ausgabe seiner Sämtlichen Werke bildet mit ihrer Gliederung in drei Abteilungen (Theologie, Predigten, Philosophie) die großen Bereiche seines Wirkens ab ..." (Birkner, 1974, 9.11). Schleiermacher war beides zugleich: Mann der Kirche und Mann der Wissenschaft. Für ihn leistet die Reformation, aus deren ersten Anfängen die evangelische Kirche hervorging, den Bedürfnissen der Moderne Genüge, indem sie den Grund zu einem ewigen Vertrag legte „zwischen dem lebendigen christlichen Glauben und der nach allen Seiten freigelassenen, unabhängig für sich arbeitenden wissenschaftlichen Forschung, so daß jener nicht diese hindert, und diese nicht jenen ausschließt ..." (Sendschreiben 40).

I. Leben

Die in ihrer Art großartige, allerdings mit dem Jahre 1802 (bzw. 1807) abbrechende Schleiermacher-Biographie Wilhelm Diltheys setzt mit den bekannten Worten ein: „Die Philosophie Kants kann völlig verstanden werden ohne nähere Beschäftigung mit seiner Person und seinem Leben; Schleiermachers Bedeutung, seine Weltansicht und seine Werke bedürfen zu ihrem gründlichen Verständnis biographischer Darstellung" (1/1, XXXIII). 1768 in Breslau als Sohn eines reformierten Militärpfarrers geboren, empfing Schleiermacher seit 1783 seine Bildung bei den Herrnhutern (Gnadenfrei, Niesky, Barby). Auf die Barbyer Seminarzeit (1785–1787) fällt ein Schlaglicht von der Bemerkung: „Wir jagten immer noch vergeblich nach den übernatürlichen Gefühlen und dem, was in der Sprache jener Gesellschaft der Umgang mit Jesu hieß" (Selbstbiographie 1794 = Briefe 1, 10). Nach dem Bruch mit den Herrnhutern – das vielzitierte Wort, er sei wieder ein Herrnhuter geworden, „nur von einer höhern Ordnung" (Briefe 1, 295), stammt aus dem Jahre 1802, aus einer Zeit, in der Schleiermachers Entwicklung noch nicht abgeschlossen war – und schmerzlichen Auseinandersetzungen mit seinem Vater – „Ich kann nicht glauben, daß der ewiger, wahrer Gott war, der sich selbst nur den Menschensohn nannte, ich kann nicht glauben, daß sein Tod eine stellvertretende Versöhnung war“ (Briefe 1, 42) – studierte er knapp zwei Jahre in Halle Theologie. Nach seinem in Berlin abgelegten Examen begann eine recht glückliche Zeit als Hauslehrer (1790–1793) in einer der ersten Familien der preußischen Monarchie, bei dem Grafen von Dohna in Schlobitten (Westpreußen). 1794 zum Hilfsprediger in Landsberg (Warthe) bestellt, wurde er mit dem Amt eines Pfarrers und Seelsorgers vertraut. In der dürftigen Stellung eines Berliner Charitépredigers trat er 1796 in das geistige Leben der Hauptstadt, in den Kreis der „Romantiker“ ein (Freundschaften mit Henriette Herz und Friedrich Schlegel).

1799 erschien – zunächst anonym – das epochemachende Werk *Über die Religion. Reden an die Gebildeten unter ihren Verächtern* (ab der 2. Auflage überarbeitet, in der 3. und 4. Auflage mit Erläuterungen versehen). 1801 folgte die erste *Predigtsammlung*. Im Stolper (Hinterpommern) „Exil“ (1802–1804) stellte Schleiermacher den ersten Band seiner großen Plato-Übersetzung fertig und verfaßte neben den *Zwei unvorgreifliche(n) Gutachten in Sachen des protestantischen Kirchenwesens* die anspruchsvollen *Grundlinien einer Kritik der bisherigen Sittenlehre,* in denen seine Unabhängigkeit besonders von Kant und Fichte zutage tritt.

1804 wurde er zum außerordentlichen Professor und Universitätsprediger nach Halle berufen, wo die *Weihnachtsfeier,* ein der Christologie gewidmetes Gespräch, entstand. Nach Schließung der Hallenser Universität durch Napoleon arbeitete er in Berlin an den preußischen Reformen mit *(Gelegentliche Gedanken über Universitäten)* und beteiligte sich, frei von den nationalistischen Verstiegenheiten Fichtes, an den Aktivitäten der Patriotenpartei gegen die französische Besatzungsmacht. 1809 wurde er Pfarrer an der Dreifaltigkeitskirche (Heirat mit Henriette von Willich, einer jungen Pfarrerswitwe), 1810 Theologieprofessor an der mit von ihm ins Leben gerufenen Universität und Mitglied der Königlichen Akademie der Wissenschaften, 1813 zeitweiliger Redakteur des höheren Orts bald unbeliebten *Preussischen Correspondenten,* 1814 Secretar der philosophischen Klasse der Akademie der Wissenschaften.

Angesichts einer Fülle von Aufgaben (Konfirmandenunterricht; regelmäßiger Predigtdienst; Gesangbuchkommission; unerschrockene Übernahme politischer Verantwortung gegenüber einem restaurativen Polizeistaat; Bemühungen um die Kirche der Union; Streit um eine neue Kirchenverfassung und das liturgische Recht seines Königs; Akademieabhandlungen; philosophische Kollegs über Dialektik, Ethik, Pädagogik, Ästhetik, Psychologie, Philosophiegeschichte, Politik; Vorlesungen in allen – das Alte Testament ausgenommen – theologischen Disziplinen) kam er kaum dazu, die Ergebnisse seines geistigen Schaffens zu Papier zu bringen. Glücklicherweise hat er seine Glaubenslehre in zwei Auflagen herausgebracht. Doch konnte er seinen mindestens seit 1825 bestehenden Wunsch, sich „ungetheilt der Feder“ zu widmen, statt nach seinem Tode die Resultate seines Lebens womöglich durch andere „verunstaltet" ans Licht fördern zu lassen, nicht verwirklichen (Briefe an die Grafen zu Dohna 90. Bei Heinrici, 1889, 382. 413). Seine Nachwelt hat sich also auch an sein mündliches Wort zu halten[1], das heißt an die Nachschriften seiner Hörer.

Schleiermacher starb am 12. 2. 1834 an einer Lungenentzündung. Die aus seinen letzten Stunden überlieferten Sätze: „ich muß die tiefsten speculativen Gedanken denken und die sind mir völlig eins mit den innigsten religiösen Empfindungen" (Briefe 2, 511 f.), über deren Wortlaut[2] keine Einigkeit besteht, sind, wenn überhaupt, unter dem Einfluß von Opium gesprochen, das der Todkranke zur Linderung seiner Schmerzen bekommen hatte. In einem wachen Zustand hätte es Schleiermacher sicher ferngelegen, sich dem Einfluß dessen auszusetzen, was man auf einer niederen Ebene „Opium fürs Volk" nennt: spekulative Philosophie – entsprechendes gilt von jeder anderen Philosophie – und Frömmigkeit können, obwohl sie sich nicht notwendig widersprechen, nicht identisch sein, zumal „mancher den Becher der Spekulation ganz kann geleert haben, ohne daß er die Frömmigkeit auf dem Boden gefunden" (Sendschreiben 65).

II. Werk

Eine erste Übersicht über das theologische Werk Schleiermachers vermittelt seine Enzyklopädie, die *Kurze Darstellung des theologischen Studiums,* neben der Glaubens- und Sittenlehre seine am häufigsten wiederholte theologische Vorlesung. Die Theologie wird nicht wissenschaftstheoretisch, nicht durch Reflexion der Reflexion, nicht vermöge der „Idee" der Wissenschaft, sondern als auf eine praktische Aufgabe bezogene „positive" Wissenschaft, also durch Reflexion der „Praxis", bestimmt (Darstellung[4] § 1). „Die christliche Theologie ist . . . der Inbegriff derjenigen wissenschaftlichen Kenntnisse und Kunstregeln, ohne deren Besitz und Gebrauch eine zusammenstimmende Leitung der christlichen Kirche . . . nicht möglich ist" (§ 5). Die Enzyklopädie, die freilich keinen inhaltlichen Abriß der einzelnen theologischen Disziplinen geben will, zeigt den „Zusammenhang der verschiedenen Teile der Theologie unter sich" auf (§§ 18. 20). Die Theologie ist beschlossen in der Trilogie Philosophische, Historische und Praktische Theologie (§ 31). Zur Historischen gehört die dogmatische Theologie als Kenntnis der gegenwärtig in der Kirche geltenden und sich Geltung verschaffenden Lehre, außerdem die kirchliche Statistik, eine Art ökumenische Theologie, in der der „gesellschaftliche Zustand", z. B. die Verfassung, in allen Teilen der christlichen Kirche beschrieben wird (§ 195). Die dogmatische Theologie teilt sich in christliche Glaubens- und christliche Sittenlehre (§ 223).

Schleiermacher hat den 190 Paragraphen seines 1821/22 in 1. Auflage erschienenen dogmatischen Werkes *Der christliche Glaube* jeweils knappe Leitsätze vorangestellt, die zusammen freilich noch keine Inhaltsübersicht ergeben,

Friedrich Schleiermacher (1768–1834)

da „die Hauptsachen“ fast immer nicht in den Leitsätzen stehen, „sondern in den Erläuterungen“ (Briefe 4, 244).

Was die Einteilung der Glaubenslehre betrifft, ist es ein Vorzug, daß die Hauptteile eine Umstellung vertragen (Sendschreiben 46). Schleiermacher hat erwogen, den 2. Teil, seine Sünden- und Gnadenlehre, an den Anfang zu stellen, um zu verdeutlichen, daß die Darstellung des „vollen“ christlichen Bewußtseins „wahrhaft und wirklich der eigentliche Zweck des Buches sei“ (Ebd., 33). Er ist dieser Neigung nicht gefolgt, weil eine andere Gewichtung und Anordnung des 1. Teils, der als Schöpfungs- und Erhaltungslehre allgemeineren Inhalts ist und darum die naturwissenschaftliche Kritik auf den Plan rufen kann, Anlaß zu der bangen Frage gegeben hätte: „Soll der Knoten der Geschichte so auseinandergehen: das Christentum mit der Barbarei, und die Wissenschaft mit dem Unglauben?“ (Ebd., 37) Schleiermachers Teilungsformeln haben nicht den Zweck, ein System zu bilden, in dem eines aus dem andern (und sei es aus dem Abhängigkeitsgefühl) abgeleitet wird, sondern sie sollen die Vollständigkeit seiner Darstellung unter Beweis stellen (Ebd., 46f.).

In der Einleitung der Glaubenslehre gibt Schleiermacher eine „vorläufige Orientierung“, die schon Ferdinand Christian Baur mißverstand und für eigentliche Dogmatik nahm (Ebd., 31. 55). § 9 der Einleitung lautet: „Das gemeinsame aller frommen Erregungen, also das Wesen der Frömmigkeit ist dieses, daß wir uns unsrer selbst als schlechthin abhängig bewußt sind, das heißt, daß wir uns abhängig fühlen von Gott.“[3]

Der 1. Teil der Glaubenslehre ist überschrieben: „Entwiklung des frommen Selbstbewußtseins als eines der menschlichen Natur einwohnenden, dessen entgegengesezte Verhältnisse zum sinnlichen Selbstbewußtsein sich erst entwikkeln sollen.“ Der Gegensatz besteht „zwischen der eignen Unfähigkeit und der durch die Erlösung mitgetheilten Fähigkeit das fromme Bewußtsein zu verwirklichen“ (§ 33). Da im 1. Teil von diesem zwischen Sünde und Gnade bestehenden Gegensatz abstrahiert wird, sind in ihm „nur unausgefüllte Rahmen“ zu finden und kann in ihm das absolute Abhängigkeitsgefühl nur unbestimmt beschrieben werden (§ 109, 4. Sendschreiben 32).

Im 1. Abschnitt („Das Verhältniß der Welt zu Gott, wie es sich in unserm die Gesammtheit des endlichen Seins repräsentirenden Selbstbewußtsein ausdrükt“) wird angedeutet, daß die Lehre von der Schöpfung und die von der Erhaltung noch keine spezifisch evangelische Bearbeitung erfahren haben und sich außerdem wegen der Umwälzungen in der Philosophie eine Umbildung werden gefallen lassen müssen (§ 45). Im 2. Abschnitt („Von den göttlichen Eigenschaften, welche sich auf das Abhängigkeitsgefühl, sofern sich noch kein Gegensaz darin entwikkelt, beziehen“) wehrt sich Schleiermacher dagegen, eine schulgerechte Erklärung Gottes an die Stelle seiner Unaussprechlichkeit zu setzen (§ 64, 1). Gottes Ewigkeit ist zu verstehen „als das mit allem zeitlichen auch die Zeit selbst bedingende in Gott“ (§ 66), seine Allgegenwart „als das mit allem räumlichen auch den Raum selbst bedingende in Gott“ (§ 67). Als die vollkommene Darstellung der göttlichen Allmacht wird die Gesamtheit des endlichen Seins gesetzt (§ 68a, 2). Die göttliche Allwissenheit ist nur die Geistigkeit, die innerliche Lebendigkeit, der göttlichen Allmacht selbst (§ 68b). Im 3. Abschnitt („Von der Beschaffenheit der Welt, welche in dem Abhängigkeitsgefühl an sich angedeutet ist") findet nicht nur die ursprüngliche Vollkommenheit des Menschen, sondern auch die der Welt in bezug auf den Menschen ihre Würdigung.

Der umfangreichere 2. Teil ist überschrieben: „Entwiklung des einwohnenden Bewußtseins von Gott, so wie der Gegensaz sich hineingebildet hat, welcher verschwinden soll." Auf der ersten Seite wird die „Entwiklung des Bewußtseins der Sünde" dargelegt. Die Bestimmung, die Sünde sei die Übertretung des göttlichen Gesetzes, findet die Erklärung, „die Sünde sei die in uns gehemmte bestimmende Kraft des Gottesbewußtseins" (§ 84, 2).

Im 1. Abschnitt („Die Sünde als Zustand des Menschen") leitet der Satz „Wir sind uns der Sünde bewußt theils als in uns selbst gegründet theils als ihren Grund jenseit unseres eigenen Daseins habend" (§ 90) über zu dem Lehrstück von der Erbsünde, die die Gesamttat und Gesamtschuld des menschlichen Geschlechts ist (§ 92). In einem weiteren Lehrstück wird dargelegt, daß aus der Erbsünde in allen Menschen immer die wirkliche Sünde hervorgeht (§ 95). Im 2. Abschnitt („Von der Beschaffenheit der Welt in Beziehung auf die Sünde") macht Schleiermacher deutlich, daß die Abhängigkeit des Übels, des Elends, von der Sünde in der Erfahrung nur gefunden werden kann, „wenn man ein gemeinsames Leben als ein Ganzes ins Auge faßt", also (gewollt oder ungewollt) menschliche Solidarität übt, d. h. die Folgen der Sünden anderer trägt, die nicht immer in gleichem Maße Übel erleiden müssen, wie sie Böses tun (§ 99). Im 3. Abschnitt („Von den göttlichen Eigenschaften, welche sich auf die Sünde und das Uebel beziehen") wird der menschlichen Freiheit die Sünde zugeschrieben (§ 103, 3), also die Freiheit, sofern von der schlechthinnigen Abhängigkeit gelöst, als Freiheit zur Sünde, d. h. als Knechtschaft, bestimmt. Vermöge der göttlichen Heiligkeit ist in dem menschlichen Gesamtleben das Gewissen gesetzt (§ 105). Die göttliche Gerechtigkeit ist „nichts anders als das Bezogensein der ganzen Weltordnung auf die Freiheit des Menschen" (§ 106, 1). Für die Barmherzigkeit bleibt, soweit sie die Grenze seiner Gerechtigkeit sein soll, kein Raum, da sie nichts anderes als Gottes Gerechtigkeit ist (§ 106 Zus. 2f.).

Auf der zweiten Seite – hier beginnt der eigentliche Hauptteil der Glaubenslehre – wird die „Entwiklung des Bewußtseins der Gnade" dargelegt. In der Erscheinung Christi wird offenbar, daß der göttliche Ratschluß der Schöpfung und der der Erlösung (2 Kor 5, 17) „nur einer und derselbe sind" (§ 110, 2).

Im 1. Abschnitt („Von dem Zustande des Christen sofern er sich der göttlichen Gnade bewußt ist") wird die Förderung des höheren Lebens dem Wirken des Erlösers und dem Empfangen der Begnadigten zugeschrieben (§ 112).

Was die Person Christi betrifft, so ist er „dadurch von allen andern Menschen unterschieden, daß das ihm einwohnende Gottesbewußtsein ein wahres

Sein Gottes in ihm war" (§ 116). Gegen seine – dank des Johannesevangeliums gewonnene – Behauptung, daß die Macht, mit der das Gottesbewußtsein Christus durchdrang, niemals zweifelhaft und gleichsam im Kampf begriffen war (§ 115, 2. Sendschreiben 22), wendet Schleiermacher – wenn auch indirekt – selbst ein, daß der Erlöser, „was die menschliche Natur betrifft, uns vollkommen gleich" ist (§ 116). Um die wahre Menschheit Jesu zu wahren, gilt es, sich an das historisch über Jesus Ausmachbare zu halten – also etwa daran, daß Jesu empirisches Wissen sich in den Grenzen des antiken Weltbildes (Sendschreiben 63) bewegte; Schleiermacher wehrt sich dagegen, eine „empirische Allwissenheit Christi" anzunehmen (§ 115, 1). Konsequenterweise müßte die menschliche Natur Christi dann aber auch Berücksichtigung finden, wenn sie von etwas anderem nicht minder direkt betroffen ist – wie den körperlichen Qualen, deren Kelch zu leeren sie Gehorsam lernte (Mt 26, 38f.; Hebr 5, 7f.). Mit eben dem Recht, mit dem Schleiermacher sagt, daß „alles menschliche wesentlich eine Negation der allwissenden Allmacht ist" (§ 119 Zus. 1) und daß der Erlöser an dem der menschlichen Natur wesentlichen „Wechsel der Stimmungen" teilnehmen mußte (§ 116, 2), läßt sich daran erinnern, daß alles Menschliche mehr Angst als Apathie ist, wie auch das Göttliche als solches ebensowenig Apathie wie Angst ist.

Was sein „Geschäft" betrifft, so ist die erlösende Tätigkeit Christi „nur die Fortsezung der personbildenden Thätigkeit der göttlichen Natur in Christo" (§ 121, 3). Nur weil Christus uns in den von ihm gestifteten, Gott wohlgefälligen Lebenszusammenhang hineinzieht, läßt sich sagen, „daß Christi Gehorsam unsere Gerechtigkeit sei, oder daß seine Gerechtigkeit uns zugerechnet werde" (§ 125, 2). Der Lebenszusammenhang mit Christus bedeutet nicht, daß Christus den göttlichen Willen an unserer Stelle erfüllt (§ 125, 2). Die höchste Leistung Christi besteht vielmehr darin, uns in den Stand zu setzen, „daß von uns insgesammt die immer vollkommnere Erfüllung des göttlichen Gesezes gefordert werden kann" (§ 125, 2).

An der Stelle des vielfach gegliederten orthodoxen ordo salutis stehen die Lehrstücke von der Wiedergeburt und der Heiligung.

Im 2. Abschnitt („Von der Beschaffenheit der Welt in Beziehung auf die Erlösung") wird zunächst die Entstehung der Kirche als ein Sich-aus-der-Welt-bilden- und -mehren dargestellt. Alles zum menschlichen Geschlecht Gehörige wird irgendwann in die Lebensgemeinschaft Christi aufgenommen werden; es gibt also nur Eine göttliche Erwählung, die zur „Seligkeit in Christo" (§ 138). Der Heilige Geist ist die (nicht personbildende) „Vereinigung des göttlichen Wesens mit der menschlichen Natur unter der Form des das Gesammtleben der Gläubigen beseelenden Gemeingeistes" (§ 142). Nachdem das Bestehen der Kirche in ihrem Zusammensein mit der Welt, d. h. sowohl die wesentlichen und unveränderlichen Grundzüge der Kirche (Heilige Schrift, Dienst am göttlichen Wort, Taufe, Abendmahl, „Amt der Schlüssel", Gebet im Namen Jesu) als auch das Wandelbare in der Kirche behandelt ist, widmen sich vier „profetische Lehrstüke" der „Vollendung der Kirche". Der Zusatz

„profetisch“ deutet an, daß die Eschatologie nicht das gleiche Gewicht hat wie die übrigen Glaubenslehren: die letzten Dinge liegen jenseits des Gegensatzes von Natur und Gnade und betreffen mithin das christliche Selbstbewußtsein unmittelbar nicht (§ 175, 2. Zus.).

Im 3. Abschnitt („Von den göttlichen Eigenschaften, welche sich auf die Gnade und die Erlösung beziehen“) werden die göttliche Liebe und, als Entfaltung derselben, die göttliche Weisheit ans Licht gestellt, wodurch die vorher genannten göttlichen Eigenschaften erst ihre volle Bedeutung erhalten (§ 185 Zus.).

Den Schlußstein bildet die Lehre von der Dreieinigkeit, für die Schleiermacher eine Neubearbeitung fordert. Die kirchlich etablierte Trinitätslehre ist unfertig, weil sie die Gleichsetzung der drei göttlichen Personen lediglich fordert, aber nicht leistet, und weil sie so tut, als verstehe alles Göttliche vom Vater sich von selbst (§§ 186. 190). Es ist kein übertriebener „Ausdruk für unser Bewußtsein von Christo und dem Gemeingeist der christlichen Kirche, wenn wir sagen, daß Gott in beiden sei“ (§ 188, 1). Ohne die Erlösung und die Stiftung der Kirche hätte eine „in dem höchsten Wesen gesezte Mehrheit gar keine bestimmte Bedeutung“ (§ 188 Zus.).

Mit der christlichen Glaubenslehre steht in einem sehr genauen Zusammenhang die *christliche Sittenlehre* (Sittenlehre 3, 3f.). Freilich ist deren Verhältnis zur Glaubenslehre ein ganz anderes geworden, seit die Trennung beider Disziplinen zum Anlaß genommen ist, zu versuchen, die christliche Sittenlehre mit der rationalen zu vereinen (4, 5–7; fehlt CS). Setzt die christliche Sittenlehre an die Stelle des spezifisch christlichen Geistes die Vernunft, behandelt sie eine allgemein menschliche Angelegenheit und nicht, was auf die christliche Kirche geht (4, 14–16; vergleichbar mit CS 5). Die Trennung zwischen christlicher Sitten- und Glaubenslehre darf also nie dahin führen, die Analogie zwischen beiden aufzuheben (4, 16–18; fehlt CS). Wie die Sätze der Glaubenslehre sind auch die der christlichen Sittenlehre keineswegs bloß wissenschaftliche Konstruktionen, sondern Reflexionen auf das christliche Bewußtsein (12, 26ff.; so nicht in CS). Auf das christliche Bewußtsein läßt sich nicht anders zurückgehen, als daß dabei die strengere dogmatische Form gewählt wird: Die christliche Sittenlehre ist Beschreibung des christlichen Lebens; „aber das christliche Leben ist nicht die reine Erscheinung des christlichen Bewußtseyns. Es ist dabei das unvollkommne noch immer mit enthalten. Wenn wir das christliche Bewußtseyn mit darstellen müssen, indem wir von ihm auszugehen haben, so müssen wir wissen, wir meinen dabei das christliche Bewußtseyn in seiner Ursprünglichkeit“ (22, 6–10; so nicht in CS). Lediglich aus dogmatischen Reflexionen, d. h. aus der Glaubenslehre abgeleitet sind die einzelnen ethischen Sätze nicht zur vollkommenen Klarheit gebracht und nicht auf die ursprüngliche Quelle zurückgeführt (21, 23–26; verkürzt in CS 24). Für die ethische Existenz ist die gleiche Unmittelbarkeit zu beanspruchen wie für den christlichen Glauben.

Der Punkt in der Glaubenslehre, der Veranlassung für einen selbständigen

Aufbau der christlichen Sittenlehre gegeben hat, ist der Artikel von der Kirche (88, 17ff.; zu dem folgenden findet sich in CS 50 nur eine knappe Bemerkung). „Die christliche Kirche ist auf einer Seite die streitende, d. h. welche in Gegensatz gegen die Welt gesetzt ist, auf der andern Seite die triumphirende, d. h. welche rein die Gemeinschaft mit Gott ausdrückt" (89, 4–7; fehlt CS). Da es sich dabei nicht nur um verschiedene zeitliche Zustände, sondern um verschiedene gegenwärtige Beziehungen handelt, entsteht aus dieser Unterscheidung eine erste Einteilung der christlichen Sittenlehre, die Einteilung in das wirksame und das darstellende Handeln (89, 9–11; fehlt CS).

Der Impuls zum Handeln geht aus von dem als „Unlust" oder „Lust" modifizierten Selbstbewußtsein (58–60; so nicht in CS). Das wirksame Handeln hat also von vornherein zwei Qualitäten. Der christlichen Kirche ist der Teil der Menschheit entgegengesetzt, der noch keinen Zugang zu ihr gefunden hat (59, 6–10; so nicht in CS). Sein Zurückstehen wird als Mangel wahrgenommen, weckt „Unlust" und reizt zu einer Gegenwirkung (59, 10; so nicht in CS). Das als „Unlust" bestimmte Selbstbewußtsein geht aus in ein gegenwirkendes Handeln (CS, Beilage A, S. 18).

Eine Gegenwirkung ist nur möglich „vermöge des Bewußtseyns einer Kraft, die in uns ist, dem Mangel abzuhelfen" (59, 17f.; so nicht in CS). Das Bewußtsein der Kraft ist ein „angenehmes" Bewußtsein, „die Lust geistigen Inhalts" (59, 19; so nicht in CS). Das als „Lust" bestimmte Selbstbewußtsein geht aus in ein positiv wirksames Handeln (CS, Beilage A, S. 19). Insofern das Bewußtsein der Kraft aus dem Bewußtsein des Mangels erst entsteht und durch dieses bedingt ist, kann es unmöglich die Seligkeit sein (59, 20ff.; so nicht in CS).

Im Unterschied zum wirksamen Handeln will das darstellende Handeln keine Veränderung und keinen Erfolg hervorbringen (57, 12–14; vergleichbar mit CS 46.48). Durchaus von keiner Unvollkommenheit, sondern bloß von der Idee des gemeinschaftlichen Lebens abhängig, hat es die Zirkulation der Lebensäußerungen und die Mitteilung derselben zum Ziel (57, 16ff.; 61, 24–27; so nicht in CS). „Es giebt gar kein inneres Handeln des Menschen, was nicht zugleich auch ein äußres würde, was eben nur eine Fortpflanzung des innern ist, und nur unter dieser Bedingung kann eine Gemeinschaft bestehen" (58, 2–5; so nicht in CS). Das darstellende Handeln entspricht der Freude an Christus, d. h. dem Grundzustand der Seligkeit, in dem in unserem Bewußtsein durch den Einfluß Christi die Trennung von Gott aufgehoben ist (60, 20ff.; CS, Beilage A, S. 17).

Jede einzelne Handlung gehört in alle drei Hauptteile (95, 22–24; fehlt CS). So enthält beispielsweise ein jedes positiv wirksame Handeln ein darstellendes und ein gegenwirkendes Element (CS, Beilage A, S. 63): Wer das Reich Gottes verbreitet und damit eine positive Wirkung hervorbringt, bringt zugleich aus der Verborgenheit hervor, welches Entbergen nichts anderes als ein Darstellen ist, und reinigt zugleich das Leben von Überlebtem und Vergangenem, welches Reinigen nichts anderes als ein Gegenwirken ist. Unmöglich können

Handlungsweisen, die sich gegenseitig begleiten und ergänzen, einander widersprechen (98, 6–8; fehlt CS). Die Vorstellung von Kollisionen und Widersprüchen zwischen den Hauptelementen des christlichen Lebens ist daher nichtig (100, 6f.; fehlt CS).

Da die Hauptteile der christlichen Sittenlehre einander koordiniert und gleichermaßen notwendig sind, bilden sie keine Rangfolge von Werten. Dafür, daß schließlich das gegenwirkende Handeln eine erste Stelle einnimmt, spricht, daß das Neue Sein mit der Wahrnehmung eines großen Widerspruchs zwischen dem alten und dem anfangenden neuen Leben einsetzt, den es recht hervorzuheben gilt und den herauszustellen das gegenwirkende Handeln geeignet ist (107, 13–17; so nicht in CS).

Je weiter man Schleiermachers Einteilung verfolgt, desto konkreter werden die in ihr anvisierten Probleme. Das gegenwirkende Handeln vollzieht sich in der Kirchenzucht (Einwirkung der Gesamtheit auf den Einzelnen), in der Kirchenverbesserung (Opposition eines Einzelnen gegen das Ganze), in der häuslichen Zucht (Kindererziehung), in der Zucht im Staate (Strafgerichtsbarkeit), in der Staatsverbesserung (Revolution?), im reinigenden Handeln eines Staates auf den anderen (übernationale Zusammenschlüsse; Krieg) usw. Das positiv wirksame (verbreitende) Handeln vollzieht sich als Bildung der Gesinnung und als Bildung der Talente. Die Gesinnung bildet sich in der Geschlechtsgemeinschaft (Zusammengehörigkeit von Zeugung und Erziehung; Liebe als Vermögen, alles zu teilen; keine egoistische Ertötung des Lebens der Gattung usw.) und in der Verbindung der Christen zu einer Gemeinde (keine Beschränkung auf die Regulierung des Einzellebens; ökumenische Bewegung; Mut des Glaubens zu Differenzen in der Auslegung des göttlichen Wortes usw.). Die Talentbildung erfolgt in einer „äußeren Sphäre", die gekennzeichnet ist durch Stichworte wie Wirtschaft, Eigentum, Verkehr, Recht, allgemeiner Frieden, mechanisch arbeitende Klasse, Versicherungen usw. Das darstellende Handeln besteht aus dem Gottesdienst im engeren Sinne (brüderliche Liebe als Prinzip der Gemeinschaftlichkeit des darstellenden Handelns; Verwaltung des Amtes der Verkündigung durch die von der Gesamtheit erkannten Sachkundigen; Änderung des Bestehenden bei Mißverhältnissen zwischen dem Gesamtzustand der Gesellschaft und dem Typus des Gottesdienstes usw.) und dem werktätigen Gottesdienst (Erfüllbarkeit und Ungenügen der iustitia civilis; Reich Gottes als Vorbehalt gegen die Vaterlandsliebe; Reinheit der Sprache usw.). 1826/27 schließt Schleiermacher mit dem geselligen darstellenden Leben (Vernichtung eines pseudoreligiösen Gehalts einer geselligen Darstellung – vgl. 1 Kor 8, 4 – durch das Christentum; Verbesserung einer Gesellschaft durch Teilnahme an ihr; Lösung von Kollisionen und kasuistischen Fragen usw.).

Ihre gegenwärtige Bedeutung[4] hat die *christliche Sittenlehre* nicht zuletzt dadurch erlangt, daß Schleiermacher sich für den geschichtlichen Wandel offen hält und künftigen Entwicklungen Raum gewährt. „Wir können nicht sicher seyn, ob alles, was wir hier als recht und gut aufstellen, künftig auch noch so seyn und gelten wird, so wenig wie wir alles, was sonst dafür galt, jetzt annehmen werden" (10, 2–5; fehlt CS 10f.). Es nimmt nicht wunder, daß nach über 150 Jahren einzelne Momente der Schleiermacherschen *Sittenlehre* antiquiert sind. Daß dieselbe indessen nicht nur ein historisches Interesse verdient, ist Schleiermachers prophetischem Blick zu danken. Obwohl die *christliche Sittenlehre* sich in der Form der schlichten Beschreibung hält, eignet ihr etwas Divinatorisches. „Indem die Thätigkeit des Geistes beschrieben wird, wird auch schon mitbeschrieben, wie dieselbe wird gestaltet seyn, wenn sie sich weiter entwickelt. Das ist eben das Divinatorische" (51, 15–18; fehlt CS). Dem göttlichen Geist eignet eine Kraft, die bloßen Geboten und Verboten nicht zukommt, an der aber eine geistesgegenwärtige Ethik Anteil hat: die Kraft, die christliche Kirche zu leiten, statt hinter der gesellschaftlichen Entwicklung oder hinter bloßen Utopien einherzuhinken.

III. Bedeutung

Die Bedeutung Schleiermachers liegt darin, daß er die geistige und menschliche Weite hatte, um unsere zeitgenössische Theologie, deren Modernität oft nur aus fremden, ihr gar nicht eigenen Federn besteht, an ihr eigentliches Thema zu erinnern. Dieses spezifisch theologische Thema nennt er in den 1799 erschienenen *Reden:* „Religion". Daß er auf diesen Begriff nicht fixiert ist, zeigt sich in § 6 Anm. der *Glaubenslehre*[1], wo er den Ausdruck „Glaubensart oder Glaubensweise" bevorzugt. Das Spezifische der Religion besteht darin – und hierin liegt für seine Zeitgenossen (und nicht nur für sie) das Überraschende – daß ihr Gott weder der gebietende noch der seiende, sondern der handelnde Gott ist und sie sich damit in einem „schneidenden Gegensaz" gegen Moral und Metaphysik befindet (130.50). Der Redner über die Religion wiederholt in völlig selbständiger Gestalt die woanders nicht mehr lebendig verstandene radikale Bestimmung Luthers, daß nicht die Werke den Lebensgrund des Menschen bilden, sondern der Glaube. Der Glaube ist kein Werk. Damit wird nicht nur ein „praktisches" Mißverständnis der Religion abgewiesen. Weil es auch theoretische Werke gibt, kann Schleiermacher im gleichen Atemzug das theoretisch-metaphysische Mißverständnis der Religion namhaft machen. Der Glaube ist etwas Ursprünglicheres als ein Werk des Denkens, als eine Theorie. Es macht keinen Unterschied aus, ob man als Praktiker aus seinen Werken zu leben oder als Theoretiker in metaphysischen Gedanken die Seligkeit zu finden sucht. Die Theoretiker in der Religion bezeichnet Schleiermacher als „Metaphysiker" (43). Die Metaphysik hat die Tendenz, „lezte Ursachen aufzusuchen und ewige Wahrheiten auszusprechen" (43). Sie liebt „Theorien vom Ursprung und Ende der Welt" und grübelt über dem Sein Gottes „vor der Welt und außer der Welt" (26.57f.). Was an unmittelbaren Erfahrungen sich systematisch überhaupt nicht verrechnen läßt, schlägt sie „in die Feßeln eines Systems" (58.63). Wie die Moralisten bringen die Metaphysiker „die Religion in das Geschrei, der Totalität wißenschaftlicher und physischer Urtheile zu nahe zu treten“ (117).

Gegenüber den Kritikern, die die Religion mit einem idealistisch bestimmten „Wahrheitsbewußtsein“ und „sittlichem Bewußtsein“ zu identifizieren versuchen, besteht Schleiermacher darauf, daß die Religion „etwas eigenes“ ist und „nur durch sich selbst verstanden werden kann“ (47.286). Er nimmt die Religion zunächst für sich, weil es ihm nicht selbstverständlich ist, was sie ist, und weil er die Religion nicht von dem abhängig macht, was aus ihr hervorgeht und zu ihr führt (ohne das Sittliche gäbe es auch keinen Weg zur Religion). Wenn die Religion sich auf sich selbst reduzieren läßt, ohne etwas Nichtiges zu werden – die Religion ist keine „Wucherpflanze die nur von fremden Säften sich nähren kann“ (34) – verliert sie gerade nicht die Kraft, einen Zusammenhang zu den nicht religiösen, sondern profanen Qualitäten unseres Daseins zu stiften. Die Unterscheidung von Religion und Moral (bzw. Metaphysik) ist sehr wohl ein Grund, auf dem das Moralische (bzw. das Theoretisch-Metaphysische) sich zum Leuchten bringen läßt. Die besten Ethiker bzw. Metaphysiker machen aus dem Ethos (bzw. dem Metaphysischen) keinen Lebensgrund, kein ins Unbegrenzte sich verflüchtigendes und dort verkommendes „unendliches Ethos“, sondern lassen die guten Werke als das gelten, was sie sind: als endlich-weltliche Güter. Das, womit die Religion sich in Zusammenhang setzt, ist die sich freisetzende Profanität, in der die Sittlichkeit nicht mehr „als einer Unterstüzung bedürftig vorgestellt“ wird (32). Ein religiöses Interesse an der Profanität gebietet: der Mensch „soll alles mit Religion thun, nichts aus Religion“ (68f.).

Wer Spekulation und Moral ohne Religion haben will, verkennt, daß Religion Mut zum Sein ist. Ohne denselben würde die Spekulation ermatten und die Praxis sich im Kreise drehen. Daß der Mut zum Sein nichts Selbstverständliches ist, beweist ein unheiliger Sinn, der das Gegenteil, nämlich Feigherzigkeit ist. „Spekulazion und Praxis haben zu wollen ohne Religion . . . ist der unheilige Sinn des Prometheus, der feigherzig stahl, was er in ruhiger Sicherheit hätte fordern und erwarten können“ (52). Das Verhältnis, in dem es nicht weniger, sondern mehr als Willen, nämlich Mut zu beweisen gilt, ist das Verhältnis des Menschen zu sich selbst, dessen, was er ist, zu dem, was er sein muß. Während die Moral vom Bewußtsein der Freiheit ausgeht, aber in dem Streben oder, besser gesagt, der „Sucht“ nach höheren Gütern über dieselben nicht mehr Herr ist und damit sich selbst verliert, atmet die Religion (die keine Gefangenschaft ist) da, „wo die Freiheit selbst schon wieder Natur geworden ist, jenseit des Spiels seiner besondern Kräfte und seiner Personalität faßt sie den Menschen, und sieht ihn aus dem Gesichtspunkte, wo er das sein muß was er ist, er wolle oder wolle nicht“ (51f.132, 121). Auf dem Grund der Existenz ist der Wille etwas mehr oder weniger Belangloses, wie man auch nicht willkürlich glauben kann, sondern weil man muß (133). Was man sein muß, ist nicht notwendig das, was man will bzw. auf Grund einer nicht Natur gewordenen Freiheit sein soll. Mut zum Sein ist auch Mut zu dem, was man nicht will, also Mut, das Nichts zu durchschreiten, das den Menschen und den Grund seiner Existenz voneinander trennt. Den irreligiösen Menschen fehlt dieser Mut: „sie wollen nicht hinaus“ (131). Der Wille allein erschließt nicht den Grund der Existenz, weil er das Nichts scheut. Als neue Schöpfung geht die neue Existenz aus dem Nichts hervor (Vgl. 311). Alles läßt sich finden „dicht an der Gränze des Nichts“ (168).

In der Sage von Prometheus liegt nicht auf der Hand, was feigherzig ist. Vielmehr scheint es ein Zeichen irdischer Stärke zu sein, wenn der Mensch es wagt, die Götter zu berauben. Die Götter lassen sich als die Wesen bestimmen, denen der Mensch gehört; er ist ihre Habe; göttlich ist, was den Menschen auf eigene Weise ergreift und hat (274), göttlich ist, wovon er schlechthin abhängig ist. Ein Mensch, der die Götter bestiehlt, stiehlt sich selbst, entwendet, was er sein muß. Daß der Mensch sich selbst stiehlt, heißt keineswegs, daß er sich gewinnt und aus der Fremde zurückbekommt. Der Mensch empfängt sich von woanders als aus einem Raub; er empfängt sich „aus der Hand der Religion“ (53). Daß er sich empfängt, heißt, daß er sich nicht selbst durch seine eigenen Aktivitäten bildet. „Das Universum bildet sich selbst seine Betrachter und Bewunderer“ (143). Der religiöse Mensch läßt „sich ohne bestimmte Thätigkeit vom Unendlichen afficiren“ (114). Da der Mensch in der Religion sich empfängt und also im Begriff ist, sich selbst zu haben, wird, wer sich stiehlt, selber zum Bestohlenen. Wer stiehlt, was er außer sich ist, stiehlt sich selbst: der Mensch ist selbst, was er außer sich, d. h. in der Hand der Götter, ist. Empfangen läßt sich nur, was man zutiefst fordert und erwartet. Die Gabe der Götter läßt sich nicht zugleich haben und rauben. Wer hat, raubt nicht, und wer raubt, hat nicht. Wer sich selbst stiehlt, verliert sich. Wer sich selbst verliert, hat nicht sich selbst zu erwarten. Es zehrt an der Menschlichkeit, wenn man sich nicht mehr zu erwarten hat. Die Menschlichkeit verliert durch ein Verhalten, das so tut, als werde durch den Raub des Prometheus der Reichtum allein der Götter geschmälert. Ein himmelstürmendes Pathos, der, wie Schleiermacher sich ausdrückt, vollendete und gerundete Idealismus verdeckt, daß er zerstört, was er zu bilden scheint, verkennt, daß er mit dem Menschsein zugleich das ihn berührende „Universum“ der Zerstörung anheimbefiehlt (54).

Der Mensch, der sich selbst gehört, ist bei sich: „. . . hier sollt Ihr Euch selbst angehören“ (121). Der Mensch, der zugleich den Mut hat hinauszugehen (131), ist außer sich: „. . . strebt darnach mehr zu sein als Ihr selbst, damit Ihr wenig verliert, wenn Ihr Euch verliert“ (132). Wenn ein frommer Mensch sich als Habe Gottes und als in der Hand Gottes verstehen darf, ist die Aussage über die Frömmigkeit die ursprüngliche Aussage „über ein unmittelbares Existentialverhältnis“ (Sendschreiben 15). In einem unmittelbaren Existentialverhältnis ist der idealistische Individualismus derer überwunden, auf die das traurige Wort zutrifft: „. . . sie wollen nichts sein als sie selbst“ (*Reden,* 131).

IV. Wirkung

Die *Reden* über die Religion haben zahlreiche Nachdrucke und die unterschiedlichsten Deutungen erfahren – kein Wunder bei einem so vielschichtigen und äußerst schwer zu interpretierenden Werk.

Um Schleiermachers *christliche Sittenlehre* blieb es im ganzen recht still; weit einflußreicher waren im 19. Jahrhundert die Ethik von Adolf von Harleß und die von Richard Rothe.[5]

„Die Wirkungen der Schleiermacherschen Glaubenslehre voll schildern, hieße eine Geschichte der protestantischen Theologie seit Schleiermacher schreiben", bemerkte Hermann Mulert im Jahre 1908 (108). Entscheidende Wirkungen hat Schleiermacher ausgeübt nicht nur auf die Vertreter der „Vermittlungstheologie", die sich ab 1828 um die Zeitschrift „Theologische Studien und Kritiken" sammelten, nicht nur auf die ersten Betreuer seines Erbes wie Carl Immanuel Nitzsch, Friedrich Lücke, Friedrich Bleek, August Twesten und Alexander Schweizer: Schleiermacher war der Kirchenvater nicht nur des 19. Jahrhunderts. Das ursprünglich auf Friedrich den Großen gemünzte Schleiermacher-Wort „Nicht eine Schule stiftet er, sondern ein Zeitalter" hat seine Wahrheit viel mehr in bezug auf ihn selbst (Barth, 1961, 379). Die Aufnahme, die Schleiermachers Glaubenslehre bei seinen Freunden und Zeitgenossen gefunden hat,[6] zeigt, wie sehr Schleiermachers Wirkungsgeschichte voller Mißverständnisse steckt und wie wenig er in dieselbe eingegangen ist.

Die Mißverständnisse begannen bereits bei Ferdinand Christian Baur. Das Wesentliche der späteren Schleiermacher-Kritik zum großen Teil vorwegnehmend, behauptet Baur, jede vom Selbstbewußtsein ausgehende Konstruktion der christlichen Glaubenslehre werde ihren idealistischen Charakter nicht verleugnen können (1828, 247). Schleiermacher sah die dogmatischen Sätze, die menschliche Zustände beschreiben, als Grundform für die Sätze an, die Beschaffenheiten der Welt oder Eigenschaften Gottes aussagen (*Glaube*[1] § 34, 2). Aus dem Verhältnis, in welchem die Sätze der ersten und zweiten Form zueinander stehen, zieht Baur den Trugschluß, der historische Jesus habe nur eine dem idealen untergeordnete Bedeutung (1828, 250f.; dagegen Schleiermacher: Sendschreiben 49).

Schleiermacher sieht den Menschen nicht nur durch sein Sein, sondern auch durch seine Habe bestimmt, als welche Habe sich die Welt darstellt (§ 41, 1). Während Schleiermacher das Selbstbewußtsein sich zum Weltbewußtsein erweitern läßt (§ 70, 1) und auf diese Weise die Habe des Menschen im Zunehmen denkt (§ 41, 1), verkehrt Baur – die Welt auf die idealismi leges reduzierend – dies Zunehmen in ein Abnehmen, und denkt er sich lediglich die Beschränktheit eines keiner Erweiterung fähigen Selbstbewußtseins auf die Welt übertragen (1827, 10).

Das Zeitalter, das von Schleiermacher geprägt sein sollte, kam nicht an sein Ende, als die dialektische Theologie zu einer Wachablösung antrat: besonders in dem Kreis um Rudolf Bultmann vollzog sich eine Rückkehr zu ihm. Denn neben den Verdiensten der dialektischen Theologie, die sie in den Stand setzten, Schleiermacher in ein helleres Licht zu rücken als in den matten Schein, den die liberale Theologie verbreitete, wurden zugleich ihre Schwächen sichtbar: sie ließ es an einer Konkretion dessen fehlen, daß die Theologie – im Unterschied zur Verkündigung – Anthropologie, daß die Welt ein Ort des Handelns – das berechtigte Anliegen der zeitgenössischen Politischen Theologie – und daß die Kirche eine communio sanctorum, also eine in brüderlicher Liebe bestehende Gemeinsamkeit des Gehorsams gegenüber Christus ist.

Bei allen Verstehensschwierigkeiten ist Schleiermacher ein überaus anregender Gesprächspartner geblieben. Was die erwähnten drei Formen dogmatischer Sätze betrifft, so erscheint es zwar Gerhard Ebeling wichtig, „im Unterschied zu Schleiermacher den Gesichtspunkt des Glaubens (oder in seiner Terminologie: des christlich frommen Selbstbewußtseins) nicht einfach mit dem anthropologischen Aspekt, also mit dem Unterthema Mensch, ineins zu setzen“ (1979, 1, 74). Obwohl Gerhard Ebeling den Gesichtspunkt Glauben zum gesonderten Thema macht, bleibt er innerhalb des von Schleiermacher abgesteckten Rahmens, indem er nämlich den drei Gesichtspunkten Schleiermachers nicht eigentlich einen vierten hinzufügen will. In der Tat spricht der Glaube, sofern er „weiß“, *woran* er glaubt, sich nur in der Weise über sich selbst aus, daß er erklärt, was er von Gott, der Welt und vom Menschen in Erfahrung bringt.

Friedrich Wilhelm Graf

FERDINAND CHRISTIAN BAUR

(1792–1860)

Ferdinand Christian Baur gilt als der bedeutendste Historiker unter den Theologen des 19. Jahrhunderts. In den Geschichten der neueren protestantischen Theologie nimmt er aus zwei Gründen einen Ehrenplatz ein: Baur gab der historischen Erforschung des Christentums eine wissenschaftstheoretische Grundlegung, die, an bestimmten Zentralbegriffen der deutschen nachkantischen Philosophie orientiert, das methodische Selbstverständnis der Kirchengeschichtsschreibung mit weitreichenden Folgen veränderte. Darüberhinaus erschloß er der neutestamentlichen Exegese, d. h. der wissenschaftlichen Auslegung der Schriften des Neuen Testaments, Forschungsperspektiven, durch die das überkommene Bild der Entstehung und Frühgeschichte des Christentums zutiefst erschüttert wurde. So markieren Baurs große dogmengeschichtliche Gesamtdarstellungen und seine zahlreichen Arbeiten zum Urchristentum einen deutlichen Einschnitt in der historischen Arbeit der Theologie.

Doch erschöpft sich Baurs Leistung nicht in einer Umgestaltung der historischen Fächer der Theologie. Es gibt keinen Theologen im letzten Jahrhundert, der so konsequent wie er durch eine Neubestimmung der Aufgabe von Theologie insgesamt den umfassenden kulturellen Wandlungsprozessen gerecht zu werden suchte, die in der Aufklärung des 18. Jahrhunderts ein spezifisches neuzeitliches Freiheitsbewußtsein heraufgeführt hatten.

Baur verstand die Entstehung des modernen Autonomiebewußtseins nicht als einen Emanzipationsprozeß vom Christentum. Vielmehr sah er in seiner Gegenwart eine notwendige Gestalt der Verwirklichung des christlichen Glaubens. So bezeichnet die Einsicht, daß die für die neuzeitliche Lebenswelt grundlegende Idee der Freiheit des Einzelnen nicht nur eine geschichtliche Folge, sondern zugleich auch ein besonderer und berechtigter Ausdruck der christlichen Wahrheit sei, die sachliche Mitte von Baurs Theologie.

Sein historisches Interesse galt zwar in erster Linie den Anfängen des Christentums und den Lehrstreitigkeiten innerhalb der Alten Kirche. Doch haben auch die umfangreichen Veröffentlichungen zur Geschichte des Christentums der ersten drei Jahrhunderte einen vermittelten Bezug zu seiner Gegenwart: Baur erklärte es zur eigentümlichen Aufgabe des Theologen als Historiker, den das Einst und Jetzt umgreifenden inneren Zusammenhang allen geschichtlichen Geschehens aufzuweisen. Seine dogmengeschichtlichen Längsschnitte führte er ausnahmslos „bis in die neueste Zeit" hinein und schenkte dabei den aktuellen Auseinandersetzungen besondere Beachtung.

In *Die christliche Gnosis oder die christliche Religionsphilosophie in ihrer geschichtlichen Entwicklung* (1835) brachte er die Religionsphilosophie des 2. Jahrhunderts, deren Bedeutung für die Entwicklung der frühen Kirche er erstmals erkannt hatte, „in der eigenen inneren Bewegung" ihres „Begriffs" (IV) so zur Darstellung, daß sich zugleich ein neues Verständnis der religionstheoretischen Diskussion seiner eigenen Zeit ergab, das er dann in einem zweihundertseitigen vierten Kapitel des Buches ausführlich entfaltete: „das Alte [erscheint hier] durch das Neue, und das Neue durch das Alte vermittelt . . ., und das Eine [läßt] sein Licht auf das Andere zurückfallen" (VIII). In diesem Sinne hat alle historische Theologie die geschichtliche Entwicklung des christlichen Geistes mit Hinblick auf dessen Gegenwart zu rekonstruieren bzw. die Gegenwart um das Wissen über das Woher ihres Gewordenseins zu bereichern. Kirchengeschichtsschreibung dient der Selbstverständigung des modernen Bewußtseins und klärt dieses über seine Herkunft aus dem Geist des Christentums auf: der „in der Selbstgewissheit seines Bewusstseins in sich ruhende Geist" soll auf einen „Standpunkt" erhoben werden, „auf welchem er auf die Wege zurücksehen kann, die er . . . gegangen ist, um das bewusstlos Gewordene mit dem Bewußtsein der innern Nothwendigkeit seines Werdens zu durchlaufen".[1]

Dieses Programm einer Ortsbestimmung der Gegenwart im „ewig klare[n] Spiegel" der Geschichte[2] bringt es mit sich, daß die Kirchengeschichte zur „Fundamentalwissenschaft" der Theologie[3] wird. Damit begründet sich Theologie zugleich als eine umfassende Theorie der Christentumsgeschichte neu. Baur löste die traditionellen Selbstdarstellungen von Theologie als dogmatischer Lehre durch den – von ihm geprägten – Begriff der Theologie als „historisch-kritischer Wissenschaft" ab. In der darin zum Ausdruck kommenden Offenheit für den Geist der Moderne dürfte, systematisch betrachtet, seine Bedeutung für die neuere Theologiegeschichte liegen. So verdient Baur auch deshalb ein Klassiker theologischen Denkens genannt zu werden, weil er mit großer sachlicher Konsequenz die Aufgabe aller Theologie, die Wahrheit des Christentums im Horizont ihrer jeweiligen Zeiterfahrung auszulegen, unter den Bedingungen des neuzeitlichen Autonomiebewußtseins zu erfüllen suchte.

I. Leben und Bildungsgeschichte

1. Ferdinand Christian Baur wurde am 21. Juni 1792 im Pfarrhaus von Schmiden bei Bad Cannstatt geboren. Sowohl sein Vater, der Pfarrer Christian Jacob Baur, als auch seine Mutter Eberhardine, geb. Gross, entstammten württembergischen Pfarrersfamilien. Inwieweit dieser Familienhintergrund die spätere Berufswahl ihres ältesten Kindes beeinflußte, läßt sich, zumindest derzeit, nicht sagen. Anders als im Falle vieler anderer, weniger einflußreicher Theologen des 19. Jahrhunderts schrieb keiner von Baurs zahlreichen Schülern eine Biographie des von ihnen hochverehrten Meisters, und wenn sie sich über ihren Lehrer äußerten, rückten sie dessen Werk und theologisches Programm

so sehr in den Vordergrund, daß seine Person bzw. Lebensgeschichte demgegenüber als gleichsam unwichtig erschien. Solches Desinteresse an der Individualität des Theologen muß man jedoch als einen Ausdruck der Treue gegenüber dem Geschichtsverständnis des Lehrers verstehen. Denn auch in dessen eigenen theologiegeschichtlichen Arbeiten tritt die Person des Theologen nahezu vollständig hinter die begriffliche Entfaltung des jeweiligen theologischen Ansatzes zurück, und es ist durchaus kennzeichnend, daß Baur im Unterschied zu vielen seiner theologischen Zeitgenossen niemals einen autobiographischen Text publizierte. Sowohl in einem Beitrag zu einer Geschichte der Tübinger Universität als auch in den Vorlesungen über die *Kirchengeschichte des Neunzehnten Jahrhunderts,* die posthum von seinem Schwiegersohn Eduard Zeller (1814–1908), einem seinerzeit berühmten Philosophiehistoriker, als letzter Band einer Gesamtdarstellung der Kirchengeschichte herausgegeben wurden (Tübingen 1862), kommt Baur nur da auf sich selbst zu sprechen, wo es von der Sache her unumgänglich ist. Weil darüberhinaus sein Nachlaß, der neben mehreren Vorlesungsnachschriften und zahlreichen Predigtmanuskripten auch einen umfangreichen Briefbestand enthält, bisher nur zu einem geringen Teil ausgewertet ist,[4] liegen Baurs Biographie und die Entstehungsgeschichte seines Werks in vielerlei Hinsicht noch im Dunkeln.

Bis zu seinem 14. Lebensjahr erhielt Baur durch seinen Vater Privatunterricht.[5] Danach wurde er in den traditionellen kirchlichen Ausbildungsinstitutionen Alt-Württembergs auf das philosophisch-theologische Studium in Tübingen vorbereitet. Es ist jedoch wenig wahrscheinlich, daß der junge Baur schon vor dem Universitätsstudium mit der philosophischen Theoriebildung seiner Zeit bekannt wurde, ohne die sein späteres Verständnis von Geschichte und Theologie nicht angemessen gedeutet werden kann. Denn sein Vater lehnte Kants und Fichtes Philosophie der Freiheit entschieden als unchristlich ab, und die Lehrer am niederen Seminar in Blaubeuren waren alles andere als theologische Neuerer. Sie vermittelten ihren Schülern hauptsächlich eine solide Kenntnis der alten Sprachen und machten sie mit den Grundtexten des Christentums auch im Sinne eines philologisch gebildeten Umgangs vertraut. Daneben dürfte in Blaubeuren eine für heutige Verhältnisse äußerst intensive gemeinschaftliche Frömmigkeitspraxis für die schon hier gezielt auf das Pfarramt vorbereiteten Seminarschüler prägend gewesen sein.

Spätestens der zum Wintersemester 1809/10 erfolgte Eintritt in das ehrwürdige Tübinger Stift brachte eine nähere Beschäftigung mit der zeitgenössischen deutschen Philosophie mit sich, die eine Antwort auf die Frage zu geben suchte, ob bzw. wie der einzelne Mensch angesichts der Übermacht der Geschichte frei sein könne. Nach der damaligen Studienordnung dienten die ersten vier Semester nahezu ausschließlich der philosophischen Bildung der Studenten. Schon bald fiel Baur wegen des außerordentlichen Fleißes auf, mit dem er insbesondere die Schriften Kants, Fichtes und Schellings sich aneignete. In einer der beiden wissenschaftlichen Abhandlungen, die er im Herbst 1811 zur philosophischen Magisterpromotion einreichte, behandelte er „Kants Ver-

Ferdinand Christian Baur (1792–1860)

nunftkritik und Fichtes Wissenschaftslehre" und machte sich deren These zu eigen, daß Geschichte kein die Freiheit des Einzelnen verunmöglichender Prozeß ist, sondern der primäre Ort der Erfahrung und Betätigung individueller Freiheit.[6] Diese intensive Auseinandersetzung mit der idealistischen Philosophie dürfte die spätere Entfaltung eines eigenen theologischen Standpunktes sehr viel nachhaltiger beeinflußt haben als der theologische Unterricht, den Baur in Tübingen genoß.

Zwar erhielt er hier eine äußerst gründliche Ausbildung in den historisch-exegetischen Fächern der Theologie, insbesondere durch E. G. Bengel (1769–1826). Aber die zum Programm erhobene Halbherzigkeit der Vertreter der (alten) Tübinger Schule im Umgang mit Problemen, die der Theologie durch die kantische „Revolution der Denkungsart" vor allem in Hinblick auf den Begriff der Offenbarung und die menschliche Freiheit gestellt waren, bot keine systematisch befriedigende Lösung. So läßt sich in Baurs eigener Theologie nur ein Motiv namhaft machen, das auf seine Tübinger Lehrer zurückgeht: die Hochschätzung der Sittlichkeit Jesu als des Tugendlehrers aller Menschen. Insbesondere die Seligpreisungen der Bergpredigt verstand Baur zeit seines Lebens als den „innersten Mittelpunkt der Grundanschauung . . ., aus welcher das Christentum hervorgegangen ist"; denn in ihnen äußert sich ein religiöses Bewußtsein, welches die „in der inneren Gesinnung bestehende Sittlichkeit" als eine Folge des „von Gott selbst dem Menschen dargebotenen Friedens" bzw. der von Jesus bezeugten „Einheit Gottes und des Menschen" versteht.[7]

2. Baur verließ die Universität 1814 mit dem besten Examen seines Jahrgangs, kehrte aber nach einem relativ kurzen Vikariat 1816 ans Stift zurück. Schon ein Jahr später wurde der gerade Fünfundzwanzigjährige als Professor für alte Sprachen an das Blaubeurer Seminar berufen. Diese erstaunlich schnelle Beförderung war für Baur in mehrfacher Hinsicht von großer Bedeutung. Da 1815 seine Mutter und 1817 sein Vater gestorben waren, ermöglichte ihm die Blaubeurer Professur die Versorgung seiner fünf jüngeren Geschwister. Die ökonomische Sicherheit des neuen Amtes machte es Baur darüberhinaus möglich, 1821 Emilie Becher, die 19jährige Tochter eines Stuttgarter Hofarztes, zu heiraten. Schließlich bot die Rückkehr nach Blaubeuren im Dezember 1817 die Chance zu eigenständiger wissenschaftlicher Arbeit. „Baurs Leben" ging nun „ganz in der Wissenschaft auf", berichtet der wohl bekannteste der Blaubeurer Seminarschüler Baurs, D. F. Strauß (1808–1874).[8] Mit bewundernswertem Fleiße erarbeitete sich der junge Professor bald die religionstheoretische Grundlagendebatte der Zeit.

Insbesondere vier Bücher, die Baur während seiner Blaubeurer Jahre zusammen mit seinem Freund und Kollegen F. H. Kern (1790–1842) intensiv studierte, wurden für die Entwicklung seines theologischen Denkens von grundlegender Bedeutung. 1810 hatte der Heidelberger Romantiker G. F. Creuzer (1771–1858) eine vierbändige *Symbolik und Mythologie der alten Völker, besonders der Griechen* publiziert, in der ein neues Begreifen der abendländischen religiösen Traditionen gefordert wurde: Die wissenschaftliche Lehre vom Mythos soll im Zusammenhang einer universalen Religionsgeschichte zeigen, daß sich die bildhafte Rede vom Göttlichen, wie sie für die mythischen Erzählungen aller Religionen kennzeichnend ist, als ein vorvernünftiger Ausdruck des Interesses der menschlichen Vernunft an sich selbst bzw. an deren Beziehung auf den Grund alles Seins, Gott, entschlüsseln läßt. Auch in die scheinbar unvernünftige Geschichte der Religion kann man Vernunft hineinbringen. So läßt sich die Religionsgeschichte als Freiheitsgeschichte rekonstruieren, deren inneres Bewegungsmotiv die Autonomie des Menschen ist.

Dazu muß der Historiker jedoch kritisch verfahren. Die Grundsätze solcher historischen Kritik lernte Baur vor allem aus B. G. Niebuhrs (1776–1831) 1811 erschienenen Vorlesungen über Römische Geschichte kennen, die ihn so tief beeindruckten, daß er ihre Ergebnisse sogleich im Blaubeurer Seminarunterricht lehrte:[9] Vom Historiker ist zu verlangen, die alten Schriftsteller jeweils von ihrer geschichtlichen Umwelt her zu verstehen bzw. alle Texte der Vergangenheit in ihren besonderen historischen Kontext zu stellen. Dabei kann er erkennen, daß die Quellen der älteren Geschichte selbst wieder geschichtlich bedingt sind. So muß alle Geschichtsschreibung an der Frage sich orientieren, inwieweit überlieferte Geschichtszeugnisse vergangenes Geschehen überhaupt objektiv wiederzugeben vermögen. Voraussetzung solcher Quellenkritik ist jedoch die Annahme einer inneren Einheit alles geschichtlichen Geschehens.

Diese fand Baur vor allem in Schellings *System des transcendentalen Idealismus* (1800) theoretisch gerechtfertigt – „eine[r] Schrift, die mir vorzüglich gefallen hat".[10] Schelling hatte hier den Versuch unternommen, die Weltgeschichte als einen Selbstentfaltungsprozeß der Vernunft zu rekonstruieren. Zwar erfährt der einzelne Mensch geschichtliches Geschehen zunächst als eine chaotische Mannigfaltigkeit von unendlich vielen, scheinbar beziehungslosen Einzelereignissen. Sub specie Dei, in Hinblick auf die Geschichte insgesamt, zeigt sich die Fülle des Einzelgeschehens aber als ein von der inneren Notwendigkeit der Vernunft bestimmter und deshalb in sich einheitlicher Handlungszusammenhang; Geschichte ist die Entwicklung eines Zustands, in dem in der Wirklichkeit noch keine Spur der Vernunft sich findet, zu einem gleichsam endgeschichtlichen Zielpunkt, in welchem alle Wirklichkeit durchgängig nach Vernunftprinzipien gestaltet ist. Dieses Geschichtsverständnis Schellings konnte Baur übernehmen, weil der historische Prozeß darin mit göttlicher Würde ausgestattet worden war, wodurch zugleich alle historische Forschungstätigkeit zu Theologie wurde: „Die Geschichte als Ganzes ist eine fortgehende, allmählich sich enthüllende Offenbarung des Absoluten . . . Der Mensch führt durch seine Geschichte einen fortgehenden Beweis von dem Daseyn Gottes . . .".[11]

Schellings Programm, die Gegenwart der göttlichen Vernunft im wechselseitigen Bezug der einzelnen geschichtlichen Phänomene aufzuweisen, hatte Baur sich bereits zu eigen gemacht, als er im Frühjahr 1823 F. D. E. Schleiermachers (1768–1834) 1821/22 erschienene *Glaubenslehre* mit großer Begeisterung las. „Mich hat noch kein theologisches Werk so vielfach angesprochen, wie dieses . . .“[12] Schleiermacher hatte seine Dogmatik vom Begriff des Selbstbewußtseins her entfaltet und die traditionellen Lehrstücke durch Beschreibungen „frommer Gemütszustände“ ersetzt. Baur faszinierte dies vor allem deshalb, weil nun die Gegenstände des Glaubens keine bloß äußerlichen Daten einer vergangenen Offenbarungsgeschichte mehr zu sein schienen, sondern zum Eigentum des Menschen geworden waren, der sie durch religiöse Ergriffenheit in sich erzeugt. Zwar äußerte sich Baur schon 1823 zu einem zentralen Punkt in Schleiermachers Darstellung des Christentums – dem Verhältnis der Freiheit des Einzelnen zu seiner Abhängigkeit von Gott – sehr kritisch. Aber er war von dem „Idealismus“ Schleiermachers begeistert, Jesus Christus nicht als ein fernes Individuum, sondern als eine „in jedem Menschen“ gegenwärtige Kraft zur Selbsterkenntnis, als göttliches Vermögen in uns, zu verstehen. Da Baur Schleiermacher sozusagen mit der Brille Schellings gelesen hatte, stellte diese starke Betonung des ‚Christus in uns‘ allerdings ein erhebliches Mißverständnis der *Glaubenslehre* dar.

Für Schleiermachers Christologie war, anders als für die Baurs, der Bezug auf das geschichtliche Individuum Jesus von Nazareth grundlegend. Je mehr Baur dies selbst erkannte, desto stärker distanzierte er sich später von dem Berliner Theologen und wurde so zu dessen gewichtigstem theologischen Kritiker des 19. Jahrhunderts. Als Schleiermacher im September 1830 Tübingen besuchte, kam es nur zu einer kurzen Begegnung mit Baur, die jedoch zu keiner theologischen Verständigung führte.[13] Baur hatte zu diesem Zeitpunkt bereits die Überzeugung gewonnen, den Standpunkt der Gefühlstheologie Schleiermachers überwunden zu haben – sicherlich auch infolge der Kritik, die der berühmte Berliner Ordinarius 1829 öffentlich an seinem noch wenig bekannten jungen Provinzkollegen geübt hatte.[14]

3. Mit welch großem Fleiße sich Baur in Blaubeuren neben der Unterrichtstätigkeit in die wissenschaftliche Diskussion seiner Zeit einarbeitete, zeigt sein erstes Buch, die 1824 in Stuttgart erschienene *Symbolik und Mythologie oder die Naturreligion des Alterthums*. Das umfangreiche Werk faßt den wissenschaftlichen Ertrag der Blaubeurer Jahre zusammen. „Ist die Weltgeschichte überhaupt, in ihrem weitesten und würdigsten Sinne, eine Offenbarung der Gottheit, der lebendigste Ausdruck der göttlichen Ideen und Zweke, so kann sie, da überall, wo geistiges Leben ist, auch Bewußtseyn ist, als Einheit desselben, nur als die Entwiklung eines Bewußtseyns angesehen werden, welche zwar nur auf eine der Entwiklung des individuellen Bewußtseyns analoge Weise zu denken ist, aber mit dem beschränkten Maßstabe desselben nicht gemessen werden darf“ (V). Baur ersetzte das herkömmliche Erkenntnisprinzip der Theologie, daß Gott sich in der Geschichte Jesu von Nazareth ein für allemal bzw. in endgültiger Weise offenbart habe, durch ein spekulatives Offenbarungsverständnis, demzufolge Geschichte insgesamt der Ort der Selbstoffenbarung des Absoluten ist; Gott wirkt nicht bloß in einer einmaligen vergangenen Tatsa-

che, sondern seine Wirklichkeit kann in allem geschichtlichen Geschehen sich ausdrücken.

Damit war Baur offen als ein moderner Theologe hervorgetreten, dessen Grundanschauungen mit der Theologie nicht mehr vermittelbar waren, welche an der Landesfakultät Tübingen gelehrt wurde. Als im März 1826 Baurs ehemaliger Lehrer E. G. Bengel starb und bei der Suche nach einem Nachfolger auch Baurs Name gehandelt wurde, bescheinigte die Fakultät, die sich durch einen strengen Anhänger der alten Kirchenlehre ergänzt sehen wollte, in einem Gutachten für das Kultusministerium Baur denn auch eine „Ansicht in religiösen Dingen, von welcher sie sich nicht getraue, zu vergewissern, daß . . . die ausgesprochenen Ideen mit den lautern Ansichten des Christenthums als einer durch die besondere göttliche Veranstaltung vorbereiteten und den Menschen geschichtlich gewordenen Offenbarung Gottes überall in Einklang zu bringen sein dürften".[15] Doch trotz des nicht ganz unberechtigten Verdachts, Baurs theologischer Begriff vom Absoluten stimme kaum noch mit dem persönlichen Gott der alten Kirchenlehre überein,[16] wollte die Stuttgarter Regierung zum einseitigen Einfluß der Supranaturalisten in der Fakultät ein Gegengewicht schaffen und berief deshalb im Zusammenhang einer umfassenden Neuregelung der theologischen Lehre den vierunddreißigjährigen Baur und seinen Freund Kern nach Tübingen.

Hier lehrte Baur vom Herbst 1826 bis zu seinem Tode am 2. Dezember 1860 Kirchen- und Dogmengeschichte, Symbolik bzw. Konfessionskunde und Neues Testament; bis 1848 nahm er, zusammen mit anderen Fakultätsmitgliedern, daneben das Amt eines Frühpredigers an der Stiftskirche wahr. Durch seine Veröffentlichungen zur Religionsgeschichte des frühen Christentums zog er sich schon bald die Feindschaft zahlreicher Fachkollegen und Vertreter der kirchlichen Erweckungsbewegung zu, weil er die verbindliche Grundlage des christlichen Glaubens zerstöre und die heiligen Texte des Neuen Testaments zu bloßen Produkten menschlicher Schriftstellerei herabsetze. Eine Berufung nach Berlin als Nachfolger Schleiermachers und einen Wechsel nach Halle wußten konservative Kräfte innerhalb der Preußischen Kirche zu verhindern.[17]

So blieb der durchaus fromme „Heidenbaur" in seiner akademischen Wirksamkeit auf Tübingen beschränkt, und der Theologe, der seit den vierziger Jahren auch einen bedeutenden Einfluß auf die außerdeutsche Theologie auszuüben vermochte, passierte vermutlich niemals die Grenzpfähle des Königreichs Württemberg. Zum theologischen Anspruch auf Offenheit gegenüber dem Geist der Moderne steht der provinzielle Zuschnitt seiner Lebensverhältnisse in eigentümlichem Kontrast. Der einer strengen Regel folgende Tagesablauf – auch im Winter stand Baur morgens um 4 Uhr auf – zeugt von einer beeindruckenden Konsequenz in der Ausübung seines wissenschaftlichen Berufs.[18]

In Anerkennung der besonderen Verdienste um die Landesuniversität, in deren Selbstverwaltungsgremien er mitarbeitete und als deren bedeutendster

Gelehrter er auf dem Höhepunkt seiner literarischen Wirksamkeit galt, wurde er schließlich in den persönlichen Adelsstand erhoben. Durch die vom Appell an „das eigene Denken" seiner Hörer[19] bestimmten Vorlesungen, die der gefeierte akademische Lehrer an sechs Tagen der Woche vor großen Auditorien hielt, vermochte er einen Schülerkreis um sich zu sammeln, aus dem die wissenschaftsgeschichtlich folgenreichste theologische Schulbildung des letzten Jahrhunderts hervorging.

4. R. von Mohl (1799–1875), ein bekannter Staatswissenschaftler und Politiker, hat seinen Schwager Baur als den ‚Stiftler' schlechthin charakterisiert, dessen Lebenshorizont allein durch die Bibliotheken der württembergischen theologischen „Seminarien" definiert sei, und dabei das Bild eines „deutsche[n] Gelehrte[n]" gezeichnet, „wie er im Buche steht": bücherklug, doch lebensunfähig. „Baur war . . . von allen Menschen, welche ich je gesehen habe, der am wenigsten weltläufige, in praktischen Dingen erfahrene oder auch nur urteilsfähige . . ."[20]

Dieses Bild bedarf jedoch der Korrektur. Baur wußte sich der bürgerlichen Emanzipationsbewegung verpflichtet, und der Grundsatz seiner dogmengeschichtlichen Arbeiten, daß der Theologiehistoriker das „Fortschreiten des freien Geistes" in der Geschichte aufzuzeigen habe, ist durchaus auch politisch zu lesen. Im Oktober 1841 hatte Baur als Rektor der Universität (1841–1842) bei einem akademischen Festakt eine *Rede zur Feier des Gedächtnisses der fünfundzwanzigjährigen Regierung seiner Majestät des Königs Wilhelm von Württemberg* zu halten. Daß er bei dieser Gelegenheit ausdrücklich die gegenwärtige politische Lage zum Thema machte und *Über die geschichtliche Bedeutung der fünfundzwanzig Jahre 1816–1841* sprach, war ein Zeichen politischen Mutes und wurde auch als solches verstanden.[21]

Baurs Schüler, die zumeist Anhänger der vormärzlichen Studentenbewegung waren und als Burschenschaftler für ein zugleich geeintes und freies Deutschland agitierten,[22] sahen sich seit dem Ende der dreißiger Jahre heftigen Angriffen von seiten des politisch restaurativ orientierten württembergischen Pietismus ausgesetzt sowie in ihren kirchlichen bzw. universitären Karrieren behindert. Ihr Lehrer trat deshalb mit Nachdruck dafür ein, daß der kritischen Theologie trotz aller Distanz gegenüber der „bestehende[n] Kirche in ihrer sichtbaren zeitlichen Erscheinung" eine christliche Legitimität nicht bestritten werden dürfe; denn als „eine geschichtlich gegebene Religion" unterliege das Christentum notwendig dem „Gesetz der geschichtlichen Entwicklung", und weil „alles geschichtlich Gegebene . . . eine unendliche Aufgabe für das denkende Bewußtsein" darstelle, sei auch das Christentum der Gegenwart noch fortzubilden.[23] Diesem der Aufklärungstheologie entstammenden Gedanken der sog. Perfektibilität, d. h. der Vervollkommnungsfähigkeit des Christentums gab Baur dabei insofern eine ausdrückliche politische Auslegung, als er die zentrale Forderung des politischen Liberalismus seiner Zeit nach Bildung eines deutschen Nationalstaates im Horizont der Geschichte des Christentums seit der Reformation zu begründen suchte.

Seine optimistische Einschätzung der politischen Lage, daß man insbesondere in Alt-Württemberg – und hier vor allem wegen eines vom König gegebenen, „die alten Rechte und die neuen Verhältnisse gleich beachtenden Verfassungs-Vertrags“[24] – „im Ganzen . . . nicht rückwärts, sondern vorwärts gekommen“ sei,[25] scheint sich infolge der gescheiterten Revolution von 1848/49 geändert zu haben. Doch dem konstitutionellen Liberalismus und dem Programm einer allmählichen „fortgehenden Verbesserung des allgemeinen Zustandes“[26] blieb Baur treu. Daß er im Sommer 1850 erstmals eine Vorlesung über theologische Zeitgeschichte hielt, dürfte sich jedenfalls dem Interesse verdanken, die neue Restaurationsbewegung – mit der politisch gebotenen Vorsicht – zu kritisieren bzw. weiterhin die Idee des „notwendigen Fortschritts“ in Staat und Kirche, Gesellschaft und Wissenschaft zu verkünden.

Signatur der Gegenwart, die Baur nun ausdrücklich kritisiert, ist der noch ungeschlichtete Kampf zweier kultureller Prinzipien: „das Princip der alten Traditionen“ steht gegen „das der neuen die Zeit bewegenden Ideen“,[27] und weil beide in Hinblick auf die politische Wirklichkeitsgestaltung nicht ohne Recht sind, müssen sie in eine Struktur vernünftiger Vermittlung überführt werden. In einer „Zeit tollster politischer und kirchlicher Reaction“ konnten Baurs Hörer dies nur als ein Plädoyer für die momentane Berechtigung der die Revolution tragenden „neuen Ideen“ verstehen: „das Ganze war durchweht von dem kräftigen Hauch der Freiheit“.[28]

Das Interesse an der Durchsetzung von Liberalität auch in Sachen Theologie und Kirche bestimmte darüberhinaus die zahlreichen literarischen Kontroversen Baurs. So erschöpft sich sein äußerst umfangreiches wissenschaftliches Werk nicht in nahezu zwanzig großen Monographien bzw. Lehrbüchern, mehr als fünfzig wissenschaftlichen Aufsätzen und fast zwanzig, zum Teil über hundert Druckseiten langen Buchbesprechungen. Vielmehr beteiligte sich Baur auch intensiv an den kirchen- und wissenschaftspolitischen Debatten seiner Zeit. Als sein katholischer Tübinger Kollege Johann Adam Möhler 1832 eine *Symbolik, oder Darstellung der dogmatischen Gegensätze der Katholiken und Protestanten nach ihren öffentlichen Bekenntnißschriften* publizierte, welche in deutlicher Kritik der ökumenischen Programme der Aufklärungstheologie die unbedingte Überlegenheit des katholischen Standpunktes über alle protestantischen Bewußtseinsgestalten behauptete, reagierte Baur, der im Wintersemester 1828/29 als erster Tübinger eine Symbolik-Vorlesung gehalten hatte, mit einer ausführlichen Gegenschrift, in der er mit großer polemischer Schärfe das „protestantische Princip“ der Glaubens- und Gewissensfreiheit des Einzelnen rechtfertigte.[29] Möhlers „scharfsinniger Gegner“[30] bezog sich dabei auf die Deutung des notwendigen inneren Zusammenhangs von Reformation und neuzeitlicher Lebenswelt, welche G. W. F. Hegel vorgetragen hatte, der in Tübingen seit dem Wintersemester 1828/29 im Kreise von Baurs Schülern mit großer Begeisterung gelesen wurde.[31] Die durch Hegel vermittelte Begrifflichkeit, die Baur mit der an Schelling und Schleiermacher gewonnenen verband und die seine weiteren Arbeiten dann in hohem Maße prägte, erlaubte ihm zugleich eine Sicht des Katholizismus, die über die Schranken konfessioneller Polemik hinauswies.

Aufgrund seines Traditionsprinzips repräsentiert der Katholizismus für das Christentum insgesamt das Moment der überindividuellen „Objectivität", während im Protestantismus primär das Prinzip der „freien Subjectivität" und „Autonomie" eine christlich-religiöse Gestalt gewinnt.[32] Keines der Momente darf einseitig verabsolutiert werden; wo die Beziehung des Einzelnen zu Gott von Vermittlungsleistungen (etwa sakramentaler Art) der Kirche abhängig gemacht wird und diese hierarchisch, von oben nach unten gestaltet ist, wird die Wahrheit des Christentums als der Religion der „Individualität und Persönlichkeit"[33] verfehlt. In diesem Sinne zielte die Auseinandersetzung mit Möhler auf eine gegenwartsdiagnostische Bestimmung des Begriffs individueller Freiheit, mittels derer die aktuellen restaurativen Tendenzen in Staat und Kirche des Scheins einer besonderen christlichen Legitimität beraubt werden sollten. Demgemäß richtete sich die scharfe Kritik am Katholizismus vor allem darauf, daß dieser die religiöse Freiheit des Einzelnen „dem Absolutismus der Kirche" aufopfere.

Umgekehrt wurden die Kirchen der Reformation, des wichtigsten „Wendepunkt[es]" in der Christentumsgeschichte,[34] für eine neuzeitliche Freiheitstradition in Anspruch genommen, in der „das Subjekt" aufgrund seiner religiösen Emanzipation auch in politisch-verfassungsmäßiger Hinsicht „zu dem Rechte seiner Individualität, seines freien Fürsichseins" gelangt ist.[35] Denn die Reformation ist auch ein politikgeschichtliches Datum ersten Ranges, weil in ihren Folgen der Staat sich von der Bevormundung durch die Kirche befreien konnte. Zwischen dem reformatorischen Christentum und dem modernen Verfassungsstaat besteht ein notwendiger historischer Zusammenhang, der etwa darin hervortritt, daß der von der katholischen Kirchenherrschaft emanzipierte Staat seinen Bürgern religiöse Toleranz gewährt.

Diese höchst aktuelle Protestantismus-Deutung Baurs, in der K. G. Steck den „Herzpunkt seiner gesamten Arbeit" erblickt,[36] bestimmte jedoch nicht bloß Baurs Sicht des politisch erstarkten Katholizismus seiner Zeit. Vielmehr war sie zugleich für seine Auseinandersetzung mit solchen Standpunkten innerhalb der evangelischen Theologie leitend, die noch unter dem bereits erreichten Niveau des „protestantischen Princip[s]" blieben und „dem freien Rechte der Schriftforschung" Schranken auferlegen wollten. Vor allem gegenüber mehreren Angriffen des in jeder Hinsicht konservativen Berliner Theologen E. W. Hengstenberg (1802–1869) trat Baur „für die wissenschaftliche Freiheit" der theologischen Forschung ein,[38] die er als einen unverzichtbaren Ausdruck des protestantischen Prinzips und zugleich als grundlegendes Strukturmerkmal einer modernen Gesellschaft deutete.

II. Werk

1. Alle wissenschaftliche Theologie bezieht sich auf die Tatsache, daß es Religion gibt. Wo ein Theologe über sein Verständnis von Religion sich äußert, legt er deshalb zugleich Rechenschaft über die Grundlagen und Voraussetzungen seines theologischen Denkens überhaupt ab. Die Stellung zur Religion entscheidet über den ‚Ansatz' einer Theologie und ihre inhaltliche Besonderheit relativ zu anderen theologischen Entwürfen. So muß der *Versuch einer systematischen Rekonstruktion* von Baurs theologischem Programm bei seiner Entfaltung des Religionsbegriffs einsetzen.

In Anknüpfung an Schleiermachers bekannte Beschreibung der Religion als eines Gefühls schlechthinniger Abhängigkeit begreift Baur Religion zunächst als das Verhältnis des Menschen zu Gott, welches aus der spezifisch menschlichen Endlichkeitserfahrung erwächst. In dem Maße, in dem der einzelne Mensch seiner eigenen Endlichkeit inne wird, fühlt er sich vom absoluten Grund allen Seins abhängig, dem er, wie alles Seiende, seine Existenz verdankt. Im Zusammenhang seiner Kritik an Schleiermachers *Christlichem Glauben* gibt Baur Ende der zwanziger Jahre dann zwar den Gefühlsbegriff preis. Die Struktur seines Religionsverständnisses wird dadurch jedoch nur geringfügig modifiziert. Auch nach der Beschäftigung mit Hegels *Vorlesungen über die Philosophie der Religion,* die im Herbst 1832 erschienen, bestimmt Baur Religion als die Beziehung des endlichen Subjekts auf Gott als den absoluten Grund des Lebens. Eine Änderung ergibt sich allein insofern, als die Stelle des Gefühls nun das denkende Bewußtsein einnimmt: Religion ist das Bewußtsein des Menschen von seiner notwendigen Gottesbeziehung, welches in seinem Denken immer schon mitgesetzt ist.

Einerseits ist für alle Religion eine prinzipielle Differenz von Gott und Mensch grundlegend, denn religiöses Bewußtsein ist nur unter der Voraussetzung wahr, daß der Mensch nicht selbst Gott ist. Andererseits gewinnt in Religion aber auch ein fundamentales menschliches Interesse an der Aufhebung dieser Differenz Gestalt. Religiöses Bewußtsein zielt auf eine schließliche Übereinstimmung von Gott und Mensch, und im Versuch des von Gott getrennten Menschen, sich auf Gott zu beziehen, drückt sich die Sehnsucht nach einer letzten Identität des Getrennten aus. Folglich ist Religion als die Verbindung zweier als gegenläufig erscheinender Momente zu bestimmen: aufgrund der Erfahrung der Unterschiedenheit des Menschen von Gott macht sie zugleich die Absicht der Aufhebung des Getrenntseins von Schöpfer und Geschöpf explizit. „Hat die Religion überhaupt, ihrem allgemeinsten Begriffe nach, das Verhältniß Gottes und des Menschen zu ihrem Gegenstand, so stellt sich dieses Verhältniß sogleich als ein doppeltes dar, auf der einen Seite als der Unterschied des Menschen von Gott, auf der andern als die Einheit des Menschen mit Gott."[39]

2. Die Unterschiedenheit des Menschen von Gott läßt sich als relative Ei-

genständigkeit des endlichen Subjekts verstehen und bezeichnet dann den Vollzug der Emanzipation vom absoluten Grund. Insofern kann sie als ein erster Ausdruck der Selbständigkeit des Menschen verstanden werden. Im Horizont der Religion gilt solche menschliche Selbständigkeit, wie sie in der Trennung des Menschen von Gott impliziert ist, aber noch nicht als ein wahres Bewußtsein menschlicher Freiheit, sondern, gerade umgekehrt, als dessen prinzipielle Verfehlung.

So erfährt die Verselbständigung des Menschen gegenüber Gott im Christentum etwa dadurch eine negative Deutung, daß sie als menschliche Sünde kritisiert wird. Nach Baur ist eine der christlichen Sünde entsprechende Vorstellung von der selbst verschuldeten Gottesferne des Menschen für alle Gestalten von Religion konstitutiv. Deshalb interpretiert er die Entzweiung von Gott, wie sie in aller Religion vorausgesetzt ist, als einen tiefen Zwiespalt des Menschen mit sich selbst. Wo Gott dem Menschen ausschließlich in reiner Unterschiedenheit als ein fernes Wesen gegenübersteht, ist der Mensch noch nicht eigentlich frei, sondern von seinem wahren Wesen, Geschöpf Gottes bzw. göttlichen Ursprungs zu sein, entfremdet. Die Ferne gegenüber Gott bedeutet zugleich die Selbstentfremdung des Menschen.

Religion repräsentiert dann das Bemühen um die Aufhebung der prinzipiellen Gestalt menschlicher Entfremdung, nämlich der Entfremdung vom eigenen Wesen. In der Sprache der Religion heißt dies Versöhnung. Versöhnung, eine neue Einheit des Menschen mit Gott, ist der „Mittelpunct jeder Religion", und die „allgemeine Aufgabe, welche die Religion realisiren soll, erhält in dem Begriff der Versöhnung ihre tieffste und innerlichste Bedeutung".[40]

Versöhnung darf jedoch nicht als eine unmittelbare Einheit von Gott und Mensch verstanden werden, welche an die Stelle ihrer Entzweiung träte. Baur legt vielmehr besonderen Nachdruck darauf, daß Versöhnung als *vermittelte Identität* von Gott und Mensch zu begreifen ist. Das Bewußtsein der neuen Gott-Mensch-Einheit schließt das Wissen um Entzweiung nicht aus. Auch wo Religion mit dem Anspruch der Einsicht in letzte Identität auftritt, gibt sie der tatsächlichen Lebenserfahrung des Individuums, etwa dem Schuldbewußtsein, dem Gefühl der Ohnmacht und der Erfahrung von Entzweiung, noch einen Ort.

Baur drückt dies sehr präzise in Formulierungen aus, die alle die durch Religion sich herstellende Identität des Einzelnen mit dem Ganzen nicht als Identität gegen Differenz, sondern als umfassende Einheit von Identität und Differenz zu verstehen lehren: in religiöser Versöhnung wird „die Trennung des Menschen von Gott als eine in seiner Einheit mit Gott aufgehobene und ausgeglichene aufgefaßt".[41] Religiöses Identitätsbewußtsein ersetzt nicht einfach faktische Differenzerfahrung, und das Wissen um eine neue Übereinstimmung des Menschen mit Gott bringt den Ausgangspunkt aller Religion, den Unterschied, nicht zum Verschwinden. Die Versöhnungsleistung der Religion liegt vielmehr gerade in der Integration des Unterschieds.

Versöhnung ist das Wesen von Religion überhaupt. Baur geht davon aus, daß alle Religion den Wiedergewinn einer Einheit mit Gott zu verwirklichen sucht. Wie läßt sich dann aber die Vielzahl verschiedener Religionen erklären? Wie ist die Konkurrenz ihrer Erlösungsansprüche inhaltlich zu beschreiben, und wie kann man die Unterschiede der verschiedenen Religionen noch fassen, wenn sie dem Begriff der Religion gemäß alle darin übereinstimmen, ein Bewußtsein der Versöhnung zu repräsentieren?

Baur versucht Religionen nach dem Kriterium zu unterscheiden, wie sie dem allgemeinen Ziel der Religion jeweils gerecht werden. Jede historische Religion soll als eine bestimmte Gestalt der Verwirklichung des einen Begriffs der Religion verstanden werden können. Alle Religion zielt auf Versöhnung. Aber die einzelne Religion gibt diesem allgemeinen Ziel von Religion einen jeweils besonderen, ihr eigenen Ausdruck. Die Eigentümlichkeit einer bestimmten Religion kann deshalb nur im Horizont der Religionsgeschichte bzw. durch einen Vergleich mit anderen Religionen angemessen erfaßt werden. Denn erst auf der Folie verschiedener anderer Gestalten der Religion tritt zutage, wie in einer einzelnen Erscheinungsform von Religion deren allgemeiner Begriff sich in besonderer Weise realisiert. So gilt: „Was . . . das Christenthum seinem materiellen Wesen nach ist, kann nur vom Begriff der Religion aus und im Unterschied von den ersten Hauptformen der Religion, welche das Christenthum zu seiner Voraussetzung hat, bestimmt werden."[42]

Schon mit *Symbolik und Mythologie* hatte Baur die Grenzen einer speziellen Christentumsgeschichte in Richtung einer „allgemeine[n] Religionsgeschichte"[43] überschritten. Dem schlossen sich, vor allem in den dreißiger Jahren, mehrere umfangreiche Studien zur Religionsgeschichte des Altertums an, die deutlich zeigen, welch große Bedeutung Baur der näheren Erforschung der antiken Religionen für ein konsequent historisches Verständnis der Anfänge des Christentums bzw. seiner Entwicklung in den ersten drei Jahrhunderten beimaß. Schon die Religionstheoretiker der Aufklärung hatten das Christentum aus dem Zusammenhang einer allgemeinen Entwicklungsgeschichte der Religion verstehen wollen. Die Repräsentanten des ‚Idealismus' folgten dem insoweit, als auch sie das „Wesen des Christentums" mittels einer Unterscheidung von den anderen geschichtlichen Religionen darzustellen suchten, welche nicht mehr auf bloß dogmatische und insofern nur bedingt einsichtige Abgrenzungskriterien sich stützt, sondern den Argumenten der historischen Vernunft folgt. Baur macht sich dieses Programm zu eigen, indem er es zugleich geschichtsmethodologisch modifiziert.

An die Stelle universaler Konstruktionen des inneren Ganges der Religionsgeschichte insgesamt, die das Christentum als deren Zielpunkt bzw. als Höchstgestalt von Religion rechtfertigen sollen, tritt eine historisch differenzierte und sehr viel stärker empirisch orientierte Erforschung von solchen Gestalten von Religion, die dem besonderen religionsgeschichtlichen Umkreis des Christentums zuzuordnen sind. Deshalb ist der immer wieder erhobene Einwand falsch, daß Baur als ‚Hegelianer' außerstande sei, einzelnes historisches Geschehen in seiner Besonderheit zu erfassen.[44] Im Unterschied zur

Karikatur einer sich verabsolutierenden Vernunft, die die Tatsächlichkeit einer ihr vorgegebenen geschichtlichen Wirklichkeit bestreitet, sucht Baur durchaus dem Individuellen in aller besonderen Geschichte gerecht zu werden. Dies ist als ein Ausdruck seines Interesses zu verstehen, Freiheit über einen abstrakten Vernunftbegriff hinaus in bestimmten historischen Gestalten ihrer Verwirklichung zu identifizieren.

Baurs Studien zur „vergleichenden Religionsgeschichte"[45] gelten deshalb weniger der allgemeinen Geschichte der Religion in ihrer Totalität als vielmehr religionshistorischen Phänomenen, die für die Entstehung und altkirchliche Entwicklung des Christentums besonders relevant sind. Neben der griechischen Philosophie und dem Spätjudentum sind hier vor allem die Gnosis und der Manichäismus zu nennen, die Baur in ihrer „Wichtigkeit" „für die christliche Kirchen- und Dogmengeschichte" zu begreifen sucht.[46] Die Überführung einer traditionell bloß kirchengeschichtlichen Problemstellung in einen weiteren religionsgeschichtlichen Fragehorizont soll dabei die innere Entwicklung des Christentums als eine Folge seiner Vermittlungen mit der jeweiligen Umwelt transparent machen. Denn in allen Stadien seiner Geschichte befand sich das Christentum in fortwährender Auseinandersetzung mit seinen Umwelten, und daß es sich weltgeschichtlich durchsetzte, versteht Baur als ein Resultat seiner eigentümlichen Vermittlungsfähigkeit. Solche Vermittlung vollzog sich in erster Linie als Aneignung bzw. Integration. In keinem Fall blieb sie dem jeweiligen Stand des christlichen Bewußtseins äußerlich. Somit ist die historische Reflexion auf die besonderen religionsgeschichtlichen Kontexte des Christentums als Versuch einer präziseren Erfassung seines inneren Gehalts zu verstehen.

Baurs religionsgeschichtlichen Arbeiten, die noch heute als Standardwerke gelten,[47] liegt insofern das Interesse zugrunde, die Identität des Christentums nicht mehr durch Abgrenzung, sondern durch Einschluß zu bestimmen. Theologie wird damit die Aufgabe gestellt, sich primär mit solchen Themen und Phänomenen zu beschäftigen, die einem engen dogmatischen Theologieverständnis gerade als nicht- oder außertheologische gelten. Wenn Theologie von Versöhnung redet, muß sie aber notwendig deren Spuren in der Wirklichkeit der Welt nachgehen. Für Baur entspricht also Theologie nur da ihrem Gegenstand, wo sie nicht unmittelbar bei sich selbst bleibt, sondern die Realität der von der Religion erstrebten Versöhnung in geschichtlichen Bezügen identifiziert.

Von der Theologie unseres Jahrhunderts her gesehen ergibt sich dabei allerdings das Problem, ob Baurs Wahrnehmung des Geschichtlichen nicht von spezifisch theologischen bzw. dogmatischen Leitannahmen gesteuert ist. Man wird zwar nicht sagen können, daß Baur religionsgeschichtliche Phänomene allein aus der Blickrichtung des Christentums zu deuten vermag. Gleichwohl ist für seine Beschäftigung mit der antiken Religions- und Philosophiegeschichte eine Perspektive auf das Christentum hin leitend.

In einer berühmten, erstmals 1837 erschienenen Abhandlung über *Das*

Christliche des Platonismus oder Sokrates und Christus ist der Platonismus primär wegen seiner „Verwandtschaft" mit dem Christentum von Interesse, welche zugleich einen fundamentalen „Gegensatz" einschließt.[48] Obgleich die Umrisse des Sokrates-Bildes, das Baur zeichnet, Sympathie und Verständnis für diese Zentralgestalt der platonischen Philosophie widerspiegeln, zielt die Darstellung doch auf Christus. Was in Sokrates nur „vorbereitet" war, hat sich in Christus erfüllt.[49] Entsprechendes gilt für Baurs Äußerungen zum Judentum. Auch dieses vermochte nur „das Bedürfniß der Versöhnung" zu wecken, ohne den „hier noch bestehende[n] abstracte[n] Gegensatz zwischen Gott und dem Menschen" realiter aufheben zu können.[50] So laufen die Religionsgeschichte der griechisch-römischen Welt und die innere Entwicklung des Spätjudentums gleichsam notwendig auf eine Gestalt der Religion zu, in der endlich geschichtlich sich verwirklicht, was zuvor nur in der Weise von Sollensforderungen und unbefriedigten Sehnsüchten Thema der Religion war. Das Ideale der alten Religionen wird im Christentum real.

Als Religion der tatsächlichen Versöhnung ist das Christentum aber zugleich die „Religion der Freiheit". Denn in der „durch Christus geschehenen Erlösung" wird dem Einzelnen „das Bewußtseyn einer Würde [gegeben], die nicht auf eitler Selbsttäuschung . . ., sondern auf dem Urtheile Gottes und dem Zeugnisse der höhern Welt beruht"; diese „hohe Bedeutung, die wir . . . in den Augen Gottes erlangen", muß als der religiöse Ausdruck für eine individuelle Freiheit verstanden werden, die der Einzelne der „Gemeinschaft mit Gott" verdankt.[51] Im Unterschied zu den altorientalischen Religionen meint Versöhnung im Christentum nicht die Aufhebung der Individualität des Menschen, sondern die in der „Gemeinschaft mit dem Himmel"[52] gewährte Freiheit des Individuums gegenüber der Welt und zur Weltgestaltung. Die Geschichte des Christentums muß deshalb als Freiheitsgeschichte rekonstruiert werden. In seinen zahlreichen Arbeiten zur Kirchen- und Dogmengeschichte will Baur zeigen, wie sich im Prozeß der Durchsetzung des Christentums in der Welt dessen eigentümliche Wahrheit, die aus der Versöhnung resultierende Autonomie des Einzelsubjekts, allmählich und zunehmend stärker durchsetzt. Die Christentumsgeschichte stellt somit die Geschichte des Fortschritts der Freiheit dar.

4. Mit Nachdruck betont Baur immer wieder, daß sich der religiöse Gehalt des Christentums nur in Hinblick auf Jesus Christus entfalten läßt. Dies dürfte aber kaum im Sinne einer Rückbindung des christlichen Bewußtseins an das geschichtliche Individuum Jesus von Nazareth zu verstehen sein. Gerade an diesem theologisch zentralen Punkt sind Baurs Aussagen nicht frei von Widersprüchen. Jesus selbst interessiert ihn sehr viel weniger als die durch die „Person des Gottmenschen" repräsentierte Idee der Einheit von Gott und Mensch, wie sie in der christlichen Überlieferung als zentrale Aussage tradiert wird. Baur sucht zu zeigen, daß das Verstehen des Christentums im Horizont der Religionsgeschichte notwendig zur Einsicht führt, in Jesus Christus sei die „Einheit des Göttlichen und Menschlichen" „nicht mehr blos die geahnte und

ersehnte, sondern eine wahrhaft offenbare und faktisch gewisse".[53] Worauf solche Gewißheit des christlichen Bewußtseins sich ursprünglich bezog und worin sie gründet, erläutert Baur aber nicht, weshalb die Einwände mancher konservativer theologischer Zeitgenossen in dieser Hinsicht nicht unberechtigt sind.

Zwar vermag Baurs religionsgeschichtliche Rekonstruktion der Anfänge des Christentums zu zeigen, daß mit diesem insofern etwas schlechterdings Neues in die Welt der Religionen eintrat, als einige frühe Christen in Jesus von Nazareth den gottmenschlichen Sohn Gottes erblickten, welcher dem Menschen eine unbeschränkte Teilhabe am Leben Gottes ermöglicht. Doch bleibt bei Baur eigentümlich unklar, inwieweit sich dieses Bekenntnis der frühen Christen auf Jesus selbst zurückführen läßt. Dies erklärt sich aus der in der kritischen Analyse der neutestamentlichen Texte gebildeten Annahme, der Exeget könne aufgrund des Fehlens entsprechender Quellen hierzu keine gesicherten Aussagen machen. Denn über das Leben Jesu stehen dem Historiker keine direkten geschichtlichen Zeugnisse zur Verfügung, weil die diesbezüglichen Berichte der Evangelien lediglich Jesus-Bilder verschiedener Standpunkte innerhalb des frühen Christentums widerspiegeln. In mehreren Arbeiten zum Johannes-Evangelium suchte Baur beispielsweise zu zeigen, daß das vierte Evangelium nicht vom Apostel selbst, sondern von einem Theologen des zweiten Jahrhunderts verfaßt wurde, der, um die kirchliche Wirksamkeit seiner eigenen Theologie zu erhöhen, diese in Form einer Biographie Jesu darstellte.

In Hinblick auf die Briefliteratur des Neuen Testaments entspricht dem der Versuch, durch eine kritische Bestimmung des jeweiligen geschichtlichen Ortes eines Briefes ein Bild der inneren Entwicklung des Urchristentums zu gewinnen. Methodisch verfuhr Baur dabei im Sinne der von ihm entwickelten „Tendenzkritik": zunächst wird die besondere Aussageintention eines Briefes erhoben bzw. danach gefragt, inwieweit der Text eindeutig bestimmbare Absichten und Interessen seines Verfassers beinhaltet. Von der so erkannten „Tendenz" des Textes aus wird dann versucht, die geschichtliche Situation zu erschließen, innerhalb derer er entstand. Auf diesem Wege konnte Baur nicht bloß definitiv nachweisen, daß wichtige Briefe, welche die kirchliche Tradition Paulus zugeschrieben hatte, von diesem nicht verfaßt worden sein können, weil sie ein zeitlich sehr viel späteres Stadium der frühchristlichen Überlieferung repräsentieren. Durch Tendenzkritik gelang ihm vielmehr auch eine Entdeckung, die das herkömmliche Bild der urchristlichen Lebenswelt von Grund auf erschütterte und deshalb in der Geschichte der neutestamentlichen Wissenschaft Epoche machte.

In einem 1831 publizierten umfangreichen Aufsatz *Die Christuspartei in der korinthischen Gemeinde, der Gegensatz des petrinischen und paulinischen Christentums in der alten Kirche, der Apostel Petrus in Rom* konnte Baur überzeugend den Nachweis führen, daß das Urchristentum nicht jene in sich einheitliche Bewegung der Christus-Anhänger war, für die man es bis dahin gehalten hatte. Schon die Geschichte des frühesten Christentums ist wesentlich durch die

Auseinandersetzung zweier widerstreitender Fraktionen bestimmt, welche jeweils beanspruchten, die allein gültige Auslegungsgestalt des Christlichen zu repräsentieren. Im Rückgriff auf J. S. Semlers „freie Untersuchung des Canon" rekonstruierte Baur einen „Gegensatz der judenchristlichen und heidenchristlichen Partei", welcher „in die Verhältnisse der ältesten Kirche ... so bedeutend eingriff", daß die weitere Entwicklung des Christentums hin zum Frühkatholizismus sich als Prozeß verschiedener Ausgleichsversuche darstellte.[54]

An die Stelle eines unhistorischen Ursprungsmythos, in dem die Anfänge des Christentums zu einem Zustand ungetrübter Harmonie verklärt wurden, trat ein historisch differenziertes Bild des Interessengegensatzes und spannungsreichen Machtkampfes zwischen zwei Parteien, die sogar in Hinblick auf die religiöse Bedeutung Jesu Christi nicht übereinstimmten und deshalb alternative theologische „Systeme"[55] ausbildeten. Diese Einsicht, daß das Christentum von Anfang an durch einen Gegensatz konkurrierender Jesus-Bilder geprägt ist, hatte notwendig eine neue Sicht der Geschichte des Christentums insgesamt zur Folge.

Baur begriff die ihr innewohnende Dynamik als Konsequenz des schon im Anfang angelegten Positionengegensatzes: weil dieser letztlich nicht vermittelbar ist, tritt er innerhalb der Christentumsgeschichte in unterschiedlichen Folgegestalten immer von neuem auf. Der ursprüngliche Konflikt zwischen einem christlichen Bewußtsein, das dem engen Horizont der jüdischen Tradition verhaftet blieb und für die neue Religion das Gesetz der alten verpflichtend machen wollte, und einer weltoffenen Auslegungsgestalt des Christentums, die um seiner allgemeinen Vermittelbarkeit willen sich gegenüber der jüdischen Herkunft zu verselbständigen suchte – der „paulinische Universalismus" –, bleibt in der Geschichte des Christentums auf den verschiedenen Stufen seiner Entwicklung erhalten; jeder Ausgleich zerfällt nämlich wieder in sich ausschließende Standpunkte, mit denen der anfängliche Gegensatz in entwickelterer Form erneut auftritt.

Diese Sicht der Christentumsgeschichte eröffnete die Möglichkeiten eines konstruktiven Umgangs mit dem konfessionellen bzw. religiösen Pluralismus, wie er seit der Reformation des 16. Jahrhunderts und insbesondere durch den Gestaltwandel des Protestantismus in der Aufklärung deutlich hervorgetreten ist. Denn wenn schon der Anfang der Christentumsgeschichte durch konkurrierende Interpretationen der religiösen Bedeutung Jesu Christi entscheidend bestimmt war, kann die konfessionelle Verfaßtheit des entwickelten Christentums nicht als illegitim gelten. Aus Baurs Sicht der Christentumsgeschichte ergibt sich zwingend die Erkenntnis, daß die Vielzahl verschiedener Glaubensweisen von vornherein zur Signatur des Christentums gehört. Dies bedeutet zugleich, daß jede gegebene Gestalt des christlichen Bewußtseins noch fortentwickelt bzw. überboten werden kann und keine den Anspruch erheben darf, die Wahrheit des Christentums in endgültiger Weise zum Ausdruck zu bringen.

III. Wirkungsgeschichte und Bedeutung

1. Als Baur 1845 „die zweideutige Ehre“ zurückwies, „mich den Stifter und Meister einer neuen kritischen Schule zu nennen“[56], galt er in der kirchlichen und theologischen Öffentlichkeit bereits als das Haupt einer Schule jüngerer Theologen, die mit der Gründung einer eigenen Zeitschrift 1842 programmatisch den Anspruch erhoben hatten, im „theologische[n] Entscheidungskampf der Gegenwart“ gemeinschaftlich der „Idee der freien Wissenschaft“ zur Durchsetzung zu verhelfen.[57] Die Vertreter der sogenannten (jüngeren) ‚Tübinger Schule‘ hatten alle unter Baurs Lehrkanzel gesessen und hier die Anregung zu eigener wissenschaftlicher Tätigkeit empfangen. Als Herausgeber ihres Organs fungierte zudem Baurs Schwiegersohn Eduard Zeller. Dies läßt verstehen, weshalb Baur außerhalb Tübingens als Urheber einer Schulbildung galt, die das wissenschaftliche Selbstverständnis der Theologie nachhaltig veränderte. So wurde sein Einfluß auf die neuere Theologie wesentlich dadurch verstärkt, daß er – wenn auch vielleicht unbeabsichtigt – schulbildend wirkte wie kein anderer Theologe des 19. Jahrhunderts.

Zwar wurden die meisten kritischen ‚Tübinger‘ wegen ihres liberalen Theologieverständnisses aus der akademischen Theologie herausgedrängt und konnten nur außerhalb der Theologie, als Historiker oder Philosophen, eine Universitätskarriere machen. Doch durch Neuausgaben einiger Baur'scher Werke und die Edition seiner Vorlesungen trugen sie entscheidend dazu bei, daß ihr Lehrer auch nach seinem Tod im theologischen Gespräch blieb. Zugleich führten sie in zahlreichen eigenen Publikationen das Programm einer umfassenden geschichtlichen Erforschung des Christentums weiter aus und setzten mit zum Teil neuen Kontrahenten die alten Kontroversen über das Recht der historischen Kritik in der Theologie fort. Dies trug insofern zu der Wirkung Baurs in der neueren Theologie bei, als die historisch-exegetische Arbeit der Theologie an den von Baur formulierten Problemstellungen orientiert blieb.

In Dogmatik und Religionsphilosophie hatten sich seit der Mitte des Jahrhunderts zunehmend solche Entwürfe durchgesetzt, die Baurs Theologie und das sie leitende Vernunftverständnis ausdrücklich verwarfen. In den historischen Disziplinen der Theologie aber blieben die durch Baur eröffneten Forschungsperspektiven auch für all die bestimmend, die sich von dem Tübinger wegen seiner vermeintlich negativen Resultate abzusetzen suchten. Denn die Einsichten der historischen Kritik Baurs ließen sich allein auf dem Wege eigener historischer Untersuchungen überwinden. Zumindest den Exegeten und Kirchengeschichtlern war – mit nur wenigen Ausnahmen – bewußt, daß man nach Baur den Argumenten der historischen Vernunft nicht mehr mit bloßen dogmatischen Konstruktionen begegnen kann, sondern daß hier allein die besseren geschichtswissenschaftlichen Ergebnisse zählen.

Die große Wirkung Baurs in der neueren Theologiegeschichte liegt deshalb zunächst darin, daß seine Publikationen bis in unsere unmittelbare Gegenwart hinein immer wieder ein sowohl in konstruktiver als auch in kritischer Hinsicht entscheidender Bezugspunkt der historisch-exegetischen Arbeit der Theologie sind. Wer hier meint, etwas wirklich Neues mitteilen zu können, sieht sich noch immer gezwungen, diesem Anspruch auch im Verhältnis zu Baur Geltung zu verschaffen.[58] In der Theologie unseres Jahrhunderts zeigt sich diese Aktualität Baurs etwa darin, daß man noch hundert Jahre nach seinem Tode glaubte, vor seinem gefährlichen Einfluß warnen zu müssen.[59]

Darüberhinaus hat Baur die neuere Theologie schlicht in dem Sinne beeinflußt, daß seine zentralen geschichtlichen Entdeckungen, abgesehen von wenigen Ausnahmen, zum selbstverständlichen Gemeingut der Theologie in allen ihren Disziplinen geworden sind. Zwar hat man im Fortgang der Wissenschaftgeschichte bestimmte historische Konstruktionen Baurs kritisiert, weil sie dem realen Verlauf der Christentumsgeschichte nicht mehr zu entsprechen schienen, dem man durch die Erschließung neuer Quellenbestände und die Verfeinerung der historischen Forschungsmethoden näher gekommen war. Aber solche Kritik, die auf dem immensen Anwachsen unserer empirischen Kenntnisse beruht, ist als eine notwendige Folge von Baurs eigenem theologischen Ansatz zu verstehen. Wer das Christentum und seine Umwelt konsequent historisch zu erforschen suchte, mußte notwendig über Baurs Einzelergebnisse hinausgehen und darin zugleich doch seiner Bestimmung von Theologie als Wissenschaft von der Geschichte des Christentums treu bleiben. Jedenfalls war der Anspruch, über einen jeweils gegebenen bzw. bestimmten Stand des historischen Bewußtseins hinauszuschreiten, in der inneren Logik dieses Begriffs der Theologie selbst angelegt.

In der neueren Theologie hat Baur deshalb primär als Historiker Wirkung gehabt, und zwar gerade auch bei denen, die seine Gesamtanschauung durch ein anderes Bild der Christentumsgeschichte abzulösen bemüht waren. So vermochten etwa A. von Harnack und die verschiedenen Vertreter der sog. ‚Religionsgeschichtlichen Schule' ihre dezidiert historischen Deutungen des Christentums nur mittels einer Auseinandersetzung mit Baur zu entfalten, welche trotz eines „bewußte[n] Gegensatz[es]"[60] den Anspruch einer tieferen Kontinuität ausdrücklich einschloß.[61]

2. Die theologische Bedeutung von Baurs Werk erschöpft sich allerdings nicht darin, daß es „den tiefgehendsten Einfluß auf die Fortbildung der theologischen Wissenschaft ausgeübt" hat.[62] Die tatsächliche Durchsetzung einer Theologie ist kein zureichendes Kriterium ihrer sachlichen Relevanz. Die besondere Bedeutung einer vergangenen Gestalt theologischen Denkens kann deshalb stets nur in aktuellen systematischen Bezügen thematisiert werden. In der Theologie unseres Jahrhunderts wurde Baur ausnahmslos als Geschichtstheologe verstanden. E. Troeltsch erklärte Baur zu einem Klassiker der neueren Theologie, weil er die „Kirchengeschichte zum Inbegriff der Theologie" gemacht und dadurch versucht habe, Theologie insgesamt als Theorie des historischen Prozesses durchzuführen.[63]

Im Unterschied zu diesem positiven Interesse an einer theologischen Qualifizierung von Geschichte charakterisierten die Theologen der Generation nach Troeltsch, die die christliche Überlieferung an die gewandelten politisch-kulturellen Bedingungen nach dem Ersten Weltkrieg bzw. nach dem Sieg der russischen Oktoberrevolution anzupassen suchten, Baur zwar auch als Geschichtstheologen, aber in kritischer Absicht; mittels solcher Kritik wollten sie ihrem eigenen Theologieverständnis Geltung verschaffen, welches sich über die Vorstellung einer von der allgemeinen Geschichte unterschiedenen besonderen göttlichen Offenbarungs- oder Heilsgeschichte aufbaute. Hatte Baur Offenbarung im Medium der Geschichte auszulegen versucht, so bezeichnete Offenbarung nun eine unbedingte Gegeninstanz zur Geschichte. Die sogenannten ‚Dialektischen Theologen' wollten das theologische Denken also aus aller geschichtlichen Gebundenheit freisetzen, und ihre Kritik der Geschichtstheologie diente der Emanzipation von der Anstrengung, sich als Theologe auf etwas Konkretes, ‚Außertheologisches' einzulassen. Die Versöhnung des Menschen mit Gott kann dann immer nur in einem Jenseits der Geschichte verortet werden.

Demgegenüber stellt Baurs Geschichtstheologie den Versuch dar, die in der Versöhnung implizierte Freiheit im Weltumgang des Menschen aufzusuchen. Denn Baur bestimmt Geschichte aus der Differenz zur Natur. Im Unterschied zur Geschichte meint Natur die dem Menschen und seinem Handeln vorgegebene Welt. Sie ist Inbegriff all der Wirklichkeitsbestände, die nicht aus menschlichem Handeln entstammen, sondern diesem als unabhängiger Bezugspunkt vorausgesetzt sind. Natur ist das, was nicht der Mensch gemacht hat. Demgegenüber bezeichnet Geschichte die Lebenswelt des Menschen, sofern sie auf ihn als Handlungssubjekt zurückgeführt werden kann. Geschichte ist der Begriff einer Wirklichkeit, welche ihrer inneren Struktur nach als Produkt menschlichen Handelns bestimmt werden kann. Auch wenn die einzelnen Akteure der Geschichte nur aufgrund individueller und insofern beschränkter Absichten handeln, dieses Handeln im unvorhersehbaren Zusammenwirken mit den Aktionen anderer Menschen nicht selten Folgen erzeugt, in denen die ursprünglichen Handlungsabsichten der Einzelnen gerade verkehrt erscheinen, und folglich alle bestimmte historische Realität sich immer nur vermittelt als Erzeugnis des geschichtlichen Handelns der Menschen verstehen läßt – immer wieder betont Baur, daß Geschichte insgesamt zunächst als die im menschlichen Handeln erzeugte Lebenswelt begriffen werden muß. Insofern ist sie der primäre Ort menschlicher Freiheit.

Wie ist dann aber das besondere Interesse zu verstehen, welches gerade die Theologie an geschichtlicher Wirklichkeit nehmen soll? Wenn alles religiöse Bewußtsein auf Versöhnung zielt und das Christentum die Versöhnung von Gott und Mensch als eine in Jesus Christus real gewordene bezeugt, dann muß alle christliche Theologie ihrem besonderen Begriffe nach die in Gottes Menschwerdung offenbar gewordene Wirklichkeit der Versöhnung zur Darstellung bringen. Dieser Aufgabe, nicht bloß einen Anspruch, sondern die

Realität von Versöhnung zu explizieren, kann christliche Theologie aber nur gerecht werden, indem sie an der von Gott unterschiedenen endlichen Wirklichkeit deren Versöhntsein aufweist.

Baurs Interesse an Geschichte folgt also mit innerer Notwendigkeit aus seinem im Horizont der Religionsgeschichte entfalteten Begriff des Christentums als der „Religion der absoluten Versöhnung".[64] Sofern Geschichte der Inbegriff der vom menschlichen Subjekt gestalteten Wirklichkeit ist, muß das vom Christentum ausgesagte Versöhntsein des Menschen mit Gott auch an bzw. in dieser Wirklichkeit aufgezeigt werden können. Geschichtstheologie ist der Versuch, das, was das Christentum über das Verhältnis von Gott und Mensch sagt, in der Lebenswelt des Menschen gleichsam empirisch verständlich zu machen. An den Gestalten des „endlichen Geistes" soll gezeigt werden, daß und wie in ihnen der „absolute Geist" Gottes präsent ist. So muß Theologie insofern als Geschichtswissenschaft sich begreifen, als sie den Spuren der Gegenwart Gottes im Endlichen bzw. in der Geschichte nachzugehen hat.

Auch wenn gegen die besondere Durchführung, die Baur seinem theologischen Programm zu geben vermochte, im weiteren Verlauf der neueren Theologiegeschichte immer wieder Einwände unterschiedlichster Art erhoben worden sind, so scheint das Interesse, dem Geschichtstheologie sich verdankt, noch immer ohne eine theologisch plausible konstruktive Alternative zu sein. Denn eine jegliche Kritik, die auf eine grundsätzliche Infragestellung von Geschichtstheologie als solcher zielt, ist mit der Schwierigkeit belastet, gerade den Ort der Endlichkeitserfahrung des Menschen gar nicht mehr in theologischen Kategorien begreifen zu können. Der Verzicht auf theologisches Begreifen von Geschichte als Inbegriff endlicher Wirklichkeit gibt diese aber der Gottlosigkeit preis. Denn wo sich Theologie ausschließlich auf eine aus der allgemeinen Geschichte ausgegrenzte besondere Heils- und Offenbarungsgeschichte bezieht und sie ihr Thema allein über die ausdrückliche Unterscheidung von der Weltgeschichte findet, unterstellt sie von vornherein die Abwesenheit Gottes in der Geschichte der Welt. Eine Theologie, die in der Geschichte einseitig und exklusiv das Handeln des endlichen Subjekts und damit bloß Partikulares sieht, hat Baur schon 1825 als theologischen „Atheismus" kritisiert.[65] So liegt die Bedeutung seines theologischen Programms trotz aller Schwierigkeiten im einzelnen wohl in der Konsequenz, mit der Baur solchem Atheismus widersprach; dieser Widerspruch folgte aus der theologisch notwendigen Einsicht, daß die Versöhnung Gottes mit der Welt dieser nicht äußerlich bleiben kann.

Harald Wagner

JOHANN ADAM MÖHLER

(1796–1838)

Mit dem Urteil, ein Theologe sei für seine Zeit der „größte" gewesen, sollte man eher vorsichtig sein. Zu unterschiedlich sind die geistesgeschichtlichen Bedingungen und Spielräume, unter denen und in denen sich theologische Arbeit abspielt, zu sehr ist unser eigenes Urteilsvermögen gehalten vom jeweiligen Vorverständnis, als daß man rasch bereit sein möchte und dürfte, ein solches Urteil auszusprechen. Wenn jedoch die Nachwelt je bei einem im größten Lob geradezu wetteiferte, wenn einem je zu Lebzeiten schon uneingeschränkte und vorbehaltlose Anerkennung zuteil wurde, dann war dies der Fall bei Johann Adam Möhler. Mag es nicht ohne Beimischung von Ironie gewesen sein, wenn ihn seine Studenten „Kirchenvater" nannten, es ist damit doch etwas Richtiges signalisiert: Möhler ist eine prägende Gestalt der neueren Theologiegeschichte.

Dies war jedoch in seinem Fall nicht nur die Konsequenz von Genialität und Originalität, sondern wurde durch die Aufgabenstellung der Zeit, durch die Möglichkeiten theologischen Arbeitens, die sich ihm ohne unmittelbares Zutun auftaten, und durch ganz bestimmte, genau benennbare Ereignisse und Umstände ermöglicht und begünstigt. Die alte Reichskirche war in Frankreich 1789 durch die Revolution, 1803 in Deutschland durch den Reichsdeputationshauptschluß zerfallen. Die Frage, wie die Kirche der Zukunft aussehen sollte, konnte nicht nur das Äußere betreffen, das doch Ausfluß eines inneren Wesensverständnisses ist. Gallikanisches und febronianisches Denken tendierten eher zu Nationalkirchen oder zu einem episkopalistisch geprägten Landeskirchentum, dem Rom und romtreue Kreise eher ein papalistisches und zentralistisches Kirchenbild entgegensetzten. In der Tat brachten die äußeren Neuregelungen durch Konkordate eine weitgehende Zuordnung von staatlicher Kompetenz und kirchlicher Autorität, aber die Frage nach dem tieferen Sinn und Sein kirchlicher Verfassung war dadurch eher noch in der Schwebe gehalten.

Man kann nicht sagen, daß sich das Fortleben der Aufklärung in Theologie und Kirche automatisch mit dem Staatskirchentum verband, aber eine gewisse Affinität ist, wie besonders am österreichischen Josefinismus deutlich wurde, unübersehbar. Im übrigen bietet die „katholische Aufklärung" ein ambivalentes Bild, das wohl nur eine noch weitgehend ausstehende Detailforschung erfassen könnte. Ganz gewiß war sie nicht nur, nicht einmal in erster Linie auf vorbehaltlosen Primat der Ratio auch in der Theologie ausgerichtet: *Ratio instrumentum est, non iudex* (Die Vernunft ist Instrument, nicht Richter) lautete ihre Devise. Sie brachte auch Leben in den verknöcherten Studienbetrieb, brachte eine Aufwertung des Laien und des Erziehungsgedankens, forderte eine radikale Neubesinnung auf das Verhältnis von göttlicher Offenbarung und menschlicher Vernunft.

Gleichwohl drohte vom Geist der Aufklärung her die Gefahr, das Christentum allzusehr in die Nähe eines edlen, humanen Menschentums zu rücken. An Widerstand gegen die Aufklärer fehlte es nicht. Abgesehen von den rein rückwärtsgewandten Kräften war es besonders die gegen Ende des 18. Jahrhunderts sich deutlicher artikulierende Strömung der Romantik, die durch die Betonung von Geschichte, Überlieferung und Universalität, durch Akzentuierung der nichtrationalen Kräfte und von einem ausgeprägten Einheitsdenken aus zu einer echten Gegentendenz gegen das von der Aufklärung geprägte Denken werden konnte.

Möhlers Leben und Wirken fällt in einen Zeitraum, in dem sich der katholische Weg für Gegenwart und Zukunft deutlich ausweisen mußte. Hinzu kam die Herausforderung durch den neuerwachten Konfessionalismus, der teilweise eine Folge der neuen territorialen Verhältnisse (mit den entsprechenden konfessionellen Verschiebungen) war, in seiner polemischen Zuspitzung teilweise ein Begleitspiel zu den Reformationsjubiläen von 1817 (Luthers Ablaßthesen) und 1830 (Augsburgisches Bekenntnis; Gustav Adolfs Landung). In dieser Zeit des Umbruchs, die laut nach Klärungen und Scheidungen rief, lebte und wirkte Möhler.

I. Leben

Als Möhler am 6. Mai 1796 geboren wurde, stand Württemberg noch unter katholischen Herzögen, aber es war lutherisches Land. Das neue, protestantisch orientierte Königreich Württemberg anerkannte zwar die freie Religionsausübung und kirchliche Selbständigkeit, versuchte jedoch, ganz im Sinne eines Staatskirchentums, die weitgehende Überwachung der „Religionsgesellschaften" im Lande, selbst im einzelnen. Dies geschah seitens der Regierung durch eine Behörde für kirchliche Angelegenheiten, den „Kirchenrat". In Ellwangen hatte man auf eigene Faust ein Generalvikariat errichtet (1812), dessen Generalvikar erst vier Jahre später vom Papst anerkannt wurde. Die künftigen katholischen Priester Württembergs wurden seit 1812 gleichfalls in Ellwangen wissenschaftlich ausgebildet.

Johann Adam Möhler, Sohn eines Bäckers und Gastwirts aus Igersheim bei Mergentheim, trat 1813 in das Königliche Lyceum Ellwangen ein und wechselte 1815 auf die dortige katholische Fakultät, die den etwas volltönenden Namen „Friedrichs-Universität" trug (nach König Friedrich I. von Württemberg). Im Jahr 1817 beschloß König Wilhelm, Sohn von Friedrich I., die Gründung seines Vaters in Ellwangen fallenzulassen und die dortige katholische

Fakultät mit der Universität Tübingen zusammenzuführen. Tübingen war nunmehr überkonfessionelle Landesuniversität, dem berühmten evangelischen Stift stand ein katholisches, das Wilhelmsstift, zur Seite. In dieses trat Möhler 1817 ein und hatte in Tübingen noch einen letzten theologischen Kurs zu absolvieren.

Wie P. B. Gams, der erste Biograph Möhlers, berichtet, führte das unmittelbare Nebeneinander der katholischen und evangelischen Theologiestudenten einerseits zu vielen freundschaftlichen Kontakten und Gesprächen, andererseits auch zu gelegentlichen Zerwürfnissen, die aber – altersentsprechend – kaum sehr tiefgreifend gewesen sein können. Abgesehen von der „großräumigen" Lage, die die Aufmerksamkeit dem konfessionellen Problem zulenkte, wird es wohl diese Studienzeit in Tübingen gewesen sein, die Möhler für solche Fragestellungen erstmals sensibilisierte.

Seit 1818 sehen wir Möhler zunächst im Priesterseminar Rottenburg, das inzwischen Sitz des neuen „Landesbistums" geworden war. Am 18. September 1819 empfing er die Priesterweihe. Es folgte ein Jahr als Vikar in Weil der Stadt und Riedlingen. In jenem Jahr traf Möhler mit Bischof J. M. Sailer zusammen, der von dem jungen Vikar sehr beeindruckt gewesen sein muß. Später wird Sailer über Möhlers *Athanasius* urteilen: „Ich habe nicht leicht ein Buch gelesen, das mich so angezogen hat. Gründlichkeit und Klarheit, Wärme und Ruhe, Geistesfreiheit und Orthodoxie, Scharfsinn und klassische Darstellung sind darin aufs schönste verbunden" (Lösch Nr. 205). In der Beurteilung von Möhlers Gesinnung und Einstellung in jener Zeit klang noch etwas von seiner eher aufklärerisch-kritischen Ausbildung nach, wenn ein Pfarrer aus seiner Umgebung über ihn äußerte: „So ein gelehrter junger Herr darf wohl ein wenig anders glauben als wir Alten, er wird später schon auch darauf kommen." (Wörner/Gams 15)

Schon sehr bald an das Wilhelmsstift zurückgerufen, zunächst als Präparand, seit 1821 als Repetent, hatte Möhler u. a. auch die Thesen für die öffentlichen Disputationen zu stellen. Auch hierbei muß er als eher „liberal" aufgefallen sein, denn das Bischöfliche Generalvikariat Rottenburg sah sich zum Tadel an den Formulierungen veranlaßt. Es wäre aber alles andere als richtig, daraus weitreichende Folgerungen zu ziehen – zu einer Zeit, in der es in Tübingen als Ehre gegolten haben soll, bei Theologieprofessoren zu hören, deren Werke auf dem Index standen.

1822 wurde Möhler zum Privatdozenten für Kirchengeschichte designiert und sollte zunächst, den Gepflogenheiten der Zeit entsprechend, eine „literarische Reise" unternehmen. Die Eindrücke und Erlebnisse dieser Reise müssen von tiefgreifender Wirkung auf ihn gewesen sein. Man kann die Reise leicht aus Möhlers Briefen rekonstruieren. Der Weg führte ihn zuerst nach Würzburg und Bamberg, wo er aber offensichtlich keine nachhaltigen Eindrücke empfing. In Jena und Halle beeindruckte ihn die Aufnahme durch die evangelischen Professoren, zugleich vermerkte er dort aber auch erstaunt „eine gewaltige Furcht für den Protestantismus vor Machinationen vieler Katholiken, besonders vor jesuitischen Umtrieben" (Lösch Nr. 59). In Göttingen müssen ihn die Begegnungen mit den evangelischen Professoren so sehr berührt haben, daß er in einem Schreiben von dort für Annäherung zwischen Protestanten und Katholiken plädierte, denn „wenn sich zwei Gegner nur wieder einmal sprechen – und sollte auch die Rede in nichts anderm als im gegenseitigen Vorbehalten der vermeintlichen Unbilden bestehen – so ist ein schöner Schritt zur Aussöhnung getan" (Lösch Nr. 60). Lehre und Auftreten des Professors G. J. Planck hat den für Tübingen designierten Kirchengeschichtler ganz besonders beeinflußt. Das Lob, das er ihm zollt, wird aber noch übertroffen durch das für J. A. W. Neander, den er auf der wohl wichtigsten Station, Berlin, traf: „Ich bewunderte Planck; aber was ist Planck gegen Neander? Planck schwimmt auf der Oberfläche, Neander faßt alles in der tiefsten Tiefe" (Lösch Nr. 64). Neben F. D. Schleiermacher, den er in seinen Briefen aus Berlin mehrfach erwähnte, bezog er sich noch auf Ph. Marheinecke, den Begründer der vergleichenden Konfessionskunde im evangelischen Raum. Jedoch finden sich neben den bewundernden und anerkennenden Tönen auch eher negative, kritisch-zurückhaltende: Die Vorbehalte gegen das Katholische überhaupt, die gesellschaftlichen Veranstaltungen der evangelischen Theologieprofessoren und anderes irritierten ihn. Insgesamt war diese Reise dazu angetan, seinen Blick für den konfessionellen Gegensatz und dessen theologische Problematik zu schärfen, sich gleichzeitig aber auch des Katholischen bewußter zu werden. Mit den genannten Theologen sind auch jene aus dem evangelischen Raum genannt, deren Ansätze und Arbeiten von ihm später auf seine Weise rezipiert werden sollten.

Möhler lehrte an der Universität Tübingen von 1823 bis 1826 als Privatdozent, vertrat 1823 bis 1825 Kirchenrecht, 1823 bis 1828 hauptsächlich Kirchengeschichte und von 1826 bis 1828 auch Apologetik. Seit 1826 war er Extraordinarius, 1828 wurde er ordentlicher Professor. Aus diesen Jahren sind viele Details bekannt, die aber mehr untergeordneten Charakters sind: Einzelheiten aus dem akademischen Alltag, Querelen um Gehaltserhöhungen, dazu – als ein ständiger, roter Faden – Möhlers Kränklichkeit. 1826 lehnte Möhler einen Ruf nach Freiburg, 1828 einen nach Breslau und einen nach Münster ab.

Mit der ersten Buchveröffentlichung, der *Einheit in der Kirche* (1825) machte der Tübinger weit über Tübingen hinaus auf sich aufmerksam. Gleichzeitig war es diese Schrift, die wegen der von Erzbischof von Spiegel, Köln, bezüglich Möhlers Orthodoxie erhobenen Einwände eine schon weit vorangetriebene Berufung nach Bonn vereitelte. Ob *Athanasius* (1827) einen Bruch in Möhlers Arbeit bedeutete, bleibe noch dahingestellt. 1832 endlich erschien die Schrift, mit der man Möhlers Namen bis heute zuerst verbindet, die *Symbolik*. Die wissenschaftliche, auch psychisch-physische Kraft konzentrierte sich von da an ganz auf die in jenem Buch angesprochene Problematik sowie auf die damit zusammenhängenden, literarischen und sonstigen Folgen.

Es läßt sich heute nicht mehr mit Sicherheit entscheiden, ob er deshalb 1835 einen Ruf nach München annahm. Möhler konnte an seinem neuen Wirkungs-

Johann Adam Möhler (1796–1838)

ort nicht mehr lange tätig sein. Ein längerer Kuraufenthalt in Meran brachte keine anhaltende Besserung seiner Leiden. Kurz nach seiner durch den König von Bayern ausgesprochenen Ernennung zum Domdechanten von Würzburg starb Johann Adam Möhler am 12. April 1838. Er „wand beide Hände über dem Haupte, und sagte: Ach, jetzt hab ich's gesehen – jetzt weiß ich's; jetzt wollte ich ein Buch schreiben – das müßte ein Buch werden, aber jetzt ist's vorbei! Hierauf legte er sich ruhig, die Heiterkeit und die liebliche Anmuth kehrte auf sein Angesicht zurück, als sichtlich die Seele den Anfang machte, die letzten Bande des Leibes zu lösen." (Lösch, Nr. 332)

Möhler unterhielt zeitlebens enge Kontakte zum Familien- und Freundeskreis. Er verfolgte mit größtem Interesse das Wirken und Fortkommen eines seiner Brüder, Antonin Möhler, zuletzt Pfarrer. Die Briefe an die Eltern zeugen von einem engen und herzlichen Verhältnis. Er kümmerte sich auch um religiöse Probleme der Familienmitglieder, z. B. denen seines Schwagers. Wir sehen ihn auch mit den kleinen Fragen des Familienalltags beschäftigt, wie Käufen, Verteilung von Erbschaften usw. Seine Freunde waren u. a. Ch. Fr. Kling, zuletzt ev. Dekan, J. E. Kuhn, der bekannte Gießener und Tübinger Theologe, und vor allem J. M. Mack, zuletzt Dekan, und J. Lipp, zuletzt Bischof von Rottenburg.

Außerdem pflegte Möhler enge Kontakte zu Wissenschaftlern, wissenschaftlichen Kreisen und Persönlichkeiten von Rang. Im Schriftwechsel mit J. I. Döllinger wurden nicht nur Fragen um die Berufung nach München, sondern auch solche von wissenschaftlichem Interesse angesprochen. Briefe von Möhler an J. Görres sind ebenso erhalten wie an A. Räß, Gräfin Sophie von Stolberg, L. Bautain und andere. Möhler hatte auch Kontakt zu dem Romantikerkreis auf Stift Neuburg bei Heidelberg um Fr. und D. Schlegel, Z. Werner und Fr. Schlosser.

Möhler muß schon vom Äußeren her sehr anziehend auf seine Zeitgenossen gewirkt haben: „Eine hohe, schlanke Gestalt, ein Kopf von klassischer Schönheit, von einem sanften, weichen, melancholischen Ausdrucke, einem heiligen Johannes ähnlicher, als ich sonst jemanden gesehen habe. Diesem Ausdrucke entsprach denn auch sein stilles, feines Benehmen." (R. v. Mohl, bei Lösch Nr. 333)

II. Werke

1. Die „Einheit" (1825)

Die Einheit in der Kirche oder das Prinzip des Katholizismus, dargestellt im Geiste der Kirchenväter der drei ersten Jahrhunderte ist Möhlers eigentliche Jugendschrift. Die Vorrede ist mit „Februar 1825" datiert. Die Vorarbeiten zu dem Werk dürften bis in das Jahr 1823 zurückreichen und sich dann über das ganze folgende Jahr erstreckt haben. Die näheren Motive Möhlers für diese Arbeit kennen wir nicht. „Die Abhandlung selbst mag es rechtfertigen, ob ich hinreichende Gründe haben konnte, sie zu schreiben", bemerkt er in der Vorrede. Möhler ist selbst nicht ganz unschuldig daran, daß dieses Buch stets im Schatten der *Symbolik* stand. Zwar bezeichnete er kurz nach Erscheinen des Werkes seine Ausführungen als „das Bild meines innersten und eigentlichsten Seins; die getreue Darstellung meiner Anschauungen vom Christentum, Christus und unserer Kirche" (Lösch, Nr. 251). Der Verfasser der *Symbolik* aber hält das Urteil, das der Kölner Erzbischof „über meine unreife Schrift, die Einheit der Kirche, ausgesprochen hat", für „ganz richtig"; mindestens „der Buchstabe" biete „Unkatholisches", habe er auch solches nicht behaupten wollen (Lösch Nr. 174). Möhlers späteres Urteil bedeutet aber, genau besehen, keine eigentliche Retraktion, sondern muß wohl im Zusammenhang mit einem Ruf nach Bonn gesehen werden. Man darf die Frühschrift für den Ausdruck einer theologischen Position halten, die in der Gesamtentwicklung des Tübingers kein Fremdkörper ist, innerhalb dieser Entwicklung aber durchaus ein starkes theologisches Eigengewicht besitzt. In einer ersten Abteilung des Buches stellt Möhler die „Einheit des Geistes der Kirche" vor, als „mystische" und als „verständige Einheit" und als „Einheit in der Vielheit". Letzterem Kapitel entspricht eines über die „Vielheit ohne Einheit". In der zweiten Abteilung, wo es um die „Einheit des Körpers der Kirche" geht, kreisen die Überlegungen um die durch die kirchlichen Amtsträger konstituierte Einheit der Kirche: Einheit im Bischof, im Metropoliten, im Primas; die Einheit des gesamten Episkopats.

Von der *Einheit* ging eine große Faszination besonders auf die Studierenden aus. Döllinger legte noch 1879 davon Zeugnis ab: „Die Wärme und Innigkeit, welche aus dem Buche wehten, das geistvolle Bild von der Kirche, aus dem Geiste der Kirchenväter entworfen, bezauberte uns junge Männer alle. Wir hielten dafür, daß Möhler aus dem Schutte und den Überwucherungen späterer Zeiten ein frisches, lebendiges Christentum entdeckt habe. Das Ideal der christlichen Kirche schien plötzlich vor unseren verwunderten Augen zu stehen und je mehr es in seinen einzelnen Zügen durchgearbeitet werden und in seiner vollen Schönheit hervortreten würde, desto größere Anziehungskraft, glaubten wir, müßte es haben. Es schwebte uns als Ziel eine von den Mängeln und Mißbräuchen gereinigte, dem Ideal der alten möglichst ähnliche Kirche vor. Der Aufschwung der theologischen Wissenschaft sollte nach unserer Meinung notwendig die Reform der Kirche nach sich ziehen" (J. Friedrich: I. v. Döllinger, I, München 1899, 150). Zeigen sich in früheren Äußerungen Möhlers noch deutliche Spuren aufklärerisch-liberalen Denkens, so ist dieses Werk – auch sprachlich gesehen ein Kleinod – ganz aus dem Geiste der Romantik gearbeitet. Einflüsse von Novalis, Fr. Schlegel, Fr. Schelling und F. D. Schleiermacher sind unverkennbar. Die *Einheit* allein wäre hinreichend, Möhler den Klassikern der Theologie zuzurechnen.

2. „Athanasius" und „Anselm" (1827)

Der Aufsatz über *Anselm von Canterbury* ist in der Theologischen Quartalsschrift 1827, Heft 3 und 4, veröffentlicht. Das Vorwort zu *Athanasius,* der zweiten Buchveröffentlichung Möhlers, datiert vom 1. Juli 1827. Es ist anzunehmen, daß Möhler diese beiden Arbeiten kurz hintereinander verfaßt hat, zuerst die über den Kirchenvater, dann jene über den Bischof von Canterbury. Man sollte nicht sagen, daß *Athanasius,* dessen Leben und Wirken er großangelegt darbot – *Athanasius der Große und die Kirche seiner Zeit, besonders im Kampfe mit dem Arianismus, in sechs Büchern* –, ein radikaler Neuansatz ist, wie oft behauptet wurde. Die Einzelanalyse zeigt, daß sehr oft niemand anderer redet als der Verfasser der *Einheit.* Nichtsdestoweniger ist die Schrift in manchem, auch zum Teil durch die Materie bedingt, neu. Anklänge an die Romantik, an Schelling, Fr. Schlegel und andere, finden sich kaum mehr. Deutlich erfolgt eine Abgrenzung gegen Schleiermacher. Mit Entschiedenheit redet der Tübinger selbst als ein Athanasius, als Verteidiger der „fides et ecclesia catholica". Wie in der *Einheit,* so ist auch hier im historischen Gewand früher Kirchengeschichte Grundlegendes zur Ekklesiologie und Prinzipielles zur Beurteilung von seiner, Möhlers, Gegenwart gesagt.

Nicht zu übersehen ist, daß Möhler auch im *Anselm* in vielem seinem früheren Denken treu bleibt. Inhaltlich geht es um den an der Scholastik geführten Nachweis, daß christlicher Glaube und christliche Theologie immer schon mit der Vernunft versöhnt sind, und daß die Kirche an beide, Vernunft und Offenbarung, gekoppelt ist. Vernunft und Offenbarung kommen sogar in gewisser Weise zur Deckung. Die Terminologie – das Evangelium als Ausdruck der höchsten Vernunft, die Kirche als objektiviertes Evangelium – erinnert an Hegel. Es ist nicht ausgeschlossen, daß Möhlers Schrift über Anselm eine größere Auseinandersetzung mit diesem Philosophen und eine beabsichtigte Verkirchlichung der hegelschen Ansätze vom Ganzen der Vernunft und der Geschichte des Geistes sein wollte. Dazu würde passen, daß Möhler gerade den Rahmen der Scholastik wählt und sie besonders in dem Bemühen beschreibt, Vernunft und Offenbarung zu versöhnen. Im übrigen finden sich in dieser Abhandlung in oft überraschender Weise Gedankenkeime und Gedanken der späteren *Symbolik.*

3. Die „Symbolik" (1832)

Die *Symbolik oder Darstellung der dogmatischen Gegensätze der Katholiken und Protestanten* ist Möhlers reifstes Werk. Es begründete seinen Ruf, *der* katholische Symboliker schlechthin zu sein. Im Sommersemester 1830 las Möhler erstmals über den Gegenstand der Symbolik. Wohl 1828, spätestens 1829 wird er mit den Vorarbeiten zu diesen Vorlesungen, die den Kern des Buches bilden, begonnen haben. Mehrfach hat er die *Symbolik* überarbeitet. Der Tod überraschte ihn bei der Umarbeitung der fünften Auflage.

Möhler hat der konfessionelle Gegensatz zeitlebens beschäftigt. Schon die „literarische Reise" hatte ihn, wie wir sahen, in unmittelbare Berührung damit gebracht. Name und Sache der Symbolik – als vergleichender Darstellung (wenigstens) des Katholizismus und des Protestantismus – waren im evangelischen Raum lange bekannt. G. J. Planck, dem er in Göttingen begegnet war, hielt damals gerade Vorlesungen darüber, eine vergleichende Konfessionskunde von ihm war 1796 erschienen. Ph. Marheinecke, dem er in Berlin begegnet war, hatte 1810–13 eine *Christliche Symbolik* veröffentlicht. Auf sie und andere bezieht er sich schon in der Vorrede zur ersten Ausgabe. Wenn er dort auch bemerkt: „Auf allen deutschen, lutherischen und reformierten Universitäten besteht seit Jahren die Sitte, über den genannten Gegenstand Vorträge den Kandidaten der Theologie anzubieten", so mag er ganz unmittelbar an F. Chr. Baur gedacht haben, der evangelischerseits schon 1828/29 in Tübingen über Symbolik las. Als größerer Zusammenhang ist der schon erwähnte, neuerwachte Konfessionalismus zu nennen, der durch die Jubiläen von 1817 und 1830 neuen Nährstoff erhielt.

In einem Wechsel von kritisch-wissenschaftlicher, polemisch-konfessioneller und kirchlich-apologetischer Betrachtungsweise versucht Möhler Symbolik als „wissenschaftliche Darstellung der dogmatischen Gegensätze der verschiedenen, durch die kirchlichen Revolutionen des sechzehnten Jahrhunderts nebeneinander gestellten, christlichen Religionsparteien aus ihren öffentlichen Bekenntnisschriften" (*Symbolik,* Einleitung). In einem ersten Buch, dem umfangreicheren und ohne Zweifel wichtigeren, geht es um die dogmatischen Gegensätze zwischen Katholiken einerseits und Lutheranern sowie Reformierten andererseits. Im zweiten Buch wendet er sich „kleineren protestantischen Sekten" (Wiedertäufern, Quäkern usw.) zu. Das wichtigste erste Buch entfaltet er in fünf Kapiteln: Urstand und Ursprung des Bösen, die Erbsünde und ihre Folgen, Rechtfertigung, Sakramente, Kirche. Auffällig ist, daß Möhler die christliche Anthropologie in den Mittelpunkt rückt. „Die abendländische Frage betrifft lediglich die christliche Anthropologie; denn es wird sich herausstellen, daß alles, was sich noch anderes daran knüpfte, nur notwendige Folgerungen aus der Antwort sind, welche auf die von den Reformatoren aufgeworfene anthropologische Frage gegeben wurde" (*Symbolik,* Einleitung). Dementsprechend ist das Kapitel über Rechtfertigung einschließlich Glaube und guten Werken das umfangreichste und in Möhlers Sicht wohl das wichtigste. Ganz besondere Aufmerksamkeit verdient auch das Kapitel über die Kirche.

Der Widerhall, den die *Symbolik* fand, kann kaum überschätzt werden. Man empfand, seit langem habe „kein Buch das Princip und die Folgen des Protestantismus so scharf bekämpft, in langer Zeit keines so viel beigetragen, die moralische Kraft der deutschen Katholiken zu beleben, und sie über den Zustand ihrer heiligsten Interessen auf's Neue zu orientieren" (Wörner/Gams 28). Auch der orthodoxe Protestantismus begrüßte das Werk, weil es geeignet erschien, die eigene konfessionelle Selbstbesinnung voranzutreiben.

Es gab auch Stimmen, die die Schrift eher bedauerten, eben weil sie zu einer

Trübung der Beziehungen zwischen den Konfessionen beitragen konnte. In der Tat hatte sie sogleich eine scharfe Kontroverse zur Folge, die sich im Raum der Tübinger Universität selbst abspielte. F. Chr. Baur, der protestantische Symboliker in Tübingen, konnte Möhlers Werk nicht mit Stillschweigen übergehen. Schon im Rahmen seiner Symbolikvorlesungen 1832/33 ging er darauf ein. Die literarische Antwort war: *Der Gegensatz des Katholizismus und Protestantismus nach den Principien und Hauptdogmen der beiden Lehrbegriffe. Mit besonderer Berücksichtigung auf Hrn. Dr. Möhler's Symbolik,* Tübingen 1834 (die Angabe ist wohl ein Fehler, das Buch erschien schon 1833). Baurs Haupteinwand war, daß Möhler jedes Bemühen um Unvoreingenommenheit bei der Behandlung der Frage nach der Wahrheit vermissen lasse, ja, er stellte die Frage, ob katholischerseits die Möglichkeit freier wissenschaftlicher Wahrheitsforschung überhaupt möglich sei. Die zweite Phase der Kontroverse zwischen Möhler und Baur wurde durch Möhlers *Neue Untersuchungen der Lehrgegensätze zwischen den Katholiken und Protestanten. Eine Vertheidigung meiner Symbolik gegen die Kritik des Herrn Professors Dr. Baur in Tübingen,* Mainz 1834, eingeleitet, denen eine Erwiderungsschrift Baurs noch 1834 folgte. Was Möhlers *Neue Untersuchungen* angeht, so führen sie weder sachlich noch vom gedanklichen Tiefgang her über die *Symbolik* hinaus.

4. Sonstige Schriften

Aus Möhlers Feder stammt noch eine ganze Reihe weiterer Veröffentlichungen, die heranzuziehen sind, wenn man ein abgerundetes Bild von diesem Klassiker der Theologie gewinnen will. Neben Rezensionen und Briefen, die beide oft eingestreute Bemerkungen von sehr grundsätzlichem, theologischem Charakter enthalten, ist es eine Reihe von Abhandlungen zu verschiedensten Themen meist kirchengeschichtlichen, aber auch „kirchenpolitischen" Inhalts, die Beachtung verdienen. Zu ersteren zählen sein *Versuch über den Ursprung des Gnosticismus* (1838) und die *Bruchstücke aus der Geschichte der Aufhebung der Sklaverei* (1834), zu den zweiten die gegen bestimmte Bestrebungen in Baden gerichtete *Beleuchtung der Denkschrift für die Aufhebung des den katholischen Geistlichen vorgeschriebenen Cölibats* und, wohl die letzte seiner Schriften überhaupt: *Über die neueste Bekämpfung der katholischen Kirche* (1838). Zahlreiche literarische Pläne konnte Möhler infolge angegriffener Gesundheit bzw. seines relativ kurzen Lebens nicht verwirklichen. Eine *Kirchengeschichte* und eine *Patrologie* sind in mäßig guten Schülernachschriften erhalten.

III. Bedeutung

1. Die Kirche und ihre Einheit

Das Zentrum Möhlerschen Denkens ist die Kirche und ihre Einheit. Man könnte seine gesamte Theologie, wie es etwa P.-W. Scheele tut, von diesem

Zentrum aus entfalten. Wenn man weiter bedenkt, wie sehr die Kirche in der neueren Theologie bis hin zum Zweiten Vatikanum im Mittelpunkt theologischen Interesses stand, wird Möhlers Bedeutung für die Theologie, der er gerade hier entscheidende Dimensionen eröffnet hat, verständlich. Wenn man ihn als Klassiker der Theologie bezeichnet, so gilt das vor dem Hintergrund des Zweiten Vatikanums ganz besonders.

Mag der Kirchenbegriff, den Möhler in seinen ersten kirchenrechtlichen Vorlesungen vertreten hat, teilweise aufklärerisch gewesen sein (Kirche als Gesellschaft): Von umfassender Bedeutung für die Ekklesiologie ist erst das Kirchenverständnis geworden, das er in der *Einheit* entworfen hat. Für das Verständnis dieses Kirchenbildes ist der Lebensbegriff zentral, den er von den Frühromantikern übernommen hat. Das Leben ist dort die alles erklärende, alles tragende, alles durchdringende Wirklichkeit, ist die gegliederte Fülle des Seins. In seinem innersten Kern ist dieses Leben „ineffabilis", unaussprechlich, ist *per se* dem Verstand nicht zugänglich. Leben ist Zeitliches und Ewiges in ungebrochener Einheit. Die katholische Kirche, um die es Möhler in seiner Frühschrift geht, ist Leben und Lebendigkeit. Deshalb verliert sich dieser Kirchenbegriff aber nicht ins Nebulöse. Dieses Leben, das die Kirche darstellt, ist „positiv", weil gesetzt durch Offenbarung. Nicht aus eigener Kraft ist die Kirche Leben, sondern in der Kraft Gottes. Jede Verabsolutierung von Kirche ist damit zurückgewiesen. Ihre produktive, lebensspendende und in einem weiteren Schritt auch lehrentwickelnde Kraft hat die Kirche durch den Heiligen Geist. Dieser wirkt gleichsam durch sie hindurch; sie ist sein erstes und vornehmstes „Organon", sein „Körper". Dennoch ist es ein Mißverständnis, wenn man die *Einheit* mitunter rein pneumatologisch interpretiert. Weil eben dieser Geist mitgeteilt wird, sind die Menschen zu eben jenem Gesamtleben zusammengefügt, das die Kirche ist, sind zu kirchlicher Einheit zusammengebunden. Dieser Geist ist aber für Möhler immer und selbstverständlich der Geist *Christi*. Beginn und Urbild der Kirche ist die Menschwerdung (*Einheit,* § 32, 103). Die Inkarnation ist schon für den jungen Möhler Ausgangspunkt für die „Verleiblichung" des Geistes in der Geschichte, für dessen sichtbare Selbstdarstellung in der Kirche und ihren Einrichtungen. Der eine Geist Christi, der sich ins Sichtbare hinein ausdrückt, ist letztlich Begründung der Sichtbarkeit der Kirche und ihrer Einheit. Die Einheit der Kirche ist dynamische Einheit des Geistes, sie ist aber auch Abbild des menschgewordenen Erlösers. Schon der junge Möhler ist „Symboliker" in einem ursprünglichen Sinn. Die Kirche ist für ihn nämlich geheimnisvolle Hindeutung auf den einen Gott, ist andererseits dessen „Aus-druck" in der Welt (und in diesem Sinne Symbol). Die sichtbare Verfassung der Kirche gerade in ihrer Einheitsstruktur (ein Bischof, ein Episkopat, ein Papst) ist „heilige Symbolik". Erst in einem abgeleiteten Sinn ist das Glaubensbekenntnis „Symbol": Es ist greifbarer Ausdruck der Wahrheitsüberzeugung christlicher Gemeinschaft, in diesem Sinne exklusiv und Wahrzeichen und deshalb auch scheidend bzw. unterscheidend.

In seinen späteren Schriften, vor allem im *Athanasius,* nimmt Möhler eine leichte Korrektur seines Kirchenbildes vor. Während in der *Einheit* der Kern des Glaubens noch vorbegrifflich ist und unaussprechlich, ist im *Athanasius* die Begrifflichkeit in die erste und grundlegende Form des Glaubens hineingenommen. Lehrkontinuität und Lehrfestigkeit spielen eine größere Rolle als in der Frühschrift, die Untrennbarkeit von Christus und seiner Kirche wird mehr betont. Da die Kirche vor allem von Christi Erlösungstat her begriffen wird, kommt es zu einer stärkeren Betonung ihres Instrumentalcharakters:

Die Verfassungsstrukturen sind notwendig, um Christi Erlösungstat weiterzuvermitteln.

Die neue Schau der Kirche, die sich 1827/28 andeutet, kommt in der *Symbolik* zur vollen Entfaltung. Die Kirche ist nicht mehr in erster Linie die geistgewirkte, geheimnisvolle Einheit, sondern der fortlebende Erlöser, die andauernde Fleischwerdung des Gottessohns. „Die Kirche ist der Leib des Herrn, sie ist in ihrer Gesamtheit seine sichtbare Gestalt, seine bleibende, ewig sich verjüngende Menschheit, seine ewige Offenbarung" (*Symbolik,* § 38, 414). Vom inkarnatorischen Ansatz herkommend, ist für den Symboliker das Sichtbare das Erste, das Unsichtbare aber immer erst das Zweite. Besonders oft zitiert wird seine Formulierung: „So ist denn die sichtbare Kirche . . . der unter den Menschen in menschlicher Form fortwährend erscheinende, stets sich erneuernde, ewig sich verjüngende Sohn Gottes, die andauernde Fleischwerdung desselben . . ." (*Symbolik,* § 36, 389). Die christozentrische Konstruktion des Kirchenverständnisses hat sich ganz durchgesetzt. Die Kirche ist, wie Jesus Christus selbst, eine „komplexe Wirklichkeit". Sie hat eine göttliche, unsichtbare und eine menschliche, sichtbare Seite. Weil der Sohn Gottes nur *einer* ist, deshalb kann es nur *eine* Wahrheit geben, deshalb kann er nur *eine* Kirche gewollt haben. J. R. Geiselmann, der in vielen Arbeiten die Theologie Möhlers erschlossen hat, hat aufgezeigt, daß die Einheit der Kirche nach der *Symbolik* freilich dialektischer Art (im hegelschen Sinne) ist. Die katholische Kirche ist letztlich die einigende Synthese der verschiedenen, durch Abspaltungen von ihr in Erscheinung getretenen Gegensätze.

Wer die katholische Ekklesiologie der Folgezeit überblickt, vermag leicht zu erkennen, wie nachhaltig Möhler gewirkt hat. Das bahnbrechende Kirchenverständnis der Enzyklika „Mystici Corporis" von Papst Pius XII. (1943) ist ohne ihn ebenso undenkbar wie die Position jener, die – in einer gewissen Radikalisierung der Vorstellung Möhlers vom Zusammenhang zwischen Christus und der Kirche – die Kirche mit Christus geradezu identifizieren. Insgesamt dürfte die Feststellung nicht zu kühn sein, daß ohne seine theologische Arbeit die Ekklesiologie des Zweiten Vatikanischen Konzils anders ausgefallen wäre, wenn auch dieses Konzil durch die Vorstellung der Kirche als „Volk Gottes" eine neue Dimension ekklesiologischen Denkens aufgetan hat, eine Dimension, die Möhler nicht im Blick hatte.

Daß sich Möhler darüber hinaus in nicht wenigen schriftlichen Äußerungen an der *aktuellen* Lage der Kirche seiner Gegenwart interessiert zeigt (also nicht nur an ekklesiologischer Theorie), macht zusätzlich deutlich, daß der „natürliche" Raum seiner Theologie und seiner Existenz als Theologe die konkrete, lebendige Kirche ist.

2. Geschichte und Überlieferung

Wie kommt Möhler zu seinen Aussagen? Er gewinnt sie im allgemeinen durch *Durchdringung des geschichtlichen Stoffes.* Der Geist des Menschen, so ist seine Überzeugung, kann der Wahrheit nur durch geschichtliche Vermittlung innewerden, Geschichte ist der Raum der Verwirklichung von Wahrheit. Wer sich zu den geschichtlichen Ursprüngen zurückwendet, der kommt zur Wahrheit. Diese Zurückwendung bedeutet aber zuerst einmal, daß man Geschichte *kennen* muß. Vergessen wir nicht, daß Möhler vom Fach her in erster Linie Kirchenhistoriker war. Er las in seiner Tübinger Zeit die gesamte Kirchengeschichte von ihren Anfängen bis zur Gegenwart. Besonders aber waren ihm die alte Kirchengeschichte und die Patrologie ein Anliegen. So hat er mehrfach Patrologie gelesen und wichtige Werke der Kirchenväter erklärt. Die *Einheit* darf in ihrem Wert als kirchengeschichtliches Werk nicht unterschätzt werden. Der *Athanasius* ist eine kraftvolle Initiative Möhlers zur Beförderung der kirchengeschichtlichen Monographie im katholischen Raum. Die *Symbolik* ist eine gelungene Synthese von geschichtlicher Analyse und spekulativem Denken. Spätere Kirchengeschichtsschreibung sah die Grundsätze und Methode, nach denen Möhler Kirchengeschichte betrieben haben wollte, als richtungsweisend an: gründliches Quellenstudium, Voraussetzungslosigkeit, Unparteilichkeit; jeweiliges Suchen nach umfassendem Sinn, nach der Zentralidee, nach dem „Ganzen".

Es ging ihm aber nicht darum, das Vergangene bloß nach Art des Historismus zu erfassen. Am Anfang des Christentums steht ein historisches Ereignis. Dessen zeitliche Auslegung heißt Tradition bzw. Überlieferung. Sie ist nicht ein rein formaler Vorgang, sondern die „in der Kirche sich fortpflanzende, fortvererbende geistige Lebenskraft", ist „die innere, geheimnisvolle, allem Blick sich entziehende Seite derselben" (*Einheit,* § 3, 11). Das „Leben", das die „Überlieferung", das „Innen" der Kirche ist, geht in Sprache ein: in die Hl. Schrift, in die kirchlichen Schriften im weiteren Sinn (Schriften der Väter, Hymnen, Gebete usw.) und in die eigentlichen Glaubensbekenntnisse, die Symbole. Kraft der Überlieferung, die nichts anderes als das lebendige Bewußtsein der Kirche ist, überspringt sie den „garstigen historischen Graben", der sie von den Anfängen trennt.

Wer den christlichen Glauben begreifen will, muß sich also der Überlieferung zuwenden. Die historische Frage wird zur systematischen, weil der Glaube nur in der Überlieferung und als Überlieferung erscheint: „Die Frage: was ist Christi Lehre, ist durchaus historisch; sie heißt, was ist immer in der Kirche von den Aposteln her gelehrt worden? Wie lautet die allgemeine, immerwährende Überlieferung?" (*Einheit,* § 10, 31) Dabei spielt das Ursprüngliche noch einmal eine besondere, weil einmalige und normative Rolle. Es ist der „Anfang in Fülle“. Diesen Grundüberzeugungen ist Möhler während seines ganzen Schaffens treugeblieben, mag er hierbei auch anfangs mehr vom romantischen Denken, später mehr von den Anfragen des deutschen Idealismus angestoßen worden sein.

3. Katholizismus und Protestantismus

Die geheime Frage – mitunter auch deutlich ausgesprochen –, die Möhler bewegte, ist die nach der Einheit der Kirche. Sie richtete sich aber nicht nur auf die innerkirchliche Einheit, sondern stellte sich ihm angesichts des Daseins der einen katholischen Kirche sowie anderer christlicher Gemeinschaften.

Schon recht früh, im Spätherbst 1822, redete er einer Annäherung von Protestanten und Katholiken das Wort, wobei beide Gruppen nahezu als gleichrangig angesehen werden. Wie ein roter Faden zieht sich durch die Rezensionen bis 1824 die Beschäftigung mit dem Protestantismus. In einer gewissen „idealen“ Sicht hat Möhler in der *Einheit* den Protestantismus zwar als Häresie dargestellt. Aber das Nebeneinander von katholischer Kirche und protestantischen Gemeinschaften ist die Realität der Jetztzeit. Wie die Kirche (in ihren einzelnen Gliedern) durchaus Elemente der Unwahrheit und des Bösen in sich trägt, so ist andererseits die protestantische Gruppe nicht absolut böse. In ihr gibt es Bestrebungen hin auf eine neue Christozentrik, in ihr gibt es großartige und ehrliche Gestalten (wie Neander), in ihr gibt es redliche Einheitsbestrebungen. Die Einheit der Christen wurde schon vom jungen Möhler erhofft und erstrebt.

Freilich ändert Möhler später die Tonart. Der *Athanasius* ist nicht zuletzt eine Auseinandersetzung mit dem Protestantismus. Der historische Arianismus ist Prototyp des Protestantismus: Auch dort wird nicht selten Christi Gottheit geleugnet, vertritt man eine bloß äußerliche Rechtfertigung usw. Man hört schon deutlich den Verfasser der *Symbolik*. Allerdings ist die *Symbolik* keineswegs eine durch und durch polemische, die andere Seite abwertende Schrift. Das Hauptwerk Möhlers ist beseelt und inspiriert von dem Gedanken, daß das Nebeneinander der Konfessionen nicht das Letzte ist, vielmehr ihr künftiges Ineinander, wenn die Zeit dafür auch noch nicht reif ist. Gerade mit diesem seinen Werk hat Möhler der kontroverstheologischen Arbeit bzw. der ökumenischen Orientierung auf katholischer Seite entscheidende Anstöße gegeben. Methodisch und sachlich hat er klargelegt, daß theologische Ökumenik nur fruchtbar gestaltet werden kann, wenn die Lehr- und Lebensunterschiede der getrennten Gemeinschaften erkannt und verstanden werden, wenn sie in einer größeren Synthese „aufgehoben“ sind. Ohne daß er eine relative Gleichberechtigung der einzelnen Konfessionen anerkannte, glaubte er doch an einen verborgenen Sinn, den die Spaltungen für das Schicksal der Kirche Christi haben. „So ist Möhlers Symbolik eine Theodizee der Glaubensspaltungen.“ (J. R. Geiselmann)

4. *Christliche Anthropologie*

Die anthropologische Frage stand für Möhler im Zentrum der abendländischen Glaubensspaltung. Somit ist seine *Symbolik* in großen Teilen als *christliche Anthropologie* gestaltet – eine Perspektive, die bei der Würdigung des möhlerschen Werkes häufig übersehen oder eben nur am Rande erwähnt wird. Hier kann es nicht darum gehen, all die Nuancen und Entwicklungsstadien jener Anthropologie nachzuzeichnen, die teilweise von einer Auflage der *Symbolik* zur anderen sichtbar werden. Nur eben sei vermerkt, daß er – der Theologie seiner Zeit weit voraus – versucht hat, das klassische Modell von „Natur" und „Übernatur" in Abhebung von einem neuscholastischen Zweistockwerkdenken neu zu durchdenken. Natur und Übernatur, so Möhler in seinen späteren Darlegungen, stehen nicht wie zwei fremde Größen im Menschen gegenüber. Die Natur im Menschen ist vielmehr auf die Übernatur hingeordnet. Dennoch bleibt das übernatürliche Vermögen – diese Aussage ist eine Abgrenzung gegen die reformatorische Lehre, nach der die ursprüngliche Gerechtigkeit zur Substanz des Menschen gehört – ein dem Menschen durch die Tätigkeit Gottes zukommendes und also verlierbares Akzidenz. In dem *Sendschreiben an Bautain* (1835) hat Möhler die Natur des Menschen gerade in ihrem Eigensein und Eigenwirken stark betont. Insgesamt handelt es sich hierbei um Ansätze und Überlegungen, die für die Gnadentheologie und theologische Anthropologie vor einigen Jahrzehnten von richtungsweisender Bedeutung waren, mögen sie heute auch weniger im Blickpunkt theologischen Interesses stehen.

IV. Wirkungsgeschichte

Die im Schatten der *Symbolik* stehende *Einheit* hatte zweifelsohne auch ihre Wirkung in der und für die katholische Theologie. Die Kirche, deren Wesen letztlich unaussprechliches Geheimnis ist; die Kirche, die geistgewirkte Einheit besitzt; die Kirche als der mystische Leib Christi; die Kirche, die sich vor allem in Bildern und Umschreibungen des Neuen Testamentes und der Väter wiedererkennt: Das ist die Kirche des Zweiten Vatikanischen Konzils. Die Frühschrift ist und bleibt ein Markstein in der neueren katholischen Ekklesiologie.

Nichtsdestoweniger war es die *Symbolik,* die Möhlers eigentlichen Ruhm begründete. Dieses Werk erschien in 25 Auflagen und wurde in die wichtigsten Sprachen übersetzt. Seine vollständige Wirkungsgeschichte ist noch nicht geschrieben. Unmittelbar führte es zu einem verstärkten Selbstbewußtsein des Katholizismus in einer schwierigen Zeit, unmittelbar und mittelbar brachte es der katholischen Kirche viele Übertritte oder trug doch wesentlich dazu bei. Besonders hinzuweisen ist auf die Wirkung im französischen und im englischen Raum (z. B. auf J. H. Newman). Schließlich ist die Möhlersche Symbolik gewissermaßen Klassiker und Grundschrift katholischer Kontroverstheologie bzw. Ökumenik bis in die Gegenwart hinein. Es ist sehr angemessen, wenn eines der wichtigsten katholischen Institute für Ökumenik in Deutschland nach ihm benannt ist.

Die Wirkung Möhlers ist nicht nur eine Wirkung seines literarischen Werkes, sondern reichte über seine unmittelbaren und mittelbaren Schüler in weite Theologenkreise: Staudenmaier, Kuhn und Hefele in Tübingen, Windischmann und Reithmayr in München, Düx in Würzburg. Viele deutsche Bischöfe in der Zeit Pius' IX. waren stolz darauf, sich als geistige Schüler Möhlers fühlen zu dürfen, unter ihnen Hefele von Rottenburg und von Ketteler in Mainz. Schließlich ist ganz allgemein auf die Stellung Möhlers innerhalb der Tübinger Theologie zu verweisen. Wenn auch im letzten die Eigenart der „Katholischen Tübinger Schule" und Tübinger Theologie überhaupt bis heute schwer zu präzisieren ist, so läßt sich doch sagen, daß sie einige ihrer unbestreitbaren Charakteristika Möhler verdankt oder doch mitverdankt: Den Sinn für Liberalität und ihr originelles Selbstdenkertum, das Ringen um die Vermittlung der Wahrheit durch Geschichte, das Hinhören auf die Anfragen der jeweiligen Gegenwart. In diesem Sinne ist Möhler aber über Tübingen hinaus bleibender Inspirator – und eben deshalb Klassiker – theologischer Methode und theologischer Arbeit.

Georg Schwaiger

IGNAZ VON DÖLLINGER

(1799–1890)

Nach den schweren Erschütterungen, den inneren und äußeren Zerstörungen an der Wende vom 18. zum 19. Jahrhundert, bewegten sich die Versuche einer Neuorientierung der katholischen Theologie in Deutschland zunächst in zweierlei Richtung. Diese Versuche entsprachen den beiden mächtigen Strömungen, die das geistige Deutschland in der ersten Hälfte des 19. Jahrhunderts erfüllten und die als deutsche idealistische Philosophie und als deutsche geschichtliche Wissenschaft bekannt sind. Beide Wege waren für die Theologen schwierig und voller Gefahren.

Ignaz Döllinger wurde der wichtigste Verfechter einer geschichtlich orientierten Theologie. Sein langes Leben zeigt auf weite Strecken die fortschreitende Entwicklung des Jahrhunderts: den Ausgangspunkt in einem Elternhaus, in dem sich aufgeklärte Geistigkeit des Vaters und volkstümliche Frömmigkeit der Mutter merkwürdig begegneten; den begeisterten Aufbruch im Münchener Görres-Kreis, wo bei aller kämpferischen Freude immer noch der irenische Geist Johann Michael Sailers einen Nachklang fand; den Kampf um die Freiheit der Kirche gegenüber dem harten Zugriff des Polizeistaates im katholischen wie im evangelischen Deutschland; die hingebungsvollen Versuche in der theologischen und kirchenpolitischen Bemühung, der Theologie neue wissenschaftliche Fundamente zu bauen und zur gleichen Zeit die offene Auseinandersetzung mit der übermächtigen zeitgenössischen Philosophie, der protestantischen Theologie in ihren wichtigsten Richtungen und mit allen bewegenden Zeitströmungen aufzunehmen; das leidenschaftliche Bemühen, Glauben und Wissen in Einklang zu bringen und dadurch auch dem gebildeten Menschen – das 19. Jahrhundert kennt noch eine deutlich hervortretende Schicht der Gebildeten – die Kirchentür offen zu halten; das Ringen um die zeitgerechte Erneuerung der Kirche, das so manchen Theologen damals beschäftigt hat; die bewußt vorangetriebene Zentralisation der katholischen Kirche im römischen Papsttum; das Anwachsen des Ultramontanismus und die schroffe, pauschale Verwerfung aller „Aufklärung"; die zunehmende Auseinandersetzung zwischen den neuen Scholastikern und den Vertretern einer historisch-kritisch arbeitenden oder philosophisch auf anderen Denksystemen gründenden Theologie – auf dem Hintergrund eines verschiedenen Kirchenbildes und verschiedener Auffassungen von der Aufgabe der Kirche in der Welt; schließlich die stürmische Zuspitzung der Konfrontation im Vorfeld und

Umkreis des Vatikanischen Konzils, die für Döllinger in der persönlichen Katastrophe endete und die letzten beiden Jahrzehnte seines Lebens überschattet hat.

I. Der junge Döllinger

Johann Joseph Ignaz Döllinger wurde am 28. Februar 1799 im fürstbischöflichen Bamberg geboren. Er stammte aus einem hochgebildeten Elternhaus. Schon der Großvater war Professor der Medizin gewesen. Der Vater, stark vom herrschenden Geist der Aufklärung geprägt, Professor der Medizin an der fürstbischöflichen Universität Bamberg, dann in Würzburg, galt als einer der besten Anatomen und Embryologen Deutschlands. Die Mutter war stark von der Volksfrömmigkeit des Frankenlandes geprägt. Noch als Greis erinnerte sich Ignaz Döllinger, daß er sich „vor der Strenge des Vaters fürchtete ... Die Eltern-Autorität und Strenge lagen noch in der Luft, als ich ein Kind war; das ‚Sie', das man gegen Vater und Mutter anwandte, türmte sich für die Kinder auf, statt des vertraulichen ‚Du' in unseren Tagen, der Gehorsam war eine Art Natur- und Gesetzgewalt. Kinder hatten zu gehorchen, Eltern zu befehlen."

Bei der ausgedehnten und anstrengenden Tätigkeit des Vaters an der Universität Würzburg kam die Kindererziehung vor allem der Mutter zu, einer gebildeten, frommen, treu um ihr Hauswesen besorgten Frau. Viele Stunden verbrachte sie oft in den Kirchen Würzburgs. Der kleine Ignaz mußte sie dahin begleiten, der dann „betete und sich dem frommen und poesievollen Eindrucke überließ, den die katholische Kirche auf das Gemüt hervorzubringen vermag". Zuhause mußte der Knabe seiner Mutter „des öfteren, statt Käfern und Schmetterlingen nachjagen zu dürfen, aus einem Erbauungsbuche vorlesen, oder auch aus Zschokkes ‚Stunden der Andacht', die Mutter und Sohn sehr hübsch fanden". Frühzeitig unterrichtete der Vater persönlich seinen Jungen. Er verlangte von dem begabten, wißbegierigen Kind außer dem strammen Schulpensum unbedenklich zusätzliche Leistungen. Der alte Döllinger berichtet darüber in seinen Aufzeichnungen: „Sehr früh lehrte mich mein Vater schon französisch. Zehn Jahre alt las ich bereits in Corneille und Molière, verschlang ich begierig alles Französische, dessen ich habhaft werden konnte." Von Schiller war der Knabe begeistert. Bereits mit zehn Jahren wußte er seine Gedichte auswendig. Die Schule wurde darüber nicht vernachlässigt. Latein und Griechisch standen Döllinger seit der Jugendzeit mühelos zur Verfügung. Bald wurden dem sehr sprachenbegabten jungen Döllinger, der ständig über den Büchern saß, auch Italienisch, Spanisch und vor allem Englisch vollendet geläufig. In den Gymnasialjahren fesselte ihn vor allem die französische Literatur. Er selber sagt, daß er mit sechzehn Jahren weit mehr französische Bücher als deutsche gelesen hatte.

Die großen Zeitereignisse der napoleonischen Epoche beschäftigten lebhaft das jugendliche Gemüt. Wie so viele Zeitgenossen war der junge Döllinger von der Urgewalt Napoleons mächtig beeindruckt, förmlich hingerissen. Als der Franzosenkaiser 1812 den Rußlandfeldzug vorbereitete, kam er auch nach Würzburg, wo ihn Ignaz Döllinger, kaum dreizehnjährig, mit anderen „neugierigen Jungen auf Schritt und Tritt verfolgte, als er die äußeren Befestigungen besichtigte". Noch im höchsten Greisenalter erinnerte sich Döllinger, daß er ihn damals „in seinem grünen Rock, den dreieckigen Hut auf dem Kopf, sein scharf geschnittenes dunkelfarbiges Gesicht, wie einen Mann aus Bronze" gesehen habe. Napoleon erschien ihm als der größte Kriegsheld aller Zeiten, einem Scipio, Hannibal und Cäsar vergleichbar. Den deutlichen Umschwung brachte ein Buch, das dem Sechzehn–Siebzehnjährigen von den Leiden erzählte, die Napoleon dem Papst Pius VII. zugefügt hatte.

Der Wißbegierde seines Sohnes kam der umfassend gebildete Medizinprofessor Döllinger gern entgegen. Nur auf alle Fragen, die der Knabe in theologischer Beziehung an ihn richtete, antwortete der Vater stets: „Das weiß ich nicht" oder „Das weiß man nicht." Und gerade hier erhoben sich in dem Kind viele Fragen. Darüber berichtet Döllinger in seinen Aufzeichnungen: „Als Knabe von zehn Jahren fiel mir ein Bild des h. Bernhard in die Hände mit dem Motto von ihm: utinam mihi liceret videre ecclesiam sicut in diebus antiquis (o daß es mir gestattet wäre, die Kirche zu sehen, wie sie in den alten Tagen war)! Ich war begierig, die alte Kirche kennenzulernen; aber die Unzufriedenheit mit dem kirchlichen Zustand seiner Zeit gab mir viel zu denken." Die abweisende Haltung des Vaters in theologischen Fragen führte dazu, daß sich in dem jungen Menschen die Überzeugung festigte, dem Vater gehe hier ein Wissen ab, das die Geistlichkeit besitze: er dachte nach eigenem Zeugnis „sich schon als Knabe, wenn du die Theologie erlernst, wirst du vieles begreifen und verstehen und der Mutter Auskunft geben können. Dieser Gedanke befestigte sich so in ihm, daß er bald nicht mehr anders wußte, als daß er Theologe werden sollte."[1]

Die Klassen des Gymnasiums absolvierte Ignaz Döllinger entweder als Erster oder einer der Ersten. Mit siebzehn Jahren bezog er die Universität Würzburg, wo er sich nach einem Jahr verschiedener Studien, die der Vater gewünscht hatte, ganz zur Theologie entschloß. Von seinen theologischen Lehrern empfing er wenig Anregung. Der glänzend begabte junge Mann ließ sich mehr durch Bücher bilden. Früh regte sich die kennzeichnende ausgeprägte Individualität. Es war die leise verschiebende Altersperspektive, wenn er als alter Mann einmal äußerte: Angezogen habe ihn vor allem die theologische Wissenschaft; der geistliche Stand sei ihm nur Mittel zum Zweck gewesen. Die frühen Zeugnisse ergeben ein merklich anderes Bild.

Die Hinwendung des jungen Döllinger zum Priestertum war echt. Er floh nicht in die Abgeschiedenheit einer Gelehrtenstube. Als Student sah er die Welt mit offenen Augen. Er liebte die Kunst und die Literatur aller Völker, pflegte Freundschaft mit wissenschaftlich strebsamen Studierenden ohne Rücksicht auf ihre Konfession. Lange Zeit gehörte der junge Dichter August Graf von Platen zu seinen engeren Freunden; doch waren bei der Verschiedenheit beider Charaktere Auseinandersetzungen unvermeidlich, nicht zuletzt deshalb, weil Platen keine andere Offenbarung als Natur und Geschichte anerkennen wollte. Eine „Menschwerdung des höchsten Wesens" konnte er sich nicht denken, und so notierte er nach einer ernsthaften Differenz: „Döllinger ist sehr aufgeklärt, sehr tolerant; allein er ist ein Christ."[2]

Anfang November 1820 wurde Döllinger in das Priesterseminar seines Geburtsortes Bamberg aufgenommen. Unter den Professoren des Lyzeums war der jugendliche Dogmatiker Friedrich Brenner sicher der bedeutendste. Döllinger holte jetzt manches nach, was zur theologischen Ausbildung nötig schien und er in Würzburg versäumt hatte. Er fing an, sich mit den orientalischen Sprachen zu beschäftigen, Kirchenrecht und Kirchengeschichte zu studieren. In Bamberg fühlte er sich offenkundig wohl. Später erzählte er gern von seinen Studienjahren in Bamberg, wo er mit einer ganzen Reihe ausgezeichneter Köpfe zusammengetroffen sei. Es hat den Anschein, daß Döllinger vor allem von Brenner lernte, bei der Glaubenstradition komme es vornehmlich auf das christliche Altertum an. Die klassischen Sätze des Commonitoriums des Vinzenz von Lerinum gingen ihm in Fleisch und Blut über, für sein ganzes Leben. Mit den nötigen Schreiben des Bamberger Generalvikariates versehen, wurde Döllinger am 22. April 1822 vom Bischof von Würzburg in dessen Privatkapelle zum Priester geweiht, zur größten Freude der Mutter und Großmutter.

In dem Studenten und jungen Priester lebte eine starke geistlich-religiöse Sehnsucht. Er empfing ohne Zweifel nachhaltige Einflüsse von der Naturphilosophie der Zeit, von der katholischen Romantik, auch von Sailer. Sein Sinn stand nach ländlicher Seelsorgetätigkeit. Aber zunächst hatte man im Bistum Bamberg für den jungen Priester noch keine Stelle. Erst im November 1822 erhielt er seine Anweisung als Kaplan in den Markt Scheinfeld, einen freundlichen, vom Stammschloß der Fürsten Schwarzenberg überragten Ort im Talgrund der Scheine. Döllinger fühlte sich offensichtlich wohl, widmete sich neben der Seelsorge weiteren Studien, wurde aber schon Ende 1823 als Professor für Kirchenrecht und Kirchengeschichte an das von der bayerischen Regierung neuorganisierte Lyzeum nach Aschaffenburg gerufen.

Diese Berufung hatte der Einfluß des Vaters veranlaßt. Außer Kirchenrecht und Kirchengeschichte hatte Döllinger zunächst noch Dogmatik vorzutragen. Der akademische Anfänger fühlte sich überlastet, lebte in der Vorbereitung der Vorlesungen „von der Hand in den Mund". Ohnedies waren Lehrbücher zugrunde gelegt. Als er von der Dogmatik entlastet wurde, mußte er zusätzlich Enzyklopädie und Methodologie des theologischen Studiums und christliche Altertümer vortragen, überdies noch drei Wochenstunden Religionsunterricht in der obersten Gymnasialklasse übernehmen.

Von selbständiger Arbeit konnte in diesen arbeitsüberladenen akademischen Anfängen kaum die Rede sein. Doch tauchen bereits in Aschaffenburg erste literarische Pläne auf. Döllinger kam in erste Berührung mit Professoren des Mainzer Priesterseminars und ihrer Zeitschrift „Der Katholik". Er wußte sich ihnen verbunden in dem gemeinsamen Ziel, die Kirche zu verteidigen und die

Ignaz von Döllinger (1799–1890)

Wahrheit der katholischen Lehre zu erweisen. Diesem Ziel sollten auch frühe literarische Pläne dienen, eine Schrift zur Verteidigung der katholischen Eucharistielehre in der Geschichte, der Gedanke einer theologischen Enzyklopädie zusammen mit den Mainzern. Auch mit dem gefeierten Franz von Baader stand Döllinger schon jetzt in Verbindung. Er nahm kritisch Anteil am Werk der katholischen Tübinger und Lamennais' in Frankreich.

1826 erschien in Mainz Döllingers Erstlingswerk *Die Eucharistie in den drei ersten Jahrhunderten. Historisch-theologische Abhandlung.* Die apologetische Absicht des Verfassers tritt deutlich zutage. Angeeifert hatte ihn gewiß auch Möhlers *Einheit in der Theologie,* von der er mit Begeisterung sprach. Die Schrift erwarb Döllinger den Ruf eines hervorragenden Theologen. Dies wurde von Bedeutung, als König Ludwig I. von Bayern 1826 die Universität Landshut nach München verlegte und nach tüchtigen Lehrern Ausschau hielt. Döllinger legte seine Schrift über die Eucharistie der theologischen Fakultät in Landshut zur Erlangung der Doktorwürde vor. Am 3. Juni 1826 wurde ihm der theologische Doktorgrad in absentia verliehen. Damit war das letzte Hindernis beseitigt, in die theologische Fakultät der neuorganisierten Universität München einzurücken. Aschaffenburg war nur ein Anfang, eine Einübung gewesen. Die Berufung Döllingers nach München noch in der frischesten Schaffenskraft brachte die entscheidende Wende. Die bayerische Haupt- und Residenzstadt begann unter Ludwig I. zu einer geistigen Metropole europäischen Ranges aufzublühen. Dieser Stadt und ihrer Universität ist Döllinger sein ganzes Leben lang treu geblieben.

II. Der kämpferische Apologet

Döllingers Wirken ist deutlich in drei Abschnitte gegliedert, die jeweils etwa zwei Jahrzehnte umfassen. In der ersten Periode, vom Beginn seines akademischen Lehramtes in München bis zur Mitte des Jahrhunderts, ist er Vertreter jener kämpferischen Richtung gewesen, die in Joseph von Görres ihren Führer sah und die von den Gegnern „ultramontan" gescholten wurde.

Im Sommer 1826 wurde Döllinger zum außerordentlichen Professor „namentlich des Kirchenrechts und der Kirchengeschichte" in der neuorganisierten theologischen Fakultät der Universität München ernannt. Die Besetzung der Fakultät gestaltete sich schwierig, und Döllinger war lebhaft interessiert, nach München zu kommen. Doch gehörte er als Extraordinarius zunächst noch nicht auch der inneren Fakultät mit allen Rechten eines Professors an. Döllinger hielt in München, je nach Bedarf, Vorlesungen in recht verschiedenen theologischen Fächern, so in Kirchenrecht, Kirchengeschichte, Exegese und Dogmatik. Sein eigentliches Fach wurde immer mehr die Kirchengeschichte.

In der ersten Münchener Zeit war der theologische Autodidakt Döllinger noch ein Aufnehmender. Franz von Baader begeisterte ihn für seine eigentümliche mystisch-spekulative Religionsphilosophie, aber auch für Pläne einer Wiedervereinigung mit der östlichen Kirche. Johann Adam Möhler, der die letzten, bereits vom frühen Tod gezeichneten Lebensjahre in München verbrachte, lehrte ihn den organischen Aufbau und die innere Schönheit der Kirche sehen. Joseph von Görres, der flammende Streiter gegen staatliche Unterdrückung, wurde ihm das Vorbild, für die Freiheit der Kirche zu kämpfen, ihre Rechte zu verteidigen.

Der Münchener Görres-Kreis war in den dreißiger Jahren die lebendige Mitte der katholischen Restauration in Deutschland. Hier fanden die Übergriffe der preußischen Regierung in den katholischen Landesteilen die schärfste Anprangerung. Hier warf der alte Görres „mit fliegender Feder" seinen *Athanasius* (1838) hin, als man den Kölner Erzbischof Clemens August von Droste zu Vischering verhaftet und auf die Festung Minden gebracht hatte. Aus dem Münchener Görres-Kreis kamen die stärksten Impulse einer „katholischen Bewegung", die dann 1848 sichtbar in Erscheinung trat.

Im Görres-Haus an der Schönfeldstraße fand sich Döllinger allwöchentlich ein zu dem berühmten Treffen deutscher und europäischer katholischer Geistigkeit. Hier begegneten sich Philosophie, Mystik, Naturwissenschaften, Politik und kämpferische katholische Publizistik. Der geistesmächtige junge Professor der Theologie wurde bald zum unentbehrlichen Helfer des alten Görres. Seine Bundesgenossenschaft mit dem Kreis um das Mainzer Priesterseminar schien selbstverständlich. Die Liberalen verhöhnten ihn als klerikalen Drahtzieher.

Mit Wort und Schrift kämpfte Döllinger in vorderster Reihe gegen ein beengendes Staatskirchentum, gegen jede rationalistische Verwässerung der Religion und gegen die Übermacht des Protestantismus in Deutschland. Der junge Professor der Kirchengeschichte kannte nach seinen eigenen Worten in diesen Jahren keinen erhabeneren Beruf als den, mündlich und schriftlich dazu beizutragen, daß die Wahrheit und Alleingültigkeit der katholischen Religion immer mehr erkannt und besonders der Vorwurf der Veränderlichkeit im Glauben, der ihr von protestantischen Theologen so oft gemacht wird, abgewiesen werde. Kirchengeschichte und Patrologie waren es, die ihm den wissenschaftlichen Raum für diese Absichten bieten sollten.

Seine ausgeprägte Sprachenbegabung, seine erstaunliche Gedächtniskraft, eiserner Fleiß und lebenslange asketische Genügsamkeit in Speise und Trank ließen Döllinger zum Gelehrten, gerade zum Quellenforscher werden. Seine wissenschaftliche Entwicklung begann unter deutlicher apologetischer Zielsetzung, hielt sich auch von scharfer Polemik nicht immer frei, erreichte aber in den großen Werken der fünfziger und sechziger Jahre schließlich die Höhe kritischer, in den besten Stücken klassischer Darstellung.

In den ersten beiden Jahrzehnten gelehrten Wirkens bemühte sich Döllinger, in seinem literarischen Werk die Gesamtkirchengeschichte im Rahmen der Weltgeschichte aus den Quellen aufzubauen. Die Wahrheit der katholischen Glaubenslehre ist ihm selbstverständliche Voraussetzung. Die Theologie ist für den unermüdlichen jungen Gelehrten die Wissenschaft der zugleich grundlegenden und krönenden Erkenntnis vom Leben und von der Geschichte des Menschen; die Kirche ist dabei Hüterin dieser Erkenntnis nach Maßgabe der göttlichen Offenbarung, wie sie im altkirchlichen Dogma gefaßt ist. Über diese theologische Konzeption der Kirche und des kirchlichen Lehramtes kam Döllinger im Grunde sein ganzes Leben nicht hinaus. Die katholische Kirche nahm jedoch im neunzehnten Jahrhundert einen anderen Weg, als es diesem Kirchenverständnis entsprach. Und hier bereits beginnt, zunächst freilich verborgen, die Tragik von Döllingers Lebenswerk.

In unglaublich rascher Folge erscheinen seine kirchenhistorischen Arbeiten: Teile der Kirchengeschichte, seine dreibändige „Reformation" – gewiß kein Gegenstück zu Rankes Werk, doch ohne Zweifel eine beachtliche Leistung – und fast schwindelerregend viele weitere Werke.

Das gemeinsame Ziel der Verteidigung der Kirche, aber auch ihrer zeitgerechten Erneuerung, brachte Döllinger früh in Verbindung mit geistesverwandten Kreisen über fast ganz Europa hin. Er strebte nach ständigem geistigen Austausch, nach großzügiger Zusammenarbeit der katholischen Elite in Deutschland, Frankreich und England. Geistig eng ist er auch in seiner Frühzeit nicht gewesen. Von Jugend an pflegte er Freundschaft über die eigene Konfession hinaus. Dies beweist schon seine oft gestörte, aber immer wieder aufgenommene Verbindung mit dem freisinnigen protestantischen Dichter August Graf von Platen. Zu den engeren Freunden Döllingers gehörten in seinem langen Leben Bischof Félix-Antoine-Philibert Dupanloup von Orléans, der Dogmatiker an der Sorbonne und spätere Bischof Henri-Louis-Charles Maret, der spätere Erzbischof und Kardinal Guillaume-René Meignan von Tours, John Henry Newman, die Staatsmänner William Ewart Gladstone und Charles de Montalembert, die Sozialreformer Victor Aimé Huber und Adolf Kolping, auch geistvolle Frauen wie Charlotte Gräfin Leyden, die spätere Lady Blennerhassett, Therese von Stolberg und Anna Gramich, die spätere Frau von Bary, nicht zu vergessen seinen zeitweilig vertrautesten Freund der zweiten Lebenshälfte, Lord John Acton.

Den Höhepunkt der ersten Periode im öffentlichen Wirken Döllingers bilden die ereignisreichen Jahre 1848 bis 1851. Seine kurzfristige Versetzung nach Dillingen war nur ein Fehlgriff König Ludwigs I. in der Peinlichkeit der Lola-Montez-Affäre und blieb Episode. Im Jahr 1848 war er Mitglied der Nationalversammlung in Frankfurt. Neben Radowitz, dem weltlichen Vorsitzenden des katholischen „Klubs", steht Döllinger als der geistliche Führer des Parlamentskatholizismus. Er hält noch enge Verbindung mit der Mainzer Partei und ihrem Haupt, dem Erzbischof Geissel von Köln. Doch treten auch schon Anzeichen dafür auf, daß sich die Wege zu scheiden beginnen. Noch im Jahr 1848 nahm Döllinger auch als einflußreicher theologischer Berater und Kirchenpolitiker an der Versammlung der deutschen Bischöfe in Würzburg teil.

III. Jahre der Wandlung

In den beiden Jahrzehnten von 1850 bis 1870 vollzog sich die Wendung zu schärferer Kritik am bestehenden Kirchenwesen. Die Wandlung kündigte sich anfangs nur leise und in langsamen Schritten an. In den sechziger Jahren ging sie dann in rascher Konsequenz vor sich. Im Hintergrund stand die wachsende Enttäuschung, ja stille Empörung Döllingers und so vieler geistig führender Katholiken über kirchliche und theologische Erscheinungen der Regierung Pius' IX. Nach dem schroff reaktionären Regiment Gregors XVI. war der – zu Unrecht – als liberal geltende Pius IX. anfangs begeistert begrüßt worden, nicht nur von den Nationalisten des Risorgimento. Seit der Revolution von 1848, wo er verkleidet hatte fliehen müssen, kehrte der Papst ganz in die Bahnen seines Vorgängers zurück. Die stürmischen römischen Ereignisse des Jahres 1848 hatten in dem labilen Papst ein Trauma hinterlassen, von dem seine ganze Regierung in Kirchenstaat und Kirche überschattet blieb.[3]

Döllinger war von seiner kirchenpolitischen Tätigkeit her ein guter Beobachter im politisch-gesellschaftlichen Bereich, nicht etwa nur ein weltfremder Gelehrter, der einseitig von England her beeinflußt worden wäre. 1857 hatte er auf einer Italienreise die Zustände in Rom und im Kirchenstaat näher kennengelernt. Jedem Urteilsfähigen mußte es damals klar sein, daß sich die weltliche Herrschaft des Papstes in dieser Form, allein noch notdürftig gestützt durch verhaßtes ausländisches Militär (Österreicher und Franzosen), nicht mehr halten ließ. Aufruhr und Attentate gegenüber dem absolutistischen klerikalen Regiment, das zudem tief in den privaten Bereich mit Polizeimaßnahmen einzudringen suchte, waren an der Tagesordnung. Die liberal eingestellten Intellektuellen forderten nachdrücklich die Gleichstellung der päpstlichen Untertanen mit den Bürgern der europäischen Verfassungsstaaten, vor allem die Grundrechte, Gewissensfreiheit, Pressefreiheit, eine Verfassung, ein Parlament, die nationale Einigung Italiens.

Diesen Forderungen stand die kirchliche Ansicht gegenüber, daß der Papst auf den Kirchenstaat nicht verzichten dürfe und könne. Manche gingen so weit, daß sie den Kirchenstaat als zum Wesen des Papsttums gehörig erklärten, als eine dogmatische Notwendigkeit. Döllinger sah mit wachsender Sorge, daß viele Katholiken aller Ränge den Kirchenstaat als ein Stück Kirche selbst betrachteten. Er wußte aber auch, daß liberale und protestantische Kreise nur darauf warteten, der unabwendbare Zusammenbruch des Kirchenstaates werde das Ende der päpstlich-kirchlichen Organisation des gesamten Katholizismus unmittelbar einleiten.

Im Frühjahr 1861 hielt Döllinger in München seine berühmten „Odeonsvorträge" über Kirche und Kirchen, Papsttum und Kirchenstaat. Noch im gleichen Jahr legte er die hier ausgesprochenen Gedanken und Vorschläge, stark erweitert, doch manchmal allzu schnell hingeschrieben, als stattlichen Band einer breiteren Öffentlichkeit vor. Hier bricht ein älteres Anliegen Döllingers, die Wiedervereinigung der getrennten Christen in der einen Kirche, mit Macht durch: „Die Wiedervereinigung der katholischen und der protestantischen Konfessionen in Deutschland würde, wenn sie jetzt oder in nächster Zukunft zustande käme, in religiöser, politischer und sozialer Beziehung das heilbringendste Ereignis für Deutschland, für Europa sein." Der genaue Kenner der Kirchengeschichte gibt sich aber keinerlei utopischen Vorstellungen hin. Er kennt zu genau die Last einer vielhundertjährigen Geschichte: „Es ist nicht die geringste Wahrscheinlichkeit vorhanden, daß diese Vereinigung in der nächsten Zeit zustande komme."[4] Günstiger stünden noch, von der Kirchenlehre und Verfassung her, die Aussichten und Unterhandlungen mit der orthodoxen griechischen und russischen Kirche. Doch gelte es, einen wahren Berg von Vorurteilen abzutragen. Vor allem aber müsse die katholische Kirche durch unerläßliche Selbstreform die Union vorbereiten. „Bis jener Tag uns Deutschen aufgeht, ist es Aufgabe für uns Katholische, die Glaubens-Spaltung nach dem Ausdruck des Kardinals Diepenbrock ‚im Geiste der Buße für gemeinsames Verschulden zu ertragen' . . . Inzwischen leben wir auf Hoffnung, trösten uns der Überzeugung, daß die Geschichte oder jener europäische Entwicklungsprozeß, der sich zugleich im sozialen, politischen und kirchlichen Gebiete vor unseren Augen vollzieht, der mächtigste Bundesgenosse der Freunde kirchlicher Einigung ist, und reichen allen Christusgläubigen auf der anderen Seite die Hand zum gemeinschaftlichen Verteidigungskampfe gegen die destruktiven Bewegungen der Zeit."[5]

Schon in der gelehrten Arbeit der fünfziger Jahre hatte Döllinger die apologetische Enge der dreißiger und vierziger Jahre überwunden, deutlich sichtbar in seinem *Hippolytus und Callistus* (1854), seiner ersten kritischen Glanzleistung. Zu einer umfassenden Darstellung der gesamten Kirchengeschichte setzte Döllinger dreimal in seinem Leben an: in der Bearbeitung des *Handbuchs der christlichen Kirchengeschichte* seines Vorgängers Johann Nepomuk Hortig (Band II, 2. Abteilung, 1828), in einem eigenen *Lehrbuch der Kirchengeschichte* (2 Bände, 1836/38) und in den großangelegten Monographien über *Heidenthum und Judenthum,* verstanden als *Vorhalle zur Geschichte des Christenthums* (1857), und *Christenthum und Kirche in der Zeit der Grundlegung* (1860). Keine der Kirchengeschichten Döllingers wurde vollendet. Seine Werke fanden seit den fünfziger Jahren auch bei evangelischen Christen Deutschlands und in England starken Widerhall, manchmal sogar begeisterte Aufnahme, weil sie als schützender Damm gegen die vordringende liberale Bibelkritik erschienen. Döllinger war wohl der erste und einzige katholische Kirchenhistoriker seines Jahrhunderts, der sich dieser Wertschätzung in der christlichen Ökumene erfreuen konnte.

In den beiden Odeonsvorträgen über Papsttum und Kirchenstaat (5. und 9. April 1861) griff Döllinger die brennendste kirchenpolitische Frage seiner Zeit auf: das Problem des zerbrechenden Kirchenstaates, das wie ein Bleigewicht an allen politischen und innerkirchlichen Maßnahmen der Päpste des neunzehnten Jahrhunderts hing: „Was soll man – so wurde ich wiederholt gefragt – jenen Außerkirchlichen erwidern, welche mit triumphierendem Hohne auf die zahlreichen bischöflichen Kundgebungen hinweisen, in denen der Kirchenstaat für wesentlich und unentbehrlich zum Bestand der Kirche erklärt wird, während doch die Ereignisse seit dreißig Jahren mit steigender Klarheit den Zerfall desselben zu verkündigen scheinen?"[6] Döllinger zog verschiedene Möglichkeiten einer Lösung in Erwägung, auch eine freiwillige Beschränkung des Papstes auf Rom mit der nächsten Umgebung. In jedem Fall aber empfahl er rasche, durchgreifende Reformen im Kirchenstaat, eine weitgehende Gleichstellung der päpstlichen Untertanen mit den Bürgern der europäischen Verfassungsstaaten. Mit allem Nachdruck betonte er: Es hat eine Kirche und ein Papsttum gegeben vor einem Kirchenstaat, und Kirche und Papsttum werden – als göttliche Stiftung – auch bestehen, wenn der Kirchenstaat einmal verlorengehen sollte.

Döllingers vorsichtige Kritik an der Verwaltung des Kirchenstaates erregte eine Empörung, die im Vortragssaal selbst schon fühlbar hervortrat: der päpstliche Nuntius am bayerischen Königshof, Fürst Chigi, verließ ostentativ das Odeon. Die „Civiltà Cattolica", die offiziöse römische Jesuitenzeitschrift, griff Döllinger scharf an. Der Würzburger Kirchenhistoriker Joseph Hergenröther, einer der entschiedensten Vertreter der „römischen Schule" in Deutschland, griff in der Kirchenstaatsfrage nun zum erstenmal gegen Döllinger zur Feder.[7] Döllinger suchte zwar die stürmischen Wogen zu dämpfen, aber das Mißtrauen gegen ihn wuchs. Zwei Jahre später kam es zu einem neuen, noch ernsteren Zusammenstoß: anläßlich der Gelehrtenversammlung zu München vom Herbst 1863.

Die Forschung der letzten Jahrzehnte hat die Notwendigkeit betont, innerhalb der sogenannten Schulen und Hauptrichtungen der katholischen Theologie des 19. Jahrhunderts feiner, genauer zu differenzieren. Jeder Theologe, der diesen Namen wirklich verdient, steht zwar notwendig in einer Tradition und in einer ganz bestimmten geschichtlichen Umwelt; aber er bringt auch seine ganz persönliche Individualität mit in seine wissenschaftliche Arbeit ein. Das Differenzieren geht so weit, daß manche Forscher heute am liebsten gar nicht mehr von einer katholischen Tübinger Schule sprechen möchten. Man weiß, daß auch Tübinger Theologen ihren Teil zur neuen Wertschätzung der Scholastik beigetragen haben. Und gewiß ist auch die Neuscholastik des neunzehnten Jahrhunderts keineswegs ein völlig geschlossener Block. Auch Männer wie Johann Baptist Franzelin, Matthias Joseph Scheeben, Konstantin von Schaezler und Clemens Schrader sind individuelle theologische Köpfe, nicht zu reden von einer beträchtlichen Reihe von Namen, die sich nur mit Gewalt einer bestimmten Richtung zuweisen lassen.

Dennoch schied sich seit der Jahrhundertmitte die katholische Theologie Deutschlands immer mehr in zwei Richtungen, die Döllinger 1863 die römische und die deutsche Theologie nennt. Wir besitzen neben dem Kronzeugen Döllinger zahlreiche Zeugnisse aus der Zeit, daß die Zeitgenossen diese große Scheidung in zwei Lager so empfanden. Es ging dabei nicht etwa nur um theologische Fehden oder bloßes Theologengezänk. Es ging um ein verschiedenes Kirchenbild. Es ging um Glauben und Wissen. Es ging um grundverschiedene Auffassungen über die Aufgabe der Kirche in der modernen Welt. Zudem hatte die päpstliche Verurteilung zweier hochangesehener, von einem weiten Schülerkreis verehrten Männer schwere Verstörung gebracht: die Zensurierung des Bonner Theologen Georg Hermes durch Gregor XVI. (1835 und 1836)[8] und die Verurteilung aller Werke des greisen Anton Günther in Wien durch Pius IX. (1857).[9]

Die stärker philosophisch ausgerichteten katholischen Intellektuellen wurden durch die Suspendierung Professor Jakob Frohschammers in München (1862) und durch die Indizierung seiner Werke hart betroffen. Am Beginn der sechziger Jahre schien tatsächlich philosophisches Arbeiten für einen gläubigen Katholiken nur noch möglich zu sein, wenn er im neuscholastischen, römischen Lager stand, und auch in der Theologie zeichnete sich, gerade nach der Indizierung Günthers, immer stärker eine ähnliche Tendenz ab. Redliche historisch-kritische Arbeit in der Theologie wurde mit Argwohn aufgenommen und in Rom übel vermerkt.

Döllinger verfolgte seit langem schon mit wachsendem Unbehagen das Aufkommen der Neuscholastik, nicht die Tatsache einer anderen Schule und anderer Schulmeinungen – als Kirchenhistoriker weiß er, daß es immer, wenn auch in unterschiedlichem Maße, verschiedene theologische Systeme und verschiedene Weisen theologischen Denkens gegeben hat. Aber die Neuscholastik des neunzehnten Jahrhunderts strebte mit kräftiger Unterstützung der Römischen Kurie offensichtlich nach alleiniger Geltung in der Kirche. In den sechziger Jahren wurde die Absicht offenkundig, ganze theologische Fakultäten Deutschlands mit römischen Germanikern zu besetzen, andere Theologen auszuschalten, am deutlichsten in Würzburg,[10] bald auch in Breslau. Der Ruf nach einer katholischen, das heißt in dieser Zeit: römisch-neuscholastischen Universität wurde immer lauter erhoben. Andersdenkende Theologen wurden polemisch angegriffen, mangelnder Kirchentreue und sogar der Häresie verdächtigt. Nicht zuletzt sah Döllinger durch diese Entwicklung jede Möglichkeit einer Wiedervereinigung der gespaltenen Christenheit verbaut. In den langen Nachwehen der hermesianischen Streitigkeiten und namentlich seit der Indizierung Günthers wurden härteste literarische Fehden ausgetragen, die nicht selten vom Sachlichen ins Persönliche abglitten.

Döllinger konnte sich als historischer Theologe nie mit der geschichtsfremden Neuscholastik seiner Zeit befreunden. Dennoch wünschte er und viele andere, daß die gesammelten wissenschaftlichen Kräfte des deutschen Katholizismus in den Dienst der Kirche gestellt würden, so wie er es auch mit seiner eigenen gelehrten Arbeit hielt. Dieser Verständigung sollte eine Versammlung der katholischen Gelehrten Deutschlands dienen. Im Ablauf und in den Nachwirkungen dieses Gelehrtenkongresses spiegelt sich wie in einem Brennpunkt die theologische Situation der frühen sechziger Jahre.

Döllinger trug sich mit dem Gedanken einer solchen Versammlung schon seit 1849. Als der Wiener Nuntius de Luca im Juni 1862 ein Programm zur Gründung eines Vereins „für Unterstützung und Beförderung katholischer Wissenschaft, Literatur und Tagespresse" entworfen hatte und dieses Programm in Würzburg durchberaten war, schien die Zeit für eine solche Versammlung reif. Gemeinsam mit dem gelehrten Benediktinerabt Haneberg von St. Bonifaz in München und mit Professor Alzog aus Freiburg erließ Döllinger im August 1863 einen Aufruf an „Vertreter der katholischen Wissenschaft, geistlichen und weltlichen Standes aus allen Gebieten des Wissens, welche mit der Religion und Theologie in irgend einer Wechselverbindung stehen". Ungeachtet der Ferienzeit fand der Aufruf großen Widerhall. Gleichzeitig erhoben sich Hemmnisse von verschiedensten Seiten. Die päpstlichen Nuntien in Wien und München witterten deutschen Gelehrtenstolz, verbunden mit unkirchlicher, zu wenig papsttreuer Gesinnung; sie waren nur schwer und nicht völlig von der Grundlosigkeit ihrer Befürchtungen zu überzeugen. Auch Johannes Kuhn in Tübingen, um den sich Döllinger besonders bemühte, versagte sich schließlich dem Plan; er wollte nur Universitätstheologen eingeladen wissen, nicht aber Professoren kirchlicher Lehranstalten wie etwa die Mainzer und Kölner. Schließlich blieben alle Tübinger der Tagung fern. Dafür fehlte von Döllingers und der Tübinger Gegnern, von der Mainzer Partei, kein wichtiger Mann.

Vierundachtzig katholische Gelehrte, Priester und Laien, fanden sich in den Tagen vom 28. September bis zum 1. Oktober 1863 in der Abtei St. Bonifaz zu München ein.[11] Von den führenden Vertretern der „römischen Schule" waren aus Mainz Moufang, Heinrich und Haffner erschienen, aus Würzburg, das eine Hochburg der Germaniker geworden war, Hergenröther und Hettinger. Der Münchener Erzbischof Gregor von Scherr konnte gewonnen werden, zur Eröffnung eine Messe zu feiern. Abt Haneberg verlas am Beginn der ersten Sitzung im Kapitelsaal des Klosters die Professio fidei Tridentina, worauf römische Kreise allergrößten Wert gelegt hatten. Durch Akklamation wurde Döllinger mit der Leitung der Versammlung betraut. Als Beisitzer benannte er seine Freunde Abt Haneberg und Alzog aus Freiburg, Floß von Bonn und Reinkens aus Breslau; in der nachmittägigen Sitzung ergänzte er das Gremium durch Domkapitular Moufang aus Mainz und Professor Schulte aus Prag. Er ließ sich auch bestimmen, sein Referat, das er zunächst nur zur Einsicht hinterlegen wollte, persönlich vorzutragen, freilich in verkürzter Fassung. Dies war seine große Rede über „Die Vergangenheit und Gegenwart der katholischen Theologie".[12]

In diesem Vortrag, klassisch nach Form und Inhalt, bietet Döllinger einen Überblick über die katholische Theologie von der frühen Väterzeit bis zur Gegenwart. Seine kritische Einstellung zur neubelebten Scholastik wird deutlich sichtbar. Schon die Scholastik des Mittelalters behandelt er mit zwar achtungsvoller, doch grundsätzlicher, tief einschneidender Kritik. Als Historiker erhebt er den Vorwurf, daß sie in ihrem ungeschichtlichen Sinn und mit der ihr eigenen selbstgenügsamen Unkenntnis der ganzen östlichen Tradition und Kirche den verhängnisvollen Bruch mit dieser Ostkirche mächtig gefördert und die Wiedervereinigung erschwert habe. Außerdem seien die aus der Rüstkammer der Scholastik entlehnten Waffen in den Kämpfen des Reformationszeitalters wie Rohrstäbe zerbrochen. Noch schärfer urteilt der Redner über die Neuscholastik seiner Zeit: „Das alte von der Scholastik gezimmerte Wohnhaus ist baufällig geworden, und ihm kann nicht mehr durch Reparaturen, sondern nur durch einen Neubau geholfen werden; denn es will in keinem seiner Teile mehr den Anforderungen der Lebenden genügen."

Außer diesem Verdikt ließ sich Döllinger auch zu Werturteilen über die zeitgenössischen theologischen Bemühungen in Spanien und Frankreich hinreißen: Beide Nationen, die einstmals Großes geleistet hätten, stellte er in seiner Zeit als theologisch völlig unfruchtbar hin, ähnlich die italienische. Dies war zumindest unklug und mußte verletzen, um so eher, da der Redner die deutsche Nation enthusiastisch rühmte: „So ist denn in unseren Tagen der Leuchter der theologischen Wissenschaft von seiner früheren Stelle weggerückt und die Reihe, die vornehmste Trägerin und Pflegerin der theologischen Disziplin zu werden, ist endlich an die deutsche Nation gekommen." Deutsche Theologie müsse die Wunden, die die Reformation des 16. Jahrhunderts geschlagen habe, auch heilen in einem großen Versöhnungswerk; kein anderes Volk habe die beiden Augen der Theologie – Geschichte und Philosophie, das historische und das spekulative Auge – mit solcher Sorgfalt, Liebe und Gründlichkeit gepflegt. Die deutsche Schule verteidige den Glauben mit modernen, zeitgemäßen Waffen, „mit Kanonen", die römische immer noch „mit Pfeil und Bogen". Döllinger rief zu ernsthaftem, mutigem Fortschreiten in der Theologie auf, dem die Scholastik entgegenstehe. Als Vorbilder nannte er die Arbeit der Tübinger, die treue Kirchlichkeit mit der freien Selbständigkeit der Forschung glücklich verbunden hätten. Der Gegensatz zweier Richtungen sei an sich noch kein Übel, wenn nur beide wirklich wissenschaftlich seien und sich wechselseitig Bewegungsfreiheit gestatteten. Der Redner forderte nachdrücklich Freiheit für die theologische Arbeit, strenge Anwendung der wissenschaftlichen Methode in der Theologie. Dogmatische Irrtümer müßten gerügt werden, theologische Irrtümer bräuchten aber nicht immer gefährlich zu sein; denn in der Wissenschaft führe der Weg zur Wahrheit durch Irrtümer hindurch.

Mit aller Schärfe wandte sich der Redner gegen den Versuch, Meinungen einer bestimmten Theologenschule mit dem Mantel der kirchlichen Autorität zu umkleiden und als allgemeine Kirchenlehre auszugeben. Statt dessen forderte er für den Theologen: „Tiefer graben, emsiger, rastloser prüfen, und nicht etwa furchtsam zurückweichen, wo die Forschung zu unwillkommenen, mit vorgefaßten Urteilen und Lieblingsmeinungen nicht vereinbaren Ergebnissen führen möchte, das ist die Signatur des echten Theologen . . . Jenen Wilden wird er doch nicht gleichen wollen, welche eine Eklipse nicht sehen können, ohne in Angst zu geraten für das Schicksal der Sonne." Der Professor der Kirchengeschichte und infulierte Stiftspropst von St. Kajetan fügte aber auch bei: „Da wir gläubige Theologen sind, so wissen wir, daß auch die schärfste Prüfung nur immer wieder zur Bestätigung der richtig verstandenen kirchlichen Lehre ausschlagen werde. Wir wissen auch, daß unsere Geistesarbeit für jene Kirche und in jener Kirche vollbracht wird, welcher der göttliche Geist sich niemals entzieht."

Die Mehrheit der Zuhörer war durch Döllingers Vortrag mächtig ergriffen. Die Minderheit sah sich, von ihrer Sicht her gewiß nicht ohne Grund, zum energischen Widerspruch veranlaßt. In der dritten und noch einmal in der letzten Sitzung gab es darüber erregte Debatten. Als Wortführer der neuscholastischen römischen Richtung traten die Würzburger Professoren Hergenröther und Hettinger hervor, der Mainzer Moufang, der Kölner Seminarprofessor Matthias Joseph Scheeben und der Kanonist George Phillips, ein Laie.

Noch schied man äußerlich in Frieden voneinander, aber die vorhandene Kluft war in aller Schärfe aufgezeigt. Angriffe, Verdächtigungen von allen Seiten folgten dieser ersten Versammlung katholischer Gelehrter. Vor allem Hergenröther, der spätere Kurienkardinal, wurde einer der schärfsten literarischen Gegner. Von nun an wurde an der Kurie alles, was von Döllinger ausging, mit tiefem Mißtrauen betrachtet und behandelt. Döllinger wußte darum. Doch bewies er vorerst große Zurückhaltung. Freilich zeichnen sich in seinen Briefen dieser Jahre bereits wachsende Enttäuschung und auch Bitterkeit ab. Er versenkte sich von neuem in die wissenschaftliche Arbeit.

Ein umfassendes Werk über die Geschichte des Papsttums beschäftigte den Gelehrten zeitlebens. Doch kam er über Teile nicht hinaus. Aus solchen Studien erwuchs 1863 eine Arbeit, die bis heute nicht ersetzt ist: *Die Papstfabeln des Mittelalters*. Schon der Titel löste vielfache Entrüstung seiner Gegner aus: der Verfasser habe die nötige Ehrfurcht außer acht gelassen und auch ehrwürdige Überlieferungen der römischen Kirche als Fabeln hingestellt, zum Beispiel das blumige Rankenwerk um Papst Silvester I. und Kaiser Konstantin.

Schon im folgenden Jahr wurden die Gemüter durch die Enzyklika *Quanta cura* und den beigegebenen *Syllabus* heftig erregt. Dieser Syllabus vom 8. Dezember 1864 ist nach seinen eigenen Worten – eine Zusammenstellung von achtzig der „hauptsächlichsten Irrtümer unserer Zeit". Es handelt sich hier um pauschale, aus dem Zusammenhang gerissene Verurteilungen. Als letzte These wird der Satz verworfen, daß der römische Papst sich mit dem Fortschritt, dem Liberalismus und der modernen Zivilisation aussöhnen und verständigen könne und solle. Der Syllabus rief ungeheuere Erregung hervor, nicht nur in liberalen Kreisen, sondern auch bei vielen Katholiken, die ihre Kirche liebten und um ihr Schicksal besorgt waren. Der Freimut Döllingers, der in dem Verantwortungsbewußtsein des echten Theologen gründete, fand scharfe Gegnerschaft, aber auch begeisterte Zustimmung im In- und Ausland. Die geistige Elite des katholischen Europa – der gegenwärtige Stand der Forschung erlaubt es, so zu sprechen – empfand Döllingers geschriebenes und gesprochenes Wort als Befreiungstat.

Seit der Mitte der sechziger Jahre ging der kuriale Kurs mit aller Entschiedenheit auf das Konzil zu. Bald wurde es klar, daß dort die Stellung des Papstes in der Kirche umschrieben werden sollte. Die „Civiltà", die als offiziöses Sprachrohr der Kurie gelten konnte, brachte in einem Beitrag im Februar 1869 sogar die Nachricht, die wahren Gläubigen Frankreichs würden vom Konzil die positive Fassung und Begründung der Dekrete des Syllabus erwarten, ferner die einmütige Akklamation der päpstlichen Unfehlbarkeit, ohne lange Abstimmung. Wir wissen heute, daß der Nuntius in Paris die Nachricht im Einvernehmen mit Kardinalstaatssekretär Antonelli in die „Civiltà" eingeschleust hatte.

Der lange theologische und kirchenpolitische Streit um das Erste Vatikanische Konzil (1869/70) kann hier nicht erörtert werden. Im Mittelpunkt des Konzils stand die Umschreibung des päpstlichen Universalepiskopates und der Unfehlbarkeit bei feierlichen Entscheidungen in Glaubens- und Sittenlehren. Namentlich in Deutschland, Österreich-Ungarn und Frankreich hatte sich bei vielen Bischöfen und Theologen nachhaltiger Widerstand gegen die Dogmatisierung erhoben. Dieser Widerstand kam teils aus dogmengeschichtlichen Bedenken, vornehmlich aber aus der echten Sorge wegen der politischen Folgen, besonders dann, wenn der Syllabus in irgendeiner Form in die Konzilsdekrete einbezogen werden sollte. Tatsächlich kam es später zu ernsten Verwicklungen mehrerer Regierungen mit dem Heiligen Stuhl. Einige Zeit schien es auch, daß der aus Protest sich bildende Altkatholizismus eine gefährliche Spaltung heraufführen könnte.

Am schärfsten hatte Döllinger mit dem ganzen Gewicht seines Namens gegen eine Definition des päpstlichen Jurisdiktionsprimates und der Unfehlbarkeit in der vorgesehenen Form gekämpft. Seit dem alarmierenden Artikel in der „Civiltà" fürchtete er, daß seine schlimmsten Ahnungen Wirklichkeit würden: ein solches Dogma in Verbindung mit dem Syllabus würde die Kirche noch viel mehr von der Zeit abschließen, sie noch tiefer in die geistige Inferiorität eines Ghettodaseins stoßen. Er fürchtete, daß die Kurie auf dem Umweg über das Konzil mittelalterliche Herrschaftsansprüche wieder geltend machen und durch die kirchlichen Massen einen Druck auf die Staaten ausüben wolle. Deshalb alarmierte er durch den bayerischen Ministerpräsidenten Chlodwig Fürst zu Hohenlohe im April 1869 die europäischen Mächte. Döllinger hatte den Text dieser Cirkulardepesche entworfen. Darin wurde angefragt, ob die Regierungen bereit seien, den höchstwahrscheinlich staatsgefährdenden Beschlüssen des bevorstehenden Konzils durch eine gemeinsame Grundsatzerklärung zuvorzukommen. Die europäischen Mächte zogen es vor, in abwartender, kühler Reserve zu verharren.

Ohne Zweifel fühlte sich Döllinger auch verletzt, weil man ihn bei der Vorbereitung und Durchführung der Kirchenversammlung völlig überging. Im November 1869 forderte sein Freund Montalembert ihn auf, zum bevorstehenden Konzil nach Rom zu gehen. Dies erschien Döllinger unangebracht. Er berief sich darauf, daß auch John Henry Newman dem Konzil fernbleibe, ließ sich aber im Gegensatz zu ihm in den lautstarken Tageskampf hineinziehen: Er übernahm in Deutschland die Führung im literarischen Streit gegen übersteigerte Vorstellungen, wie sie etwa von der „Civiltà" und vom französischen Publizisten Veuillot leidenschaftlich verfochten wurden. Schon vor der Cirkulardepesche des bayerischen Ministerpräsidenten hatte Döllinger in der Augsburger „Allgemeinen Zeitung", dem führenden liberalen Blatt, fünf Artikel „Das Concilium und die Civiltà" veröffentlicht. Sie riefen größtes Aufsehen hervor. Döllinger verbarg in diesen schneidend scharfen publizistischen Kämpfen anfangs den Namen, wie seine Gegner auch; aber er konnte und wollte nicht seine Gelehrsamkeit, seine Schlagfertigkeit, seinen Sarkasmus verbergen. Bald wußte man, wer die spitze Feder geführt hatte. Die Auseinandersetzungen wurden die ganze Dauer des Konzils hindurch leidenschaftlich fortgeführt. Hergenröther nahm mit aller Schärfe den literarischen Kampf gegen Döllinger und seine Freunde auf, ohne freilich auch nur ein einziges Mal von Döllinger einer Entgegnung gewürdigt zu werden. Durch seinen Freund und Schüler John Acton und durch Berichte des bayerischen Gesandten beim Heiligen Stuhl erhielt Döllinger laufend hervorragende, wenn auch oft einseitige Informationen aus Rom. Acton teilte als Historiker die Bedenken Döllingers gegen das vorbereitete neue Dogma, fürchtete aber vor allem auch die Folgen für die freiheitliche Entwicklung im Katholizismus; ihm kam immer mehr die führende Rolle bei der Organisation der „Minorität" unter den Konzilsteilnehmern zu.

Döllinger konnte und wollte in einer Angelegenheit, die den Kern seines Kirchenverständnisses betraf, nicht aus kühler Distanz schreiben. „Das reiche Arsenal seiner kirchenhistorischen Kenntnisse beutete er mit einer polemischen Zuspitzung aus, die dem Konzil von vorneherein die Glaubwürdigkeit nahm. Man darf sagen, daß die römische Konzilspolitik mit ihren zahllosen Ungeschicklichkeiten, von den Temperamentsausbrüchen des Papstes bis hin zur Starrköpfigkeit seiner Gefolgsleute, seinen Widerspruch zu Recht herausforderte: die Wirkung seiner Artikel jedoch schätzte er falsch ein. Denn der Beifall kam von einer Seite, die die theologischen Beweggründe seiner Opposition nicht verstand und ihn nur wegen seiner Rominvektiven als Bundesgenossen akzeptierte. So geriet er in eine zunehmende Isolierung von den Bischöfen, auch von denjenigen, die wie Ketteler von Mainz auf dem Konzil sein Grundanliegen vertraten. Und weil er Konzilsjournalismus mit Konzilstheologie verwechselte, versagte er in seiner Aufgabe, den Bischöfen unangreifbares Material gegen die Unfehlbarkeitslehre zu liefern. Psychologisch hat er mit seinen Gegenspielern in Rom, die das Unfehlbarkeitsdogma des Papstes mit allen Mitteln durchpeitschen wollten, dieses gemeinsam, daß er sich von der Angst lähmen ließ und sich in eine Position verbohrte, die nur mehr die eigenen Phobien gelten ließ. Jene fürchteten ja, die Kirche könne untergehen, wenn man den bevorstehenden Verlust des Kirchenstaates nicht durch eine Aufwertung der Lehrautorität des Papstes kompensiere; er hingegen hatte Angst, das Papsttum könnte jede Eigenständigkeit kirchlichen Lebens aufsaugen und den römischen Zentralismus zu einem Monster-Roboter ausarten lassen." So hat Victor Conzemius[13] den unglücklichen, tragischen Kampf Döllingers um das Vatikanum knapp und treffend umrissen. Er weist darauf hin, daß die Konzilsstreitschrift *Janus,* die Döllinger 1869 knapp vor Beginn der Kirchenversammlung rasch hingeschrieben und in die Diskussion geworfen hat, aus einer großen kirchengeschichtlichen Synthese „Cathedra Petri" herausgerissen ist und ihren ursprünglichen Platz in diesem theologischen Lebenswerk Döllingers nie zurückfand, weil eben diese Synthese nie geschrieben wurde. „Sie sollte im ersten Hauptteil eine unparteiische Geschichte des Papsttums darstellen. Im zweiten Teil wollte Döllinger die Geschichte der kirchlichen Wiedervereinigungsversuche bringen. Aber auch im polemischen Torso des ‚Janus' ist die kirchliche Grundauffassung des Meisters unverkennbar, obwohl ein jüngerer Mitarbeiter, der Philosophieprofessor Johannes Huber, sich alle Mühe gegeben hatte, die Gedanken des großen Gelehrten zu verfälschen."[14]

Döllinger war von der Notwendigkeit einer Reform der Kirche seit den fünfziger Jahren in steigendem Maß überzeugt. Er steht hier in der langen Reihe geistesmächtiger Theologen seines Jahrhunderts. Das Erste Vatikanische Konzil war aber ganz vom Dogma geprägt und nicht vom Gedanken der grundlegenden Erneuerung. Absicht des Konzils war es, dem katholischen Leben in der Glaubensoffenbarung erneut einen Mittelpunkt zu geben und die kirchliche Gesetzgebung an die tiefgreifenden Veränderungen der letzten Jahrhunderte anzupassen. Durch die bekannten peinlichen Modalitäten in seiner Vorbereitung und Durchführung, die völlig im Sinne kurial-intransigenter Kreise geschah, nicht zuletzt durch das erschreckende persönliche Unvermögen Pius' IX., eines lebenslang kranken Mannes, dem es offensichtlich von Anfang an um die dogmatische Festlegung der Unfehlbarkeit ging, konnten diese Ziele nur in recht bescheidenem Maß erreicht werden. Durch das vatikanische Dogma sah Döllinger die alte Tradition der Kirche verletzt.

Nun brach in ihm auch die Enttäuschung, die Bitterkeit offen durch, die ihn bereits in den letzten Jahren an den Rand kirchlichen Empfindens gedrängt hatte. Was Döllinger bekämpfte, war im Grunde das Zerrbild eines übersteigerten Primates, wie es von den intransigentesten Papalisten in das Dogma hineingelegt wurde. In der bitteren Enttäuschung seines Herzens und in der heißen Leidenschaft seines Kampfes ging dem alten Mann die nötige Distanz ruhiger Betrachtung verloren. Er sah nicht mehr, daß keineswegs die extremsten Formeln in den Text des Dogmas eingingen, und er konnte auch nicht mehr sehen, daß die von ihm bekämpfte „Unfehlbarkeit" sich in der katholischen Kirche nicht durchgesetzt hat. Und so hat er nach dem Konzil es ausgesprochen und bis an sein Lebensende wiederholt: „Weder als Christ noch als Theologe, noch als Bürger kann ich die Lehre der Unfehlbarkeit annehmen." Als Christ betrachtete er das neue Dogma als unchristliche Papstvergötzung. Als Theologe forderte er vor allem gebührende Berücksichtigung des exegetischen und historischen Befundes. Als Staatsbürger wehrte er sich gegen das Schreckensgespenst eines päpstlichen Selbstherrschers mittelalterlichen

Machtanspruches. Seine Befürchtungen waren übertrieben. Sein Grundanliegen in dieser Sache, die organische Verbindung des Papstes mit dem Glaubenskörper der Kirche in der Ausübung der Unfehlbarkeit, hätte sich mit der rechten Auslegung des Dogmas vereinbaren lassen. Aber der Mangel lag nicht nur bei Döllinger. Das Konzil hatte sich eben unerfreulich abgespielt, der Papalismus hatte Triumphe gefeiert.[15]

Der vom Konzil zurückkehrende Münchener Erzbischof Gregor von Scherr, ehedem Abt von Metten, befand sich in einer heiklen Lage. Döllinger war einer der glänzendsten Professoren der Universität, infulierter Propst des Königlichen Hof- und Kollegiatstiftes Sankt Kajetan. Er genoß als Gelehrter Weltruf und zählte bereits über siebzig Jahre. Man kann nicht sagen, daß von Rom aus irgendwie zu raschem Vorgehen gedrängt worden wäre. Solches verbot schon die Rücksicht auf König Ludwig II. von Bayern, der seinen Propst und Hofkaplan zunächst nicht preisgab.

Eine erste erzbischöfliche Mahnung, an die theologische Fakultät gerichtet, ließ Döllinger unbeachtet. Auf ein persönliches Mahnschreiben des Erzbischofs antwortete er nach langer Überlegung am 29. Januar 1871. In dem Schreiben spiegelt sich sowohl das stolze Sichaufbäumen des selbstbewußten Gelehrten wie auch die ganze Gewissensnot des katholischen Priesters. Fast wie ein Ruf nach Erbarmen klingt die Bitte, eine längere Frist zur Überprüfung der eigenen Erkenntisse zu gewähren, das Flehen, „noch einstweilen Geduld mit dem alten Mann zu haben“. Der Erzbischof stellte eine letzte Frist zur Unterwerfung bis zum 15. März. Noch einmal bat Döllinger um eine Gnadenfrist von zwölf bis vierzehn Tagen. Am 28. März 1871, drei Tage vor Ablauf der allerletzten Fristverlängerung, bat er den Erzbischof, bei der nächsten Konferenz der deutschen Bischöfe wenigstens gehört zu werden; dort oder vor mehreren Münchener Domherren, in Gegenwart eines geschichtlich unterrichteten Staatsbeamten – hier klingt leise die alte appellatio tamquam ab abusu an – wolle er die Unhaltbarkeit des neuen Dogmas zu erweisen suchen. Und in einer an Luther erinnernden Haltung fügt er bei: „Werde ich mit Zeugnissen und Tatsachen überführt, so verpflichte ich mich hiermit, öffentlichen Widerruf zu leisten, alles, was ich über diese Sache geschrieben, zurückzunehmen und mich selber zu widerlegen.“ Gleichzeitig bot er aber dem Erzbischof auch an, in dessen Hirtenbrief über das Dogma eine lange Reihe von mißverstandenen, entstellten oder erdichteten Zeugnissen nachzuweisen. Er machte seine Absage dadurch gleichsam unwiderruflich, daß er seine Antwort an den Erzbischof und gleichzeitig an die Augsburger Allgemeine Zeitung zur Veröffentlichung sandte.

Am 17. April 1871 verhängte der Erzbischof von München und Freising über den zweiundsiebzigjährigen Professor und infulierten Stiftspropst die Excommunicatio maior. Als die kirchliche Zensur ausgesprochen war, fühlte sich „der erste unter den deutschen Theologen“ (Carl Joseph von Hefele, Bischof von Rottenburg) zutiefst verletzt, vor allem deshalb, weil er ja angeboten habe, sich belehren und widerlegen zu lassen. Sicherlich war ein solcher

Standpunkt bei dieser Entwicklung der Dinge unhaltbar. Er mutet geradezu naiv an. Ebenso sicher aber ist, daß man den großen alten Mann mit mehr Rücksicht, mit größerem theologischen und menschlichen Verständnis seiner Nöte hätte behandeln müssen. Das kurzfristige Drängen des Erzbischofs verrät Nervosität und Ungeschicklichkeit in diesem außerordentlichen Fall.

Wie sehr sich Döllinger der Kirche innerlich verbunden fühlte, geht deutlich daraus hervor, daß er zeitlebens alle Versuche, ihn zum Übertritt in die altkatholische Kirche zu bewegen, ablehnte: man dürfe nicht Altar gegen Altar stellen. Trotz zeitweiliger Schwankungen, auch wenn er gelegentlich in altkatholischen Verzeichnissen geführt wurde und dies geschehen ließ, betrachtete er sich bis ans Lebensende als Glied der katholischen Kirche, dem man schwer Unrecht getan und das man isoliert habe. Deshalb beachtete er auch für sich persönlich alle Folgen der Exkommunikation und enthielt sich, obwohl ihm der Titel eines Stifspropstes von Sankt Kajetan auf Anordnung König Ludwigs II. bis zum Tod verblieb, aller geistlichen Funktionen.[16]

IV. Der späte Döllinger

Mit der Exkommunikation beginnt der dritte und letzte Abschnitt im öffentlichen Leben Döllingers. Die schwere Zensur bedeutete für ihn nicht nur die Einstellung der priesterlichen Funktionen und den Verlust des Kirchenamtes, das er als Stiftspropst von Sankt Kajetan bekleidet hatte, sondern auch Verlust des Lehramtes in der theologischen Fakultät. Die Fakultät geriet durch das Verhalten ihres angesehensten Mitgliedes in schwerste Bedrängnis. Mehrere Bischöfe, an der Spitze der eifernde Senestrey von Regensburg, verboten ihren Priesterstudenten das Studium in München. Auf Jahrzehnte trat in der theologischen Fakultät, wie fast überall in der katholischen Theologie nach dem Ersten Vatikanum, Stagnation oder doch äußerste Zurückhaltung ein. Die kirchengeschichtliche Forschung auf katholischer Seite erhielt durch die Katastrophe ihres hervorragendsten Vertreters in ganz Deutschland einen schweren Rückschlag. Erst gegen Ende des Jahrhunderts brach die nicht wirklich ausgetragene Diskussion über den alten Glauben in der neuen Zeit, über Glauben und Wissen, wieder mit aller Leidenschaft in der Kirche und vornehmlich in der Theologie auf, und noch einmal wurde Kirchhofstille erzwungen.

Der greise Döllinger trug die Folgen des großen Bannes zwei Jahrzehnte äußerlich gelassen. Dennoch hat er schwer darunter gelitten. Aber zu einem Widerruf gegen seine wissenschaftliche Überzeugung konnte er sich nicht verstehen. Das sacrificium intellectus betrachtete er nicht als Akt demütigen Gehorsams, sondern als Charakterlosigkeit: Er wolle nicht mit einem Meineid vor seinen Herrgott treten.

Die letzten zwei Jahrzehnte im Leben Döllingers sind überschattet von mancherlei Bitterkeiten. Seine Vorträge und Werke dieser Periode atmen vielfach den Geist herber Kritik, die deutliche Abwendung von ehemaligen Idealen.

Seine Haltung gegen die römisch-katholische Kirche, die ihn aus ihrer sichtbaren Gemeinschaft ausgestoßen hatte, nimmt zuweilen feindselige Züge an, und in seinen Ratschlägen für Bismarck im Kulturkampf geht er auch direkt gegen den ihm fremden, neuen Geist in dieser Kirche an.

Bis zuletzt blieb Döllinger rastlos tätig. Aber mit dem jähen Stillstand seiner akademischen Lehrtätigkeit in der theologischen Fakultät blieb auch vielen theologischen Forschungsplänen die Ausführung versagt. Was noch erschien – 1889 eine *Geschichte der Moralstreitigkeiten in der römisch-katholischen Kirche,* 1890 *Beiträge zur Sektengeschichte des Mittelalters* –, war nur noch ein Teil der ursprünglichen Pläne, und für beide Werke kam das Hauptverdienst zur Publikation dem ebenfalls exkommunizierten Bonner Exegeten F. Heinrich Reusch zu. Die Schaffenskraft des Greises blieb ungebrochen. Aber Döllinger ging nun theologischen Fragen lieber aus dem Weg. Er wandte sich stärker der allgemeinen Welt- und Geistesgeschichte zu.

Seine *Akademischen Vorträge,* in drei Bänden auch gedruckt (1888–1891), hielt er teils als Mitglied und Vorstand der Königlichen Bayerischen Akademie der Wissenschaften, teils als Rektor der Universität. Zu den Festsitzungen der Akademie pflegte sich, neben den Mitgliedern der Akademie, eine nach Geschlecht, Rang und Bildung sehr verschiedene Gesellschaft einzufinden. Die Vorträge weisen Döllinger als glänzenden Essayisten aus. Die Themen sind aus der Universalgeschichte gewählt: „Die Bedeutung der Dynastien in der Weltgeschichte", „Das Haus Wittelsbach und seine Bedeutung in der deutschen Geschichte", „Die Beziehungen der Stadt Rom zu Deutschland im Mittelalter", „Dante als Prophet", „Deutschlands Kampf mit dem Papsttum unter Kaiser Ludwig dem Bayer", „Aventin und seine Zeit", „Einfluß der griechischen Literatur und Kultur auf die abendländische Welt im Mittelalter", „Die Juden in Europa", „Über Spaniens politische und geistige Entwicklung", „Die Politik Ludwigs XIV.", „Die einflußreichste Frau der französischen Geschichte" (Madame de Maintenon) und andere. Er trug keine Scheu, in manchen Vorträgen öffentlich seine polemischen Äußerungen früherer Zeiten zu berichtigen, so in der Judenfrage und im Urteil über die Reformatoren. Das Publikum strömte in hellen Scharen herbei, zeigte sich interessiert und begeistert, aber den in fast fünf Jahrzehnten gewohnten studentischen Hörsaal konnte es dem Redner schwerlich ersetzen. Keine der glänzenden Würden, nicht das Rektorat der Universität und nicht die Präsidentschaft der Bayerischen Akademie der Wissenschaften, nicht das ungebrochene Vertrauen des Königs noch die Würde eines Reichsrates der Krone Bayerns konnten die tiefe Verwundung des alten Mannes heilen.

Bis zum Tod blieb Döllinger grundsätzlich zur Versöhnung bereit. Viel beschäftigte ihn gerade jetzt wieder der Gedanke der Annäherung und Wiedervereinigung der getrennten christlichen Kirchen, sein großes Anliegen, das Fernziel all seiner Reformforderungen seit den fünfziger Jahren. Der Verständigung sollten die Unionskonferenzen in Bonn dienen, zu denen er 1874 und 1875 Orthodoxe, Protestanten und Anglikaner einlud. Viel Erfolg hatten sie nicht, da die römisch-katholische Kirche sich völlig verschloß, die deutschen Protestanten geringe Lust zeigten und die anwesenden Anglikaner ihre Kirche nicht repräsentieren konnten. Trotzdem bleibt dieser erste Versuch eines internationalen Gesprächs der christlichen Kirchen in der Neuzeit bemerkenswert.

Döllinger hat nach seiner Exkommunikation niemandem geraten, die katholische Kirche zu verlassen, Ratsuchende vielmehr aufgefordert, in der Kirche zu bleiben. Er wollte keine neue Kirchenbildung, sondern Reform der alten Kirche. Am 19. September 1871 schrieb er an seinen Freund Acton: „Damit die falsche Lehre in der Kirche nicht herrschend werden oder doch später wieder ausgestoßen werden könne, muß es eine Anzahl von Menschen geben, welche sie laut und offen fort und fort verwerfen und bestreiten, die sich aber nicht selber von der Kirche trennen. Das ist es, was wir wollen – dazu gehört ein gewisser modus vivendi, und diesen zu finden ist jetzt die Aufgabe."[17]

Es wurden noch verschiedene Versuche unternommen, Döllinger mit der Kirche auszusöhnen, von seiten der Münchener Kirchenleitung, schmerzlich getroffener Freunde, zuletzt noch von Papst Leo XIII. über den Nuntius in München. Eine Versöhnung kam nicht mehr zustande. Auch der vorgesehene Besuch Kardinal Newmans in München – auf der Rückreise von Rom, wo er von Leo XIII. den roten Hut und damit seine äußere Rehabilitierung empfangen hatte – kam nicht zur Ausführung.

Döllinger war nicht der Verstandesmensch, als den die Polemik vergangener Jahrzehnte ihn geschmäht hat. Man sah den hageren, leicht gebeugten Greis bisweilen in der Dämmerung noch die Frauenkirche oder auch die Kirche des heiligen Kajetan betreten, seine Stiftskirche, und ihn – fast versteckt hinter dem letzten Pfeiler – lange im Gebet versunken knien.

In der Geistesgeschichte der deutschen Katholiken seines Jahrhunderts ist Döllinger von einer Bedeutung gewesen, wie sie nur wenigen anderen zukommt. Wenn man die Dauer seiner Wirksamkeit zum Maßstab nimmt, ist er eine einzig dastehende Erscheinung. Zwei volle Menschenalter hindurch hat er das Wort und die Feder geführt, und ebensolange horchte die katholische Welt auf ihn, weit über Deutschland hinaus, von Verehrung oder Trauer bewegt.

Unter dem geistlichen Beistand seines Schülers Johannes Friedrich, des früher katholischen, nunmehr altkatholischen Priesters, schied Döllinger am 10. Januar 1890 friedlich von dieser Welt. Auf dem alten Südfriedhof zu München, nur wenige Schritte von Johann Adam Möhlers Grab entfernt, fand er seine letzte Ruhestätte.

V. Döllinger-Forschung und Wirkungsgeschichte

Die Wende in Döllingers Leben und die Krise seiner Theologie im Gefolge des Ersten Vatikanischen Konzils haben in der katholischen Kirche bis zur Mitte des 20. Jahrhunderts weitgehend eine gerechte Würdigung seiner Verdienste um Kirche und Theologie verwehrt. Dahinter stand die Ängstlichkeit, positive Seiten an einem der bedeutendsten, nun scharf verurteilten Theologen aufzuzeigen, und das starke Nachwirken des neuscholastischen Theologiebetriebs vom vorigen Jahrhundert her. Eine Döllinger-Biographie, die den Anforderungen objektiver Geschichtsschreibung entsprechen würde, ist bis heute nicht geschrieben.

Das beste und umfassendste Werk verfaßte Döllingers Schüler Johannes Friedrich (1899–1901). Doch stand er, wie die anderen frühen Biographen – der altkatholische Theologe Franz Heinrich Reusch und der Jesuit Emil Michael – den leidenschaftlichen Kämpfen noch zu nahe, um stets unbefangen urteilen zu können. Wesentliche Erhellungen des einseitig negativen katholischen Döllingerbildes bot schon Heinrich Schrörs mit seiner Ausgabe von *Ignaz Döllingers Briefen an eine junge Freundin* (1914), vor allem Stefan Lösch in seiner umfangreichen Dokumentation und Untersuchung *Döllinger und Frankreich* (1955). Dieses Werk gewährte Einblick in die geistige Weite einer katholischen Elite des vorigen Jahrhunderts – vor dem stickigen Klima um den „Syllabus" Pius' IX. und im Umkreis des Konzils, vor der neuen, schweren Verschärfung in der kirchlichen Bekämpfung des „Reformkatholizismus" und „Modernismus" seit Ausgang des 19. Jahrhunderts. Zudem brachte Lösch die bis dahin umfassendste Döllinger-Bibliographie. Einfühlsam ist das menschliche und geistige Bild Döllingers gezeichnet, das Fritz Vigener in seinem letzten Werk *Drei Gestalten aus dem modernen Katholizismus* (1926) herausgebracht hat; er bietet hier, neben zwei Essays über Johann Adam Möhler und Melchior von Diepenbrock, eine Kurzbiographie Döllingers, die leider unvollendet bleiben mußte. Eine Reihe neuerer Arbeiten ließ die kirchenpolitische und theologische Entwicklung Döllingers genauer erstehen, unter erheblicher Korrektur überkommener Urteile und Vorurteile. Großes Verdienst gebührt hier vor allem den Editionen und Untersuchungen von Victor Conzemius, namentlich seiner Herausgabe des aufschlußreichen Briefwechsels Döllingers mit seinem Schüler und Freund Lord Acton (1963–1982). Den Stand der Döllinger-Forschung und das daraus resultierende Döllinger-Bild brachte Georg Schwaiger in dem Beitrag *Ignaz von Döllinger* (Katholische Theologen Deutschlands im 19. Jahrhundert, III, 1975), zuletzt Victor Conzemius in seinem Döllinger-Artikel der Theologischen Realenzyklopädie (1982).

Einen wesentlichen Anstoß zum besseren Verständnis der Anliegen Döllingers, zur gerechteren Beurteilung seiner Tätigkeit seit den frühen sechziger Jahren, gab die neuere Forschung zum Pontifikat Pius' IX. und zum Ersten Vatikanum, beginnend mit dem gelehrten Werk des Löwener Kirchenhistorikers Roger Aubert *Le pontificat de Pie IX* (1952, ^{2}1963). Die wichtigsten Arbeiten haben dazu vorgelegt Giacomo Martina[18], Klaus Schatz[19], Gabriel Adriányi[20] und – ungeachtet der bekannten methodischen Mängel – August Bernhard Hasler[21].

Dazu wurde Döllinger seit den fünfziger Jahren, vor allem seit dem Aufbruch im Umkreis des Zweiten Vatikanums, Gegenstand einer eigenen, primär historisch ausgerichteten Forschung. Darin wurde die verbreitete Einengung auf die letzten zwanzig Jahre seines langen Lebens endgültig durchbrochen und wurden auch die synthetisch-theologischen Ansätze Döllingers entdeckt. Es ergab sich, daß der Historiker Döllinger auf dem philosophisch-systematischen Auge keineswegs so blind gewesen ist, wie dies in der älteren Literatur ausgebreitet worden war.

Vorwiegend unter systematischem Aspekt stehen die Studie Jakob Speigls *Traditionslehre und Traditionsbeweis in der historischen Theologie Ignaz Döllingers* (1964) und vor allem die gewichtige Untersuchung Johann Finsterhölzls über *Die Kirche in der Theologie Ignaz von Döllingers bis zum ersten Vatikanum* (1975). Die neueren ökumenischen Bemühungen ließen schließlich Döllingers intensive Anstrengungen auf eine Wiedervereinigung der getrennten christlichen Kirchen hin neu entdecken, auch seine Entwicklung von der Polemik der dreißiger und vierziger Jahre zum redlichen Dialog. Diese Bemühung zeichnet Peter Neuner mit großer Sachkenntnis in *Döllinger als Theologe der Ökumene* (1979). Den Gegenstand der leidenschaftlichsten Kämpfe um das Erste Vatikanum, die päpstliche Unfehlbarkeit, untersucht Wolfgang Klausnitzer in einem historisch-systematischen Vergleich zweier großer Zeitgenossen der Ereignisse: *Päpstliche Unfehlbarkeit bei Newman und Döllinger* (1980). Angesichts der gewichtigen Forschungsergebnisse der letzten drei Jahrzehnte haben sich nur vereinzelt noch Stimmen aus dem Geist älterer Polemik erhoben. Die meisten der Anliegen Döllingers, denen in der katholischen Kirche seines Jahrhunderts kein Erfolg beschieden war, erscheinen unbestritten als drängende Aufgaben des Christentums und aller christlichen Kirchen in der Gegenwart.

Heinrich Fries

JOHN HENRY NEWMAN

(1801–1890)

„John Henry Newman war Ungezählten ein Bringer des geistigen Lebens, ein geistlicher Führer, Vater und Freund. Er hat die ewigen Wahrheiten im Transparent der Schönheit dargestellt."

Mit diesen Worten würdigte Cardinal Edward Manning Gestalt und Werk John Henry Newmans anläßlich der Gedächtnisfeier seines Todes am 11. August 1890. Diese Worte sind umso bemerkenswerter, als zwischen beiden Männern ein sehr gespanntes Verhältnis bestand, als Manning Newman, seinen Ideen und Bestrebungen mißtrauisch gegenüberstand und deren Verwirklichung zu verhindern wußte. Newman war ihm zu „liberal". Und *Liberalismus* war einer der schlimmsten Vorwürfe, der einen Katholiken und einen katholischen Theologen in der Kirche des 19. Jahrhunderts, vor allem unter den Päpsten Gregor XVI. und Pius IX. treffen konnte. Der Vorwurf war identisch mit dem kirchlicher Illoyalität und mangelnder Rechtgläubigkeit.

Dieser Vorwurf nimmt sich umso seltsamer aus, als Newman selbst im Liberalismus, nicht als politischem, sondern als religiösem und theologischem Prinzip, den eigentlichen Antipoden seines Lebens und Denkens sah. Newman hat diesen Liberalismus so charakterisiert: „Uns gilt nur jener Glaube als menschenwürdig, der im Zweifel begann, nur jene Untersuchung als philosophisch, die keine Urprinzipien annimmt, nur jene Religion als vernünftig, die wir uns selbst geschaffen haben."

Newman sah im Liberalismus „die Religion des Tages", das heißt, die zu seiner Zeit herrschende Mentalität. Im Liberalismus flossen gleichsam die Strömungen zusammen, die seit Beginn der Neuzeit maßgebend waren und im 19. Jahrhundert bestimmend wurden: Deismus und Aufklärung (Herbert von Cherbury), englischer Empirismus und Skeptizismus (J. Locke und D. Hume), Rationalismus und Moralismus (Toland und Collins) – aber auch der für die Religionsbestimmung als Sache des Gefühls wichtig gewordene romantische Ästhetizismus von Shaftesbury.

Der religiöse und theologische Liberalismus drang auch in die anglikanische Staatskirche ein, zumal in der von Coleridge gegründeten, durch Whateley, Kingsley, Robertson und Carlyle geförderten „Broad Church Party". Newman nennt sie eine Kirche von gentlemen für gentlemen. Als Gegenbewegung entstand der *Methodismus* der Gebrüder Wesley als dem Pietismus verwandte Erweckungsbewegung, zuerst außerhalb, dann innerhalb der Staatskirche. Sie wurde im Anglikanismus wirksam in der sog. „Low Church". Sie vertrat ein biblisch fundiertes, gemäßigt calvinisch orientiertes, praktisches Christentum, das besonders auf religiösen Eifer, ernste Heiligung des Lebens und weltentsagende Frömmigkeit Wert legte. Die Führer dieser evangelikalen Bewegung, Thomas Scott und Josef Milner, waren für Newmans religiöse und theologische Entwicklung von besonderer Bedeutung.

Die katholische Kirche in England befand sich zur Zeit Newmans zunächst in einer unbedeutenden Minderheit. Sie bestand vor allem aus irischen Einwanderern („Dienstmädchenreligion"). Erst dem irischen Politiker O'Connell gelang es 1829, die Katholikenemanzipation in England durchzusetzen und gesetzlich zu verankern. Die katholische Kirche Englands besaß bis zur Mitte des 19. Jahrhunderts keine eigene Hierarchie. Sie wurde als Missionskirche behandelt und der römischen Kongregation pro propaganda fide unterstellt.

I. Leben

1. Die anglikanische Zeit John Henry Newmans

Über das Leben Newmans sind wir bis in die Einzelheiten unterrichtet. Die Quellen dafür sind Newmans Autobiographie in seiner wohl bekanntesten Schrift *Apologia pro vita sua,* ferner seine Tagebücher und Briefe, die in ihrem auf dreißig Bände berechneten Umfang erst in den letzten Jahren erschlossen wurden und das bisherige Bild durch viele Details bereicherten.

John Henry Newman wurde am 21. Februar 1801 in London geboren. Sein Vater, ein Londoner Bankier, war in religiösen Fragen liberal. Seine Mutter Jemina Fourdrinier entstammte einer Hugenottenfamilie, die aus Frankreich vertrieben worden war. Sie führte ihren Sohn in die sog. Bibelreligion ein. Diese bestand nicht in Riten und Bekenntnissen, sondern hauptsächlich darin, daß die Bibel in der Kirche, in der Familie und privat gelesen wird. Newmans Eltern betrachteten sich als Glieder der Kirche von England und wurden vom Evangelikanismus der Low Church nicht berührt. Newman besuchte die Privatschule in Ealing, die dem Modell von Eton verwandt war. Der Direktor dieser Schule pflegte zu sagen, kein Schüler habe seine Anstalt so rasch und so glänzend durchlaufen wie John Henry Newman.

Im Alter von 15 Jahren trat in Newmans Leben ein Ereignis ein, das er immer als entscheidenden und bleibenden Wendepunkt seines Lebens ansah und das er als eine *„erste Bekehrung"* bezeichnete. „Bis zum 15. Lebensjahr hatte ich keine religiösen Überzeugungen, ich wollte gern tugendhaft sein, aber nicht fromm. Im Herbst 1816 ging in meinem Denken eine große Änderung vor sich. Ich kam unter den Einfluß eines bestimmten Glaubensbekenntnisses, und mein Geist nahm dogmatische Eindrücke in sich auf, die durch Gottes Güte nie mehr ausgelöscht und getrübt wurden." Diese Bekehrung, die ihm sicherer war, als „daß er Hände und Füße habe", war eine eminent religiöse Bekehrung. Sie sprach sich für ihn in dem Gedanken aus, „daß es zwei und nur zwei Wesen gebe, die absolut und von einleuchtender Selbstverständlichkeit sind: Ich selbst und mein Schöpfer.“ (Ap 31)[1]

In den Jahren seines Studiums im Trinity-College in Oxford, da Newman anfänglich, vor allem durch den Einfluß von Watheley, dem Liberalismus zuneigte, wurde diese Grundentscheidung vertieft und erweitert. Dies geschah durch seine Hinwendung zu der „Kirche der Väter“, d. h. der Kirche der ersten christlichen Jahrhunderte. Dazu kam die Erkenntnis von der Bedeutung der Analogie zwischen den verschiedenen Werken Gottes: Schöpfung und Erlösung, eine Erkenntnis, die Newman dem anglikanischen Theologen Joseph Butler verdankte zusammen mit der These, daß Wahrscheinlichkeit die Führerin durchs Leben sei, daß Wachstum das einzige Zeichen des Lebens bilde, ferner die Erkenntnis von der Bedeutung von Tradition und apostolischer Sukzession und schließlich von der Kirche als einer vom Staat unabhängigen Realität. Dies alles verband sich mit der Überzeugung, daß der Papst zu Rom der in der Bibel angesagte Antichrist sei.

1821 hatte sich Newman endgültig für den Beruf eines anglikanischen Geistlichen entschlossen. 1824 wurde er Diakon, 1825 Priester der anglikanischen Kirche. Nach kurzer Tätigkeit in der Seelsorge wurde er 1826 Tutor, d. h. akademischer Lehrer und Erzieher am Oriel-College in Oxford, 1828 Vikar in St. Mary in Oxford, die zugleich Universitätskirche war.

In dieser neuen Stellung kamen seine religiöse Auffassung und seine seelsorgerische Mission noch entschiedener und klarer zum Ausdruck. Das berühmteste und glänzende Zeugnis dessen sind seine Predigten in St. Mary *(Plain and parochial Sermons; University Sermons).* Diese Predigten machten Newman in kurzer Zeit zu einem der bekanntesten und einflußreichsten Persönlichkeiten in Oxford und weit darüber hinaus. Daneben erweiterte und vertiefte er seine theologisch-wissenschaftliche Arbeit. Das 1828 systematisch begonnene und durchgeführte Studium der Kirchenväter, vor allem der Ostkirche, führte ihn zur Erkenntnis, daß die Kirche der Väter die „klassische“ Zeit der Kirche darstellt und deshalb Maßstab und Orientierung, Norm und Gericht für die Kirche aller Zeiten ist. Die anglikanische Kirche kann sich nach Newman rühmen, in der Kontinuität mit dieser Kirche zu stehen. Die literarische Frucht dieser Studien ist Newmans erstes Buch *Die Arianer des vierten Jahrhunderts,* ein Werk, von dem Ignaz Döllinger sagte, es sei für kommende Generationen ein Musterbeispiel für Untersuchungen dieser Art.

Zu dem lebendigen und leuchtenden Bild der Kirche der Väter stand jedoch die gegenwärtige anglikanische Kirche als Kirche des Kompromisses zwischen Protestantismus und katholischer Tradition, zwischen Staatskirche und spiritueller Gemeinschaft in unübersehbarem schmerzlichem Gegensatz. Sie war der Erneuerung aus den Kräften des Ursprungs bedürftig, sie war dessen aber auch durchaus fähig.

Nach der Vollendung seines Werkes über die Arianer machte Newman 1832 mit seinem katholisierenden Freund Hurrell Froude eine Mittelmeerreise. Dabei hatte er Gelegenheit, den römischen Katholizismus in unmittelbarer Anschauung kennen zu lernen. Seine Gefühle darüber waren sehr gemischt. Die Ablehnung überwog bei weitem die Bewunderung. Gerade in Rom bestärkte sich seine Auffassung von der Wahrheit und Rechtmäßigkeit der anglikanischen Kirche – gegenüber der bis auf den Grund verderbten Kirche Roms: „Das katholische System ist zum Weinen verdorben" – „o daß Rom nicht Rom wäre." In Sizilien fiel Newman in eine schwere Krankheit. Dabei hatte er das sichere Gefühl, daß er nicht sterben werde, denn, so war er überzeugt, „Gott hat noch ein Werk für mich". Dieses Werk war die Bemühung um die Erneuerung der anglikanischen Kirche.

2. *Die Oxfordbewegung*

Diese Erneuerung ist an den Namen Oxfordbewegung von 1833 geknüpft. Sie beginnt nach Newmans Worten mit der Predigt von John Keble über „die nationale Apostasie", d. h. den Abfall des Landes vom Glauben. Der äußere Anlaß dieser Predigt war der Beschluß des englischen Parlaments, eine Anzahl von Bistümern in Irland aufzuheben. Darin sah man einen unbefugten Eingriff des Staates in Angelegenheiten der Kirche. Die Oxfordbewegung forderte die Unabhängigkeit der Kirche als einer Gemeinschaft, die ihre Autorität nicht vom Staat und vom Parlament, sondern von den Aposteln herleitet.

Darüber hinaus bekannte sich die Oxfordbewegung zu klaren Prinzipien: zu dem gegen den religiösen Liberalismus gerichteten dogmatischen Prinzip, zu einem Glauben mit Inhalten, mit konkreten Wahrheiten und Lehren. Das zweite war das sakramentale Prinzip: Es gibt eine sichtbare Kirche mit Sakramenten und Riten, „welche die Kanäle der unsichtbaren Gnade sind". Das dritte Prinzip war die Überzeugung, daß das Bischofsamt zur Wesensstruktur der Kirche gehört: „Mein Bischof war mein Papst; einen anderen kannte ich nicht; er war der Nachfolger der Apostel und Stellvertreter Christi." Dazu kommt das „antirömische Prinzip" – der Protest gegen die römische Kirche (Ap 67f.).

Diese Grundgedanken der Oxfordbewegung, zu der neben Keble und Newman vor allem E. Pusey und H. Froude zu zählen sind, wurde in vielen Predigten und Schriften, besonders in den *Tracts for the times* (Zeitgemäße Broschüren) – daher stammt der Name Traktarianismus als Bezeichnung der Oxfordbewegung – weiteren Kreisen bekannt gemacht. Die meisten und eindrucksvollsten von ihnen haben Newman zum Verfasser. Die theologische Begründung lieferte Newman in seinem umfangreichen Werk *Das Prophetenamt in der Kirche in seiner Beziehung zum Romanismus und zum populären Protestantismus*. Es stellte die Oxfordbewegung als via media zwischen den genannten Extremen dar. Damit war die theologische Meinung verbunden, die eine sichtbare Kirche hätte sich in drei Zweige geteilt, den griechischen, den römischen und den anglikanischen (Branch-Theorie); die anglikanische Kirche habe die größte Kraft der Integration, um die Wahrheit der anderen Zweige zu bewahren.

1839 hatte Newmans Stellung, wie er selbst sagt, in der anglikanischen Kirche ihren Höhepunkt erreicht. In Wort und Schrift hatte er sich, der Oxfordbewegung und ihren theologischen Prinzipien Einfluß und Geltung verschafft. So sehr er die Katholizität der anglikanischen Kirche in Lehre und Struktur betonte und zum Bewußtsein brachte, um die anglikanische Kirche vor dem Liberalismus und dem Protestantismus zu retten, so eindeutig sprach er sich gegen die Kirche Roms aus. Damit wollte er den Vermutungen und Verdächtigungen entgegentreten, die damals schon verbreitet wurden, die via media führe, wenn sie ihren Prinzipien treu bleibe, nach Rom.

3. Beginn einer Krise

Gerade auf diesem Höhepunkt befielen Newman selbst die ersten Zweifel und Beunruhigungen über die anglikanische Kirche und die sie tragende via media. Die für Newmans kirchliche Stellung und theologische Haltung maßgebliche These, daß die *Kirche des Altertums* die Grundlage der anglikanischen Kirche sei, ja in ihr – und eigentlich in ihr allein – repräsentiert werde, wurde durch dogmengeschichtliche Studien zum erstenmal erschüttert. Newman befaßte sich mit den theologischen Kontroversen des 5. Jahrhunderts, die im Konzil von Chalkedon 451 ihre Antwort fanden. „In der Mitte des 5. Jahrhunderts fand ich das Christentum des 16. und 19. Jahrhunderts abgespiegelt. Ich sah mein Gesicht in diesem Spiegel und war Monophysit", d. h. ein Vertreter der falschen Lehre, daß Christus nur eine, die göttliche Natur besaß (Ap 118f.). Newman fand, daß die Haltung der römischen Kirche – vertreten durch Papst Leo I. – damals die gleiche war wie zur Zeit des Konzils von Trient oder in der Zeit Newmans selbst. „Ich fand die östliche Kirche unter der Oberaufsicht (so kann ich es nennen) des Papstes Leo. Ich fand, daß er die Väter des Konzils dazu brachte, ihr Dekret zu widerrufen und ein anderes anzunehmen, so daß wir es (menschlich gesprochen) heute Papst Leo zu verdanken haben, daß die katholische Kirche im Besitz der wahren Lehre ist" (GW I 377f.).[2]

Eine ähnliche Situation glaubte Newman zu erkennen in den Kontroversen um das Konzil von Nicaea, auf dem Fragen der Christologie behandelt und entschieden wurden: „Ich sah klar, daß in der Geschichte des Arianismus die reinen Arianer die Stelle der Protestanten, die Semiarianer die der Anglikaner einnehmen und daß Rom jetzt noch dasselbe war wie damals. Die Wahrheit lag also nicht in der via media, sondern in dem, was man damals die extreme Partei nannte" (Ap 140).

Es geht hier nicht darum, darüber zu befinden, ob Newmans Sicht der Tatsachen und Ereignisse zutrifft, sondern zu sagen, was Newman bewegte und motivierte.

Diese Erkenntnis wurde noch vertieft durch ein Wort von Augustinus, dessen Bedeutung Newman in dieser Situation aufgegangen war: *securus iudicat orbis terrarum* (Das Urteil des ganzen Erdkreises kann nicht falsch sein) – gemeint ist, daß das Urteil, „in dem schließlich die ganze Kirche zusammen-

John Henry Newman (1801–1890)

stimmt und sich beruhigt, ein unfehlbares Gebot und einen endgültigen Schiedsspruch gegen solche Teile darstellt, die sich auflehnen und abfallen" (Ap 120). Newman war der Meinung, daß durch diese Tatsachen das Altertum gegen sich selbst sprach, d. h. gegen das Prinzip des Altertums. Denn bei strittigen Fragen berief sich die Kirche des Altertums ihrerseits nicht wieder auf das Altertum, sondern auf das maßgebliche Urteil der Gesamtkirche. „Diese großen Worte des alten Kirchenvaters lösten die Theorie der via media vollständig in Staub auf" (Ap 121).

Der Grund, warum Newman trotzdem in der anglikanischen Kirche verblieb und erklärte, daß es weder Recht noch Pflicht gebe, sie zu verlassen, war die Tatsache, daß diese Kirche bei allen Mängeln das Merkmal der Heiligkeit besitzt – in ihr erblickte er den Prüfstein für die wahre Kirche – und daß die Kirche Roms durch Mißstände, Entartungen und Entstellungen – Newman spricht sogar von „Abgötterei" – disqualifiziert sei.

Die weitere – theologische und kirchliche – Entwicklung Newmans wurde durch äußere Ereignisse bestimmt, zunächst durch den Protest der Universität Oxford und fast aller Bischöfe Englands gegen den von Newman verfaßten *Trakt 90: Bemerkungen über bestimmte Stellen der 39 Artikel*. Hier versuchte Newman einen Kommentar zu den sog. 39 Artikeln des Prayer Book, dem offiziellen Glaubensbekenntnis der anglikanischen Kirche, zu geben. Auf historische Unterlagen gestützt, glaubte er nachweisen zu können, daß diese Artikel, die vor dem Abschluß des Konzils von Trient abgefaßt wurden, eine katholische Deutung nicht nur zulassen, sondern fordern, daß die übliche antikatholische Deutung politische Hintergründe hatte, erst viel später einsetzte und deshalb nicht legitim und authentisch sei. Das Ziel der Untersuchung war indes, unter Zurückweisung der römischen „Deformationen" die Katholizität der anglikanischen Kirche zu erweisen, das Verbleiben in ihr mit den besten Gründen zu stützen, um Anglikaner vom Weg nach Rom abzuhalten.

Aber die stürmische, empörte und einhellige Ablehnung dieses Traktats durch das offizielle Oxford und durch den Episkopat ließ Newman zu der Erkenntnis kommen: „Ich sah klar ein, daß mein Platz in der Bewegung verloren war; das öffentliche Vertrauen war dahin, meine Tätigkeit war zu Ende" (Ap 99).

Die weiteren Schritte auf Newmans Weg sind eine Konsequenz dieser Ereignisse: 1843 gibt er sein geistliches Amt auf und verzichtet auf die Pfarrei St. Mary in Oxford und die Filiale in Littlemore, einen Vorort, an den sich Newman oft zurückgezogen hatte. Seine letzte Amtshandlung ist die bewegende Predigt in Littlemore *Der Abschied von den Freunden*.

4. Der entscheidende Schritt

Newman gehörte seit 1843 als Laie der anglikanischen Kirche an. Er trug sich eine Zeit lang mit dem Gedanken, Ingenieur zu werden. Die theologischen Reflexionen gingen indes weiter und nahmen eindeutige Akzentuierungen an:

„Ich verzweifle so sehr an der Kirche von England und werde so augenscheinlich von ihr abgeschüttelt, und andererseits zieht es mich so sehr zur Kirche von Rom, daß ich es als Ehrensache, für sicherer halte, meine Pfründe nicht zu behalten“ (GW I 358).

1843 widerrief Newman seine Vorwürfe gegen die römische Kirche. Er hatte erkannt, daß es in Fragen der Frömmigkeit und ihrer Formen, besonders der Heiligenverehrung, in der römischen Kirche einen weiten Raum von Toleranz und Freiheit gebe, daß andererseits die recht verstandene Verehrung der Heiligen der ihm teueren Grunderfahrung „Ich selbst und mein Schöpfer“ keinen Eintrag tue, sondern diese sowohl bezeugen wie auch verbürgen kann.

Die entscheidende Klarheit und Sicherheit gewann Newman durch eine umfassende Untersuchung, den *Essay über die Entwicklung der christlichen Lehre,* die ihn in Littlemore seit Beginn des Jahres 1845 beschäftigte. Er erkannte, daß Geschichte und geschichtliche Entwicklung zum Wesen der in Jesus Christus kulminierenden Offenbarung gehören. Newman sieht in der Inkarnation, der Menschwerdung Gottes, das Prinzip des Christentums als einer Tatsache und einer Idee. Die Idee wird sich im Lauf der Zeit „entfalten in eine Menge von Ideen und Aspekten von Ideen, die miteinander verknüpft und unter sich harmonisch sind, bestimmt in sich und unveränderlich, wie es die objektive Tatsache selbst ist, die so repräsentiert wird“.

Um in dieser Untersuchung sicher zu gehen, erhebt Newman sieben Kriterien für eine echte Entwicklung im Unterschied zu Korruptionen. Es sind folgende: Treue zur ursprünglichen Idee, – die Kontinuität der Prinzipien, – die Kraft, Ideen von außen zu assimilieren, – die frühe Vorwegnahme der späteren Lehre, – eine durch die Untersuchung der Entwicklungen erkennbare logische Folgerichtigkeit, – die Bewahrung der frühen Lehre, – die ungebrochene Fortdauer kraftvollen Lebens. Newman wendet diese Kriterien für eine Analyse der Geschichte an, erprobt sie und erkennt im Fortgang der Untersuchung, daß die in der römisch-katholischen Kirche früher als Deformation und Zusatz charakterisierten Erscheinungen nicht illegitime Korruptionen, sondern echte Entwicklungen eines Ursprünglichen darstellen und gerade darin Identität und Kontinuität mit dem Ursprung verbürgen.

Mit dieser Konzeption widerspricht Newman dem einseitig, isoliert und extrem aufgefaßten „Sola scriptura“-Prinzip sowie dem von ihm selbst lange Zeit festgehaltenen klassizistischen Kirchenbegriff, demzufolge die Kirche der ersten Jahrhunderte das normative Modell der geschichtlichen Gestalt der Kirche überhaupt sei. Der eigentliche Maßstab für die Wahrheit und Kontinuität des christlichen Glaubens und der christlichen Lehre ist nicht eine künstlich destillierte oder präparierte reine Wahrheit, sondern die konkrete Geschichte der Kirche insgesamt und die darin Tatsache gewordene Entwicklung als Entfaltung des Ursprungs in die Vielfalt seiner Dimensionen und Perspektiven: als Einführung in die volle und ganze Wahrheit. Damit wird nicht bestritten, daß dem Ursprung eine normative und auch traditionskritische Bedeutung zukommt. Aber der Ursprung bedarf der Zeit und der Geschichte, um sich auszuzeitigen. Der Ursprung ist keine abschließende Grenze, sondern eröffnendes Prinzip. Wohl steigt – das ist Newmans Bild – der Fluß nicht höher als die Quelle. Aber was die Quelle in sich hat, wird erst im Fluß erkennbar.

Das Buch über die Entwicklung der christlichen Lehre ist nicht ganz vollendet worden. Newman brach seine Untersuchung ab, als er erkannte, daß die Kirche Roms die Kriterien einer legitimen Entwicklung habe und eben dadurch die Kirche des Ursprungs, der Kontinuität und Katholizität sei.

Aus seiner Erkenntnis zog er die praktische Konsequenz: Am 8. Oktober 1845 trat Newman in die katholische Kirche ein.

Dieser Schritt war kein Bruch mit allem Bisherigen, sondern eine echte Entwicklung. In den Prinzipien seines Glaubens und Denkens, in den Fundamenten seines Seins vollzog sich keine wesentliche Umstellung, sondern eine konkrete Verwirklichung. Deshalb wird heute zu Recht gesagt, Newman ist nicht dadurch zu charakterisieren, daß er der „größte Konvertit seines Jahrhunderts" war, er ist vielmehr eine exemplarische ökumenische Gestalt. Er wird als solcher heute von Anglikanern und Katholiken verehrt.

5. Die katholische Periode

Newman hatte genug Geschichte und Gegenwart der römisch-katholischen Kirche auch und gerade in England kennengelernt, als daß er sich falschen oder allzu hochgespannten Erwartungen hätte hingeben können. Er erkannte in seinem als Sensation empfundenen Überschritt einen Ruf des Gewissens, und er war bereit, die neue Realität anzunehmen. „Wir müssen ins neue System einsteigen", hatte er seinen Freunden gesagt, die mit ihm den gleichen Weg gegangen waren. Nach einem kurzen Aufenthalt in Oscott bei Birmingham ging Newman 1846 nach Rom und studierte katholische Theologie an der päpstlichen Universität Gregoriana. Dort begegnete er dem wichtigsten und einflußreichsten Vertreter der römischen Schule, P. Perrone. Dieser versuchte, Newmans theologische Ideen, vor allem die der Glaubensbegründung sowie die Geschichte und Entwicklung der christlichen Lehre zu verstehen, und Newman war bemüht, seine theologische Position mit der dort gepflegten Schultheologie in Einklang zu bringen.

Auf der Suche nach einem Ort und einer Lebensform in der katholischen Kirche entschied sich Newman mit seinen Freunden für das sog. *Oratorium des Philipp Neri,* eine Gemeinschaft von Weltpriestern, die die normale Seelsorge ausüben, die ohne Gelübde zusammenlebten, in keiner anderen Weise gebunden als durch die Liebe (Dessain 179).[3]

Papst Pius IX. ermächtigte Newman, nachdem dieser 1847 zum katholischen Priester geweiht war, zusammen mit seinen katholisch gewordenen Freunden Oratorien in England zu errichten. Newman gründete ein Oratorium in London, ein anderes in Birmingham, dem er selbst angehörte.

Newman widmete sich zunächst der Seelsorge. Nach wie vor waren ihm Predigt und Verkündigung die Hauptsache. Ihr Ertrag liegt vor in den *Dis-*

courses to mixed congregations. Ihnen schlossen sich später die in London vor einem großen Publikum gehaltenen Vorträge an: *Certain difficulties felt by Anglicans.* Dabei ging es Newman um den Abbau von Mißverständnissen und um den Nachweis, daß sein Weg von Oxford nach Rom die Folge einer konsequenten Geschichte, also ein Akt der Redlichkeit gewesen sei.

Als die Errichtung einer selbständigen kirchlichen Hierarchie – ein Ereignis, von dem Newman zunächst abgeraten hatte: „wir brauchen Theologen, keine Bischöfe" (Dessain 190), und das Cardinal Wiseman höchst herausfordernd angekündigt hatte – in England einen Sturm des antirömischen Protestes auslöste – man sprach von einer päpstlichen Aggression –, erhob er wiederum seine Stimme in den *Vorträgen über die gegenwärtige Lage der Katholiken in England,* Reden voller Humor und Ironie, wie sie weder zuvor noch nachher bei ihm zu finden sind.

Newmans Biograph W. Ward hat zur Charakterisierung der anglikanischen und der katholischen Periode Newmans eine zutreffende Bemerkung gemacht: Als Anglikaner in Oxford fürchtete Newman, das Christentum werde durch die Woge des rationalistischen Liberalismus weggeschwemmt, der die Sicht auf die tiefen Wahrheiten verlor, die in der christlichen Tradition enthalten sind und von der Offenbarung abgeleitet werden. In späteren Jahren war Newmans Furcht genau entgegengesetzter Art. Er spürte die Gefahr, daß theologische Enge ein ebenso gefährlicher Gegner für das Christentum sei, weil sie eine Allianz zwischen Orthodoxie und Obskurantismus zur Erscheinung bringt.

Deshalb ist der Newman der katholischen Periode charakterisiert durch den Mut, sich der Welt, der Welt des Geistes, der Bildung und der Wissenschaft zu öffnen, eine Verbindung von Glauben und Wissen, von Vernunft und Religion, von Kirche, Kultur und Bildung anzustreben. Dadurch sollte die die Geschichte der Neuzeit bestimmende Kluft überwunden, dadurch sollte eine umfassende Katholizität angestrebt werden.

Aber gerade dies war vielen Katholiken in England verdächtig, vor allem denen, die Newmans Weg mitgegangen waren, ja dem sie ihre Entscheidung verdankten, allen voran Edward Manning. Aus diesem Grund wurde Newman nachgesagt, er sei ein liberaler Katholik. Dem fügte Monsignore Talbot hinzu, er sei „der gefährlichste Mann in England".

6. Universität in Dublin

Zunächst schien sich für Newman und seine Konzeption eine schöne Verwirklichung anzubieten. Er wurde beauftragt, eine katholische Universität in Dublin zu gründen, und er sollte nach dem Willen von Papst Pius IX. ihr erster Rektor werden. Diese Universität war vor allem und zunächst für katholische Studenten gedacht. Diese konnten zwar seit 1846 an den interkonfessionellen Colleges in Galway und Cork studieren, aber der Erzbischof von Dublin-Armagh, Cullen, plädierte für eine katholische Universität.

Newman hatte eine klare Vorstellung von diesem Auftrag. Sie hat ihren bedeutsamen Niederschlag gefunden in dem Werk *The Idea of a University,* ebenso in *Discourses on the Nature and Scope of University Education.* Newman schwebte eine Art Oxford in Irland vor. „Die Universität" so sagte er, „ist weder ein Kloster noch ein Seminar, sondern eine Stätte, an der Menschen aus der Welt für die Welt befähigt und ausgerüstet werden. Wir können die Menschen, wenn ihre Zeit kommt, unmöglich daran hindern, in die Welt hinauszugehen und Anschauungen oder Lebensgewohnheiten kennen zu lernen, die von den ihrigen weit verschieden sind; aber wir können ihnen im voraus das nötige Rüstzeug mitgeben, um den unvermeidbaren Konfrontationen standzuhalten. Man kann nicht im unruhigen Wasser schwimmen lernen, wenn man sich nie hineinwagt" (Idea of a University 232).

Diese Auffassung stand von Anfang im Gegensatz zu den Auffassungen, die Erzbischof Cullen hatte. Ihm schwebte eine Art abgeschlossenes Seminar für die katholische studierende Jugend unter geistlicher Leitung und Kontrolle vor. Der Bischof wollte sich persönlich die Ernennung der Professoren vorbehalten; der dafür entscheidende Maßstab sollte nicht die wissenschaftliche Qualität, sondern die kirchliche Gesinnung sein. Newman machte es sich zum Grundsatz, Laien zu Professoren zu berufen, soweit es sich nicht um Theologie handelte. So entstand von Anfang an ein gespanntes Verhältnis zwischen Newman und Erzbischof Cullen. Trotzdem konnte Newman im November 1854 die Universität eröffnen mit einer „erstklassigen Professorenschaft und einer Handvoll Studenten" (Dessain 200).

Newman baute die Universität systematisch auf, gab ihr durch seine Vorträge ein Profil, das bis heute nicht überholt ist und schuf für sie eine Verfassung. Die medizinische und die naturwissenschaftliche Fakultät wurden bald berühmt; außerdem erbaute er eine Universitätskirche und Studentenheime.

Aber die Spannungen zwischen dem Bischof und dem Rektor wurden immer größer. Das zeigte sich vor allem bei Berufungen. Die Kandidaten, die Newman vorschlug, wurden entweder abgelehnt oder mit solchem Mißtrauen betrachtet, daß sie bald von selbst ihr Amt niederlegten. „Ich komme nicht mehr zum Handeln", klagte Newman, „wenn ich den Erzbischof anfrage, so erhalte ich keine Antwort, und frage ich ihn nicht, so errege ich sein Mißfallen. Was ist zu tun?"

Bei dieser Lage der Dinge war das Ende dieser Unternehmung – Newman nannte es mein „Campaign in Irland" – abzusehen. Dazu kam, daß sich die Erwartung nicht erfüllte, daß katholische Amerikaner und Engländer diese Universität wählen würden – sie blieb eine rein irische Angelegenheit. Newman kehrte 1858 nach Birmingham zurück. Die Universität existierte noch bis 1882; dann wurde sie mit der Royal University of Ireland vereinigt.

7. Nicht verstanden

Newman gründete daraufhin in Birmingham die sog. Oratoriumschule, die zugleich mit der religiösen Erziehung katholischer Jungen eine ebenso gute Bildung ermöglichen sollte, wie sie an den Public Schools geboten wurde. Newman widmete sich dem Unterricht der klassischen Sprachen. Er fühlte sich jedoch von der großen Wirksamkeit abgeschnitten und zur Nutzlosigkeit verurteilt, er fühlte sich zusehends mehr unter einer Wolke der Verdächtigung und des Mißtrauens. Sein Biograph W. Ward beschreibt diese Zeit als „sad days" – als trübe Tage (I, 568–614). Newman sagt darüber: „Es ist mir, als hätte ich meine Tage vergeudet, seit ich Katholik bin. Was ich als Protestant schrieb, hatte viel größere Kraft, Gewalt, Bedeutung und Erfolg, als meine katholischen Werke, und das beunruhigt mich sehr."

Dazu trugen noch einige Ereignisse bei: Die Bischöfe Englands beauftragten ihn mit der englischen Übersetzung der Bibel, verloren aber bald das Interesse an diesem Projekt und schwiegen sich aus. Newmans vorbereitende Arbeit war umsonst getan. In der Zeitschrift „The Rambler" veröffentlichte Newman eine Abhandlung *Über die Befragung (über das Zeugnis) der Laien in Sachen der kirchlichen Lehre,* über den Glaubenssinn des Volkes Gottes als Element der Tradition. Dieses Thema wurde durch das Zweite Vatikanum voll rezipiert. Damals löste es unter den Bischöfen und in römischen Kreisen große Aufregung aus. Es diente zum Anlaß, Newman der Häresie zu beschuldigen.

Über den Syllabus von Pius IX. (1864) zeigte sich Newman betroffen und bestürzt: „Die Ratgeber des Heiligen Vaters sind anscheinend entschlossen, unsere Lage in England so schwierig als nur immer möglich zu halten. Ich sehe diesen Erfolg der Enzyklika, einen andern zu sehen bin ich nicht imstande. Wenn zu all dem noch Inhalt und Form derselben beispiellos sind, so weiß ich nicht, wie wir über ihre Veröffentlichung erfreut sein können" (AW X 32). Newmans Stellung zum Kirchenstaat, den er als geschichtliches Produkt ansah, das für das Papsttum selbst keineswegs notwendig sei und also auch wieder untergehen könne, brachte ihm den Vorwurf ein, er habe für Garibaldi – gegen den Papst – Partei ergriffen.

In den 60er Jahren bemächtigte sich Newman ein Gefühl großer Niedergeschlagenheit. Er fühlte sich mißverstanden und verkannt. „Ich bin Vergangenheit, im Verfall" (AW IX 338). Man erwartete von seinem Wirken möglichst viele und dazu glänzende Konvertiten zur katholischen Kirche, und Newman erwiderte: Nicht Konvertiten sind mir die Hauptsache, sondern die Auferbauung und Erneuerung der Kirche (Ebd. 339). „Die Kirche muß ebenso für die Konvertiten vorbereitet werden wie Konvertiten für die Kirche. Wie kann man das in Rom verstehen?"

Newman war keineswegs der Auffassung der englischen Bischöfe, daß die Katholiken vor allem „Ruhe brauchten", ihm ging es um die Verlebendigung der Kirche, um die Weckung ihrer dynamischen Potenzen. „Ich möchte gern den Versuch machen, zu den großen Fragen des Unglaubens Stellung zu nehmen, aber die Propaganda (die römische Kongregation) und der Episkopat, die selbst nichts tun, betrachten jeden, der es versucht, mit dem größten Mißtrauen" (AW IX 340).

Newman war überzeugt, daß er für die kommende Generation arbeite und daß die Zukunft ihm und seinem Werk Recht geben werde: Wenn ich einmal nicht mehr bin, wird man vielleicht erkennen, daß mich andere daran hinderten, ein Werk zu tun, das ich möglicherweise hätte vollbringen können. Aber die Folge für die Gegenwart ist: „Wer zur unrechten Zeit etwas versucht, was in sich richtig ist, kann leicht zum Häretiker oder Schismatiker werden. Es ist entmutigend, nicht im Gleichklang mit seiner Zeit zu sein und darum in allem, was man tut, Zurechtweisung und Behinderung zu erfahren."

8. Apologia pro vita sua

Die Lage veränderte sich schlagartig, als zu Beginn des Jahres 1864 der bekannte Schriftsteller Charles Kingsley Newman öffentlich der Unaufrichtigkeit beschuldigte. „Wahrheit um ihrer selbst willen war niemals eine Tugend des römischen Klerus. Father Newman belehrt uns, das brauche auch nicht der Fall zu sein."

Newman antwortete darauf in einer öffentlichen, brillant geführten Kontroverse, der nach einer weiteren Schrift von Kingsley „What then does Dr. Newman mean?" die *Apologia pro vita sua, die Geschichte meiner religiösen Überzeugungen* folgte. Diese Schrift verfaßte Newman in sieben Wochen. Unter Ausbreitung eines umfangreichen Materials und in einem glänzenden Stil legte er den Weg seiner geistigen und religiösen Entwicklung offen. „Ich empfinde es als meine Pflicht, mir selbst, der katholischen Sache und der katholischen Priesterschaft gegenüber, ohne Verzögerung Rechenschaft über mich abzulegen, nachdem ich so rüde und unüberhörbar der Unehrlichkeit geziehen worden bin. Ich muß, so sagte ich mir, den wahren Schlüssel zu meinem Leben liefern, ich muß zeigen, wer ich bin, damit man sieht, wer ich nicht bin, so daß das Phantom verschwindet, das da statt meiner umhergeht. Ich will nicht meine Ankläger, sondern meine Richter, das heißt, das englische Volk, überzeugen." (Ap 26)

Die Apologie, inzwischen eines der berühmtesten Bücher der Weltliteratur, war für Newman ein ungeheurer Erfolg. Der Jahre lang Verkannte war in weiten Kreisen, nicht nur bei Katholiken, voll rehabilitiert. Die Sache, die er vertrat, hatte eine glänzende Darstellung und Rechtfertigung gefunden. Newmans Größe und Bedeutung, seine Verdienste um die Sache der katholischen Kirche, seine Integrität wurde weit über die Grenzen Englands hinaus anerkannt. Männer wie Manning waren allerdings von der Apologie wenig angetan, sie hielten ihre Reserve aufrecht und gaben sie deutlich zu verstehen. Der spätere Erzbischof Vaugham schrieb über das Buch: „Darin sind Ansichten enthalten, die ich verabscheue und die mich mit Schmerz und Argwohn erfüllen" (Dessain 231). Und Manning meinte, die Apologie sei das Werk eines katholischen Minimisten; eine ihrer Wirkungen könne nur darin bestehen, die Anglikaner da zu lassen, wo sie sind (E. Purcell, Life of Cardinal Manning II, 206).

Dieses Mißtrauen zeigte sich bald darauf darin, daß ein neuer Plan Newmans, in Oxford ein Oratorium zu errichten und damit zugleich eine Begegnungsstätte für die dort studierenden Katholiken zu schaffen, vereitelt wurde. Die Mehrzahl englischer Bischöfe unter Mannings Führung mißbilligte, ja verbot grundsätzlich, daß Katholiken in Oxford studieren. Außerdem fürchteten sie, Newman könne in Oxford ein neuer Anziehungspunkt werden. In diesem Zusammenhang sagte Newman von den Bischöfen: „Sie verbieten nur, geben aber keine Führung." Zu den Befürchtungen der Bischöfe meinte er: „Alle Orte sind gefährlich. Die Welt ist gefährlich. Ich glaube nicht, daß Oxford gefährlicher ist als die Armee. Man kann junge Menschen nicht im Glaskasten halten" (AW X 80).

9. Das Erste Vatikanum

Als der Plan für das Erste Vatikanische Konzil sich abzeichnete, wurde Newman als Konsultor eingeladen. Er lehnte ab, mit der Begründung, er sei kein Theologe – er meinte, Theologe im fachspezifischen Sinn. Newman war in hohem Maße beunruhigt durch die leidenschaftlichen Kontroversen am Vorabend des Konzils angesichts der zu erwartenden Dogmatisierung des Jurisdiktionsprimats des Papstes, der mit der Lehre von der Unfehlbarkeit seines außerordentlichen Lehramts, einer Entscheidung ex cathedra, verbunden sein sollte. Manning vertrat eine äußerst extreme Position, derzufolge der Primat uneingeschränkt und unbegrenzt auszulegen sei, derzufolge so gut wie alle offiziellen Äußerungen des Papstes unfehlbar seien. Newman sprach im Blick darauf von einer „gewalttätigen, anmaßenden Partei" und teilte seine tiefe Sorge in einem vertraulichen, aber schließlich in der Presse veröffentlichten Brief seinem Bischof Ullathorne mit. „Das eigentliche Amt eines Konzils ist, den Gläubigen Hoffnung und Vertrauen einzuflößen, wenn eine große Häresie oder andere Übel drohen. Diesmal aber haben wir die größte aller Versammlungen in Rom, und sie flößt uns durch die zuständigen römischen Organe kaum anderes als Furcht und Schrecken ein. Keine drohende Gefahr ist abzuwenden, sondern eine große Schwierigkeit soll geschaffen werden; ist das die geziemende Aufgabe für ein allgemeines Konzil? Was haben wir verschuldet, um behandelt zu werden, wie die Gläubigen zuvor nie behandelt wurden? Wann ist eine Lehrentscheidung de fide jemals Schwelgerei in Ergebenheit und nicht eine ernste, bittere Notwendigkeit gewesen?" (AW X 180f.)

Newman sah die in Aussicht genommene Definition als inopportun an und befürchtete einen großen Schaden für alle Bestrebungen, die der Einheit der Christen dienen, er befürchtete einen neu aufbrechenden antirömischen Affekt. Er selbst hielt den Primat und die Unfehlbarkeit des Papstes nicht für ein Dogma, sondern für eine theologische Meinung.

Die schließlich doch, nicht zuletzt durch das Drängen von Papst Pius IX. selbst verabschiedete Definition über den Primat des Papstes und über die Unfehlbarkeit seiner ex-cathedra-Entscheidungen hatte bei aller Einseitigkeit die Erwartungen der extremen Partei, vor allem Mannings, nicht erfüllt. Auf dem Konzil hatte sich eine Art „via media" durchgesetzt – zwischen „Papalismus" und „Gallikanismus".

So wurde es möglich, daß Newman die Beschlüsse des Konzils auch nach außen hin vertreten konnte. Er fühlte sich in der Rolle eines Anwalts, der sich loyal einem Gerichtsurteil unterwirft, auch wenn er zuvor eine Sache vertreten hatte, die das Gericht gegen ihn entschied (AW X 193).

Eine Stellungnahme Newmans schien umso dringlicher, als der frühere englische Premierminister Gladstone in einer Schrift über die Tragweite der vatikanischen Dekrete die Frage stellte, wie der Gehorsam der Katholiken gegen den Papst sich mit bürgerlicher Loyalität und Treue vereinbaren lasse. Gladstone interpretierte die Konzilsbeschlüsse nach der extremen Auffassung, die Manning gab.

Newman antwortete darauf in überzeugender Weise in dem *Brief an den Herzog von Norfolk anläßlich der jüngsten Vorwürfe von Mr. Gladstone*. Der Herzog von Norfolk war der führende katholische Laie Englands und mit Newman befreundet. In seiner Schrift wies Newman zunächst darauf hin, daß die Katholiken es zum großen Teil sich selbst und sonst niemand zuzuschreiben haben, wenn sie einen so religiös gesinnten Mann wie Gladstone sich entfremdet haben. Man muß zugeben: „Unter uns sind Leute, die sich seit Jahren so verhielten, als ob mit ungestümen Worten und anmaßenden Handlungen keine Verantwortung verbunden sei, welche Wahrheiten in der paradoxesten Form äußern und Grundsätze lehren, bis sie zu zerspringen drohen, die schließlich, nachdem sie ihr Bestes getan haben, um das eigene Haus in Brand zu stecken, es andern überlassen, das Feuer zu löschen." Dann verwies Newman darauf, daß die Unfehlbarkeit des päpstlichen Lehramtes von der Unfehlbarkeit der Kirche her zu verstehen sei, daß die vatikanische Definition der Unfehlbarkeit eine klare Selbstbegrenzung nach Inhalt und Form ausspreche. „Ein Papst ist nicht unfehlbar in seinen Gesetzen, noch in seinen Befehlen, noch in seinen Staatshandlungen, noch in seiner Verwaltung, noch in seiner öffentlichen Politik. Was haben Exkommunikation und Interdikt mit Unfehlbarkeit zu tun?" Newman führt eine Fülle von historischen Beispielen an, bei denen die Päpste nicht unfehlbar, sondern falsch entschieden hätten, er erklärt, daß Gehorsam niemals ein absoluter Wert sein kann, daß der Papst in dem Bereich, wo das Gewissen die höchste Autorität ist, nicht unfehlbar ist, daß der Gehorsam gegen das Gewissen – das Echo der Stimme Gottes im Menschen – die oberste Norm sittlichen und christlichen Verhaltens sei. „Spräche der Papst gegen das Gewissen, so würde er sein eigenes Fundament untergraben und beginge geistigen Selbstmord. Seine eigentliche Sendung besteht darin, das Sittengesetz zu verkünden und jenes Licht zu stützen und zu stärken, das jeden Menschen erleuchtet, der in diese Welt kommt." Bekannt ist das Wort:

„Wenn ich genötigt wäre, bei den Trinksprüchen nach dem Essen ein Hoch auf die Religion auszubringen, was freilich nicht ganz das Richtige zu sein scheint, dann würde ich trinken – freilich auf den Papst, jedoch zuerst auf das Gewissen und dann auf den Papst" (Pol. Schriften 161–171).[5]

Darüber hinaus sprach Newman wiederholt die Hoffnung aus, daß ein späteres Konzil das Erste Vatikanum ergänzen würde vor allem dahingehend, daß der Papst die Grenzen seiner Gewalt bestimmen werde, ein Problem, das im ökumenischen Gespräch der Gegenwart von höchster Bedeutung ist.

Es verdient – wirkungsgeschichtlich gesehen – festgehalten zu werden, daß Gladstone von Newmans Darlegungen äußerst beeindruckt war, daß es andererseits Stimmen in Rom gab, denen auch diese hervorragende Apologie des Ersten Vatikanums nicht genügte, die Newman zu einer öffentlichen Korrektur veranlassen wollten. Dies haben die Bischöfe Englands – Manning eingeschlossen – verhindert.

10. Grammatik der Zustimmung

Einige Jahre zuvor hatte Newman sein theologisches Hauptwerk abgeschlossen: Den *Essay in aid of a grammar of assent.* Unter diesem vorsichtigen und formalen Titel verbirgt sich das Problem, das Newman seit seiner Oxforder Zeit immer wieder beschäftigt hatte: Das Problem des Glaubens und seiner Begründung, des Glaubens an Gott und seine Offenbarung.

Newmans Überlegung beruht auf der Grunddifferenz von real und begrifflich und auf der Unterscheidung von Zustimmung und Folgerung. Glaube ist reale Zustimmung. Newman entwickelt den Begriff einer realen und natürlichen Folgerung, die nicht von Begriffen ausgehend zu begrifflicher Folgerung gelangt, sondern die von Realitäten ausgeht, eine „Logik der Tatsachen" feststellt, diese in Zusammenhänge bringt, Konvergenzen herstellt und zu Urteilen und Entscheidungen kommt, die eine andere, aber keine geringere Zustimmung erbringt als die mathematische oder die logische Folgerung, als die dialektische und diskursive Vernunft. Dieser natürliche Folgerungssinn, der mit Intuition und gleichsam mit einem „rationalen Instinkt" verglichen werden kann, ruht in der Mitte der Person selbst. Newman verweist darauf, daß wir in den praktischen und entscheidenden Fragen unseres Lebens so vorgehen, und er nennt als Beispiele die Diagnose des Arztes, die Urteilsfindung des Richters, die Feldherrnkunst Napoleons. Wenn wir, so meint Newman, warten wollten, bis wir für unser Handeln und unsere Entscheidungen einen logisch evidenten Beweis haben, so würden wir nie zum Handeln kommen: „Life is for action."

Diese Grunderfahrung wendet Newman auch für den Bereich des Glaubens an Gott und seine Selbsterschließung in der Offenbarung an. Der Glaube ist kein Schluß aus evidenten Prämissen, keine Folgerung auf Grund strikter Beweise, sondern ein spezifischer Akt, der sich auf Realität bezieht, er ist reale Zustimmung.

Das Organ des Glaubens ist nach Newman das *Gewissen* in seiner informativen und normierenden wie in seiner richterlichen und sanktionierenden Funktion. Im Gewissen erfaßt der Mensch Gott als unbedingte, absolute, personale, den Menschen in Anspruch nehmende Realität. Das Gewissen fungiert ferner als „natürlicher" Folgerungssinn in Sachen des Glaubens und der Religion. Es sammelt die verschiedenen Motive der Glaubwürdigkeit des Glaubens: aus dem Gewissen selbst, aus dem Lauf der Welt, aus der Erfahrung der Geschichte und der Menschheit und führt sie zu einer Konvergenz, die eine reale Zustimmung im Sinn des Glaubens und der ihm innewohnenden Gewißheit gewährt, die den Glauben verantwortbar macht, obwohl er als Option des ganzen Menschen immer noch mehr ist als die Summe der Konvergenzgründe und ihrer Probabilität. Ähnlich verfährt Newman bei der Begründung der christlichen Offenbarung. Ohne Gewissen bleiben nach Newman alle Argumente religiös unfruchtbar. „Wäre es nicht die Stimme, die so deutlich in meinem Herzen spricht, ich würde bei der Betrachtung der Welt zum Atheisten, Pantheisten oder Polytheisten" (Ap 217).

Die Frage des Verhältnisses von Glaube und Vernunft, von Glaube und Theologie wird so gesehen: „Gott wird als Wirklichkeit angeeignet durch die religiöse Imaginationskraft, als Wahrheit festgehalten durch den theologischen Intellekt. Nicht als ob hier eine Demarkationslinie oder Feuermauer zwischen den beiden Weisen der Zustimmung wäre, der theologischen und der religiösen. Wie der Intellekt allen gemeinsam ist ebenso wie die Einbildungskraft, so ist jeder Mensch bis zu einem Grade ein Theologe, und keine Theologie kann anfangen oder gedeihen ohne die einleitende und bleibende Kraft und Gegenwart der Religion" (Grammar 98).

Die letzten Lebensjahre Newmans standen, so könnte man sagen, im Zeichen der Verklärung. 1877 wurde er in einer großen Feierlichkeit zum Ehrenfellow des Trinity-College in Oxford ernannt. Der auf Pius IX. folgende Papst Leo XIII. ernannte Newman 1879 zum Cardinal. Er nannte ihn in besonderer Weise „meinen Cardinal" und betonte: „Es war nicht leicht. Er sei zu liberal, sagte man, aber ich war entschlossen, die Kirche zu ehren, indem ich Newman ehre" (Dessain 286). Newman selbst interpretierte dieses Ereignis so: „Haec mutatio dexterae Excelsi. All das Gerede, das über mich ergangen, ich sei nur ein halber Katholik, ein liberaler Katholik, verdächtig, nicht vertrauenswürdig, ist nun zu Ende" (AW X 314).

Die Wolke war für immer verschwunden. Als Wappenspruch wählte er das ihn und sein Werk charakterisierende Wort: Cor ad cor loquitur: Das Herz spricht zum Herzen.

Als er am 11. August 1890 starb, traf der Tod einen fast Neunzigjährigen. Als Grabspruch hatte er bestimmt: Ex umbris et imaginibus in veritatem: Aus Schatten und Bildern zur Wahrheit.

II. Das Werk

Newmans Werk – das ist er selbst, seine Person, sein Lebensweg, die Welt seiner Erfahrungen und Begegnungen, die Zeit und die Situation, die ihn forderte und herausforderte.

Newmans Werk ist weithin autobiographisch. Es ist niedergelegt in Tagebüchern und in einer riesigen Korrespondenz. Sie gibt einen tiefen Einblick in sein Denken und Wollen, in die Aufgaben, die ihn bewegt, in die Sorgen, die ihn bedrängt haben. Und es zeigt, daß Newman kein wissenschaftlicher Gelehrter im fachspezifischen Sinn war, der ausschließlich seiner Forschung lebte, sondern ein Mann der Praxis, der auf die Forderung des Tages zu antworten suchte.

Newmans Werk war sein Wirken im Raum der Kirche, der anglikanischen und katholischen Kirche. Sein Name ist verknüpft mit der Oxfordbewegung als einer Bewegung der Erneuerung der anglikanischen Kirche im Sinn einer Befreiung aus den Fesseln der Staatskirchlichkeit, des religiösen Liberalismus und der Besinnung auf ihre Ursprünge, auf ihre wahre Tradition und Sendung. Sein Werk war die Befreiung der katholischen Kirche aus dem Stadium der in England damals üblichen Geringschätzung, ja Verächtlichkeit in die öffentliche Anerkennung.

Sein Werk war der allerdings zu seinen Lebzeiten nicht voll gelungene Versuch, die katholische Kirche aus ihrem vielfältig bedingten und strukturierten Getto zu befreien, die Katholizität im umfassenden Sinn, auch im Sinn der kritischen und schöpferischen Zuwendung zur Welt zu verwirklichen und bei Ablehnung eines religiösen und theologischen Liberalismus die Kirche als einen Ort der im Gewissen gründenden Freiheit zu verstehen.

Newmans Werk war vor allem die Bemühung, die Zuordnung von Religion und Vernunft, Wissen und Glaube, Kirche, Kultur und Bildung zu verdeutlichen und immer neue Formen ihrer Verwirklichung zu suchen. Er selbst war die überzeugendste Repräsentation einer solchen Zuordnung und Vermittlung: Christ, Katholik, Gentleman.

Newmans Werk war schließlich die Erweckung des Laien in der Kirche und die Erkenntnis ihrer Bedeutung für die Bewahrung und Verlebendigung des Glaubens.

Newmans Werk war die Erweckung einer religiösen und christlichen Spiritualität, die, überzeugt von der intensiven und immerwährenden Realität der Gegenwart Gottes, das ganze Leben in das Licht der im Glauben erfahrenen und im Gebet artikulierten Wirklichkeit Gottes stellt.

Das literarische Werk Newmans ist außerordentlich reich und vielfältig. Es ist nicht als System angelegt, es ist erwachsen aus der gegebenen Situation. So die zwölf Bände seiner *Predigten,* die *Tracts for the Times,* die im Zusammenhang damit stehenden Abhandlungen und Vorträge, vor allem in der Zeit als Rektor der Universität Dublin, die *Apologia,* die *Antwort auf Puseys „Eirenikon",* das

Sendschreiben an den Herzog von Norfolk, um nur die bekanntesten zu nennen. Sie alle sind gleichsam „Tracts for the times". Sie spiegeln die Formen der Begegnung wider, Kontroverse und Polemik nicht ausgeschlossen.

Auf dem Gebiet der alten Kirchengeschichte hat sich Newman als gründlicher Kenner und selbständiger Forscher erwiesen, vor allem im Bereich der christologischen und trinitarischen Auseinandersetzungen im vierten und fünften Jahrhundert.

Als systematische Werke Newmans sind anzusehen: Die *Abhandlung über das prophetische Amt in der Kirche,* die *Vorlesungen über die Rechtfertigung,* der *Essay über die Entwicklung der christlichen Lehre* – sein Schicksalsbuch – die *Schrift über die Idee einer Universität,* die *Grammar of assent.*

Newman hat sich auch als Schriftsteller versucht, so in dem Roman *Loss and Gain* (Verlust und Gewinn) – die literarische Einkleidung seines eigenen Weges – *Kallista,* eine Erzählung aus dem dritten Jahrhundert, *der Traum des Gerontius,* eine Dichtung über Sterben und Tod, die von Elgar als Oratorium vertont wurde. Nicht zu vergessen sind Newmans *Meditations and Devotions* (Betrachtungen und Gebete).

III. Bedeutung

Was Newman für die Kirche in England bedeutet, die anglikanische und katholische, wurde bereits gesagt. Hier geht es darum, Newmans Bedeutung für die *Theologie* darzulegen.

Im voraus ist zu sagen, daß Newman, auch was diese Frage betrifft, ein typischer Engländer ist in dem Sinn, daß er die philosophischen und theologischen Bewegungen des Kontinents im bewegten neunzehnten Jahrhundert – man denke an Kant, Hegel, Marx, Nietzsche, Kierkegaard, Dostojewski – nur von Ferne kennt, aber davon nicht allzusehr berührt und betroffen ist. Er macht vielmehr die Tradition des englischen Denkens in Philosophie und Theologie lebendig und gibt ihr eine eigene, persönliche Gestalt. Er spricht einmal davon, daß „Egotismus" die wahre Bescheidenheit sei, daß er vor allem von seinen eigenen Erfahrungen bestimmt und motiviert werde, von denen er aber überzeugt ist, daß sie kommunikabel sind, sonst wäre sein großer Einfluß nicht zu erklären. Von hier aus läßt sich einiges zur Bedeutung Newmans für die Theologie sagen.

Obwohl Newman kein Systematiker war, so trägt seine Theologie doch unverkennbare, für Newman charakteristische Züge, die in einem lebendigen inneren Zusammenhang stehen.

Newman hat die Theologie als Glaubenswissenschaft um ein entscheidendes Element bereichert. Im Unterschied zu der in der damaligen katholischen Theologie überwiegend dominierenden Begriffstheologie, die von obersten Prinzipien und Wahrheiten ausgehend auf deduktivem Weg, auf dem Weg der logischen Ableitungen und Folgerung, zu neuen Wahrheiten und Erkenntnissen zu gelangen und sie zur Anwendung in der Praxis, in der Wirklichkeit zu bringen sucht (Konklusionstheologie), geht Newman induktiv vor. Er kennt und analysiert den Unterschied zwischen begrifflichem und realem Denken, er geht vom einzelnen der Tatsachen, der Geschichte, der Erfahrung, der Realität und der Person aus und sucht dadurch auch theologische Einsichten zu gewinnen durch die sog. „Konvergenzmethode“, die er im Bild von einem Kabel mit vielen Drähten im Unterschied zur Tragfähigkeit einer Eisenstange illustriert. Durch die Logik der Erfahrung und den ihr zugeordneten natürlichen Folgerungssinn gelangt der Mensch zu jener Gewißheit, die für die lebenswichtigen Entscheidungen überhaupt, aber auch und gerade für die Entscheidung in religiösen Fragen, in Fragen des Glaubens ebenso notwendig wie ausreichend ist.

Damit hängt zusammen: Das Wesen der christlichen Offenbarung, der der Glaube zugeordnet ist, besteht nach Newman zuerst und vor allem in Tatsachen, Ereignissen, Personen. Das Wesen des Christentums ist – kurz gesagt – die Person und die einzigartige Gestalt Jesu Christi selbst, sein Wort, sein Wirken, sein Weg, seine Verheißung. Die Wahrheit ist konkret, die Wahrheit ist Geschichte.

Mit diesen Analysen hat Newman den gläubigen Menschen im Blick, der, ohne Fachtheologe zu sein, sich Rechenschaft über seinen Glauben gibt, den er verantworten will, wie auch Menschen, die ausschließlich am naturwissenschaftlichen Positivismus und am Evidenzideal der Logik und Mathematik orientiert sind und deshalb nicht nur keinen Zugang zum Glauben finden, sondern ihn als unwissenschaftliche Ideologie abtun. Diese Position hat sich bis heute nicht wesentlich verändert, sondern zum Teil verschärft. Daran ist Newmans Bedeutung zu ermessen.

Für die christliche Offenbarung sind die Geschichte, die Tradition und damit die Entwicklung konstitutiv in dem Sinn, daß die in einem geschichtlichen Ursprung gegebene Realität der Offenbarung sich in der Geschichte, auf dem Weg der Zeit entfaltet, sich in ihren Dimensionen und Perspektiven auslegt. In den geschichtlichen Begegnungen und Herausforderungen wird der Reichtum Jesu Christi ans Licht gebracht, der ohne Geschichte nicht erkennbar wäre. Bei aller Normativität des biblischen Ursprungs: ein Rückzug auf eine von Newman so genannte „fabelhafte Einfachheit des Ursprungs“ ist nicht möglich; die Tradition, die Geschichte, die Entwicklung sind der christlichen Offenbarung von Anfang an mitgegeben. Die Besinnung auf die Normativität des Ursprungs ermöglicht es, mit Newman legitime Entwicklungen von Korruption zu unterscheiden. Zugleich ist die Geschichte eine Quelle befreiender und erlösender Kraft für die Gegenwart. Geschichte zeigt nicht, wie es gewesen ist, sondern wie es ist.

Das bedeutet: Längst bevor es in unserem Jahrhundert im Bereich von katholischer Kirche und Theologie kirchenoffiziell gesagt wurde – so besonders im Zweiten Vatikanum –, war für Newman die biblische und geschichtliche Reflexion die Seele der ganzen Theologie.

Etwas Ähnliches läßt sich für die Phänomenologie und Theologie des religiösen und des christlichen Glaubens bei Newman erkennen. Glauben ist für Newman eine Option, eine Zustimmung primär nicht zu Begriffen und Sätzen, sondern zu einer Realität, zur Realität Gottes, zur Realität der geschichtlichen Offenbarung, die in der Realität Jesu Christi und der von ihm bestimmten Wirkung und Wirkungsgeschichte begründet ist.

In dieser Perspektive wird der Glaube ein eminent personaler und ganzheitlicher Akt, in dem der Mensch als ganzer und mit seiner ganzen Existenz, mit allen seinen Kräften und seiner ganzen Freiheit beansprucht wird. Überdies verankert Newman den Glauben an Gott im Zentrum des Menschen selbst – nur dies entspricht der Grundstruktur: Der ganze Mensch – Gott allein. Newman nimmt die heute hervorgehobene anthropologische Gestalt der Theologie voraus, wenn er sagt: Ich glaube an Gott, weil ich an mich selbst glaube. Von Gott reden heißt vom Menschen reden – dieses Programm Bultmanns findet sich auch bei Newman.

Newman findet eine Verifizierung des Glaubens an Gott und seine Offenbarung durch die Wirklichkeit des Menschen und des Lebens: Der christliche Glaube ist Antwort auf die Fragen, die der Mensch hat, die der Mensch ist, ohne daß dadurch der Inhalt dieses Glaubens vom Menschen aus vorwegentschieden werden könnte.

In seiner Bestimmung von Kirche geht Newman nicht von dem in seiner Zeit beliebten Modell einer „vollkommenen Gesellschaft“ aus, sondern von der Fülle der biblischen und der patristischen Bilder, die sich alle auf die gleiche Realität beziehen, aber dabei jeweils neue Perspektiven und Dimensionen ans Licht bringen. Er spricht von der Kirche als dem Volk Gottes, dem Leib Christi, der Gemeinschaft der Heiligen. Durch die Kirche wird Christus im Heiligen Geist in Zeit und Geschichte anwesend. Sie nimmt teil am Geheimnis Christi und stellt ein Geheimnis dar, das im Glauben zu übernehmen ist: ich glaube die Kirche.

War Newman in seiner anglikanischen Zeit besonders bemüht, „die Unterscheidung des Christlichen“ auch hinsichtlich des Verhältnisses von Kirche und Welt hervorzuheben, so war es sein Anliegen als Katholik, die Katholizität der Kirche zu betonen: ihre Sendung und Zuwendung zur Welt, ihre bejahende Offenheit zur Welt, zur Kultur, zur Bildung, zur Humanität. Die Kirche als Anwalt des Menschen – diese heute beliebte Formulierung ist in Newmans Ekklesiologie enthalten.

Für die innere Struktur der Kirche plädiert er für eine Einheit nicht als eine zentral gesteuerte Uniformität, sondern als eine Einheit in Mannigfaltigkeit.

Er plädiert für die Freiheit der theologischen Forschung in der Kirche, er plädiert für eine Theologie in der Gestalt von Theologien, ja er schreibt der Theologie die Funktion eines prophetischen Amtes in der Kirche zu (Vorwort zur dritten Auflage der *via media*).

Sein berühmtes Wort: Zuerst das Gewissen, dann der Papst, also der Primat des Gewissens bedeutet keinen Ausbruch aus der Kirche in einen davon emanzipierten Bereich, sondern benennt die in der Kirche selbst zu verwirklichenden Zusammenhänge und Proportionen, es verbindet Verantwortung und Freiheit.

Daß es zwischen Theologie und kirchlichem Lehramt Spannungen gibt, ist nach Newman kein Unglück – Spannungslosigkeit wäre als Zeichen der Leblosigkeit schlimmer. Der Glaube ist auch die Kraft, Spannungen auszuhalten. Anzustreben ist nach Newman eine von Glauben, Verantwortung und Vertrauen getragene Kooperation von Lehramt und Theologie. Nur so können Entscheidungen sachgemäß vorbereitet und getroffen werden. Auch das ist wahrlich keine unzeitgemäße Betrachtung.

Von der Bedeutung Newmans als Theologe einer Ökumene, die er selbst in seinem Leben realisiert hat als Brückenbau zwischen Anglikanismus und Katholizismus, war schon die Rede. Dem soll hinzugefügt werden, daß Newman den Weg zur Einheit der Kirche als Weg von der Erneuerung zur Einigung beschrieb: Je mehr sich die Kirchen erneuern – im Blick auf ihren Ursprung, auf das Evangelium und auf ihre Sendung –, desto mehr wird die Einheit unter den Kirchen wachsen und zum Ziel führen. Die Gegenwart hat keine besseren Wege anzubieten.

IV. Wirkungsgeschichte

Daß von Newman eine Wirkungsgeschichte ausgeht, ist gleichsam in seinen Worten programmiert, daß er für die kommende Generation schreibe, ferner aus der Tatsache, daß er zur Zeit seines Lebens und Wirkens oft mißverstanden und verkannt wurde, daß er das Gefühl hatte, seine Zeit sei noch nicht gekommen.

Seine Wirkungsgeschichte zumal für die Theologie besteht in den Elementen und Impulsen, die in der Erörterung der Bedeutung von Newman und seinem Werk zur Sprache kamen: die induktive, auch in der Theologie, von der Realität ausgehende Methode, die Betonung von Geschichte und Geschichtlichkeit als unverzichtbarer theologischer Dimension, die Phänomenologie des Glaubens und der Glaubensbegründung, die Verankerung des Glaubens im Zentrum der Person, im Gewissen, die Form der Glaubensbegründung durch den Folgerungssinn. Seine biblisch und patristisch begründete Ekklesiologie, die nicht nach einem bündigen Begriff sucht, sondern die Vielzahl und den Reichtum der Bilder zur Sprache bringt, sein Entwurf vom Verhältnis der Kirche zur Welt, seine Sicht von christlicher Offenbarung und den Religionen der Menschheit, seine Wegbestimmung der Ökumene: durch die Erneuerung zur Einheit, zu einer Einheit, die sich in Vielfalt darstellt, seine Verhältnisbestimmung von Theologie und Lehramt – alle diese Inhalte sind in die heute lebendige Theologie eingeflossen.

Von hier aus versteht man die manchmal geäußerte Bezeichnung, Newman sei der Kirchenvater der Neuzeit oder er sei ein Wegbereiter des Zweiten Vatikanischen Konzils gewesen. In der Tat: Das Zweite Vatikanum war das Konzil, auf das Newman nach dem Ersten Vatikanum gehofft hatte. Dieses

Konzil hat bei aller Kontinuität mit dem Vergangenen in vielen Bereichen neue Akzente gesetzt, von denen man sagen kann, sie liegen in der Linie dessen, was Newman ein lebenslanges Anliegen war.

Die Wirkungsgeschichte Newmans zeigt sich darin, daß seine Werke und darunter besonders seine bekanntesten, die *Apologia* voran, die *Meditations and Devotions,* die *Predigten,* inzwischen in der ganzen Welt verbreitet sind und in immer neuen Editionen vorgelegt werden. Die Bibliographie in 11 Bänden der Newman-Studien gibt davon ein überaus eindrucksvolles Zeugnis. Darüber hinaus ist Newman und seine Theologie – und dies in allen ihren Teilen – bis zur Stunde Thema von Monographien und wissenschaftlichen Abhandlungen.

Die Wirkungsgeschichte Newmans wird darin erkennbar, daß seine Werke auch noch in der Übersetzung eine die Geschichte überdauernde anregende und belebende Frische haben. Man wird ihrer nie überdrüssig, man kann sie immer wieder lesen und entdeckt neue, überraschende Perspektiven. Wenn man nach dem Grund fragt: Newman bleibt immer bei der Sache, bei der Realität des Glaubens; dazu gehört seine Verlebendigung aus den biblischen Ursprüngen und aus dem Leben der Geschichte. Und Newman bleibt bei der Sache des Menschen. Newmans Worte eröffnen ein Verstehen und eine Verwirklichung von menschlicher Existenz: Cor ad cor loquitur. Das gilt bis heute, das wird dauern, solange es das „Ewige im Menschen" gibt.

In Deutschland gab es eine Rezeption Newmans schon zu dessen Lebzeiten. Sie wurde besonders von Ignaz Döllinger vermittelt, der Newman „als größte lebende Autorität in der Geschichte der ersten drei Jahrhunderte des christlichen Altertums" schätzte und der Übersetzungen seiner Werke anregte. Die Übersetzungen hat vor allem Georg Schündelen wahrgenommen.

Nach dem Ersten Weltkrieg kam es zu einer Art Newman-Renaissance in Deutschland. Sie ist an den Namen Matthias Laros geknüpft, der, angetan von der Newmanbewegung in Frankreich, vor allem durch Henri Bremond, eine zehnbändige Ausgabe der Ausgewählten Werke Newmans wagte, und an den Namen Theodor Haecker, der Newmans Hauptwerke, die *Entwicklung der christlichen Lehre* und *Grammatik der Zustimmung* übersetzte, Werke, die für Haeckers eigenen Weg entscheidend wurden. Dazu traten Erich Przywara und Otto Karrer mit Monographien und Textbänden.

Nach dem Zweiten Weltkrieg gab es in Deutschland wiederum eine Besinnung auf Gestalt und Werk Newmans. Die vergriffenen Werke Newmans wurden neu aufgelegt. Ein besonderes Ereignis war die deutsche Übersetzung sämtlicher *Predigten* Newmans. Auf einem Newmankongreß in Nürnberg im Jahre 1945 bildete sich ein Newman-Kuratorium, das bis heute 11 Bände von Newman-Studien veröffentlichen konnte. Darunter sind einige Bände Kongreßberichte, die aus der Arbeit international und ökumenisch besetzter Newmankonferenzen in Luxemburg, Oxford, Rom und Freiburg hervorgegangen sind.

John Henry Newman ist lebendig wie nur wenige Theologen des 19. Jahrhunderts. Er kann zu Recht ein Klassiker der Theologie genannt werden.

Friedrich Wilhelm Kantzenbach

WILHELM LÖHE

(1808–1872)

Der fränkische Theologe Wilhelm Löhe (1808–1872) zeichnet sich durch die Einheit von theologischer Reflexion, kirchlicher Gesinnung, betontem Praxisbezug, durch missionarische und diakonische Initiativen und nicht zuletzt durch ökumenische Haltung aus.

Löhe war nicht Universitätslehrer und hat eine solche Stellung von sich aus nicht angestrebt. Er mußte sein Leben als fränkischer Dorfpfarrer beschließen, obgleich er in seinen besten Jahren an die Stadt als geeigneteren Boden seiner, gerade auch von Gebildeten, hochgeschätzten Predigttätigkeit gedacht hat. Als mehrere Bewerbungen nicht zum Ziel kamen, fand er sich ab mit dem Bleiben in dem fränkischen Dorf Neuendettelsau, zwischen Nürnberg und Ansbach, abseits von den großen Straßen des Verkehrs gelegen. Von 1837 bis zu seinem Tode machte er jedoch aus diesem Ort ein Zentrum missionarischer und diakonischer Werke, das ihn bis heute überlebte, auf mehrere Kontinente übergriff und ökumenische Anstöße auslöste, die bis heute an Aktualität nicht verloren haben.

Löhe war zunächst nicht ein Mann des geschriebenen Wortes, obwohl bei Lebzeiten über sechzig selbständige Schriften aus seiner Feder erschienen, darunter jedoch nur etwa ein halbes Dutzend theologisch-historischer Natur im spezielleren, jedoch nicht ausschließlichen Sinne; alle anderen Schriften erwuchsen aus seiner Predigttätigkeit, seinen liturgischen Reformen, den missionarisch-diakonischen Initiativen sowie seinen kirchenpolitischen Perspektiven. Die Gabe, die er als Erbauungsschriftsteller im besten Sinne besaß, verschaffte einigen Schriften hohe Auflagen. So hatte eine seiner bedeutendsten Gebetssammlungen, die *Samenkörner,* kurz nach Ablauf des 19. Jahrhunderts die 44. Auflage erreicht. Demgegenüber kamen seine theologischen Schriften, voran die *Drei Bücher von der Kirche* (1845), nur auf bescheidene Auflagenhöhe; die eben erwähnte Schrift erlebte erst nach seinem Tode die 3. Auflage. Mehrere Werke wurden ins Englische und in nordische Sprachen übersetzt, seine „Agende" sogar in die Sprache der Hottentotten. Die wenigen Arbeiten Löhes, die spezielle theologische Fragen behandeln, z. B. seine *Aphorismen* über die neutestamentlichen Ämter (1849), erlebten keine Neuauflage.

Deshalb kann man schon fragen, weshalb nicht seine Jugendfreunde Adolf von Harleß und Johannes von Hofmann oder auch der temperamentvolle Hesse August Vilmar ihm vorgezogen werden müßten, wenn es bei Theologie lediglich um Denkschärfe, systematische Bündigkeit und um erhebliche Quantität der literarischen Leistung ginge. Löhe kann sicherlich nicht als Klassiker der Theologie verstanden werden, sofern man Theologie als wissenschaftliche Bemühung um die Geschichte und die Gegenwart des Christentums in der Welt versteht. Er kann aber sehr wohl als hervorragender *Klassiker der Theologie als Praxis* begriffen werden, wenn der leitende Gesichtspunkt die Frage nach der Einheit von Persönlichkeit und Werk, von Lehre und Leben, von Existenz und Praxis ist. Harleß wechselte von der Theologie in die Leitung der bayerischen Landeskirche über und sicherte sich dadurch Nachwirkung und Andenken. Hofmanns Name fehlt in keiner Theologiegeschichte, und er muß tatsächlich als eine der eminentesten Begabungen nach Schleiermacher gelten; aber er hat in dieser Hinsicht Konkurrenten. Löhes Persönlichkeit und ökumenische Ausstrahlung, diese qualitativ, regional und global verstanden, beweisen wieder einmal, daß eine Persönlichkeit, die konkrete Werke, Institutionen und Organisationen schuf – und Löhes theologisch motivierte Gründungen haben allesamt eine soziologisch beschreibbare Struktur –, größere Chancen stetiger Erinnerung hat als Männer mit vorwiegend denkerischen Leistungen.

Löhe war ein Lutheraner, der in Treue am Bekenntnis seiner Kirche festhielt, dieses Bekenntnis aber aktualisieren, ausleben und schöpferisch intensivieren, ja fortbilden wollte. Er lebte in der Zeit der großen philosophischen Systeme, und es war weniger Hegel, den er in Berlin hörte, der ihm aber unverständlich blieb, als vielmehr Schelling, dessen atmosphärischer Einfluß für ihn bedeutsam war, wenn auch der Lebensgedanke der Erweckungsbewegung und Romantik in unmittelbarer, unphilosophischer Weise den Gedanken des Organischen an Löhe vermittelte: daß das Ganze in einem organischen Zusammenhang steht, das auf Entfaltung und Vollendung hin angelegt ist. Dieser organische Gedanke ist nicht einfach identisch mit dem Entwicklungsdenken, das in Ablösung Schellings Hegel begründete und systematisch durchführte, das dann auf biologischer Grundlage Darwin und auf materialistischer Basis insbesondere Karl Marx zum Zuge brachte.

Löhe blieb zeitlebens ein *organischer Denker,* und der Zug zur einzelwissenschaftlichen, spezialisierten, positivistischen Betrachungsweise war ihm fremd oder schlägt sich nur gelegentlich in seinen historischen Interessen nieder, über deren literarische Gestaltung in einem 1847 erschienenen Buch *Erinnerungen aus der Reformationsgeschichte in Franken* charakteristischerweise Leopold von Ranke gesagt haben soll, in Löhe stecke die Anlage zum Historiker. Rankes Geschichtsauffassung aber könnte (mit Carl Hinrichs) als Synthese von Geist der Goethezeit und organischer Geschichtsschau verstanden werden. Ist es da ein Zufall, daß man eine auffällige Ähnlichkeit zwischen Goethe und Löhe, was den äußeren Typus anlangt, beobachten wollte? Auf alle Zeitgenossen machte Löhe den Eindruck einer imponierenden geschlossenen Persönlichkeit, in der die Spannungen gebändigt waren, in der Ausgeglichenheit und Harmonie vom Feuer der Begeisterung durchseelt schienen.

Löhe blieb nicht unbeeindruckt von den politischen und sozialen Umbrüchen im 19. Jahrhundert, besonders von der industriell-technischen Revolution. Obgleich politisch nüchtern, reagierte er nicht abstinent auf die durch die Französische Revolution und die Befreiungskriege entstandene Bewußtseinslage. Er begrüßte, wie noch zu zeigen sein wird, wesentliche Anliegen der bürgerlichen Revolution von 1848. Er nahm ein völlig unpolemisches Verhältnis zum Faktum des heraufziehenden Maschinenzeitalters ein. Als Fürther konnte er registrieren, wie 1835 der erste Schienenwagen-Zug von Nürnberg in seine Vaterstadt einlief. Die Auswirkung der schmaler werdenden agrarischen Lebensbasis war die Auswanderungsbewegung von Millionen deutscher Menschen nach Nordamerika. Löhe reagierte auf diese gesellschaftlichen Probleme aktiver als die Theoretiker, die den weltanschaulichen Umbruch reflektierten, etwa Kierkegaard oder Ludwig Feuerbach.

I. Leben

Löhe entstammte einer bürgerlichen, städtischen Familie. Im Unterschied zu Harleß, der als Nürnberger Kaufmannssohn eher großbürgerlichen Zuschnitt aufweist, und zu dem gleichfalls aus Nürnberg stammenden von Hofmann, der aus der absinkenden kleinbürgerlichen Schicht kam, gehörte Löhes Familie zum mittleren Bürgertum. Über 150 Jahre lang blieb das Fürther Wirtshaus zum Grünen Baum im Löheschen Familienbesitz. Löhes Vater hatte als Kellner in Heilbronn am Neckar gearbeitet und heiratete in das Handelshaus der Walthelm in Fürth ein. Die Familie Walthelm stammte aus Thüringen, und Löhes Mutter, die zweite Frau seines Vaters Johann Löhe, war das elfte von dreizehn Kindern. In Löhes Familie herrschte bei sechs Kindern, vier älteren Schwestern und einem jüngeren Bruder, keine Dürftigkeit, aber auch kein Überfluß. Außer im Spezereigeschäft betätigte sich Löhes Vater noch als Verwaltungsrat bzw. Stadtrat und als Hauptmann der Bürgergarde. Vater und besonders Mutter waren ausgesprochen fromme Leute, die in der Erbauungsliteratur der lutherischen Kirche lebten und für die der sonntägliche Gottesdienst eine Selbstverständlichkeit war. Wilhelm Löhe erlebte in seiner Familie frühzeitig die Not des Todes und gewann ein besonders enges Verhältnis zu seiner jüngsten Schwester Dorothea (Doris).

Es mag sein, daß der Besuch des Nürnberger Gymnasiums – dazu kam er nach Nürnberg in Pension – die ursprüngliche religiöse Prägung etwas verwischte. Der Geist der Zeit war 1821, als er Fürth verließ, durchaus spätaufklärerisch geprägt, wozu ein starker Schuß Sentimentalität kam. Löhe gefiel sich denn auch in Naturfrömmigkeit und Naturschwärmerei; er las die deutschen Klassiker und mit besonderer Begeisterung Jean Paul. Der Rektor des Gymnasiums Carl Ludwig Roth, der zweite Nachfolger Hegels, war Humanist und Christ zugleich, ein Bruder des 1828 zum Präsidenten des Oberkonsistoriums München ernannten Friedrich von Roth. Roth sorgte dafür, daß die Interessen

Wilhelm Löhe (1808–1872)

der Schüler nicht ins Uferlose zerflossen. Er verband starke Autorität mit exemplarischen Zeichen der Toleranz und Güte. Löhe faßte Zutrauen zu diesem Lehrer und bewahrte zeitlebens tiefe Verehrung für ihn. Die Bewältigung des normalen schulischen Lehrstoffs fiel ihm leicht, so daß er die Spitze der Klasse einnahm.

Seine ausgezeichneten sprachlichen Kenntnisse kamen ihm bei dem im November 1826 in Erlangen aufgenommenen Studium zugute. Aber seine Begabung war keine einseitig philologische, so sehr er sich auch in die modernen Sprachen einarbeitete. Es ging ihm vielmehr um die Frage, wie Theologie in Beziehung zur Gemeinschaft, zur Kirche stehe bzw. gebracht werden könne. Obwohl sportlich interessiert und kurze Zeit der Erlanger Burschenschaft zugehörig, war Löhe doch frühzeitig so eigenständig, daß er hätte vereinsamen können. Die Gefahr der Absonderung zeichnete sich in seinem späteren Leben öfter ab, und stets hatte er mehr Neigung zu wenigen, sehr engen Freundschaften als zu unverbindlicher Begegnung mit vielen.

So war es kein Wunder, daß er sich in Erlangen und während des Sommersemesters 1828, das er in Berlin verbrachte, jeweils nur ein bis zwei Lehrern näher anschloß. In Erlangen waren dies der Professor für Naturgeschichte und Mineralogie Karl von Raumer, der ihm ein väterlicher und intimer Freund wurde, und der reformierte Pfarrer und Theologieprofessor Christian Ludwig Krafft. Raumer und Krafft gehörten der reformierten Kirche an, aber ersterer trat nicht zuletzt durch Löhes Einfluß 1835 zur lutherischen Kirche über, die Löhe im gleichen Jahr ausschließlicher als bisher dogmatisch zu rechtfertigen begann. Krafft hatte Beziehungen zu der katholischen Erweckungsbewegung im Allgäu, und die Schriften der Schüler Johann Michael Sailers empfahl er eifrig weiter, so daß die von ihm kommenden Schüler von vornherein ein unpolemisches Verhältnis zum Katholizismus, wie er sich durch Romantik und Erweckung erneuert hatte, bezogen. Im übrigen wurzelte Krafft in einer heilsgeschichtlichen, biblischen Überlieferung, die in der Konzeption des niederländischen Theologen Johannes Coccejus ihren wichtigsten Anhalt hat.

Für Löhe wie für andere Altersgenossen war die von Krafft betonte Biblizität der Theologie sowie der seelsorgerliche Ernst in seinen Vorlesungen von entscheidender Bedeutung, so daß er als Theologe im Sinne der Erweckungsbewegung nach Berlin ging. Obwohl – nicht zuletzt um seiner Abendmahlsauffassung willen – entschiedener Lutheraner, schätzte Löhe stets überzeugte reformierte Christen hoch ein und hütete sich vor polemischen Urteilen. Bis 1835 konnte er sogar noch gelegentlich reformierte Pfarrer vertreten, obgleich die Abendmahlsfrage ihn zu dieser Zeit zu einem Lutheraner werden ließ, der über die Kirchengemeinschaft exklusiv zu urteilen lernte. In Berlin hörte er mit Gewinn die bedeutenden Prediger im Sinne der Erweckungsbewegung, mit Anerkennung für dessen Predigtgabe auch Schleiermacher, während als akademischer Lehrer wohl nur Gerhard Friedrich Abraham Strauß einen tieferen Eindruck hinterließ.

Dieser, zugleich Hof- und Domprediger, lehrte praktische Theologie und machte, wie dies schon Krafft versucht hatte, seinen Hörern den Unterschied zwischen mystischer und reformatorischer Rechtfertigungslehre klar. Durch Löhes Tagebücher zieht sich in den Jahren seit seinem Studienbeginn das Ringen um den Fragenkreis Gnadenerfahrung – Heilsgewißheit – Rechtfertigung – Heiligung. Man kann von den durch seine Lektüre beeinflußten Tagebucheintragungen nicht die dogmatische Präzision einer Lehrbuchformulierung erwarten. Wenngleich das Ringen um die aus Gottes Rechtfertigung erwachsende Heiligung stark hervortritt, kann man Löhe doch keine gesetzliche Überfremdung der reformatorischen Grundsatzerkenntnis zum Vorwurf machen. Die nicht eng fachgebundene theologische Lektüre Löhes, die neben den alten Dogmatikern des Luthertums des 17. und beginnenden 18. Jahrhunderts vor allem Luther, Johann Arnd, Scriver, die großen Pietisten, vor allem Spener und Zinzendorf, umspannte, garantierte methodisch einen komplexen Zugang zu der traditionellen Rechtfertigungsproblematik, die Löhe – und dies ist ökumenisch legitim und überhaupt nur möglich – unter christologischem Aspekt anging.

Löhe setzte sein Studium in Erlangen fort, wobei er die meiste Zeit in Fürth wohnte, und schloß seine Universitätszeit im Juni 1830 ab, worauf im Oktober 1830 die sehr gut bestandene theologische Prüfung in Ansbach folgte. Hier eckte er mit einer „herrnhuterisch und mystisch“ wirkenden Predigt an, weil er vom Heiland der Sünder zu reden wagte. Er hatte sich als erweckter Theologe bereits derartig exponiert, daß seine kirchliche Karriere darunter leiden mußte.

Die Verwendungen Löhes im kirchlichen Dienst vor Antritt seiner ersten Pfarrstelle in Neuendettelsau im Jahre 1837 zerfallen in insgesamt zwölf Vertretungen, Vikariate und Aushilfen, die im einzelnen nicht aufgezählt werden müssen. Zwar war es nicht ungewöhnlich, daß junge Theologen jahrelang auf ein Pfarramt warten mußten (Löhe sieben Jahre lang), aber das sich im Laufe von Löhes Vikarszeit ansammelnde reiche Aktenmaterial redet doch eine eindeutige Sprache: Er paßte sich den Erwartungen der Gesellschaft nicht schwächlich an, sondern versuchte, das kirchliche Leben eigenständig, aber durchaus in partnerschaftlicher Zusammenarbeit mit anderen zu profilieren. Die längste Zeit verbrachte Löhe von Oktober 1831 bis März 1834 als Vikar in Kirchenlamitz/Ofr. Hier stieß er auf zahlreiche Leerfelder der Volkskirche, die sich im Grunde auf den sonntäglichen Gottesdienst, die Kasualien und die Überwachung der Schule durch die geistliche Schulinspektion beschränkte. Löhe engagierte sich weit über das übliche Maß, indem er private Zusammenkünfte und Missionsstunden anregte und abhielt und das Schulwesen und den Bildungsstand der Lehrer verbesserte. Einige fühlten sich betroffen und reagierten negativ auf den übereifrigen Prediger. Sie bedienten sich des Landrichters, der Löhe beim Bayreuther Konsistorium verdächtigte und anklagte. Als Grund wurde immer die politische Gefahr beschworen, die mit einem das übliche Staatskirchentum erweiternden oder unterlaufenden pastoralen Wirken verbunden sei. Löhe hatte aber starken Widerhall gefunden, besonders bei der Jugend, einigen Lehrern und Gebildeten. Menschliche Achtung konnten ihm auch seine Gegner nicht versagen.

Neben der erschöpfenden Arbeit in Gemeinde und Schule las Löhe viel theologische, erbauliche, historische und allgemein bildende Literatur, klassische Werke der Dogmatik mehrfach, auch mit einem Kollegen in gemeinsamer kursorischer Lektüre; vor allem versenkte er sich in Luthers Schriften, vorzugsweise in die frühen Sermone. Neben der sorgfältigen Ausarbeitung seiner Predigten versuchte er sich in der Abfassung der ersten Traktate. 1835 erschien seine Frühschrift *Von dem göttlichen Worte, als dem Lichte, welches zum Frieden führt.*

Damals hatte er nach den Kirchenlamitzer Kämpfen dank des Wohlwollens des Präsidenten des Oberkonsistoriums schon die Vertretung der zweiten bzw. dritten Pfarrstelle bei St. Egidien in Nürnberg mit größtem Echo hinter sich. Erstmals konnte er in einer Stadtgemeinde unter gebildeten und einflußreichen Familien arbeiten. War er in Kirchenlamitz auf die sozialen Probleme des beginnenden Maschinenzeitalters aufmerksam geworden, so erschloß ihm Nürnberg ein aufmerksames Publikum bei Predigt und Bibelstunde. Rechnet man sein Wirken in Nürnberg-Behringersdorf hinzu, kommt man bis zum April 1835.

In den *Vater-Unser-Predigten* haben wir ein Beispiel für Löhes ungewöhnliche Predigtgabe, wenngleich zwischen der gehaltenen Predigt und der Veröffentlichung sorgfältige sprachliche Arbeit liegt, wie Löhe überhaupt nachgesagt wird, einer der bedeutendsten Stilisten des 19. Jahrhunderts gewesen zu sein, für den in mancher Hinsicht die Parallele zu Goethe nicht abwegig ist.

Auf die literarischen Arbeiten der Jahre 1836 bis 1840 brauchen wir im Detail nicht eingehen. Löhe befaßte sich intensiv mit Studien zur Liturgie und ihren altkirchlichen Quellen – man schätzt 200 Texte – und bereitete aus dem Studium vieler einschlägiger Texte seine 1840 erschienene Gebetssammlung *Samenkörner* vor.

1837 war er nach einigen weiteren Zwischenstationen, die – noch einmal in Merkendorf – einen Zusammenstoß mit dem staatskirchlichen Schematismus gebracht hatten, Pfarrer in Neuendettelsau geworden. Der sich 1831 bei der Ordination bewußt auf die Confessio Augustana und die übrigen lutherischen Bekenntnisschriften verpflichtende Theologe war inzwischen zum eigenständigen Schrifttheologen gereift, der die Überlieferung in der Heiligen Schrift in einer für seine Zeit einzigartigen Weise mit dem geistlich-theologischen Erbe der katholisch-ökumenischen Kirche zu verbinden wußte.

II. Werk

Bei Antritt der Pfarrei Neuendettelsau, die einen katholischen Patronatsherrn hatte, galt Löhe bereits über die Grenzen Bayerns hinaus als einer der hoffnungsvollsten Erneuerer lutherischer Theologie im 19. Jahrhundert. Da er sich seit 1833 lebhaft für die Kämpfe der schlesischen Lutheraner gegen die aufgedrungene Union interessierte und seit 1835 systematisch das einschlägige Schrifttum der schlesischen Lutheraner aufarbeitete, galt er bei diesen viel. Schon 1837 setzte der nicht mehr abreißende Besucherstrom in sein Pfarrhaus ein, obwohl er noch keines seiner kirchlichen Werke begründet hatte.

Mit dem Übergang ins Pfarramt entschloß er sich, die Ehe mit einer ehemaligen Konfirmandin, Helene Andreae, Tochter eines recht wohlhabenden Frankfurter Kaufmanns, einzugehen. Die von der gleichgesonnenen Schwiegermutter unterstützte Verbindung schuf Löhe auch größere finanzielle Freiräume, so daß er seiner Gemeinde viele Stiftungen zuwandte. Die Ehe war außerordentlich glücklich; es gingen vier Kinder aus ihr hervor. Doch schon 1843 wurde Löhe Witwer. Den Verlust hat er nie verwinden können, und seine betonte Hinwendung zum sakramentalen Leben sowie die damit in Verbindung stehenden missionarischen und diakonischen Bestrebungen, vor allem sein Ideal einer Diakonisse, müssen wohl als kompensatorische Folgen dieses Verlustes verstanden werden.

Auf das aufblühende Leben in der Gemeinde Neuendettelsau, die Bemühungen um eine liturgische Erneuerung, die Wiedereinführung der Privatbeichte und die Einwurzelung des Abendmahls im Gottesdienst, die seelsorgerlichen Aktivitäten und Erfolge Löhes können wir im Detail nicht eingehen. 1853 ließ Löhe eine Pastoraltheologie erscheinen, die seine Konzeption von einem evangelischen Geistlichen in Verbindung mit seiner eigenen Praxis in Neuendettelsau entwirft. Als *Prediger* machte Löhe einen überwältigenden Eindruck, so daß gebildete und einfachste Leute oft noch in die Filialen mitwanderten, wo Löhe häufig eine andere Predigt, als er sie zuvor gehalten hatte, vortrug. Jahrzehntelang arbeitete er seine Entwürfe wörtlich aus, trug sie dann aber frei vor.

Die Konzentration auf eine mittelfränkische Dorfgemeinde konnte ihm auf die Dauer nicht genügen, und es war nicht nur eine Äußerung der in ihm lebenden Kraft, sondern eine Notwendigkeit seiner theologischen Überzeugung, daß er seiner lutherischen Kirche insgesamt dienen wollte. Der Anstoß kam von außen. Er hörte von der mangelnden Versorgung der deutschen Auswanderer nach Amerika durch lutherische Lehrer und Prediger. Und so packte er seit 1841 diese konkrete Not mit Unterstützung des von seinem Freund Wucherer herausgegebenen Nördlinger Sonntagsblattes an und entsandte schon 1842 die ersten „Nothelfer", womit er den Grund für eine Vorbereitungsanstalt für Prediger legte, die 1846 in Nürnberg gegründet und 1853 nach Neuendettelsau verlegt wurde.

Die Arbeit griff über die Versorgung der Auswanderer weit hinaus; es entstand eine Indianermission, die nach längerer Krisenzeit jedoch 1867 aufgegeben werden mußte. Auch kirchlich ergaben sich Spannungen und Scheidungen. Hatte er zunächst die Ohio-Synode, dann die Missouri-Synode unterstützt, so gründeten seine Schüler 1854 die Jowa-Synode, wobei Löhes Betonung des Amtes gegenüber einer bloßen Delegation des Amtsauftrags durch die Gemeinde das entscheidende Motiv war. Um 1850 hatte Löhe bereits 70 Missionare ausgesandt, und für die Zwecke der Auswanderer-Kirche schuf er ein „Haus-, Schul- und Kirchenbuch". Leider sind einige hundert Briefe, die von Neuendettelsau nach den USA gingen, bis heute nicht zentral gesammelt, geschweige denn publiziert.

Die in Michigan entstandenen Kolonien fränkischer Auswanderer halten bis heute betont an ihrer auf Löhe zurückgehenden Tradition fest. Mit der eigentlichen Mission hatte Löhe erst durch seine Nachwirkung Erfolge, als Neuendettelsauer Missionare nach Australien und Neuguinea gingen.

Löhes ursprüngliches Engagement steht in Verbindung mit dem Koloniegedanken. Die Kolonien sollten von dem erwirtschafteten Kapital neues Land zu erwerben suchen, aber der kirchliche Aspekt bei der Kolonisation hatte Vorrang, entsprechend seiner Warnung aus dem Jahre 1844, die Mission dürfe sich nicht zur Dienerin des Staates machen lassen; sie habe das Heil der Völker zu suchen und es dem – von Löhe illusionslos gesehenen – „christlichen" Staat zu überlassen, seine Aufgaben zu erfüllen.

Aus dem Kampf um die lutherische Kirche, für den Löhe aus seinen Erfahrungen mit den nordamerikanischen Verhältnissen viel lernte, entwickelt sich die immer konsequentere Vertiefung in ein *sakramentales Luthertum* und schließlich, da Löhe die Landeskirche insgesamt nicht in diesem Geiste bestimmen konnte, die seit 1853 betriebene Arbeit der weiblichen Diakonie.

Die Entstehung von Löhes sakramental-lutherischer Auffassung reicht in die frühe Jugendentwicklung zurück. Sie wird durch das Studium Luthers, der Schriften des schlesischen Theologen Scheibel gegen die Union, durch amtliche und persönliche Erfahrungen tiefgehend beeinflußt. Eine Analyse im Detail müßte einzelne Phasen in dieser Entwicklung unterscheiden und zeigen, daß Löhe, je älter er wird, dem sakramentalen Leben den Vorrang vor den geschriebenen Bekenntnissen, diese gleichsam buchstäblich verstanden, einräumt. Das sakramentale Luthertum war keine Theorie und bloße Lehre für ihn, sondern Praxis und Vollzug, die er durchaus theologisch zu begründen wußte. Der sich in mehreren Themenkreisen seiner Theologie durchsetzende Gedanke vom organischen Fortschritt geistlicher Erkenntnis der in der Bibel grundgelegten Überlieferung – und dieser geistlichen Erkenntnis kann theologische Reflexion immer erst nachfolgen – beeinflußt auch Löhes Konzeption vom sakramentalen Luthertum. Wenn man eine Typologie des Neuluthertums entwickeln wollte, müßte man Löhe als Sakramentslutheraner, nicht primär als Amtslutheraner interpretieren, wenngleich um des Sakraments willen Löhe die reformatorische Theologie des Amtes im altkirchlich episkopalen Sinne, d. h. keineswegs im römisch-katholischen Sinne, erweitern wollte. Dabei haben auch pietistische Anregungen, besonders Strukturen der Herrnhuter Gemeinde Graf Zinzendorfs, auf Löhe Eindruck gemacht und sich im Alter sogar deutlich in den Vordergrund geschoben.

Die Wandlungen Löhes spiegeln sich deutlich in seinen Schriften wider. Ihr Einheitspunkt war: Löhe bemüht sich um eine schriftbegründete *Kirchenauffas-*

sung, die die zukünftige Verfassung einer staatsfreien lutherischen Kirche tragen könnte. Jedem Demokratismus, gleich ob in Amerika oder in Deutschland, mißtraute er tief, aber er erhoffte und forderte die Befreiung der Kirche aus den staatskirchlichen Fesseln. Was er vor 1848 in Nordamerika und nach 1848 in Deutschland unternahm, diente insgesamt der Verwirklichung der freien Kirche bzw. der Freiheit der Kirche im freien Staat. Dem Zwang der Verhältnisse gehorchend, war die Freikirche für Löhe zeitweise eine ernstzunehmende Möglichkeit, die er trotz langen Schwankens nicht realisierte. Löhes kirchliche Praxis ergibt sich aus seinen theologischen Grundsätzen; diese folgen nicht der politischen Situation, so sehr Löhe nach Gelegenheiten suchte, die seine kirchlichen Pläne begünstigten. Seine theologische und seine politische Hoffnung berühren sich am stärksten im Jahr 1848, und zweifellos hat Löhe das alte burschenschaftliche Erbe bewahrt und eine freiheitliche Gestaltung der politischen Verhältnisse Deutschlands erhofft.

Seine *Drei Bücher von der Kirche* erschienen aber schon im Jahr 1845, und wenn er sie auch nicht als eine Programmschrift oder gar als sein Hauptwerk empfand, so haben sie doch viel Zustimmung gefunden, weil sie das in der Luft liegende Thema „Kirche" thematisierten. Löhe wollte sein organisches Luthertum an diesem Traktat über die Kirche in Zeit und Ewigkeit bewähren. Er hoffte auf einen Aufschwung kirchlicher Gesinnung und Gestaltung und versuchte biblisch und ökumenisch zu argumentieren. Das ist ihm im Blick auf die Kirchen insgesamt hervorragend gelungen, aber in dem Augenblick, wo er sich der lutherischen Partikularkirche zuwendet, unterlaufen ihm quantitativ wirkende Werturteile bei der Bestimmung der Wahrheit. Er redet von der „meisten" Wahrheit, von der „vollen" Wahrheit und folgert logisch wenig überzeugend, daß, wer die „meiste" Wahrheit habe, auch im Besitz der „vollen" Wahrheit sei. Hinter solchen Urteilen steckt als dominierende Denkstruktur das organische Denken, für das sich in der zeitgenössischen katholischen Literatur entsprechende Bilder für das Verständnis der Heils- und Kirchengeschichte, der Kontinuität und Lebendigkeit der Kirche nachweisen lassen.

Löhe bemühte sich um die *Katholizität der Kirche;* ihre „Romanitas" nach Auffassung der römisch-katholischen Kirche und ihre hierarchische Verfassung blieben ihm fremd; seine Amtsauffassung, einschließlich des Eintretens für die Wiedererneuerung des altkirchlichen Episkopats, leitete er aus dem Neuen Testament direkt ab, mögen dabei auch Verschiebungen gegenüber der reformatorischen Amtsauffassung unterlaufen sein. Das Interesse an der bischöflichen Verfassung ist schon 1845 in den *Drei Büchern von der Kirche* nachweisbar; schon zehn Jahre vorher bemerkt er brieflich, daß er von dem Schlesier Scheibel das Anliegen einer schriftgemäßen Kirchenverfassung aufnehme. Alle Erfahrungen mit den Auswanderersynoden in Amerika dienten Löhe zur organischen Fortsetzung seiner theologischen Reflexion über Lehre und Gestalt der lutherischen Kirche. Erklärte er 1845 noch, daß die Lehre im wesentlichen abgeschlossen sei, so entwickelte er 1848/49 in den *Aphorismen über die neutestamentlichen Ämter und ihr Verhältnis zur Gemeinde* seine weitergehenden

Erwägungen zur Verfassungsfrage der Kirche, dies ganz in Konsequenz seines organischen Denkens, das sich zunehmend auch auf andere Themenkreise auswirkte, besonders den eschatologischen Fragenkreis einschließlich chiliastischer Hoffnungen. Löhe hatte den Mut, an Veränderungen in Kirche und Theologie zu glauben, weil er in heilsgeschichtlicher Sicht an die Vollendung und Ewigkeit der Kirche, des himmlischen Jerusalems, glaubte, zu dem Gott die Gläubigen aller Völker und Zeiten zusammenführen werde.

Weit über das Jahr der Hoffnungen und Enttäuschungen 1848/49 hinaus finden sich bei Löhe ständig Äußerungen des Glaubens an eine Entwicklung der lutherischen Kirche, wobei deren „Pfingstgestalt" im Vordergrund steht, für deren Zukunft Löhe mannigfache Mängel, Schwachheiten und Lücken behoben wissen wollte. Er versuchte immer, biblisch zu argumentieren, und kam dabei zu der Forderung der organischen theologischen Fortbildung auf dem Boden des überlieferten Bekenntnisses. Damit stieß er auf Widerstand unter seinen eigenen Konfessionsgenossen; denn die Entfaltung der Kirche nach Gottes Plan führt schließlich über die engen Konfessionsgrenzen hinaus. Das Endziel, die Ganzheit, Fülle und Herrlichkeit der apostolischen, katholischen Kirche, bliebe aber eine leere Vision, wenn nicht konkret die Gnadenmittel Gottes in Anspruch genommen würden; so blieb die Vertiefung ins sakramentale Leben Löhes vordringliche Forderung und Hoffnung.

III. Zeitgeschichtliche Bedeutung

Da Löhe ein langfristiges Konzept zu realisieren suchte, sollen nun *die zeitgeschichtlichen Bedingungen* für die Konkretisierung seines sich um das Thema Kirche konzentrierenden Denkens aufgewiesen werden. Schon vor 1848 war Löhe hoffnungsvoll und glaubte, Zeichen der Erneuerung in der lutherischen Kirche der Welt feststellen zu können, soviel Inkonsequenz und kirchlichen Unionismus, der echtem Ökumenismus entgegensteht, er auch zu tadeln fand. Politisch liberal und dem Fortschritt gegenüber offen eingestellt, begrüßte er 1848 das „Gottesgericht" der Revolution. Er glaubte an kein Legitimitätsprinzip im Blick auf die Monarchien und verabscheute die Auswüchse des Polizeistaates. Unter Umständen sei das Prinzip der Legitimität geradezu ein revolutionäres Prinzip. Das Urteil über den Verlauf der Revolution wird ab Mitte März 1848 immer kritischer, wegen der Zunahme von Elementen gottlosen Wesens und dem Aspekt der taumelnden Volksmassen. Von seiner theologischen Einstellung her, die den besonderen Auftrag des Pfarrers unterstrich, erhoffte er einerseits die Lockerung, besser noch die Ablösung der staatskirchlichen Fesseln, konkret die Niederlegung des landesherrlichen Episkopats. Andererseits fürchtete er das Übergreifen politischer Massenbewegungen in Leben und Verfassung der Kirche, zumal in ihre Synoden. Löhe war bereit, sich als Wahlkandidat für das Frankfurter Parlament aufstellen zu lassen, um für ein vernünftiges Maß an Freiheit in den sozialen und politischen Fragen einzutreten und vor allem als Geistlicher die Sache der Kirche selbst zu vertreten und diese nicht Politikern und Obrigkeiten zu überlassen. Die Wahl zerschlug sich. Später treten konkrete politische Urteile bei Löhe zurück. Er bejahte die kleindeutsche Lösung des deutschen Problems ohne sonderlichen Enthusiasmus und verfolgte in dieser Einstellung den Weg Bismarcks.

Mit der Revolution stellte sich die Frage, was für die Kirche und ihre Neugestaltung zu tun sei. Löhe rief seine Freunde zu Konferenzen und Aussprachen zusammen, und das Jahr 1848 ist ein Jahr angespannter literarischer Aktivität. Es entstehen der *Vorschlag zu einem Lutherischen Verein für apostolisches Leben* samt dem Entwurf zu einem Katechismus für apostolisches Leben und die schon erwähnten, den theologischen Leser voraussetzenden *Aphorismen über Amt und Kirche.* Die zu erwartende Generalsynode würde, so fürchtete Löhe, die Uneinigkeit der lutherischen Kirche auch in Bayern aufdecken. Äußere Solidaritätsbezeugungen gegenüber dem überlieferten Bekenntnis nützten nichts, wenn es am Leben der Gemeinden im apostolischen und sakramentalen Sinne fehle. So kommt Löhe zu seinen Erneuerungsvorschlägen, die sich gegen die Einführung demokratischer Maßstäbe in die Kirchenverfassung und für die in Zucht, Gemeinschaft und Opfer lebende Gemeinschaft in Ortsgemeinden, die sich zunächst für sich erneuern müssen, aussprechen.

Mit dem Ausgang der Generalsynode von 1849 war er höchst unzufrieden. Enge Freunde enttäuschten ihn, und die Vermittlung der Erlanger Professoren Hofmann und Thomasius in dem Streit zwischen der am Summepiskopat des (katholischen!) Königs festhaltenden Pfarrerschaft und dem kleinen Löhekreis blieb erfolglos, weil der Gegensatz die Eigenart der Löheschen Theologie insgesamt, nicht nur einzelne Verhandlungspunkte und Entscheidungen der Synode, betraf. Es entwickelte sich eine lebhafte literarische Auseinandersetzung um die Wertung der Generalsynode, wobei Löhes Voten ein hohes geistiges Format aufweisen, weil er sein ekklesiologisches Konzept im Rahmen seiner Analyse der Welt- und Kirchengeschichte vorträgt.

In tiefer Abneigung gegenüber dem Einfluß der Massen, die weithin offen zur „Gottlosigkeit" neigen, ist Löhe von einer progressiven Entchristlichung überzeugt. Während Löhes großer Mitstreiter für die Sache der Inneren Mission, Johann Hinrich Wichern, trotz Verfechtung der Säkularisierungsthese im Sinne einer unter negative Vorzeichen gestellten Entchristlichung, an die Möglichkeit eines christlichen Staates glaubte, lehnte Löhe die Ideologie des christlichen Staates total ab. So ergab sich auch für den Neubau der Kirche und für die Durchführung der Inneren Mission ein Wichern ganz entgegengesetztes Konzept. Meinte dieser durch volksmissionarisch-evangelistische Aktivitäten eine Besserung für die Volkskirche insgesamt herbeiführen zu können, indem er freie Vereinstätigkeit anregte, stellte Löhe dieser Strategie das Modell einer bruderschaftlich strukturierten Gemeinschaft entgegen. Damit distanzierte er sich von der Massenkirche und brachte unverhohlen seine Skepsis gegenüber der Volkskirche zum Ausdruck.

Die Gefahr der Vereinsamung und Isolierung, die Möglichkeit, daß die in seinem Sinne gegründeten kleinen Kreise rein binnenbezogen für sich dahinlebten, war dagegen als weniger gewichtig zu veranschlagen, wenngleich Löhes Gegner an diesem Punkte mit ihrer Kritik leicht ansetzen konnten. Löhe bemühte sich sehr um den Kontakt mit freikirchlichen Lutheranern und anderen Gruppen, bei denen er Verständnis für sein Ideal des apostolischen und sakramentalen Lebens fand. In Bayern kam es zu starken Spannungen, und nur durch die Tatsache, daß 1852 Adolf Harleß an die Spitze des bayerischen Kirchenregiments trat, kam es zu einer Beruhigung.

Daß diese nur eine Kampfpause war, wurde 1856 deutlich, als Tausende spätaufklärerisch gesonnene Protestanten gegen die konfessionelle Erneuerung, die Einführung eines Gesangbuches, Erlasse zu Privatbeichte und Kirchenzucht protestierten und hierarchische Knechtung durch eine machthungrige Kirche beklagten. Löhe war über dieses Aufbäumen „protestantischer" Kräfte entsetzt; er kam mit seinen Wünschen beim Kirchenregiment, das verständlicherweise wegen des „Agendensturms" von 1856 zurückstecken mußte, nicht durch.

Erneute Konflikte ergaben sich 1858, und 1860 wurde Löhe sogar vorübergehend vom Amt suspendiert, weil er aus guten Gründen eine Trauung verweigerte. Zwei Monate lang rang er erneut mit sich, ob er aus der Landeskirche austreten sollte. Damit sind die Konflikte Löhes mit seiner Heimatkirche, die vereinfachend auf die Formel „Sakramentsgemeinschaft als Voraussetzung für Kirchengemeinschaft" gebracht werden können, nur angedeutet. Löhe begleitete die Kämpfe seines Lebens mit Schriften zur kirchlichen Lage 1849/50 und legte 1851 die die frühere Arbeit weiterführende Schrift *Kirche und Amt. Neue Aphorismen* vor. Seine Hoffnungen, Wünsche und Enttäuschungen schlagen sich aber vor allem in vielen Eingaben und Briefen nieder, die in den Krisenzeiten seines Lebens anschwellen und bisher nur ausschnittsweise publiziert sind.

Die nach 1848 gegebenen besseren Möglichkeiten für eine vereinsmäßige Auflockerung der starren kirchlichen Strukturen hat Löhe voll auszuschöpfen versucht. Es ging ihm um das Gemeindeleben, das in den Landeskirchen durch die vom Pietismus schon praktizierten übergemeindlichen Vereinigungen aktiviert und vertieft werden sollte. Die neuerworbene Versammlungsfreiheit diente diesem Ziel. An sich war Löhe kein Freund besonderer Vereinigungen in der Kirche. Aber er erkannte, daß die Landeskirche nicht durch eine neue Verfassung sofort neu werden würde; nur von den Gemeinden aus war sein Ziel der Fortbildung des Luthertums zu einer apostolisch-episkopalen Brüderkirche möglich.

Löhe betonte zeitweise zu sehr die Vollendung und „Fülle in Gliederung", die „zunehmende Verklärung" bzw. „Herrlichkeit" der Kirche. Diese und ähnliche Ziele spiegeln Löhes visionär-enthusiastisch-chiliastische Hoffnung, erwecken aber Zweifel, ob sie auf die konkrete Kirche anwendbar sind. Seit 1853 beschäftigte Löhe sich viel mit eschatologischen Fragen, um den Spiritualismus der Orthodoxie durch biblischen Realismus zu überwinden. Damit gehört er in den Zusammenhang der heilsgeschichtlichen Theologie, die die prophetischen Aussagen über das Reich Gottes in einen organischen Zusammenhang bringen wollte. Obwohl er den Versuchscharakter seiner eschatologischen Ideen betonte, mußte er sich den Vorwurf gefallen lassen, gegen die Confessio Augustana von 1530 zu verstoßen. Er war jedoch kein Schwärmer, der über dem Ausblick in die Zukunft die Hände in den Schoß legte.

Im Vorschlag zur Vereinigung lutherischer Christen für apostolisches Leben von 1848 führte er die aus der lebendigen Gemeinschaft hervorgehende *Diakonie* ein und bereitete damit sein Diakonissenwerk vor. Er sah das Elend der Geisteskranken und andere soziale Schäden und erkannte, daß viele Kräfte, besonders die junger Mädchen, brach lagen. Die Diakonie ordnete sich insgesamt der Inneren Mission zu, für die im Januar 1850 ein Plan der von Löhe begründeten „Gesellschaft für Innere Mission nach dem Sinne der lutherischen Kirche" verabschiedet wurde. Erst 1887 trat das Wort „äußere" hinzu! Die vier Arbeitskreise sollten sich mit der *Inneren Mission* befassen durch Predigen und Lehren unter verlassenen Glaubensgenossen, die Verbreitung von Schriften sowie die Fürsorge für auswandernde Glaubensgenossen und für lutherische Kolonisation. An vierter und letzter Stelle (nicht im Sinne einer Abstufung) steht die Innere Mission durch Abhilfe lokaler Übel des geistlichen und leiblichen Lebens. Dieses Elend wird analysiert, wobei Begriffe wie Pauperismus, Proletariat und Kommunismus fallen, ohne daß Löhe ebenso wie Wichern den Frühmarxismus genauer studiert hätte.

Im Unterschied zu Wichern ist die Innere Mission in erster Linie eine Aufgabe des Amtes, ohne diesem, wie Freunde Wicherns befürchteten, eine monolithische Stellung einzuräumen. Löhes Vorschläge richteten sich an die Gleichgesinnten, er forderte Christen. Er warf Wichern vor, „in großartigem Maschinismus" dem Trend der Welt angepaßte Pläne zu betreiben. Hinter solchen kritischen Urteilen stecke Löhes von Wicherns Auffassung abweichende Wertung des Amtes, hinter dieser wiederum seine Abendmahlsauffassung und sein sakramentales Luthertum überhaupt.

Mit der Diakonissenhaus-Gründung suchte er, nach seinen Worten, ein Zeugnis für die aus dem Sakrament quellende Tat der Liebe zu geben. Als die ersten Erfahrungen mit der Gemeindediakonie enttäuschten, konzentrierte sich Löhe auf die Anstalts-Diakonie. In seinem 1853 veröffentlichten *Bedenken über weibliche Diakonie innerhalb der protestantischen Kirche Bayerns* legte er den Nachdruck noch auf die diakonischen Anstöße für das ganze Land. Er erhoffte das Erwachen helfender Gemeinden. Nicht nur künftige Diakonissen, sondern christliche Bildung des weiblichen Mittelstandes auf dem Lande durch kurzen Aufenthalt in einer „Bildungsanstalt" war das Ziel. Die Frauen sollten speziell für den Dienst an den Kranken- und Sterbebetten ausgebildet werden. Über einen Verein für weibliche Diakonie (1853) suchte Löhe sodann zwei Aufgaben miteinander zu verbinden. Einerseits sollte er Träger der zu gründenden Diakonissenanstalt sein, andererseits sollte er in den Städten, wo diese Vereine entstanden, die örtlichen Notstände feststellen und über die Mittel, ihnen abzuhelfen, beschließen. Die Gemeinde-Diakonie war Löhe im Grunde wichtiger als die Anstalts-Diakonie vom Zentrum eines Mutterhauses aus. Als dieses 1854 begründet wurde, vergaß er keineswegs sein ursprüngliches Anliegen. Die entstandenen Zweigvereine erfüllten das Maß an Wünschen und Hoffnungen, das er mit ihnen verband, zwar nicht, so daß er sich seit 1854 auf das Mutterhaus und seinen Ausbau – eingeschlossen eine 1866 in Polsingen entstandene Filiale – konzentrierte. Neben der organisatorischen Leistung und der Bautätigkeit zwischen 1859 und 1869 schriftstellerte Löhe weiterhin; sein 1853 erschienenes Büchlein *Von der weiblichen Einfalt* ist als für sein Frauenideal bezeichnend hervorzuheben.

Mit seinem Mutterhaus wollte Löhe der Diakonie der unierten Strömung unter Führung Fliedners und Wicherns entgegenwirken. Doch trotz der engen Abendmahlsgemeinschaft, aus der sich für ihn der Ordensgedanke für die Diakonisse ausformte, lehnte Löhe die Zusammenarbeit mit anderen Mutterhäusern in der deutschen Generalkonferenz der Mutterhäuser nicht ab. Das Wachstum des Mutterhauses ging bis zu Löhes Tod ruhig voran, da Löhe gegenüber großen Zahlen immer mißtrauisch war. 1940 war der bisher höchste Stand mit 1325 Diakonissen erreicht. 1979 sind von 645 Schwestern bereits 355 im Ruhestand, und die Mitarbeiterschaft muß auf freie Mitarbeiter ausgedehnt werden.

IV. Wirkungsgeschichte

Löhes Wirkung ist in seinem missionarischen und diakonischen Werk greifbar, das die Kirche seit Jahren durch Integration ursprünglich freier Werke zu ihrer eigenen Sache gemacht hat. Sein theologischer Einfluß hat zur eigenen Prägung des bayerischen Luthertums bis zum heutigen Tag entscheidend beigetragen. Die von der Denkstruktur eines organischen Denkens abhängige Überbewertung des Sakraments – dieses als ein „Mehr“ gegenüber dem Wort des Evangeliums verstanden – können wir nicht mitvollziehen, weil quantitative Kategorien hier nur qualitativ zu bestimmende Akzente und Tatbestände überwuchern. Auch ökumenisch sollte man sich von der denkerischen Begründung der theologischen und praktischen Anliegen Löhes nicht ohne weiteres eine Chance versprechen. Löhe hat aber vollen Ernst mit dem Praxisbezug von Christentum, Kirche und Theologie gemacht. Er war kein Klassiker der Theologie im Sinne einer wissenschaftlichen Systembildung, um so mehr *ein Klassiker kirchlicher und zugleich theologisch verantworteter Praxis.*

Löhes Kampfschriften machen gegenüber seinen Predigtbüchern, Agenden, Gebetbüchern und den im besten Sinne populär-historischen Schriften den geringeren Anteil aus. In seiner schriftstellerischen Arbeit weist sich wissenschaftliche Begabung aus. Mehr als Wissenschaftlichkeit und Gelehrsamkeit, die er nicht gering schätzte, und die, was seine eigenen Gaben anlangt, er bescheiden bewertete, galt ihm die Persönlichkeit. Damit bezeichnet er selbst den Grund, warum Neuendettelsau in den Jahrzehnten seines Wirkens ein Anziehungspunkt für Menschen unterschiedlichster Prägung wurde. Unter den Worten der Erinnerung an ihn in Biographien des 19. Jahrhunderts, die sein liturgisches, diakonisches und rhetorisches Wirken bzw. Talent vorbehaltlos anerkennen, gibt es auch Würdigungen von fachtheologischer Seite. Der bedeutende Erlanger Systematiker Franz Hermann Reinhold von Frank verstand ihn als eine mit glänzender natürlicher Begabung ausgestattete eminente Persönlichkeit. Wie sein Kollege von Zezschwitz würdigte er ihn als eine priesterliche Seele. Wo Löhes Theologie im engeren Sinne zur Diskussion stand, fielen seit Harleß, Höfling und Hofmann – allesamt Vertreter der Erlanger Theologischen Fakultät im 19. Jahrhundert – kritische Worte. Das geht soweit, daß der sonst verständnisvoll und gerecht urteilende Theologe Martin Kähler Löhe als konfessionellen Separatisten bezeichnete. Der zweite Nachfolger Löhes im Rektorsamt, Hermann Bezzel, hat Anerkennung und vorsichtige Kritik an Löhes einseitiger Abendmahlspraxis zu verbinden gewußt, und seit ihm, der 1917 starb, hat sich Neuendettelsau erst voll in das landeskirchliche Leben integriert, während noch Jahrzehnte nach Löhes Tod die Neigung bestand, ein Inseldasein im landeskirchlichen Strom zu pflegen.

Inzwischen ist Löhe nach vielen Richtungen hin gründlich erforscht worden: als Prediger, Liturg, Katechet, Seelsorger, als Mann der diakonischen und missionarischen Praxis und selbstverständlich auch als Theologe. Noch fehlen die Tagebücher und Briefe in der von Klaus Ganzert betreuten umfangreichen Gesamtausgabe der Werke Löhes; auch fehlen noch Untersuchungen über Löhes Verständnis der Beziehungen zwischen Kirche und Staat im Ablauf seines Lebens und über die Theologie der Meditation und des Gebets. Für beide Themen muß der handschriftliche Nachlaß herangezogen werden.

Obwohl Löhe durch sein sakramentales Luthertum und die daraus folgende exklusive Sakramentspraxis zu einem neuen ausgesprochenen Konfessionalismus neigte – Ergebnis seines für das Neuluthertum überhaupt typischen organischen Denkens –, sind die ihn zutiefst bestimmenden Intentionen doch ökumenisch gewesen. Er provozierte und stellte selbst die kritische Frage nach dem Verhältnis zwischen Neuluthertum und reformatorischem Christentum einerseits und biblischem Christentum andererseits. Manchmal kann er als starrer Konfessionalist erscheinen, weil es ihm als Lutheraner um die Konfessions-, nicht um die Konfusionskirche ging.

In der Ekklesiologie ergeben sich im gegenwärtigen ökumenischen Dialog die tiefsten Probleme. Löhes nicht-statische Sicht der Kirche, die bestimmt ist von der Überzeugung der Katholizität der Kirche nach Tiefe und Weite, in ihrer horizontalen und vertikalen Dimension, kann, wenn man zeitbedingte Denkformen auf sich beruhen läßt, mit heutigen Entwürfen der Ekklesiologie seitens ökumenisch gesonnener Theologen ohne Schwierigkeit verglichen und in Übereinstimmung gebracht werden. Löhe hat sich damit als qualifizierter ökumenischer Theologe ausgewiesen.

Seine letzten Jahre waren mühsam und von Krankheit und Schwächeanfällen überschattet. Er lebte in der Hoffnung auf die Vollendung im Reiche Gottes und ließ noch durch die Inschrift auf seinem Grabkreuz sein Credo zur Gemeinschaft der Heiligen und zur Einen Kirche bezeugen.

Johannes Sløk

SØREN KIERKEGAARD

(1813–1855)

I. Leben

Søren Aabye Kierkegaard wurde in Kopenhagen geboren, wo er auch lebte und starb. Der Vater kam aus ärmlichen Verhältnissen im westlichen Jütland, hatte jedoch als Händler ein so großes Vermögen gemacht, daß Søren davon sein ganzes Leben lang leben konnte, verschwenderisch sogar. Abgesehen von einem Aufenthalt in Berlin, wo er u. a. die Vorlesungen Schellings hörte, und einer Art von Ferien- oder Pilgerfahrt in die Heimat des Vaters nach Saedding, war seine Welt auf Kopenhagen eingegrenzt wie die Welt Kants auf Königsberg. Auch im übrigen war sein kurzer Lebenslauf ereignisarm – von außen gesehen. Da war eine Verlobungsgeschichte, in der er selbst den Bruch des Verhältnisses herbeiführte; er hatte kein Amt inne; an den politischen Bewegungen, die 1849 zur Einführung einer freien Verfassung führten, nahm er keinen sichtbaren Anteil, und auch der dreijährige Krieg mit Deutschland (1848–50) scheint ihm nicht nahegegangen zu sein. Auf dem journalistischen Feld war er eine kurze Zeit lang in eine Fehde mit Meïr Goldschmidt verwikkelt, doch erst in seinem letzten Lebensjahr trat er öffentlich und aktiv hervor mit einem furchtbaren Angriff auf „das Bestehende", insbesondere die Kirche; es war ein Bombardement mit beißenden, höhnischen, überlegen formulierten, ironischen Artikeln, die man später mit der Bezeichnung „der Kirchensturm" belegte.

Aber dieses von außen gesehen so ereignisarme Leben wurde mit einer Intensität und Engagiertheit gelebt, die es zu einem einzigartigen inneren Drama machten. Dessen äußerer Ausdruck waren Schriften, die sich in ihrer Tiefe und ihrem Reichtum nicht auf gewöhnliche Weise einordnen lassen. Sie sind zugleich Literaturkritik, Dichtung, Philosophie, Religion, Psychologie, Erbauung und Polemik. Dazu kommt eine große Sammlung von Tagebuchaufzeichnungen, die an Umfang die übrigen Schriften übertreffen und die einen unentbehrlichen Schlüssel zum Verständnis dessen darbieten, was er im Grunde wollte.

II. Werk und Bedeutung

1. System und Existenz

Als Ausgangspunkt drängt sich die *polemische Absicht* auf, die Kierkegaard seinem ganzen Denken zugrundelegt: Seine Schriften sind buchstäblich von der ersten Seite an eine nie zur Ruhe kommende Auseinandersetzung mit dem deutschen Idealismus, speziell mit Hegel, mit „der Spekulation" und „dem System". Es ist diese Form spekulativen Denkens, die er am eigenen Leib erfährt. Vor allem Hegel hat tiefen Einfluß auf das geistige Leben in seiner Kopenhagener Umgebung, wie es vornehmlich von den ausgesprochenen Hegelianern Heiberg und Martensen repräsentiert wird. Doch im Prinzip richtet sich seine Polemik gegen jede Form spekulativen Denkens. Beispielsweise wendet er sich gelegentlich auch gegen Spinoza, er klagt sogar Platon, den er so tief bewundert und von dem er positiv beeinflußt ist, an einer entscheidenden Stelle der *Abschließenden unwissenschaftlichen Nachschrift* an, weil er sich letztlich doch „der Spekulation" überlassen habe.

Sein Angriff speziell auf Hegel hat deshalb nicht darin seine Spitze, daß dessen System schlecht, fehlerhaft oder undurchdacht wäre. Im Gegenteil, er sieht Hegel (und z. B. auch Fichte) für einen hervorragenden und genialen Denker an und sein System für eine einzigartige und bewunderungswürdige Leistung. Doch eben deshalb muß er es angreifen: Das Dasein durch ein spekulatives System begreifen zu wollen, ist in seinen Augen der philosophische Fehlgriff, mag er ansonsten noch so überlegen und meisterhaft durchgeführt sein.

Der Fehlgriff besteht nach Kierkegaard darin, daß das System seinen Ausgangspunkt in einem übergreifenden, höchsten, mithin *abstrakten* Begriff nimmt, etwa dem universalen Ich, dem Absoluten, dem Geist oder dem Sein selbst. Ein solcher Ausgangspunkt ist jedoch nicht der wirkliche Ausgangspunkt, das in sich Voraussetzungslose, von dem man sodann spekulativ ausgehen kann. Vielmehr ist man zu diesem Ausgangspunkt bereits durch einen Reflexionsprozeß gekommen. In Wirklichkeit ist der Ausgangspunkt eben nicht jener höchste abstrakte Begriff, sondern das Konkrete, das man sodann – aber nur durch einen Mißgriff! – zum Ausgangspunkt einer Reflexion macht, die zu dem vermeintlichen „Ausgangspunkt" führt, zum höchsten, abstraktesten Begriff. Die spekulative Reflexion besteht in dem Mißgriff, sich vom Konkreten zum Abstraktesten zu bewegen, um dann das Konkrete, von dem man in Wirklichkeit anfangs ausging, vom Abstrakten her zu „erklären". Aber damit hebt man die Konkretheit des Konkreten auf. Man verkennt, daß der Mensch „existierend" ist, daß sich „Existenz" nicht spekulativ „erklären" läßt, vornehmlich deshalb nicht, weil die „Existenz" sich in der Zeit und durch Entscheidungen hindurch *bewegt,* nicht abgeschlossen ist und deshalb inkommensurabel mit jedem spekulativen System, das per definitionem abgeschlossen sein muß.

Dem setzt Kierkegaard sein Existenzdenken entgegen. Es ist die Alternative zum spekulativen System, zu jedem solchen System, nicht nur zum Hegelschen. Das Existenzdenken (damit ist im folgenden immer das Kierkegaardsche gemeint) beginnt wie die Spekulation im Konkreten, beim faktisch existierenden Menschen. Aber während die Spekulation zur abstrakten, ahistorischen, rein begriffsanalytischen Voraussetzung dieses Konkreten zurückzufinden sucht, zum übergreifenden Begriff, verbleibt das Existenzdenken beim Konkreten, um es in seiner Konkretion zu analysieren. Das Existenzdenken will den existierenden Menschen nicht „erklären", sondern will durch Analyse herausfinden, was das ist: ein existierender Mensch.

2. *Individuum und Gesellschaft*

Das erste Resultat der Analyse ist: Zwischen Individuum und Gesellschaft besteht ein primäres und zugleich dialektisches Verhältnis. Es wäre sinnlos, das Individuum ohne Rücksicht auf die Gesellschaft, in der es Individuum ist, bestimmen zu wollen, wie es sinnlos wäre, die Gesellschaft bestimmen zu wollen ohne Rücksicht auf das Individuum, in dem sie ihre Gestalt finden soll. Individuum und Gesellschaft gehören unauflöslich zusammen, und das besagt: Der Ausgangspunkt ist eine primäre, spannungsvolle Entität, die wir Individuum/Gesellschaft nennen können.

Wenn die Entität spannungsvoll genannt wird, so ist damit nicht in erster Linie an die Spannung zwischen den beiden Komponenten, der individuellen und der gesellschaftlichen, gedacht. Zwar hat man immer wieder gemeint, es komme auf eben diese Spannung zwischen Individuum und Gesellschaft an, im allgemeinen sowohl wie insbesondere bei Kierkegaard. Man verstand Kierkegaards Denken als den Versuch, das Individuum aus der Umklammerung der Gesellschaft zu „retten", als die Verkündigung einer individualisierenden, subjektivistischen Philosophie: es sei des Menschen existentielle Aufgabe, sich vom „Sozialen" zu isolieren, „jener Einzelne" zu werden, „sich selbst zu realisieren" oder „sich selbst zu wählen", immer verstanden als Rückzug aus der Gesellschaft und Einkehr in die innere Privatsphäre der Seele, wo das Selbst unangetastet es selbst sein und religiösen Umgang mit Gott pflegen kann, in der Einsamkeit der Ewigkeit.

Das ist ein grundlegendes und fatales Mißverständnis, nicht deshalb, weil eine derartige Unterscheidung überhaupt unbrauchbar wäre, sondern deshalb, weil sie nicht die existentielle Pointe in Kierkegaards Anthropologie trifft. Eine solche Unterscheidung ist anwendbar, insofern man im Menschen sinnvoll zwischen Gesellschaftsbestimmtem und vorgesellschaftlich Mitgebrachtem sondern kann. Die Unterscheidung kommt so etwa auf den oft genannten Gegensatz zwischen Erbanlage und Umwelt hinaus. Zwar ist das Individuum etwas von vornherein und in sich selbst Bestimmtes vermöge seiner Erbanlagen, seiner Fähigkeiten, Neigungen und Möglichkeiten. Aber vom ersten Augenblick an wird das Individuum von der Gesellschaft geformt, die die Bedin-

Søren Kierkegaard (1813–1855)

gungen für die Entfaltung der Anlagen setzt und darüber entscheidet, was auf welche Weise gefördert und was in den Untergrund gedrängt werden soll. Umgekehrt bedeutet die erbliche Ausrüstung, daß das Individuum auf seine eigene, individuelle Weise auf die Gesellschaftsbestimmtheit reagiert. Beim gegebenen Individuum kann man so nicht mehr genau sagen, wo die Grenze verläuft. Die Komponenten sind zu einer Symbiose, einer Einheit verwachsen. Aber der ganze Mechanismus trägt die Möglichkeit einer Fehlentwicklung in sich; möglicherweise passen beide Hälften schlecht zusammen, und das kann zu seelischen Störungen und Konflikten führen.

Die Spannung zwischen Individuum und Gesellschaft ist also nicht eingebildet; sie spielt auch eine große Rolle in den Schriften Kierkegaards. Das Ideal ist nun, daß sich die beiden Komponenten völlig aufeinander einspielen, so daß die Spannung zum polaren Gleichgewicht in einer gegebenen Entität herabgemindert wird. Das Individuum soll sich selbst ganz in der Gesellschaft finden können, und die Gesellschaft soll ihre spezifische Gestalt im Individuum erlangen.

Die Harmonie zwischen beiden ist allerdings nicht immer gegeben. Fehlentwicklungen können eintreten, und Kierkegaards Schriften sind voll von Analysen solcher Fälle. Er untersucht historische und fiktive Personen oder „Naturen", die danebengeraten sind.

3. Bewußtsein

Als Ausgangspunkt ist jedoch die primäre Entität Individuum/Gesellschaft anzusetzen, die ein Bewußtsein von sich selbst hat, und man muß begreifen, daß die Spannungsfülle, auf die es hier ankommt, in der Beziehung zwischen der Entität und ihrem Selbstbewußtsein liegt. Nur diese Spannungsfülle kann so etwas wie einen Ausgangspunkt hergeben, nämlich den Ausgangspunkt einer Bewegung, eines Selbstrealisierungsprozesses. Es ist eigentümlich für das Bewußtsein, daß es wohl dasein kann und sich doch selbst erst verwirklichen muß. Das Bewußtsein soll sich nicht nur einer Sache bewußt sein, sondern seiner selbst bewußt werden.

Die Frage ist, was mit der Struktur der Entität Individuum/Gesellschaft geschieht, wenn sie sich ihres eigenen Selbst nicht bewußt ist. Zunächst wird die Entität entpersonalisiert und auf einen Mechanismus reduziert, der eindeutig und ausschließlich in Übereinstimmung mit jeweils determinierenden Faktoren funktioniert. Die Gesellschaftsbestimmtheit überwältigt gleichsam die Individualbestimmtheit, die „Umwelt" entmachtet die „Erbmasse".

Eben dieser Zustand der primären Entität macht eine Bewegung logisch möglich und ethisch notwendig; die Intention dieser Bewegung ist, die Entität ihres eigenen Selbstbewußtseins bewußt zu machen. Die Bewegung verläuft in zwei Etappen. Die erste kann man mit Kierkegaard *Differenzierung* nennen, die zweite *Selbstidentifizierung*.

4. Differenzierung und Selbstidentifizierung

Zuerst muß eine Differenzierung in der Doppelbestimmtheit der Entität selbst eintreten. Die Entität muß sich dessen bewußt werden, daß sie sowohl eine individuelle wie eine gesellschaftliche Seite hat. Die Aufgabe ist, diese beiden Seiten in ihrer gegenseitigen Bestimmtheit zu erfassen. Dabei kann es zu einer Reihe von Fehlentwicklungen kommen. Wir betrachten einige wichtige Typen.

Die Differenzierung kann sich auf die gesellschaftliche Seite festlegen und damit im deterministischen Irrtum enden. Das Individuum wird gleichsam überwältigt von der Einsicht in seine eigene radikale Gesellschaftsbestimmtheit. Fixiert von der Macht der Gesellschaft, alles in der Gesellschaft zu bestimmen, reduziert sich das Individuum auf ein Ding, das willenlos von außen determiniert wird.

Durch die Festlegung auf die gesellschaftliche Seite kann indes auch eine andere Fehlentwicklung eintreten, die in Kierkegaards Denkentfaltung zweifellos eine größere Rolle spielt. Es geht um die Geltung der Begriffe „gut" und „böse". Diese Begriffe gibt es in jeder Gesellschaft, aber wenn man eine historische Betrachtung zugrundelegt, werden die Begriffe selbst historisch bedingt. Sie gelten zwar hier und jetzt, aber nur aus historischen Gründen. An sich, als philosophische, ahistorische Begriffe, gelten sie nicht. Diese Einsicht führt nicht nur zu einer relativistischen Auffassung, nämlich daß diese Begriffe zu einer historisch bedingten Gesellschaftsformation relativ sind, sondern auch leicht zu der nihilistischen Auffassung, daß diese Begriffe jeder Geltung überhaupt entbehren, also illusorisch sind.

Diese Einsicht ist mehr als eine philosophische Klärung, mehr als die Aufdeckung eines bisherigen Selbstbetrugs, sie ist eine Entdeckung, die einen entscheidenden Schlag gegen die Selbstentfaltung des Individuums führt. Denn man kann sein Leben nur entfalten, wenn man sich von den ethischen Begriffen „gut" und „böse" leiten läßt. Wenn herauskommt, daß sie keine Geltung haben, kommt man in eine radikale existentielle Verlegenheit. Man steht vor der Frage, ob es möglich ist, den Begriffen ihre Geltung wiederzugeben.

Die Differenzierung kann sich aber auch auf die individuelle Seite festlegen, kann das Individuum auf Kosten der Gesellschaft herausheben und so zum absoluten – und falschen – Subjektivismus gelangen. Dieser Ansicht zufolge ist das Individuum zwar in die Gesellschaft eingefügt und mannigfach durch sie bestimmt, aber all das ist letztlich bedeutungslose Zufälligkeit. Das Individuum sieht seine Aufgabe darin, sich von der zufälligen Umklammerung der Gesellschaft zu lösen und „es selbst" zu werden. Ironie, Zynismus, Skeptizismus oder Askese sind mögliche Haltungen, die sich hier anbieten, und die Schriften Kierkegaards sind reich an diesbezüglichen Analysen.

Alle bisherigen Begriffsbestimmungen sind unter dem Vorbehalt zu nehmen, daß wir uns noch innerhalb der Differenzierung befinden, die in der Polarisierung der gesellschaftlichen und individuellen Seite in der ursprünglichen Entität besteht. Kierkegaards Absicht aber geht tiefer. Der weitere Prozeß zielt darauf, die Differenzierung zurückzunehmen, wieder „zusammenzusetzen", und das geschieht durch die entgegengesetzte Bewegung der Selbstidentifizierung. Das heißt, daß sich das Individuum selbst als das, was es ist, akzeptiert, seine Stellung in der Gesellschaft, seine Pflichten und Rechte in der Gemeinschaft, sein Leben als ein Sichentfalten an einer bestimmten Stelle im gesellschaftlichen Zusammenleben bejaht und zugleich sich selbst mit seinen Eigenheiten oder individuellen Besonderheiten annimmt. Die Selbstidentifizierung besagt, daß das Individuum nicht bloß ist, was es ist, sondern daß es jetzt sein *will,* was es ist, daß es sich selbst als diese Person in dieser Gesellschaft will. Anders gesagt: Das Individuum kehrt zur Gesellschaft zurück, jasagend zu dem, was es kraft der Differenzierung durchschaut hat.

Diese Bewegung ist zugleich und im eigentlichen Sinn die definitive Etablierung des Selbstbewußtseins. Sich der Gesellschaft, ihrer Struktur und der eigenen Stellung in ihr bewußt zu sein, wird zum Bewußtsein von „sich selbst", und das heißt, daß das Individuum „es selbst" in seiner Gesellschaftsbestimmtheit wird. Das ist die entscheidende und endgültige Überwindung des scheinbaren Dualismus zwischen Individuum und Gesellschaft, zwischen Bewußtsein und Bewußtem.

Das Geschilderte deckt, mit einer wichtigen, noch zu behandelnden Ausnahme, die begriffliche Entwicklung vom – mit Kierkegaard zu reden – „Spießbürger" über den Ästhetiker zum Ethiker, dargestellt mit einem anderen Vokabular als dem Kierkegaardschen. Der Grund dafür ist, daß Kierkegaards Terminologie, weil sie original ist, und seine entscheidenden Bestimmungen, weil sie in eigengeprägten Formulierungen ausgedrückt sind, in der Kierkegaard-Literatur meist zu Klischees abgeschliffen sind, die man bloß wiederholt – und damit das verbreitete Mißverständnis, als ob Kierkegaards Anliegen extrem subjektivistisch, gesellschaftsflüchtig und individuumzentriert gewesen wäre. Sein „Individuum" ist jedoch immer ein Individuum in einer Gesellschaft, und zwar in dem strengen Sinn, daß der Begriff eines Individuums außerhalb seiner Gesellschaft oder unabhängig und losgelöst von ihr für Kierkegaard ein leerer und im pejorativen Sinn abstrakter Begriff ist.

Kierkegaard stellt sich die Aufgabe, zu zeigen, wie das Individuum sich selbst erst in einer Selbstreflexion erobern kann. Aber das ist keine Reflexion, in der der Mensch sich auf cartesianische Weise aus der ihn umgebenden Welt mit ihren Inhalten abstrahiert, um das Ich in seiner reinen Leere zu erreichen. Es ist im Gegenteil eine Reflexion, die auf ihrem Umweg über die „Welt" zum Ich zurückkehrt, nicht zum leeren Ich, sondern zu dem mit Welt erfüllten und zusammenstimmenden Ich.

5. Das Absolute – Gott

Der zweite Punkt, an den Kierkegaard von aller Spekulation abrückt, betrifft die Voraussetzung jedes spekulativen Systems, die das Spekulative überhaupt erst legitimiert: daß eine grundlegende Identität zwischen dem Ich und seiner Welt kraft eines übergreifenden Begriffs – das universale Ich, das Absolute, der Geist – anzunehmen ist. Aber diese Identität liegt in Kierkegaards Augen nicht als ein vorauszusetzender Ausgangspunkt vor. Im Gegenteil, es ist von der Möglichkeit einer Divergenz auszugehen. Könnte das Dasein nicht absurd sein, ein unmöglicher Ort für den Menschen, und das Leben „ein unfruchtbares und nutzloses Tun"? So sah doch beispielsweise Schopenhauer die Dinge. Angesichts dieser Möglichkeit muß das Individuum, Kierkegaard zufolge, einen Prozeß vollziehen, um eine Selbstidentifizierung zu erlangen, die seine Existenz vor der Möglichkeit des Absurden rettet; keinen logischen, abstrakten, rein denkerischen Prozeß wohlgemerkt, sondern eine konkrete, existentielle, von Leidenschaft getragene Bewegung; keine begriffslogische Analyse, sondern Wahl und Handlung.

Es könnte scheinen, als beruhe dieser Weg nach vorn auf einem reinen Willensentschluß. Dann läge der Einwand nahe, daß eine Absurdität oder Divergenz oder abschreckende Kluft, die sich durch einen bloßen Willensentschluß überwinden läßt, nicht ernst zu nehmen ist. Bei Kierkegaard liegt es denn auch anders. Die ausschlaggebende Bestimmung lautet je nach dem Stadium, in dem sie sich befindet: die ewige Macht, die allgegenwärtig das ganze Dasein durchdringt; das Absolute; Gott; der Gott in der Zeit; Christus. Es sind Namen für den übergreifenden, alles bestimmenden Begriff, wie ihn auch die Spekulation voraussetzt oder zum Ausgangspunkt nimmt. Aber Kierkegaard macht den Unterschied sorgfältig klar.

Erstens ist der übergreifende Begriff nicht das absolut Begreifliche, das deshalb dem ganzen System Begreiflichkeit verleihen könnte. Im Gegenteil, Kierkegaard definiert den Begriff Gottes als den Begriff des total Unbegreiflichen, dessen, was nicht *gedacht* werden kann.

Zweitens ist dieser Begriff aus eben diesem Grund nicht die vorliegende Voraussetzung oder der Ausgangspunkt einer spekulativen Bewegung. Vielmehr ist es dieser Begriff, auf den das Individuum an einem bestimmten Punkt seines Selbstrealisierungsprozesses stößt, auf den es also, sollte es nicht so weit kommen, auch nie stoßen würde. Gott aber ist „die ewige Macht", muß also ewig dasein. Das bedeutet für Kierkegaard, daß Gott, wenn man auf ihn stößt, sich als der Begriff etabliert, der sich selbst voraussetzt.

Drittens kann Gott als der Begriff des Unbegreiflichen sich nicht als Inhalt, sondern nur als Funktion etablieren, nämlich als die Funktion, das Individuum in der äußersten Krisensituation zu der nun gültig gewordenen Welt zurückzuschicken.

Wie „stößt" nun das Individuum in seiner kritischen Situation auf Gott als die ewige Macht oder den Begriff des Unbegreiflichen? Kierkegaard greift hier zu einem sehr eigenartigen logischen Mechanismus. Wie gezeigt, ist das Individuum in der Krisensituation verzweifelt. Der „Ethiker" rät in dieser Lage dem befreundeten „Ästhetiker", er solle sich nicht damit begnügen, verzweifelt zu sein, sondern die Verzweiflung *wählen*. Indem man die Verzweiflung wählt, wählt man sich selbst, zwar als ein verzweifeltes Selbst, aber doch als *Selbst*. Ein Selbst aber, das nicht bloß zufällig verzweifelt ist, sondern sich selbst als ein verzweifeltes Selbst gewählt hat, bejaht sein Selbst in dieser Wahl und erfährt sich dadurch als etwas „Positives“. Diese Erfahrung ist für Kierkegaard die Erfahrung Gottes als „der ewigen Macht“, nicht als Inhalt, sondern als der Funktion, die das Individuum aus seiner Verzweiflung herausholt und zurück zu dem schickt, was es ist: zu einem gültigen Selbst.

Aber das ist noch nicht genug. Das Individuum ist noch nicht weiter gekommen als dazu, sich selbst Geltung zu verleihen, aber dieses Selbst ist leer, es ist eine bloß formale Größe ohne Inhalt. Die Selbstreflexion soll das inhaltvolle Selbst umfassen, die ursprüngliche Entität Individuum/Gesellschaft. Nicht nur dem „Individuum“, sondern auch der „Gesellschaft“ soll Gültigkeit verliehen werden. Das heißt auf der ethischen Ebene, daß der Begriffsgegensatz „gut“ – „böse“ seine Legitimität finden muß. Dies geschieht bei Kierkegaard durch den Begriff „die Ordnung der Dinge“. Teils bezeichnet er die ontologische, d. h. ewige und ahistorische Ordnung der Dinge, teils deren Vergeschichtlichung, wie sie sich in den weltgeschichtlichen Gestaltungen der ontologischen Ordnung ausdrückt, teils die epochal-geschichtliche Ordnung, die hier und jetzt gilt. Durch diese Mehrdeutigkeit des Begriffs meint Kierkegaard das scheinbar Unmögliche möglich zu machen: die Bejahung des Historisch-Relativistischen in den Begriffen „gut“ und „böse“ zusammen mit dem Aufweis ihrer ontologischen Geltung. Die ontologische (ewige, ahistorische) Ordnung existiert nicht in einer platonisch gedachten ewigen Dimension, sondern nur in den faktischen Gestaltungen, die sie im Lauf der Geschichte erhält. Das aber bedeutet, daß sich der konkrete Mensch zu den in seiner Gesellschaft gegebenen Begriffen von „gut“ und „böse“ als zu Begriffen verhalten kann, die kraft der „ewigen Macht“ gültig sind.

Indem „die ewige Macht“ sowohl das Selbst wie den gesellschaftsbestimmten Inhalt, der eben dieses konkrete Selbst charakterisiert, zur Gültigkeit erhebt, vermag sie das Individuum aus seiner Krisensituation im Absurden zurück zu seiner Stellung in der gegebenen Gesellschaft zu schicken und so die ursprüngliche Entität Individuum/Gesellschaft wiederherzustellen. So verstanden ist „die ewige Macht“ nicht selber Inhalt, sondern nur Funktion.

So weit die existentielle Theorie. Nichtsdestoweniger führt Kierkegaard erst nach der Aufstellung dieses ganzen Schemas sein wirkliches Problem ein.

6. Das Verhältnis zu Gott

Die Schwierigkeiten entstehen am Begriff der „ewigen Macht“, für die im folgenden das Wort „Gott“ gebraucht wird. Der Begriff Gottes ist der Begriff des Unbegreiflichen. Im Verhältnis hierzu kann die Selbstreflexion oder Selbstrealisation ihren Prozeß durchführen und die ursprüngliche Entität Individuum/Gesellschaft legitimieren. Aber das schließt ein, daß sich das Individuum in einem Doppelverhältnis befindet, teils im Verhältnis zu Gott, teils im

Verhältnis zur Welt. Das Problem ist, wie sich beide Verhältnisse zueinander verhalten.

Die verschiedenartige Struktur beider Verhältnisse ergibt sich insofern schon aus den bisherigen Bestimmungen, als das Verhältnis zu Gott nur unter gegebenen Umständen ermöglicht wird, während das Verhältnis zur „Welt" von vornherein gegeben ist. Dem Sichverhalten zur „Welt" entgeht niemand, auch wer es versucht, während man dem Sichverhalten zu Gott sehr wohl entgehen kann, ja unter bestimmten Bedingungen nicht dazu kommen kann, obwohl man es versucht. Diese Verschiedenheit gilt es richtig zu verstehen. Man darf aus ihr nicht schließen, das Verhältnis zur „Welt" sei das Konstitutive für den Menschen, das Verhältnis zu Gott aber ein Beliebiges, eine Dreingabe, eine Liebhaberei für besonders religiös veranlagte Menschen.

Der springende Punkt ist vielmehr: Das Verhältnis zur „Welt" ist in dem Sinn konstitutiv, daß es in der ursprünglichen Entität eingeschlossen ist, das Verhältnis zu Gott aber ist konstitutiv in dem Sinn, daß es die Voraussetzung dieser Entität darstellt, eine Voraussetzung freilich in der Struktureigentümlichkeit, daß man mit ihr nicht anfangen kann. Man muß zu ihr erst kommen; man muß in der Bewegung der Selbstrealisierung auf sie stoßen, und zwar auf sie als dasjenige, das im gleichen Augenblick sich selbst voraussetzt.

Das Gottesverhältnis kann nach Kierkegaard nirgends an die Stelle des Verhältnisses zur „Welt" treten oder dieses ersetzen. Denn es ist gar kein Verhältnis in diesem Sinn, sondern die Voraussetzung und damit Gültigmachung eines Verhältnisses. Deshalb kann das Verhältnis zu Gott nicht durch seinen Inhalt, sondern nur durch seine Funktion angegeben werden. Seine Funktion ist, das Individuum in seine Ausgangslage zurückzuschicken, aber nunmehr in dem Selbstbewußtsein, das zugleich im angegebenen formalen Sinn Gottesbewußtsein ist. Das Selbstbewußtsein kann nur gültigmachend sein, indem es wesentlich Gottesbewußtsein ist. Andernfalls wäre das Ganze nur ein seelisches Scheinmanöver. Gewiß, es ist *auch* ein seelischer Prozeß; deshalb führen die pseudonymen Schriftsteller Kierkegaards eindringende Analysen von psychologischen Begriffen, Bewegungen und Mechanismen durch. Doch es kommt auf die Grundthese an, daß der Prozeß ein Fiasko ist, wenn er ganz im seelischen Gebiet verbleibt.

Die dialektische Beziehung zwischen den beiden Verhältnissen bewirkt indes mehr als nur die Gültigmachung der Entität Individuum/Gesellschaft. Es bewirkt zugleich, daß es mit dieser Entität Ernst wird. „Ernst" ist Kierkegaards eigenes Wort mit einer spezifischen Bedeutung: Ernst ist eine Qualität, die dem Leben als solchem zuteil wird, auch im harmlosen und manchmal vergnüglichen Alltag. Ernst ist die dem Leben zukommende Qualität, wenn ich die Verantwortung für mich selbst vor Gottes Augen auf mich selbst nehmen muß; nur vor Gottes Augen kann man auf diese Weise die Verantwortung für sich selbst auf sich selbst nehmen.

Der Begriff der Verantwortung ist doppelseitig: man ist *für etwas* und *vor jemand* verantwortlich. Daß das Verhältnis zu Gott für das Verhältnis zur Welt verantwortlich macht, beruht darauf, daß man vor Gott Rede und Antwort stehen muß. Aber da der Begriff Gottes der Begriff des Unbegreiflichen ist, bedeutet „Gott" auch in diesem Zusammenhang eine Funktion; die Verantwortlichkeit selbst ist die Funktion des Gottesverhältnisses; diese Verantwortung von sich zu weisen würde bedeuten, das Leben in das nicht realisierte Bewußtsein zurücksinken zu lassen. Dann verliert der Begriff der Verantwortung seinen „Ernst"; er wird zu einem bloßen weltlichen Begriff, bedingt, relativ und begrenzt; man ist nicht mehr für sich selbst und sein Leben verantwortlich, sondern nur dann und wann vor einer Behörde für das Amt, das man bekleidet. Verantwortung dieser Art aber läßt sich leicht verflüchtigen und abweisen, wie die Erfahrung zeigt.

Genau das gleiche gilt vom Begriff der Schuld. Schuld wird erst dann ein ernster Begriff, wenn er ein Begriff ist, mit dem man anfangen muß; erst mit der Errichtung des Gottesverhältnisses ist es sinnvoll, mit dem Begriff der Schuld anzufangen. „Schuld" besagt dann nämlich, daß das Leben selbst des Menschen Schuldigkeit ist; mit der Errichtung des Gottesverhältnisses ist man auch schon schuldig, und zwar bereits deshalb, weil man bisher die eigene Schuldigkeit nicht auf sich genommen hat. Auch hier verhält es sich so, daß Schuldigkeit im Sichverhalten zur „Welt" ein bedingter, relativer, begrenzter Begriff ist. Man ist das oder jenes zu tun schuldig, etwa die Einhaltung der Verkehrsregeln oder der Arbeitspflichten. Doch nur weil etwas dazwischenkommt, das Verhältnis zu Gott, wird die Schuldigkeit total und unbedingt. Die Schuld ist nicht zu ent-schuldigen und konkretisiert sich deshalb immer in dieser oder jener Verschuldung. Der Begriff ist „ernst" geworden.

Eine ganze Reihe von Begriffen macht derartige Schwierigkeiten aufgrund des Ernstes, den das Weltverhältnis kraft des Gottesverhältnisses gewinnt. Nur die beiden wichtigsten – Schuld und Verantwortung – wurden behandelt, um den Zusammenhang zu demonstrieren. Doch nun erhebt sich unausweichlich das Problem: Wie können sich die beiden Verhältnisse, die so verschiedenartige Strukturen aufweisen, derart zueinander verhalten, daß nicht nur das eine das andere „ernst" werden läßt, sondern daß man – traditionell religiös gesprochen – mitten im Verhältnis zur Welt zugleich ein Verhältnis zu Gott haben kann?

Das Schlüsselwort in der Antwort verschiedener fiktiver Verfasser Kierkegaards auf die gestellte Frage lautet „inkommensurabel": Gott ist der „Welt" inkommensurabel, oder das Verhältnis zu Gott ist inkommensurabel mit dem Verhältnis zur „Welt", oder einfach: das Gottesverhältnis ist inkommensurabel. Das hängt mit dem Begriff Gottes als dem Begriff des Unbegreiflichen zusammen, damit, daß Gott und Mensch „keine gemeinsame Sprache haben", daß Gott überhaupt kein Etwas ist, dem man Prädikate beilegen kann – abgesehen von einer religiösen, poetisch-mythisch-symbolischen Sprache.

Der Sinn des Wortes „inkommensurabel" ist buchstäblich, daß zwei Größen keinen gemeinsamen Maßstab haben. Deshalb kann das Gottesverhältnis sich nicht durch eine spezifisch religiöse Tätigkeit in der „Welt" ausdrücken. Das Verhältnis zur Welt ist zum Beispiel das Verhältnis zur Familie, zum Beruf, zu Freunden, zur Gewerkschaft, zu Zerstreuungen usw. In allen diesen Verhältnissen kommt nichts vor, das man eigentlich „Gottesverhältnis" nennen könnte. Damit ist nicht ausgeschlossen, daß es Verhältnisse gibt, die man uneigentlicherweise so nennen kann. Man kann zur Kirche gehen, Stunden der Einkehr halten, wo man in der Schrift oder in erbaulicher Literatur liest. Bekanntlich hat Kierkegaard selbst solche Übungen sorgsam eingehalten. Aber er hätte nie zugegeben, daß er solche Dinge mit dem Ausdruck „Verhältnis zu Gott" meint. Wenn es ein Gottesverhältnis gäbe, das von den verschiedenen Gestaltungen des Weltverhältnisses verschieden wäre und mit ihnen konkurrierte, würde man in einem Selbstwiderspruch landen. Das Gottesverhältnis würde unweigerlich zu einer spezifischen Gestaltung des Verhältnisses zur „Welt". Daraus würde wiederum folgen, daß keine Rede von zwei Verhältnissen sein kann, und daß deshalb nicht das eine das andere „ernst" werden lassen kann.

Deshalb wenden sich die pseudonymen Verfasser Kierkegaards verschiedentlich gegen die wechselnden geschichtlichen Ausformungen eines vermeintlichen Gottesverhältnisses. Sie polemisieren gegen Mystik, Askese, „Klosterbewegung" und gegen das religiöse Leiden als spezifisches, möglicherweise verdienstliches Phänomen in der Welt. Sie können solcherlei Dinge verspotten und spitze Bemerkungen über „die Heiligen" fallen lassen, die mit ihrem angelernten frommen Verhalten ständig die Situation verfehlen. In diesem Sinn ist und bleibt das Religiöse inkommensurabel; es hebt sich auf, wenn es sich kommensurabel zu machen sucht.

Man kann die Meinung Kierkegaards allerdings auch durch das Widerspiel ausdrücken: Das Verhältnis zu Gott ist mit dem Verhältnis zur „Welt" kommensurabel, weil es mit jedwedem Verhältnis kommensurabel ist. Sonst gäbe es überhaupt kein Gottesverhältnis. Da sich das Religiöse nicht in einer spezifischen Tätigkeit ausdrückt, muß jede Handlung immer zugleich religiös sein, jedenfalls die Möglichkeit dazu haben. Sonst verschwände das Religiöse als ein sinnvoller Begriff.

Damit stehen wir vor der Doppelheit, die Kierkegaard demonstrieren will. Da Gott nicht der Begriff ist, von dem man ausgehen kann, weil er als Begriff der Begriff des Unbegreiflichen ist, der begreiflicherweise nicht den Ausgangspunkt für die Etablierung eines vernünftigen Inhalts bilden kann, muß man den Ausgangspunkt anderswo finden, nämlich im faktisch Vorliegenden, in der Entität Individuum/Gesellschaft. Diese aber eignet sich als Ausgangspunkt, weil sie, wie gezeigt, in doppelter Hinsicht spannungsvoll ist; nur das Spannungsvolle kann den Ausgangspunkt einer Entwicklung bilden. Im Verlauf dieser Entwicklung stößt man auf Gott, und zwar auf Gott als die Funktion, die Entität wiederherzustellen, dergestalt freilich, daß sie gültig gemacht und reiner Ernst geworden ist. Das bedeutet, daß das Gottesverhältnis nicht etwas Spezifisches in der „Welt" ist, sondern das das Verhältnis zur „Welt"

Bedingende. Das unmittelbar Gegebene kann, so zeigt sich, unter einer bestimmten Bedingung Ernst sein. Diese ist das Gottesverhältnis.

Es ist allerdings eine ernste Sache für den Menschen, wenn sein Leben auf diese Weise zu reinem Ernst wird. So ernsthaft kann kein Mensch leben. Dies Ernstwerden führt letztenendes zu einem neuen Selbstwiderspruch. Der Ernst impliziert, daß der Mensch neu anfangen muß, nämlich in der unbegrenzten Schuldigkeit, darin, daß nicht nur dies oder jenes Begrenzte und Erfüllbare seine Schuldigkeit ist, sondern das Leben selbst in seiner Ganzheit; dann aber ist der Mensch sogleich auch im beschuldigenden Sinn des Wortes schuldig, und zwar schon deshalb, weil er nicht in seiner Schuldigkeit anfing und ihr nicht nachkam. Das Dasein ist wie eine Falle, in der sich der Mensch, sobald er leben soll, verfängt, so daß er nicht leben kann. Er kann seiner Schuldigkeit unmöglich nachkommen, wenn er immer schon schuldig ist. Was ist das anderes als ein Widerspruch, wenn eben das, was den Menschen zum Leben befähigen soll, ihn im gleichen Augenblick daran hindert?

Mit dem Begriff der Schuld ist es wie mit dem Begriff Gottes (das darf nicht überraschen, ist der erstere doch eine Funktion des letzteren): In dem Augenblick, wo sich die Schuld als Begriff etabliert, den der Mensch nicht abweisen kann, setzt die Schuld sich selbst voraus. Nicht zufällig ist die Absicht des einzigen Werkes, das Kierkegaard selbst als einigermaßen „wissenschaftlich" bezeichnet und in dem er ein wenig „doziert", eine Analyse des christlichen Erbsündendogmas vorzulegen, der Sünde also, die als ererbte Sünde immer schon vorausgesetzt ist, aber nichtsdestoweniger Sünde und nicht tragisches Geschick ist. Der Mensch ist von vornherein schuldig an dem, was er geerbt hat und woran er mithin nicht schuldig ist. Die „dozierende Wissenschaftlichkeit" in *Der Begriff Angst* hat ihren Grund darin, daß nicht der Begriff der Erbsünde als solcher analysiert wird, sondern deren psychologischer Niederschlag, die Angst als psychischer Zustand.

Das bedeutet, daß das Gottesverhältnis aus einer Funktion zu einem Problem wird. Das Problem ist, wie der Mensch trotz seiner Schuld seiner Schuldigkeit nachkommen und sein Leben leben kann. Oder anders gesagt: Das Problem ist, wie Gott noch eine zweite Funktion sein kann, nämlich diejenige, die den Widerspruch aus der Welt schafft, den die erste Funktion hereinbrachte. In der religiösen Sprache ist es der Begriff der Vergebung, auf den alles ankommt. Wir stehen nun bei der Doppelfunktion, die das Gottesverhältnis charakterisiert und die Kierkegaards Schriften in allen Aspekten ausleuchtet: Die erste Funktion Gottes ist die *grenzenlose Forderung,* daß das Leben keine neutrale Möglichkeit ist, die man selbst beliebig gestalten kann, sondern daß man sich dem Leben in seinem Gegebensein schuldet, grenzenlos. Gottes zweite Funktion ist die *grenzenlose Vergebung,* die dem Menschen zum zweiten Mal das Leben wiedergibt, für das er seine Schuldigkeit nie getan hat.

7. *Paradoxalität*

Damit haben wir die grundlegenden Linien im Denken Kierkegaards angedeutet und die Voraussetzungen bereitgestellt, um die Bedeutung des Begriffs verstehen zu können, mit dem er den fundamentalen Unterschied zwischen seinem Existenzdenken und dem, was er als spekulatives System im Auge hat, markiert. Es ist der Begriff der Paradoxalität. Im uneigentlichen Sinn kann Paradoxalität einen scheinbaren Widerspruch bezeichnen, den eine genauere Analyse oder eine logische „Bewegung" überwinden kann, indem die polaren Begriffe des Widerspruchs in einem höheren Begriff „aufgehoben" werden. Nach Kierkegaards Meinung ist diese uneigentliche Paradoxalität der Nerv im System Hegels. Dem setzt Kierkegaard seine eigentliche Paradoxalität entgegen, nämlich den Widerspruch, der sich nicht *wegdenken,* durch keine logische „Bewegung" entfernen läßt, sondern den man nur existentiell aushalten kann als eine Bedingung, unter der es dazusein gilt.

Die Paradoxalität entsteht, weil man in der Existenz das Unvereinbare verbinden muß. Als ein im radikalen Sinn historisches Wesen muß man sich zum absolut Ahistorischen verhalten; man muß Zeit und Ewigkeit im Augenblick der Existenz verbinden. Kierkegaard kann diese Aufstellung mit Hilfe anderer Begriffe variieren (Möglichkeit-Notwendigkeit-Wirklichkeit; Leib-Seele-Geist), aber der kürzeste Ausdruck ist, daß es im Menschen, im existierenden konkreten Menschen, Sein und Denken gibt, wobei Sein als der zeitliche Verlauf und Denken als die ewige, ahistorische Hierarchie von Begriffen verstanden sind. Diese Aufstellung ist im bewußten Gegensatz zu Hegel vorgenommen, für den Denken und Sein als Identität gesetzt waren. Kierkegaard denkt die Geschichtlichkeit des Menschen auf eine radikal andere Weise als Hegel und kann kraft dessen das ganze philosophische Interesse auf die faktische Existenz des Menschen als Selbstrealisierung konzentrieren.

8. *Das Christentum*

Wir kommen nun zu dem Thema, das im architektonischen Aufbau der Schriften Kierkegaards immer mehr in die Mitte rückt und das noch nicht berührt wurde: das Christentum. Alles Vorhergehende bereitet eine Fundamentalbestimmung des Christentums vor. Denn das Christentum tritt bei Kierkegaard als die definitive Lösung des Selbstwiderspruchs auf, in dem das existenzphilosophische Denken den Menschen hatte sitzen lassen: daß das Gottesverhältnis, das eine Existenz in Ernst und Gültigkeit ermöglichen sollte, gleichzeitig durch die Errichtung des Schuldbegriffs eine solche Existenz unmöglich machte. Der Selbstwiderspruch konnte nur durch den Gegenbegriff der grenzenlosen Vergebung aufgehoben werden; der fiktive Verfasser von *Furcht und Zittern* konnte prinzipiell behaupten, daß die Vergebung aus einem erneuten Gottesverhältnis, dem Glaubensverhältnis, hervorgehen könne. In der Situation, wo, menschlich gesprochen, keine Möglichkeit mehr ist, bedeutet „Gott“, daß alles möglich ist, oder daß Gott Möglichkeit schlechthin ist. Glaube bedeutet: in der Situation, in der es keine menschliche Möglichkeit mehr gibt, an die Möglichkeit, die Gott ist, zu glauben. Man muß, wohlgemerkt, „für dieses Leben glauben“; nicht an eine jenseitige Seligkeit, sondern an die Möglichkeit, dieses Leben zu leben, einfach deshalb, weil Gott schlechthin Möglichkeit ist.

Damit wird die Religiosität zur äußersten Konsequenz getrieben; die äußerste Forderung, was das Verhältnis zu Gott als der „ewigen Macht“ leisten soll, ist gestellt. Johannes de Silentio erklärt denn auch wiederholt, er könne es nicht verstehen. Er kann den Menschen, den tragischen Helden, der das Geliebte, dieses Leben, alles aufgibt, begreifen. Die Resignation ist begreiflich. Er kann auch dorthin folgen, wo man in der religiösen Krise dieses Dasein aus Rücksicht auf die himmlische Seligkeit aufgeben kann. Aber daß man, nachdem man gezwungen wurde, das Irdische absolut aufzugeben, es zurückerhalten soll, allein durch den Glauben an Gott als die Möglichkeit – das versteht er nicht. Der Grund dafür ist nicht schlechtes Denken oder daß es etwas gäbe, was er noch nicht begriffen hat. Der Grund ist der Zusammenhang selbst. Der Glaube ist ebenso unbegreiflich wie der Gott, an den er glaubt. Der Glaube ist der Untergang des Erkennens. Oder er ist, wie es heißt, Glaube „kraft des Absurden“.

Der nächste in der Reihe der pseudonymen Schriftsteller, Johannes Climacus, nimmt das Christentum als explizites Thema auf. Das Christentum ändert die Existenzbedingungen des Menschen total. Er ist nicht mehr der Mensch, der, auf desparate Weise und mit Hilfe des Absurden, der „ewigen Macht“ die Möglichkeit, in der „Welt“ ein Leben in Gültigkeit und Ernst zu leben, abtrotzen muß. Er ist nicht der Mensch, der sich selbst in seiner Geschichte so legitimieren muß, daß er sich mitten in der Zeit zum „Ewigen“ verhält. Das Christentum legt die Sache umgekehrt an, insofern es das „Ewige“ selbst ist, das, indem es ein historisches Faktum wird, in die Zeit tritt, in die Dimension also, in der sich der Mensch konstitutiv befindet. Wo der Mensch, der Anthropologie des Existenzdenkens zufolge, das Paradox realisieren müßte, Zeit und Ewigkeit, Sein und Denken zu verbinden im „Augenblick“ und seiner Entscheidung, da ist es die Verkündigung des Christentums, daß diese paradoxale Zusammensetzung vom „Ewigen“ selbst durchgeführt ist. Der ewige Gott ist in der Geschichte geworden, zu einem bestimmten Zeitpunkt an einer bestimmten Stelle, in dem bestimmten Menschen Jesus. Was der Mensch hätte tun müssen, aber unmöglich anders als in Verzweiflung, als etwas Absurdes, hätte tun können, das hat Gott getan. Das ist die „Vergebung der Sünden“ und das „Heil“, d. h. der Mensch kann sich daran genügen lassen und nun kraft dessen sein gegebenes Leben leben.

Es ist wichtig, dies festzuhalten: Kierkegaard versammelt den ganzen Inhalt des Christentums in einem einzigen Dogma, dem der Inkarnation. Das tut er prinzipiell. Er läßt Climacus sorgfältig erklären, daß dieses eine, der Gott in der Zeit, die Inkarnation, genug ist. Wer dieser Jesus sonst war, seine Worte, Taten und Geschicke, ist im Verhältnis zum Dogma der Inkarnation völlig gleichgültig.

Eine so grundsätzliche Konzentration auf ein einziges Dogma mag merkwürdig anmuten, und Kierkegaard wurde deswegen oft angegriffen. Aber wenn man diesen Punkt im Zusammenhang der ganzen Begriffsbestimmungen sieht, die er aufgebaut hat, leuchtet die Schlüssigkeit seines Gedankengangs ein. Es ist keine abwegige Behauptung, daß diese Konzentration auf die Inkarnation die entscheidende Absage nicht nur an Hegel, sondern an das spekulative Denken überhaupt darstellt. Im spekulativen System klärt man die empirische Wirklichkeit auf, indem man sie in ihrer Abhängigkeit von abstrakten Begriffen sieht, deren Einsicht man spekulativ oder begriffsanalytisch gewonnen zu haben glaubt. Kierkegaard leugnet nicht, daß eine solche Einsicht möglich ist – aber nur für Gott. Der existierende Mensch hat diese Möglichkeit nicht, eben weil er ein existierender Mensch ist, mithin selbst empirisch und der Zeit preisgegeben. Das System setzt Abgeschlossenheit voraus. Mit der Inkarnation ist alle Wahrheit nicht an einen abstrakten Begriff, sondern an ein historisch-empirisches Faktum gebunden. Im Christentum ist die Wahrheit selbst existentiell geworden, und damit ist die Möglichkeit gegeben, daß die Wahrheit und der Mensch in Beziehung zueinander treten können.

Darin unterscheidet sich das Christentum von jeder anderen Religion, im Grunde von der Religion als solcher. Ein religiöses System gleicht einem spekulativen System dadurch, daß es einen in sich selbst ruhenden geschlossenen Zusammenhang darstellt. Ein Dogma ist eine Aussage in diesem Zusammenhang und empfängt seine Legitimität einzig aus der vorausgesetzten Struktur des Systems selbst. Ein Dogma kann zwar gültig sein in den Grenzen des Systems, aber jedem steht es frei, das System als solches zu verneinen. Das Christentum dagegen ruht zwar auch auf einem Dogma, dem der Inkarnation, aber dieses Dogma ist darin einzigartig, daß es ein Dogma über ein historisches Faktum ist, dessen Status als Faktum man nicht leugnen kann. Bei der Darlegung dieses Verhältnisses zwischen Faktum und Dogma feiert Kierkegaards analytische Genialität wahre Triumphe. Das Christentum ist kraft seiner Bindung an ein historisches Faktum wahr, ob man es nun annimmt oder nicht; das bedeutet jedoch nicht, daß die Annahme gleichgültig wäre, denn erst in der Annahme wird das Faktum zu diesem Dogma: Gottes Geschichtlichwerden. Die Geschichtlichkeit Gottes besagt, daß Gott radikal die Bedingungen des Menschseins geändert hat, und diese Änderung gilt ohne Rücksicht darauf, wie einzelne Menschen und einzelne Völker sich dazu verhalten.

Damit ergibt sich etwas anderes. Indem das historische Faktum zum Dogma wird, ändert es seine Struktur. Das bloß historische Faktum ist längst vergangen, etwas vor vielen hundert Jahren Geschehenes. Indem es aber dogmatisch qualifiziert wird, ist dieses Faktum nicht mehr bloß das Vergangene, sondern zugleich das immer Gegenwärtige; es wird zu dem, das nicht „ad acta“ gelegt werden kann, sondern das sich jeden Augenblick wiederereignet. Es wird im qualifizierten Sinn zum „Augenblick", der ja nichts anderes ist als Gegenwart. Das muß existentiell durch die wiederum dogmatische Behauptung ausgedrückt werden: Der Mensch kann nur konkret und gültig Mensch werden, indem er sich gleichzeitig zu dem immer gleichzeitigen „Gott in der Zeit" verhält.

Im allerletzten Werk Kierkegaards, der *Einübung im Christentum,* tritt eine markante Änderung ein. Während er sich bisher ganz auf Jesus als den „Gott in der Zeit" und die darin eingeschlossenen existenzphilosophischen Konsequenzen konzentriert hatte, hebt er in diesem Werk die Bedeutung Jesu als Vorbild hervor, also Jesu Worte, Taten und Schicksale als göttliches Paradigma für das menschliche Leben. Das führt zu einer leidenschaftlichen Verkündigung der „Forderung" der Selbstverleugnung, des Leidens, der Nachfolge und des Martyriums. Diese Forderung kann der Mensch nicht erfüllen, und er muß ihr gegenüber das „Eingeständnis" machen, daß er nicht im eigentlichen Sinn ein Christ ist und deshalb „zur Gnade hinfliehen" muß. Diese Haltung hat Ähnlichkeit mit Luthers Lehre vom zweiten Brauch des Gesetzes.

Für Kierkegaard war diese Sache existentieller Ernst. Er erwartete ein solches „Eingeständnis" vornehmlich von seiten der Kirche, d. h. von Mynsters Seite. Mynster war Primas der dänischen Kirche, Bischof von Seeland, eine ehrwürdige und hochgeachtete Persönlichkeit, obzwar von Grundtvigianischer Seite auch angegriffen; er war für Kierkegaard eine erhabene Vaterfigur im Freudschen Sinn geworden. Das Eingeständnis blieb aus. Als Mynster 1854 starb und sein designierter Nachfolger, der von Hegel beeinflußte Martensen (den Kierkegaard grenzenlos verachtete), den verstorbenen Mynster in einer Gedenkrede einen „Wahrheitszeugen" nannte, da kam – ein Schock für die Zeitgenossen – der Angriff Kierkegaards auf Mynster, Martensen, die Kirche, „das Bestehende", das ganze kirchliche und demokratische Gesellschaftssystem. Kierkegaard gab sich hemmungslos dem Angriff hin; er führte ihn mit seiner furchterregenden polemischen Kraft und seinem einzigartigen Talent für beißende und sarkastische Ironie. Der Angriff dauerte knapp ein Jahr bis zu seinem plötzlichen Tod 1855. Das Verhältnis zwischen den übrigen Schriften Kierkegaards und dem letzten gewaltigen Angriff, dem „Kirchensturm", ist noch heute ein ungelöstes Problem.

III. Zur Wirkung

Kierkegaard wurde zu seiner Zeit kaum, jedenfalls nicht in voller Tiefe verstanden. Er war ein leidenschaftlicher Gegner der geistigen Strömungen, die seine Zeit beherrschten, des deutschen Idealismus und Schleiermachers. Nur mit Schopenhauer sympathisierte er, fing aber erst in seinem letzten Lebensjahr an, ihn zu lesen. Ansonsten griff er auf vielfältige Weise auf die Orthodoxie, auf Luther und insbesondere auf die Griechen, in erster Linie Platon und

Aristoteles zurück. In Wahrheit war er so tief original und genial, daß seine philosophische Leistung als eine Neuschöpfung bezeichnet werden muß, die erst in unserem Jahrhundert Fortsetzer gefunden hat, nämlich in Existentialismus, Absurdismus und Existenztheologie. Das aber sind literarische, philosophische und theologische Vorstöße, die keine gleichartige Richtung ausmachen. So tief sie auch von Kierkegaard beeinflußt sind, so wenig darf man sie „Kierkegaardianismus" nennen. Kierkegaard blieb ohne „Nachfolger". Er hätte es sich auch verbeten.

Karl H. Neufeld

ALBRECHT B. RITSCHL

(1822–1889)

Ritschl[1] unter den ‚Klassikern der Theologie'? Die Frage stellt sich unweigerlich beim Blick auf den Meister von Göttingen und sein umstrittenes Werk. Alte Schüler konnten 1934 nur noch feststellen, daß neuere Strömungen, die religionsgeschichtliche Schule und die dialektische Theologie, die Gestalt Ritschls verdrängt hatten: ‚Ritschelei' galt in Fakultäten und Veröffentlichungen als Schimpfwort. Waren die Ritschlsche Theologie und der Streit um sie in der Wilhelminischen Ära nur Mode gewesen? Auch nach dem Zweiten Weltkrieg erlebte dieses Denken keine neue Auferstehung, so daß sich eine neuere Arbeit über Ritschl[2] als Darstellung der „Grundlinien eines fast verschollenen dogmatischen Systems"[3] vorstellen konnte.

Das Vergessen ist bezeichnend und irritierend; denn Ritschls Name ist keineswegs aus der theologischen Diskussion verschwunden. Vor kurzem noch las man wieder den scharfen Vorwurf: der „Tiefpunkt eschatologischen Denkens (oder Nicht-Denkens) findet sich in der enorm einflußreichen Ritschlschen Schule"[4]. Sollte der Göttinger also im negativen Sinn den Klassikern der Theologie zuzurechnen sein? Da er Schule machte, läßt er sich wohl nicht als ephemere Modeerscheinung abtun. Ritschls Sohn bemerkte in den dreißiger Jahren, die Theologie seines Vaters habe „vor einem halben Jahrhundert trotz der heftigen und weit verbreiteten Gegnerschaft, die sie erfuhr, besonders auf die damaligen jungen Theologen einen starken Einfluß geübt"[5]. Diese Theologengeneration aus den ersten Jahrzehnten des Bismarckreiches lebte von Ritschls theologischen Gedanken. So eigenständige Wege sie später einschlug, zustimmend oder ablehnend trug sie das Erbe des Göttinger Theologen weiter. Genannt seien der Marburger Systematiker Wilhelm Herrmann (1846–1922), der Lehrer Rudolf Bultmanns und Karl Barths, der Berliner Kirchenhistoriker Adolf von Harnack (1851–1930), bei dem Dietrich Bonhoeffer noch studierte, und der Religionsphilosoph Ernst Troeltsch (1865–1923), der im eigentlichen Sinn Ritschls Schüler war. Die sich hier andeutenden Einflußlinien weisen in alle Richtungen und lassen nach der Rolle des Göttingers für die neuere protestantische Theologie fragen.

I. Persönlicher Hintergrund

Ritschl war 1822 in Berlin geboren, wuchs aber in Stettin auf, wo sein Vater, der Superintendent und Bischof von Pommern K. B. Ritschl[6], im Sinne der Preußischen Union[7] die Landeskirche leitete und erneuerte. Ohne Zwang auszuüben, prägte er den Sohn bis in dessen theologische Ausbildung hinein durch die weithin auf Schleiermacher zurückgehenden Grundsätze. Doch hielt er sich ganz auf dem Standpunkt des weitherzig aufgefaßten Bekenntnisses der lutherischen Kirche.

Der siebzehnjährige Ritschl begann 1839 in Bonn mit dem eigenen theologischen Studium; die dortige evangelische Fakultät entsprach den geistig-religiösen Voraussetzungen des Elternhauses. Aber die rheinische Universität brachte den Studenten auch in unmittelbaren Kontakt mit der lebendigen und streitbaren katholischen Welt. Die „Kölner Wirren"[8] spalteten die Geister, die katholisch-theologische Fakultät Bonn war durch den sich noch bis 1843 hinziehenden Streit um den Hermesianismus[9] fast lahmgelegt. Das dürfte dem jungen Ritschl das Problem von Philosophie und Theologie nahegebracht haben, das ihn nach der Übersiedlung an die Universität Halle 1841 ganz mit Beschlag belegte.

Im gleichen Jahr erscheint mit L. Feuerbachs *Wesen des Christentums* im Namen einer weiterentwickelten Hegelschen Philosophie eine Kampfansage an die Theologie und ihre Illusionen. Ritschl wird durch sein Interesse an Hegel zur Tübinger Schule um F. Chr. Baur[10] geführt. Dem Vater, der sich einer positiven Offenbarungstheologie jenseits von Rationalismus, Pietismus und Konfessionalismus verpflichtet fühlte, gefiel diese Hinwendung zur Philosophie nicht. Aber der Sohn erklärte, spekulative Theologie widerspreche dem Christentum nicht. Erst nach Ritschls Absage an die Baursche Schule lebte das alte Vertrauen wieder auf. Gleichwohl ging Ritschl auf des Vaters Wunsch 1845 nach Heidelberg, wo er seine später in Bonn vertiefte Bekanntschaft mit R. Rothe[11] anknüpfte. Doch dann ging er für ein Jahr als Schüler Baurs nach Tübingen, bevor er sich 1846 in Bonn habilitierte. Im folgenden Jahrzehnt galt er als Vertreter der Tübinger Schule.

Diese Zeit sah die Revolution von 1848, die Wiederentdeckung und Belebung konfessioneller Traditionen im evangelischen Raum, den Neuaufbruch des deutschen Katholizismus. 1850 veröffentlichte Ritschl sein erstes Hauptwerk *Die Entstehung der altkatholischen Kirche*[12], dem er ursprünglich den Titel „Genesis des Katholizismus" geben wollte. Problem und Durchführung verraten die von Baur vorgezeichneten Bahnen, während das persönliche Interesse durch die Begegnung mit der Bonner Situation bestimmt war. In den folgenden Jahren entfernte sich Ritschl mehr und mehr von Baur; die völlig überarbeitete Neuauflage von 1857 besiegelte den Bruch mit Tübingen. Gegen eine Skizze der christlichen Frühgeschichte, die ganz vom Systemdenken Hegels her entworfen war, wollte Ritschl ein Bild stellen, das der tatsächlichen historischen Entwicklung Rechnung trug. Geschichte gegen Philosophie! Diese neue Sicht setzte sich durch und überwand die Tübinger Entwürfe, so daß selbst ein so entschieden konfessioneller Lutheraner wie Th. Harnack, der Vater des Kirchenhistorikers, Ritschl für sein Werk über die altkatholische Kirche, „das besonders gegen die Baur'sche Schule, aus der er hervorgegangen, gerichtet war“[13], Dank wußte.

Annähernd zwanzig Jahre lehrte Ritschl in Bonn, dann nahm er 1864 einen Ruf nach Göttingen an, wo er noch einmal fünfundzwanzig Jahre wirken sollte. Diese Periode sah die Höhepunkte seines Schaffens, zunächst das zweite und zentrale Hauptwerk *Die christliche Lehre von der Rechtfertigung und Versöhnung*[14] (1870–74), dann die *Geschichte des Pietismus*[15] (1880–86), jeweils in drei Bänden. Ritschl selbst bezeichnete das letzte Werk „als den Anschauungsunterricht für seine Theologie und setzte es so in den engsten Zusammenhang zu seiner Lebensaufgabe überhaupt“[16]. Die kleineren Beiträge fügen sich in die durch die Hauptwerke markierten Themen ein; wichtig ist aber sein *Unterricht in der christlichen Religion*[17], mit dem er „die vollständige Gesamtanschauung vom Christentum“ zu bieten sucht. Im Titel lehnt sich Ritschl bewußt an Calvins Institutio an, die er jedoch nach der treffenden Bemerkung eines neueren Herausgebers „ebenso überbieten möchte wie Melanchthons loci und die Sentenzen des Lombarden“[18]. Der Anspruch gilt für Ritschls Gesamtwerk, das gegen Ende seines Lebens immer bekannter, aber auch immer umstrittener wird. Als er 1889 in Göttingen starb, hatte der Kampf seinen Höhepunkt noch kaum erreicht. Worum ging es?

II. Der Ruf zur Sache

Ritschls Werk – das sind nicht in erster Linie seine schon erwähnten Bücher. Man hat von ihm gesagt, er habe für die protestantische Theologie soviel bedeutet wie Bismarck für die Politik. Dabei geht es um eine Grundintention theologischen Denkens. „Er baute, indem er kritisierte“[19], hieß es später. Seine bisweilen harte Kritik und seine direkte Rede fielen denn auch zunächst auf. Dennoch wollte er nicht völlig Neues bieten; das machte er den Tübingern zum Vorwurf. Aber angesichts der gegebenen theologischen Lage hielt er es für seine Aufgabe, den „reinen biblischen Offenbarungsglauben“[20] wieder aufzuzeigen und in sein Recht einzusetzen. Aus der unübersichtlichen und verwirrenden Vielzahl theologischer Wahrheiten und Forderungen sollte die innere Mitte des Evangeliums wieder aufstrahlen, sollte der reformatorische Kerngedanke der Rechtfertigung aus Glauben neu in seiner Stellung bestätigt werden. „Es sind fast dreißig Jahre verflossen, seit ich im dritten Semester meines akademischen Studiums mir darüber klar wurde, daß ich für meine theologische Bildung vor allem des Verständnisses der christlichen Idee der Versöhnung bedürfe“[21], bemerkt Ritschl am Beginn seiner Vorrede zu *Rechtfertigung und Versöhnung* 1870. In Bonn also wurde sich der junge Theologe seines

Protestantismus bewußt; und *Protestantismus* ist das treffende Stichwort für sein ureigenstes Anliegen. „Ritschl war protestantischer, d. h. antikatholischer Theologe von einer Schärfe und Entschiedenheit, wie wir solche seit Flacius, Chemnitz und den Tagen der altprotestantischen Orthodoxie nicht mehr erlebt haben. Hier liegt das eigentliche Geheimnis seiner Eigenart, Anziehungskraft und Größe. Sein Kampf gegen den Pietismus war nichts anderes als ein Kampf gegen den Katholizismus, und er führte diesen Kampf so energisch, weil er der Überzeugung lebte, daß nicht weniger als der ganze Protestantismus auf dem Spiele stehe."[22] So charakterisiert Harnack, der den Göttinger aus langjährigem persönlichem Kontakt kannte, das Motiv für Ritschls Theologie.

1. Konsequenter Protestantismus

Es verstand sich von selbst, daß es in dem Kampf um die Form des Christlichen ging, die Jesu Botschaft am treuesten wiedergibt und die zugleich die moderne Welt erreichen kann. Ritschl ging davon aus, „daß die Reformation des sechzehnten Jahrhunderts ein positives, unerschütterliches Gut im Reiche der Religion und des Gedankens gewonnen hat"[23], das der Protestantismus seiner Tage nur „fragmentarisch, buntscheckig, vielfach haltlos und ohne sichere Orientierung"[24] darstellte. Er hoffte, es zu klären, um so „dem Protestantismus eine feste religiöse Gesinnung und Stimmung, eine helle Glaubenslehre und einen sicheren Zusammenhang mit dem aktiven Leben (zu) geben. In allen diesen Beziehungen sollte er sich als die positive und entschiedene Antithese zum Katholizismus offenbaren oder richtiger als die scharf abgegrenzte höhere Stufe über ihm"[25]. Im Grundsatz glaubte er sich hier mit allen protestantischen Kollegen einig: „Für protestantische Theologen steht es fest, daß die Reformation Luther's und Zwingli's wenigstens im Prinzip die Stufe des Christentums überschritten hat, welche vom zweiten Jahrhundert an sich ausgestaltet hat und im besondern als die katholische Stufe des Christentums bezeichnet wird".[26] In diesem Sinn sah Ritschl seinen Dienst am Protestantismus als Dienst an der Sache Christi in der modernen Welt.

Einen klaren Ausdruck fand das erst nach und nach. Unter den Prolegomena seiner *Geschichte des Pietismus* sagt das Kapitel „Katholizismus und Protestantismus"[27] unzweideutig, was gemeint ist. Die Reformation und ihr Begriff ist dem Protestantismus unklar, so daß auch die eigene Stellungnahme zu dieser Basis zwiespältig gerät. Nicht das formale Schriftprinzip ermöglicht die nötige Unterscheidung, sondern das Materialprinzip der Lehre von der Rechtfertigung in Verbindung mit der Opposition gegen das katholische System. Dazu müsse in der eigenen Zeit der praktische Bezug auf das christliche Leben hinzukommen, weil eine bloße Lehrformel nicht reiche. Ohne eigenes christliches Lebensideal könne sich der Protestantismus nicht behaupten, vielmehr habe sich darin die Rechtfertigung aus dem Glauben zu bewähren, weil aus ihr der Gewinn des Vertrauens auf Gottes Vorsehung in allen Lagen des Lebens stamme, das dem Sünder fehle.[28] „Dies ist die eigentümliche Probe der Ver-

Albrecht B. Ritschl (1822–1889)

söhnung mit Gott, daß man auch mit dem von Gott geleiteten Weltlauf, wie schwer er uns etwa fällt, versöhnt wird."[29]

Bisher hat sich der Protestantismus allerdings fast nur als Lehre ausgewirkt; deshalb war der Raum für den Pietismus frei, der nach Ritschl verkappter Katholizismus ist. Fazit: „In der bloß verstandesmäßigen Ausprägung der Lehren des Evangeliums wird die der Reformation entsprechende Totalanschauung des Christentums noch nicht zum entsprechenden Ausdruck gebracht, sondern einerseits zersplittert, andererseits verhüllt und beschattet."[30] Hier liegt also auch der Grund für die innerprotestantische Zerspaltenheit und die Unklarheit über das eigene Wesen. Eine doppelte Aufgabe stellt sich also: Klärung dessen, was Protestantismus ist und zu sein hat, und Überwindung der Parteien innerhalb der für Ritschl einen reformatischen Bewegung. Der Titel *Das Bedürfnis des kirchlichen Protestantismus nach Reform*[31] spricht das deutlich aus. Konkret folgt Ritschl der Linie der Preußischen Union, doch will er sie theologisch vertiefen und gegenüber dem Konfessionalismus überzeugend begründen. Die Eigentümlichkeit des kirchlichen Protestantismus liegt dabei für ihn in dem, „was in den Stiftungen Luther's, Zwingli's und Calvin's gemeinsam ist"[32]. Gegenüber dem Katholizismus läßt sich das nur in drei Beziehungen ausdrücken: „Das ist der Inhalt des Lebensideals, ferner die Schätzung dessen, was an der christlichen Gemeinschaft die Hauptsache ist, endlich die Beurteilung des Staates im Verhältnis zu der religiösen und sittlichen Gemeinschaft am Christentum."[33]

In der Verfolgung dieses Ziels wurde Ritschl zum Theologen des Protestantismus schlechthin. Was er damit meinte, hängt nicht zuletzt an seinem Katholizismusbild.

2. *Antikatholizismus*

Der Ruf zur Sache besitzt bei Ritschl zwei Seiten, von denen er dem Katholizismus in seinem Frühwerk prinzipielle Aufmerksamkeit zuwandte. Doch kämpft er nicht gegen die katholische Kirche des letzten Jahrhunderts. Soweit die Aktualität betroffen ist, gilt seine Abwehr dem angeblich kryptokatholischen Pietismus. „Vor dem Katholizismus, seiner Weite, Stärke, seiner in der Autorität gegebenen Einheitlichkeit und der Eigenart seiner Frömmigkeit hatte er den höchsten Respekt"[34], bezeugt Harnack; aber „Den Katholizismus hielt er für falsch"[35]. Deswegen folgt: „Die autoritative Einheitlichkeit des Katholizismus soll überboten werden durch die innere Einheit des protestantischen Systems; die asketisch-kontemplative Frömmigkeit soll abgelöst werden durch die tätige, und in der Kombination des Rechtfertigungsglaubens und der ‚christlichen Vollkommenheit im tätigen Leben' soll sich die Einheit des geschichtlichen Grundes der christlichen Religion mit ihrem fortwirkenden Leben darstellen."[36] In diesem Programm stecken die Vorwürfe an die Adresse des Katholizismus, der für Ritschl als Pietismus die protestantische Bewegung auszuhöhlen scheint. Solche Zersetzung folgt nach dem Göttinger aus einigen

Einstellungen, mit denen das Christentum sich im zweiten Jahrhundert gegen gnostische und montanistische Strömungen wehrte, ausgedrückt in der Annahme einer Glaubensregel, der verpflichtenden äußeren Tradition und der Unterordnung unter das Amt, dem die Entscheidungen vorbehalten sind. Damit entfernte sich das katholisch werdende Heidenchristentum vom Paulinismus: statt der Freiheit des Christenmenschen das neue Gesetz.

„Das katholische Christentum ist also eine bestimmte Stufe der religiösen Vorstellung innerhalb des heidenchristlichen Gebietes.“[37] Als ganze wie in ihren charakteristischen Einzelzügen[38] überbietet der Protestantismus sie seit dem 16. Jahrhundert, während der Katholizismus zuvor grundsätzlich im Recht war. Das Evangelium enthielt zwar tiefere Kräfte, doch konnten sie erst in der Reformation zutage treten, als man sich so sehr in die Botschaft Jesu vertiefte, daß die äußerlich stützenden Normen des Katholizismus ihre tragende Rolle einbüßten und endgültig überflüssig wurden. In diesem Sinn ist jedes Christentum, das bewußt aus seinen inneren Kräften lebt, antikatholisch. Mag das anfangs nur in zaghaften Ansätzen der Fall gewesen sein, mögen diese Kräfte im Protestantismus selbst wieder verschüttet worden sein, die Reformation markiert für Ritschl doch die prinzipiell neue Stufe für Evangelium und Glaube. Deshalb sah er „seine theologische Aufgabe darin, die Reformation zur Vollendung und den Protestantismus zur Reife zu bringen“.[39]

Allerdings wurde die Theorie der Entstehung der altkatholischen Kirche vor allem in Auseinandersetzung mit Baur entwickelt, wenn es auch hier schon um Antikatholizismus ging. Jedenfalls standen Auffassung und Behandlung der Geschichte im Vordergrund. Nur nebenher gerät in der historischen Skizze das prinzipielle Problem als solches in den Blick. Erst bei der Vorbereitung von *Rechtfertigung und Versöhnung* griff Ritschl es vom Mittelalter und den möglichen direkten Vorläufern der Reformation Luthers her auf. Wie später noch deutlicher wurde, war es dieser mittelalterliche Katholizismus, den der Göttinger angriff. Mit bemerkenswerter Unbefangenheit kritisierte er in diesem Zusammenhang zunächst eine Reihe gängiger protestantischer Vorurteile und versucht, die Lehren Anselms und Abälards, des Thomas von Aquin und des Johannes Duns Scotus wirklich ernst zu nehmen. Er kannte sich wie wenige Kollegen in den Werken der Scholastiker aus und befaßte sich intensiv mit den Frömmigkeitsbewegungen des Mittelalters. Natürlich wollte er den wesentlichen Unterschied zwischen den innerkatholischen Reformen vor Luther, den Reformatoren vor der Reformation und dem protestantischen Aufbruch anderseits nachweisen. Ritschls Begriff der Reformation legte diese Betrachtung und auch ihr Ergebnis von vornherein fest. Nichtsdestoweniger nötigt sein Bild des Katholizismus für die damalige Zeit Respekt ab.

Die Entdeckung des Bernhard von Clairvaux, gewissermaßen der Prototyp dieses Katholizismus, spielt dabei für Ritschl eine entscheidende Rolle. Bei diesem Heiligen entdeckt er ein erstaunliches Maß echt reformatorischer Einsichten und Aussagen. Und doch bleibt der Abgrund: Bernhard ist Mönch, sein Christsein gilt für Mönche und baut auf dem Prinzip der Weltflucht und der grundsätzlichen Teilung der Christenheit in Mönche und andere auf.[40] Das ist nach Ritschl katholisches Lebensideal, katholische Frömmigkeit in Askese und Kontemplation. Diese Wirklichkeit des Katholischen erklärt er für typisch, ihre Züge entdeckt er im protestantischen Pietismus wieder. Um das Lebensideal hat sich die Reformation über allen Lehrstreitigkeiten nicht gekümmert. So drangen verdeckt katholische Haltungen in den kirchlichen Protestantismus ein, fanden zunehmend Anhänger und beschworen die Gefahr herauf, daß auch die theoretischen Einsichten Luthers und Calvins verloren gehen.

Darum vertritt Ritschl einen Antikatholizismus mit ganz neuem Sinn und Gewicht, wie er vorher kaum denkbar war. Sicher geht er in dieser Form über den Antikatholizismus der Reformatoren hinaus, auf den er sich beruft. Ob Katholiken dieses Bild gelten lassen oder nicht, tut wenig zur Sache. Wichtiger ist, daß kaum Protestanten dem Göttinger in dieser Sicht folgen mochten. Schon für seine Schüler wird bemerkt: „Wer unter uns lebt noch der vollen Zuversicht, die diesen großen Theologen beseelte? Wer getraut sich, die Gedanken so streng antithetisch und so exklusiv zu entwickeln wie er? Wir sind alle viel skeptischer und darum an den letzten Punkten, wo es sich um das Leben der Frömmigkeit selbst handelt, viel konservativer als er, weil wir nicht wie er sicher sind, jeden Abstrich reichlich ersetzen zu können."[41] Die „Schwäche" der Späteren scheint heute allerdings sachlich besser begründet; als „Schwäche" konnte sie nur solange empfunden werden, wie man der Überzeugung war: „In der Richtung, die Ritschl gewiesen hat, liegt die Zukunft des Protestantismus als Religion und als geistige Macht."[42] Hat sich diese Voraussage nicht inzwischen als verfehlt herausgestellt? Dennoch lebten die Konzeptionen des Göttingers fort, anders vielleicht als er sie vertrat, aber unterschwellig wirkten sie in Gegnern und Schülern bis heute nach.

III. Neue Ansätze

1. Rückgriff auf Luther

Ritschls Abhängigkeit vom Wittenberger Reformator wurde kürzlich eigens untersucht; der Einfluß ist stärker als die Theologiegeschichte bislang annahm.[43] Schon zu Ritschls Zeit wußte man um seinen Anspruch, die wahren Intentionen Luthers zur Geltung zu bringen. Genau dagegen protestierten die Vertreter des erstarkenden konfessionellen Luthertums.[44] Denn der Göttinger griff sehr eigenständig, ja eigenwillig auf das Werk des Reformators zurück. Dieser Umgang ist übrigens charakteristisch für die Art, wie er Tradition heranzog und deutete. Zunächst begegnet er Luther mit unverkennbarer Hochachtung und betrachtet dessen Werk als Autorität für sich und andere. Ihm entnimmt er die Anstöße, die sein eigenes Denken bestimmen, vor allem die Lehre von der Rechtfertigung. Ritschl bevorzugt aber einseitig die lutherischen Schriften und Predigten der Zeit unmittelbar vor dem Ablaßstreit von

1517[45] unter Betonung des praktisch-religiösen Aspekts im Kampf um das Bußinstitut, weil er diese Periode für entscheidend ansieht. Die Frage der Auswahl und die der Gesichtspunkte ist damit aufgeworfen. Der wahre Luther – wo ist er zu finden?

Ritschl kritisiert von seiner Sicht aus recht unbefangen das sonstige Werk des Reformators. Nur auf den reformatorischen Impuls, wie er ihn deutet, legt er Wert. Darum markiert er auch die Grenzen von Luthers Rechtfertigungslehre, die er weiter zu klären und zu vertiefen behauptet. Diese Kritik wurde dem Göttinger vielfach übel genommen, aber sie kam manchem jungen Theologen aus dem Luthertum als Befreiung vor. Der Umgang mit dem Reformator wurde jedenfalls weiter; ein Stück der Luther-Renaissance unseres Jahrhunderts kündigte sich an. Das Miteinander von Luthertreue und Absetzung vom Reformator wirkte im Vorgehen Ritschls trotz allem sehr eigenwillig. Maßgebend war eine Idee der Reformation, die neben Luther auch Zwingli und Calvin Platz bot und letztlich zum Eklektizismus führte, den man Ritschl bald zum Vorwurf machte. Sein Verdienst blieb es, einen anregenden und bereichernden Zugang erschlossen zu haben, der sich in einer echten Lutherfreude seiner Schüler[46] niederschlug. Zahlreiche eigenständige Studien bezeugen es.[47] Man konnte also Luther auch anders begegnen als in den ausgefahrenen Geleisen des konfessionellen Protestantismus.

2. *Rückgriff auf die Bibel*

Als Bonner Professor vertrat Ritschl zunächst nur das Neue Testament, seit 1848 die Dogmengeschichte und von 1852 an die systematische Theologie. Auch in Göttingen hielt er noch bibelexegetische Vorlesungen. Aber seinem ganzen Temperament nach blieb er auch dabei Systematiker. Als die wissenschaftliche Exegese sich später allgemein durchgesetzt hatte, schrieb Ritschls Sohn: Seine Exegese entging „nicht immer der Gefahr, daß durch sie die neutestamentlichen Gedanken den Bedürfnissen und Ansprüchen einer im Laufe der Jahrhunderte veränderten Denkweise irgendwie angepaßt wurden. In demselben Maße vermochte Ritschl nicht, sich in eine dem modernen Denken nicht mehr durchweg gleichartige Gemüts- und Gedankenwelt hinreichend einzufühlen. Daher haben denn auch seine exegetischen Leistungen verhältnismäßig am wenigsten Zustimmung finden können."[48] Nicht Ritschls Einzelauslegung der Hl. Schrift machte Schule, wohl aber seine neue Art, die Bibel für die systematische Theologie zu nutzen – selbständig und doch in Treue gegenüber dem Gesamtduktus, die seit Melanchthon gebräuchliche ‚loci-Theologie' scharf zurückweisend, dafür die sich durchhaltenden Grundintentionen suchend und herausstellend. Der Göttinger ging dabei als Historiker vor, der allerdings zuvor als Christ die zentralen Wahrheiten des Evangeliums angenommen hat.[49] Nur die Offenbarung Gottes in Jesus Christus gewährt diesen Zugang, ein Gedanke, mit dem Ritschl ebenso entschieden wie später K. Barth jede natürliche Theologie zurückwies.

Das wirkte sich auch gegen die Hegelsche Philosophie als Maßstab der Geschichtsschreibung aus, wie sie bei Baur galt.[50] Ritschl verlangte eine streng historische Vergleichung von Entwicklungsstufen, wobei jede Position aus ihren eigenen Grundbegriffen zu konstruieren sei.[51] Konkret: „Die Geschichte der einzelnen christlichen Lehre muß auf der Geschichte der christlichen Theologie fußen, diese aber richtet sich ebenso sehr nach den Wendungen, welche die praktische Entwicklung der Kirche nimmt, als nach den Einflüssen, welche aus der Entwicklung des allgemeinen sittlichen Geistes und aus der selbständigen wissenschaftlichen Bildung, insbesondere aus verschiedenen philosophischen Systemen herstammen."[52] Diese Formel historischer Betrachtung beruht auf einer Reihe von Voraussetzungen, über die Ritschl sich nicht näher erklärt. So muß der Sohn zugeben, ein ähnlicher Mangel wie in der Exegese mache sich „zum Teil auch in Ritschls historischen Leistungen" bemerkbar, „so sehr anderseits gerade seine kirchen- und dogmengeschichtlichen Forschungen und Kombinationen zu vorher nicht schon gewonnenen wichtigen Einsichten und Aufschlüssen geführt haben"[53]. Wieso beides der Fall sein konnte, dürfte schon deutlich geworden sein.

3. *Metaphysik oder Geschichte*

Am Bruch mit Baur wird eine gewandelte Einstellung Ritschls zur Rolle der Philosophie innerhalb der Theologie sichtbar. Deren Tragweite hat er in späten Jahren in der Schrift *Theologie und Metaphysik*[54] beschrieben. Die Ablehnung der Metaphysik hatte Mißverständnisse wachgerufen; jetzt begründet der Göttinger sie vom Begriff der Metaphysik, besser: von der Deutungsrichtung her, die dieses Wort einschließt. Grundlegender Bezugspunkt ist die ‚physis', die Natur. Von ihr aus wird die meta-physische, die über-natürliche Wirklichkeit bestimmt. Mit dem Naturbegriff des letzten Jahrhunderts, der den Aufschwung der Naturwissenschaften erlaubte, hatten sich aber unablösbar die Vorstellungen vom Natur*gesetz* und vom kausalen Determinismus verbunden. Metaphysik mußte unter dieser Voraussetzung als Transposition einer materialistischen Mechanik auf die geistige Ebene verstanden werden. Die verheerenden Folgen solcher Sicht für die Wahrheit des Evangeliums, für die Würde Gottes und seine Offenbarung, für die Freiheit des Menschen und seines Geistes liegen auf der Hand. Zudem trat Christentum als Geschichte in die Welt; geschichtlich, d. h. unter Einsatz und Rücksicht jener Freiheit wirkt es sich aus, die Ritschl mit Luther für die eigentliche Frucht der Erlösung hält. Hatte nicht Luther schon den Kampf gegen die ‚Hure Vernunft' aufgenommen, um den inneren Anspruch der Rechtfertigungsbotschaft, das ‚reine Evangelium' zu sichern? Hatte nicht Kant die material-kausalen Notwendigkeiten der alten Metaphysik überwunden und in der *Kritik der praktischen Vernunft* durch ein teleologisches Verständnis die geistige Wirklichkeit treffender gedeutet? Das allesbestimmende Ziel wurde auch für Ritschl das ‚Reich Gottes', dem der Königsberger Philosoph fast ein Jahrhundert früher in seiner Religionsschrift[55] die zentrale Stelle eingeräumt hatte. Doch war der Göttinger überzeugt, dieses Ideal zuerst und vor allem als Inhalt der Verkündigung Jesu selbst zu vertreten, als *religiösen* Begriff, wie er wiederholt unterstreicht.

Eine neuere Untersuchung sagt dazu: „Ritschls Reich-Gottes-Anschauung . . . hat die liberale Auffassung vom Christentum als einer theologischen Ethik unter Aufnahme Kantischer Gedanken begründet; sie hat darüber hinaus aber den unmittelbaren Anstoß zur Wiederentdeckung des neutestamentlichen Reich-Gottes-Begriffes abgegeben."[56] Ziemlich sicher hätte Ritschl selbst die beiden Feststellungen umgekehrt und sie anders formuliert, hätte aber den sachlichen Zusammenhang zwischen religiöser Grundlage und moralischer Konsequenz durchaus gebilligt. Er gibt für die Erkenntnis dieser Wirklichkeit auch die Notwendigkeit einer entsprechenden philosophischen Lehre zu, ebenso wie zur Umsetzung christlicher Freiheit in konkret verantwortliches Handeln für die Welt außer dem religiösen Impuls weitere Orientierungshilfen erforderlich sind. So erhält der Reich-Gottes-Gedanke ein doppeltes Gesicht. Er weist nicht nur auf die Endvollendung durch Gott selbst hin, von der wir nicht viel wissen, sondern auch auf die Verwirklichung des Christseins in Raum und Zeit. Eine besondere Rolle kommt in jedem Fall der christlichen Gemeinde zu; sie vermittelt dem Einzelnen Botschaft und Glaube, sie trägt ihn und ermöglicht es, daß er seinen Beitrag zur gemeinsamen Aufgabe leisten kann. Die Gemeinde übersetzt die christliche Geschichte. Sie macht jede individualistische und subjektivistische Form von Christentum von vornherein unmöglich, richtet sich anderseits aber ebenfalls gegen jede isolierte Objektivität von Offenbarung in Einzelwahrheiten. Hier lebt vielmehr das von Luther proklamierte ‚pro me' der Erlösung, so daß der orthodoxe Objektivismus und der liberale Subjektivismus aufgehoben sind. Ritschl glaubt also dem Berechtigten in den verschiedenen extremen Versuchen seiner Zeit besser gerecht zu werden als diese selbst. Hat er wirklich die nachher so umstrittene Subjekt-Objekt-Spannung für den Glauben überwunden? Das Mühen darum bleibt ihm anzurechnen, auch wenn seine neue Objektivität christlicher Frohbotschaft, die den Menschen einschließt, nicht als Lösung des Problems Aufnahme fand.

IV. Unterricht in der christlichen Religion

Ritschl hat den Inhalt seiner Theologie in den neunzig knappen Paragraphen eines *Unterrichts in der christlichen Religion* zusammengefaßt, der auch in unserem Jahrhundert unmittelbar nachwirkte. Ursprünglich wollte er ein Schulbuch für die Oberklassen der höheren Schulen schaffen. Doch in dieser Hinsicht blieb der Erfolg aus. Unerwartet setzte sich das Büchlein dagegen als Kompendium des Christentums im akademischen Studium durch. Es diente als Übersicht für angehende Theologen und leitete eine Art der Darstellung ein, die bis heute immer wieder nachgeahmt wird als ‚Wesen des Christentums', als ,Wesen des christlichen Glaubens', als Inbegriff oder summarische Auslegung des ,Credo', als Grundkurs des Glaubens oder Einführung ins Christentum.[57]

Nach gedrängter Einleitung entwickelt Ritschl eine eigenständige Anordnung des Stoffes in vier Teilen. Zunächst erscheint „Die Lehre vom Reiche Gottes"[58] – als religiöse Idee und als sittlicher Grundgedanke. Darauf baut „Die Lehre von der Versöhnung durch Christus"[59] auf. So breit der Göttinger dieses Thema in seinem zweiten Hauptwerk beschrieben hatte, so komprimiert bietet er hier die wesentlichen Grundgedanken. Es schließt sich „Die Lehre von dem christlichen Leben"[60] an, bevor die Übersicht mit der „Lehre von der gemeinschaftlichen Gottesverehrung"[61] endet. Die ganze Darlegung ist in den Rahmen der christlichen Gemeinde eingefügt und ruht auf der Voraussetzung der besonderen Offenbarung Gottes in Jesus Christus. Der eigentümliche Gottesgedanke – „Der vollständige christliche Begriff von Gott ist die Liebe"[62] – prägt alles. Allerdings gelingt es Ritschl nur unzulänglich, auch die Einzelwahrheiten des Evangeliums seiner Konzeption so einzufügen, daß der Christ seine Überzeugung wiedererkennt. Das Neue des Versuchs beschäftigte schon die unmittelbare Diskussion. Nach Harnack fußte dieses Werk „auf keiner Tradition" und mußte „sich Anordnung, Form und Ausdruck zum Teil erst schaffen"[63]. Trotz einiger Einwände urteilt er: „Die Aufgabe, die hier gestellt und in wichtigen Stücken gelöst ist, kann der evangelischen Theologie um ihrer selbst und um der Kirche willen nicht mehr entfallen."[64] Die Abweichung vom Schema der lutherischen Dogmatik hatte Ritschl selbst zugegeben; einmal habe er Religionsunterricht und nicht Theologie, zum anderen „die vollständige Gesamtanschauung vom Christentum . . ., welche in der hergebrachten Dogmatik nicht entfaltet wird"[65] bieten wollen. Sein Verdienst wird auch heute anerkannt: die Gotteslehre aus der Zwangsläufigkeit naturwissenschaftlichen Denkens zu befreien und Gottes Handeln gerade bezüglich der Welt und der menschlichen Gemeinschaft für heute verständlich werden zu lassen.[66] Die Aufgabe hat seither an Schärfe noch gewonnen.

Daß nur vom Standpunkt der christlichen Gemeinde „der ganze Inhalt des Christentums richtig"[67] erfaßt werden kann, weist die Richtung, insofern zugleich der Grundsatz betont ist, daß „man die christliche Lehre allein aus der heiligen Schrift schöpfe"[68]. Damit ist von Anfang an dem Individualismus und einer willkürlichen Gemeindeansicht gewehrt. Die Gemeinde bleibt Empfängerin der Wahrheit, hat aber notwendig dann in ein positives Verhältnis zur Welt zu treten. Ritschl entwickelt den letzten Gedanken so stark, daß bei ihm alle christlichen Wahrheiten zu kurz kommen, die über unsere Welt hinausreichen. Diese eigentümliche ,politische Theologie' bedenkt vor allem die geistige Herrschaft des Christen über die Welt, die „notwendig zur Versöhnung mit Gott oder zur Gotteskindschaft"[69] gehört. Die Gefahr einer horizontalistischen Sicht ist nicht zu leugnen. Fremd ist uns heute der optimistische Harmonismus Ritschls, der mehr den selbstbewußten deutschen Bürger zu Ausgang des letzten Jahrhunderts charakterisiert als den Christen, der wider alle Hoffnung hoffen muß.

Nach Jahrhunderten des Auseinanderdenkens christlicher Wahrheit hat Ritschl den Mut gehabt, in seinem Unterricht seit langem Getrenntes wieder zusammenzudenken: Gott und Welt, Wahrheit und christliches Verhalten, Beruf und Vollkommenheit, Theologie und Frömmigkeit. Er versucht die innere Verbindung zwischen diesen Größen aufzudecken, ihren einfachen, grundlegenden Zusammenhang vor aller Unterscheidung und Trennung. Diese Betonung des Wesentlichen sagt nicht alles. Mehr noch verübelte man ihm, daß er seine Akzente setzte. In der Tat wird die Skizze von Ritschls eigenen Voraussetzungen her fragwürdig. Aber als Typus darf sie in der Tat als Markstein gelten.[70]

Ritschl erweist sich auch hier als der konsequente Denker des Protestantismus. Er führte als Systematiker reformatorische Ansatzpunkte bis zu ihrer Spitze und erwies sie so teilweise als fruchtbar, teilweise als verfehlt. In neuer Weise erschloß er die Grundlagen des reformatorischen Christentums gerade in der vorreformatorischen Tradition. Man hat ihn wohl zu Recht den „letzten lutherischen Kirchenvater"[71] genannt. Das drückt zugleich bleibende Bedeutung und eingetretene Distanz aus, die nur durch geschichtliche Vermittlung zu überbrücken ist.

In dem Maße, als der Protestantismus Ritschls Ruf aufnimmt, das eigene Verhältnis zur Reformation zu klären, steht eine Bestimmung von Sinn und Rolle des protestantischen Aufbruchs zu erwarten, die für die Ökumene immer wichtiger wird. Das käme der ganzen Christenheit zugute. Ritschl fühlte sich letztlich ganz der Sache Jesu Christi verpflichtet. Würde ihr gedient – auch in einem gewissen Gegensatz zu seinen konkreten Voraussagen und Wünschen –, dann dürfte das die beste Frucht seines Lebenswerkes sein, der er sich selbst nicht widersetzen würde.

Peter Neuner

ALFRED LOISY

(1857–1940)

Ein Klassiker theologischen Denkens in dem Sinn, daß man sich auf ihn berufen würde, daß seine Fragen und seine Antworten überzeitliche Geltung hätten, daß er als Autorität in der Kirche und in der theologischen Diskussion gelten könnte, ist Alfred Loisy sicher nicht. Im Gegenteil: die Kirche hat ihn als Modernisten exkommuniziert, er selbst hat mit Kirche, Christentum und, jedenfalls zeitweilig, auch mit dem Glauben an einen persönlichen Gott gebrochen. In der Theologie der beiden großen Kirchen ist er vergessen. Nur noch wenige Zitate aus seinen Schriften sind bekannt, die, aus dem Zusammenhang gerissen oder falsch interpretiert, das Bild belegen sollen, das man sich vom Modernisten und Apostaten Loisy macht.

Trotz dieses zunächst negativen Befundes ist festzuhalten, daß zumindest die Fragen, die Loisy stellte und die in Theologie und Kirche zunächst nicht gelöst, sondern nur unterdrückt wurden, nicht aufgehört haben, Theologie und Kirche zu beunruhigen. Loisy hat diese Fragen teilweise in einseitiger, extremer und oft auch sarkastischer Weise beantwortet, aber seine Fragen haben ihre Bedeutung behalten, denn es waren klassische Fragen. So ist es kein Zufall, daß in den Jahren nach dem II. Vatikanischen Konzil, als das alte Frageverbot faktisch aufgehoben war, auch innerhalb der Kirche die Fragen wieder gestellt wurden, die Loisy am Anfang unseres Jahrhunderts formuliert hatte. Und ebenso wenig ist es ein Zufall, daß von Kritikern dieses innerkirchlichen Erneuerungswerkes heute gegenüber der Kirche der gleiche Vorwurf des „Modernismus“ erhoben wird, der sechzig Jahre früher eine theologische und religiöse Avantgarde aus der Kirche hinausgedrängt hat. Loisys Fragen und seine Antwortversuche haben ihre Bedeutung über seine Person und seine geschichtliche Situation hinaus auch für die Gegenwart und wohl noch weit über sie hinaus behalten. In diesem Sinn ist Alfred Loisy, der *Vater des katholischen Modernismus*[1], zweifelsohne ein Klassiker theologischen Denkens.

I. Leben und Werk

Alfred Loisy wurde am 28. Februar 1857 in Ambrières in einer Bauernfamilie geboren, von der er später schrieb, die Männer seien traditionellerweise „nicht besonders fromm gewesen; sie achteten die Religion sehr, übten sie aber wenig und ließen sie ihre Frauen ausüben" (Choses passées, 3). Seine Mutter hingegen schildert er als eine fromme Frau. Da Loisy schwach und kränklich war und sich für landwirtschaftliche Arbeit offensichtlich nicht eignete, wurde er zum Studium geschickt, wobei seine Eltern nicht daran dachten, ihn auf den geistlichen Beruf vorzubereiten.

Es war Loisys eigener Entschluß, als er 1874 in das Priesterseminar von Châlon eintrat. Er war voller religiöser Begeisterung, liebte die Liturgie, das wortlose Gebet, fühlte sich als „einer der eifrigsten Eingeweihten der Mystik"[2]. Doch gerade in dieser intensiven Frömmigkeitshaltung zog ihn der theologische Unterricht, der in streng neuscholastischer Prägung geboten wurde, nur wenig an. Die Erfahrung, daß er in der systematischen Theologie keine Antwort auf seine drängenden Fragen fand, ließ ihn seine Arbeit ganz auf die Philologie, besonders auf das Studium des Hebräischen, konzentrieren. Dies sollte seinen weiteren Lebensweg bestimmen.

Nach seiner Priesterweihe und nach einer kurzen Tätigkeit in der praktischen Seelsorge kehrte Loisy 1881 in die wissenschaftliche Arbeit zurück, die er nun am Institut catholique in Paris aufnahm. Louis Duchesne, der bekannte Kirchenhistoriker, entdeckte seine hohe wissenschaftliche Begabung. Zwischen beiden entwickelte sich bald ein Freundschaftsverhältnis. Duchesne gab Loisy auch die ersten Anregungen in der kritischen Exegese, als er ihm die große kritische Ausgabe des Neuen Testaments von Tischendorf lieh. Das Lesen und das Vergleichen der biblischen Texte miteinander öffneten Loisy die Augen für die Bibelkritik. „Die Bibel ist die erste und hauptsächliche Ursache meiner geistigen Entwicklung gewesen; nur deshalb, weil ich sie mit Ernst gelesen habe, bin ich ihr Kritiker geworden" (Mém. I, 155). Noch im gleichen Jahr wurde Loisy in Vertretung des erkrankten Exegeten am Institut catholique mit dem Hebräischunterricht beauftragt. Um seine Kenntnisse im Hebräischen zu vervollkommnen, besuchte er über mehrere Jahre hinweg die Vorlesungen von Ernest Renan am Collège de France, wobei er insgeheim von dem Wunsch geleitet war, „eines Tages Renan mit dessen eigenen Waffen zu besiegen" (Choses passées, 66). Jetzt wurde Loisy mit der streng historisch-kritischen Exegese vertraut. Renan wurde Loisys wichtigster Lehrer, er war es, der ihm den Zugang zur deutschen Bibelkritik erschloß.

Unter dem Einfluß des Religionskritikers Renan verschärften sich jedoch bald die Glaubensschwierigkeiten, die Loisy in diesen Jahren beunruhigten: Es war das Problem des unveränderlichen Dogmas innerhalb einer lebendigen geschichtlichen Tradition. Das dogmatische System, wie es ihm in der neuscholastischen Theologie dargelegt wurde, erschien ihm bereits damals als zutiefst brüchig. Schon der Sechsundzwanzigjährige vermerkte in seinem Tagebuch: „Die Dogmen und die Ansprüche der Kirche auf Vorrechte, die nach ihrer Auffassung absolute Rechte sein sollen, werden in Formeln bekräftigt welche heute kaum einen höheren Kurswert haben als das Geld Heinrichs IV oder vielmehr das des guten heiligen Ludwig" (Mém. I, 119). Vor allem der Glaube an die Inspiration der Schrift, ihre daraus abgeleitete absolute Irrtumslosigkeit und ihre Entstehung unter direkter Eingabe des Heiligen Geistes wurde ihm unvollziehbar. Die Krise verschärfte sich, als seine Doktordissertation, in der er die traditionelle Inspirationslehre anhand des historischen Befundes kritisch hinterfragt hatte, vom Direktor des Institut catholique, Mgr. d'Hulst, abgelehnt wurde. So reichte er seine Vorlesungen über die Geschichte des alttestamentlichen Kanon, die er am Institut catholique gehalten hatte, als Dissertation ein. Sie wurde sein erstes literarisches Werk.

Ihm folgte eine Arbeit über die Geschichte des neutestamentlichen Kanon. Für die ihn eigentlich interessierenden Fragen, die bibelkritischen Probleme, gründete er 1892 die Zeitschrift *L'enseignement biblique,* in der er seine historisch-kritischen Arbeiten einer breiteren Öffentlichkeit von Priestern und Theologiestudenten vorlegen wollte. Seine Ausführungen über die Irrtumslosigkeit der Schrift führten dazu, daß der Direktor des Pariser Priesterseminars Ostern 1892 seinen Studenten den Besuch der exegetischen Vorlesungen Loisys verbot. „Ein kleiner Renan!", urteilte man, als man Sätze wie diese aus Loisys Feder las: „Die Irrtumslosigkeit der Bibel kann nicht die absolute Wahrheit ihres ganzen Inhalts und aller ihrer Sätze in sich schließen. Ein für alle Zeiten und unter allen Ordnungen der Wahrheit absolut wahres Buch ist ebenso unmöglich wie ein viereckiges Dreieck . . . Die Bibel ist ein altes Buch, ein Buch, geschrieben von Menschen für Menschen, in Zeiten und Umgebungen, die dem fremd sind, was wir Wissenschaft nennen. Die Irrtümer der Bibel sind nichts anderes als die relative und unvollkommene Seite eines Buches, das eben dadurch, daß es Buch war, eine relative und unvollkommene Seite haben mußte . . . Die Inspiration der Schrift ist zu fassen als eine göttliche Mitwirkung, deren Ziel es war, für die Kirche eine Art Repertorium für die religiöse und sittliche Unterweisung vorzubereiten" (nach Heiler, 37f.).

Dieser Artikel wurde zum Anlaß dafür, daß Loisy im November 1893 aus dem theologischen Lehramt entfernt wurde. Nicht zuletzt die Enzyklika Papst Leos XIII. über die biblischen Studien *Providentissimus Deus,* die in jenen Tagen erschien, gab den Bischöfen Frankreichs den Anstoß zu diesem harten Durchgreifen.

Loisy schrieb dem Papst sofort ein langes Memorandum, in dem er ihm seine völlige Unterwerfung unter die Lehre der Enzyklika versicherte, zugleich aber auch versuchte, seine eigene bibelkritische Methode als mit der Enzyklika in Einklang stehend zu verteidigen. In einem Antwortschreiben ließ ihn Kardinalstaatssekretär Rampolla wissen, er solle nach Meinung des Heiligen Vaters seine Fähigkeiten zur Ehre Gottes und zum Wohl des Nächsten fortan nicht mehr in der Schriftauslegung, sondern in einem anderen Zweig der Wissenschaft anwenden.

Der abgesetzte Professor wurde von Kardinal Richard von Paris als Religionslehrer und Hausgeistlicher in das Mädchenlyzeum und Internat von Neuilly, einem Vorort von Paris, berufen. Die Erfahrung in der Schwesternseelsorge, noch mehr die Aufgabe, theologische Erkenntnisse im Unterricht darzustellen, führten Loisy zu der Erkenntnis, daß das Christentum sein Wesen

Alfred Loisy (1857–1940)

und seinen Mittelpunkt mehr im praktischen religiösen Leben und im Vollzug habe als in abstrakten Lehren und Dogmen. Praxis und religiöse Erfahrung als Grundlage allen theologischen Denkens standen bei Loisy kurz vor der Jahrhundertwende im Zentrum des Interesses. Diese Tendenz spielte in der Entstehung des Modernismus, vor allem bei George Tyrrell und Friedrich von Hügel, eine so entscheidende Rolle, daß man den Modernismus teilweise als die „neue Mystik" bezeichnete. Die Vorbereitung der Unterrichtsstunden trug, wie Loisy in seinen Memoiren bemerkte, „stark zum Aufblühen des Modernismus bei, die katechetischen Vorträge dieser letzten Jahre (1897–1899) bildeten gleichsam die vorweggenommene, volkstümliche Ausgabe der 1900 bis 1901 veröffentlichten Aufsätze über *La religion d'Israël* und einzelner Kapitel von *L'Evangile et l'Eglise*" (Mém. I, 362). Auch wenn er in diesen Jahren mit dem naiven Glauben seiner Kindheit gebrochen hatte, erschien ihm doch „die Religion als eine unermeßliche Macht, welche die Geschichte der ganzen Menschheit beherrscht hatte, welche sie noch beherrschte, welche sie immer beherrschen zu müssen schien" (Mém. I, 363). Sein Eifer für die Kirche war durchaus ehrlich.

Die Fragen, die sich Loisy als Religionslehrer stellten, führten ihn in immer stärkerem Maße zum Studium der Dogmatik, vor allem der Dogmenentwicklung. Friedrich von Hügel, mit dem er seit 1893 in engem Gedankenaustausch stand, wies ihn auf Newmans Schriften hin. Vor allem in dessen *Essay on the Development of Christian Doctrine* fand er Antwort auf Fragen, die, wie es ihm schien, die moderne Welt, die protestantische Theologie, allen voran Harnack in seiner Dogmengeschichte, an den Katholizismus stellten. Im Anschluß an die Newmanlektüre tauchte in ihm erstmals der Plan auf, im Gegensatz zu den religiösen Denksystemen der Protestanten „eine philosophische und geschichtliche Interpretation des Katholizismus zu skizzieren, die zugleich eine Apologie und das diskrete Programm von Reformen sein sollte, welche dieser an sich vornehmen müßte, um seine Mission in der modernen Welt zu erfüllen" (Choses passées, 170).

Eine schwere Erkrankung zwang Loisy im Herbst 1899, seine Stelle in Neuilly aufzugeben. Er zog nach Bellevue in der Diözese Versailles. Eudoxe-Irénée Mignot, der mit ihm befreundete Erzbischof von Albi, verschaffte ihm die päpstliche Erlaubnis, in seiner Wohnung die Messe zu zelebrieren. Friedrich von Hügel trug die Kosten für die Einrichtung einer Privatkapelle.

Loisy erhielt nun einen Ruf als libre conférencier an die Ecole des Hautes Etudes, wo er vor einem großen Auditorium seine Vorlesung über die babylonischen Mythen und die ersten Kapitel der Genesis hielt, eine Vorlesung, die neue Auseinandersetzungen mit Kardinal Richard hervorrief. Andererseits war Loisy in einer breiten kirchlichen Öffentlichkeit inzwischen so bekannt und geschätzt, daß sowohl der Fürst von Monaco als auch das französische Kultusministerium seine Berufung auf einen Bischofsstuhl anstrebten. Doch zwei Schriften, die Loisy in diesen Jahren veröffentlichte, machten alle derartigen Pläne für die offizielle Kirche indiskutabel: *Etudes évangéliques* (1902) und vor allem seine Arbeit *L'Evangile et l'Eglise* (1902), die in den folgenden Jahren zur „Magna Charta des Modernismus“ werden sollte.

Den Anstoß zu *L'Evangile et l'Eglise* gaben Adolf von Harnacks berühmte Vorlesungen über *Das Wesen des Christentums,* in denen ein Jesus vorgestellt wurde, der dem modernen, liberalen Bürgertum und seiner individualistischen, fortschrittsgläubigen Grundeinstellung auf den Leib geschnitten schien. Den christlichen Glauben reduzierte Harnack dabei weitgehend auf religiöse Innerlichkeit, auf ein persönliches, innerliches Verhältnis zum himmlischen Vatergott. Aller Bezug zur Kirche, zu ihrem Dogma, ihrer Überlieferung und ihrem gemeinsamen Gottesdienst erschien dagegen als bloße „Äußerlichkeit“.

In seiner Gegenschrift *L'Evangile et l'Eglise* versagte es sich Loisy von vornherein, ein feststehendes, über die Geschichte fortwährendes Wesen des Christentums zu umreißen. „Für den Historiker ist alles christlich, was ein Fortleben des Evangeliums aufweist.“[3] Der Historiker erkennt in den biblischen Texten einen Jesus, der uns und unserer Zeit zutiefst fremd und unverständlich ist. Vor allem der streng eschatologische Charakter seiner Botschaft, die Erwartung, daß der Anbruch des Gottesreiches unmittelbar bevorstünde, verbietet es nach Loisy, diesen Jesus unvermittelt für eine kirchliche Tradition zu vereinnahmen. Die Botschaft vom Reich Gottes, so wie sie der Exeget erkennt, ist nach Loisys Überzeugung nicht modernisierbar. Sie ist vielmehr in ihrer Fremdartigkeit festzuhalten, und zwar als das Zentrum der Botschaft des Evangeliums. „Die Idee des himmlischen Reiches ist nichts anderes als eine große Hoffnung, und da keine andere Idee so viel Raum und einen so souveränen Raum in der Lehre Jesu einnimmt, so ist es eben diese Hoffnung, in die der Historiker das Wesen des Christentums legen muß, wenn er es überhaupt irgendwo feststellen will“ (41). Christlich ist nach Loisy, was sich aus dieser Hoffnung auf das Reich an konkreten Formen ergeben hat. Dabei mußte sich diese Hoffnung natürlich grundlegend neu gestalten, nachdem sich die ursprüngliche Naherwartung nicht erfüllte.

Diese Erkenntnis, die zunächst grundstürzend erscheint und das ganze katholische System aus den Angeln heben könnte, verband Loisy mit dem von Newman übernommenen Entwicklungsgedanken. Die Darstellung der Entwicklung der Hoffnung auf das Reich Gottes unter völlig veränderten Bedingungen und der Aufweis, daß diese Veränderungen die Voraussetzung dafür sind, daß das Evangelium auch in einer grundlegend neuen Welt weiterhin lebendig bleiben konnte, – der damit gewonnene Erweis der Legitimität dieser Entwicklung ist das Thema von *L'Evangile et l'Eglise.*

Das von Jesus verkündete Reich ist nach Loisy zu allererst eine soziale Größe. In dieser Feststellung sieht Loisy den zentralen Differenzpunkt zwischen Protestantismus und Katholizismus. „Heute läßt sich das zwischen den katholischen Theologen einerseits und denen der reformierten Kirchengemeinschaften andererseits herrschende wesentliche Streitobjekt auf folgende einfache Frage zurückführen: Ist das Evangelium Jesu im Prinzip individualistisch oder kollektivistisch?“ (141) In der als kollektiv verstandenen Botschaft

Jesu vom Reich waren nach Loisys Überzeugung bereits Momente lebendig, die in einer weiteren Geschichte auf die Ausbildung eines sozialen Gefüges, einer *Kirche* hintendierten. Kirche ist damit notwendige Konsequenz der Verkündigung Jesu, kein Fremdes und keine Fehlentwicklung. Vielmehr ist aus der Botschaft Jesu in vielen kleinen Schritten die Kirche hervorgegangen, von den ersten Anfängen einer Organisation bis hin zum hierarchischen System mit Bischöfen und dem Papst. „Nirgends in ihrer Geschichte tritt eine Unterbrechung des Zusammenhangs zutage, etwas wie die absolute Schöpfung einer neuen Ordnung, sondern jeder Fortschritt geht dergestalt aus dem Vorhergehenden hervor, daß man von der jetzigen Einrichtung des Papsttums bis auf den evangelischen Zustand mit Jesus als Mittelpunkt, so verschieden sie auch voneinander sind, zurückgreifen kann, ohne auf einen Umsturz zu stoßen, der mit Gewalt eine Änderung in der Regierungsweise der christlichen Gemeinschaft herbeigeführt hätte. Zugleich läßt sich jeder Fortschritt durch eine faktische Notwendigkeit erklären, die von logischen Notwendigkeiten begleitet wird, so daß der Historiker nicht zu der Behauptung berechtigt ist, die ganze Bewegung stände außerhalb des Evangeliums" (112). Loisy gibt Harnack zu, daß der historische Jesus nicht im voraus eine verfaßte Kirche intendiert und gegründet habe. Aber er hat das Reich Gottes verkündet, und aus dieser Verkündigung ist bruchlos die Kirche geworden. „Jesus hatte das Reich angekündigt, und dafür ist die Kirche gekommen. Sie kam und erweiterte die Form des Evangeliums, die unmöglich erhalten werden konnte, wie sie war, seitdem Jesu Aufgabe mit dem Leiden abgeschlossen war . . . Eine Absurdität würde es sein zu verlangen, daß Christus die Interpretationen und Anpassungen, welche die Zeit fordern mußte, im voraus schon bestimmt hätte, denn sie hatten keine Berechtigung, früher als notwendig da zu sein. Daß die Zukunft der Kirche durch Jesus seinen Jüngern geoffenbart wurde, war weder möglich noch nützlich. Der ihnen vom Heiland hinterlassene Gedanke bestand darin, das Reich Gottes fortdauernd zu wollen, vorzubereiten, zu erwarten und zu verwirklichen. Die Perspektive des Reiches hat sich erweitert und verändert, die seiner endgültigen Ankunft ist zurückgetreten, aber der Zweck des Evangeliums ist der Zweck der Kirche geblieben" (113f.). Aus diesem Text, der die Kirche als legitime Konsequenz der Botschaft Jesu zeigt, ist in den späteren Auseinandersetzungen um *L'Evangile et l'Eglise* nur ein Satz übriggeblieben: „Jesus hat das Reich Gottes verkündet und gekommen ist die Kirche", und dieser Satz wurde in einer Weise interpretiert, der Loisys Aussageabsicht direkt entgegengesetzt war.

Wie die Kirche sind auch die kirchlichen Dogmen nach Loisy aus den Anforderungen einer veränderten Zeit entstanden, auf die vom Evangelium her eine Antwort gegeben werden mußte. Deswegen handelt es sich in der Dogmenentwicklung, vornehmlich im Bereich der Christologie, nicht um einen Abfall vom Evangelium. So könnte die Entwicklung nur interpretieren, wer nicht verstanden hat, was Geschichte bedeutet. „Die von der Kirche als geoffenbarte Dogmen dargebotenen Vorstellungen sind keine vom Himmel gefallenen Wahrheiten, die von der religiösen Tradition in ihrer genauen Ursprungsform aufbewahrt worden wären. Der Historiker sieht in ihnen eine durch mühsame theologische Gedankenarbeit erworbene Interpretation religiöser Tatsachen. Mögen die Dogmen auch in ihrem Ursprung und Wesen nach göttlich sein, so sind sie doch nach Bau und Zusammensetzung menschlich." (142f.)

In ähnlicher Weise erörtert Loisy in einem abschließenden Kapitel über den katholischen Kultus auch die Sakramente nicht als unmittelbare Stiftung Jesu, sondern als notwendige Ausgestaltungen seiner Botschaft in einer veränderten geschichtlichen Situation.

L'Evangile et l'Eglise hatte die Gestalt einer Auseinandersetzung mit Adolf von Harnack. Es war angelegt als historische Apologie der katholischen Kirche, denn es sollte beweisen, „daß das Christentum in der Kirche und durch sie gelebt hat" (189). Harnack selbst hat sich zu diesem Werk in einer Rezension geäußert. Trotz einer weitgehenden Zustimmung muß er gestehen: „Ich selbst bin dem Buch gegenüber in einer merkwürdigen Lage: sehr viel von dem, was er meiner Darstellung . . . entgegenhält, erkenne ich an, aber nicht als Gegensatz, sondern als Ergänzung . . . Daher erkenne ich meine Gedanken in seiner Bearbeitung oft gar nicht wieder . . . Versteht hier der Romane den Germanen oder der Katholik den Protestanten nicht?"[4]

Harnack hat mit feinem Gespür das zentrale Problem von *L'Evangile et l'Eglise* erkannt. Der eigentliche Adressat dieses Buches war tatsächlich nicht der evangelische Theologe, der seine Ausführungen über ein bleibendes Wesen des Christentums sehr wohl mit historischem Denken zu verbinden wußte, sondern die ungeschichtlich denkende Neuscholastik. Loisy hatte die Grundgedanken und ganze Passagen dieses Werkes schon lange vor Harnacks *Wesen des Christentums* geschrieben und er konnte sie nun aus dieser unveröffentlichten Arbeit aus den Jahren 1898 und 1899 übernehmen.

Das *kleine rote Büchlein,* wie *L'Evangile et l'Eglise* wegen seines Einbandes genannt wurde, bewirkte im katholischen Frankreich eine geistige Explosion. Einerseits sah man darin eine glänzende Apologie der katholischen Kirche. So schrieb Erzbischof Mignot an Loisy: „Ich glaube, daß man Sie nicht verurteilen kann, im Gegenteil, diese Veröffentlichung wird Sie in die erste Reihe der christlichen Kritiker stellen" (Mém. II, 133). Auf der anderen Seite stieß das Buch, vor allem bei offiziellen Stellen, auf schärfste Ablehnung, es machte Loisy nach dessen eigenem Urteil zum verrufensten Mann von ganz Frankreich. Der Philosoph Maurice Blondel schrieb eine Artikelreihe gegen eine sich von jeder Tradition verselbständigende, rein historisch-kritische Schriftauslegung.[5] Im Januar 1903 verbot Kardinal Richard dem Klerus und den Gläubigen seiner Diözese das Lesen des Buches, denn es sei „geeignet, den Glauben der Katholiken im Hinblick auf die fundamentalen Dogmen zu verwirren" (Mém. II, 194). Loisy zog daraufhin die zweite Auflage des Buches zurück. An den Kardinal richtete er eine Ergebenheitsadresse: „Ich verneige mich vor dem Urteil, das Ew. Eminenz nach Ihrem bischöflichen Recht gefällt hat. Es ist selbstverständlich, daß ich alle Irrtümer verurteile und mißbillige, die man aus meinem Buch hat ableiten können, indem man zu seiner Deutung sich auf einen Standpunkt stellte, welcher völlig verschieden ist von dem, auf den ich mich bei der Abfassung habe stellen müssen und gestellt habe" (Mém. II, 207).

Angesichts der entstandenen Unruhen rieten Freunde zur Neuauflage des Buches mit erläuternden Anmerkungen oder zur Veröffentlichung eines eigenen Werkes als Kommentar zur ersten Arbeit. Loisy machte sich letzteren Vorschlag zu eigen, und so erschien das zweite der kleinen roten Büchlein: *Autour d'un petit livre.* Es war in der Form von Briefen an verschiedene Bekannte und Freunde geschrieben. Doch dieses Werk war nun nicht mehr in die Form einer Apologie des Katholizismus gefaßt. Darum traten hier Loisys eigene Vorstellungen deutlicher hervor. Außerdem ließ er gleichzeitig die zweite Auflage von *L'Evangile et l'Eglise,* vermehrt durch zwei Kapitel über „Die evangelischen Quellen" und „Der Gottessohn", die er in der ersten Auflage aus Vorsicht noch zurückgehalten hatte, veröffentlichen. Diese zweite Auflage hat Joseph Sauer, der Freiburger Historiker, allerdings unter einem Pseudonym, ins Deutsche übersetzt.

Im Gegensatz zu der Aufregung, die diese beiden populär geschriebenen Bücher hervorriefen, wurde das Erscheinen von Loisys fast tausendseitigem Kommentar zum Johannesevangelium, das Heiler als „eines der größten Ereignisse in der Geschichte der neueren katholischen Theologie" (Heiler, 59) bezeichnete, in der Öffentlichkeit kaum beachtet. Hier verbindet Loisy seine historische Kritik, die ihn zur Erkenntnis der Ungeschichtlichkeit der im vierten Evangelium dargebotenen Reden und Wunder führte, mit einer hohen Wertung der mystischen Schau dieses Evangeliums, das ihn diese Schrift nicht geringer, sondern höher werten läßt, als es vielen traditionellen Exegeten möglich war. Loisy sieht in ihrem Verfasser den „Vater der christlichen Theologie", den „Begründer des christlichen Dogmas", den „Initiator der christlichen Mystik", „einen der größten mystischen Theologen, ja, den größten, der jemals in der christlichen Kirche existiert hat" (Heiler, 60). Gerade die mystische Grundeinstellung, die Loisys Denken prägte, ließ ihn die Eigenart des vierten Evangeliums besser verstehen als manchen Theologen, der sich diesem Buch allein mit dem Instrumentarium des Historikers näherte.

Als der Streit um *L'Evangile et l'Eglise* hohe Wellen schlug, trat das Ereignis ein, das die Geschichte der katholischen Theologie für die kommenden Jahre weithin bestimmen sollte: am 4. August 1903 wurde Pius X. zum Papst gewählt. Noch als Patriarch von Venedig soll er sich über *L'Evangile et l'Eglise* geäußert haben: „Das ist wenigstens ein theologisches Buch, das nicht langweilig ist." (Mém. II, 259) Offensichtlich auf Drängen des französischen Episkopats wurden jedoch wenige Monate später, am 16. Dezember 1903, fünf Bücher Loisys auf den Index der verbotenen Bücher gesetzt: *La religion d'Israël, Etudes évangéliques, L'Evangile et l'Eglise, Autour d'un petit livre* und *Le quatrième Evangile.* Loisy gab auf Drängen des Kardinals Richard eine Unterwerfungserklärung ab, die aber einen persönlichen Vorbehalt enthielt: „Ich nehme mit

Achtung das Urteil der Heiligsten Kongregation hin und verurteile selbst in meinen Schriften alles, was sich Tadelnswertes darin finden kann. Nichtsdestoweniger muß ich hinzufügen, daß diese meine Zustimmung zu der Entscheidung der Heiligsten Kongregation rein disziplinärer Art ist. Ich behalte mir das Recht meines Gewissens vor, und ich verstehe unter der Verneigung vor dem durch die Heilige Kongregation . . . gefällten Urteil nicht eine Preisgabe oder Zurücknahme der Meinungen, die ich in der Eigenschaft als Historiker und Exeget vertreten habe" (Choses passées, 277). Diese Unterwerfungserklärung wurde in Rom für ebenso wertlos erachtet wie eine zweite, die Loisy wenig später an den Kardinalstaatssekretär Merry del Val schrieb und die ebenfalls einen Vorbehalt hinsichtlich der wissenschaftlichen Redlichkeit enthielt und auf wissenschaftliche Gebiete hinwies, „über welche das kirchliche Lehramt keine unmittelbare Aufsicht ausübt" (Mém. II, 322). Es wurde ihm lediglich mitgeteilt, man erwarte von ihm, daß er sich einfach unterwerfe, ohne Wenn und Aber.

In dieser Spannung, entweder auf wissenschaftliche Redlichkeit oder auf das Beheimatetsein innerhalb der Kirche verzichten zu müssen, wandte sich Loisy in einem Brief direkt an den Papst: „Heiligster Vater, Ich kenne das ganze Wohlwollen Ew. Heiligkeit, und an Ihr Herz wende ich mich heute. Ich möchte leben und sterben in der Gemeinschaft der katholischen Kirche. Ich will nicht zum Ruin des Glaubens in meinem Lande beitragen. Es liegt nicht in meiner Macht, selbst das Ergebnis meiner Arbeiten zu zerstören. Soweit es an mir ist, unterwerfe ich mich dem gegen meine Schriften durch die Kongregation des Heiligen Offiziums gefällten Urteil. Zum Zeugnis meines guten Willens und zur Befriedigung der Geister bin ich bereit, die Lehrtätigkeit, die ich in Paris ausübe, aufzugeben, und ebenso werde ich die wissenschaftlichen Veröffentlichungen abbrechen, die ich in Vorbereitung habe" (Mém. II, 351).

Doch auch dieser Brief hatte keinen Erfolg. Pius X. schrieb an den Kardinal von Paris: „Ich habe von Rév. Abbé Loisy einen Brief erhalten, der an mein Herz appelliert; aber dieser Brief ist nicht mit dem Herzen geschrieben . . . Alle diese Erklärungen werden faktisch wertlos durch die ausdrückliche Erklärung, nicht dem Ergebnis seiner Arbeiten entsagen zu können . . . Daß alle seine Erklärungen als ehrlich angenommen werden können, muß er seine Irrtümer bekennen und sich völlig und einschränkungslos dem vom Heiligen Offizium gegen seine Schriften ausgesprochenen Urteil unterwerfen, . . . indem er die durch den heiligen Remigius Chlodwig gegebene Mahnung in die Tat umsetzt: Succende quod adorasti, et adora quod incendisti." (Mém. II, 360f.) Nach einer scharfen Auseinandersetzung mit Kardinal Richard ließ sich Loisy dazu bewegen, eine Unterwerfungserklärung abzugeben: „Ich erkläre Ew. Eminenz, daß ich im Geist des Gehorsams gegenüber dem Heiligen Stuhl die Irrtümer verurteile, welche die Kongregation des Heiligen Offiziums in meinen Schriften verurteilt hat" (Mém. II, 367). Diese Erklärung vermochte die Exkommunikation, die bereits damals unvermeidbar schien, um vier Jahre hinauszuschieben. Die Tatsache aber, daß er damals gegen sein Gewissen diese unbedingte Unterwerfung abgegeben hatte, sollte für Loisy in der Folgezeit zu einem Trauma werden.

Nach außen hin konnte Loisy nun für einige Jahre im Frieden mit der Kirche leben, aber in seinem Innern vollzog sich als Folge dieser Unterwerfung eine sprunghafte Radikalisierung seines Denkens. Nun war letztlich der Glaube an all das, wofür die Kirche bürgt und was sie als konkrete Wirklichkeit verkündet, weithin zusammengebrochen. Die Antwort des Papstes, sein Brief sei nicht mit dem Herzen geschrieben, erschütterte in ihm alles, was er in der Kirche zu erkennen vermochte.

Dabei ist zu beachten, daß Loisy, dem Gedanken der Entwicklung folgend, die Kirche aus der Botschaft vom Reich Gottes bruchlos hervorgehen sah. Aus der historischen Gewordenheit leitete er die Legitimität ab. Ein Kriterium, zwischen rechter und falscher Entwicklung zu unterscheiden, konnte er dagegen nicht geben. Als er sich nach den Ereignissen von 1904 innerlich von der Kirche und ihrer verfaßten Gestalt abwandte, war es darum für ihn folgerichtig, daß nun auch all das ins Wanken geriet, was er als das Fundament und den Ursprung der Kirche ansah. Aus seinen Memoiren geht hervor, daß er nun endgültig keinen Artikel des Credo, mit Ausnahme des „gelitten unter Pontius Pilatus", noch in dem Sinne verstand, wie er in der Kirche festgehalten wird. Aber nicht nur die christlichen Dogmen zerbrachen ihm, auch der Glaube an einen persönlichen Gott und ein Fortleben nach dem Tode entschwanden aus seiner Frömmigkeit. Jetzt standen für ihn nicht mehr Einzelprobleme innerhalb des dogmatischen Systems zur Debatte, sondern die Frage, „ob das Universum träge, leer, taub, seelenlos, herzlos ist, ob das Bewußtsein des Menschen hier ohne ein Echo bleibt, das wirklicher und wahrer ist als er selbst . . . Bewege ich mich im Monismus, im Pantheismus? Ich weiß es nicht. Das sind Worte; ich versuche, Dinge zum Ausdruck zu bringen. Der Glaube will den Theismus; die Vernunft dürfte zum Pantheismus streben. Wahrscheinlich haben sie zwei Aspekte der Wahrheit im Auge, und die Linie ihrer Übereinstimmung ist uns verborgen." (Mém. II, 467f.) In dieser Grundhaltung empfand es Loisy als persönlich befreiend, als ihm im Herbst 1906 die Erlaubnis verweigert wurde, fortan in seiner Hauskapelle die Messe zu feiern.

Das Jahr 1907 brachte den Höhepunkt der kirchenamtlichen Maßnahmen gegen die Theologen, die als „Modernisten" apostrophiert, deren theologische Ansätze zu einem System zusammengefaßt und verurteilt wurden. Am 3. Juli 1907 wurde das Dekret des Heiligen Offiziums *Lamentabili sane exitu,* der neue „Syllabus", veröffentlicht. Die meisten der hier verurteilten 65 Sätze sind den „roten Büchern" Loisys entnommen. Am 8. September des gleichen Jahres erschien die Enzyklika *Pascendi dominici gregis,* die, ohne Namen zu nennen, alles verwarf und verurteilte, was mit dem herrschenden neuscholastischen System nicht übereinstimmte. Neben Loisy waren hier hauptsächlich angesprochen Maurice Blondel und Lucien Laberthonnière, Edouard Le Roy und George Tyrrell. Aber auch deutsche und italienische Theologen mußten sich ebenso verurteilt fühlen, wie man die Enzyklika als posthume Verwerfung Newmans zu verstehen hatte.

Die meisten der betroffenen Theologen beeilten sich zu beteuern, daß sie mit dem in der Enzyklika verurteilten System des Modernismus in keiner Weise je etwas zu schaffen gehabt, daß sie es niemals vertreten hätten. Und sie hatten damit zweifellos recht, denn das hier dargestellte System war als eine Ganzheit von denen erstellt worden, die es verurteilten. Andererseits war es den Verfassern der Enzyklika jedenfalls in einzelnen Teilen durchaus gelungen, Positionen treffend zu charakterisieren, die in der theologischen Neubesinnung zum Beginn des 20. Jahrhunderts eine Rolle spielten. George Tyrrell, der Wortführer der englischen Modernisten, und Alfred Loisy protestierten in aller Schärfe gegen die Enzyklika, wohl wissend, daß damit die Vorwürfe, die die Enzyklika gegen die Modernisten erhob, wie Hochmut, Neugierde, ungezügelter Wissensdurst, Unkenntnis der rechten Philosophie, ihnen zur Last gelegt würden. Der Sturm der Entrüstung, der sich anläßlich dieser Enzyklika, ihrer Unterstellungen und der angeordneten Kontrollvorschriften erhob, veranlaßte den Papst, im November 1907 allgemein die Exkommunikation gegen alle auszusprechen, die sich zu der Kühnheit hinreißen lassen, „einen von den Sätzen, Meinungen und Lehren, die in den beiden oben erwähnten Dokumenten (Lamentabili und Pascendi) verworfen werden, zu vertreten“. Als Loisy in einer mit beißender Schärfe verfaßten Schrift *Simples réflexions sur le décret du Saint-Office ‚Lamentabili sane exitu‘ et sur l'Encyclique ‚Pascendi dominici gregis‘* die beiden päpstlichen Dokumente seiner Kritik unterwarf, wußte er, daß damit die Exkommunikation unausbleiblich war. Am 7. März 1908 wurde er feierlich zum *excommunicatus vitandus* erklärt. Er erfuhr von dieser Entscheidung aus der Zeitung. Er verspürte, wie er in seinem Tagebuch vermerkte, „eine wirkliche Erleichterung. Endlich gab mir die Kirche . . . die Freiheit zurück, die ich unrechterweise dreißig Jahre vorher an sie abgetreten hatte. Gegen ihren Willen, aber tatsächlich gab sie mich mir selbst zurück, und ich war beinahe versucht, ihr dafür zu danken. Diese befreiende Exkommunikation kam freilich einundzwanzig Jahre zu spät, nach allzu vielen schmerzvollen Jahren, nach allzu vielen auferlegten Qualen“ (Mém. II, 645f.).

Loisy hatte aufgehört, sich als Katholik zu geben, ja sich als Christ im eigentlichen Sinn des Wortes zu betrachten. Er legte im Gegensatz zu George Tyrrell und später zu Ernesto Buonaiuti, die sich auch weiterhin als Christen und als Priester verstanden, sein geistliches Kleid ab. Er distanzierte sich nun auch vom Modernismus, der von ihm die meisten Impulse erhalten hatte. Von den kleinen roten Büchern, die so viel Aufregung hervorgerufen hatten, meinte er nun, daß sie, zusammen mit Tyrrells Schrift *Christianity at the Crossroads* „auf dem Friedhof der Häresien schlafen“ (Heiler, 90).

Genau ein Jahr nach seiner Exkommunikation konnte Loisy seine akademische Tätigkeit wieder aufnehmen. Als Professor für Religionsgeschichte am Collège de France übernahm er den Lehrstuhl seines Lehrers Renan. Doch allen, die von ihm einen harten religions- und kirchenkritischen Kurs erwarteten, erteilte er schon bei seiner Antrittsvorlesung eine deutliche Absage: „Um Religionsgeschichte zu verstehen und zu lehren, ist es nicht nötig, in ihr die große Torheit der Menschheit zu erblicken; aber es ist wichtig, alle Religionen mit jener Sympathie zu betrachten, nötigenfalls mit jener Nachsicht, die man für alles haben muß, was menschlich ist . . . Man wird nichts von dem verstehen, was die größte Leidenschaft der Menschheit war, wenn man von vorneherein nur einen verächtlichen Abscheu hat vor dem, was sie liebte."[6] Vor jeder plumpen und billigen Kritik an Religion, Christentum und Kirche hat sich Loisy zeit seines Lebens ferngehalten.

Wenn Loisy sich nun auch primär in die vergleichende Religionswissenschaft einarbeiten mußte und in diesem Arbeitsfeld umfangreiche und bahnbrechende Schriften veröffentlichte, so galt doch weiterhin sein Hauptinteresse der Exegese des Neuen Testaments. Hier vermittelte er die Erkenntnisse vorwiegend der deutschen Bibelkritik in die französische Welt. Als seine wichtigsten Gewährsleute nennt er neben seinem Lehrer Renan: Rudolf Bultmann, Adolf v. Harnack, Adolf Jülicher, Hans Lietzmann, Eduard Meyer, Albert Schweitzer, Johannes Weiß, Julius Wellhausen, Paul Wendland. Aber seit seinem Synoptiker-Kommentar, der unmittelbar vor seiner Exkommunikation erschien, sind seine Schriften nun nicht mehr von der, bei aller historischen Kritik, immer noch warmherzigen Einfühlung in die christliche und kirchliche Botschaft der neutestamentlichen Schriftsteller getragen. Jetzt steht die historische Einzelkritik nicht mehr im gleichen Maß wie zur Zeit des Modernismus im Rahmen einer kirchlichen Grundhaltung. Sie wirkt damit aggressiver und verletzender. Schon das älteste Evangelium bewegt sich, so erklärt Loisy nun in seinem Markus-Kommentar „in der Domäne der frommen Fiktion, die zwar eher ein mystischer Traum war als eine bewußte Lüge, aber doch eine Fiktion, wie sie in dieser Vollständigkeit nicht den ersten Christen zugeschrieben werden kann, sondern nur den Gläubigen der zweiten Generation".[7]

Eine Zusammenfassung fanden diese exegetischen Arbeiten in dem umfangreichen Werk über *Die Geburt des Christentums.*[8] Hier dehnt der inzwischen Fünfundsiebzigjährige seine Kritik auch auf die neutestamentliche Briefliteratur aus. Er bezweifelt Authentizität und literarische Echtheit und Einheitlichkeit auch jener paulinischen Briefe, die normalerweise nicht in Frage gestellt werden: des Römerbriefs, der Korintherbriefe, des Galaterbriefs.

Neben seinen überaus umfangreichen und in manchen Einzelfragen heute als überkritisch angesehenen exegetischen Arbeiten betätigte sich Loisy nun auch wieder im Bereich der Religionsphilosophie. Konkreter Anlaß war der Ausbruch des Ersten Weltkriegs. War Loisy die Gottesidee bereits früher, vor allem im Zusammenhang mit seiner Indizierung und Exkommunikation ins Wanken geraten, so zerbrach ihm der Gottesgedanke und der Glaube an eine göttliche Vorsehung angesichts der Schrecken des Krieges und des Versagens der Christenheit vor dieser Katastrophe. Das Memorandum der deutschen Intellektuellen, in dem der Krieg verherrlicht wurde, hatten auch die meisten der Theologen unterschrieben, die er in seiner wissenschaftlichen Arbeit geschätzt hatte. Jetzt sah er auf allen Seiten nur noch nationale Götter: den Gott der Deutschen, den Gott der Franzosen, den Gott der Italiener. Auf beiden Seiten der Front rief man Gott zu Hilfe, um den Feind zu vernichten. Und in den Friedensaufrufen Papst Benedikts XV. erkannte er nur noch einen Gott, „der den Krieg als Strafe zuläßt und den in seinen Händen ruhenden Frieden verzögert" (Mém. III, 318), der „den Vorsitz führt bei diesen Menschenschlächtereien" (Mém. III, 306). Mit diesem Gott wollte er nichts mehr zu tun haben.

Unter diesen Schrecken und Kämpfen ist ihm aber nicht der Glaube an die religiöse Kraft und die Bedeutung der Religion zerbrochen. Ganz im Gegenteil erscheint ihm die Religion gerade während des Kriegs als das Zentrum wahrhaft menschlichen Lebens. So schrieb er an Friedrich von Hügel: „Die Geschichte der Religionen ist die Geschichte der Menschheit in dem, was sie an Lebendigstem, an wesenhaftest Menschlichem besitzt, die Entwicklung ihres sittlichen Lebens" (Mém. III, 332). Nach wie vor ist Loisy, wie schon in seiner Kontroverse mit Adolf von Harnack, davon überzeugt, daß Religion ein primär soziales Geschehen ist. Nicht das religiöse Individuum steht im Zentrum seines Interesses, sondern die Menschheit. Und diese Menschheit tritt nun für Loisy an die Stelle, die in den überkommenen Religionen Gott einnahm. „Wir scheuen uns nicht, zu sagen, daß unsere Religion unser menschliches Ideal ist, und wir wissen, daß dieses menschliche Ideal genau das ist, was die alten Religionen Gott genannt haben" (nach Heiler, 185). Das Göttliche erblickt Loisy nun in einem hohen sittlichen Ideal, das immer deutlicher der suchenden Menschheit aufstrahlt und immer stärker nach Verwirklichung im sozialen Leben drängt.

Loisy nähert sich hier Auguste Comte, dem Schöpfer des Positivismus und seinem *grand être humanité*. Aber im Gegensatz zu diesem ist Loisy von einem zutiefst mystischen Geist durchdrungen. Mystik beschränkt sich dabei aber nicht, wie Loisy gegen Henri Bergson ausdrücklich feststellt, auf die sublimen Erfahrungen hochfliegender religiöser Genies. Sie begegnet vielmehr auf allen Stufen aller Religionen. Sie ist „die Seele aller Religionen, sie ist durch die Religionen hindurch, die vergehen, der große Schwung des Geistes in der Religion, die nicht stirbt" (La religion, 40). Mystik ist „in der Kontemplation des Wahren, in der Bewunderung des Schönen, in der Liebe des Guten" (nach F. Heiler, 174). Loisy war keineswegs der kalte Verstandesmensch, als der er in manchen seiner kritischen Schriften erscheinen mag; vielmehr wendet er sich gegen einen Rationalismus und Szientismus, denen die Wirklichkeit mit dem bloßen Objekt ineins fällt. Er plädiert dafür, daß in, mit und unter den durch die Wissenschaften erkennbaren Phänomenen sich eine Wirklichkeit zeigt, die den Bereich des Gegebenen um ein Unendliches übersteigt. „Die Natur des Menschen ist weit tiefer als seine Fähigkeit des kritischen Verstandes. Aus der Tiefe der menschlichen Natur gehen vor jedem Ansatz methodischer Wissenschaft nicht nur die Fähigkeit, das Bedürfnis und der Drang zu erkennen hervor, sondern mit und in dieser Fähigkeit selbst, diesem Bedürfnis und

Drang auch der mystische Sinn, der geistige Sinn, die Grundlage der Erkenntnis, Quelle der Religion, der Moral, der Kunst, die Wurzel der Humanität." (La religion, 169)

Wenn Loisy ein neues Religionsideal verkündet, die Religion der Menscheit, so tritt an die Stelle Gottes nicht einfach die Menschheit in ihrer Vorfindlichkeit, vielmehr wird nach seiner Überzeugung in der Menschheit eine Wirklichkeit sichtbar, die diese empirische Wirklichkeit um ein Unendliches übersteigt. Die Menschheit, die Loisy nun verkündet, liegt als Ideal, als Ziel vor uns und harrt der Verwirklichung. So weiß sich Loisy in Gemeinschaft mit vielen Wissenschaftlern, Künstlern und Mystikern aller Zeiten „in einer mystischen Atmosphäre". Alle, die in, mit und unter der empirischen Wirklichkeit ein Unbedingtes, Notwendiges, Absolutes zu erkennen vermögen, sind „nicht weniger unverbesserliche als unbewußte Mystiker" (La religion, 26). Auch wenn Loisy jetzt den Gottesnamen nicht mehr verwendet, so weist er doch den Vorwurf, den ihm vor allem sein Freund Friedrich von Hügel machte, er sei einem Immanentismus verfallen, weit von sich. Sicher, für ihn ist Mystik nicht „die Offenbarung eines *transzendenten* Jenseits, sondern die Ahnung eines geistigen, sozusagen eines den sichtbaren Realitäten *immanenten* Jenseits" (La religion, 40). An der Transzendenz dieser Wirklichkeit hält er aber unerschüttert fest. Wenn er sie nicht mehr mit dem Namen „Gott" belegt, glaubt er sich damit in Übereinstimmung mit den Mystikern aller Zeiten, die mit dem Gottesnamen immer sehr vorsichtig und zurückhaltend umgegangen sind. Maude Petre, die Loisy vor dem Vorwurf des Immanentismus immer in Schutz nahm, berief sich in ihrem Urteil auf einen Brief Loisys aus dem Jahr 1917, in dem er schrieb: „Sicherlich glaube ich an das Transzendente, an das Ideale und seine Realität, das in sich selbst etwas anderes ist als die Menschheit. Aber ich versage es mir, dieses Andere zu definieren. Ich bemühe mich, meine sittliche Religion ohne Metaphysik aufzubauen, ohne eine ausdrückliche Doktrin jenes Transzendenten, das uns entweicht, obschon wir ihm nicht entweichen können."[9]

Das Christentum steht nach Loisys Auffassung mitten im Strom der Entwicklung zur wahren Religion. Es ist die höchste der Mysterienreligionen, es war imstande, die antike Religionswelt zu überwinden. Vor allem hat es erstmals den Sinn für die Menschheit geschaffen. „Besser als jede andere Religion hat es den sittlichen Begriff der einigen und universalen Menschheit formuliert." Es „hat ein Gesetz der Humanität verkündet, das weit höher war als alle Religionen des Altertums, höher als alle Spekulationen und als die Wissenschaft des Griechentums" (nach Heiler, 178). Dennoch ist es nach Loisy nicht die letzte, die abschließende Religion. Es gilt vielmehr, von der christlichen Religion aus weiterzuschreiten, sie umzuwandeln, sie in der mystischen Kraft hineinzunehmen in diesen gewaltigen Umformungsprozeß, daß die Religion der Menschheit entstehen kann. Jesus als der Meister von Nazaret hat, wie Loisy es jetzt formuliert, die ewige Religion der Humanität noch nicht schaffen können. Wohl aber ist das Christentum die letzte Vorstufe zu dieser Religion. Nur wenn aus der bisherigen religiösen Gestalt durch die Kraft des mystischen Empfindens die Religion der Zukunft entsteht, wird die neue Menschheit werden, in der die sittlichen Ideale von Gerechtigkeit und Liebe miteinander in Eintracht stehen. In dieser neuen Menschheit, die nur durch die neue Religion heraufgeführt werden kann, ist der Krieg moralisch unmöglich. Nur eine innere religiöse Erneuerung der ganzen Menschheit wird imstande sein, den wahren Völkerfrieden zu begründen. „Das menschliche Ideal des Friedens und der Brüderlichkeit wird nur eine klingende, unwirksame Formel sein, wenn es nicht eine erhabenere, strengere und höher geachtete Religion ist als jene, von der die Menschen bisher gelebt haben" (La morale humaine, 227).

Diese Religion der Zukunft hatte nach Loisys Überzeugung schon immer ihre Gläubigen, und sie hat heute ihre Märtyrer. Zu ihnen rechnet er seinen Schüler, „der unter Lebensgefahr hinging, den zwischen den Schützengräben liegengebliebenen deutschen Verwundeten, um die sich keiner auf beiden Seiten zu kümmern wagte, beizustehen" (Mém. III, 310). Loisy ist zuversichtlich: „Die Zeit kommt, wir hoffen es, in der die wahren Intellektuellen nicht mehr national mobilisierbar sein werden, da sie international mobilisiert sind, im Dienste der Menschheit."[10]

Das Ende des Ersten Weltkriegs begrüßte Loisy als den Anbruch des großen Friedensreiches, der neuen Religion der Zukunft, der Religion der Menschheit. Er vermeinte die Religion der Zukunft nun soweit verwirklicht, daß fortan, jedenfalls in Europa, Kriege nicht mehr möglich sein sollten.

Die Wendung zum neuen religiösen Ideal und die Abkehr von den im Modernismus gehegten Hoffnungen, nämlich daß der Katholizismus mit den Forderungen der Wissenschaft und den Hoffnungen der Mystik vereinbar sei, hat viele Weggefährten Loisys, allen voran Friedrich von Hügel, zutiefst erschreckt. Andererseits hat kein geringerer als Henri Bremond, an dessen Treue zur Kirche kein Zweifel bestehen kann, zeit seines Lebens in engem Kontakt mit Loisy gestanden und sich mit dessen Ansichten über das Wesen der Mystik ausdrücklich einverstanden erklärt. Und letztlich ist Loisy bei seiner Position, die dem Immanentismus zumindest nahe gekommen ist, nicht stehen geblieben. In seinen letzten Lebensjahren betonte er wieder die Realität des Göttlichen als des Wahren, Guten und Schönen, die alles menschliche Denken, Werten und Handeln weit übersteigt. Jetzt bekannte er wiederum seinen Glauben an den lebendigen und transzendenten Gott, der sich dem Menschen offenbart. „Gott existiert, d. h. ein Wesen *über* allen Wesen, eine Macht *über* allen Mächten, ein Geist *über* allen Geistern, der das Prinzip und die Quelle des ganzen Lebens in der sichtbaren wie in der unsichtbaren Ordnung, in der ewigen Ordnung der Welten ist."[11] Über seine Zurückhaltung, das Wort „Gott" auszusprechen, schrieb Loisy: „Unser ehrfürchtiges Schweigen vor ihm könnte wohl der beste Ausdruck unserer Verehrung sein, weil unsere geringen Fähigkeiten der nachdenkenden Erkenntnis und der ausdrückenden Sprache ihm nicht nur nicht angemessen, sondern nicht nach ihm orientiert sind, da sie doch für die gewöhnliche Ausübung unserer Tätigkeit, für den Verkehr der Menschen untereinander bestimmt sind . . . Alles, was man von ihm in den Religionen gesagt hat, ist wahr, ohne es zu sein, wahr in einem anderen Sinne, als man es sagte, wahrer, als man zu denken fähig war." (La crise morale, 243) Loisy steht unzweifelhaft in der Tradition auch der christlichen Mystik, wenn er nun formuliert: „Man schmäht Gott unbewußt, wenn man ihn zu definieren wagt als ‚etwas, welches, obgleich größer als wir, uns ähnlich ist'" (La crise morale, 242).

In seinen letzten Lebensjahren konnte Loisy wieder deutlicher an die Zeit anknüpfen, in der er den christlichen Glauben und die katholische Kirche verteidigt hatte. Auch die Inhalte des christlichen Dogmas wurden ihm, wenn auch immer als mystisches Symbol verstanden, wieder nachvollziehbar. Seine Hoffnung auf die große Neugestaltung der Menschheit durch die mystische Kraft der Religion, die alle Kriege in Zukunft unmöglich machen würde, sollte sich jedoch nicht erfüllen. Er starb dreiundachtzigjährig am 1. Juni 1940, als die deutschen Truppen unmittelbar vor Paris standen.

II. Bedeutung

Die Bedeutung Loisys zeigt bereits der Titel, den Friedrich Heiler, der mit dem katholischen Neuaufbruch in der ersten Hälfte des 20. Jahrhunderts eng verbunden war, seiner Arbeit über Loisy gab: *Der Vater des katholischen Modernismus*.

Die neuere Modernismusdiskussion hat gezeigt, daß es ein aussichtsloses Unterfangen ist, den Modernismus zu definieren. Der Begriff wurde geprägt zur Abgrenzung, zur Verurteilung. Ursprünglich verband man mit ihm eine Auffassung, „nach welcher der Wert und die Verpflichtung einer Religion nicht auf der objektiven Wahrheit und ihrer Verkündigungsgehalte und Lehren beruht, sondern auf der subjektiven Qualität der Erlebnisse, die diese Religion vermittelt".[12] Damit war die liberale protestantische Theologie mit ihrer Rezeption Schleiermachers und der Religionspsychologie gemeint. In der Enzyklika, die den Modernismus verurteilte, kamen dazu noch eine Reihe von Momenten, die sich nur schwer mit dieser Grundeinstellung in Einklang bringen lassen: vornehmlich die historisch-kritische Methode in der Exegese, der Dogmeninterpretation und der Kirchengeschichte sowie die politischen Unabhängigkeitsbestrebungen der Laien von der Hierarchie, hauptsächlich in Italien.

Loisy ist von der ursprünglichen Intention, die man mit dem Begriff „Modernismus" belegte, weit entfernt. *L'Evangile et l'Eglise* ist ausdrücklich als Kritik an der liberalen Theologie konzipiert. Loisy war primär Exeget. Als solcher hat er seine großen Forschungsarbeiten vorgelegt. Im Zentrum steht dabei die Überzeugung, daß die Predigt Jesu von der Naherwartung geprägt war. Von diesem Grundgedanken ausgehend kommt Loisy, jedenfalls in seiner späteren Phase, zu kritischen Aussagen, die heute teilweise in ihrer Radikalität überholt sind. Aber die Anwendung der historisch-kritischen Methode, wie sie durch die Geschichtswissenschaften entwickelt wurde, auf die Schriften des Alten und des Neuen Testaments und auf die Dogmeninterpretation hat im katholischen Bereich mit voller Konsequenz erstmals Loisy durchgeführt. Dies geschah zu einer Zeit, in der die Exegese fast ausschließlich unter dem Anspruch der Dogmatik stand. In der Enzyklika *Providentissimus Deus* aus dem Jahre 1893 war der Grundsatz aufgestellt worden, daß man eine Erklärung der Heiligen Schrift „als widersinnig und falsch abtun muß, die . . . der kirchlichen Lehre widerstreitet". Diese kirchliche Lehre aber wurde als übergeschichtlich und damit als unveränderlich verstanden, sie mußte darum in der heute geltenden Form bereits in der Schrift festgemacht werden. Auf diesem Hintergrund mußte es zum Konflikt kommen, als Loisy eine Exegese betrieb, die einzig und allein mit den Methoden arbeitete, die für die Erforschung anderer historischer Quellen als selbstverständlich erachtet werden. So ist Loisy ein Prophet des Rechts der historisch-kritischen Exegese, die jedenfalls im Prinzip heute in der Kirche nicht mehr in Frage gestellt ist. Daß die Forschung in Einzelaussagen über die methodischen und inhaltlichen Erkenntnisse Loisys hinausgegangen ist, hat demgegenüber nur untergeordnete Bedeutung.

Doch Loisy war nicht nur ausschließlich historisch interessierter Exeget: er stand in der Kirche und wollte, jedenfalls in der Epoche des Modernismus, den Glauben der Kirche mit den Erkenntnissen der Bibelkritik in Einklang bringen. Gegenüber dem formalen Schriftprinzip der lutherischen Orthodoxie und ihrer Auffassung, die Schrift sei in sich selbst hell und klar, sah er die Schrift durch einen Prozeß lebendiger Tradition mit der späteren Lehre der Kirche vermittelt. Historische Kritik erweist die Schriftwerdung als einen Vorgang innerhalb der Tradition. Schrifterklärung und Schriftverständnis erkannte Loisy als integralen Bestandteil der Kirchengeschichte.

Loisys Interpretationsschema in *L'Evangile et l'Eglise,* das aus der Faktizität die Normativität und Legitimität ableitet, kann sicher nicht genügen. Es erlaubte Loisy nicht, zwischen rechter und falscher Entwicklung zu scheiden. Die Folgerung, daß das, was sich durchsetzte, den Fragen und Problemen der jeweiligen Zeit besser angepaßt war und so der ursprünglichen Botschaft im Kampf ums Überleben die besten Chancen eröffnete, wird heute, vielleicht überscharf, als „sozialdarwinistisch" kritisiert (Schaeffler, 520). Aber das Thema „Wahrheit und Geschichte" hat Loisy formuliert. Auch wenn sein Lösungsversuch nicht überzeugen kann und kritisiert werden muß, so wird das Problem nicht dadurch gelöst, daß man die Ewigkeit der Wahrheit behauptet und ihr Verhältnis zur Geschichte nicht wahrnimmt. Das Thema Wahrheit und Geschichte hat die Theologie seit den Kontroversen um den Modernismus nicht mehr losgelassen.

Im Zentrum des Denkens des späteren Loisy stand das Problem von Immanenz und Transzendenz, verbunden mit der Möglichkeit einer (mystischen) Erfahrung der Transzendenz. Es ist offensichtlich, daß beide Probleme in der

Theologie nicht mehr verstummt sind. Vielleicht hatte Henri Brémond recht, als er über Loisys Schrift *La Religion* aus dem Jahr 1917 sagte, sie sei ein halbes Jahrhundert zu früh geschrieben worden. Trotz dieses positiven Urteils scheint es angemessen, Anregungen über die Behandlung der Fragen Immanenz und Transzendenz sowie über die religiöse Erfahrung eher bei George Tyrrell und Friedrich von Hügel, die neben Loisy im Zentrum der modernistischen Auseinandersetzungen standen, zu suchen als bei dem Autor von *La Religion*.

III. Wirkungsgeschichte

Es gab in der ersten Hälfte des 20. Jahrhunderts keinen katholischen Theologen, über den schon zu seinen Lebzeiten so viel geschrieben wurde wie über Alfred Loisy, obwohl ihm von Natur aus jedes öffentliche Aufsehen fremd war und er sich völlig auf seine wissenschaftliche Arbeit konzentrierte, so daß er von seinem Grundsatz, niemals abends auszugehen, sondern zu arbeiten, auch nicht abließ, als im April 1927 zu seinen Ehren im Collège de France ein „Kongreß für die Geschichte des Christentums" mit einem Festbankett abgehalten wurde.

Loisy ist eine der umstrittensten Gestalten der katholischen Theologie. Die Jahrzehnte der Modernismuskontroverse waren voll von Angriffen gegen ihn und von Versuchen, ihn zu verteidigen. In allen Schriften zum Modernismus nimmt Loisy naturgemäß einen breiten Raum ein.

In Veröffentlichungen über Loisy von rechts wie von links wurden immer wieder Gerüchte genährt: er wolle sich mit der Kirche aussöhnen, oder von der anderen Seite: er sei konsequent ins Lager der erklärten Feinde der Kirche eingeschwenkt. Angesichts solcher Legendenbildungen schrieb Loisy seine beiden Autobiographien: *Choses passées* (1913) und *Mémoires pour servir à l'histoire religieuse de notre temps* (1930f.), die immer noch die wichtigste Quelle für die Geschichte des Modernismus darstellen. Anläßlich der letztgenannten Schrift gab es Anfang der dreißiger Jahre nochmals erhebliche Aufregungen, weil Loisy mit einer gewissen Unbarmherzigkeit und Lieblosigkeit mit seiner eigenen Vergangenheit und mit manchen seiner früheren Weggefährten abrechnete, die teilweise noch lebten oder deren Freunde sich selbst angegriffen fühlten. In diesen Jahren erschien nochmals eine Reihe von Schriften, die sich kritisch mit Loisy auseinandersetzten. Unter ihnen ragt hervor die kleine Arbeit Henri Bremonds, die er unter dem Pseudonym S. Leblanc veröffentlichte: *Un clerc qui n'a pas trahi. Alfred Loisy d'après ses mémoires* (1931).

Nachdem sich diese Auseinandersetzung gelegt hatte, war es um den Modernismus und um Loisy mehr als ein Vierteljahrhundert hindurch ruhig. „Modernismus" wurde jedoch zu einem Schlagwort, das sich wegen seiner Undefinierbarkeit bestens eignete, alles was neu und ungewohnt erschien, zu etikettieren und zu verurteilen. Von 1910 bis 1967 wurde von allen Klerikern vor dem Empfang der höheren Weihen der Anti-Modernisteneid verlangt, der in aller Regel geleistet wurde, ohne daß man gewußt hätte, was sich inhaltlich darunter verbarg.

Die Wirkungsgeschichte Loisys und des Modernismus muß damit weithin als eine „Nicht-Rezeption“ bezeichnet werden. Teilweise wurden die in der Theologie nicht mehr gestellten Fragen nun in der Religionsphilosophie behandelt. Selbst als diese Probleme in der Theologie vornehmlich seit dem II. Vatikanum wieder zur Diskussion gestellt werden konnten, berief man sich in aller Regel nicht auf die Modernisten, sondern distanzierte sich wie selbstverständlich von ihnen. Dennoch kann von einer negativen Wirkungsgeschichte gesprochen werden. Es blieb nicht ohne Folgen, daß in der Modernismuskontroverse mit schärfsten disziplinarischen Mitteln versucht wurde, unliebsame Fragen und Antworten zu unterdrücken. Eine ganze Generation von Theologen hat nach 1907 erlebt, was es bedeutet, einer überaus engen Überwachung unterworfen zu sein. Viele von ihnen, vor allem diejenigen, die in der Öffentlichkeit Beachtung gefunden hatten, kamen in Konflikt mit den Kirchenleitungen, verloren ihre Lehrstühle, fanden ihre Werke indiziert, mußten sich verpflichten oder verzichteten aus Vorsicht von sich aus darauf, bestimmte Themen in ihren Lehrveranstaltungen zu behandeln. All dies traf nicht allein die gemaßregelten Theologen oder diejenigen, die sich taktisch dem zu entziehen wußten, es hatte auch Wirkung auf die Studenten, die dies mehr oder minder bewußt erlebten. So entstand für Jahrzehnte eine Atmosphäre gegenseitigen Mißtrauens zwischen Kirchenleitungen und theologischen Fakultäten, die vielleicht bis heute noch nicht ganz überwunden werden konnte und die wesentlich zur oft beklagten Autoritätskrise in der römisch-katholischen Kirche mit beitrug.

Außerkirchlich konnte die Öffentlichkeit die schwierigen theologischen und philosophischen Probleme, die sich hinter diesen Auseinandersetzungen verbargen, kaum durchschauen. Was man verstand, war die Heftigkeit und die Art und Weise, wie man gegen mißliebige Theologen vorging, Argumentationswillen und Problembewußtsein zu unterdrücken schien und zur Neuscholastik zurückkehrte. „Die mangelnde Aufmerksamkeit, die die Öffentlichkeit noch Jahrzehnte später irgendwelchen kirchlichen Verlautbarungen entgegenbrachte, gehört nicht weniger als die innerkirchliche ‚Autoritätskrise‘ zu den Spätwirkungen des ‚Modernismusstreites‘.“ (Schaeffler, 532) Als interessant und beachtenswert erschien ein Theologe in der Öffentlichkeit erst, wenn er kirchenamtlich belangt oder verurteilt worden war.

Karl-Ernst Apfelbacher

ERNST TROELTSCH

(1865–1923)

Ernst Troeltsch und sein Werk waren nach dem Ersten Weltkrieg innerhalb der deutschsprachigen Theologie für nahezu vier Jahrzehnte kein ernsthaftes Thema mehr. Er galt als der letzte große Repräsentant einer theologischen Epoche, an deren Beginn Schleiermacher stand und die mit dem Untergang des deutschen Kaiserreiches und den allgemeinen politischen, sozialen, kulturellen und geistigen Umwälzungen während des Ersten Weltkrieges endgültig versunken schien. In den letzten zwei Jahrzehnten hat sich hier ein merkwürdiger Wandel vollzogen. Wird Troeltsch vom „Außenseiter" zum „Klassiker" der Theologie?

I. Leben und Werk

1. Der Weg in die Theologie

Ernst Peter Wilhelm Troeltsch wurde am 17. Februar 1865 in Haunstetten bei Augsburg geboren. Er besuchte das Humanistische Gymnasium in Augsburg und machte 1883 das Abitur. Während des sich anschließenden Wehrdienstes in Augsburg studierte er zwei Semester Philosophie am Augsburger katholischen Lyceum. Sein Vater wollte ihn zum Medizinstudium überreden; er selbst schwankte zunächst zwischen Jurisprudenz, klassischer Philologie, Philosophie und Theologie. Er entschloß sich zur Theologie, weil er hier den besten Zugang zur Metaphysik und zur Historie zu finden glaubte, die ihn beide „gleichzeitig und im Zusammenhang reizten" (IV, 4).

Im Herbst 1884 nahm Troeltsch das Studium in Erlangen auf. Gleichzeitig begann Wilhelm Bousset in Erlangen das Studium; beide verband eine lebenslange Freundschaft. Von der Erlangener Theologie fühlten sie sich wenig angezogen. Wichtig wurde für Troeltsch der Philosoph Gustav Claß. Claß gehörte zu jenen Spätidealisten, die bemüht waren, den Ertrag der empirischen und historischen Forschung des 19. Jahrhunderts mit der idealistischen, durch die Namen Herders, Goethes, Kants, Schleiermachers und Hegels bezeichneten Tradition zu verbinden, sich gegen den vordringenden bloßen Materialismus, Naturalismus und Positivismus zu stellen und insbesondere auch die Bedeutung der Religion für das geistige Gesamtleben zu würdigen und zur Geltung zu bringen. Nach zwei Semestern ging Troeltsch für ein Jahr nach

Berlin. In der Theologie hörte er nur Julius Kaftan. Wichtig waren ihm die Vorlesungen des Physiologen Emil du Bois-Reymond, des Nationalökonomen Adolf Wagner, des Historikers Heinrich von Treitschke und des Historikers und Archäologen Ernst Curtius. Wenig Sympathie brachte er den Ideen des Berliner Oberhofpredigers Adolf Stöcker entgegen.

Als nächsten Studienort wählte Troeltsch Göttingen. Theologischer Hauptanziehungspunkt war die „mächtige Persönlichkeit" Albrecht Ritschls.[1] Der zweite Anziehungspunkt wurde für ihn Paul de Lagarde; „die Weite seines historischen Blickes, die wesentlich historische und nicht spekulative Erfassung des Religiösen, die starke selbstgewisse Religiosität und die Zusammenschau des Religiösen mit den Gesamtbedingungen des Lebens, insbesondere mit den politischen Verhältnissen" gaben ihm – bei aller Distanz im einzelnen – eine „ganz außerordentliche, fast erschütternde Anregung" (II, S. VIII). Tief beeindruckt war Troeltsch ferner von dem Alttestamentler Bernhard Duhm.

Im Sommer 1888 legte Troeltsch in Ansbach das theologisch-kirchliche Examen ab. Da er mit Platzziffer eins abschloß, konnte er in das Predigerseminar in München eintreten, eine Art Hochbegabtenstiftung der Bayerischen Landeskirche. Bei der damit verbundenen Predigt- und Seelsorgstätigkeit sah er seine „Hauptaufgabe" darin, „das innere Ringen, all das, was ich glaube und als Glauben so zu befestigen lernte, auch zu predigen und zu lehren, und hier wiederum das, was ich predigte und lehrte, wirklich zu glauben". Daneben gingen seine wissenschaftlichen Interessen weiter: „Mein Bestreben ging in diesem Jahr darauf, durch eine möglichst allgemeine Beschäftigung mit der Geschichte den Rahmen für das theologische System oder besser für den christlichen Glauben zu finden, insofern er wissenschaftlich dargestellt werden soll."[2] Ein Jahr später ließ sich Troeltsch beurlauben, um sich in Göttingen zu habilitieren. Er legte großen Wert darauf, bei der Bayerischen Landeskirche als ordinierter „Lehrer im geistlichen Amt" verzeichnet zu sein.[3]

In Göttingen traf Troeltsch wieder mit seinem Freund Bousset zusammen, ferner mit William Wrede, Alfred Ralphs und Johannes Weiß. Ihr Kreis wurde die Keimzelle jener untereinander freundschaftlich verbundenen Gelehrtengruppe, die man später – zunächst in polemischem Sinn – die „religionsgeschichtliche Schule" nannte und als deren Wortführer und Systematiker Troeltsch betrachtet wurde.

Troeltsch habilitierte sich 1891 mit einer Arbeit über *Vernunft und Offenbarung bei Johann Gerhard und Melanchthon. Untersuchungen zur Geschichte der altprotestantischen Theologie* (Göttingen 1891) für das Fach Kirchengeschichte – eine Habilitation in systematischer Theologie war damals nicht möglich. Dieses bis heute nicht veraltete Werk hat das wissenschaftliche Ansehen auch bei seinen späteren theologischen Gegnern begründet. Zugleich zeigt sich in ihm bezüglich der Frage, was die Hauptaufgabe, die „eigentliche Kardinalfrage" der Dogmatik sei, eine deutliche Abkehr von Ritschl und seiner Schule – ohne daß deren Namen ausdrücklich erwähnt werden.

2. Bonn und Heidelberg

Troeltschs Zeit als Privatdozent in Göttingen währte nur kurz. Bereits ein Jahr später 1892 erhielt er ein Extraordinariat für systematische Theologie in Bonn. 1894 wurde er ordentlicher Professor für systematische Theologie in Heidelberg. Jena hatte kurz zuvor eine Berufung als Nachfolger von R. A. Lipsius erwogen, aber schließlich „wegen seiner Jugend" abgelehnt.[4]

Während der Bonner Zeit hielt Troeltsch auf einem Fortbildungskurs für Pastoren eine Reihe von Vorträgen über *Die christliche Weltanschauung und die wissenschaftlichen Gegenströmungen,* die 1893/1894 in der von Anhängern Ritschls herausgegebenen *Zeitschrift für Theologie und Kirche* erschienen. Troeltsch nimmt hier die Frage auf, die er in seiner Habilitationsschrift als die „Kardinalfrage" der Dogmatik bezeichnet hatte, nämlich wie die überlieferte religiöse Wahrheit zu der vorhandenen weltlichen Bildung in Beziehung gesetzt werden kann, ob und wie beides zusammenbestehen kann. Voraussetzung für die Beantwortung dieser Frage ist unter den gegenwärtigen geistigen und wissenschaftlichen Bedingungen, daß man sich einen Überblick verschafft über das „geistige Schlachtfeld der Gegenwart, auf welchem die großen Weltanschauungen um die Herrschaft über die Gemüter kämpfen" (II, 324). Die Theologie muß dazu hinaus aus ihren „engen Mauern" auf das „freie Feld des allgemeinen wissenschaftlichen Denkens". Nur wenn man einen „ruhigen Überblick über die in diesem Kampf ringenden Mächte, über deren Herkunft und Kraft" besitzt, kann es zu der Gewißheit und zur Zuversicht kommen, daß „bei aller Erweiterung des Denkens und Lebens die alten Fragen nach den höchsten und letzten Gütern des persönlichen Lebens ihre volle Bedeutung behalten haben" und daß die christliche Weltanschauung „nach wie vor die an Kraft und Tiefe unübertroffene Antwort auf diese Fragen" bleibt (II, 326). Troeltsch hielt sich in den einzelnen dogmatischen Anschauungen, insbesondere in der Frage nach der Absolutheit des Christentums, noch eng an die Positionen Ritschls; seine Kritiker nahmen jedoch deutlich wahr, daß hier ein grundsätzlich anderes theologisches Interesse leitend ist und daß man Troeltsch daher nicht mehr zu den „Ritschlianern" zählen könne.[5]

Innerhalb des Kreises der „Freunde der Christlichen Welt", in dem sich die „Ritschlianer" regelmäßig zu theologischen Tagungen trafen, kam es in der Mitte der Neunzigerjahre zu heftigen Auseinandersetzungen zwischen den älteren „Ritschlianern", insbesondere Julius Kaftan, Ferdinand Kattenbusch und Wilhelm Herrmann, und den „Jüngeren", der später sogenannten „religionsgeschichtlichen Schule", insbesondere Johannes Weiß und Troeltsch. Auf der Tagung in Eisenach 1896 warf Kattenbusch Troeltsch vor, er betreibe eine „schofele Theologie"[6]; er wollte sich öffentlich von ihm distanzieren. Konkreter Anlaß waren die 1895/1896 in der *Zeitschrift für Theologie und Kirche* erschienenen Aufsätze Troeltschs über *Die Selbständigkeit der Religion,* in denen er einen ersten größeren Entwurf der ihm vorschwebenden Religionsphilosophie als wissenschaftlicher Grundlegung der Theologie vorlegte und die Edu-

Ernst Troeltsch (1865–1923)

ard Spranger, ein Schüler Wilhelm Diltheys, als eine Parallele zu Schleiermachers Reden *Über die Religion* würdigte[7]. Im Hintergrund dieser Auseinandersetzung lag freilich ein kirchenpolitisches Problem. Die Ritschlianer galten den Kirchenleitungen und den Vertretern der lutherischen Orthodoxie lange Zeit als kirchlich unzuverlässig und nicht oder zu wenig rechtgläubig. Es gab Stimmen, die unter Hinweis auf Troeltsch und seine Freunde behaupteten, hier sehe man, zu welchem vom Standpunkt der Rechtgläubigkeit aus gesehen unmöglichen Konsequenzen die Theologie Ritschls führe. Um den Vorwurf kirchlicher Unzuverlässigkeit abzuwehren, wollte Kattenbusch deutlich machen, daß Troeltschs theologischer Ansatz nicht in der Konsequenz der Theologie Ritschls liege, sondern vielmehr einen bereits mehr oder weniger klar vollzogenen Bruch mit Ritschls theologischer Konzeption bedeute.[8]

In dem Bestreben, Theologie als „Orientierung im geistigen Leben der Gegenwart" (II, 227) zu betreiben, suchte Troeltsch persönliche Kontakte und wissenschaftlichen Austausch mit Kollegen anderer Fakultäten. So verkehrte er in Heidelberg in einem wissenschaftlichen Kreis, den der Philosoph Wilhelm Windelband leitete und dem unter anderen der Soziologe Max Weber, die Historiker Erich Marcks und Eberhard Gothein, der Altphilologe Albrecht Dieterich, der Jurist Gustav Jellinek und der Kunsthistoriker Carl Neumann angehörten. Mit Max Weber wohnte Troeltsch lange Jahre im gleichen Haus.

1901 heiratete Troeltsch die Tochter eines Offiziers und Gutsbesitzers in Mecklenburg. 1913 wurde ihnen ein Sohn Ernst Eberhard geboren.

In Deutschland gewann Troeltsch außerhalb der Fachtheologie, insbesondere bei Historikern und Philosophen, rasch an Ansehen. Eduard Spranger schrieb 1906 über Troeltschs religionsphilosophische Schriften: „Wenn es die Hauptaufgabe des Philosophen ist, Probleme mit selbständiger Geisteskraft und Schärfe zum Bewußtsein zu erheben, so gehört Troeltsch zu den hervorragendsten philosophischen Lehrern der Gegenwart."[9] Sein historisches Werk *Protestantisches Christentum und Kirche in der Neuzeit,* das erstmals 1906 erschien als eine Art Zusammenfassung früherer historischer Einzeldarstellungen, war der Anlaß für die Verleihung des Ehrendoktors der philosophischen Fakultät in Greifswald. 1911 verlieh ihm die juristische Fakultät zu Breslau die Ehrendoktorwürde auf Grund der im *Archiv für Sozialwissenschaft und Sozialpolitik* erschienen Teile seines Werkes *Die Soziallehren der christlichen Kirchen und Gruppen (I).* Innerhalb der Heidelberger Universität zählte Troeltsch zu den allgemein respektierten Persönlichkeiten. Im März 1906 wurde er für ein Jahr Rektor der Universität. Von 1909 bis 1914 wählte man ihn als Nachfolger Windelbands zum Vertreter der Heidelberger Universität in die Badische I. Kammer.

1909 setzte die Berliner Philosophische Fakultät Troeltsch an die erste Stelle der Berufungsliste für die Nachfolge Friedrich Paulsens mit der Begründung, man würde in ihm „eine wissenschaftliche Kraft ersten Ranges für die gesamte geisteswissenschaftliche Disziplin gewinnen". Für Troeltschs Berufung setzten sich unter anderen Wilhelm Dilthey, der spätere Nobelpreisträger

W. H. Nernst und der Philosoph A. Riehl ein. Eine Fakultätsminderheit sträubte sich in einem Sondervotum gegen die Berufung: Sie hege „ernstliche Zweifel", ob die „entschiedene theologische Richtung, die unseres Erachtens in Troeltschs bisherigem wissenschaftlichen Denken und Forschen zutage tritt, ihm gestatten wird, eine Professur der Philosophie so auszufüllen, wie es dem Wesen der philosophischen Fakultät entspricht".[10] Die Berufung kam schließlich nicht zustande. Dieser Vorgang beleuchtet schlaglichtartig, wie Troeltsch gleichsam zwischen zwei Feuern stand: Für viele Theologen war er zu wenig theologisch, vielen Nichttheologen galt er zwar als vorzüglicher Wissenschaftler, der aber leider dem „theologischen Aberglauben" noch nicht genügend abgeschworen habe. Kurze Zeit später bekam Troeltsch in Heidelberg zusätzlich zu seiner theologischen Lehrtätigkeit einen Lehrauftrag für Philosophie.

Im Frühjahr 1914 ergab sich für die Berliner philosophische Fakultät erneut die Möglichkeit, Troeltsch auf einen Lehrstuhl zu berufen, der der theologischen Fakultät entzogen, der philosophischen zugewiesen und in seiner Lehrumschreibung auf die Person Troeltschs zugeschnitten worden war; sein Lehrauftrag lautete auf Religions-, Sozial-, Geschichtsphilosophie und christliche Religionsgeschichte. Insbesondere auf das Drängen Adolf von Harnacks hin sagte Troeltsch zu. Ein wichtiges Motiv, dem Ruf zu folgen, war der zunehmende kirchenamtliche restaurative Druck auf die theologischen Fakultäten. Mit Separatvoten „positiver" Fakultätsminderheiten, so führte Troeltsch aus, würden in den theologischen Fakultäten häufig „positive" Theologen bei erwiesenermaßen geringerer wissenschaftlicher Qualifikation berufen, während die „freie wissenschaftliche Theologie" einen immer schwierigeren Daseinskampf führe und systematisch ihres akademischen Nachwuchses beraubt werde.[11] Zu seiner Schülerin Gertrud von le Fort sagte er damals, so wie er die Zukunft der theologischen Fakultäten sehe, glaube er, „in der philosophischen Fakultät mehr Möglichkeiten zu haben, das geistige und religiöse Bewußtsein der Menschen anzusprechen als in der Theologie".[12]

3. Berlin – der politische Kampf

Mit Kriegsbeginn griff Troeltsch ausführlich in die politische Diskussion ein. Das außenpolitische Ziel des Krieges kann für ihn nur ein Verständigungs- und Vertragsfriede sein. Für einen imperialistischen Eroberungskrieg sind in seinen Augen weder die realpolitischen Voraussetzungen gegeben, noch läßt er sich sittlich und religiös rechtfertigen. Alle militärischen Bemühungen und Erfolge können nur das eine Ziel haben, nämlich „eine Gemeinschaft von Staaten zu schaffen, die gegenseitig ihre Lebensnotwendigkeiten achten und das in Zukunft bereitwilliger als bisher durch Verhandlungen und Verständigung tun".[13] Innenpolitisch forderte Troeltsch die Überwindung aller Klassenmentalität, die allgemeine Demokratisierung durch allgemeines und gleiches Wahlrecht und jene sozialen Reformen, die in Deutschland auf dem Weg zu einem modernen Industriestaat notwendig seien.

Mehrfach arbeitete Troeltsch an Veröffentlichungen mit, die – in großer Auflage verbreitet – im Inland für diese Ideen werben sollten und im Ausland Vertrauen zum besseren Deutschland schaffen sollten.[14] Als im Juni 1917 das alldeutsche sogenannte „Komittee der Unabhängigen" unter der Federführung des Theologen Reinhold Seeberg eine öffentliche Petition an den Reichskanzler richtete, die sich für eine Eingliederung ausländischer Gebiete in das Deutsche Reich aussprach, verfaßte Troeltsch zusammen mit seinen Freunden und Kollegen Hans Delbrück, Friedrich Meinecke und anderen ebenfalls eine Petition, die nachdrücklich vor solchen annexionistischen Kriegszielen warnte.[15] Troeltsch hatte auch führenden Anteil an der Gründung des „Volksbundes für Freiheit und Vaterland", eines Ende 1917 ins Leben gerufenen Zusammenschlusses von Gewerkschaften und anderen Berufsorganisationen mit insgesamt vier Millionen Mitgliedern, der innenpolitisch als Gegengewicht gegen die vom ehemaligen Großadmiral A. von Tirpitz geführte rechtsradikale Deutsche Vaterlandspartei gedacht war. In den *Spektator-Briefen*[16], in denen Troeltsch im *Kunstwart* von November 1918 an bis kurz vor seinem Tode die politische Entwicklung laufend kommentierte, betonte er immer wieder, daß es keine vernünftige Alternative zur Weimarer Republik gebe. Worauf es ankomme, sei daher innenpolitisch eine wirkliche rückhaltlose Loyalität aller zum neuen Staate, die Bildung einer breiten politischen Mitte und die dauernde Zusammenarbeit von Bürgertum und Arbeiterschaft, die Absage an alle Klassenkampfparolen von links und an die nationalistischen und restaurativen Parolen von rechts; außenpolitisch sei ein definitiver Verzicht auf jede Form imperialistischer Weltpolitik nötig – insgesamt eine „geistige Revolution" auf allen Gebieten. Nach dem Krieg trat Troeltsch in die Deutsche Demokratische Partei ein, deren erster Vorsitzender Friedrich Naumann war. Ihr Ziel war, einen Kristallisationspunkt für die erhoffte breite Mitte zu bilden.

Von 1919 bis 1921 war Troeltsch auch Abgeordneter im Preußischen Landtag. Widerwillig übernahm er die Aufgabe des Unterstaatssekretärs für evangelische Fragen im Preußischen Ministerium für Wissenschaft, Kunst und Volksbildung; er war damit vornehmlich mit Fragen der Neuordnung des Verhältnisses von Kirche und Staat befaßt.

Aufs Ganze gesehen blieb Troeltschs politisches Wirken erfolglos. Schon während des Krieges hatten ihm rechtsgerichtete Kreise vorgeworfen, er schwäche mit seinen Friedens- und Verständigungsparolen den Siegeswillen des deutschen Volkes und arbeite damit den Feinden Deutschlands in die Hände.[17] Auch mehrere Kirchenblätter hatten gegen ihn als einen Vertreter der „krankhaften Losung ‚Frieden um jeden Preis'" polemisiert, der keinen Sinn für die weltgeschichtliche Sendung und Größe des deutschen Volkes habe.[18] Innerhalb der Philosophischen Fakultät waren Troeltsch und seine Gesinnungsfreunde Friedrich Meinecke, Heinrich Herkner, Otto Hintze und andere gegenüber der vor allem von Ulrich von Wilamowitz-Moellendorff nationalistisch und restaurativ inspirierten Fakultätsmehrheit eine angefeindete Minderheit. Nach dem Krieg trat all das ein, wovor Troeltsch in den *Spektator-Briefen* zu warnen nicht müde wurde: Die politische Mitte als die Grundlage der Einheit der Nation konnte sich nicht konsolidieren. Revolutionen von links und Radikalismus von rechts schürten im Ausland das Mißtrauen gegen Deutschland. Der Versailler Vertrag war in seinen Augen das Gegenteil wirklicher Verständigung und des Ausgleichs der Lebensinteressen der Völker und führte in Deutschland zu einer Verstärkung der radikalen Strömungen. Als Mitglied der Deutschen Demokratischen Partei hatte Troeltsch ebenso wie seine theologischen Parteifreunde Martin Rade, Rudolf Otto, Wilhelm Bousset, Otto Baumgarten und andere die fast durchwegs restaurativ gesinnten und politisch weit rechts stehenden Kirchenleitungen gegen sich.

In der Berliner Zeit wandte sich Troeltschs wissenschaftliche Arbeit vor allem geschichtsphilosophischen Problemen zu, über die er bereits in der Schrift *Die Absolutheit des Christentums und die Religionsgeschichte* (erstmals 1902) und in den Aufsätzen *Was heißt „Wesen des Christentums"?* und *Moderne Geschichtsphilosophie* (erstmals 1903, später in II) gehandelt hatte und die ihm seitdem immer wichtiger und zentraler geworden waren (vgl. III, 118f.). 1922 erschien als Band III seiner *Gesammelten Schriften* das Werk *Der Historismus und seine Probleme. Erstes Buch: Das logische Problem der Geschichtsphilosophie;* ein zweiter Band über die materiale Geschichtsphilosophie sollte die von Troeltsch so genannte „gegenwärtige Kultursynthese" entfalten. Es ging ihm dabei nicht ausschließlich um rein wissenschaftliche Interessen, sondern auch um eine ethisch-praktische Konsequenz. Im Zusammenbruch der alten Ideale, in der zermürbenden intellektuellen Zerstreuung wollte er durch die Besinnung auf die zentralen historischen Lebensgehalte, die die Gegenwart bewußt oder unbewußt bestimmen, dazu beitragen, zu einer Vereinfachung, Konzentration und Verjüngung des gesamten geistigen Lebens und somit zur Wiedergewinnung seelischer Kraft zu finden.

In den Weihnachtsferien 1922 und im Januar 1923 arbeitete Troeltsch Vorträge aus, die er im März 1923 auf Einladung Friedrich von Hügels in England halten sollte.[19] Am 1. Februar 1923 starb er völlig überraschend an einer Lungenembolie, nachdem er einige Tage wegen Grippe zu Bett gelegen war.

Man hat viel davon gesprochen, Troeltsch habe in den letzten Lebensjahren einen resignierten Eindruck gemacht. Manche Interpreten haben daraus geschlossen, es sei ihm am Ende seines Lebens aufgegangen, daß sein theologisches System und sein ganzes wissenschaftliches Denken gescheitert seien. Indes zeigen die Quellen deutlich, daß die Wurzel solcher Resignation und des melancholischen Ernstes in dem verhängnisvollen Lauf der Ereignisse in Politik und Kirche lag. Nach der Ermordung seines Freundes W. Rathenau schrieb er an F. von Hügel: „Eine tiefe Trauer wird . . . wohl nie mehr von mir weichen, solange ich lebe. Soweit ich für irdische Dinge lebte, habe ich für mein Vaterland gelebt, und ich sehe nun seinen hoffnungslosen Zerfall; mit einem großen Teil der Menschen meines Standes und Berufes bin ich zerfallen, weil ich an eine Restauration nicht glaube und sie auch nicht wünsche. Es müßten ganz neue Wege gegangen werden, und die will niemand sehen." (BrH, 131f.)

Trotz aller düsteren Ahnung über den weiteren Gang der Geschicke sprach aus Troeltschs Wesen und Werk ein „gläubiger Optimismus", der insbesondere von jenen deutlich empfunden wurde, die ihn angesichts der trostlosen geistigen und politischen Lage nicht mehr zu teilen vermochten.[20] Troeltschs Werk *Der Historismus und seine Probleme* ist in vieler Hinsicht ein Gegenstück zu Oswald Spenglers damals populären Werk *Der Untergang des Abendlandes*. Es genügt nicht, wie Spengler mit trotziger Resignation der tragischen Selbstauflösung der abendländischen Kultur entgegenzusehen, sondern es kommt darauf an, „gläubig und mutig" die zukunftsweisenden Kräfte der Geschichte zu sammeln und zu einer neuen „gegenwärtigen Kultursynthese" zusammenzuschmelzen. Im Mittelpunkt dieser Synthese muß – das ist für Troeltsch „sonnenklar" – das religiöse Element stehen, näherhin das Christentum. Es ist die „Religion des Abendlandes" geworden und „hat alles in sich gesogen, was Europa an Sehnsucht, Kraft und Begeisterung besaß, und das europäische Leben wiederum ist durchtränkt mit allen Säften des Christentums"; es ist so unlösbar „mit allen Leistungen unserer Geschichte, unserer Kunst und Literatur verwachsen", daß selbst jene, die es ausscheiden möchten, es „noch in ihrer Seele tragen".[21]

II. Die theologische Konzeption

Troeltschs Werke befassen sich nicht nur mit religiösen, theologischen und kirchlichen Fragen, sondern auch und vor allem mit untereinander weit auseinanderliegenden historischen, geschichts- und kulturphilosophischen, religionsphilosophischen und religionssoziologischen Themen. Angesichts dieser Vielschichtigkeit seines Lebenswerkes stellt sich die Frage nach dem geistigen Band.

1. Die mystisch-spiritualistische Position

Allem voraus muß man sehen, daß Troeltsch tief religiös war. Er hatte ein „ursprüngliches Interesse" an einer „starken und zentralen religiösen Lebensposition, von der aus das eigene Leben erst ein Zentrum in allen praktischen Fragen und das Denken über die Dinge dieser Welt ein Ziel und einen Halt gewinnt" (HÜ, 63f.). Dieses religiöse Lebenszentrum hat sich nach Troeltschs eigenen Aussagen im Laufe seines Lebens, in den vielfältigen theologischen, kirchlichen und weltanschaulichen Kämpfen fortwährend verstärkt; er empfand „das eigentümlich Religiöse immer selbständiger und eigentümlicher als eine autonome Macht des Lebens" (HÜ, 81).

Näherhin ist Troeltschs Religiosität in der christlich-mystischen Tradition verwurzelt, die im Mittelalter in Meister Eckhart und in Dante ihre großen Repräsentanten hat, von den sogenannten Spiritualisten des Reformationszeitalters weitergebildet wurde, gleichzeitig im Katholizismus in der spanischen und der davon inspirierten französischen Mystik aufblühte, von Jakob Böhme über Leibniz auf den deutschen Idealismus und die deutsche Romantik wirkte und in der Gegenwart innerhalb der Kirchen und noch mehr unabhängig von ihnen eine wichtige Geistesmacht ist. Von dieser Tradition ist Troeltschs Verständnis der christlichen Religiosität geprägt: Sie ist für ihn in ihrem wesentlichen Sinn „die höchste Aufgipfelung zur Persönlichkeit durch die Hingabe an einen heiligen, gnadenvollen, vergebenden, höchste Willens- und Schaffenskraft einflößenden Gotteswillen und der Umschlag dieses höchsten Individualismus in die Liebe zu den mit uns in Gott geeinten und zusammengeschmolzenen Brüdern, die rastlose Arbeit an der Welt im Dienste der Persönlichkeitsvollendung und der brüderlichen Persönlichkeitsgemeinschaft und der Umschlag dieser Arbeit in die innerlichste Ruhe und Stille, aus der sie ausströmt und in die sie zurückkehrt, die schärfste Spannung der Gottinnigkeit gegen die sinnlich-irdische Welt der Selbstliebe und des kreatürlichen Hochmuts und der Umschlag dieser Spannung in die innerste Einheit von Göttlichem und Menschlichem, Schöpfer und Schöpfung, Geist und Leib".[22] Dieser „christliche Personalismus", wie man seine Position nannte,[23] läßt sich nach Troeltsch nicht von der Person und dem Bilde Jesu ablösen: „Eine Christusmystik, in der jeder Gläubige sich als Ausstrahlung von diesem Zentralpunkt empfindet und die Gläubigen sich immer neu verbinden in der religiösen Deutung und Verehrung Jesu als der uns über uns selbst emporhebenden und als der durch die Jahrhunderte welthistorischer Wirkung verstärkten Gottesoffenbarung, das wird immer der Kernpunkt aller echten und wahren Christlichkeit bleiben, solange es eine solche gibt. Ohne das würde auch der personalistische Gottesglaube selbst verwehen und absterben." (II, 848)

Troeltsch nennt seine eigene Theologie „sicherlich spiritualistisch"; die ganze sogenannte religionsgeschichtliche Schule lenke „völlig zum Spiritualismus" zurück (I, 936). Er empfindet sich damit in der Tradition Schleiermachers, Hegels und de Wettes und der von ihnen inspirierten „Gedankenbildungen der neueren wissenschaftlichen Theologie, soweit sie mit dem modernen Geiste inneren Zusammenhang und zugleich religiöse Wärme und Lebendigkeit suchen"; diese Theologie „ist dem Meister Eckhart und Sebastian Franck näher verwandt als Luther und Calvin und schätzt an Luther für die Gegenwart wesentlich nur seine spiritualistischen Anfänge" (I, 934). Allerdings will Troeltsch die unverzichtbare Bedeutung der Kirchen nicht verkennen, er suche daher in seiner Theologie „dem historischen und dem damit verbundenen kultisch-soziologischen Moment Raum zu schaffen" (I, 936). Er hält eine Ablösung der christlichen Idee von ihren historischen Wurzeln und ein kirchen-, kult- und gemeinschaftsloses Christentum – damals in weiten Kreisen gängige Vorstellungen – für unmöglich, unrealistisch und zukunftslos.

Der mystisch-spiritualistische Grundzug kommt auch in Troeltschs Geschichtsphilosophie zum Tragen. Bezüglich der bedrängenden Frage, wie man den relativistischen Historismus überwinden und zu einer verantwortbaren religiös-ethischen Lebensüberzeugung gelangen könne, stellt Troeltsch die Maxime auf: „Geschichte durch Geschichte überwinden“ (III, 772). Der angeblich aporetische Charakter dieser Maxime ist von Kritikern häufig betont worden; dabei übersah man ihren mystisch-spiritualistischen Hintergrund. Troeltsch selbst weist diese Richtung, wenn er im Zusammenhang mit dieser Formel auf Dantes Divina Comedia und auf Goethes Faust verweist. Dantes Seher, der sich verirrt hat, von wilden Tieren bedroht ist und keinen Ausweg sieht, geht, geleitet von den Helfern aus der Geschichte, durch die Hölle, wo er der ganzen hebräischen, griechischen und christlich-abendländischen Geschichte in ihrer Bosheit und Relativität begegnet, zum Berg der Läuterung und ins Paradies, wo ihm am Ende die Einsicht aufblitzt, daß die tiefsten Geheimnisse der Wirklichkeit dem menschlichen Erkennen unerreichbar sind und nur in der Hingabe des Willens ergriffen werden können, die in Wahrheit ein Ergriffenwerden von der Liebe Gottes ist. Was hier als der Weg des einzelnen besungen ist, ist nach Troeltsch der Weg, auf den die gegenwärtige Zeit insgesamt gewiesen ist, wenn sie zukunftsweisende Orientierung aus der Geschichte finden will. Freilich ist dazu nötig die „schöpferische Tat und Wagnis derer, die von keiner Gegenwart sich einlullen oder zerbrechen lassen“; dazu „gehören gläubige und mutige Menschen“, keine „Skeptiker“, keine quietistischen, weltflüchtigen oder enthusiastisch verstiegenen „Mystiker“, keine „rationalistischen Fanatiker“. Man muß den Weg der „Läuterung“ gehen – „zunächst in der Stille, in der eigenen Persönlichkeit und dann im weiteren Kreise“, dann „wird das neue Leben kommen und von verschiedenen Punkten sich zusammenleben“ (III, 771 f.). Adolf von Harnack sah in diesen Schlußsätzen des dritten Bandes der *Gesammelten Schriften* Troeltschs „wissenschaftliches Testament“.[24]

2. *Der Konflikt zwischen christlichem Glauben und Wissenschaft*

Troeltsch ist tief angerührt und betroffen von der religiösen und geistigen Krise der Gegenwart. In traditionellen kirchlichen Kreisen und der von ihnen geprägten Theologie pflegt man die Ursache dieser Krise vor allem in der zunehmenden fleischlichen, selbstsüchtigen und irdischen Gesinnung der Menschen und in ihrer rein innerweltlichen Kulturseligkeit zu sehen. Für Troeltsch ist jedoch klar, daß damit die eigentliche Wurzel der Krise verkannt wird. Im letzten Grund ist diese Krise durch das Aufkommen der modernen Wissenschaften bedingt; die mathematisch-mechanische Naturwissenschaft und die kritisch vergleichende Geschichtswissenschaft haben die grundlegenden Ideen des bisherigen Christentums erschüttert. Der Kampf, in den sich der Gläubige hineingestellt sieht, entspringt „nicht bloß aus der Bosheit der natürlichen Vernunft, sondern einfach genug vor allem aus der totalen und allseitigen Veränderung des modernen Denkens seit den letzten zwei Jahrhunderten und dem Gegensatz desselben gegen die Denkweisen und Anschauungen, innerhalb deren das Christentum seiner Zeit entstanden ist und seine kirchliche

Fixierung erhalten hat" (II, 325). Troeltsch erlebt diesen Konflikt persönlich vor allem als den Konflikt zwischen seinem Interesse an einer religiösen „hingebenden, vertrauenden Lebenshaltung, die sich der göttlichen Offenbarung öffnet und beugt", und seinem Interesse an der historischen Welt mit der „zerfließenden Überfülle historischer Mannigfaltigkeiten". Aus dem „tiefen Gefühl" des Zusammenstoßes zwischen dem historischen Denken und dem Bedürfnis nach einer „normativen Festsetzung von Wahrheiten und Werten", so führt er aus, „entsprang im Grunde meine ganze wissenschaftliche Fragestellung" (HÜ, 63f.).

Angesichts dieser Krise der christlichen Religion, angesichts des allenthalben spürbaren und die Glaubenszuversicht lähmenden Zusammenstoßes zwischen den überlieferten Glaubensvorstellungen und den Erkenntnissen der modernen Wissenschaften muß sich nach Troeltsch die Theologie allem voraus auf ihre „eigentliche Kardinalfrage" zurückbesinnen; sie muß die Frage zu beantworten versuchen, ob und wie die wesentlichen Gehalte der christlichen Überlieferung mit den heute bekannten Tatsachen und deren wissenschaftlicher Verarbeitung zusammenbestehen können. Die Lage der systematischen Theologie ist jedoch in den Augen Troeltschs insgesamt dadurch gekennzeichnet, daß sie sich im Gefolge der kirchlichen Restaurationsbewegung gegen die Konsequenzen, die sich aus den naturwissenschaftlichen und historischen Erkenntnissen für das Verständnis des Christentums ergeben könnten, immer mehr abgeschirmt hat. Der wunde Punkt der Schule Ritschls ist in den Augen Troeltschs, daß auch hier bei der dogmatisch-systematischen Entfaltung des christlichen Glaubens und Wirklichkeitsverständnisses gerade jene großen und durchgreifenden Erkenntnisse, die die Natur- und Geschichtswissenschaft erbracht haben und die das Lebensgefühl und auch die religiöse Gestimmtheit des modernen Menschen charakteristisch prägen, nicht einbezogen und mit den Wesensgehalten der christlichen Überlieferung vermittelt werden, sondern mit einer „versteckten, ignorierenden oder abschwächenden Duldung" erledigt werden (vgl. WL, 53). Troeltschs Forderung ist, daß die Theologie, wenn sie dem Glaubenden und Glauben Suchenden einen Dienst erweisen will, „gründlich umlernen müsse, wie das alle anderen Wissenschaften auch getan haben, und daß sie entschlossen und ohne kleinliche Angst, mit der festen Zuversicht, sich ihrem Gegenstand nur auf anderem Wege zu nähern, die neuen Wege suchen muß, die sie in der neuen Lage zu ihrem Ziel des Verständnisses des Wesens und der Wahrheit der Religion führen können" (WL, 9). Es muß um einen „wirklichen Neubau der Theologie" gehen (RTh, 56).

3. *„Neubau der Theologie"*

Die neuen Wege der Theologie sieht Troeltsch seit zweihundert Jahren „längst gebahnt". Man muß dazu nur über den engen Bereich der Fachtheologie hinausschauen auf die „unzünftige Theologie" der „Theologie treibenden

Nicht-Theologen". Locke und Leibniz, Semler und Gottfried Arnold, Herder und Lessing, Kant und Goethe, Schleiermacher und Hegel sind mehr oder weniger direkt die Schöpfer einer neuen Grundlegung der Theologie angesichts der wissenschaftlichen Umwälzungen seit dem 18. Jahrhundert (vgl. WL, 9). Die psychologische Betrachtung der Religion als eines allgemeinmenschlichen subjektiven Phänomens, die Erweiterung des Bildes der Religion zur vergleichenden Religionsgeschichte, der damit gegebene Ansatz zu einer „neuen religionswissenschaftlichen Theorie, die vom Ganzen der Religionsgeschichte aus die Würdigung der einzelnen Religionen und des Christentums insbesondere verlangte" (RTh, 45), sind die Erbstücke der religionswissenschaftlichen und theologischen Denkarbeit des 18. Jahrhunderts, die – bei aller Mangelhaftigkeit der ersten Versuche – auch heute prinzipiell den richtigen Weg zeigen, auf dem die Theologie weitergehen muß, wenn sie in lebendigem Eingehen auf die Ergebnisse der Wissenschaften den Wert und das Wesen des Christentums für den heutigen Menschen artikulieren und zur Geltung bringen will. Nur wenn sich die Theologie in dieser Weise auf den Boden des allgemeinen wissenschaftlichen Denkens stellt, kann sie im weltanschaulichen Kampf gegen den mechanistischen Naturalismus, gegen den verschwommenen, Sünde und Leid nicht ernstnehmenden ästhetischen Monismus und Pantheismus oder gegen die mit der Geschichtswissenschaft scheinbar notwendig einhergehende spielerische Skepsis irgendwie erfolgreich sein.

Troeltsch stellt daher die umstrittene Forderung auf, die Theologie müsse sich eine religionsphilosophische Grundlegung geben, in der die religionsphilosophischen und religionswissenschaftlichen Ansätze der vergangenen zwei Jahrhunderte unter den Bedingungen des inzwischen ins Unermeßliche gewachsenen historischen Wissens kritisch weitergedacht werden. Das allgemeinste Charakteristikum einer solchen Religionsphilosophie ist, daß sie ausschließlich mit allgemein bewährten oder diskutierbaren Methoden wissenschaftlicher Erkenntnis sich „von der Gesamterscheinung der Religion und einer Untersuchung ihres geschichtlichen Entwicklungsganges aus an die Frage nach der Wahrheit der einzelnen Religionen", insbesondere des Christentums, begibt.[25] Grundlage und Ausgangspunkt muß also die historische und psychologische Betrachtung der religiösen Lebenswelt sein. Im Zentrum steht dann die „geschichtsphilosophische Würdigung des Christentums innerhalb der Religionsgeschichte";[26] ihr Ziel ist der Aufweis, daß das Christentum mit gutem wissenschaftlichen Gewissen nach wie vor als bisheriger Höhepunkt der Religionsgeschichte, als das uns „zugewandte Antlitz Gottes" (vgl. HÜ, 78) und als die verjüngungsfähige und lebendige Grundlage unserer religiösen Zukunftsentwicklung angenommen werden kann. Nach Troeltsch muß sich die Religionsphilosophie einem weiteren Problemkreis zuwenden, den er „Metaphysik der Religion" nennt. Diese hat jene Fragestellungen aufzugreifen, die in der traditionellen Philosophie unter dem Stichwort „Gottesbeweise" abgehandelt wurden. Denn so sicher die alten Formen der Gottesbeweise zerbrochen erscheinen, so bleibt doch die Frage bestehen, auf die sie zu antworten versuchten, nämlich was die inhaltliche Botschaft der Religionen und insbesondere des Christentums für die gesamte Wirklichkeitserfahrung des Menschen austrägt und ob die Religion ein notwendiges, unentbehrliches Element menschlicher Wirklichkeitserfahrung sei.

Troeltsch hat diese ihm vorschwebende Religionsphilosophie mehrfach entworfen, ihre Themenstellung differenziert, aber nie systematisch ausgearbeitet. Immer wieder kündigte er sie als sein nächstes Ziel an. Bei den Vorarbeiten stieß er jedoch stets auf Fragestellungen, die ihn weit über das spezielle Ziel der Religionsphilosophie hinaustrieben zu allgemeinen erkenntnis- bzw. wissenschaftstheoretischen, historischen, geschichts- und kulturphilosophischen Untersuchungen, die gleichsam unter der Hand zu wichtigen Forschungsbeiträgen zur Grundsatzdiskussion dieser Disziplinen wurden. Aus der Frage, wie sich die christliche Idee in Wechselwirkung mit den jeweiligen allgemeinen kulturellen, wirtschaftlichen und sozialen Gegebenheiten unterschiedlich artikulierte und veränderte, sich fremdes Ideengut aneignete und sich in einer Vielfalt von Organisations-, Gemeinschafts- und Tradierungsformen ausfaltete, erwuchsen *Die Soziallehren der christlichen Kirchen und Gruppen (I),* in Wirklichkeit eine ganze Geschichte der christlich-kirchlichen Kultur, die, davon ist Troeltsch überzeugt, bei allen Mängeln im einzelnen doch „ein wahreres Bild der historischen Wirklichkeit" vermittelt, „als es die kirchlich-supranaturalistischen und die modern-ideologischen Darstellungen zu geben vermochten" (IV, 11f.). Die Frage, wie die Geltung und Wahrheit des Christentums aufgezeigt werden könne, erweiterte sich zur allgemeinen geschichtsphilosophischen Frage, wie überhaupt Normen aus der Geschichte gewonnen werden können. Die Frage nach der Gestaltung der christlichen Idee und ihrer Institutionen, die der gegenwärtigen geistigen und kulturellen Lage gerecht werden kann, erweiterte sich zum umfassenderen kulturphilosophischen Problem, wie eine „gegenwärtige Kultursynthese" geschaffen werden könne, in der das Religiöse und speziell das Christliche Zentrum und Kraftquelle sein könne.

Bezüglich der allgemeinen philosophischen Voraussetzungen, die in jeder Religionsphilosophie bewußt oder unbewußt zur Geltung kommen, begab sich Troeltsch zunächst in eine kritische Anlehnung an Diltheys psychologische Grundlegung der Geisteswissenschaften, versuchte dann den Schwierigkeiten dieses Ansatzes durch die „Hereinnahme der Begriffe des modernen Kritizismus (nicht eigentlich der Kantischen Lehre)"[27] zu begegnen und empfand sich mit der ihm dabei vorschwebenden Lösung in der Nähe zu Edmund Husserl (vgl. IV, 9). Bei all diesen Akzentverschiebungen im einzelnen, die sich aus dem wachsamen Eingehen auf die allgemeine wissenschaftliche Grundlagendiskussion ergaben, zeigt sich doch eine große Kontinuität in der grundsätzlichen Denkrichtung Troeltschs: Das „Streben vom Positiv-Tatsächlichen aus zu einem Anschluß desselben an eine innere Vernunft oder besser göttlichen Lebensgrund dieser und eben damit die bloße Fortbildung überlieferter Lebenssubstanz in der Richtung auf möglichste Einfügung in einen allgemeinen Zusammenhang und in unser heutiges theoretisches und praktisches Lebensbild: das ist das Wesentliche an meiner Grundeinstellung".[28]

4. Zukunftsperspektiven

Troeltsch war sich klar, daß eine Theologie, die sich rückhaltlos auf den Boden des allgemeinen wissenschaftlichen Denkens stellt und so dem Gläubigen eine „Orientierung im geistigen und religiösen Leben der Gegenwart" zu geben versucht, zu ihrem Teil auf eine tiefgreifende Neugestaltung der christlichen Überlieferungssubstanz und der kirchlichen Institutionen hinarbeitet. Sie ist dann nicht mehr die Kunst, „sich den Pelz zu waschen, ohne ihn naß zu machen".[29] Wenn man aber wie Troeltsch von der überragenden Macht und Bedeutung der christlichen Botschaft auch für die Gegenwart und alle absehbare Zukunft wirklich überzeugt ist, dann muß man vor einer solchen Entwicklung keine Angst haben. Die Geschichte des Christentums zeigt, daß sich die christliche Botschaft nie allein aus sich selbst entfaltet und dargestellt hat, sondern sich in Auseinandersetzung mit den sie umgebenden geistigen und religiösen Kräften und in kritischem Eingehen auf sie stets Neues und Fremdes in lebendiger Produktivität anverwandelt hat. So hat beispielsweise die Kirche der Antike durch die „Verschmelzung" der heterogenen und widersprüchlichen Elemente der christlichen und antiken Überlieferung zu einer „complexio oppositorum", zu einer spannungsvollen Synthese aus untereinander sich immer wieder von neuem empfindlich reibender Ideenmassen (vgl. IV, 94) die Voraussetzung geschaffen, daß das Christentum jene lebendige historische Macht wurde, die uns noch heute bestimmt und die selbst jene noch prägt, die sie bekämpfen oder ablehnen zu müssen meinen. Wie sich das Christentum auf diese Weise in und mit den Mitteln der hellenistischen Welt „seinen Leib gebaut hat",[30] ebenso kann man sich darauf gefaßt machen, daß es sich heute in und mit den Mitteln der modernen Welt „seinen Leib baut" und dabei sich in lebendiger religiöser Produktivität neue Ideen und Gedanken aneignet und mit ihnen zu einem neuen Ganzen schöpferisch verschmilzt. Und ebenso wie früher in Antike und Mittelalter die religiösen Organisationen des Christentums nie allein aus der christlichen Idee oder aus einem theologisch vorgegebenen abstrakten Kirchenbegriff herauswuchsen, sondern in ihrer konkreten Gestalt immer auch das Resultat des Zusammenlebens mit den jeweiligen kulturellen Verhältnissen waren, ebenso muß man darauf gefaßt sein, daß auch in der Gegenwart das Christentum unter den gegenüber früher andersartigen gesellschaftlichen Bedingungen und den darin beschlossenen Möglichkeiten zu einer Neugestaltung der religiösen Institutionen finden wird.

Wie die Kirche der Zukunft sich konkret gestalten wird, darüber will Troeltsch nicht spekulieren. In der Gegenwart kommt es für ihn auf die nächsten gangbaren praktischen Schritte an. Es gilt, „in den Kirchen dem wahrhaft innerlichen und freien religiösen Leben zur Existenz und Selbstbehauptung zu helfen, wo immer es sich regt, und zwar gilt das für katholische und protestantische Kirchen" (II, 66). Die Kirchen müssen der Gewissensfreiheit der Gläubigen Raum geben, statt auf Konformität zu drängen. In einer „elastisch gemachten Volkskirche" mit „elastischer Organisation" (II, 105) können sich dann die organisatorischen und geistigen Konturen der zukünftigen Gestalt der Kirche herausbilden.

III. Zeitgenössische Kritik

Troeltsch stieß von Anfang an auf erbitterte Kritik bei Fachkollegen und Kirchenleitungen. Konkret entzündete sich diese Kritik vor allem an seiner These, daß der Selbstanspruch des Christentums, die einzige übernatürlich geoffenbarte Religion zu sein, nicht als dogmatische Voraussetzung der Theologie dienen könne, daß vielmehr die Geltung und die Wahrheit des Christentums mit allgemeinwissenschaftlich diskutierbaren Methoden aufgezeigt werden müsse. Dies stand im Widerspruch zur Auffassung der konservativ-orthodoxen Theologie und auch der liberalen Theologie im Gefolge Ritschls, die genau umgekehrt durch die dogmatische Behauptung einer besonderen, dem „profan"-wissenschaftlichen Denken prinzipiell entzogenen und nur im Glauben erfaßbaren Erkenntnismethode die Eigenständigkeit des christlichen Glaubens gegenüber aller wissenschaftlichen Erkenntnis sichern wollten. Troeltsch wurde nicht nur von älteren Kollegen bekämpft. Schon 1910 zog auch der vierundzwanzigjährige Karl Barth gegen die Religionsphilosophie und Theologie zu Felde, „die uns Jüngeren heute von Heidelberg aus als Evangelium gepredigt wird".[31] Den Kirchenleitungen war Troeltsch zu wenig kirchlich gesinnt und zu wenig konfessionell gebunden.

Besonderen Anstoß erregte Troeltsch mit der Forderung, in der Theologie müßten die alten metaphysischen Fragen studiert und diskutiert werden. Wilhelm Herrmann sah darin einen „Rückzug ins Mittelalter" und warnte davor, „eine neue Art von Thomismus anzurichten", die nichts anderes als Verrat am Erbe der Reformation und am philosophischen Erbe Kants sei.[32] Anstoß erregten Troeltschs Andeutungen über ein religiöses Apriori: Man vermutete, er wolle eine rationalistische, inhaltlich bestimmte Vernunftreligion konstruieren, und wandte ein, hier würde der menschliche Geist Gott seine Gesetze vorschreiben und damit die Souveränität des göttlichen Willens mißachten. Troeltsch wollte jedoch nicht eine Vernunft- oder Normalreligion konstruieren, sondern es ging ihm dabei um die Frage, wie der Mensch überhaupt in der Lage sei, eine wirkliche göttliche Offenbarung von Scheinoffenbarungen oder psychopathischen Phänomenen zu unterscheiden, an denen die Religionsgeschichte allzu reich ist.

Anstoß nahm man an Troeltschs historischen Auffassungen. Seine positive Würdigung des mittelalterlichen Katholizismus in seinen *Soziallehren* brachte ihn in Verdacht, er vermittle seinen Studenten ein zu günstiges Bild von der katholischen Kirche. In der Betonung des Zusammenhangs von mittelalterlichem Denken und der Theologie Luthers und des Altprotestantismus sah man eine Mißachtung oder Verkennung der Bedeutung Luthers für die Geschichte der Neuzeit. Ebenso sah man in seiner Hervorhebung der sogenannten Nebenströmungen der Reformation und ihrer Bedeutung für die Entstehung der modernen Welt, ihrer Religiosität, ihrer Geistigkeit und ihrer politischen Strukturen und Ideale einen antilutherischen und antikirchlichen Affekt und überdies eine unter den damaligen politischen Verhältnissen in manchen Kreisen anrüchige Vorliebe für die angelsächsische Welt und ihre geistigen Traditionen.

Dogmatisch kritisierte man an Troeltsch, daß er die Übernatürlichkeit der christlichen Offenbarung nicht genügend zur Geltung bringe, daß er die Überweltlichkeit Gottes letztlich zugunsten eines monistischen Pantheismus oder zumindest eines „Panentheismus" preisgebe, daß er den Ernst der Sünde verkenne und damit die Schuldempfindung lähme.

Auffälligerweise sind diese dogmatischen Einwände dieselben Vorwürfe, die zu allen Zeiten in dieser oder ähnlicher Weise von kirchenamtlicher Seite gegen Mystik und Spiritualismus erhoben wurden. So erscheint der Konflikt Troeltschs mit den Kirchenleitungen und vielen Fachkollegen in vieler Hinsicht als eine Wiederbelebung des alten Konflikts, der zwischen Mystik und kirchlichem Lehramt, zwischen der Betonung der subjektiven persönlichen religiösen Erfahrung und der kirchenamtlichen Forderung nach Konformität und Einheitlichkeit der Glaubenslehre, zwischen der oft einseitigen Betonung des „Gott in Welt" und der ebenfalls oft einseitigen Betonung der Überweltlichkeit Gottes immer wieder aufgebrochen ist.

Obwohl Troeltsch vor allem bei vielen jüngeren Theologen eine populäre Gestalt war, blieb er doch aufs Ganze gesehen isoliert. In diesem Schicksal sah er sich in Parallele zum katholischen Modernismus, dem er sich in seiner theologischen Absicht eng verwandt fühlte. Auch hier sind „die alten Lebenstriebe der Mystik" wirksam, „die sich mit moderner Historie, Philologie und Entwicklungslehre verbunden haben und die praktisch im Zeitalter der Demokratie, des weltlichen Staates, der Technik und der sozialen Bewegungen neue selbständige Wege moderner Kirchenpolitik und Volkspflege eröffnen wollen".[33] Diese Katholiken, so schrieb Troeltsch, „sind der faulen Apologetik, der dogmatisch gebundenen Exegese, der überall gefesselten Kirchenhistorie, der albernen Legenden und Wundersucht, des überall betonten Gegensatzes gegen alle sonst bewährten wissenschaftlichen Grundsätze satt und sind doch von der Wahrheit der ethischen und religiösen Lebenssubstanz der Kirche so fest überzeugt, daß sie meinen, ehrliche Wahrhaftigkeit der Forschung und freie Innerlichkeit und Menschenliebe müßten sich finden können, müßten gerade in der großen Weltkirche eine die ganze Welt befreiende und reinigende Harmonie herstellen können, wenn man nur den Mächten der Wahrheit ehrlich den Lauf ließe" (II, 56). Als Rom mit der Enzyklika *Pascendi dominici gregis* 1907 zum tödlichen Schlag gegen die modernistische Bewegung ausgeholt hatte, schrieb er erschüttert, die Sache verhalte sich „ja nicht so sehr viel anders auf dem protestantischen Gebiet. Auch hier kämpft kirchliche Autorität und Tradition gegen den Modernismus und ist ein Geist gleich dem der Enzyklika weder selten noch wirkungslos" (II, 65).

Mit dem „Laienbischof der Modernisten" (A. Sabatier), dem österreichisch-englischen Laientheologen Friedrich von Hügel, den Troeltsch einen „der bedeutendsten religiösen Charakterköpfe der Gegenwart" (II, 61) nannte, verband ihn eine langjährige Brieffreundschaft. Friedrich von Hügel hatte wesentlichen Anteil an der Verbreitung der Schriften Troeltschs im englischen Sprachraum. Er ist das einzige führende Mitglied der „modernistischen" Bewegung, das nie kirchenamtlich zensuriert wurde. Umso bemerkenswerter ist es, daß er bezüglich der Frage, wie das Verhältnis von Natur und Übernatur zu denken sei, bei dem Protestanten Troeltsch die befriedigende Lösung zu finden glaubte, nachdem ihm die Lösungsversuche seiner katholischen Freunde Alfred Loisy und Maurice Blondel unzureichend erschienen.[34]

IV. Wirkungsgeschichte und Bedeutung

1. *Außerhalb der Theologie*

Ausdrückliche Anerkennung fanden Troeltschs Werke lange Zeit im wesentlichen nur außerhalb der Theologie. Sein Werk *Die Soziallehren der christlichen Kirchen und Gruppen (I)* zählt zu den klassischen Standardwerken der Sozialgeschichte und Religionssoziologie. Es war Anstoß und methodisches Vorbild für viele ähnliche sozialgeschichtliche Untersuchungen.[35] Mit der Hervorhebung der Bedeutung der Täufer und Spiritualisten für die Entstehung des Neuprotestantismus und der modernen Welt insgesamt gab es der Erforschung der Täufergeschichte wesentliche Impulse und sicherte ihr ein breiteres historisches und in zunehmendem Maße auch theologisches Interesse. Das Werk *Der Historismus und seine Probleme (III)* gilt bei Historikern bis heute als ein Höhepunkt der geschichts- und kulturphilosophischen Diskussion.[36] Die kulturphilosophisch orientierten Pädagogen Theodor Litt und Eduard Spranger fühlten sich nicht nur im Grundsätzlichen, sondern auch in Einzelauffassungen dem Erbe Troeltschs verbunden.[37] Die *Spektator-Briefe* sind unter Historikern bis heute als eine der aufschlußreichsten Analysen der Zeit nach dem Ersten Weltkrieg und der beginnenden Weimarer Republik anerkannt.

Unter einem wenig glücklichen Stern stand die Rezeption der Werke Troeltschs durch die Religionssoziologie. Diese hat zwar seine typologische Gegenüberstellung von „Kirche" und „Sekte" als zweier Organisationsformen der christlichen Religion (vgl. I, 362–375) aufgegriffen, diskutiert, kritisiert, modifiziert und differenziert. Sie hat aber damit Troeltsch nur soweit rezipiert, als er mit Max Weber einig geht. Sie ging dabei von der weithin undiskutierten Voraussetzung aus, Religion sei soziologisch nur als organisierte bzw. institutionalisierte Religion zu erfassen. Merkwürdigerweise machte man gegen Troeltsch geltend, daß mit der von ihm gegebenen Gegenüberstellung von „Kirche" und „Sekte", von „Volkskirche" und „Freiwilligkeitskirche" die Geschichte des neuzeitlichen Christentums und die soziologisch faßbare Gegenwart des Christentums in unserer Gesellschaft nicht zureichend beschrieben werden könne. Dabei übersah man, daß Troeltsch selbst in seinen *Soziallehren* diese These entwickelt und deshalb einen dritten Typus der Sozialgestalt des Christentums konstruiert, den er „Mystik" nennt, weil in ihm vornehmlich die Überlieferungsgehalte der christlich-mystischen Tradition weitergebildet wurden.

Die Mystik, so kann man Troeltschs Auffassung zusammenfassen, ist bis zum Ausgang des Mittelalters eine teils bekämpfte, teils geduldete Unterströmung der Kirche und der Sekten. Mit der Erfindung des Buchdrucks jedoch ergaben sich vorher ungeahnte Möglichkeiten des freien Austausches der Ideen über die Grenzen zwischenmenschlicher Kontakte und über die traditionellen Formen der Verkündigung durch Kirche und Sekten hinaus. So entwickelte sich in der Neuzeit eine gleichsam eigenständige Sozialform des Christentums, eine Weise des geistigen Austausches und der Tradierung religiösen und insbesondere des mystisch-spiritualistischen Ideenguts, die im Vergleich zu den kirchlichen und sektenhaften Organisationsformen als organisationslos bezeichnet werden kann, die aber für die gesamte Weiterbildung und Verbreitung der christlichen Überlieferung von erheblicher Bedeutung ist und nach Troeltschs Auffassung auch Thema der Religionssoziologie sein kann. Zugespitzt formuliert: Neben den Priester des „Kirchen"-Typus und den Prediger des „Sekten"-Typus treten in der Neuzeit der Autor und der Verleger, die Bücherei und der Austausch über Bücher in informellen Kreisen als „herrschaftsfreie" Agenten und Formen der Weiterbildung und Tradierung christlicher Überlieferungsgehalte. Diese „literarische Religion" – darüber ist sich Troeltsch klar – kann für sich allein auf die Dauer nicht den Bestand und die Zukunft der christlichen Religion gewährleisten. Die Geschichte der Neuzeit scheint ihm jedoch zu zeigen, daß in und im Gegenüber zu den Kirchen und Sekten diese Sozialform der „Mystik" eine sozialgeschichtlich und soziologisch durchaus faßbare Eigenständigkeit entfaltete, die zur „Entmonopolisierung" der Kirchen und Sekten bezüglich der christlichen Überlieferung und der Formen ihrer Vergegenwärtigung beitrug und darüber hinaus ihrerseits auf das Selbstverständnis der Kirchen und Sekten – oft gegen deren Willen – verändernd und verlebendigend einwirkte. Will man also die heute in der Gesellschaft wirksame Christlichkeit religionssoziologisch erfassen, dann genügt es nach Troeltsch nicht, nur den Zustand der Kirchen und Sekten und den Grad der Zustimmung zu ihren Lehren und Lebensordnungen zu beschreiben, sondern man muß darüber hinaus nach den Auswirkungen des mystisch-spiritualistischen Traditionsstromes auf die gegenwärtige geistige Substanz sowohl der Kirchen als auch der Kirchenfernen fragen.

2. Innerhalb der Theologie

Nach dem Ersten Weltkrieg wurde Troeltschs Werk innerhalb der deutschsprachigen Theologie bald vergessen oder verachtet. Man läutete in der Theologie eine neue Epoche ein. Die aufkommenden neuen Strömungen, die sogenannte dialektische Theologie (K. Barth), die Existenztheologie (R. Bultmann), die Theologie im Anschluß an die „Lutherrenaissance" (K. Holl, P. Althaus) wollten die Vorkriegstheologie und insbesondere die Theologie Troeltschs nicht rezipieren, sondern überwinden. Troeltschs Schüler Friedrich Gogarten rechtfertigte diese Abkehr mit der Feststellung, die neue Generation wolle den Menschen erlösen von der „ausmergelnden Vorherrschaft des Historischen" und von den Präliminarien zum Wesentlichen, „von den Allotria zur Sache" kommen.[38] K. Barth bezichtigte Troeltsch der theologischen Barbarei,[39] Bultmann nannte ihn den „großen Aporetiker der liberalen Theologie".[40] Schlagworte wie „Liberale Theologie", „Kulturprotestantismus", „Religionsgeschichtliche Schule", „Idealismus" wurden zu pauschalen Verdikten über Troeltsch und die gesamte Vorkriegstheologie.

Natürlich war Troeltschs Werk in der Zeit zwischen den beiden Weltkriegen auch in der Theologie nicht einfach wirkungslos geblieben. In den Vereinigten Staaten blieben seine Werke lebendig. 1943 schrieb P. Tillich: „Die Seminare bei Harnack und Troeltsch haben einen weltweiten Einfluß gehabt, dessen Wirkung ich noch täglich hier in Amerika spüre."[41] P. Tillichs eigene Theologie ist dem Denken Troeltschs näher verwandt, als er dies literarisch zu erkennen gibt. In Deutschland hat Karl Heussis weitverbreitetes und oft aufgelegtes *Kompendium der Kirchengeschichte*[42] Troeltschs umstrittene Lutherdeutung immer wieder vermittelt. Zur Charakterisierung des Einflusses Troeltschs auf die katholische Religionsphilosophie und Theologie seien Peter Wust, dessen Erstlingswerk *Die Auferstehung der Metaphysik*[43] auf eine persönliche Anregung Troeltschs zurückgeht, ferner Erich Przywara und Alois Dempf genannt. Der katholische Moraltheologe Theodor Steinbüchel empfing aus Troeltschs Werken mehr Anregungen, als er dies – wohl aus taktischen Gründen – in seinen Schriften ausdrücklich zu erkennen gibt. Erwähnt sei Troeltschs Einfluß auf die Dichterin Gertrud von le Fort. Aber insgesamt wurde, jedenfalls in Deutschland, Troeltsch in der Theologie vergessen; soweit man seinen Namen kannte, war er zumeist der Inbegriff dessen, was man in der Theologie ablehnen muß. Das hohe Ansehen, das Troeltschs Lebenswerk außerhalb der Theologie gefunden hat, steht in einem seltsamen Kontrast zu dieser „Troeltsch-Vergessenheit" in der fachtheologischen Diskussion über nahezu vierzig Jahre hinweg.

Seit einiger Zeit ist jedoch auch das theologische Interesse an Troeltsch wieder gewachsen. Im nordamerikanisch-angelsächsischen Raum vollzieht sich derzeit ein „Troeltsch revival".[44] In Deutschland war Ernst Benz einer der ersten, die darauf aufmerksam machten, daß „die bedeutungsvollsten Ansatzpunkte einer christlichen Theologie der Religionsgeschichte", die dem heutigen religionswissenschaftlichen Befund gerecht zu werden vermag, auch heute noch bei Ernst Troeltsch zu finden seien.[45] P. Tillich lenkte in seinem letzten Vortrag über *Die Bedeutung der Religionsgeschichte für die systematische Theologie*[46] zu den Problemstellungen Troeltschs und der religionsgeschichtlich orientierten Theologie zurück. W. Pannenberg sieht in dieser Zurückwendung ein „eindringliches Omen"; Troeltsch hat sich „schließlich doch als derjenige erwiesen, der die wahrhaft fundamentalen Fragen und Aufgaben der Theologie im 20. Jahrhundert formuliert hat".[47]

Die Ähnlichkeit des Problembewußtseins, das die heutige Theologie mit Troeltsch verbindet, zeigt sich allenthalben. Die sogenannte „anthropologische Wende" in der Theologie, die neuerliche Zuwendung zur Frage nach dem Wesen der religiösen Erfahrung des Menschen zeigen, wie die Themen unwillkürlich wieder zur Geltung kamen, von denen Troeltsch bewegt war. Für die Frage nach einer wissenschaftlichen Grundlegung der Theologie können die Lösungsansätze Troeltschs auch heute noch die Richtung weisen. Seine kulturgeschichtliche Perspektive des neuzeitlichen Christentums, seine Ausführungen über die geistesgeschichtliche und religionsgeschichtliche Bedeutung des Täufertums und des mystisch-spiritualistischen Stroms christlicher Überlieferung bis in die Gegenwart können nicht nur die historische Theologie und Kirchengeschichte befruchten, sondern auch zu einem besseren Verständnis des sogenannten kirchlich distanzierten Christentums beitragen. Für den interdisziplinären Dialog der Theologie mit anderen Wissenschaften, für die Frage nach der Rezipierbarkeit historischer, soziologischer oder allgemein humanwissenschaftlicher und naturwissenschaftlicher Erkenntnisse durch die Theologie, für die Frage nach der Rolle der Theologie im Konzert der Wissenschaften erscheint bis heute Troeltsch als der wichtigste Anknüpfungspunkt. Da sich die Theologie nach dem Ersten Weltkrieg im Widerspruch zu Troeltsch artikulierte und so in vieler Hinsicht auch in der Kontinuität der von Troeltsch gestellten theologischen Problemstellung verblieb, kann man sagen: „Ernst Troeltsch steht nicht am Ende der Theologie des 19. Jahrhunderts, sondern am Beginn der Theologie des 20. Jahrhunderts."[48]

Hans-Jürgen Ruppert

SERGEJ N. BULGAKOV

(1871–1944)

I. Leben und Werk

Sergej Nikolaevič Bulgákov wurde am 16. (28.) Juni 1871 in der südrussischen Provinzstadt Livny (Gouv. Orel) als Sohn eines orthodoxen Priesters geboren. Ursprünglich für den Priesterberuf ausersehen, verließ er aber infolge einer religiösen Krise im Alter von sechzehn Jahren 1888 das Geistliche Seminar von Orel und schlug nach Absolvierung des Gymnasiums in Elec, wo der Religionsphilosoph Rozanov sein Lehrer war, eine wissenschaftliche Laufbahn ein: Einer Modeströmung folgend ließ er sich an der Moskauer Juristischen Fakultät immatrikulieren und studierte von 1890–94 Volkswirtschaftslehre. Er befaßte sich mit den Werken von Marx und Engels, schrieb eine Rezension des 3. Bandes von Marx' „Kapital" und galt bald zusammen mit Peter Struve als Hauptvertreter des sogenannten „legalen Marxismus", einer Strömung innerhalb des russischen Marxismus, der es vor allem auf den mehr akademischen Nachweis der „Wissenschaftlichkeit" der von Marx aufgestellten Prognosen der Errichtung des Sozialismus ging – was den Protest des rein am politischen Erfolg orientierten Lenin hervorrief.[1] Die Wissenschaftlichkeit des Marxismus wurde von den „legalen Marxisten" – ähnlich wie im „Erfurter Programm" der deutschen Sozialdemokraten von 1891[2] darin gesehen, daß der Sozialismus mit einer kausalen naturgesetzlichen Notwendigkeit eintreten werde. Die „legalen Marxisten" machten es sich zur Aufgabe, mit Hilfe der neukantianischen Wissenschaftstheorie diesen Nachweis wissenschaftlich zu erbringen.

Zur Vervollständigung seiner Studien wurde dem marxistisch orientierten Wissenschaftler von der damaligen zaristischen Universität ein zweijähriger Studienaufenthalt in England und in Deutschland, dem „Land des Marxismus und der Sozialdemokratie", ermöglicht, nach dessen Abschluß Bulgakov eine Professur erhalten sollte. Im preußischen Berlin, dem damaligen Mekka der Anhänger von Marx aus aller Welt, führte er Gespräche mit den Größen der Sozialdemokratie, mit Bebel, Liebknecht, Kautsky, Adler, Braun und Rosa Luxemburg.[3] Während der Nächte in seinem Studierzimmer befaßte er sich aber auch mit einem russischen Schriftsteller, der für ihn von entscheidender Wichtigkeit wurde: mit *Alexander Herzen,* dem russischen Sozialrevolutionär aus der Mitte des 19. Jahrhunderts.

Herzen hatte den größten Teil seines Lebens in Westeuropa verbracht, wo er

– eine Art „russischer Voltaire" – die antizaristische Zeitschrift *Die Glocke* herausgab.[4] Aus seiner Erfahrung der „geistigen Verbürgerlichung" der Arbeiterklasse leitete er aber überhaupt die Unmöglichkeit der Errichtung einer sozialistischen Gesellschaftsordnung ab. Bulgakov machte in Berlin ganz ähnliche Erfahrungen. Als er einmal einen Gastwirt fragte, der der sozialdemokratischen Partei angehörte, was die Sozialisten seiner Ansicht nach wollten, erhielt er von diesem zur Antwort: „Sie wollen mehr verdienen!"[5] Und es ist ganz offensichtlich, daß ihm die Lektüre A. Herzens in der Stunde der Enttäuschung über den „realen Sozialismus" einen neuen Weg gewiesen hat: den Weg zum Glauben und zur Religion. Gegenüber der passiven Verfallenheit der Menschen an die „Welt", an Geld, Besitz, Reichtum und Vergnügen, erscheint die Religion nämlich als lebendige, aktivierende Kraft der Lebensgestaltung. In der Religion verliert die Welt ihre Einzigkeit, Unbedingtheit und Göttlichkeit. „Wer vollkommen mit der Welt zufrieden ist und kein geistiges Verlangen hat", sagte Bulgakov einmal, „der versteht den Glauben überhaupt nicht . . . In dieser Entfremdung besteht eine der frappierenden Besonderheiten unserer Epoche."[6] Das Thema „Christentum und Bourgeoisie" wird von da an zu einem Zentralthema seines Lebens und Denkens: „Das Spießertum ist potentiell *immer* im Menschen vorhanden und belauert ihn geistig."[7]

Eine neue Grundlage für seine „sozialen Ideale" fand Bulgakov nach seiner Rückkehr nach Rußland zunächst in einem „christlichen" oder „religiösen Sozialismus". Das zweibändige Werk *Kapitalismus und Landwirtschaft*, mit dem Bulgakov 1901 promoviert wurde, eröffnete ihm die wissenschaftliche Karriere: 1901–1906 Professor für Politische Ökonomie am Polytechnikum und Privatdozent an der Universität in Kiev, danach (bis 1917) am Handelsinstitut in Moskau; 1912 Habilitation an der Moskauer Universität mit seinem Hauptwerk *Philosophie der Wirtschaft*; 1917 Ruf auf den Moskauer Lehrstuhl für Volkswirtschaftslehre; ab 1919 an der Universität Simferopol bis zum Entzug der Lehrbefugnis im Jahre 1921.

Mit seiner Artikelsammlung *Vom Marxismus zum Idealismus* (1903) dokumentierte er aber erstmals seinen Wandel vom neukantianischen „Marx-Kritiker" zum religiös-idealistischen Denker. Von grundlegendem Einfluß waren hierbei die religiösen und sozialen Ideen von *F. M. Dostoevskij* (1821–1881) und *Vl. Solov'ev* (1853–1900). Zur selben Zeit, als im Westen die sogenannten „religiösen Sozialisten" (Kutter, Ragaz, Blumhardt, Naumann, später Tillich u. a.) auftauchten, gab es auch in Rußland einen „religiösen Sozialismus", als dessen wichtigster Vertreter in der Zeit zwischen 1900 und etwa 1907, dem Zeitpunkt seines Eintritts in die russische Duma als fraktionsloser „christlicher Sozialist" Bulgakov galt. In den Jahren um die Revolution von 1905 verfolgte er das Projekt der Gründung einer „christlich-sozialen" Partei („Union christlicher Politik"). Im Jahre 1903 hatte er, zusammen mit Struve, zu den Gründern der revolutionären „Befreiungsunion" gehört,[8] aus der später die liberale Partei der „Konstitutionellen Demokraten" („KD") hervorgegangen ist, sich aber wegen deren Behandlung der religiösen Fragen von ihr bald wieder abgewandt. In engem Kontakt mit der geistigen Elite des „silbernen Zeitalters" der russischen Kultur vor dem Ersten Weltkrieg, vor allem mit Berdjaev, Merežkovskij und den Symbolisten A. Blok und A. Belyj, gab er in den Jahren 1904 und 1905 die Zeitschriften *Novyj Put* (Der Neue Weg) und *Voprosy Žizni* (Fragen des Lebens) heraus.

Gleichzeitig vertiefte er seine religiösen und philosophischen Studien und setzte sich insbesondere mit der liberalen protestantischen Theologie und der religionsgeschichtlichen Forschung auseinander.[9] Er erkannte, daß Christentum und Sozialismus in Wirklichkeit aus *einer* einheitlichen Wurzel hervorgegangen sind: aus der spätjüdischen Apokalyptik, und daß sie ohne deren religiöse Hoffnung auf die absolut wunderhafte Ankunft des Christus, des Messias, und die Errichtung des messianischen Reiches gar nicht zu verstehen sind. In seinem Vortrag über *Apokalyptik und Sozialismus* aus dem Jahre 1909 setzte er sich grundlegend mit den Problemen der christlichen Eschatologie und Geschichtsphilosophie auseinander – gestützt auf die Erkenntnisse der damals weltweit führenden „religionsgeschichtlichen Schule", in der intensiven Auseinandersetzung mit Denkern wie Harnack, Joh. Weiß, Albert Schweitzer, Bousset, Troeltsch[10] u. a. Der christliche Glaube steht und fällt mit dem Bekenntnis des Petrus: „Du bist der Christus, der Sohn des lebendigen Gottes" (Mt 16, 16), das ohne die weltanschaulichen Implikationen der jüdischen Apokalyptik, ohne den Glauben an die damit erfolgte Ankunft des Reiches Gottes aber völlig seinen Sinn verlieren würde: Wer sich zu Jesus Christus bekennt, bekennt sich damit eo ipso zu dem vom Judentum erwarteten Messias und Heiland der Welt, der am Ende der Zeiten auf Erden erscheint und sein Reich errichtet. Der Unterschied zwischen christlichem Glauben und Judentum besteht nur darin, daß „die jüdische Apokalyptik ganz von den Hoffnungen auf den erwarteten, aber noch nicht gekommenen Messias erfüllt" ist, während „im Zentrum der neutestamentlichen Apokalypse" der „schon gekommene Messias, das Wort Gottes, der Herr Jesus" steht.[11]

Nach Bulgakov gibt es nun in der Geschichte eine zweifache Möglichkeit der *Orientierung:* Er unterscheidet zwischen einer „chiliastischen" Linie und einer „eschatologischen" Linie in den menschlichen Vorstellungen vom Verlauf der Geschichte und von der Zukunft. Die chiliastische Orientierung faßt die Geschichte auf als einen Prozeß, der zu einem der Geschichte selbst noch immanenten Ziel führt. „Während die Menschheit im Chiliasmus ein historisches Ziel *vor* sich sieht, erblickt sie in der Eschatologie ein übernatürliches Ziel *über* sich und *jenseits* der Grenzen dieser Welt und ihrer Geschichte."[12] In der spätjüdischen Apokalyptik sind beide Vorstellungsweisen unentwirrbar miteinander verbunden: Das Reich Gottes, das Kommen des Christus sind dort sowohl diesseitig, immanent, chiliastisch als auch jenseitig, transzendent, eschatologisch gedacht. In Wirklichkeit existiert der Chiliasmus für alle Menschen: die geschichtliche Zukunft, die Ziele unseres Lebens liegen vor uns wie der Horizont – bei jedem Versuch, uns ihm zu nähern, entfernt er sich ständig weiter von uns! Und obwohl wir dies wissen, versuchen wir doch immer wieder auf ihn zuzugehen. Der Chiliasmus, die immanente Verwirklichung des Reiches Gottes, des Ziels der Geschichte, auf Erden, findet darum immer wieder neue Ausprägungen: in den Sekten des Mittelalters, bei Joachim del Fiore, im Gottesstaat zu Münster.

Eine seiner letzten, säkularisierten Ausprägungen ist nach Bulgakov auch *der moderne Sozialismus.* „Der Sozialismus", so definiert, „ist eine rationalistische, aus der Sprache der Kosmologie und der Theologie in die Sprache der politischen Ökonomie übersetzte Umformung des jüdischen Chiliasmus."[13] „Dem Sozialismus als Weltanschauung liegt der alte chiliastische ‚Glaube' an den Anbruch des irdischen Paradieses . . . zugrunde."[14] Das auserwählte Volk, Träger der messianischen Zukunftshoffnung, ist hier das sogenannte „Proletariat"; die Rolle Satans oder Belials übernimmt der „Kapitalismus"; den messianischen Wehen oder Qualen vor dem Kommen des Messias entspricht die „Verelendungstheorie". Die moderne Soziologie ist überhaupt die „Apokalyptik unserer Zeit", wie umgekehrt die Apokalyptiker die Soziologen ihrer Zeit waren, die den Geschichtsverlauf vorhersagten, indem sie die Geschichte in bestimmte Schemata oder Stadien einteilten, z. B. die Abfolge der vier Weltalter bei Daniel, denen die vier Gesellschaftsformen bei Marx entsprechen. Die „grundlegende religiöse Idee der jüdischen Apokalyptik" liegt auch der modernen „Soziologie" zugrunde: daß die Entwicklung der Gesellschaft ein gesetzmäßiger Prozeß ist,[15] mit dessen „Gesetzmäßigkeit" sich damals die Apokalyptiker, heute die modernen Sozialwissenschaftler befassen.

Der eigentliche Unterschied des modernen Sozialismus zum alten jüdischen Chiliasmus ist das völlige Fehlen der Eschatologie, der transzendenten, jenseitigen Perspektive der Zukunft. Für eine solche Welt, deren letztes historisches Ziel darin bestehen soll, daß die zukünftigen Generationen ein Festmahl auf den Gebeinen der vorhergehenden feiern, in der die früheren Generationen nur der „Dünger" für künftige, glücklichere sein sollen, wollte Ivan Karamazov bei Dostoevskij „sein Eintrittsbillet wieder zurückgeben". Bulgakov wirft dem Sozialismus vor, daß er in dieser rein immanenten, areligiösen Form den Nihilismus und die Menschenverachtung provoziere.

Was die *Ethik* betrifft, so kann er demgegenüber alle praktischen Forderungen der Sozialisten als natürliche Forderungen der Ethik des Christentums übernehmen. Für ihn ist deshalb der Sozialismus nur in Verbindung mit der Religion tragbar. Aber er geht hierin noch einen Schritt weiter als andere religiöse Sozialisten. Er fragt nämlich, ob diese rein diesseitige, „irdische sozialistische Eschatologie nicht vielleicht doch ganz neue religiöse Möglichkeiten enthält".[16] Haben die Christen, bei aller Verankerung ihres Glaubens in der Eschatologie, nicht auch ihre „soziale Utopie"? Dies ist die Frage nach einem legitimen *„christlichen* Chiliasmus", die Bulgakov seitdem bis ans Ende seines Lebens beschäftigt hat. Obwohl die Christen nicht „von dieser Welt" sind, ihre Verwurzelung in einem eschatologischen Glauben an die Erlösung von der Welt haben, ist es doch auch ihr Glaube, daß Gott in Christus die Welt geliebt und angenommen hat (Joh 3, 16). Diese Frage nach der „Erlösung der

Sergej N. Bulgakov (1871–1944)

Welt“ führte Bulgakov über die engere Sozialismus-Theorie hinaus in den Bereich der orthodoxen Theologie und Dogmatik, der sein dritter großer Lebensabschnitt als Theologe und orthodoxer Priester gewidmet war.

In der Zeit nach 1906 erreichte Bulgakov den Höhepunkt seines Schaffens. 1911 erschien seine zweite Aufsatzsammlung unter dem Titel *Zwei Städte. Untersuchungen über die Natur der gesellschaftlichen Ideale*,[17] 1912 seine *Philosophie der Wirtschaft*,[18] 1917 sein religionsphilosophisches Hauptwerk *Das Abendlose Licht*.[19] Durch die Verbindung zur kirchlichen Reformbewegung wandte er sich mehr und mehr kirchlichen und religiösen Fragen zu. Auf dem Landeskonzil der Russischen Orthodoxen Kirche in den Jahren 1917/18 war er der Vertreter der Moskauer Hochschulen.

Nach der Oktoberrevolution wurde er am Pfingstmontag des Jahres 1918 in Anwesenheit von Berdjaev, Šestov, Florenskij, Fürst E. N. Trubeckoj u. a. zum orthodoxen Priester geweiht. Als Mitglied der Kirchenleitung der Russischen Kirche war er ein enger Mitarbeiter des Patriarchen Tichon. Wenige Jahre konnte er sich noch in dem vom Bürgerkrieg erschütterten Land betätigen, bevor er 1923 mit anderen Vertretern der religiösen Intelligenz (darunter Struve, Frank und Berdjaev) ausgewiesen wurde und über Konstantinopel und Prag nach Paris gelangte, wo er von 1925 an bis zu seinem Tode 1944 die Professur für Dogmatik am Orthodoxen Theologischen St. Sergius-Institut innehatte. Zwischen 1933 und 1945 erschien dort sein theologisches Hauptwerk: die dogmatische Trilogie *Über die Gottmenschheit* (Bd. I: *Das Lamm Gottes* – eine Christologie; Bd. II: *Der Tröster* – eine Pneumatologie und Bd. III: *Die Braut des Lammes* – Ekklesiologie und Eschatologie). Dies ist zugleich die bisher bedeutendste Dogmatik aus der Feder eines orthodoxen Theologen in diesem Jahrhundert[20] und eine Fundgrube christlicher Apologetik.

Auch in der ökumenischen Bewegung hat Bulgakov von orthodoxer Seite her maßgeblich mitgewirkt. Auf der Weltkonferenz für „Glauben und Kirchenverfassung“ in Lausanne 1927 hielt er einen Vortrag *Das geistliche Amt*[21] und erregte Aufsehen durch sein Eintreten für die orthodoxe Mariologie.[22] Seit seinem 1927 erschienenen ersten theologischen Werk *Der brennende Dornbusch*[23] ist Bulgakov als einer der bedeutendsten orthodoxen Mariologen anzusehen. Seine Lehre von der Gottesmutter „ist der Versuch der Errichtung einer orthodoxen Lehre über die Natur (einer orthodoxen Naturphilosophie) – denn die Gottesmutterschaft ist die höchste Stufe der Gebärkraft, der Lebenskraft.“[23a] In der anglikanisch-orthodoxen Bruderschaft St. Alban und St. Sergius engagierte er sich für die Interkommunion zwischen Anglikanern und Orthodoxen und nahm am 1. orthodoxen Theologenkongreß in Athen 1936, an der 2. Weltkonferenz für Praktisches Christentum in Oxford 1937 und an der 2. Weltkonferenz für „Glauben und Kirchenverfassung“ im selben Jahr in Edinburgh teil.

II. Zur Bedeutung der Sophiologie Bulgakovs

Diese nun näher zu beschreibende dritte Periode seines Denkens steht ganz im Zeichen seiner Lehre über die Sophia, die Weisheit Gottes, der sogenannten „Sophiologie". Diese aus der geistigen Tradition theosophischer Spekulationen stammende Lehre – sie begegnet bei Denkern wie H. Seuse, J. Böhme, Gichtel, Oetinger, Schelling und Baader – wurde von russischen Theologen und Philosophen übernommen und mit der kirchlichen Sophia-Tradition (man denke an die Sophien-Kathedralen in Konstantinopel und Kiev) verbunden und weiterentwickelt.

Bei Bulgakov steht sie ganz in der Perspektive seines „christlichen Chiliasmus": Die göttliche Weisheit soll nicht nur in der Ewigkeit herrschen, sondern auch die Zeit erfüllen. Das Reich Gottes ist nicht nur das jenseitige Ziel der Geschichte, sondern es wird *in der Zeit* errichtet und vorbereitet, und in seinem irdischen Durchbruch vollzieht sich der Durchbruch der göttlichen Weisheit in der Geschichte. Wir leben, wie Marx sagte, gewissermaßen noch in der „Vorgeschichte" der Menschheit, was wir einmal sein werden, ist noch nicht erschienen (1 Joh 3, 2), aber die Gegenwart ist nicht allein wert, daß sie zugrunde geht, sondern – wie Bulgakov einmal in einer Osterpredigt gesagt hat: „Das Leben der künftigen Welt ist nicht die bloße Negation oder Zerstörung dieser Welt, sondern die Verewigung von allem in ihr, was *erhaltenswert* ist."[24] „Diese Welt" ist damit zugleich nicht dem weltverneinenden Manichäismus preisgegeben, sondern *Offenbarung der Weisheit Gottes:* „Die Welt ist nicht nur Welt in sich, sondern auch Welt in Gott, und Gott ist nicht nur im Himmel, sondern auch auf Erden, in der Welt, im Menschen."[25]

Die Sophiologie Bulgakovs ist nichts anderes als eine Formulierung dieses *schöpfungstheologischen Ansatzes* in der Sprache der religionsphilosophischen Tradition Rußlands – von Denkern wie Vl. Solov'ev, P. Florenskij, Fürst S. N. und Fürst E. N. Trubeckoj. Die Sophia ist das Kontinuum der „sehr guten" Schöpfung Gottes. Theologisch versucht Bulgakov in seiner dogmatischen Trilogie *Über die Gottmenschheit* eine trinitarisch-christologische Begründung der Schöpfungslehre als Lehre von der Sophia im Wesen Gottes vorzulegen, philosophisch und weltanschaulich hatte er schon in seiner *Philosophie der Wirtschaft* den Versuch der Begründung eines *„christlichen religiösen Materialismus"* zwischen dem „ökonomischen Materialismus" einerseits, dem „idealistischen Phänomenalismus" andererseits auf der Basis der Sophiologie unternommen.

Die heftige Kritik, auf die Bulgakov damit theologisch vor allem in traditionalistischen orthodoxen Kreisen gestoßen ist, beachtet kaum die Sachfrage („sophiologische Einstellung" als Lebensproblem des nach „Rechtfertigung der Welt" – „Kosmodizee" – fragenden Menschen) gegenüber der sophiologischen Doktrin. Ohne das offene dogmatische Anliegen des schöpfungstheologischen Ansatzes Bulgakovs in der Auseinandersetzung mit einem hilflosen

Akosmismus und Agnostizismus in Theologie und Wissenschaft überhaupt zur Kenntnis zu nehmen, wurde seine Sophiologie in den Jahren 1927 und 1935 sowohl von dem Moskauer Patriarchatsverweser, Metropolit Sergij (Stragorodskij),[26] als auch von der Bischofssynode der Russisch-orthodoxen Auslandskirche[27] verurteilt,[28] nachdem bereits 1924 Metropolit Antonij (Chrapovickij) gegen Bulgakov polemisiert hatte, er lehre eine „vierte weibliche Hypostase in der Hl. Trinität".[29] Tatsächlich bezeichnet Bulgakov im *Abendlosen Licht* die Sophia als „vierte Hypostase", freilich indem er sie als eine „besondere, andersartige" gerade von den Hypostasen der Heiligen Trinität *unterscheidet*.[30] Denn in der Tat stellte er der Theologie ein *neues* Problem, indem er, Florenskij folgend, das Prinzip der innertrinitarischen *Liebe* auf die *Schöpfung*, auf das Verhältnis von Gott und Welt anwandte! Dies erfolgt bei ihm durch eine kenotisch begründete Identifizierung von Schöpfung und Erlösung durch die Rückbeziehung der Bedeutung des *Kreuzes* in die immanente Trinität: „Das freiwillige Opfer der selbstlosen Liebe, das Golgatha des Absoluten, ist der Grund der Schöpfung."[31]

Die Bedeutung der Sophiologie Bulgakovs kann man überhaupt nur in den Blick bekommen, wenn man sie weniger als eine „Lehre", als vielmehr als Umschreibung eines lebendigen Prozesses, einer Erfahrung des Verhältnisses von Gott und Welt, Schöpfer und Geschöpf begreift. Wenn selbst der Philosoph über die „Wurzeln des Seins" nur durch Intuition und Offenbarung etwas mitzuteilen vermag, um wieviel mehr muß sich der Theologe dessen bewußt sein, daß man durch keinerlei logische Abstraktion oder Kompilation von dogmatischen Sätzen zu einer echten Berührung mit der Glaubenswahrheit gelangen kann: „Die erste Aufgabe der Kosmologie besteht in der Behauptung dieses *religiösen* Charakters des Verhältnisses von Schöpfer und Schöpfung, seiner Befreiung von . . . rationalen Kategorien."[32] Die Sophiologie entwickelt nun als „Lehre über Gott und Welt" die in diesem, vom christlichen Glauben als „Schöpfung" bezeichneten Verhältnis implizierten ontologischen und kosmologischen Voraussetzungen zu einer umfassenden „christlichen Philosophie" und „Weltanschauung". Die Lehre von der „Sophianität der Welt", ihrem „Sophia-Charakter", gehört damit zu den bedeutendsten Reaktionen des theologischen Denkens der Neuzeit auf die „Säkularisierung des Kosmos" und der Gesellschaft in der modernen Naturwissenschaft und Soziologie. Die Anfänge dieser Bemühung liegen schon in Bulgakovs *Philosophie der Wirtschaft* vor, die sich kritisch mit dem „Ökonomismus" auseinandersetzt.

In einer Erläuterung zu seinen sophiologischen Thesen, die Bulgakov im Jahre 1936 auf einem Theologenkongreß vorlegte, bestimmt er die Zielsetzung der Sophiologie als Ausdruck einer „gewissen theologischen (und philosophischen) metánoia, einer Veränderung und Erneuerung des Herzens" und „des gesamten Weltgefühls".[33] Sie ist ein Versuch, „die Welt tiefer zu verstehen und . . . in ihren verborgenen Sinn einzudringen".[34] Die „Kosmodizee-Frage", die Bulgakov erstmals in der nihilistischen Verweigerung Ivan Karamazovs zentral begegnet ist („nicht *Gott* nehme ich nicht an, sondern seine *Welt* nehme ich nicht an"), wird so zum „Leitmotiv der ganzen Dogmatik Bulgakovs".[35] „Die Theologie Vater Sergijs [sc. Bulgakov] versucht immer, Gott in seiner Zugewandtheit zur Welt zu erkennen."[36] Der Zentralbegriff, mit dem er diese Zugewandtheit Gottes zur Welt zu formulieren versucht, ist der der „Weisheit Gottes" oder der Sophia. „Thema der Sophiologie ist das Sein Gottes in der Welt nicht nur im Zusammenhang von Gnade und Erlösung, sondern von Schöpfung und Erhaltung."[37] Vor allem an der soteriologischen Orientierung der westlichen Theologie kritisiert Bulgakov, daß sie diese dem Zeugnis der christlichen Offenbarung entsprechende Zugewandtheit Gottes zur Welt nicht mehr im umfassenden ontologischen und kosmologischen Sinn deutlich machen könne gegenüber den Weltanschauungen des Deismus, des Pantheismus, des Gott entweltlichenden Akosmismus und des manichäisierenden Nihilismus, für den die „im Argen" liegende Welt praktisch nicht mehr das Bild der Weisheit Gottes trägt, sowie gegenüber dem die Welt vergötternden Kosmismus.[38]

Die theologischen und philosophischen Systeme differenzieren sich für Bulgakov je nach ihrer „sophiologischen" bzw. ihrer „antisophiologischen Einstellung" – je nachdem, wie weit in ihnen diese Zugewandtheit Gottes zur Welt, das Bild der Weisheit Gottes in der Welt, zum Ausdruck gebracht wird. Der Begriff der „Sophia" ist, ebenso wie der Begriff der „Gottmenschheit", der Inbegriff der ursprünglichen „*Einheit* Gottes mit der ganzen geschaffenen Welt im Menschen".[39] Diese Idee der Sophia (bzw. der Gottmenscheit) als einer *ungeschaffenen* Wesenheit hat ihre biblische Grundlage in Stellen wie Eph 1,4: „wie Er uns denn in Ihm erwählt hat, ehe der Welt Grund gelegt war", sowie in jenen Stellen, die eine „geistige Auffassung der Natur" und der Schöpfung implizieren[40] als einer zu *lebendiger* Antwort, zur *Liebe* und zum *Lobpreis Gottes fähigen* Wesenheit, also insbesondere die Psalmen wie 19 (18,2): „Die Himmel erzählen die Ehre Gottes und die Feste verkündigt Seiner Hände Werk". Die „Herrlichkeit" oder die „Energien" Gottes sind die dem Geschöpf allgemein zugängliche Seite des transzendenten Gottes, das Prinzip seiner Zugewandtheit zur Welt, das selbst unkreatürlich ist. Der Begriff der Sophia ist durch dieselbe Zwischenstellung charakterisiert und damit zentrales Prinzip der *Offenbarung,* des „Unkreatürlichen" in der Schöpfung. Diese Verbindung von Gott und Welt in der Sophia ist weniger ein Erkenntnisproblem als vielmehr ein Problem der Ontologie, des Wandels durch Begegnung von Realität. H. Dahm hat darauf aufmerksam gemacht, daß Bulgakovs Unterscheidung einer „göttlichen" und einer „kreatürlichen" (kosmischen) Sophia (in der zweiten Variante seiner Sophiologie in seinen späteren Werken) „in gewisser Hinsicht . . . mit dem Wortgebrauch des großen Glaubensbekenntnisses übereinstimmt, das die ‚unsichtbare Welt' von der ‚sichtbaren' abhebt (factorem caeli et terrae, visibilium omnium et invisibilium)".[41] Der Erste Glaubensartikel bekennt Gott nicht nur als Schöpfer des Himmels („Göttliche Sophia"), sondern auch der Erde, und der Begriff der „kreatürlichen Sophia" bei Bulgakov bezeichnet eben diese Erde in ihrem ursprünglichen, vom Schöpfer gewollten Wesen.[42]

Das Zentralproblem der Sophiologie ist in diesem Sinne immer die Koordination von Transzendenz und Immanenz, Schöpfer und Geschöpf, Kreatürlichem und Unkreatürlichem, Zeit und Ewigkeit, Geschichte und Eschatologie. Sofern „Religion das Erleben des Transzendenten, das dadurch immanent wird, jedoch unter Wahrung seiner Transzendenz", ist,[43] ist die Sophiologie nichts anderes als eine Beschreibung des Grundvorgangs des „religiösen Erlebnisses", was wiederum für die Vernunft nur in logischen „Antinomien" beschreibbar ist. Mit dieser transzendentalphilosophisch bestimmten Unterscheidung eines „Transzendenten, das über der Welt ist" und eines „Transzendenten in der Welt" (bzw. „Transzendent-Immanenten") im religiösen Erlebnis bzw. in der Offenbarung[44] erneuert Bulgakov faktisch die Tradition des hl. *Gregor Palamas* (1296–1358) und wird zum Begründer eines russischen Neopalamismus. Die „Unterscheidung Gottes in sich (des Transzendenten) und in Seiner Offenbarung . . . wurde bereits im XIV. Jahrhundert in Byzanz als Resultat der sogenannten palamitischen Streitigkeiten gemacht, als der Unterschied zwischen dem dem Geschöpf unerkennbaren Wesen Gottes, usía, und der Wirkung Gottes, enérgeia, festgestellt wurde, wobei die Energie Gottes für das Geschöpf auch die sich offenbarende Gottheit ist, enérgeia theos estin (nicht: ho theós) . . . Dieselbe Unterscheidung wird . . . auch in dem Gedanken ausgedrückt, daß die Weisheit Gottes, die Sophia, die Offenbarung des transzendenten Wesens Gottes ist."[45] Wie die „Energien" Gottes bei Palamas, so ist auch die „Sophia" bei Bulgakov dadurch charakterisiert, daß sie ungeschaffen ist.[46] Hier wird also gelehrt, daß es über die im religiösen Bewußtsein hervortretende Idee der Welt als Schöpfung Gottes, durch die Gott und Welt auseinandertreten, hinaus noch ein Drittes, „Unerschaffenes" in der Welt gibt – die Sophia bzw. die Energien Gottes, die Welt also nicht nur von Gott unterschiedene Schöpfung ist, sondern in den in ihr vorhandenen Energien Gottes auch eine unmittelbare Offenbarung Gottes enthält.

Zu dieser „Urerschaffenheit" oder „Unerschaffenheit" gehört alles, was nicht von der Erbsünde erfaßt werden kann:[47] „Die Sophia ist . . . die Welt als Kosmos . . . Unsere Welt ist derselbe Kosmos im Prozeß des Werdens . . . Sie ist sophianisch in all ihrem Sein, aber außersophianisch und sogar antisophianisch in ihrem Zustand."[48] Zu den fundamentalen ontologischen Begriffen gehören bei Bulgakov insbesondere die „Erde" und die „Leiblichkeit", die damit zur „Ungeschaffenheit", die außerhalb der Zeit und des Raumes gründet, gehören, denn „die Zeitlichkeit ist mit der Entwicklung, mit dem Werden, mit der Meonalität und überhaupt mit der Geschöpflichkeit verbunden".[49] „Die Schönheit ist die sündlose, heilige Sinnlichkeit, die Fühlbarkeit der Ideen"[50] und daher „die spürbare Sophianität der Welt".[51] Diese ontologischen Begriffe aber gehören nicht zur „Geschöpflichkeit der Welt", sondern zur „*Sophianität* der Welt" – ihrem ontologischen Wesen zwischen Nichts (dem Prinzip der Schöpfung) und Alles (Gott der „Göttlichen Sophia").

„Während die Religion das direkte Selbstzeugnis und der Selbstbeweis Gottes ist, ist . . . die Schönheit der Selbstbeweis der Sophia. Aus dem dämmrigen Schoß der Demeter erheben sich die Frühlingsblumen, aus den Umarmungen des Hades, aus dem dunklen Nichtsein, tritt die junge, schöne Persephone, die sophianisierte Kreatur ans Licht. Für wen blühen die Blumen in ihrer Pracht, die meist das menschliche Auge nicht einmal sieht? Wozu haben sich die Vögel mit ihren bunten Farben geschmückt und sind gleichsam lebendige Blumen? Für wen schufen die Lerche und die Nachtigall ihre Lieder? Weshalb sind der Tiger und der Leopard so herrlich in ihrer schrecklichen Grazie und der Löwe in seiner Majestät? Wozu blüht jungfräuliche Schönheit auf Erden? Ist das nicht alles das Leuchten der Sophia, das von innen heraus das träge Fleisch und die ‚Materie' erleuchtet? Und was will und kann die Kunst anderes erreichen, als diese Sophianisierung des Fleisches und der ‚Materie' (sei es in Laut, Leib, Marmor, Farben oder Wort)?"[52]

Die Überwindung einer von Gott und der göttlichen Sophia verlassenen Welt und der Versuch einer Synthese von Religion und Kultur war eines der Hauptthemen des „neuen religiösen Bewußtseins" in Rußland vor dem Ersten Weltkrieg. Seine Vertreter warfen dem Westen eine Neutralisierung und Säkularisierung des Kosmos vor. Berdjaev, dessen Lebensweg sich immer wieder mit dem Bulgakovs überschnitt, sah in Jakob Böhme die große Ausnahme: „Die riesige Bedeutung von J. Böhme und der christlichen Theosophie des Westens besteht darin, daß sie sich gegen die Entgöttlichung und Neutralisierung der geschöpflichen Welt, des Kosmos, erhoben."[53] Dies „vollbrachte sowohl Thomas von Aquin als auch Luther. Die Göttlichkeit des Kosmos, der den Aufdruck Gottes des Schöpfers trägt und von göttlichen Energien durchdrungen ist, erstarb im Bewußtsein des christlichen Westens. Er wurde ersetzt durch die neutrale Natur, als Objekt der Naturwissenschaft und der Technik. Nach der christlichen Theosophie und Kosmosophie Böhmes offenbart sich in der Natur der Geist, im Kosmos offenbart sich Gott, das ganze Leben des Universums wird als Symbol der Gottheit begriffen. Im Zentrum steht für Böhme nicht die Rechtfertigung, wie für Luther, wie für die katholische Theologie, sondern die Verklärung der Kreatur. Das Thema der Sophia ist das Thema der Möglichkeit einer solchen Verklärung."[54] Außer bei Fr. Baader sieht Berdjaev dieses Problem erst wieder im russischen religiösen Denken am Ende des 19. und zu Beginn des 20. Jahrhunderts gestellt. Die sophiologische Strömung differenziert er in „die orthodoxe religiöse Philosophie, . . . vor allem S. Bulgakov, P. Florenskij und die sich um sie herum Gruppierenden. Die andere Strömung war die religöse Mystik und der Okkultismus. Das sind – A. Belyj, V. Ivanov . . . A. Blok . . . sowie die Jugend, die sich um den Verlag ‚Musaget' gruppierte und die Anthroposophen. Die eine Strömung führte die Sophianität in das System der orthodoxen Dogmatik ein. Die andere Strömung stand im Bann einer alogischen Sophianität . . . Mit Ausnahme von S. Bulgakov stand für diese Strömungen keineswegs Christus und das Evangelium im Zentrum."[55] Nach L. Zander, Bulgakovs wichtigstem Schüler, ist eine „sophiologische Einstellung . . . fast allen russischen Religionsphilosophen eigen", während „sophiologische Lehren . . . nur einige von ihnen unter diesem Namen entwickelt haben".[56] Alle aber berufen sie sich mehr oder weniger auf Vl. Solov'ev, der die Sophiologie von Böhme und Schelling nicht nur philosophisch rezipierte, sondern in seinen Dichtungen auch von seinen persönlichen Begegnungen mit der Sophia Zeugnis ablegte[57] und dadurch zum Anreger für die große russische Dichterschule des Symbolismus[58] wurde.

Die überragende Bedeutung Solov'evs zeigt sich aber auch von einer anderen Seite: In einem umfassenden Vergleich seines „religiösen Evolutionismus" mit Teilhard de Chardins Darstellung der Kosmo-, Bio- und Anthropogenese hat H. Dahm gezeigt,[59] daß Solov'ev die Konzeption Teilhards weithin vorweggenommen hat[60]: „Nach dem gesamten *kosmogonischen* Vorgang (Entstehung der Sterne; des Sonnensystems und der Erde; des organischen Lebens), in dem das göttliche Prinzip sich immer enger mit der Weltseele verbindet, die chaotische Materie immer mehr überwindet und die Materie schließlich in die vollendete Form des menschlichen Organismus einführt, wird in der Natur eine äußere Hülle für die göttliche Idee geschaffen. Damit beginnt ein neuer Entwicklungsprozeß eben dieser Idee als des Prinzips der inneren All-Einheit in der Form des Bewußtseins und der freien Tätigkeit . . . Im Menschen wächst die Natur über sich selbst hinaus und betritt (im Bewußtsein) den Bereich des absoluten Seins." Insofern „erweist sich der Mensch als natürlicher Mittler zwischen Gott und dem materiellen Sein, als Wegbegleiter des alleinigenden göttlichen Prinzips in die elementare Vielheit, als Erbauer und Organisator des Weltalls. Diese Rolle, die vor allem der Weltseele als der ewigen Menschheit zukommt, erhält im natürlichen Menschen – das heißt in dem Menschen, der im Weltprozeß entstanden ist – die erste Möglichkeit, sich in der Ordnung der Natur tatsächlich zu verwirklichen."[61]

Von Solov'ev gelangt dieses Denken zu Bulgakov, der schon 1903 schrieb, daß er alle wesentlichen metaphysischen Gedanken dieses Philosophen teile.[62] Jerzy Klinger hat in seinem Beitrag über „Teilhard de Chardin und die Tradition der Ostkirche" bemerkt, daß Bulgakovs Denken der Konzeption Teilhard de Chardins „völlig analog" sei, und zwar im Blick auf die „ontologische ‚Identität' der Schöpfung und der Erlösung" bei beiden Denkern.[63] „Erlösung" ist wie „Schöpfung" die Welt in ihrem ursprünglich von Gott gewollten Wesen. Diese Identität drückt der Begriff der „kreatürlichen Sophia" aus. Dieser ist durch einen Widerspruch (Antinomie) gekennzeichnet, der in dem Begriff der Zeit begründet ist. Sie ist gleichewig mit dem Schöpfer: Die Weisheit sagt von sich: „Der Herr hat mich gehabt im Anfang Seiner Wege; ehe Er etwas schuf, war ich da" (Spr. 8, 22) – und dennoch ist sie *Kreatur,* Schöpfung Gottes und als solche nicht mit der ewigen „Göttlichen Sophia" identisch, da, wie Augustin sagt,[64] „die Zeit, die durch Veränderlichkeit dahinläuft, mit der unveränderlichen Ewigkeit nicht gleichewig" ist. Sie ist die „Welt Gottes" oder die „Göttliche Sophia" im Werden. „Das grundlegende Pathos dieses

Weltverständnisses ist das Prinzip des Werdens."[65] Ziel der universalen kosmischen Evolution ist die „Sophianisierung der Kreatur": „Am Ende der Zeit, als Ergebnis des kosmischen Prozesses, leuchtet in der Welt ihr sophianisches Bild auf, und die kreatürliche Sophia wird zur völlig durchsichtigen Offenbarung der Göttlichen Sophia."[66] Der Mensch hat nach Bulgakov die Aufgabe der „Weiterschöpfung der Welt".[67] „Die Welt als Kosmos ist unzerstörbar und wird verklärt werden."[68] Die von der Sünde beherrschte Welt aber wird erlöst werden.[69] Die „kreatürliche Sophia" ist also nicht nur von der Ewigkeit Gottes zu unterscheiden, sondern auch von der von der Vergänglichkeit und dem Tod beherrschten Welt der „physikalischen Zeit". Sie ist gleichsam ein „drittes Sein" zwischen dem Absoluten (als ihrem „Urbild") und der physikalischen, raumzeitlichen Welt.

Der Begriff der „Schöpfung" ist also bei Bulgakov keineswegs ein Begriff der „Welterklärung", sondern ebenso Ausdruck des allgemeinen protologischen Ratschlusses Gottes, wie die „Kirche" (Epheserbrief) oder die „Erlösung" (1. Petrusbrief).[70] Wohl aber „erklärt" die Sophiologie, daß auch die „Schöpfung" der Welt im Anfang in der Weisheit Gottes enthalten ist (ebenso wie sein Ratschluß über die Kirche oder die Erlösung), und *insofern* „erklärt" sie auch die Welt: „Die Welt liegt im Argen, aber sie ist nicht das Böse."[71] Oder: „Der Tod ist . . . der ‚letzte Feind', aber er ist nicht die völlige Vernichtung des Lebens. Denn die Mutter Erde ist unauslöschbar in ihren Geburten, wieder und wieder gebiert sie Leben, denn sie ist die werdende Sophia."[72] In der Welt vollzieht sich einerseits ein Prozeß des Werdens und Vergehens, aber es wird gleichzeitig auch etwas sichtbar, was von Gott stammt und unzerstörbar ist. „Die hl. Sophia ist . . . hinsichtlich der Welt und des Menschen . . . die Welt in Gott vor ihrer Erschaffung (‚vor' natürlich nicht im chronologischen, sondern im ontologischen Sinn)."[73] „Man darf sich Gott als Schöpfer nicht nur von einem bestimmten Zeitpunkt an vorstellen, dem ein außerschöpferischer Zustand Gottes vorausgeht . . . Der Herr ist Schöpfer immer, jetzt und immerdar und in alle Ewigkeit. Folglich ist in einem gewissen Sinn das Geschöpf dem Schöpfer gleichewig, wie das Licht der Sonne gleichwesentlich ist, obwohl sich für es die Ewigkeit in der Zeit verwirklicht."[74] Dieser „Ewigkeitsaspekt der Zeit" ist die „kreatürliche Sophia". In ihr ist der Dualismus einer jenseitigen, total transzendenten Ewigkeit und einer dementsprechend gottverlassenen Welt aufgehoben, so daß man mit Luther wieder sagen kann: „Ich glaube, daß mich Gott geschaffen hat samt aller Kreatur . . . und noch erhält."[75]

Was ist dieser bekennende Lobpreis des Schöpfers durch das Geschöpf aber anders als eine Rückgabe dessen, was ursprünglich vom Schöpfer selbst stammt und ihm gehört! In der Welt vollzieht sich unsichtbar, in den Worten Teilhard de Chardins, eine „kosmische Liturgie". Die christliche Schöpfungslehre diente lange nur dazu, die Andersartigkeit Gottes gegenüber der Welt zu demonstrieren – mit dem Ergebnis der totalen Säkularisierung in der modernen Theologie und Wissenschaft. „Evolution" oder „Schöpfung" war schließlich die falsche Alternative dieser Weltsicht. In Wirklichkeit geht es um den Sinn der Evolution als Bewegung des ganzen Kosmos in der Zeit. „Die Sophia ist als Gegenstand der Liebe Gottes, als Herrlichkeit Gottes oder als Seine Offenbarung, notwendig eine lebendige intelligible Wesenheit, denn nicht eine phantastische Abstraktion oder etwas Totes liebt Gott, alles Konkrete aber, das der Liebe würdig ist, ist lebendig, hat Lebenskraft."[76] Weil die Kreatur zu dieser „kosmischen Liturgie" fähig ist, darum wird „in den Hallelpsalmen und im Gesang der drei Männer der Aufruf zum Lobpreis Gottes an die ganze Schöpfung gerichtet (es loben den Herrn alle Seine Werke, und müssen Ihn preisen und rühmen ewiglich) und es werden sodann all ihre Formen mit den Engeln an der Spitze insgesamt aufgezählt: die Elemente und Kräfte der Natur, die Fische und Tiere, schließlich die Knechte des Herrn. Was bedeutet diese Zusammenstellung? Wie können Sonne und Mond, die Sterne am Himmel, Regen und Tau, die Winde, das Feuer und die Hitze, Kälte und Schnee, Tau und Reif, Tage und Nächte, Licht und Finsternis, Eis und Frost, Reif und Schnee, Blitze und Wolken, die Erde, die Berge, die Hügel, das Meer und die Flüsse, die Walfische und alles was sich im Wasser regt, alle Vögel am Himmel, die wilden Tiere und das Vieh zusammen mit den Menschenkindern dem Herrn singen, Ihn loben und preisen (Dan 3, 58–82)? Offenkundig singt und lobt den Herrn zusammen mit den Engeln und in den Engeln die ganze Schöpfung mit all ihrer Qualifiziertheit: Farbe, Licht, Form und Ton, Funkeln, Durchsichtigkeit, Duft und Fühlbarkeit."[77] Dieser Lobpreis Gottes, der das „Leben der Engel bildet" ist dynamisch zu verstehen als das „unaufhörliche Schöpfertum in der Erkenntnis, das das Wissen vom Schöpfer in sich selbst und in der Schöpfung vertieft."[78] Während aber die „Erkenntnis der Engel immer Lobpreis ist, ist dies in der Menschenwelt nicht die Regel, sondern eher die Ausnahme", das „Weltwissen" ist hier nicht „Theologie", da beim Menschen ein „unfreiwillig eigennütziges, pragmatisches, wirtschaftlich-technisches Verhältnis zur Erkenntnis" vorliegt, da für ihn „die Welt die Arena des Kampfes ums Dasein, der Arbeit im Schweiße des Angesichts ist. Dies drückt der menschlichen Erkenntnis den Stempel der Unfreiwilligkeit, Eigennützigkeit auf", im Unterschied zur Erkenntnis der Engel als „Schöpfertum, als intelligible Kunst", die darin der Philosophie als einem „uneigennützigen Schöpfertum in der Erkenntnis" entspricht.[79]

Man kann den sophiologischen Ansatz von daher verstehen, daß Bulgakov der Überzeugung ist, daß „das Dogma von der Erschaffung der Welt unabgeschlossen ist"[80] und die Sophiologie ihrerseits ein Versuch ist, die ganze „Theologie der Schöpfung" oder der „Natur" neu zu entwickeln. In diesem Versuch dürfte die zukunftsweisende Bedeutung der auch noch nicht in Ansätzen entschlüsselten Theologie Bulgakovs liegen. Aus dem zuletzt angegebenen Grund kann auch von einer „Wirkungsgeschichte" Bulgakovs, außer bei den Vertretern der von ihm begründeten „Pariser Theologie" (St. Sergius Institut, Paris und St. Vladimir's Seminary, New York) oder des russischen Neopalamismus, keine Rede sein. Sein Werk ist jedoch eine unerschöpfliche Fundgrube für die moderne Theologie, und die mangelnde Ausschöpfung seines „theologischen Kapitals" ist nicht die Schuld dieses Klassikers! „Man kann die sophiologische Weltanschauung als eine Schau Gottes in der Welt, als Betrachtung des Schöpfers in der Schöpfung, als unaufhörliches Gefühl jenes ‚es war sehr gut' definieren, das das Wesen der ganzen geschaffenen Welt ist", schreibt sein Schüler L. Zander.[81] „In diesem Sinn ist die sophiologische Schau eine Antwort auf die Frage der Vernunft nach dem Sinn der Welt."[82]

Alfred Gläßer

PIERRE TEILHARD DE CHARDIN

(1881–1955)

In Teilhards Leben wie Werk handelt es sich um den Versuch, Kirche und moderne Kultur miteinander zu versöhnen. Die Schritte, die zur Verständigung führen sollen, sind die Anerkennung der universalen Evolution und die Besinnung auf ein Neo-Christentum. Assimiliert man den „Jesus des Evangeliums" mit dem „Entwicklungsprinzip eines in Bewegung befindlichen Universums" und betrachtet man Schöpfung, Inkarnation und Erlösung als die „drei Seiten ein und desselben Grundprozesses" „der schöpferischen Union der Welt in Gott oder der *Pleromisation*"[1], so nimmt man Gottes Diaphanie durch die Welt[2] wahr. „Ein *Jemand* ist im Universum im Werden und nicht mehr nur ein Etwas." Es wird dem Christen zum Gebot, „die Evolution (buchstäblich) zu lieben"[3], und es wird ihm möglich, Gott „nicht nur mit seinem ganzen Leib, seiner ganzen Seele, sondern mit dem ganzen Universum"[4] zu lieben.

I. Etappen des Lebens und des Denkens

Marie-Joseph Pierre Teilhard de Chardin wurde am 1. Mai 1881 auf dem Landschloß Sarcenat bei Clermont-Ferrand in der Auvergne als viertes von elf Kindern geboren. Sein Vater Emmanuel Teilhard de Chardin und seine Mutter Berthe-Adèle, geborene Dompierre d'Hornoy, entstammten dem jüngeren französischen Landadel und waren der patriotischen und der katholischen Tradition verpflichtet. „Das Opfer für das Vaterland war bei den Teilhards nicht weniger selbstverständlich als das Opfer für Gott."[5] Von der Mutter übernahm Teilhard die Liebe zu Jesus, besonders den Herz-Jesu-Kult. Beim Vater, der ein Liebhaber der Natur, besonders ein Pferde- und Vogelkenner war, lernte er, Tiere und Pflanzen zu benennen, Steine zu sammeln, Raupen zu züchten und Sterne zu beobachten. Beide Züge, der Sinn für das Christliche und der Sinn für das Kosmische, sollten sich zu Teilhards religiös-intellektueller Weltanschauung entfalten und verbinden. Ohne erkennbare Erschütterungen – „es scheint, als habe Teilhard weder die Todsünde noch das Dämonische je durch innere Erfahrung gekannt"[6] – überstand er die Pubertät als Schüler des Jesuitenkollegs zu Villefranche-sur-Saône und entschloß sich, Jesuit zu werden. Er erlebte während des Noviziats (Aix-en-Provence, ab 1899), Philosophats (Jersey, 1901–05) und Lektorats (als Chemie- und Physiklehrer am Jesuitenkolleg in Kairo, 1905–08) zwei Krisen: Unter dem Einfluß der *Nachfolge Christi* zweifelte er an seiner wissenschaftlichen Berufung, und in Ägypten verwirrte ihn der exotische Zauber eines naturalistischen Pantheismus. Zwei Entdeckungen bestimmen Teilhards Theologat (1908–12) in Hastings (England) und sein Studium der Geologie und Paläontologie in Paris (1912–14). Es war das Jahr seiner Priesterweihe (1911), in dem durch die Lektüre der *Schöpferischen Evolution* Henri Bergsons die Idee der Evolution und der funktionellen Einheit von Materie und Geist für immer von Teilhards Bewußtsein Besitz ergriff. In Paris war es die Begegnung mit dem Weiblichen in Gestalt seiner Kusine Marguerite Teillard-Chambon, der späteren Leiterin des Instituts Notre-Dame-des-Champs in Paris, die ihm den Sinn für das Individuelle und das Personale schärfte. Als Person und als Frau zweifach das Andere, wurde ihm das Weibliche zur Vorausdarstellung des absoluten Anderen und zur Korrektur des vom élan vital bestimmten Realitätsbegriffs bei Bergson, von dem er sagen wird: Das Leben maskiert ihm die Lebenden. Die philosophisch-theologischen Studien Teilhards kann man vereinfacht zusammenfassen: Durch den neuscholastischen Aristotelismus und Thomismus geprägt, doch nicht befriedigt, nahm er über seinen Ordenskollegen Auguste Valensin Einflüsse von Blondel und Leibniz auf und eignete sich Anfangsgründe in der deutschen Philosophie, doch keine tiefere Kenntnis des hegelschen Denkens an.

In der autobiographischen Schrift *Das Herz der Materie* (1950) gliedert und charakterisiert Teilhard die weitere Entwicklung seines Lebens und Denkens in drei Abschnitten (XIII, 22).

1. Das purpurne Leuchten der Materie (1916–19)

Die Inspiration zu dieser Überschrift stammt aus der mystischen Erfahrung in einer Kirche bei Douaumont (1916). Das Herz Jesu eines Devotionsbildes phosphoreszierte und weitete sich zum Universum, so daß in dessen Mitte das Antlitz Jesu durchschien. Es ist die Verbindung des Christlichen und des Kosmischen und die Geburt der Idee von Gottes Diaphanie durch die Materie. Wie in dem poetischen Symbolismus der Schriften aus dieser Zeit (Oeuvres XII) die literarischen Gattungen sich vermischen, so verschmelzen auch die Bereiche des Wirklichen und lösen sich die Grenzen zwischen den wissenschaftlichen Disziplinen, den spirituellen Impulsen und den mystischen Imaginationen auf. In den Agonien der Schlachten des Ersten Weltkrieges wurde dem Sanitätssoldaten und späteren Ehrenlegionär die Front mit ihrer Integration der Klassen in ein gemeinsames Unternehmen und mit ihrer Pflicht zum selbstlosen Einsatz zum Symbol der „humanen Front“,[7] zur Verdichtung des Sozialen, jener zweiten Phase des Humanen nach dem Individuellen, welche beide durch die Liebe auf dem Weg zum Personalen zu durchlaufen und in *Die Große Monade* (1918) einzubringen sind. Teilhard quittierte den Kriegsdienst als „Evangelist des Christus im Universum",[8] der – wie Jakob um den Segen – um den rechten Ausdruck seiner Intuition von der Materie als der Mutter des Geistes rang[9] und wußte, daß ihn diese Sendung elitär und einsam machen würde. Dennoch bekannte er sich zur Demokratie als Teil seiner Weltanschauung.

2. Das Gold des Geistes (1920–30)

In dieser Periode entdeckte Teilhard, nachdem er 1920–22 am Institut Catholique von Paris Geologie gelehrt und 1922 seine Dissertation über *Die Säugetiere des unteren Eozäns in Frankreich und ihr Vorkommen* fertiggestellt hatte, zusammen mit Emile Licent, dem Gründer eines naturhistorischen Museums in Tientsin bei Peking, 1923 in den Ordos der Mongolei die ersten altsteinzeitlichen Fundherde auf chinesischem Boden. Wegen einer kühnen Neuinterpretation der Erbsündelehre wiederum nach Tientsin – diesmal ins Exil – geschickt, erforschte er 1926/27 und 1929/30 die Fauna des Tertiärs und die Grenzen der geologischen Regionen in den nördlichen Provinzen Chinas. Als wissenschaftlicher Berater am National Geological Survey of China wechselte er 1929 nach Peking. Von dort aus nahm er aktiv an den Grabungen von Choukoutien teil, wo der Chinese Pei im Dezember 1929 den ersten Schädel des Sinanthropus fand und Teilhard für die Geologie und die nicht-humane Paläontologie zuständig ist.

Den existentiellen Schock, den er durch die Abberufung vom Institut Catholique, durch die Einsamkeit in der Unermeßlichkeit Innerasiens und angesichts der Menschenmassen Chinas, die Christus nicht kennen, erlitten hatte, vermochte er zu sublimieren, wobei ihm die Korrespondenz mit Auguste Valensin und die Freundschaft mit Edouard Le Roy, dem Nachfolger Bergsons am Collège de France, hilfreich war. Von Maurice Blondel, der zu augustinisch empfindet und aus Furcht vor der Indizierung das „Übernatürliche" betont und die Schöpfung einer natürlichen Theologie zuordnet, löste sich Teilhard bald wieder, obwohl er ihm die Zentrierung der Philosophie um das Problem der Aktion und die organische Einheit des Alls um den Auferstandenen (Pan-Christismus) verdankt. Im Gedankenaustausch mit Le Roy, den er wegen seiner Lauterkeit verehrte, dessen idealistischen Theismus er aber nicht teilte, prägte er Begriff und Inhalt der Noosphäre (1923), der denkenden Schicht des Lebens auf Erden im Unterschied zur Biosphäre, der Schicht des nichtreflektierenden Lebens. Das Humanum, eine biologische Art unter anderen, aber zugleich das Reich des Geistes, ist nun endgültig ins Planetarische geweitet; das Christliche sprengt seine mediterrane und mittelalterliche Schale, um sich zum Humanen und Kosmischen zu „bekehren", seine missionarische Kraft zurückzugewinnen und den Osten und den Westen zu synthetisieren.[10]

Die herausragenden Schriften dieser Phase sind *Die Messe über die Welt* (1923) und *Der göttliche Bereich* (1926/27). Erstere, ein Poem, handelt von einer Art geistiger Messe in den Ordos, wo Brot und Wein durch die Welt und ihr

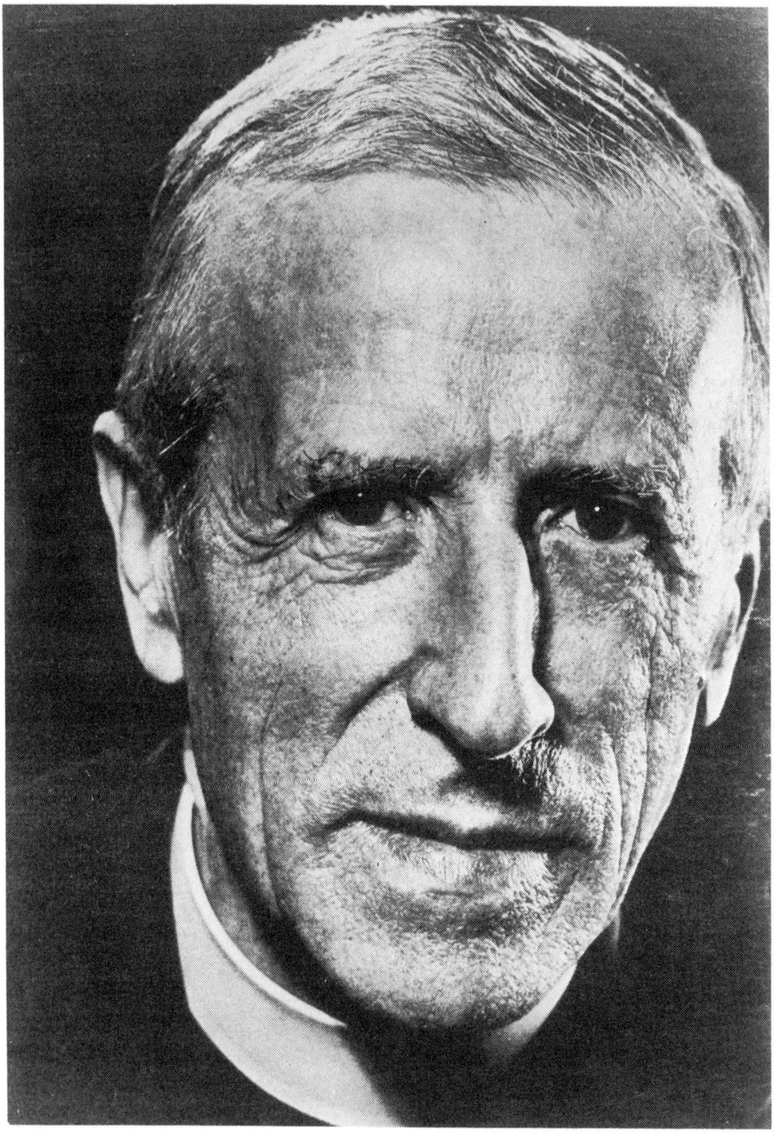

Pierre Teilhard de Chardin (1881–1955)

Leid ersetzt sind, aber nicht einfach als Ersatz für die Eucharistie, sondern als Auswirkung dieses Sakraments, um Gott das konsekrierte All darzubringen. *Der göttliche Bereich* ist denen, die die Erde lieben, gewidmet und entwirft einen neuen Typ der Askese, die Loslösung und Anhänglichkeit gegenüber der Welt versöhnt, indem sie in einem Universum, das in Christus für Gott bestimmt ist, verlangt, daß man durch das Handeln auf immer höhere Ziele hin Materie und Sinnenwelt sublimiert und sich im Scheitern, in Krankheit und Tod dem Geschehen der mystischen Einigung mit Gott aussetzt.

3. Die Weißglut des Universal-Personalen (ab 1931)

Der Nachweis, daß der Sinanthropus homo faber war und den Gebrauch des Feuers kannte (1931), die Vorbereitung und Durchführung der Gelben Kreuzfahrt, auf der man mit Raupenfahrzeugen Zentralasien in der Ost-West-Achse durchquerte (1931/32), und die Datierung der Schichten und Fossilien von Choukoutien (1935–1938) befestigten Teilhards Ruf als Forscher von internationalem Rang.

In dem Bekenntnis *Mein Glaube* (1934) werden, ausgehend vom „Weltstoff auf dem Niveau der Reflexion“[11] und vom Primat des christlichen Glaubens, die aufsteigenden Akte des Glaubens an die Welt, an den Geist, an Gott und an Christus geordnet. Von der *Skizze eines personalistischen Universums* (1936) an ist die universale Konvergenz der Natur, der Geschichte und des Christlichen je in sich selbst und untereinander endgültig durch das Gesetz der fortschreitenden Komplexität und Zentrierung strukturiert. Sie führt zu einem „Höchsten Jemand“: die Weißglut des Universal-Personalen. Über die Humanwissenschaften hinaus entwirft Teilhard eine Wissenschaft vom Menschen in *Menschliche Energie* (1937), wo der Geist als Energie erkannt ist und das Denken in die Aktion übergeht. Sein Ideal von einer verallgemeinerten Wissenschaft nimmt schließlich in dem Entwurf *Das menschliche Phänomen* (1938–40) Gestalt an. Die Basis bildet die positive Wissenschaft mit Teilhards Theorien. Darüber erheben sich in Etagen eine Logik und Erkenntnistheorie, eine Phänomenologie, die das Außen und das Innen der Erfahrungswelt umfaßt, den Menschen einschließt und den Übergang zum Transphänomenalen vorbereitet, eine Dialektik des Seins und des Tuns, sowie als krönender Abschluß eine Metaphysik, Theologie und Mystik der Union.

Den Aufenthalt in Paris von 1946 bis 1951 nützte er, um Anschluß an das geistige Milieu Westeuropas zu gewinnen. Er nahm Kontakt mit Gabriel Marcel, Nikolai Berdjajew und Emmanuel Mounier auf und befaßte sich mit den Klassikern der Geschichtsphilosophie: Vico, Condorcet, Hegel, Cournot, Spengler und Toynbee.[12] Der Genese der Monade durch Union der Elemente von Zentrum zu Zentrum hatte er *Die Zentrologie* (1944) gewidmet. Wie Leibniz in Spinozas Welt der Substanz die Personalität einfügte, so verlieh ihr Teilhard die Dimension der Zeit und führte in *Comment je vois* (1948), der Schrift, die man den Schwanengesang der herkömmlichen Metaphysik genannt hat, nicht nur die Vorordnung der Existenz vor das Wesen durch, sondern zeigte auch, wie die Wesenheiten durch die Seinsbewegung der Union konstituiert werden. Zugleich realistischer und idealistischer als Hegel ging er in dem *Entwurf einer Dialektik des Geistes* (1946) das Problem der Einheit des Seins und des Erkennens an. Im Hin- und Hergehen vom je Bekannteren zum je Unbekannteren wird eines durch das andere erhellt: das menschliche Phänomen und sein Zentrum der Vollendung (Omega), die evolutive Schöpfung und der sie bewegende und sich offenbarende Gott, das christliche Phänomen und der inkarnierte Gott, die lebendige Kirche und Christus-Omega. Indem der erkennende Geist zwischen den Objekten von den irdischen Phänomenen bis zur christlichen Glaubenswelt oszilliert, verbindet und unterscheidet er diese immer mehr.

Im Dialog mit den Geistesströmungen, die in Frankreich nach dem Krieg dominierten, nahm Teilhard den Willen zur geschichtlichen Verwirklichung des Menschen, nicht den Inhalt des Marxismus in seine Synthese auf (*Der Kern des Problems,* 1949) und verstand sein Denken als überwundenen Existentialismus (*Ein Phänomen der Konter-Evolution oder die Existenzangst,* 1949). Mehr denn je der Zukunft zugewandt, arbeitete er die Idee des Ultra-Humanen heraus, stellte in der Bilanz seines Lebens und dem Testament seines Geistes (*Le Coeur de la Matière,* 1950) klar, daß in seiner Seele von Kindheit an der Archetyp des Absoluten dem Sinn für das Kosmische, das Humane und das Christliche zugrundelag, und prüfte mit Strenge die wissenschaftliche Exaktheit seiner Phänomenologie der Evolution (*La Place de l'Homme dans la Nature,* 1949; *Die Besonderheiten der menschlichen Art,* 1949), um angesichts des Todes in seinem letzten Werk die Lyrik der Anfänge und die Klarheit der Vollendung zu vereinen (*Le Christique,* 1955). Auf ihn, der 1950 in die französische Akademie der Wissenschaften aufgenommen wurde und zuletzt an der Wenner Gren Foundation in New York tätig war und in ihrem Auftrag die paläontologischen Forschungen in Afrika koordinierte, trifft zu, daß das Alter „ein Stelldichein aller Lebensalter" (Victor Hugo) ist. Was Teilhard in den letzten Jahren beunruhigte und in Gebeten und Briefen die Bitte wiederholen ließ: „ein gutes Ende finden", „der Faden, der ihn an die Kirche bindet, möge nicht reißen", war nicht die Ahnung des nahen Todes, der ihn am Ostersonntag 1955 ereilte, sondern die bis zuletzt wachsende *Spannung mit Rom und dem Orden.*

So stellt sich zuletzt die Frage nach *Teilhards Verhältnis zu seinem Orden und zur Kirche.* Als Aristokrat und Asket war er zuerst ein Mann der Disziplin, der es ablehnte, sich von den Gelübden entbinden zu lassen, um als Weltkleriker wie sein einstiger Gymnasiallehrer Henri Bremond und andere freie Hand zur Veröffentlichung seiner Werke zu bekommen. Der Orden erlaubte ihm – auf Weisung der römischen Kurie – nur die Veröffentlichung seiner naturwissenschaftlichen, nicht seiner philosophisch-theologischen Schriften. Es war jedoch auch zuinnerst in Teilhards persönlichem Glauben und in seinem Wirklichkeitsverständnis begründet, wenn er nicht als Revolutionär von außen stoßen, sondern als Evolutionär von innen drängen wollte und den Sinn für die Kirche ständig vertiefte. Der Groß-Christus, den er nirgends mehr als in Paris und im Herzen des kirchlichen Lebens zu verkünden wünschte, braucht nach seiner Überzeugung die katholische Form des Christentums. „In der Tat, und zu meinem Glück, bin ich inmitten des katholischen ‚Phylums' geboren; das heißt im innersten Zentrum der privilegierten Zone, wo mit der aufsteigenden kosmischen Kraft von ‚Bewußtsein und Komplexität' sich der herabsteigende (belebende) Strom personaler und personalisierender Anziehung verbindet, der zwischen Himmel und Erde durch Wirkung der Hominisation in Bewegung gesetzt ist."[13] Die existentielle Erfahrung des Mysteriums der Kirche und eine überlegene Auffassung von der lebendigen Überlieferung halfen ihm, den Zusammenstoß mit der Hierarchie und die Abkehr von der herrschenden Theologie durchzustehen. „Christus (sein Leben und seine Erkenntnis) sind in der ganzen Kirche (Gläubigen und Hirten) aller Zeiten deponiert. Damit Christus endlich verstanden wird, bedarf es alles dessen, was es bis zum Ende der Zeiten an Christen geben wird . . ." Das mit sich selbst identische Dogma entwickelt sich nicht durch „einfache rationale Analyse seiner Formeln". Es ändert seine Gestalt wie ein Mensch vom zehnten zum vierzigsten Lebensjahr sein Aussehen. Und seine Formeln „drücken einen unveränderlichen Fundus der Wahrheit aus, *der dazu bestimmt ist, einen stets neuen Aspekt anzuziehen* in dem Maß, wie der Mensch seiner Vergangenheit und seiner Umgebung mehr bewußt wird" (XIII, 136f.). Vor seiner Zeit gekommen, wurde es ihm zur Gewißheit, daß er, weil Autoritäten und Neuthomismus einer vergangenen Welt nachhängen, nicht mit der Kirche fühlen, sondern vorausfühlen muß (praesentire cum Ecclesia) (XD, 208), und er hoffte, „daß es für die Wahrheit genügt, ein einziges Mal in einem einzigen Geist zu erscheinen, damit nichts mehr sie hindern kann, von allem Besitz zu ergreifen und alles zu entflammen" (XIII, 117).

II. Versuch einer Weltsumme

1. Voraussetzungen und Methoden

Aus Leidenschaft für Ganzheit wettet Teilhard, daß Sein, Wahrheit und Sinn – oberste Bedingung der Möglichkeit von Erkennen und Verstehen – eins sind und ihre Einheit aufgezeigt werden kann. Wo immer der forschende Geist im Wirklichen ansetzt, trifft er auf Linien, die sich wie Meridiane dem Pol der Koinzidenz nähern, freilich ohne ihn zu erreichen, so daß die Kriterien der Wahrheit Zusammenhang und unbegrenzte Entwicklungsfähigkeit heißen (XI, 181).

Für die Klärung dieser Grundannahme ist zunächst die *Analogie des Seins und des Erkennens* von Bedeutung. Der Begriff der Analogie besagt, daß zwischen allen Seienden einfache Beziehungen (Proportionen) und Systeme von Beziehungen (Proportionalitäten) bestehen. In einem evolutiven Universum sind die Seinsstufen in sich selbst verbunden (Intrinsezismus) und durch eine zeitlich strukturierte Genese geordnet (ID, 66f.; VD, 208), so daß die Analogie des Seins wie jene des Erkennens voll realisierbar ist. Die Seinsstufen treten innerhalb einer Kontinuität des Werdens als diskontinuierliche Zustände des Seins auf. Von der je vorausbestehenden Stufe zur folgenden wird die Gesamtheit der Eigenschaften durch schöpferische Transformation so umgebildet, daß teils Altes fortbesteht, teils Neues entsteht (IXD, 130f.). Wenn daher Teilhard eine *Phänomenologie der Evolution* (Hyper-Physik) erarbeitet, so kann er, ohne bloß metaphorisch zu sprechen und ohne die Tiere als Maschinen, die Gesellschaften als Lebewesen und die Materie als beseelt zu verstehen, alle Phänomene um den Menschen als den Schlüssel des Universums ordnen, der Innendimension der Dinge den Vorrang einräumen und den biologischen Aspekt des Sozialen entwickeln. Zwei sich ergänzende Funktionen des Denkens, *Erklären und Verstehen,* benützt Teilhard, um sich in der Erfahrungswelt zu orientieren. Erklären heißt analysieren, die Phänomene auf ihre Elemente zurückführen, der Tendenz des Weltstoffes zum Zerfall folgen (Denkweg der klassischen Physik). Verstehen heißt, durch intellektuelle Synthesen den Aufbau des Weltstoffes nachvollziehen, den Sinn der kosmischen Trift suchen und diese über den heute im Menschen erreichten Stand hinaus verlängern (Denkweg der Hyper-Physik) (XIII, 35; XD, 119; VID, 74, 80). Kennt der Materialist nur die Elemente der Analyse, so denkt der Idealist die Synthese ohne das „Sehen" der Phänomene (XD, 126; ID, 33).

Ist die Kohärenz der Welt das Werk des Subjekts? Ist sie objektive Realität? Wie steht es um die Wahrheit der Erkenntnis und die Rechtheit der Tat des Menschen? Zur Lösung dieser Fragen dient Teilhard eine *Dialektik des Seins und des Erkennens,* die sich aus der Stellung des Menschen im Universum ergibt. Als Phänomen Glied der Evolution, aber als Person aus ihr aufgetaucht, wendet er sich auf diese und auf sich selbst zurück und sieht sich als Zentrum der Konstruktion und der Perspektive des Alls (ID, 5). Das Ich, das seine Erfahrung, sein Denken und sein Tun kohärent macht und in sich und für sich das Universum eint, ist Ausdruck des Seins. In seinem Existenzvollzug bricht sich der Lauf der Natur, um durch den Gang der Geschichte fortgesetzt zu werden. Da die Wahrheit des Menschen so als „Wahrheit des Universums für den Menschen" definiert wird (VID, 72), löst sich der Subjekt-Objekt-Gegensatz in dem Menschen auf, der nach einem Zentrum ausschaut, in dem die Individuen und ihre Welten Bestand und Einheit finden.

Von hier ab wird die Dialektik des Seins und des Erkennens durch die *Dialektik des Wissens und des Glaubens* vollendet. Das Wissen hat Erwartungen geweckt, die nur der Glaube erfüllt. Die Welt hat dem Menschen eine Aufgabe gestellt, die er mit Hilfe Gottes, der sich in Christus als Medium der universalen Union mitteilt, durchführt (XIII, 174). Gott ist das analogatum princeps des voll konstituierten Seins, wie der Mensch das analogatum primum der phänomenalen Welt ist. Wenn Teilhard auch sagt, daß er Omega in seinem gläubigen Bewußtsein vorgefunden hat (ID, 290), so ist doch seine Wette, eine

Welt aufbauen zu können, in der kein Punkt unserer Erfahrung irgendeinem anderen widerspricht, keineswegs gefälscht. Hatte die überkommene Theologie ihr Glaubensverständnis im Rahmen des Welt- und Menschenbildes gewonnen, in das hinein die Offenbarung Gottes ursprünglich und grundlegend ergangen war, so hat Teilhard es mit der Welt nach Galilei, Darwin und Freud zu tun. Das unterscheidet seine Situation von der des Augustinus oder des Thomas von Aquin und macht sein Unternehmen zu einem offenen Drama, vergleichbar der Tat des Kolumbus, der auf die geophysikalischen Theorien seiner Zeit sein Leben wagte. Teilhard läßt die Perspektiven der Wissenschaften und die Inspiration des Glaubens in voller Freiheit aufeinander einwirken, ohne konkordistisch die autonomen Bereiche sich gegenseitig verformen zu lassen, und vollzieht die Synthese der beiden Strömungen, die ihn erfassen (XD, 117).

2. Die dynamische Welt der Wissenschaften und des Glaubens

Teilhard betrachtet die Welt wie ein einziges Wesen, dessen Teile infinitesimale Zentren sind und folglich zueinander in funktionaler Beziehung stehen, und er beschreibt, wie dieses Wesen zeitlich und räumlich sich so organisiert, daß jedem Zeitpunkt eine bestimmte Struktur entspricht. Unter den kosmologischen Modellen bevorzugt er das des belgischen Kanonikus Georges Lemaître, das expandierende All, das von den meisten Wissenschaftlern favorisiert und am wenigsten mit metaempirischen Postulaten belastet ist. Die Weltenuhr Lemaîtres lief vor sieben bis neun (nach neuerer Schätzung vor 15–20) Milliarden Jahren mit der Urexplosion (big bang) des Weltstoffes an, der so verdichtet und erhitzt war, daß es in ihm keinerlei Differenzierung gab. Seine in den Raum geschleuderten und sich abkühlenden Teile bildeten die Sternsysteme und ordneten sich im Lauf von etwa sechs Milliarden Jahren zu Atomen und Molekülen (Atomisation). Auf unserer Erde war der Prozeß vor etwa zwei bis drei Milliarden Jahren so weit vorangeschritten, daß die erste lebende Zelle entstehen konnte (Vitalisation). Seit etwa 30–60 Millionen Jahren ist die Menschwerdung der Evolution im Gang (Hominisation), die mit dem Auftreten des homo sapiens (vor etwa 70–100000 Jahren) und seiner Rassen (bis vor etwa 12000 Jahren) die Geschichte der heute lebenden Menschheit eröffnet. Immer war es die Gliederung des Weltstoffes in Teile und die steigende Zahl von Teilen, die sich zentrisch vereinten, wodurch innere Ganzheiten (Atome, Moleküle), das Bewußtsein (höhere Organismen) und das Denken (Mensch) in Erscheinung traten. Die schöpferische Transformation des Weltstoffes geschieht also durch *differenzierende Union* in den Phasen der Divergenz und der Konvergenz von Teilen und der Emergenz von Stufen der Zentrierung. Um die Zentro-Komplexität als wirklich durchgehende Achse zu erweisen, um die der Weltstoff sich wie ein Wirbel einrollt (VD, 324, 333) oder wie ein Kegelmantel zur Spitze läuft (VD, 113), richtet Teilhard die Aufmerksamkeit auf die Entwicklung des Zentralnervensystems. Bei den höheren Organismen bestimmt die Größe der Komplexität des Gehirns den Grad der Zentrierung, so daß der Stamm des Lebensbaumes durch die Verästelungen der Wirbeltiere, der Säuger, der Affen, der Vor-Menschen, der vorsapientialen Menschen zum homo sapiens als dem Wipfel oder Pfeil des Humanen (VIII 67 ff.) führt, und die Gehirn- und Schädelform des Menschen zum Symbol und das reflektierende Bewußtsein zum Sinn des ganzen Prozesses werden.

Nun gilt es, die *Besonderheiten der menschlichen Art* zu studieren und die Achse der Zentro-Komplexität hypothetisch in die Zukunft zu verlängern. Im Gegensatz zu allen anderen biologischen Arten, die sich in Rassen verzweigen und isolieren (Kladogenese), differenziert die Menschheit sich in Rassen, die wieder miteinander verschmelzen (Anagenese). Ferner tritt an die Seite der genetischen Vererbung die kulturelle Tradition, wodurch die Menschheit – parallel zur Verschmelzung der Rassen – ihre Noosphäre wie eine Kuppel zum Schlußstein hin wölbt. Da mit dem kulturell-technischen Apparat der Radius des Bewußtseins und der Aktion wächst, gibt es kein Entkommen aus dem Wirbel des Weltprozesses, der nun durch den geschichtlichen Menschen als Selbst-Evolution zu geschehen hat, nicht mehr durch den Stoß von hinten, sondern durch die Anziehung von vorne (VD, 359, 366). Die Schicksalsfrage hängt nicht an den Jahrmilliarden, in denen noch Sonnenenergie zur Verfügung stehen wird oder an den Jahrmillionen, die rein biologisch der Mensch noch lebensfähig bleiben würde, sondern an der vernünftig-freien Tat, durch die er seine Kultur und Gesellschaft gestaltet und durch differenzierende Union mit seinen Mitmenschen auf ein Ultra-Humanes hin vollendet.

Soll nun die Menschheit die *gegenwärtige Konvergenz der Rassen und Kulturen* als Zeichen eines Neuaufbruchs der Evolution akzeptieren, so ist ein dreifaches Problem zu lösen.[14] Nach dem zweiten Hauptsatz der Thermodynamik verbraucht sich die Energie (Wärmetod) und endet der Weltprozeß im Kältetod, wie hoch auch der Gegenstrom der Evolution sich zu immer energiereicheren Zuständen erheben mag (energetisches Problem). Ferner: Der existentielle Einsatz der Person ist gehemmt angesichts des Kampfes der Klassen und durch die Angst vor dem erstickenden Kollektiv (psychologisches Problem). Und ist schließlich die ausschlaggebende Kraft des Menschen wirklich zuletzt jene Liebe, die mit allen und mit allem eins sein will (mystisches Problem)? Für jedes Problem greift Teilhard auf den Glauben zurück, um dem phänomenalen Universum den tragenden Grund (Alpha), das nicht bloß hypothetische, sondern reale Ziel (Omega) und die reale Mitte der Einigung von einem geschichtlichen Punkt aus (Inkarnation) zu geben. Der Gott-Mensch Jesus Christus ist jenes Element, durch das in Kreuz und Auferstehung die Todesmauer durchbrochen wird; jene Persönlichkeit, die den totalen Dienst an der Versöhnung der Menschheit leistet; jene Wirklichkeit der Liebe, die in der geistigen und leiblichen Kommunion die Menschen und ihre Welten an sich zieht, um sie durch Teilhabe an seiner Seinsmacht und seinem Dienst und schließlich durch personale Union ein Ganzes und ganz sie selbst sein zu lassen. Dieser Überstieg von einem phänomenalen Bild des Universums in die Transzendenz hat eine umfassende Reorganisation unseres in zwei Jahrtausenden aufgebauten philosophisch-theologischen Systems zur Folge.

3. Reorganisation des philosophisch-theologischen Systems

Teilhard trassiert nicht in erster Linie einen neuen Weg zum Erweis der Existenz Gottes. Da die Menschheit seiner Meinung nach im Wirbel des konvergierenden Universums dem Augenblick entgegengeht, wo sie sich zwischen Anbetung und Abfall entscheiden muß, gibt er einer neuen *Erfahrung* und einem neuen *Bild von Gott* den Vorrang und lenkt die Aufmerksamkeit darauf, daß der Sinn der Geschichte durch eine gemeinsame Anstrengung der menschlichen Freiheit und des göttlichen Wirkens zu realisieren ist. Er erblickt in der theologischen Orthodoxie, die Gottes Freiheit und Allmacht gegenüber der Schöpfung zur Beliebigkeit und Indifferenz verzerrt habe, sofern sie lehrt, daß Gott augenblickhaft isolierte Wesen, sooft es ihm gefiel, schaffen konnte (XD, 214), und sofern sie nur ein „teilhabendes Sein der Hinaus-Stellung und Divergenz" kenne (XIII, 66), einen deistischen, mechanistischen, juridischen und individualistischen Rest. Nicht einmal die Idee Augustins, daß Gott sich durch einen Abdruck der schöpferischen Trinität in seinen Werken bekundet und dieser sich in der Eigenart des bewußten Ich, in der Struktur der Philosophie und in den Analogien des Universums zeigen müsse, kann das Band zwischen Gott und der Kreatur hinreichend erfassen. Diese gemeinsame Seele Gottes und der Schöpfung begreift Teilhard durch die aus der (Hyper)-Physik abgeleitete Metaphysik der Union, in der das absolut Eine als Geeintes und das teilhabende Sein als Prozeß der Seinszunahme durch Vereinigung verstanden werden. Gott, das absolute Eine, steht sich selbst gegenüber durch die Hervorgänge und Einigung der Trinität. Er beugt sich über die äußerste Peripherie des Seins, das reine Vielfache der bloßen Potentialität, und zieht aus diesem „schaffbaren Nichts" die Schöpfung in den Prozeß der differenzierenden Union zuerst ihrer Elemente untereinander, dann mit sich selbst (XI, 207–214). Theoretisch heißt das, daß die dreieinige Liebe, die das Gottsein konstituiert, in der Genese der Welt ihr Abbild schafft, darin die innerste treibende und werbende Kraft ist und zugleich das Gesetz der endgültigen Vereinigung und Gemeinschaft mit Gott in der Fülle des Seins darstellt. Praktisch aber bedeutet das, daß die Evolution einem Sein-Wollen Gottes selbst Ausdruck verleiht, daß der Gott der Evolution in einer umformenden Allgegenwart die volle Last und Verantwortung für dieses Geschehen trägt und die Solidarität des Menschen sucht, um dieses Werk in einer gemeinsamen Geschichte zu vollenden.

Wie für den Begriff des „lebendigen Gottes", so erschließt Teilhard auch für den Titel *Christus Sohn Gottes* (Mt 16,16) mit Hilfe des evolutiven Weltverständnisses eine *neue Sinndimension*. In dem Augenblick, wo die Geschichte der Menschheit von der Phase der Divergenz in die Phase der Konvergenz wechselt, kommt das fleischgewordene Wort Gottes in die Welt, in der jedes Element infinitesimales Zentrum der ganzen Genese ist, um die Stellung und Funktion des infinitesimalen *und* integralen Zentrums zu übernehmen. Der Herr der Welt führt das Leben eines Elements und des Ganzen der Welt (IID, 111), um durch Tod, Auferstehung und Parusie alles an sich zu ziehen. Vor dem Hintergrund dieses physischen Realismus gewinnt Christus eine überwältigende Allgegenwärtigkeit in jeder Krise der Geschichte und erhält die Entwicklung der Menschheit eine drängende Heilsaktualität. Der Logos könnte nicht das reale Omega der Evolution sein, wenn er nicht zuvor durch die Inkarnation in sie eingetaucht wäre, und Christus bedarf zu seiner Vollendung eines Gipfels der Welt, wie er zu seiner Empfängnis einer Frau bedurfte (XD, 153). Ist bei Leibniz das vinculum substantiale der Monaden der Welt deren prästabilierte Harmonie und letztlich der eine Gott, läßt Hegel die Frage in Schwebe, ob Jesus mehr ist als das Exempel dessen, daß der Mensch zugleich konkret und göttliche Idee, Mensch und Sohn Gottes ist, und vermag Blondel diese Begriffe nur auf den einen Gott und den sakramental gegenwärtigen erhöhten Christus anzuwenden, so vollzieht Teilhard die Identifikation der Persönlichkeit Jesus Christus mit der Mitte der Noosphäre und der Spitze des Universums. Nun erst ist der Dämon des Dualismus zwischen Natur und Geist, Gott der Schöpfung und erlösender Trinität ausgetrieben. Im Christus-Evolutor leuchtet auf, was Paulus bekannt hat: Jesus Christus ist der Herr der neuen Weltordnung und als solcher um so mehr mit Gott, dem Vater, der uranfängliche Schöpfer (1 Kor 8,6), der Bestand und das Ziel der Welt (Kol 1,16f.). Durch den „universalen" und „totalen" Christus verdeutlicht sich das Relief des Pantokrators, das Alpha und Omega der Apokalypse (Apk 19,15; 21,6). Und die Kontroverse zwischen Thomisten und Scotisten – ob die Inkarnation durch die Sünde veranlaßt oder unabhängig von ihr vorherbestimmt war, ob das ohne realen Zusammenhang mit einer Kosmogenese gedachte Seelendrama von Sünde und Erlösung, die Rettung des Menschen und seiner Welt, hätte ohne Inkarnation geschehen oder ganz unterbleiben können – wird auf ein anderes Niveau gehoben: Die Schöpfung läuft auf die kontingente Freiheit und die Inkarnation zu, letztere führt unvermeidlich ans Kreuz. In der radikal trinitarisch verstandenen Wirklichkeit des Seins ist der Gott-Mensch Jesus Christus – das „Christische" –, dem wir durch Glaube, Sakramente und Nachfolge einverleibt werden, die Koinzidenz und die Vermittlung der „Trinitisation" Gottes und der differenzierenden Union des Universums im Prozeß der Pleromisation (XI, 211–214). Gott und seine Werke zerfallen nicht mehr in Gegenstände der Metaphysik (Gott und Schöpfung) und der Heilsgeschichte (Trinität und Inkarnation). Eine organische Verbindung von Theo- und Christo-logie und eine ungeahnte Harmonie zwischen christlicher Glaubenserfahrung und moderner Welterfahrung sind offenbar geworden.

Die christliche Idee von der *Schöpfung* aus dem Nichts kann, wenn auch nicht ohne Schwierigkeiten, in Teilhards Unionsmetaphysik eingefügt werden. Den herkömmlichen Wegen, Gottes Schöpferwirken im Verhältnis zur Eigentätigkeit der Weltdinge zu bestimmen, zeigt sich Teilhards Sicht sogar überlegen. So lassen die rationes seminales, durch die Augustinus dem Phänomen des Werdens in einer statischen, augenblickshaft von Gott erschaffenen Welt gerecht werden will, die Frage offen, ob Gottes Wirken sich in diesem Werden erübrigt. Und die Lehre, daß die Vitalisation und Hominisation der Materie oder wenigstens die Entstehung der Seele in der Hominisation und bei der Weitergabe des menschlichen Lebens als Schöpfung zu verstehen sei, räumt Gott nur ein Reservat im Ganzen der Evolution ein. Allen Erfordernissen der Realität entspricht vielmehr ein dialektisches Verhältnis zwischen der Ursächlichkeit Gottes und jener der Geschöpfe, zwischen der Kette der empirischen Vorgänge und dem göttlichen Wirken in jedem Augenblick und an jedem Ort der Raum-Zeit, ohne daß Gott selbst empirische Ursache wird und den Schleier des Phänomenalen zerreißt: Gott macht, daß die Dinge sich machen.

Dasselbe Motiv, das Teilhard bezüglich der Schöpfungsbedingungen zu überzogenen Spekulationen über Gott und das zu einende Vielfache als „natürliches Paar" und über die einmalige Möglichkeit zur Weltschöpfung (IXD, 240 Anm. 3; XI, 211) geführt hat: die Entlastung Gottes angesichts eines Übermaßes an Unordnung, Schmerz und Bosheit in der Evolution – ist auch die Wurzel seiner unzulänglichen Auffassungen über *das Böse,* das statistisch notwendig sei und nur in seinem Sein als Mangel definiert, nicht aber in seiner Entstehung aus dem Fall der endlichen Freiheit verstanden wird. Folgerichtig akzentuiert Teilhard auch mit heilsamer Spitze gegen eine doloristische Spiritualität und anthropomorphe Theologie des Zornes Gottes einseitig den Tatcharakter des Kreuzes, der *Erlösung,* der Sendung Christi und des Christen. Die Last des Fortschritts tragend hat Jesus am Kreuz vor allem die „Über-Erschaffung" der Welt bewirkt (IID, 112 f.; XD, 175). Die Verfassung des konkreten Menschen, sein non posse non peccare, und folglich die Erlösung von der Sünde, müßten in Teilhards Werk stärker als geschichtsbestimmende Realitäten einbezogen werden.

Was endlich die *Parusie* betrifft, so kann erstens ihr Zeitpunkt in Kontrast, besser in Entsprechung, keinesfalls aber beziehungslos zum Reifen der Welt für die Ernte Gottes gedacht werden. Zweitens hängt die *Auferstehung* Christi als Grundlage der christlichen Heilshoffnung mit dem Gelingen der Evolution zusammen. Drittens ist der Kosmos nicht bloß die Bühne, auf der das Gericht über die Menschheit stattfindet, sondern er ist in der Menschheit auch selbst Gegenstand des Prozesses, der den Weg zur Verklärung öffnet. Und viertens sind realistische, nicht existentialistische, spiritualistische, moralistische oder sonstwie gnostisierende Interpretationen der biblischen Eschatologie und Apokalyptik erforderlich. Im übrigen rechnet Teilhard damit, daß die Menschheit aus einem Höchstmaß an Seinsmacht (plus-être), nicht aus einem Höchstmaß an irdischem Glück und sittlicher Vollkommenheit (bien-être), also in einer eschatologischen Spannung zwischen Gut und Bös, Gelingen und Scheitern, sich angesichts Omegas zu entscheiden haben wird (VD, 33).

III. Bedeutung

1. Weltbild und Gestimmtheit des Daseins

Von den Vätern bis zur Scholastik las man im Buch der Natur so selbstverständlich wie in der Bibel und fand, daß die Schöpfung gut war; der Mensch verkörperte ihren Sinn und ihre Mitte; er und seine Erde ruhten im Zentrum, von den schützenden Himmelssphären umhüllt. Mit dem Ausgang des Prozesses Galilei (1633) wurde das anders. Nun mußte im kirchlichen Raum der Einfluß des Weltbildes auf die philosophischen Systeme, die theologischen Summen und die Darstellung der Dogmen heruntergespielt und fortan minimalisiert werden. Das Wirkliche zerfiel seit Descartes in das mathematisierte, grenzenlose All und das denkende Subjekt, wobei der Riß durch das Doppelwesen Mensch verlief und die Einheit von den einen materialistisch und atheistisch, von den anderen idealistisch und pantheistisch gedacht, von den Deisten einfach preisgegeben wurde. Die geistige Not des Glaubenden in dieser Situation offenbart der wie Teilhard aus Clermont-Ferrand stammende Blaise Pascal (gest. 1662), dessen Genie des logischen Denkens und der religiösen Leidenschaft nicht geschmälert werden soll, dessen Gespaltenheit aber nicht idealisiert werden darf. Intuitiv erkennt er den Zusammenhang aller Elemente des Universums (Pensées Nr. 72) und den Standort des Denkens, das die Welt begreift (Nr. 348). Aber was er von dieser die Würde des Menschen begründenden Höhe aus sieht, und wie er darauf reagiert, ist Ausdruck der Krise: die Meinung des Kopernikus soll nicht vertieft werden (Nr. 218); die Planeten drehen sich weiter um die Erde (Sur l'Infini); die Tiere sind Maschinen. Doch weiß er um den Einfluß eines Harnsteins auf das Denken und der Länge der Nase Kleopatras auf die Weltgeschichte und kann die Gelassenheit der Chirurgen bei der Vivisektion, denen die Schreie der Tiere das Knarren von Automaten waren, nicht mitvollziehen. Er wendet sich von der Natur ab und entgeht der Verzweiflung bei dem Gott der Sündengeschichte Adams und der Erlösungsgeschichte Jesu. Im Rücken und im Unterbewußtsein lauern die Angst vor der Verlorenheit des Menschen im All (Nr. 206, 693) und der Gram über eine absurde Schöpfung. Wie ein Antipascal erwähnt Teilhard seinen großen Landsmann stets als Beispiel dessen, was zu überwinden ist. Schon rein formal setzt er der Positionslosigkeit des Menschen zwischen den Abgründen des unendlich Großen und des unendlich Kleinen die Symmetrie zwischen der Zentro-Komplexität des Menschen und der Ausdehnung des Alls entgegen: über 10^{25} cm Durchmesser des Alls, über 10^{25} Atome des menschlichen Gehirns (IIID, 283). Was aber den Inhalt des menschlichen Daseins betrifft, so ist er entrüstet über Pascals Wette, in der dem Glücksstreben Gott und das Nichts am Sein des Menschen und der Welt vorbei als gleiche Wahrscheinlichkeiten angeboten werden. Aus der Fülle des Glaubens und aus der Mitte der Evolution sind demgegenüber Ziel und Aufgabe des Menschen zu erheben (II

224f., 294f.). Der universelle Lebenswille strömt im Menschen zusammen und ist ihm anvertraut (ID, 9). Die Schöpfung *und* die Geschichte nähren die Hoffnung, die Zwillingsschwester der Angst in der Seele des Menschen. Der anima naturaliter christiana entspricht ein mundus naturaliter christianus.

2. Einheit des Wissens und der Existenz

Das Dogma vom Menschen als dem unbekannten Wesen (Alexis Carrel), der mit der Unbeherrschbarkeit des Spiels der Chromosomen begründete Pessimismus (Jean Rostand), die Trennung von positivistischer Wissenschaft und beliebiger Weltanschauung (George Gaylord Simpson), das groteske Gespann von Positivismus, Nützlichkeitsmoral, Existenzialismus und Sozialismus (Jacques Monod) und der Zerfall der Organismen als Basis eines apersonalen Pantheismus (Bernhard Rensch) markieren subhumane Positionen. Was für den Physiologen John B. Scott Haldane (gest. 1936) philosophische Grundannahme war und bei dem Gehirnforscher John Carew Eccles Desiderat bleibt, ist bei Teilhard realisiert. Aus der Erfahrung seiner Einheit als Leib und Geist, die er analysiert und zu verstehen sucht, entstehen dem Menschen die Fragen und Vorverständnisse, womit er das Wirkliche innerhalb und außerhalb seiner selbst durch Beobachtung und Experiment befragt, um Antwort zu erhalten und zu einem Verständnis zu gelangen. Darin besteht die dynamische Einheit des wissenschaftlichen Tuns, des empirischen und des hermeneutischen, der exakten Erfassung, um gemäß dem Ideal der Aufklärung fortschreitend Meister und Besitzer der Natur und der Gesellschaft zu werden, und des geisteswissenschaftlichen Verstehens, um das Machbare dem Sinnhorizont vernünftig freier Existenz, dem sittlichen Sollen und dem religiösen Dürfen einzuordnen. So bleibt das Feld der naturwissenschaftlichen Forschung offen, wird aber in den umfassenderen Raum der Mitmenschlichkeit und ihrer Orientierung auf ihren Grund und ihr Ziel hin integriert.

3. Der Mensch in der Geschichte

Von Georges-Louis Leclerc de Buffon (gest. 1788) angeregt, setzt Teilhard als *Gegenstand der Geschichtsforschung* „die Geschichte des Universums" (ID, 22f.) voraus. Er überschreitet damit die Position Bergsons, wie dieser die Grenzziehung Hegels erweitert. Für Hegel ist die Natur das System der Systeme, die in geschlossenem Kreislauf erstarrt sind, die Geschichte aber das Feld des unumkehrbar fortschreitenden Geistes. Bergson betrachtet die Entstehung der Arten in der organischen Evolution als schöpferische Gesten des élan vital. Er versteht diese geschichtlichen Durchbrechungen der geschichtslosen Zyklen des organischen Lebens in Entsprechung zur durée, der Zeitform des Bewußtseins, die im Augenblick das Vergangene erinnert und das Kommende vorwegnimmt. Teilhard aber besteht darauf, daß die Kriterien des Geschichtlichen, die freie Kreativität des historischen Gegenstandes und das Erscheinen von unvorhersehbar Neuem, ferner die Wirkgegenwart der Totalität des Seins in jedem Element, auch von der materiellen Evolution erfüllt werden. „Aufgrund seiner Geschichte ist jedes Seiende der ganzen Dauer koextensiv; und seine Ontogenese ist nur das infinitesimale Element einer Kosmogenese, in der letzten Endes die Individualität und gewissermaßen das Antlitz des Universums zum Ausdruck kommt" (XD, 125f.).

Mit dem Begriff ändert sich auch der *Inhalt der Geschichte,* der als Entwicklung der Humanität (Aufklärung), Individualität (Herder) oder Dialektik (Hegel) der Völker, Heldenepos (Romantik), Organisation der Arbeit (Marx), Weg der Nationen (Ranke), Kulturzyklen (Spengler) und Zivilisationskreise (Toynbee) zu eng gefaßt, nun als Evolution des Universums im Menschen und als Vollendung dieses Prozesses in einer personalen Mitte bestimmt wird. Zuerst wird die Ambivalenz zur Divinisierung oder Positivierung, die der Seinsgeschichte als Geschick bei Heidegger anhaftet, durch vollen Einsatz des spezifisch menschlichen Subjektseins in der Geschichte aufgehoben. Sodann wird der modernistische Immanentismus und Historismus, der die religiöse Erfahrung der Individuen analysiert und ihre Gemeinschaft organisiert, dadurch überwunden, daß in der Person des anderen sich der Anspruch des Absoluten ankündigt und Gott selbst sich mitteilen kann, um die Realisation von Wahrheit und Sinn, die Erlösung und Versöhnung im Personsein anzubieten durch die Kommunion mit Christus, durch Konstitution der Mitmenschlichkeit von der Koexistentialität mit dem Wir des Vaters und des Sohnes und des Geistes her und durch die historische Vermittlung dieses Ereignisses in der Kirche. Ferner wird der Blondelismus, der das Innerste und Letzte, was menschliche Akte bewegt, zum Thema macht, in mehrfacher Hinsicht ergänzt, indem der action ihre Position im Sein, der Inhalt ihres Auftrags und die Quellen ihrer Energie gezeigt werden. Auch den Fatalismus des historischen[15] und des theologischen[16] Molinismus, daß nämlich der fertige Mensch in einer fertigen Welt einen Weg der Geschichte wählen und in absoluter Wahlfreiheit über Gottes Heilsplan entscheiden könne, schließt Teilhards Weltanschauung aus. Es gibt keinen fertigen Menschen, keine fertige Welt und keine weltlose Existenzverwirklichung. Vielmehr realisiert sich Handlungsfreiheit in der Mittlerschaft zwischen Gott und der Welt, in einer umfassenden Finalität, deren objektiver Aspekt der Zusammenhang zwischen den materiellen Notwendigkeiten und der künftigen Seinsfülle, und deren subjektiver Aspekt des Menschen Teilhabe an Gottes schöpferischer Freiheit ist, so daß die Angst und Unsicherheit in der Zuversicht des Glaubens und der Gewißheit der Hoffnung geborgen sind. Schließlich wendet sich Teilhard in bewußter Absetzung von Jules Michelet (gest. 1874) und Thomas Carlyle (gest. 1881) gegen die romantische Philosophie und Theologie der Geschichte. Wenn nicht durch den einen, dann gehen dieselben Umbrüche der Geschichte durch einen anderen großen Mann vor sich. Der Sinn des einen Individuums ist nicht der Unsinn des anderen. Alle fallen angesichts einer einzigen Sinnachse der Geschichte in

Schuld und Streit. Und da nach der Auffassung Teilhards das Kreuz nicht das Siegel auf den Widersinn des Daseins ist, entbinden Reue, Rechtfertigung und Heiligung den Bekehrten nicht von der Geschichte, sondern fügen ihn in die Personengemeinschaft ein, in der die individuelle und die universale Entelechie, wenn auch durch Hingabe und Opfer, Leid und Tod, so doch wirklich zusammenfallen.[17]

Als Resultante des theistischen Aufwärts und des humanistischen Vorwärts der Geschichte legt Teilhard die Kosmo-Christogenese vor. In ihr sind die menschliche Lauheit unter einem Gott, der das Spiel der Leidenschaften äußerlich dirigiert und nach seinen Prophezeiungen beendet, und die atheistische Entpersonalisierung des Menschen überwunden. Gott selbst inkarniert und verurteilt einen vorzeitigen Exodus der Menschheit, die am Tag der Parusie die Mitte ihrer Existenz aus sich heraus in Gott hinein verlegen wird (VD, 353ff.). Diese Weltanschauung stärkt den Geschmack am Leben und die Lust zu handeln in der gegenwärtigen Umwelt- und Wachstumskrise, vielleicht der Reifekrise der Menschheit. Teilhard zeigt, daß die Zukunft in der noosphärischen Entwicklung liegt und die Dynamik des wissenschaftlich-technischen Apparats, die Arbeitszeitverkürzung und Freisetzung von Reflexion, die politischen und religiösen Institutionen als Instrumentalwerte dem großen Zielwert dienen sollen: der lebendigen Leibwerdung und geistigen Einswerdung, der Personalisation mit Gott und den Mitmenschen.

4. Eine Menschheit – eine Religion

Zum Teil in direkter Auseinandersetzung mit Arnold J. Toynbee rührt Teilhard an die Frage nach der Universalität des Christentums. Aus abendländischem Kulturpessimismus, schlechtem Gewissen über Eurozentrik und Rassismus, Sympathie für politischen Egalitarismus und fernöstliche Religionen versucht der englische Historiker das Kreislaufdenken (Vico, Nietzsche Spengler) mit der linearen Geschichtsauffassung zu verbinden. Wie Räder sich um ihre Achse drehen und den Wagen doch voranbringen, so befördern die sterbenden Zivilisationen die überlebende Menschheit, die über Mischung der Rassen und Religionen zum Guten fortschreitet und sich zur Gemeinschaft der Heiligen entwickelt, welcher durch göttlichen Eingriff die eine „nach-christliche" Religion und die Erlösung der Geschichte beschieden sein wird. Gegen diesen supranaturalistischen Messianismus, der eine Entkirchlichung und Judaisierung der augustinischen Reich-Gottes-Idee darstellt, wendet Teilhard ein: Hier wird biologisch, aber an der Biologie vorbei und ohne Verständnis für die Sozialisation gesprochen (VIII, 124f.). In Entsprechung zu den divergierenden und konvergierenden Rassen entwickelt sich die Noosphäre, durch deren zentrische Dynamik die Individuen und Gruppen je aus ihrem besonderen Vermögen heraus kommunizieren und die geistige Einheit der Art, die Einmütigkeit des Bewußtseins und die personale Gemeinschaft bilden. In Jesus Christus ist der entscheidende Durchbruch zu diesem Ziel der Artbildung geschehen. Als Modell planetarischer Ökumenizität sei darum das Einmünden der völkischen und kulturellen Reichtümer Asiens (und der Dritten Welt) in den Strom des Christlichen zu betrachten (XI, 160).

IV. Wirkungsgeschichte

1. Naturwissenschaft und Philosophie

Über Julian Huxley, der Teilhards Sicht von der Stellung des Menschen im Universum propagierte, hinausgehend übernimmt Theodosius Dobzhansky die Orthogenese als aposteriorischen Begriff, die Kreativität der Evolution, schließlich deren Ziel: die Freiheit und deren Antwort an den Schöpfer in der Selbsttranszendenz der Liebe.[18] William H. Thorpe bejaht den Parameter des Fortschritts (Zentro-Komplexität) und betrachtet die Erkenntnis der Einheit und Größe des Geistes in der Evolution als Bedingung der Religion von morgen.[19] Zweifel darüber, ob Teilhards Weltschau Hilfe bietet für den schicksalhaften und unumkehrbaren Übergang des modernen Menschen aus der natürlichen Primärwelt in die wissenschaftlich-technische Sekundärwelt, hegt Adolf Portmann, allerdings ohne zu bedenken, daß beide Welten in ihrer dialektischen Einheit eine Seele und ein Gesicht erhalten und aus einem Grundgefühl der Sympathie ausgeformt werden sollen.[20]

2. Philosophie und Theologie

Unverkennbare Verwandtschaft besteht zwischen Teilhards Denken und der „process philosophy“ und „process theology“ (Hartshorne, Ogden, Cobb jr.), wo die Kategorien der Kreativität und der Relationalität dominieren. Man schätzt es, daß Teilhards „universal Lover“ (VD, 379) und Alfred North Whiteheads Prinzip der erneuerten Subjektivität wie Gottesvorstellung vom „großen Weggenossen, dem Leidensgefährten, der versteht,“[21] sich ergänzen. Von Teilhards Synthese des „theistischen Empor“ und des „humanistischen Voran“ direkt beeinflußt wechselt Günter Altner von der Verbindung „voraussetzungsloser“ Wissenschaft mit Theologie in einer „gläubigen“ Sachlichkeit zu dem Projekt der Einheit des menschlichen Intellekts, des Schöpfungs- und des Erlösungsgedankens,[22] verwirft Attila Szekeres die Versuche, einen bildlosen, auch im Kontext der Bibel schon verkürzten Gottesbegriff mit dem überholten deterministischen Weltbild zu konfrontieren (Jaspers, Bultmann, Bischof Robinson),[23] und sagt Georges Crespy, daß der Glaubende, soll er personal in seine Welt und Zeit eingründen, einen anderen Gott als den der ortlosen Tiefe, der transzendenten Liebe und der Indifferenz zu jedem Weltbild braucht.[24]

3. Spezielle innertheologische Aufgaben

Bemerkenswert ist das Überlappen der Nachwirkungen Teilhards und Karl Barths. Attila Szekeres erwartet davon die Versöhnung der dialektischen und der existentialen Theologie. Er selbst greift das Problem der Analogie, des Verhältnisses zwischen natürlicher Theologie und Glaubensverständnis neu auf. Gipfeln nach dem Alten Testament Bund und Schöpfung im Sabbat Jahwes, nach dem Neuen in der Parusie Christi, so gibt es ein implizites Christuszeugnis der Schöpfung und ein Kerygma der Kirche, eine Analogie des Seins und eine solche des Glaubens, die ihre Einheit in der Analogie der Predigt haben.[25] Daß die Intentionen Teilhards erst in der barthschen Perspektive realisiert werden, ist die These Marc Faesslers. Doch bleibt er wie Szekeres einem christologischen Positivismus – Mensch und Welt sind strukturloses Material der Inkarnation und der Ausprägung des Antlitzes Christi – und einer Zuweisung der Trinität zur Spekulation über den einen Gott verhaftet,[26] während die Grundbewegung des Seins bei Teilhard aus der Erfahrung des Gottes stammt, dessen Sein die differenzierende Union des Vaters und des Sohnes im Geist ist.

Vielleicht hätte Teilhard, so meint Sigurd Martin Daecke, im Ausblick auf das verheißene Land nicht sagen können, er habe „allein gesehen" und könne „nicht einen einzigen Autor, nicht eine einzige Schrift zitieren, wo man klar ausgedrückt die wunderbare Diaphanie . . . erkennen würde", wenn er von Paul Tillich und der Transparenz des Seins für das Absolute gewußt hätte. Außerdem ist Daecke der Meinung, daß Teilhard den Theologen der Zukunft (Pannenberg, Moltmann, der frühe Metz, z. T. auch Rahner) erst das konkrete Universum und den geeigneten Gottesbegriff erschlossen habe, die dialektische Wirklichkeit, die der Evolution das Personsein verleiht und für die Einheit Gottes und der Welt in Omega auf neue Weise Person wird. Teilhard antizipiere eine nachreformatorische Theologie der Evolution, in der protestantisches und katholisches Denken sich nähern und ein Weg der Versöhnung geebnet werde.[27] Ausdrücklich beruft sich Harvey Cox auf Teilhard, den er in die Nähe zu Ernst Bloch rückt. Er spricht von Gott, der der Druck der Zukunft auf die Gegenwart ist, und vom Menschen, in dem die Welt sich denkt und lenkt.[28]

Innerhalb der katholischen Theologie bedient sich Joseph Ratzinger der Orientierung der Materie auf das Geistige in Teilhards Kosmogenese, um die Glaubensartikel, die der Entmythologisierung unterworfen werden – Auferstehung, Himmelfahrt und Wiederkunft Christi, Leben der zukünftigen Welt – in einer Weise zu interpretieren, die ihnen die Substanz bewahrt. Zwar hat das um die Sache Teilhards erzwungene Schweigen verhindert, daß prekäre Elemente wie Sünde, Erlösung und Fortschritt hinreichend geklärt wurden, aber die Väter des Zweiten Vatikanischen Konzils ließen sich in Geist und Sprache, Gedanken und Schau des Wirklichen von dem „Evangelisten des Christus im Universum" inspirieren. Durch die Pastoralkonstitution *Gaudium et spes* wurden die Ideen von der Transformation der Materie im Menschen zur Anbetung Gottes (Art. 14), vom Bezug des irdischen Werkes zum Reich Gottes (Art. 39), von der Versöhnung der Religion der Erde mit jener des Himmels (Art. 57) und von der Liebe als der Energie des Lebens (Art. 82) bleibend in die Tradition der kirchlichen Lehre eingefügt. Von den Brennpunkten der Schöpfung und der Auferstehung her stellt das Konzil den Glaubenden die Aufgabe, in der Autonomie der Kulturbereiche und unter dem Primat Christi, aus menschheitlicher Gesinnung und christlichem Gewissen die Kirche und die Welt in ihrer gemeinsamen Ausrichtung auf die Verherrlichung Gottes und das Heil des Menschen zur einen Heimat der einen Menschheit zu machen.

Heinrich Fries

RUDOLF BULTMANN

(1884–1976)

Unmittelbar nach dem Zweiten Weltkrieg hat kaum ein Theologe die theologische und kirchliche Szene so bestimmt wie Rudolf Bultmann, und zwar in der Christenheit der ganzen Welt und in der Theologie in allen Disziplinen. Das lag nicht primär in dem mit Bultmann verknüpften Thema der Entmythologisierung, sondern in dem positiven Versuch, einen neuen Zugang zum christlichen Glauben zu gewinnen, ihn aufs neue zu verstehen und dies in ebenso radikaler wie gegenwärtiger Weise. Dazu kommt, daß das theologische Programm Bultmanns eine imponierende Ganzheit, einen transparenten Zusammenhang, eine in sich schlüssige Stringenz und eine umfassende Perspektive aufweist. Viele Schwierigkeiten und Anstöße im Vollzug und Verständnis des Glaubens wurden abgebaut, die Kluft zwischen Ursprung und Gegenwart des christlichen Glaubens, die Vermittlung und Übersetzung der biblischen Botschaft wurde scheinbar mühelos überbrückt. Das mit der Entmythologisierung ebenfalls verbundene Thema *Glauben und Verstehen* war zugleich ein Angebot für jedermann, für Glaubende und für solche, die glauben, nicht glauben zu können.

Es bleibt noch zu sagen, daß Bultmann die Grundzüge seines theologischen Programms verhältnismäßig früh entworfen und dann zeit seines Lebens entfaltet, illustriert und der immer neuen Bewährung ausgesetzt hat. Von einer dialektischen Entwicklung wie etwa bei seinem großen Zeitgenossen und Kontrahenten Karl Barth oder gar einem Umbruch des Denkens ist bei Bultmann nichts zu finden.

I. Leben

Rudolf Bultmann wurde am 20. August 1884 als Sohn eines evangelisch-lutherischen Pfarrers in der Nähe von Oldenburg geboren. Von 1895 bis 1903 besuchte er das humanistische Gymnasium in Oldenburg, wo Karl Jaspers sein Mitschüler war. Er studierte Theologie in Tübingen, Berlin und Marburg. Als seine theologischen Lehrer nennt er den Kirchenhistoriker Karl Müller, den Dogmengeschichtler Adolf von Harnack, den Alttestamentler Hermann Gunkel, die Neutestamentler Adolf Jülicher und Johannes Weiß sowie den Systematiker Wilhelm Hermann. 1910 wurde er zum Lizentiaten der Theologie promoviert mit der Arbeit: *Der Stil der paulinischen Predigt und die kynisch-*

stoische Diatribe. 1912 habilitierte er sich für das Fach Neues Testament mit der Arbeit: *Die Exegese des Theodor von Mopsuestia*. Bis 1916 war er Dozent in Marburg und stand in engem Kontakt mit Martin Rade und seinem Kreis, der in der einflußreichen Zeitschrift *Die christliche Welt* eine große Ausstrahlungskraft hatte.

1916 wurde Bultmann als außerordentlicher Professor nach Breslau berufen, 1920 als Ordinarius nach Gießen. Schon ein Jahr später folgte er einem Ruf nach Marburg. In Marburg lebte und wirkte Bultmann dreißig Jahre lang bis zu seiner Emeritierung im Jahre 1951. Die Zeit in Marburg hat Bultmann und seine Theologie entscheidend geprägt. Dabei wurden die Begegnungen mit Hans von Soden, Gustav Hölscher, auch mit Rudolf Otto, besonders jedoch mit Martin Heidegger in den Jahren 1923 bis 1928 wichtig.

In der Zeit des Nationalsozialismus gehörte Bultmann von Anfang an zur Bekennenden Kirche. Im Jahre 1941 hielt er vor einem Kreis von Pfarrern jenen Vortrag, der erst nach dem Krieg in weitesten Kreisen bekannt und zum Gegenstand einer außergewöhnlich intensiven theologischen Diskussion wurde: *Neues Testament und Mythologie. Das Problem der Entmythologisierung der neutestamentlichen Verkündigung*. Einen lebendigen Eindruck davon vermitteln die sechs Bände der Reihe *Theologische Forschungen,* die Hans Werner Bartsch unter dem Titel *Kerygma und Mythos* herausgegeben hat (1948–1966). Wie brisant die Auseinandersetzung war, mag man daran erkennen, daß der damalige Ratsvorsitzende der Evangelischen Kirche, Landesbischof Wurm von Stuttgart, ernstlich in Erwägung zog, gegen Bultmann ein Lehrzuchtverfahren einzuleiten. Er hat zu diesem Zweck ein Gutachten von Karl Barth erbeten, in dem dieser eindringlich von einer solchen Maßnahme abgeraten hat (Briefwechsel, 282–297). Die Generalsynode der Vereinigten Evangelisch-Lutherischen Kirche Deutschlands hat auf ihrer Tagung im April 1952 eine Erklärung gegen Bultmanns Theologie der Entmythologisierung beschlossen.

Die Zeit in Marburg war die Zeit der großen Publikationen Bultmanns: *Jesus* (1926), *Das Evangelium des Johannes* (1941), *Theologie des Neuen Testaments* (1948ff.), *Das Urchristentum im Rahmen der antiken Religionen* (1949), *Marburger Predigten* (1956), *Geschichte und Eschatologie* (1958), die vierbändige Aufsatzsammlung *Glauben und Verstehen* (1953–1965). Das Buch *Die Geschichte der synoptischen Tradition* war schon 1921 in der ersten Auflage erschienen.

Nach dem Krieg unternahm Bultmann Studien- und Vortragsreisen in die Vereinigten Staaten und nach England (Gifford Lectures).

Bis in sein hohes Alter nahm Bultmann am theologischen und kirchlichen Geschehen lebhaften Anteil. Er erlebte die weltweite Wirkung seiner theologischen Arbeit, er registrierte die ungezählten Beiträge, die zu seiner Theologie geschrieben wurden, er erlebte auch das Aufkommen von neuen theologischen Entwürfen, die sich als Weiterführung oder als Kritik seiner Theologie verstanden. Daß eine Epoche der Theologiegeschichte mit seinem Namen verbunden ist, wird von niemand bestritten. Bultmann starb im Jahre 1976.

II. Werk

Um Bultmanns theologisches Werk verstehen und beurteilen zu können, muß man sich darüber klar sein, daß es aus verschiedenen *Quellen* gespeist ist.

1. Die erste Quelle ist die *religionsgeschichtliche Orientierung,* auf die Bultmann seit seiner Dissertation aufmerksam wurde. Diese Perspektive hat ihn dazu geführt, das Urchristentum im Rahmen der antiken Religionen zu sehen und diese Betrachtungsweise durch viele Einzelstudien, besonders über die vorchristliche Gnosis und jüdische Apokalyptik, über Mandäismus und Manichäismus zu belegen und zu konkretisieren. Diese Betrachtungsweise hat Bultmann zu der Erkenntnis geführt, daß das Urchristentum viele Züge aufweist, die für die antiken Religionen bezeichnend sind: so das in Stockwerken gebaute vorwissenschaftliche Weltbild mit Himmel, Erde, Unterwelt; die mythologische Vorstellungsweise und Sprache, „in der das Umweltliche, Göttliche als Weltliches, Menschliches, das Jenseitige als Diesseitigkeit erscheint, in der z. B. Gottes Jenseitigkeit als räumliche Ferne gedacht wird; eine Vorstellungsweise, der zufolge der Kultus als ein Handeln verstanden wird, in dem durch materielle Mittel nicht-materielle Kräfte vermittelt werden" (KM I. 22 Anm.). Besonders wirksam geworden ist der gnostische Erlösungsmythos: Der Erlöser steigt aus dem himmlischen Lichtreich in die Welt der Materie herab, um erlöst wieder emporzusteigen, zugleich als Führer der zu erlösenden Menschen. Ebenso charakteristisch ist für den Mythos die Vorstellung, daß der Mensch kosmischen Mächten, guten und bösen Geistern ausgeliefert ist und von ihnen bestimmt wird, daß übernatürliche Kräfte in das Denken, Wollen und Handeln des Menschen eingreifen, so daß Wunder als übernatürlich bewirktes Geschehen nichts Seltenes sind. Damit ist, vor allem in der jüdischen Apokalyptik, der Gedanke an ein Ende der Welt und der Geschichte verbunden, das mit kosmischen Katastrophen einhergeht.

Hier liegt ein entscheidender Ursprung für das Programm der Entmythologisierung. Denn das mit den mythologischen Vorstellungen verbundene Bild von der Welt und vom Menschen ist unwiderruflich vergangen. Es bleibt die Frage, was bei diesem Prozeß dem Urchristentum noch als Eigenes bleibt oder ob es eine synkretistische Religion ist.

2. Eine zweite Quelle, aus der Bultmanns Theologie gespeist wird, liegt in seinen Bemühungen um die Exegese des Neuen Testaments. Für die sogenannte *Formgeschichte,* die nach den vorliterarischen Überlieferungen der neutestamentlichen Texte und nach dem Weg des Formungsprozesses fragt, nach dem Sitz im Leben, nach den literarischen Gattungen hat Bultmann einen entscheidenden Beitrag geliefert in dem großen Werk: *Die Geschichte der synoptischen Tradition.* Es geht ihm darum, „ein Bild von der Geschichte der Einzelstücke der Tradition zu geben, von der Entstehung dieser Tradition wie von ihrer Abwandlung bis zu der Fixierung, in der sie uns in jedem der Synoptiker vorliegt, ja auch teilweise darüber hinaus" (4). Bultmann analysiert

die Überlieferung der Worte Jesu und ihrer verschiedenen Modi, die Überlieferung des Erzählungsstoffes, vor allem die Wundergeschichten, die Geschichtserzählung und die Legende, die Ostergeschichten und die Vorgeschichten sowie die Redaktion des Traditionsstoffes.

Bei dieser formalen Betrachtungsweise bleibt Bultmann nicht stehen, sondern fügt eine grundsätzliche, systematische Deutung hinzu: Die Evangelien sind Niederschlag und Ausdruck der Verkündigung von Jesus als dem durch Tod und Auferweckung von den Toten beglaubigten Messias (Christus) und Herrn. Die Evangelien wollen eine Ergänzung und Veranschaulichung des Glaubens an Jesus den Christus sein, des „Christusmythos" (397). „Der Christus, der verkündigt wird, ist nicht der historische Jesus, sondern der Christus des Glaubens und des Kultes. Das Christuskerygma ist also Kultuslegende und die Evangelien sind erweiterte Kultuslegenden" (396). „Die Forschung konstatierte eine Entwicklung der Christologie im Urchristentum, deren Spuren im Neuen Testament deutlich vorliegen, eine Entwicklung, deren Ergebnis dieses ist, daß aus dem Menschen Jesus, der sich als den von Gott erwählten König der Endzeit wußte oder doch dafür gehalten wurde, ein himmlisches göttliches Wesen wurde, dem man Präexistenz zuschrieb, das als kosmische Potenz schon bei der Weltschöpfung beteiligt war, das Mensch wurde, starb und auferstand, gen Himmel fuhr und dort als göttliches Wesen neben Gott thront, von der Gemeinde als Gottheit verehrt, Gebete erhört, wunderbare Kräfte spendet und wiederkommen wird, um Gericht zu halten und die widergöttlichen kosmischen Mächte, Tod und Teufel zu besiegen. Eine Entwicklung, die dadurch so schnell zustandegekommen ist, daß längst im Judentum und Heidentum vorhandene mythologische Gedanken über ein Gottwesen, das der Erlöser der Menschen ist, auf Jesus übertragen wurden" (GV I, 246).

Nach dem bisher Gesagten könnte man vermuten, Bultmann reihe sich in den Kreis der sogenannten liberalen Theologie ein. Deren maßgebende Vertreter waren seine Lehrer. Bultmann versäumt nicht, der liberalen Theologie seinen Dank abzustatten. Ihr verdankt er das historische Interesse, das zur Aufhellung der geschichtlichen Wirklichkeit und für das Verständnis des Neuen Testaments von so großer Bedeutung war, ihr verdankt er die „Erziehung zur Kritik, d. h. zur Freiheit und Wahrhaftigkeit" (GV I, 2). In diesem Punkt bleibt Bultmann sein Leben lang ein liberaler, weil kritischer Theologe. Dennoch setzt er sich davon ab, wenn er bedenkt, wie in der liberalen Theologie das Verhältnis von Gott und Welt, die Erscheinung des Christentums und das Bild Jesu gesehen wird. Danach steht das Verhältnis von Gott und Mensch im Zeichen des Subjekt-Objekt-Schemas; das Christentum ist ein Phänomen der Religion unter den Religionen, die ihrerseits „innerweltliche, sozialpsychologischen Gesetzen unterworfene Erscheinungen" sind und in einem geschichtlichen Relationszusammenhang stehen (GV I, 5). Jesus selbst wird dabei als Religionsstifter qualifiziert, als religiöses Genie oder als überragende Persönlichkeit, ein Vorbild der Liebe zu Gott und den Menschen; er ist jene Gestalt, nach der das sittliche und religiöse Wertgefühl verlangt, das das Ge-

Rudolf Bultmann (1884–1976)

wissen weckt, die Mut, Zuversicht und Trost spendet; der Glaube ist religiöses Erlebnis.

Diese Position ist nach Bultmann theologisch nicht möglich. Denn „der Gegenstand der Theologie ist Gott, und der Vorwurf gegen die liberale Theologie ist der, daß sie nicht von Gott, sondern vom Menschen gehandelt hat. Gott bedeutet die radikale Verneinung und Aufhebung des Menschen; die Theologie, deren Gegenstand Gott ist, kann nur das Wort vom Kreuz zu ihrem Inhalt haben, dieses aber ist ein Ärgernis für den Menschen. Und so ist der Vorwurf gegen die liberale Theologie der, daß sie sich diesem Ärgernis zu entziehen oder es zu erweichen suchte“ (GV I, 2). Es wird nicht gesehen, „daß Gottes Anderssein, Gottes Jenseitigkeit die Durchstreichung des ganzen Menschen, seiner ganzen Geschichte bedeutet. Es wird versucht, dem Glauben eine Begründung zu geben, die sein Wesen zunichte macht, weil hier überhaupt eine Begründung versucht wird“ (ebd. 13). „Gott ist weder das Gegebene noch das Aufgegebene oder das Ungegebene im Sinn der idealistischen Philosophie. Gott bedeutet vielmehr die totale Aufhebung des Menschen, seine Verneinung, seine Infragestellung, das Gericht für den Menschen“ (ebd. 18).

3. Damit gerät Bultmanns Theologie in den Bereich der sogenannten *dialektischen Theologie,* deren Beginn man mit dem Erscheinen der zweiten Auflage des Römerbriefs von Karl Barth ansetzt. „Wenn ich ein System habe, so besteht es darin, daß ich das, was Kierkegaard den unendlichen, qualitativen Unterschied von Zeit und Ewigkeit genannt hat, in seiner negativen und positiven Bedeutung möglichst beharrlich im Auge behalte“ (Vorwort zur 2. Auflage 1922, XII). Das bedeutet näherhin: Gott ist ein verborgener Gott, ihm gegenüber befinden sich Welt und Mensch in der Situation der Negation, der Sünde und des Todes. Die schlimmste Form der Sünde ist die Religion; sie ist Verrat am wirklichen Gott (27), sie vertritt das Göttliche außerhalb des Göttlichen (237). Deshalb ist die Offenbarung Gottes keine Form der religiösen Möglichkeiten oder der Weltgegebenheit, sie geschieht vielmehr in absoluter Transzendenz und als vollkommenes Paradox – ohne jeden geschichtlichen Anknüpfungspunkt, ohne Vorbereitung, Hinführung und Disposition von seiten des Menschen (76). Sie duldet auch keine Brücke, sondern geht quer durch die Risse von Gut und Böse, Wert und Unwert, Heilig und Unheilig hindurch (212). Gottes Offenbarung geschieht völlig ohne uns, ja gegen uns. Der Abgrund der Dialektik zwischen Gott, Welt und Mensch kommt am erschütterndsten und überzeugendsten zum Ausdruck im Tod des menschgewordenen Gottessohnes. Im Kreuz wird offenbar, was es mit Gott und was es mit der Welt und dem Menschen ist.

Daraus folgt, daß man das Wesen der Offenbarung Gottes in Christus niemals einlinig oder auch nur analog begreifen und darstellen kann. Noch weniger gibt es ein Vorverständnis des Christlichen oder eine auch nur entfernte menschliche Möglichkeit zum Glauben an diese Offenbarung: Der Glaube ist nur deshalb allen möglich, weil er allen unmöglich ist (76). Man kann die christliche Wirklichkeit nur dialektisch darstellen: als Gegensatz und Widerspruch zu allem, was zur Welt und zum Menschen gehört, als Krisis, Gericht und Ende. Andererseits sind Welt und Geschichte, Natur und Mensch nur richtig zu qualifizieren als das Nein zu Gott, zu seinem Wort und seiner in Christus geschehenen Offenbarung.

Bultmann übernimmt diese Rede von Gott auch für seine Theologie. Aber der so beschriebene unwelthafte Gott, der ganz Andere, ist für den Menschen zugleich die alles, die vor allem den Menschen selbst bestimmende Wirklichkeit. Der Mensch ist als ganzer von Gott in Frage und unter das Gericht Gottes gestellt, ob er es weiß oder nicht. Die Sünde und zugleich die Verfälschung des Menschen erfolgt da, wo sich der Mensch dieser Situation entziehen will, wenn er sich selbst behauptet, wenn er „sich rühmt".

Dieser Erfahrung entspricht die andere, die Erfahrung der Gnade, die Erfahrung, daß alles Geschenk ist, daß der Mensch nichts hat, was er nicht empfangen hat: von Gott, von seinem unverfügbaren Wort, von seiner Tat, deren der Mensch im Glauben inne wird. Erlösung bedeutet demnach, daß der Mensch durch Gott frei von sich selbst für sich selbst wird. Der Glaube aber „kann sich nicht vom Menschen aus erheben, sondern kann nur seine Antwort auf das Wort Gottes sein, in dem ihm Gottes Gericht und Gnade gepredigt wird. Ja der Glaube kann nur Gottes Schöpfung im Menschen selbst sein; sofern er im Menschen wirklich ist, stellt er sich dar als Gehorsam gegen Gottes Wort. Der Glaubende ist also der von Gott verwandelte, der von Gott getötete Mensch, nie der natürliche Mensch. Glaube ist nie das Selbstverständliche, Natürliche, sondern das Wunderbare" (GV I, 19f.).

Aus dem Gesagten ergibt sich ein Weiteres. Man kann sagen, Theologie ist Explikation des so verstandenen Glaubens. Damit ist gegeben, daß die Theologie, die von Gott zu reden hat, deshalb und darin vom Menschen redet, reden kann und reden muß. Ja, daß dies die einzige Möglichkeit ist, von Gott reden zu können, indem man vom Menschen redet, aber nicht vom Menschen als Thema einer beliebigen Anthropologie, sondern vom Menschen, wie er vor Gott gestellt ist, also vom Glauben aus (GV I, 25). Dies ist zugleich die Bestimmung der wahren Existenz des Menschen. Deshalb bedeutet dialektische Theologie auch Einsicht in die Dialektik des Menschen und seiner Existenz.

Wenn es aber so ist, dann folgt daraus die Umkehrung, daß Gott für uns nur in dem Sinn offenbar wird, daß er an uns handelt und zu uns spricht.

Aus dieser doppelten Engführung – ich kann nur von Gott reden, wenn ich von mir selbst rede; Gott kann nur Gott sein, wenn er etwas für mich und auf mich hin tut – wird deutlich, daß es sich weder bei der Transzendenz Gottes noch beim Wort Gottes noch bei Christus und dem Christusgeschehen um eine Offenbarung von an sich gültig objektiven Wirklichkeiten oder um ewige Wahrheiten handeln kann. Offenbarung ist vielmehr immer und wesentlich Offenbarung über die Existenz: in ihr wird Existenz in einem ganz bestimmten Sinn verstanden und vollzogen. Das bedeutet aber auch: Man kann, wenn man von Gott redet, nicht *über* Gott reden. Denn jedes „Reden über" setzt einen Standpunkt außerhalb dessen, worüber geredet wird, voraus. Einen Standpunkt außerhalb Gottes aber kann es nicht geben, und von Gott läßt sich deshalb auch nicht in allgemeinen Sätzen, allgemeinen Wahrheiten reden, die wahr sind ohne Beziehung auf die konkrete existentielle Situation des Redenden (GV I, 26).

„Über" Gott reden bedeutet, Gott zum Objekt, zum Gegenstand, zu einem Seienden in der Welt machen, bedeutet über Gott, den Unverfügbaren, verfügen wollen. Damit ist Gott als die alles bestimmende Wirklichkeit verfehlt. Aber ebenso verfehlt der Mensch sich selbst; denn auch seine Existenz ist kein gegenständliches Objekt, sie ist nur existentiell, d. h. im Vollzug gegenwärtig. Der Mensch kann nur von Gott reden als der in seiner ganzen Existenz bestimmte Mensch; darin liegt der Anspruch Gottes auf den Menschen (GV I, 28).

4. Das bisher Gesagte mündet und konzentriert sich zugleich in dem theologischen Programm, das Bultmanns Theologie charakterisiert als Theologie *der existentialen Interpretation und der Entmythologisierung*.

Wenn nach Bultmann von Gott reden vom Menschen reden bedeutet und wenn vom Menschen reden von Existenz reden bedeutet, weil Existenz die dem Menschen eigene Seinsform ist, und wenn Existenz Sein-können, Erschlossenheit bedeutet – der Mensch ist seine eigene Möglichkeit –, dann zeigt sich darin: Bultmanns Theologie ist geprägt durch die Begegnung mit der Philosophie und Phänomenologie der Existenz, wie sie Martin Heidegger in seinem grundlegenden, in Marburg entstandenen Werk *Sein und Zeit* vorgelegt hat. Das ist kein unangebrachtes Zugeständnis Bultmanns an den Geist der Zeit – diese Zuordnung ist von der Sache gefordert. Denn richtige Philosophie ist jene, die sich bemüht, das mit der menschlichen Existenz gegebene Existenzverständnis in angemessener Begrifflichkeit zu entwickeln (KM II, 192).

Die Begegnung mit der Philosophie Heideggers ist noch dadurch von Bedeutung, daß damit das Thema des Verstehens gegeben ist. Verstehen ist eine „existentiale Konstitution des Daseins". Dieses ist dadurch bestimmt, daß es nicht nur „ist" im Sinn des Vorhandenseins, sondern daß es sein Sein verstehen und auslegen kann. Daraus folgt aber auch das Andere: Auslegen und Verstehen sind auf Existenz bezogen. Verstehen heißt immer *sich selbst* verstehen. Bultmann stellt deshalb die hermeneutische Grundregel auf, daß jede Form der Interpretation eine Verwandtschaft und Gemeinsamkeit zwischen dem Autor und dem Ausleger eines Textes voraussetzt und nur innerhalb dieser Gemeinsamkeit möglich und wirklich werden kann. Diese aber ist hergestellt und gegeben, wenn die gemeinsame Beziehung zur gleichen Frage gegeben ist, und diese ist dann vorhanden, wenn der Mensch und sein Existieren in Frage steht. In den Texten zumal der Philosophie, der Dichtung und der Religion geht es nicht um Mitteilung von Lehren und Tatsachen, sondern um die in ihnen erscheinende Frage nach dem Menschen, nach der Möglichkeit und Wirklichkeit seines Existierens. Die Geschichte ist das Feld möglicher und faktischer Existenz, und alle geschichtlichen Phänomene und Dokumentationen sprechen vom Menschen als gestellter Frage und versuchter Antwort. Daraus folgt, daß das Verstehen von Etwas immer ein Verstehen meiner selbst ist, daß Neues verstehen nichts anderes bedeutet, als sich selbst neu verstehen (GV I, 155).

Die Frage nach der Existenz gelingt aber nur, wenn ich mit größter Lebendigkeit und Beteiligung, mit intensivster, existentieller Teilnahme engagiert bin. So garantiert – recht verstanden – die höchste Subjektivität die größte Objektivität (GV I,230). An dieser Stelle ist die Verbindung des Existentiellen und des Existentialen gegeben: Es ist klar, daß die existentiale Analyse in existentiellen Fragen der Existenz gründet. Woher anders als aus der existentiellen Bewegtheit sollte sie um die Existenz wissen (ebd. II, 193)?

Dem ist der weitere wichtige Gedanke hinzuzufügen, daß die geschichtlichen Möglichkeiten von Existenz immer auch Möglichkeiten meiner eigenen Existenz sind und deshalb nur verstanden werden können, wenn sie so verstanden werden: Die Möglichkeiten des geschichtlichen Seins sind die eigenen Möglichkeiten des Verstehens (ebd. II, 221).

Daraus ergibt sich für den Exegeten und Interpreten der biblischen Schriften, daß er keinen anderen Bedingungen des Verstehens unterliegen kann als der Interpret jeder anderen Literatur (ebd. II, 231), daß er aber diesen Bedingungen sich unterstellen muß, soll seine Arbeit legitim sein. Er muß sein Seinkönnen realisieren und eine Möglichkeit seiner selbst in der Exegese ergreifen. Das Maß des Verständnisses eines Exegeten entspricht dem Maß seiner Erschlossenheit für seine Existenz (GV I, 119). So schließt sich der Kreis von Existenz und Verstehen, Verstehen und Existenz.

Damit ist das Problem der *Entmythologisierung* gestellt und gelöst. Das Problem stellt sich durch die bereits erwähnte Tatsache, daß das Weltbild der Bibel sowie ihr Verständnis des Menschen ein mythisches ist. Dem entspricht, daß die Darstellung des Heilsgeschehens in mythologischer Sprache erfolgt.

Bultmann ist der Meinung, daß es unmöglich und sinnlos ist, dieses Weltbild als „christliches" beizubehalten, denn es ist nichts spezifisch Christliches, sondern das naive vorwissenschaftliche Weltbild der Antike, es ist durch die moderne Naturwissenschaft und Technik überholt und als ganzes wie in seinen Teilen „erledigt". Erledigt ist die Vorstellung von Gott als „ein oben im Himmel vorhandenes Wesen", denn den Himmel im alten Sinn gibt es nicht mehr, ebensowenig die Hölle als „mythische Unterwelt unter unserm Boden". Erledigt sind damit die Geschichten von der Himmel- und Höllenfahrt Christi; erledigt ist die Erwartung des in den Wolken des Himmels kommenden Menschensohnes. Erledigt ist durch die Kenntnis der Kräfte und Gesetze der Natur der Geister- und Dämonenglaube; erledigt sind die Wunder des Neuen Testaments als Wunder. Die mythologische Eschatologie ist dadurch erledigt, daß die Weltgeschichte inzwischen weiterlief und weiterlaufen wird (KM I, 17f.).

Das Selbstverständnis des modernen Menschen versteht den Menschen nicht dualistisch als Einfallstor von guten und bösen Mächten, sondern als ein einheitliches Wesen, das sich selbst ein Empfinden, Denken und Wollen zuschreibt. Es ist ihm nicht verständlich, daß fremde, dämonische oder göttliche Mächte in sein inneres Leben eingreifen könnten. Er schreibt sich selbst die innere Einheit seiner Zustände und Handlungen zu und weiß sich dafür verantwortlich. Unverständlich ist für den modernen Menschen die Vorstellung von dem göttlichen Geist als einem übernatürlichen Etwas, das in das Gefüge der natürlichen Kräfte eindringt, unverständlich ist für ihn die Deutung des Todes als einer Strafe für die Sünde.

Nach dieser kritischen Destruktion erhebt sich die Frage: Ist damit auch die Botschaft des Neuen Testaments, die dort gegebene Verkündigung, das biblische Kerygma erledigt – also die Botschaft von dem Heilshandeln Gottes in Jesus Christus, in dessen Kreuz und Auferstehung? Ist das Problem durch eine radikale Eliminierung mythischer Elemente zu lösen oder durch die Unterscheidung von Schale und Kern?

Bultmann verwirft diese in der Geschichte der neuen Exegese gemachten Operationen und stellt als Programm auf: Es geht nicht um Eliminierung, sondern um *Interpretation des Mythos.* „Kann es eine entmythologisierende Interpretation geben, die die Wahrheit des Kerygmas als Kerygma für den nicht mythologischen Menschen aufdeckt?" (KM I, 26) Bultmann bejaht diese Frage durch die Antwort mit der *existentialen Interpretation.* Diese läßt den Text insgesamt bestehen, aber legt ihn existential aus, d. h. indem gefragt wird, welches Verständnis von Existenz des Menschen den Texten des Neuen Testaments zugrundeliegt. Die existentiale Interpretation ist dann an ihr Ziel gelangt, wenn es ihr klarzumachen gelingt, „daß dem Menschen im Neuen Testament ein Verständnis seiner selbst eröffnet wird, das ihn vor eine echte Entscheidung stellt".

Ein Text, der den Menschen in seiner Existenz betrifft, kann indes nur verstanden werden, wenn ein Vorwissen, wenn ein *Vorverständnis* dessen gegeben ist, wonach gefragt ist; es ist ein Vorverständnis des Menschen als Vorwissen seiner Möglichkeiten, das gewiß bereit sein muß, sich korrigieren zu lassen.

„Reden wir zu jemandem über Tod und Leben, Sünde und Gnade, so reden wir zu ihm von seinem eigenen Leben, zu dem dies alles gehört, so gut wie Licht und Dunkel, Liebe und Freundschaft zu ihm gehören. Nur unter dieser Voraussetzung kann er verstehen; nur unter dieser Voraussetzung können wir die Rede eines Textes verstehen. Im Text werden mir dann nicht merkwürdige vorfindliche und bis dahin unbekannte Dinge bekannt gemacht, ein Wissen über unbekannte Vorgänge vermittelt, sondern es werden mir Möglichkeiten meiner selbst erschlossen, die ich nur verstehen kann, soweit ich für meine Möglichkeiten erschlossen bin und mich erschließen lassen will. Ich kann das Gesagte nicht einfach als Mitteilung akzeptieren, sondern ich verstehe nur bejahend oder verneinend. Nicht etwa, daß ich zuerst verstehe und dann Stellung nehme, sondern das Verstehen vollzieht sich nur im Bejahen oder

Verneinen. Denn es handelt sich ja um die Erschließung meiner eigenen Möglichkeit, die ich als die meine nur ergreifend verstehe oder ablehnend als eine Verführung meiner selbst. Verstehen ist also immer zugleich Entschluß, Entscheidung." (GV I, 126f.)

Dieses Gesetz gilt auch für die Frage nach Gott. „Der Mensch kann sehr wohl wissen, wer Gott ist, nämlich in der Frage nach ihm." Diese Frage kann in verschiedener Gestalt erscheinen als Frage nach Glück, Heil und Sinn, nach Eigentlichkeit. „Das Leben des Menschen wird bewegt durch das Suchen nach Gott, weil es immer, bewußt oder unbewußt, von der Frage nach seiner eigenen Existenz bewegt wird. Die Frage nach Gott und die Frage nach mir selbst sind identisch" (Jesus Christus und die Mythologie 60).

Die existentiale Interpretation des Neuen Testaments ist nicht zuletzt darin begründet, daß der Mythos selbst und damit auch das Mythische und Mythologische im Neuen Testament nicht kosmologisch, sondern anthropologisch, existential interpretiert werden will. Der Mythos redet von der Macht und den Mächten, die der Mensch als Grund und Grenze seiner Welt und seines eigenen Handelns und Erleidens zu erfahren meint, und er redet davon, daß der Mensch nicht Herr seiner selbst ist, aber er redet davon in unzulänglicher Sprache, indem er das Göttliche welthaft ausdrückt.

Ein anderer Grund für das Zusammen von Entmythologisierung und existentialer Interpretation liegt darin, daß im Neuen Testament sich Unausgeglichenheiten, Gegensätze und Widersprüche finden: Die Auffassung des Todes Christi als Opfer und als kosmisches Ereignis, die Beschreibung Jesu als Messias und zweiter Adam, Präexistenz und Jungfrauengeburt, Schöpfungsglaube und der Gedanke an Weltarchonten; vor allem aber ist es die Unausgeglichenheit im Blick auf den Menschen, der kosmisch determiniert erscheint und zugleich zur Entscheidung gerufen wird, dessen Sünde bald als Verhängnis, bald als Schuld erscheint, der Indikativ neben dem Imperativ.

Schließlich stellt Bultmann fest, daß der Prozeß der Entmythologisierung bereits im Neuen Testament anhebt, am intensivsten im Johannesevangelium, an dem Bultmann seine Methode exemplarisch darstellt und erprobt – in einer bis heute bewunderswerten Weise (KM I, 23).

So kann Bultmann sagen: Die Entmythologisierung ist vom Glauben selbst gefordert, denn er verlangt die Befreiung von jedem Weltbild, von dem des Mythos wie von dem der Wissenschaft. Die Entmythologisierung führt den Glauben auf sein eigenes Wesen zurück (KM II, 207).

Nun entsteht die Frage, welches Existenzverständnis durch das Neue Testament und durch die in ihm bezeugte Botschaft eröffnet wird.

Nach Bultmanns Auffassung ist das Existenzverständnis der Bibel, vor allem des Neuen Testaments, kein anderes als jenes, wie es in der philosophischen Existentialanalyse bei Martin Heidegger hervortritt. Diese sagt auf ihre Weise, was das Neue Testament meint. Der Mensch existiert geschichtlich, in der Sorge um sich selbst auf Grund der Angst, jeweils im Augenblick der Entscheidung zwischen der Vergangenheit und der Zukunft, ob er sich verlieren will an die Welt des Vorhandenen, des Man, oder ob er seine Eigentlichkeit gewinnen will in der Preisgabe aller Sicherungen und in der rückhaltlosen Freigabe für die Zukunft (KM I, 33).

Das Existenzverständnis der Bibel kennt den Menschen sowohl in seiner Uneigentlichkeit wie in seiner Eigentlichkeit. Die Bibel umschreibt die Uneigentlichkeit als Sünde, als Welt, als Vergänglichkeit, als Fleisch und Tod. Die Uneigentlichkeit lebt aus dem Sichtbaren, Verfügbaren, Vorhandenen, aus den Sicherungen. Weil aber alles Sichtbare und Verfügbare von Vergänglichkeit und Tod gezeichnet ist, ist ein Leben aus dem Verfügbaren dem Tod, der Vergänglichkeit und der daraus entspringenden Angst verfallen.

Demgegenüber besteht die eigentliche und echte Existenz in einem Leben aus dem Unsichtbaren und Unverfügbaren, in der Befreiung und der Freiheit von allem, was den Menschen scheinbar sichert, tatsächlich aber versklavt. Das eigentliche Leben, so sagt die Bibel, ist ein Leben des Glaubens, wobei Glaube bedeutet, sich frei der Zukunft öffnen, es ist ein Leben des Gehorsams als Verzicht auf alle Sicherheit, als Preisgabe der Welt, als Hingabe an Gott, als Entweltlichung, die zugleich offen macht für ein Leben des menschlichen Miteinander, für ein Leben der Liebe. Solches meint das Neue Testament, wenn es von Gnade und Sündenvergebung, vom neuen Leben, von der neuen Kreatur, wenn es vom Geist oder von den letzten Dingen redet – es sind im Grunde alles Begriffe des eigentlichen und wahren menschlichen Existierens.

Die Unterscheidung von uneigentlichem und eigentlichem Dasein teilt die Bibel mit der Philosophie Heideggers. Aber die entscheidende Differenz beginnt bei der Frage, wie die Eigentlichkeit der menschlichen Existenz, wie die Befreiung des Menschen von sich selbst zu sich selbst geschehen soll und kann. Die Philosophie ist der Meinung, es bedürfe nur des Aufweises der verlorenen und der echten Existenz, um zur Eigentlichkeit zu gelangen, das Wissen um die Eigentlichkeit mache den Menschen ihrer schon mächtig.

Dagegen erhebt das Neue Testament Einspruch, indem es erklärt, daß der Mensch außerstande ist, sich von sich selbst zu sich selbst zu befreien. Nach der Auffassung der Offenbarung ist der Mensch in seinem tiefsten Selbst verfallen, und in der Verfallenheit wird jede Bewegung des Menschen zu einer Bewegung des verfallenen Menschen. Ja, der Versuch der Befreiung des Menschen von sich selbst zu sich selbst, der Versuch, die Eigentlichkeit zu gewinnen durch das Wissen darum oder das Streben danach, ist nichts anderes als selbst ein Ausdruck der tiefsten Verfallenheit, der Grund- und Ursünde: Es ist Selbstherrlichkeit, Eigenmächtigkeit, es ist ein vor Gott unzulässiges Sichrühmen.

Die Herausführung des Menschen aus der Uneigentlichkeit und Verlorenheit gelingt nicht durch den Menschen, sondern geschieht durch eine Tat Gottes, die den Menschen frei macht: Durch das in Christus sich begebende Heilsgeschehen. Es besagt, daß da, wo der Mensch nicht handeln kann, Gott für ihn handelt, Gott für ihn gehandelt hat. Unterpfand und Bürgschaft dessen ist die Tat Gottes in Jesus Christus. In ihm ist die Liebe Gottes offenbar geworden, und nur deshalb ist ein Leben der Freiheit, der Liebe und der Hingabe möglich, weil die Liebe Gottes unserer Liebe vorangegangen ist und uns zuerst geliebt hat. Dies ist das Entscheidende, das das Neue Testament von der Philosophie unterscheidet: Das Neue Testament weiß von einer Tat Gottes, welche die Hingabe, welche den Glauben, welche die Liebe, welche das eigentliche Leben des Menschen erst möglich macht.

An Hand dieses Programms versucht Bultmann die existentiale Interpretation und Übersetzung biblischer Gehalte und Grundbegriffe: Sünde, Erlösung, Gnade, Fleisch, Welt, Geist, Leben, Gerechtigkeit, Gesetz, Wunder, Tod, Auferstehung. Diese Aufgabe ist in Bultmanns *Theologie des Neuen Testaments* ebenso umfassend wie intensiv durchgeführt.

Durch die so vorgenommene existentiale Interpretation wird auch die im Neuen Testament begegnende apokalyptische und gnostische Eschatologie entmythologisiert, insofern das dort als zukünftig Gedachte vor allem im Johannesevangelium als bereits gegenwärtiges Geschehen erkannt wird. Das Eschatologische als das entscheidende und endgültige Geschehen ist bereits angebrochen. Zukunft ist Gegenwart geworden.

Von hier aus versteht man, was Bultmann unter der von ihm gebrauchten Kategorie der *Entweltlichung* versteht. Damit meint er nicht eine Weltflüchtigkeit, eine die Welt sich selbst überlassene subjektive Aszese, sondern die Gelöstheit, die Freiheit gegenüber allem, was innerweltlich verfügbar ist – die Absage an die Verfallenheit an die Welt und das völlige Bestimmtwerden durch sie, die zur autonomen Verschlossenheit gegen Gott und sein Wort führt. Das positive Gegenüber der Entweltlichung heißt Freiheit, Gehorsam, Hingabe, Glaube und Vertrauen. Das Schlüsselwort der von Bultmann geforderten Entweltlichung ist das von ihm oft zitierte Wort des ersten Korintherbriefs: „Die da Frauen haben, sollen sein, als hätten sie keine, die da weinen, als weinten sie nicht, die sich freuen, als freuten sie sich nicht, die da kaufen, als besäßen sie nichts, die diese Welt gebrauchen, als hätten sie nichts davon" (1 Kor 7, 29/31).

5. Die bisher entwickelte Thematik der Entmythologisierung und der existentialen Interpretation als hermeneutisches Prinzip des Neuen Testaments erfährt ihre Konzentration an jenem Geschehen und Ereignis, das Bultmann das *Christusgeschehen* nennt, das er zugleich als das Handeln Gottes in Jesus Christus bezeichnet.

Auch das Christusgeschehen wird im Neuen Testament als mythisches Geschehen vorgestellt. Aber dieses ist zugleich mit einer bestimmten historischen Gestalt verknüpft: mit Jesus von Nazareth und mit seinem Schicksal, der Kreuzigung, die ein unbezweifelbares historisches Ereignis ist. „Historisches und Mythisches sind hier eigentümlich verschlungen: Der historische Jesus, dessen Vater und Mutter man kennt, soll zugleich der präexistente Gottessohn sein, und neben dem historischen Ereignis des Kreuzes steht die Auferstehung, die kein geschichtliches Ereignis ist" (KM I, 41).

So wird die Frage dringlich, ob die mythologische Rede nicht einfach den

Sinn hat, die Bedeutsamkeit der historischen Gestalt Jesu und seiner Geschichte, nämlich ihre Bedeutung als Heilsgestalt und als Heilsgeschehen zum Ausdruck zu bringen. Darin hätte sie ihren Sinn, und ihr objektivierender Vorstellungsgehalt wäre preiszugeben (ebd.).

Diese Frage wird von Bultmann bejaht. Sie erfährt zugleich eine bemerkenswerte Akzentuierung. Die Bedeutsamkeit Jesu für den Glauben, auf die das Neue Testament allen Wert legt, kommt nicht in „dem zutage, als was er für die historisch feststellende Betrachtung erscheint. Er ist nicht auf seine historische Herkunft hin zu befragen, sondern seine wirkliche Bedeutung wird erst sichtbar, wenn von solcher Fragestellung abgesehen wird." Daraus folgt: Für das Christusgeschehen als Gottes entscheidendes Handeln zum Heil des Menschen ist die Frage nach dem historischen, irdischen Jesus belanglos. Das einzige, was dabei wichtig ist und auch historisch allein zu ermitteln ist, ist das allerdings unverzichtbare *Daß* seines Gekommenseins. „Es braucht inhaltlich von Jesus nichts gelehrt werden als dieses Daß, das in seinem historischen Leben seinen Anfang nahm und das in der Predigt der Gemeinde weiter Ereignis wird" (GV I, 292). Der „Christus nach dem Fleisch geht uns nichts an; wie es im Herzen Jesu ausgesehen hat, weiß ich nicht und will ich nicht wissen" (GV I, 191).

Damit hängt die These Bultmanns zusammen, daß die Verkündigung Jesu selbst nicht zum eigentlichen Inhalt einer Theologie des Neuen Testaments gehört, sondern zu deren „Voraussetzungen und Motiven". Denn „Jesus war kein Christ, sondern ein Jude" (Das Urchristentum, 78).

Diese historische Skepsis kommt in Bultmanns Jesusbuch zum Ausdruck. Er ist der Meinung, „daß wir vom Leben und von der Persönlichkeit Jesu so gut wie nichts mehr wissen können, da die christlichen Quellen sich dafür nicht interessiert haben, außerdem sehr fragmentarisch und von der Legende überwuchert sind und da andere Quellen über Jesus nicht existieren" (11).

Bultmann macht indes aus „der historischen Not eine theologische Tugend" (Zahrnt, 320) und bringt darin ein reformatorisches Grundanliegen zur Geltung. Das Christusgeschehen als Kerygma von Jesus dem Christus und der davon bestimmte Glaube ist ein Glaube ohne Werke; er darf sich um seiner selbst willen nicht auf das Ergebnis einer historischen Forschung stützen und diese als Erweis seiner Glaubwürdigkeit in Anspruch nehmen; das wäre eine Form von „Gerechtigkeit aus Werken".

Wie sehr sich Bultmann dem reformatorischen Grundanliegen verbunden weiß, zeigen seine programmatischen Worte: „Die radikale Entmythologisierung ist die Parallele zur paulinisch-lutherischen Lehre von der Rechtfertigung ohne des Gesetzes Werk allein durch den Glauben. Oder vielmehr: sie ist ihre konsequente Durchführung für das Gebiet des Erkennens. Wie die Rechtfertigung zerstört sie jede falsche Sicherheit und jedes falsche Sicherheitsverlangen des Menschen, mag sich die Sicherheit auf sein gutes Handeln oder auf sein konstatierendes Erkennen gründen. Der Mensch, der an Gott als seinen Gott glauben will, muß wissen, daß er nichts in der Hand hat, woraufhin er glauben könnte, daß er gleichsam in die Luft gestellt ist und keinen Ausweis für die Wahrheit des ihn anredenden Wortes verlangen kann. Denn Grund und Gegenstand sind identisch. Die Sicherheit findet nur, wer alle Sicherheit fahren läßt, wer – um mit Luther zu reden – bereit ist, in die inneren Finsternisse hineinzugehen" (KM II, 207).

Das Christusgeschehen und damit das Heilshandeln Gottes kulminiert in Kreuz und Auferstehung Jesu Christi.

Das historische Ereignis des Kreuzes wird im Neuen Testament in mythologischen Kategorien, in kosmischen Dimensionen beschrieben. Damit soll auf die Bedeutsamkeit des Kreuzes hingewiesen werden. Hier ordnet Bultmann die Auferstehung Jesu Christi ein.

Diese kann nach Bultmann nicht als historisches Ereignis verstanden werden, sondern will nichts anderes sein als Ausdruck der Bedeutsamkeit des Kreuzes. „Es steht also nicht so, daß das Kreuz für sich gesehen werden könnte als der Tod und Untergang Jesu, welchem dann, den Tod rückgängig machend, die Auferstehung folgte. Der den Tod erleidet ist ja schon der Gottessohn und sein Tod selbst ist schon die Überwindung der Todesmacht. Bei Johannes findet das seinen stärksten Ausdruck, wenn er die Passion Jesu als die Stunde seiner Verherrlichung darstellt, wenn er das Erhöhtwerden Jesu doppelsinnig versteht: als die Erhöhung am Kreuz und als die Erhöhung zur Herrlichkeit" (KM I, 44).

Kreuz und Auferstehung sind nicht zwei Ereignisse, sondern fallen ineins. Zusammen sind sie das eine kosmische Ereignis, „durch das die Welt gerichtet und die Möglichkeit echten Lebens beschafft worden ist. Dann kann aber die Auferstehung nicht ein beglaubigendes Mirakel sein, dessen feststellbare Sicherheit den Fragenden davon überzeugen könnte, daß das Kreuz wirklich die ihm zugeschriebene kosmisch-eschatologische Bedeutung hat" (ebd.).

Für das Neue Testament ist die Auferstehung Christi die eschatologische Tatsache, „durch die Christus den Tod zunichtegemacht und Leben und Unvergänglichkeit ans Licht gebracht hat. Als solches ist sie Verkündigung, Kerygma und Gegenstand nicht der historischen Forschung, sondern des Glaubens."

Historisch greifbar ist nur der Osterglaube der ersten Jünger. Aber diesem kommt nicht eine beglaubigende Wirkung zu, der eine historische Rückfrage zuläßt, er ist vielmehr wie auch für den christlichen Osterglauben, der an der historischen Frage nicht interessiert ist, die Selbstbekundung des Auferstandenen, die Tat Gottes, in der sich das Heilsgeschehen des Kreuzes vollendet (KM I, 47).

Daraus ergibt sich: Die Bedeutsamkeit des Kreuzes, die mit dem Wort der Auferstehung verkündet wird, begegnet „uns im Wort der Verkündigung, nirgends anders. Eben der Glaube an dieses Wort ist in Wahrheit der Osterglaube" (KM I, 46). Dieser Osterglaube und die ihm zugeordnete Verkündigung vom Gekreuzigten und Auferstandenen gehören selbst zum eschatologischen Heilsgeschehen.

Dafür kann man auch sagen: Der Gekreuzigte ist in das Kerygma auferstanden. Die Wirklichkeit der Auferstehung zeigt sich in ihrer Wirkung im Kerygma, im Wort der Verkündigung und in der dadurch bewirkten Versöhnung und der neuen Schöpfung. „Im Erklingen des Wortes werden Kreuz und Auferstehung Gegenwart, ereignet sich das eschatologische Jetzt“ (KM I, 47).

Wie das Wort, wie der predigende Apostel, so gehört auch die Kirche, in der das Wort weiter verkündet wird, und innerhalb derer sich die Glaubenden als die Heiligen, „d. h. als die in die eschatologische Existenz Versetzten sammeln, zum eschatologischen Geschehen“ (ebd.).

Auf den möglichen Einwand, ob in dieser Entmythologisierung nicht doch ein mythologischer Rest bleibe – in seinem Wort von Gottes Tun und Handeln –, erwidert Bultmann: Dieser Einwand bestünde zu Recht, wenn das Wort von Gottes Tun als Mythos angesehen wird. Doch das Handeln und Tun Gottes, das Heilsgeschehen, um das es Bultmann geht, ist kein übernatürliches Ereignis, sondern ein geschichtliches Geschehen in Raum und Zeit. Gottes Wort ist nicht ein mysteriöses Mirakelwort, sondern „nüchterne Verkündigung der Person und des Schicksals Jesu von Nazareth in ihrer heilsgeschichtlichen Bedeutsamkeit, verständlich als ein geistesgeschichtliches Phänomen, hinsichtlich ihres Ideengehalts eine mögliche Weltanschauung und doch macht diese Verkündigung den Anspruch, das eschatologische Wort Gottes zu sein“ (ebd.).

III. Bedeutung

Bultmanns theologisches Werk ist wie aus einem Guß. Aus dem Prinzip der existentialen Interpretation, dem positiven Gegenstück zur Destruktion, die in der Entmythologisierung vollzogen wird, wird das Gesamt dessen entfaltet, wovon in der Theologie die Rede ist, als Rede von Gott, der in Jesus dem Christus sich endgültig und ein für allemal mitgeteilt, erschlossen und damit zum Heil der Menschen gehandelt hat. Texte, die davon Zeugnis geben, werden mit dem Schlüssel der existentialen Interpretation geöffnet und damit – so ist Bultmanns These – in ihrer wahren Intention und in ihrem eigentlichen Sinn verstanden.

Bultmanns Werk vermittelt auch insofern in imponierender Weise die Sache der Theologie, als bei ihm selbst die systematische und die biblisch-historische Dimension der Theologie eine unlösliche Einheit gefunden haben. Dabei kommt der systematischen Dimension der Primat zu; sie ist gleichsam das Apriori vor dem exegetischen Aposteriori.

Bultmanns Werk ist von der Frage bewegt: Wie kann die biblische Botschaft dem Menschen der Neuzeit, der Gegenwart, des modernen Selbstverständnisses, so vermittelt werden, daß sie in den Hörbereich und den Verstehenshorizont des modernen Menschen gelangt, daß der Mensch ihr begegnen kann, daß er dadurch gerufen, beansprucht und in seiner ganzen Existenz bewegt wird? Die Entfremdung der Zeit und der Menschen dieser Zeit gegenüber Gott und seinem Wort liegt nach Bultmann in dessen unzulänglicher Vermittlung oder im falschen Verständnis dessen, worum es dabei geht.

Dieser Konflikt und diese Entfremdung können nur dann überwunden werden, wenn die unnötigen Konflikte, die an dem überholten mythologischen Welt- und Menschenbild entstehen, durch den Prozeß der Entmythologisierung abgebaut und durch die existentiale Interpretation freigelegt werden als Texte, die ein Verständnis und eine Verwirklichung menschlicher Existenz in ihrer Eigentlichkeit eröffnen. Durch die Beseitigung unnötiger Konflikte und „Ärgernisse“ wird der Raum frei gemacht für das eigentliche, unumgängliche, unverzichtbare Ärgernis des christlichen Paradoxes: Daß Gott in einer Geschichte, in einem Menschenschicksal, an einer Person, in Jesus Christus ein für allemal gesprochen und gehandelt hat und daß dies in der Verkündigung für den Menschen die jeweils entscheidende, Existenz entscheidende Gegenwart wird – ein Ereignis, das weder philosophisch noch historisch als solches ausgewiesen werden kann. Aber in dieser Unausweisbarkeit und der darin liegenden Unbegründbarkeit und Unsicherheit wird die Größe dieses Geschehens manifest, zu dem es als Korrelat nur Glauben oder Unglauben gibt.

Die existentiale Interpretation des Neuen Testaments läßt ein Weiteres erkennen: nicht nur die Tatsache, daß darin ein Existenzverständnis erschlossen wird, das die Existenz des Menschen in Eigentlichkeit und Uneigentlichkeit beschreibt, sondern die Feststellung, daß die Eigentlichkeit der Existenz, die Existenz in ihrer wahren Gestalt nur im Bereich des christlichen Glaubens möglich ist: in der existentiellen Begegnung mit dem christlichen Kerygma und seiner Paradoxie, daß Gott in Jesus Christus das richtende und befreiende Wort gesprochen, die richtende und befreiende Tat vollzogen hat, in denen, was dem Menschen von sich aus nicht möglich ist, der Mensch von sich selbst zu sich selbst befreit wird.

Das heißt: Das Christliche ist das eigentlich und zutiefst Menschliche, und das Menschliche ist das eigentlich und zutiefst Christliche. In anderer Formulierung: Theologie ist recht verstandene und verwirklichte Anthropologie, wahre Anthropologie ist Theologie.

So gibt Bultmann Antwort auf die in Vergangenheit und Gegenwart verhandelte These: Das Christentum sei ein den Menschen verfremdender Überbau, es sei geschichtlich überholt, es sei Opium des Volkes. Bultmanns Theologie ist deshalb auch eine umfassende Apologie des Christentums, der es um die Mitte und das Ganze geht.

Und noch eines wird deutlich: in der Offenbarung, die im Neuen Testament bezeugt ist, ist die Offenbarungsdimension auch der Schöpfung und die Schöpfung als Offenbarung neu gesehen. „Die Offenbarung in Christus ist nicht die erste“ (GV III, 26). Das „Wort“ war von jeher das Licht der Menschen. Aber die Menschen haben sich dem Licht verschlossen – das bedeutet Sünde. „Es ist nicht ein anderes Licht in Jesus erschienen, als es in der Schöpfung immer schon leuchtete. Der Mensch lernt sich im Licht der Offenbarung nicht anders verstehen, als er sich immer schon verstehen sollte, angesichts der Offenbarung in Schöpfung und Gesetz, nämlich als Gottes Geschöpf, als durch Gott begrenzt, und unter Gottes Anspruch stehend, der ihm den Weg in den Tod oder in das Leben eröffnet. Bedeutet die Offenbarung in Jesus das Heil als ein sich in Jesus Wissen und damit sich Verstehen, so bedeutete die Offenbarung in der Schöpfung nichts anderes als dieses sich in Gott verstehen im Wissen um die eigene Geschöpflichkeit". (GV III, 29)

Damit schließt sich der Kreis des „gleichzeitig" von „menschlich" und „christlich", von Menschsein und Christsein.

IV. Wirkungsgeschichte

Bultmann hat die Theologie der Jahre nach dem Zweiten Weltkrieg maßgeblich bestimmt. Er war der am intensivsten diskutierte Theologe in allen Lagern. Er hat das Problem der Hermeneutik lebendig erhalten, auch dort, wo seine Hermeneutik als existentiale Interpretation nicht oder nicht ganz übernommen wurde. Damit hängt das Problem der Vermittlung und Übersetzung zusammen. Er hat durch seine Interpretation Seelsorge und Verkündigung inspiriert; er war selbst seelsorgerlich im hohen Maße engagiert. Er hat die Dimension des Geschichtlichen als Dimension der Offenbarung und des auf sie bezogenen Menschen ins theologische Bewußtsein erhoben. Er hat die sogenannte anthropologische Wende in unserem Jahrhundert, die als seine Signatur gilt, maßgeblich herbeigeführt. Karl Rahners transzendentale Theologie als Besinnung auf die Bedingungen der Möglichkeit des Glaubens und der Offenbarung ist dem Ansatz Bultmanns tief verbunden – was keineswegs Abhängigkeit bedeutet. Rahner ist wie Bultmann der Überzeugung, daß ohne die existentiale bzw. anthropologische Vermittlung die Botschaft und der Inhalt des christlichen Glaubens unverständlich und inexistentiell bleiben und wie ein verfremdender Überbau, wie eine Ideologie angesehen werden.

Eine Wirkungsgeschichte Bultmanns ist darin zu sehen, daß als Konsequenz der Entmythologisierung von dem Theologen Fritz Buri und dem Philosophen Wilhelm Kamlah die Entkerygmatisierung gefordert wurde, wonach das Kerygma vom Handeln und vom Wort Gottes zur Erhellung und Verwirklichung von Existenz nicht mehr nötig ist; diese Theologie appelliert vielmehr, wie die Philosophie und gemeinsam mit ihr, nur noch an das Selbstverständnis des Menschen, das, wie Jaspers zeigt, ohne Bezug auf das Kerygma gewonnen werden kann, und bietet lediglich – das bliebe das Spezifische der Theologie – aus der Überlieferung ein Modell der Möglichkeit des Selbstverständnisses an, das man sonst leicht übersehen könnte (KM I, 85–101).

Bultmann hat darauf keine eigentliche Antwort gegeben. Seine Antwort lag in seinem theologischen Programm, daß eben alles auf dieses Kerygma ankomme und daß ohne dieses die Theologie Grund und Inhalt verliere.

Eine ähnliche Wirkung zeigt sich bei Herbert Braun, einem Schüler Bultmanns, der die Theologie vom Kerygma absehen läßt, sie vollständig in die Anthropologie zurücknimmt und von Gott spricht als dem „Woher meines Umgetriebenseins" im Sinn des „Ich darf" und „Ich soll" oder als Chiffre für Mitmenschlichkeit. Als theologisches Programm stellt er auf: „Die Anthropologie ist das Konstante, die Christologie dagegen ist das Variable" (Zeitschrift für Theologie und Kirche 54 [1957], 368).

Auch für Dietrich Bonhoeffer ist Bultmann wirksam geworden: „Bultmann hat die Katze aus dem Sack gelassen, nicht nur für sich, sondern für sehr viele (die liberale Katze aus dem Bekenntnissack), und darüber freue ich mich. Er hat gewagt zu sagen, was viele in sich verdrängen (ich schließe mich ein), ohne es überwunden zu haben. Er hat damit der intellektuellen Redlichkeit und Sauberkeit einen Dienst geleistet" (nach E. Bethge, Dietrich Bonhoeffer, 800). Bonhoeffer möchte die existentiale Interpretation weiterführen durch das Programm einer rein weltlichen, profanen, areligiösen Kategorienlehre als Instrument des rechten Verstehens der biblischen Botschaft. Bonhoeffer entwirft das Programm einer nicht-religiösen Interpretation der biblischen Begriffe für eine mündige Welt, ein Programm, das radikal weltlich und radikal christlich sein will, das er aber infolge seines frühen Todes nicht mehr ausführen konnte. Es ist bekannt, daß sich Vertreter der sogenannten „Gott ist tot"-Theologie auf Bonhoeffer und damit zugleich auf Bultmann berufen – allerdings zu Unrecht.

Bultmanns Theologie hatte eine außerordentliche Wirkung durch die lebhaften Auseinandersetzungen, die sich daran knüpfen. Bemerkenswert ist die Auseinandersetzung Karl Barths mit Bultmann in vielen Passagen der kirchlichen Dogmatik und besonders in der Schrift *Rudolf Bultmann. Ein Versuch, ihn zu verstehen,* sowie in einem ausgedehnten Briefwechsel (1922–1966). Barth wirft Bultmann – und das ist sein schärfstes Verdikt – ein „vorkopernikanisches Verhalten" vor, weil er die Wende zur dialektischen Theologie wieder rückgängig gemacht habe, indem er die Theologie der Philosophie ausliefere. Damit sei Bultmann wieder – gegen seine Absicht – in die Situation der liberalen Theologie geraten. Auch gegen die existentiale Interpretation meldet Barth seine Bedenken an, weil durch sie eine Vorentscheidung über den möglichen Inhalt der Offenbarung getroffen werde und der Text selbst nicht genügend zu Wort komme. Besondere Kritik fordert Bultmanns Deutung des Ostergeschehens heraus. Für Barth ist die Auferstehung ein vom Kreuz unterschiedenes Geschehen, der Grund des Osterglaubens und der ihm entsprechenden Verkündigung und nicht eine Umschreibung oder eine mythologische Einkleidung für die Bedeutsamkeit des Kreuzes. Barth vermißt die richtige Reihenfolge: „Geschehen und dann Wort vom Geschehen" und wittert in Bultmanns Theologie, die vom historischen Jesus absieht, einen Hauch von Doketismus.

Obwohl Bultmanns entmythologisierende Destruktion nicht auf Eliminierung bedacht ist, sondern einer existentialen Interpretation Platz machen will, sehen viele Kritiker wie Paul Althaus, Helmut Thielicke, Walter Künneth, Ethelbert Stauffer, aber auch viele Mitglieder der sogenannten Evangelikalen mit ihrem Motto „Kein anderes Evangelium" in Bultmanns Theologie einen Ausverkauf des reichen Inhalts der neutestamentlichen Botschaft und Verkündigung, eine Leugnung entscheidender Heilstatsachen, eine Leugnung christlicher Bekenntnisinhalte (Oscar Cullmann).

Karl Jaspers wirft Bultmann, der das wissenschaftliche Weltbild und die moderne philosophische Anthropologie als unwiderruflich ansieht, Wissenschaftsaberglauben vor und plädiert entschieden für das Recht des Mythos und für die Unverzichtbarkeit mythologischer Rede, zu deren Ausdrucksmittel Bild, Symbol und Anschaulichkeit gehören, als Weisen des Welt- und Selbstverständnisses. Er fordert, der moderne Mensch müsse, soll sein Weltbild nicht verkümmern und seine Existenz nicht verarmen, ein rechtes Verhältnis zur Welt des Mythos gewinnen.

Bultmanns These von der Nichtausweisbarkeit des christlichen Glaubens und Handelns Gottes, der Verzicht auf jede historische Begründung werden von Wolfhart Pannenberg als irrationaler Dezisionismus, als bloße Behauptungstheologie zurückgewiesen mit der Bemerkung, eine Sache oder ein Satz, die sich nicht ausweisen können, würden vom modernen Menschen in den Bereich des nicht Diskutablen, des nicht in Frage „Kommenden" zurückgewiesen. Pannenberg versucht genau das, was Bultmann ablehnt und zurückweist. Es geht der Offenbarung um reale Geschichte, um ein Geschehen, dem man seine Offenbarungsqualität ansieht, das in sich bedeutsam ist und nicht in Existenz eingeschmolzen werden kann. Existentielle Geschichtlichkeit im Sinn Bultmanns sei das Ende der Geschichte.

Hatte Bultmann erklärt, hinter das Kerygma könne man nicht zurückfragen um der Radikalität des Glaubens willen, außerdem wisse man außer dem Daß des Gekommenseins Jesu so gut wie nichts über ihn, so erklärten Bultmanns Schüler Ernst Käsemann und Günter Bornkamm, aber auch Gerhard Ebeling, Hans Conzelmann und Ernst Fuchs, daß die radikale Skepsis Bultmanns im Blick auf das Neue Testament hinsichtlich des historischen Jesus nicht berechtigt sei, daß das Kerygma durchaus auch als Zeugnis vom historisch Gewesenen, das inhaltlich angebbar ist, anzusehen sei. Der Christus des Glaubens habe im historischen Jesus seinen unverzichtbaren Anhalt und stehe mit ihm in unlöslicher Kontinuität: Jesus ist der Christus, und ohne diesen laufe das Kerygma Gefahr, eine mythische Größe zu werden. Im Kerygma ist die Geschichte und in der Geschichte ist das Kerygma zu suchen. Das Kerygma beginnt mit Jesus von Nazareth.

In seiner Spätschrift *Das Verhältnis der urchristlichen Christusbotschaft zum historischen Jesus* ist Bultmann auf diese Einwände eingegangen und hat, ohne seine Grundposition preiszugeben, einige wichtige Zugeständnisse gemacht. Man kann sagen, „daß Jesu Auftreten und seine Verkündigung eine Christologie impliziert, insofern er die Entscheidung gegenüber seiner Person als dem Träger des Wortes Gottes gefordert hat, die Entscheidung, von der das Heil oder das Verderbnis abhängt. Das im Kerygma gegebene Bekenntnis der Gemeinde wäre dann zu verstehen als die Explikation der Antwort auf die Entscheidungsfrage des Gehorsams, der in Jesus Gottes Offenbarung anerkennt" (16). Man darf sagen, daß Jesus „sich selbst sozusagen als eschatologisches Phänomen verstanden hat, als welches das Kerygma ihn ja auch versteht" (ebd.).

Bultmanns Theologie ist auch insofern wirksam geworden, als gesagt wurde, seine Existentialtheologie sei zu sehr auf die individuelle, private, subjektive Existenz bezogen, damit würde dem Anspruch und der Verheißung der christlichen Botschaft nicht Genüge getan. Denn diese beziehe sich wesentlich auf die Öffentlichkeit, auf die Öffentlichkeit der Gesellschaft und der Welt und wolle darin wirksam werden nicht nur, indem die subjektive Existenz zu sich selbst gebracht wird, sondern indem sie gesellschaftskritisch auf die Änderung der sozialen, den Menschen bestimmenden Verhältnisse und gesellschaftlichen Strukturen bedacht ist. Die neutestamentlichen Grundbegriffe, Verheißungen und Forderungen wie Erlösung, Gerechtigkeit, Frieden, Heil fordern auch eine innerweltliche Manifestation und Verwirklichung in menschenwürdigen, gerechten Strukturen, sonst werden sie sowohl unglaubwürdig wie unwirksam. Das eigentliche Problem heiße nicht Glaube und Verstehen, sondern Glaube und Handeln: Die Wahrheit will getan werden.

Die existentiale Interpretation muß demnach durch die politische Interpretation ersetzt werden – innerhalb der politischen hat auch die existentiale Interpretation Raum (Dorothee Sölle). Denn nur dadurch können die sozialen und gesellschaftlichen Bedingungnn auch der Existenz ermittelt werden. Gerade um der Existenz willen kann nicht nur existentiell gesprochen werden (Johann Baptist Metz). Allerdings bestreitet Maurice Boutin, daß Bultmann im Bereich privater, subjektiver Existenz verblieben sei und die Verpflichtung des christlichen Glaubens für die Verantwortung in Welt, Öffentlichkeit und Gesellschaft nicht gesehen habe (421–478).

Die im Programm der Entweltlichung enthaltene Forderung der Freiheit des Christenmenschen gegenüber der Verfallenheit an die Welt kann auch zu einer uninteressierten Vernachlässigung ihr gegenüber führen. Dies sehen zu lassen und ins theologische Bewußtsein zu erheben ist Ziel der sogenannten politischen Theologie und der Theologie der Befreiung.

Ist für Bultmann das Jetzt das Geschehenseins und Jetzt der Verkündigung die alles entscheidende Zeitbestimmung, so ist in der Theologie der Hoffnung (Jürgen Moltmann) das „noch nicht", das Futurum die maßgebliche Zeitbestimmung, die auf das Sein, Verhalten und Handeln des Christen zurückwirkt. Die Auferstehung ist geschichtlich, weil sie zukünftige Geschichte stiftet.

Wer wie Bultmann in dieser Weise gewirkt und eine solche Wirkungsgeschichte des Für und Wider ausgelöst hat, ist zweifellos ein Klassiker der Theologie.

Werner Dettloff

ROMANO GUARDINI

(1885–1968)

Im Jahre 1957 richtete der Verlag Kohlhammer an mehrere hundert Studenten die Frage, welche literarischen Werke nach ihrer Meinung am meisten zur Klärung der geistigen Situation der Zeit beitrügen. Die Antworten ergaben die Reihenfolge: Guardini, Das Ende der Neuzeit; Sedlmayr, Verlust der Mitte; Ortega y Gasset, Aufstand der Massen; Jaspers, Ursprung und Sinn der Geschichte.[1] Dabei ist nicht nur die Reihe selbst, sondern auch die Reihenfolge aufschlußreich. Aber auch wenn Guardini sich zu vielen Bereichen des menschlichen Lebens und kulturphilosophischen Themen geäußert hat, ist er doch in erster Linie – genau genommen, nur – Theologe gewesen. Das ist nicht nur immer wieder in seinen Schriften, Vorlesungen, Predigten und Vorträgen, sondern auch in vielen Gesprächen zum Ausdruck gekommen, die ich während der letzten Jahre seines Lebens mit ihm führen konnte und auf seinen ausdrücklichen Wunsch in Notizen festgehalten habe. So sagte er am 13. März 1963, daß die göttliche Offenbarung und ihr rechtes Verständnis immer das Aktuellste sind, und er meinte damit, daß alle Dinge und Werte unseres Lebens im richtig verstandenen und gelebten Christentum am besten aufgehoben und geborgen sind. In diesem Sinne läßt sich nach seiner Ansicht die Offenbarung auch stets am überzeugendsten als glaubbar erweisen. Diesen Erweis hat er Zeit seines Lebens versucht. Man hat ihn nicht zu Unrecht einen „zeitgenössischen Kirchenvater“ genannt.[2]

I. Leben

Romano Guardini ist am 17. Februar 1885 in Verona geboren. Der Beruf seines Vaters brachte es mit sich, daß die Familie etwa ein Jahr nach seiner Geburt nach Deutschland (Mainz) übersiedelte, das ihm, was man wohl mit einer gewissen Berechtigung sagen kann, zur eigentlichen Heimat geworden ist. Er studierte zunächst Naturwissenschaft und Nationalökonomie. Da ihn aber weder das eine noch das andere befriedigte, wandte er sich schließlich der Theologie zu. Er studierte in Freiburg i. Br. und in Tübingen und wurde 1910 in Mainz zum Priester geweiht. Auf eine kurze ausschließliche Seelsorgetätigkeit folgte die Beurlaubung zum Weiterstudium und 1915 die Promotion zum Dr. theol. an der Universität Freiburg, 1922 die Habilitation an der Universität

Bonn. 1923 begann er seine Lehrtätigkeit an der Berliner Universität als Professor für Religionsphilosophie und katholische Weltanschauung. Diese Professur war in mehrfacher Hinsicht ein Curiosum. Der damalige preußische Kultusminister Becker, ein gelehrter und umfassend gebildeter Mann, war auf Guardini aufmerksam geworden und hatte gegen manche Widerstände den eben genannten Lehrstuhl errichtet und Guardini berufen. Da dieser Lehrstuhl sich jedoch weder in der Philosophischen noch in der Evangelisch-Theologischen Fakultät unterbringen ließ, mußte eine Art Verlegenheitslösung gefunden werden: Guardini wurde zum Mitglied der Katholisch-Theologischen Fakultät der Universität Breslau berufen und zugleich als ständiger Gast an die Universität Berlin abgeordnet.

Die Guardini-Professur in Berlin war jedoch nicht nur ein verwaltungstechnisches, sondern auch ein sachliches Problem. Guardini mußte sich vor allem Anfang die Frage stellen, was denn ein Lehrauftrag für katholische Weltanschauung zumal an einer ganz und gar nicht-katholischen Universität bedeute und wie dieser Lehrauftrag wahrgenommen werden könne. Die wichtigste Anregung für die Bewältigung seiner Berliner Aufgabe verdankte Guardini Max Scheler, der ihm riet, sich nicht auf einen systematischen Zyklus einzulassen, weil das allzu leicht die Gefahr bringe, sich festzulaufen. Er solle vielmehr immer beim Konkreten anknüpfen, bei einem Autor zum Beispiel, immer wieder lesen und immer wieder sagen, was er selber als katholischer Christ dazu zu sagen habe. Von da aus sind schließlich auch die Interpretationen Guardinis zu verstehen und zu beurteilen: sie sind nicht so sehr oder zumindest nicht nur Deutungsversuche als vielmehr Gespräche mit dem jeweiligen Autor, mit Dante etwa oder mit Hölderlin, Dostojewskij oder Rilke. Der Grund dafür, daß diese Interpretationen Guardini selbst sehr viel bedeuteten, wird ersichtlich, wenn man erstens bedenkt, daß die Dichter meist unmittelbarer als andere die Anliegen und Probleme ihrer Zeit empfinden und aussprechen, und wenn man sich zweitens vergegenwärtigt, daß Romano Guardini christliche Weltanschauung nicht einfach als Deutung der Welt aus dem Glauben versteht, „sondern als wechselseitige Begegnung von Glaube und Welt, die für beide von Bedeutung ist“[3]. Man fühlt sich an Bonaventuras Lehre vom Buche der Schöpfung und vom Buche der Schrift erinnert, die man beide zusammen „lesen“ muß, weil in unserem Heilsstand weder das Buch der Schöpfung ohne das Buch der Schrift, noch das Buch der Schrift ohne das Buch der Schöpfung zu verstehen ist.

Als 1933 die Nationalsozialisten die Macht ergriffen, war aus dem Experiment „Guardini“ eine anerkannte Einrichtung der Berliner Universität geworden, die so ernst genommen wurde, daß sie den damaligen Machthabern im Wege war. 1939 wurde die Professur aufgehoben, und Romano Guardini zog zu seinem Freunde Josef Weiger nach Mooshausen im Allgäu. 1948 berief ihn der damalige württembergische Staatsrat Carlo Schmid auf einen Lehrstuhl für Religionsphilosophie und christliche Weltanschauung an die Universität Tübingen, und etwa drei Jahre später folgte er einem Ruf nach München.

Welch ein Lehrer im fruchtbarsten Sinne des Wortes Guardini in München wurde und war, davon vermag man sich heute kaum noch eine rechte Vorstellung zu machen. Ich habe es zu Beginn der fünfziger Jahre selbst erlebt, daß man eine halbe Stunde vor der Zeit da sein mußte, wenn man in der Guardini-Vorlesung im Auditorium Maximum noch einen guten Stehplatz haben wollte.

Das Wirken Guardinis war jedoch niemals auf die Universität beschränkt. Ungefähr zur selben Zeit, als er seine Tätigkeit an der Berliner Universität aufnahm, begann er, sich in der katholischen Jugendbewegung zu engagieren. Wie immer man heute über diese Jugendbewegung denken mag: ohne Guardinis Arbeit mit der Jugend zwischen den beiden Weltkriegen, insbesondere auf der Burg Rothenfels, wäre beispielsweise manches Positive der liturgischen Erneuerung kaum denkbar, und Guardini selbst wäre wohl auch nicht zu jenem großen Erzieher und Lehrer geworden. Auch in München wirkte er weit über die Universität hinaus. Seine Vorträge im Rahmen des Religiösen Bildungswerkes zum Beispiel werden denen, die sie gehört haben, unvergessen bleiben, und der Akademische Gottesdienst, den Romano Guardini jeden Sonntag während des Semesters in St. Ludwig hielt und in dem er auch predigte, war geradezu eine Münchner Institution. Romano Guardini gehörte in München nicht in die Theologische, sondern in die Philosophische Fakultät. Was er aber auch für die Studenten der Theologie bedeutete, merkte man erst, als er keine Vorlesungen mehr hielt und auch nicht mehr predigte. Ein mit der besonderen Sorge für diese Studenten betrauter Professor sagte einmal, daß Romano Guardini vielen Studenten gewissermaßen das gute christliche Elternhaus ersetzt hat.

Dic letzten Lebensjahre Guardinis waren von einer überaus schmerzreichen Krankheit gezeichnet, was seine Arbeitskraft zwar zeitweise stark herabsetzte, ihn aber nicht daran hinderte, bis zum Ende das Geschehen in Kirche und Welt aufmerksam zu verfolgen. Am 1. Oktober 1968 ist Romano Guardini in München gestorben und wurde auf dem Friedhof bei St. Laurentius neben seinem Freunde Philipp Dessauer begraben. Über sein Grab ließ er die Worte setzen: „Im Glauben an Jesus Christus und seine Kirche, im Vertrauen auf sein gnädiges Gericht."

II. Werk

Die Werke Guardinis vollständig aufzuführen, würde den hier verfügbaren Raum sprengen. Es müßten 1849 Titel genannt werden, eine Auswahl ist daher geboten. Hervorgehoben seien zunächst: das wohl bekannteste Buch Guardinis *Der Herr, Betrachtungen über die Person und das Leben Jesu Christi* (1937); das philosophisch bedeutsamste und für seinen denkerischen und methodischen Ansatz grundlegende *Der Gegensatz, Versuche zu einer Philosophie des Lebendig-Konkreten* (1925); das neben dem schon genannten *Das Ende der Neuzeit* (1950) kulturphilosophisch wichtige *Die Macht, Versuch einer Wegwei-*

Romano Guardini (1885–1968)

sung (1951); die für die religiöse Erziehung und Bildung besonders hilfreichen *Vom lebendigen Gott* (1930) und *Vorschule des Betens* (1943).

Eine Auswahl anderer wichtigerer Werke findet sich im Literaturverzeichnis dieses Bandes. Im übrigen sei auf die *Bibliographie Romano Guardini* verwiesen, die im Auftrage der Katholischen Akademie in Bayern von Hans Mercker erarbeitet wurde (Paderborn–München–Wien–Zürich 1978) und über die Primärbibliographie hinaus auch die Veröffentlichungen über Guardini (943 Titel), Rezensionen und verschiedene Register enthält.

Besondere Erwähnung gebührt *dem ungedruckten Nachlaß* Guardinis, der rund 4000 Manuskriptseiten umfaßte und wovon nach vielen Bemühungen nur *Theologische Briefe an einen Freund* (1976) und *Die Existenz des Christen* (1976) gedruckt werden konnten. Auf ihre Veröffentlichung warten noch „Die christliche Erkenntnis im Bewußtsein des Neuen Testaments"; die wegen ihrer Auseinandersetzung mit dem herkömmlichen Leib-Seele-Schema bedeutsame Niederschrift einer Vorlesung „Der Mensch. Grundzüge einer christlichen Anthropologie"; die Niederschrift einer über mehrere Semester laufenden Ethikvorlesung sowie eine ausführliche Eschatologie, die weit über das bereits bekannte Buch *Die letzten Dinge* (1940) hinausgeht. Neben diesen umfangreichen Werken liegen zahlreiche kleinere Aufsätze, Vortragsniederschriften, Briefe und Skizzen vor, die ein eindrucksvolles Bild von der Weite des geistigen Horizonts Guardinis bieten. Es sind Beiträge mit autobiographischem Charakter, Überlegungen über das Wesen der Sprache, der Interpretation, Reflexionen über die eigene Art, der Dichtung zu begegnen sowie Abhandlungen über kulturphilosophische Fragen und Themen wie „Idee und Geschichte", „Ordnung", „Abstrakte Kunst", „Evolutionismus", „Märchen, Sage, Mythos". Guardinis pädagogische Anliegen finden ihren Niederschlag in den Schriften „Zur Frage des ‚studium generale'" und „Gesichtspunkte für ein Handbüchlein der Selbstbildung". In gewissem Zusammenhang damit stehen die Briefe an einen jungen Geistlichen „Über das Predigen" und Ausführungen über Fragen zur Priesterbildung, die durch Gedanken über das Priesterbild in den neueren Priesterromanen ergänzt werden, wobei Guardini auch wesentlich Orientierendes zur Sicht des Laien in der Kirche sagt. Nach wie vor aktuell sind zwei Stellungnahmen zur geistigen Situation der Universität: „Wissenschaft und Freiheit" und „Wille zur Wahrheit". Letztere war als Beitrag im Rahmen einer Ringvorlesung im Wintersemester 1965/66 in der Universität München über die Universität im Dritten Reich vorgesehen, den Guardini seiner Krankheit wegen nicht mehr unmittelbar leisten konnte.

Den größten Raum nehmen begreiflicherweise solche Abhandlungen ein, die der christlichen Existenzdeutung und -verwirklichung gewidmet sind. Immer kommt es Guardini darauf an, die Erkenntnisse einer wissenschaftlichen Theologie für die Verkündigung der christlichen Botschaft fruchtbar zu machen. So handelt er über den Sinnpunkt des religiösen Lebens in der kommenden Zeit, die Elemente des Gläubigwerdens, die religiöse Grundschicht in der Problematik der Existenz, über Gesichtspunkte für die Betrachtung des Alten

Testaments, das Alte Testament und den Mythos, das Problem der Entmythologisierung – um nur einen Teil zu nennen. Von allgemeinerer Bedeutung sind die Beiträge über die Ökonomie der Persönlichkeit, zur Diagnose der menschlichen Situation, über Elemente der menschlichen Existenz, zur Frage, was Sittlichkeit ist, über das Schweigen, das kontemplative Element im geistlichen Leben und über die christliche Meditation. Von besonderem Interesse für den Fachtheologen dürften die aus dem Jahre 1945 stammenden *Marginalien zur Summa Theologica* sein, in denen sich Guardini zwar mit der ihm stets eigenen Ehrfurcht, aber doch sehr kritisch mit dem theologischen Ansatz des Thomas von Aquin auseinandersetzt.

Eine besondere Stärke Guardinis lag darin, von bestimmten Phänomenen auszugehen, sie zu analysieren und von einer christlichen Weltsicht aus zu ihnen Stellung zu nehmen. Ihr begegnen wir auch ständig in seinem literarischen Nachlaß. Unvermindert wach erweist sich außerdem sein Gespür für das, was der Kritik bedarf und was zu sagen – im eigentlichen Sinne des Wortes – notwendig ist. Erstaunlich ist, wie sehr Arbeiten, die mehrere oder sogar viele Jahre zurückliegen, nicht nur ihre Aktualität behalten haben, sondern auch durch die inzwischen eingetretene Entwicklung in ihren Analysen und Prognosen bestätigt wurden.

Manche Partien des ungedruckten Nachlasses sind nur Entwurf geblieben, die Herausgeber des Nachlasses werden aber wohl darauf verzichten müssen, diese Gedankenskizzen in irgendeiner Form auszuführen. Dem jedoch, der einigermaßen mit dem Denken Guardinis vertraut ist, werden auch diese Entwürfe Anregungen bieten und etwas zu sagen haben. Vorerst können wir allerdings nur darauf warten, daß der literarische Nachlaß Guardinis allgemein zugänglich wird. Ein Gewirr von Schwierigkeiten, die auch ihre Ursachen im Testament Guardinis haben, hat dies bisher verhindert, und es ist nicht abzusehen, ob und wann hierin eine Änderung eintritt.

III. Eigenart und Bedeutung

Von den Gesichtspunkten, unter denen man Guardini und sein Werk betrachten kann, dürfte der am zutreffendsten sein, den Fridolin Wechsler für seine Monographie gewählt hat: *Romano Guardini als Kerygmatiker* (1973). Wie sehr diese Charakterisierung insgesamt stimmt, ergibt sich schon daraus, daß Guardini in erster Linie tatsächlich ein Mann des gesprochenen – man kann ebenso gut sagen, des verkündeten – Wortes gewesen ist. Seine Werke waren fast ausnahmslos aus einem, zumindest inneren Dialog entstanden: dem Dialog des Predigers oder des Vortragenden mit seinen Zuhörern oder dem des Professors mit den Studenten, die seine Vorlesungen hörten.

Will man sich um eine möglichst gültige Interpretation Guardinis bemühen, wird sich zunächst die Frage ergeben, welcher Denkrichtung innerhalb der christlichen Theologie er angehört oder wenigstens im großen und ganzen zuzuordnen ist. Die Frage ist nicht allzu schwer zu beantworten, zumal wenn man seinen theologischen Werdegang berücksichtigt. Entscheidende Bedeutung hatte für Romano Guardini das Studium der Scholastik. Er hat sich immer um das Ganze, um das Verständnis, um die Interpretation des Ganzen bemüht. Dem entsprachen die Totalitätsvorstellungen des Mittelalters: im Theologischen die Summa, im Architektonischen die Kathedrale, im Historischen die Epochenreihe, im irdisch-kirchlich Soziologischen die Ämterhierarchie, im Liturgischen das Kirchenjahr, im Hagiographischen schließlich die Legenda Aurea. Es wird nicht leicht auszumachen sein, ob diese Einbegreifungsstrukturen, wie Guardini sie einmal nannte, ihn zu einer bestimmten Denk- und Sehweise hingeführt haben, oder ob er in ihnen etwas Verwandtes vorfand, das ihn bestätigte und weiterführte. Er selbst sagte jedenfalls: „Das hat mich die Scholastik gelehrt." (12. 3. 1965)

Unter den großen Scholastikern war es jedoch nicht Thomas von Aquin, der ihm am nächsten stand, sondern Bonaventura. Zwei bedeutende Monographien geben Zeugnis für Guardinis intensive Bemühung um diesen einzigartigen Denker des Mittelalters: seine Doktorarbeit *Die Lehre des heiligen Bonaventura von der Erlösung* (1921) und seine Habilitationsschrift „Die Lehren vom lumen mentis, von der gradatio entium und der influentia sensus et motus bei Bonaventura", die unter dem Titel *Systembildende Elemente in der Theologie Bonaventuras* nach jahrzehntelangem Schubladendasein 1964 in Leiden gedruckt erschien. 1930 hat er den höchst instruktiven Aufsatz geschrieben *Eine Denkergestalt des hohen Mittelalters: Bonaventura,* der in dem Sammelband *Die Unterscheidung des Christlichen*[4] Aufnahme fand. Nach seinen eigenen Worten hat Guardini an Bonaventura erfahren, wie ein großer Geist, der kein bloßer Rationalist war, mit seinem ganzen Wesen in der Offenbarung sub specie veritatis Wohnung genommen hat und in der Quaestio, jener klassischen Form scholastischer Problembehandlung, nicht so sehr den Beweis als vielmehr das Funkeln der verschiedenen Aspekte der Wahrheit suchte. Bonaventura hat zwar selbst keine Summa geschrieben, aber für sein Werk gilt besonders, was Guardini über die mittelalterliche Summa im allgemeinen gesagt hat: Sie ist nicht einfach ein System der Wahrheitsfindung, sondern ein Kosmos; in ihr kann man spazieren gehen wie in einer gotischen Kathedrale. Bonaventura hat mit Worten nachgebaut, was er geschaut hat. (Zum ganzen am 12. 3. 1965.) Man tut der Eigenständigkeit Guardinis sicher keinen Abbruch, wenn man ihn einen katholischen Theologen augustinisch-bonaventuranischer Prägung nennt.

Die Totalitätsvorstellungen oder Einbegreifungsstrukturen des Mittelalters haben Guardini fasziniert, weil sie etwas Lebendiges waren. Auf sie läßt sich anwenden, was einmal über die Gotik gesagt wurde: daß sie nicht einen Stein auf den andern baute, sondern einen Stein gegen den andern ausbalancierte. Guardini hat dem ausdrücklich zugestimmt. Man erkennt hier unschwer die Verbindung zu jenen Reflexionen, die unter dem Namen „Gegensatzlehre" zusammengefaßt werden können und die Guardini selbst in seinem schon erwähnten Buche *Der Gegensatz, Versuche zu einer Philosophie des Lebendig-Konkreten* dargestellt hat.

Unter dem Gegensatz versteht Guardini eine lebendige Einheit, bei der das eine nicht reine Ausschließung des anderen ist. Der Gegensatz ist vielmehr eine eigentümliche Beziehung, die durch relative Einschließung und relative Ausschließung zugleich gebildet wird, wohingegen beim Widerspruch das eine reine Ausschließung des anderen ist. Während Gegensätze aneinander teilhaben und zu einer echten Synthese führen können, ohne daß allerdings einer in den anderen übergeführt werden kann, gibt es zwischen Widersprüchen nichts Gemeinsames. Die Bedeutung seiner Gegensatzlehre sah Guardini in doppelter Hinsicht. Sie macht erstens klar, daß viele Phänomene, die in der Regel als autarke, komplette Phänomene angesehen werden, in Wahrheit komplementäre Phänomene sind. Als Beispiel nannte er den Begriff, der im allgemeinen immer als autonomes Phänomen hingestellt wird, in Wahrheit aber ein Pol von etwas ist, dessen anderer Pol die Erfahrung der Wirklichkeit ist. Ferner ergibt sich, daß die Gegensatzlehre, die auf einer Seite eine Ausweitung bringt, auf der anderen zugleich eine Abgrenzung herbeiführt, nämlich die Unterscheidung von Gegensatz und Widerspruch. Erfolgt diese Unterscheidung nicht, dann befinden wir uns im Rausch des „Jenseits von Gut und Böse" (16. 7. 1964).

F. Wechsler hat gut daran getan, der Gegensatzlehre die Schlüsselfunktion für Guardinis Denken und Werk zuzuweisen und sie in seiner Monographie samt ihren biographischen und philosophischen Voraussetzungen darzulegen. Diesen Stellenwert der Gegensatzlehre in seinem eigenen Denken hat Guardini selbst bestätigt. Gerade in seinen letzten Lebensjahren kreisten seine Gedanken immer wieder um die mit ihr verbundenen Probleme. Die Folgerungen, die sich für Wechsler mit Recht aus der Gegensatzlehre ergeben, sind: dialektische Phänomenologie, Universalität und Offenheit, Mitte und Maß, Verzicht auf ein System und schließlich das existenziell-praktische Anliegen.

Mit jenem existenziell-praktischen Anliegen reiht sich Guardini in die platonisch-biblisch-augustinische Tradition ein, die ihm auch in Bonaventura begegnet ist. Man kann es im umfassenden Sinne als „Sorge um den Menschen" charakterisieren und als das Anliegen Guardinis schlechthin bezeichnen, sofern man diese Sorge um den Menschen so versteht wie er: daß es dabei nämlich in erster Linie immer um Gott geht, weil echte Sorge um den Menschen nur realisierbar ist, wenn es primär um Gott geht (12. 3. 1965).[5] In seinem Vortrag *Nur wer Gott kennt, kennt den Menschen* zu Beginn der Arbeitstagung des 75. Deutschen Katholikentages in Berlin 1952 hat Guardini sich grundsätzlich dazu geäußert.[6] Im Dienste dieses Anliegens stand Guardinis besondere Fähigkeit, Phänomene, Situationen und Verhaltensweisen zu analysieren, um daraus die entsprechenden Folgerungen zu ziehen und diese dann beim Hörer oder Leser seiner Ausführungen für sich selbst sprechen zu lassen. Die wohl bedeutendste Analyse Guardinis dürfte *Das Ende der Neuzeit* sein, die den Raum für seine christliche Verkündigung absteckt, indem sie kritisch die Grundelemente des neuzeitlichen Daseinsbildes und die wesentlichen Merkmale des christlichen Glaubens am Ende der Neuzeit aufzeigt: die Trennung von Glaube und Welt, die Mündigkeit im Glauben und die Betonung des Eschatologischen.[7]

Guardinis christliche Verkündigung war von besonderer Art. Es versteht sich jedoch von selbst, daß es ihm dabei zunächst um die Person und das Leben Jesu Christi ging. Guardini beteiligte sich an den Bemühungen und hat diese wohl auch nicht unwesentlich mitbeeinflußt, welche die katholische Theologie vor allem im zweiten Viertel unseres Jahrhunderts bestimmt haben und die man kurz als die Wiederbesinnung auf die Christozentrik charakterisieren kann. Besonderen Wert legte er darauf, allen mythologistischen und psychologistischen Erlösungsvorstellungen den unterscheidenden Charakter der christlichen Erlösungslehre gegenüberzustellen, nämlich ihre Bezogenheit auf das vor allem in Jesus Christus in der Geschichte erfahrene Heilshandeln Gottes. Dazu diente ihm unter anderem die hypothetische Frage, was geschehen wäre, wenn die Juden einst Christus angenommen hätten. Dadurch wollte er nicht nur das Ausmaß der Entscheidung unterstreichen, die von seiten des von Gott erwählten Volkes gegen den zu ihm gesandten Gottessohn gefällt wurde, sondern eben auch deutlich machen, daß es sich beim Leben Jesu um echte Geschichte und nicht um einen mit mechanischer Notwendigkeit ablaufenden Prozeß gehandelt hat. Daß manche seiner Thesen nicht unwidersprochen blieben, braucht nicht zu verwundern. In einer „Nachbemerkung", die als Sonderdruck erschien und den letzten Auflagen seines Buches *Der Herr* als Anhang beigegeben wurde, hat er in der ihm eigenen Klarheit versucht, das ihm Wesentliche klarzustellen.

Der schon erwähnten Anregung zufolge, die er von Max Scheler empfangen hat, war ein wichtiges Element von Guardinis christlicher Verkündigung die Interpretation. Gerade die Interpretationen – Augustinus, Dante, Pascal, Dostojewskij, Hölderlin und Rilke seien ausdrücklich genannt – einschließlich jener der Heiligen Schrift haben Guardini aber bekanntlich viel Kritik eingetragen und mitunter sogar dazu geführt, ihn nicht recht ernst zu nehmen. Demgegenüber soll gar nicht in Abrede gestellt werden, daß manche Kritik durchaus berechtigt ist. Er hätte sich sehr wohl manchmal um mehr wissenschaftliche Fundierung bemühen können und sollen, als er es getan hat. Abgesehen davon, daß Guardinis Interpretationen aber nicht Kommentierungen im üblichen Sinne, sondern – wie eingangs erwähnt – vielmehr Gespräche mit dem jeweiligen Autor sein wollen, würde man es sich doch wohl zu leicht machen, wenn man Guardini die wissenschaftliche Fundierung seiner Interpretationen ganz absprechen wollte. Immerhin schrieb der Exeget Heinrich Schlier in einem Brief an Guardini: „Wissen Sie eigentlich, wieviel Wissenschaft Ihr ‚Anfang aller Dinge'[8] voraussetzt?" Und derselbe Heinrich Schlier schrieb zu seinem Beitrag „Das, worauf alles wartet. Eine Auslegung von Römer 8,18–30" in der Festschrift zum 80. Geburtstag Guardinis[9]: „Vor einem Vierteljahrhundert ungefähr erschien eine kleine Schrift Romano Guardinis ‚Das Harren der Schöpfung. Eine Auslegung von Röm 8,17–39'[10]. Ich las sie damals und habe sie nie vergessen. Ein später Dank, gewiß nicht nur für sie, sei dieser Versuch einer Auslegung desselben großen Römerbrieftextes bis Vers 30."

Es wird wohl nicht ohne weiteres grundsätzlich zu entscheiden sein, welches Gewicht jeweils der Fachwissenschaftlichkeit zugestanden werden muß und ob nur durch sie der Sache gedient werden kann, um die es geht. Bedenkenswert ist auf jeden Fall eine Bemerkung Guardinis, die zugleich ein klärendes Licht auf seine eigene Arbeit wirft: „Es gibt nicht nur Arbeit in ‚Fächern', sondern auch nach geistigen Aufträgen, die, wie in meinem Falle, vom Theologischen her zum Philosophisch-Kulturellen verbinden. Wenn man sich solcher Arbeit nicht annimmt, dann leistet man so etwas Vorschub wie Nazismus, Marxismus oder Humanistischer Union. Die Maßstäbe für solche Arbeit sind nicht so sehr die der exakten wissenschaftlichen Forschung als vielmehr die der richtigen wechselseitigen Interpretation." (12. 3. 1965) Eine gewisse Bestätigung für seine Bemühungen hat Guardini unter anderem übrigens im „Pour le Mérite" und im Erasmus-Preis gesehen, die ihm 1958 und 1962 verliehen wurden.

Ein Thema, das Romano Guardini sein Leben lang beschäftigte, ist die Frage nach der „Unterscheidung des Christlichen". Sie ist im Grunde identisch mit der Frage nach dem Wesen des Christentums, die so alt ist wie das Christentum selbst, die aber ausdrücklich und eindringlich erst in der Aufklärung gestellt und behandelt wurde und in ihrer neuzeitlichen Eigentümlichkeit aus der Aufklärung stammt. Guardinis Bemühungen um diese Frage haben ihren Niederschlag nicht nur in jenen Abhandlungen gefunden, die zuerst im Jahre 1935 unter dem Titel *Unterscheidung des Christlichen* in einem Band erschienen sind und 1963 in gewandelter Gestalt und erweitertem Umfang neu aufgelegt wurden. Die einzelnen Beiträge dieser Bände behandeln Themen aus den Bereichen der Philosophie und der Theologie sowie Gestalten, in denen das Christsein besonders deutlich in Erscheinung getreten ist. Im ersten Aufsatz, der übrigens die erste Vorlesung wiedergibt, die Guardini als Professor für Religionsphilosophie und katholische Weltanschauung im Jahre 1923 an der Berliner Universität gehalten hat, wird gesagt, daß das entscheidend Christliche die Tatsache der in der Geschichte erfolgten Offenbarung Gottes ist und daß diese Offenbarung Gottes sich in einzigartiger Weise in Jesus Christus konzentriert.[11] Diese Gedanken werden aufgenommen und weiter entfaltet in dem Bändchen mit dem Titel *Das Wesen des Christentums,* das erstmals 1938 und später in mehrfacher Auflage erschien und das Guardini, wie er in der Vorbemerkung sagt, als eine Art Einleitung zu seinem Buche *Der Herr* verstanden wissen wollte. Dieser Zusammenhang macht erneut deutlich, worin Guardini das Wesen des Christentums sieht. Im ersten Abschnitt „Zur Frage" selbst sagt er es auch kurz und bündig: Den „Wesenskern" des Christlichen „bildet Jesus von Nazareth"[12], und die Anlage des Bändchens trägt dem auch voll und ganz Rechnung: nach der Einleitung handelt Guardini „zur Abhebung" über Buddha, über den Gesandten des Alten Testamentes und den Apostel, um sich dann ausführlich mit der Person und der Bedeutung Christi zu befassen.

Die hier skizzierten Grundgedanken sind an und für sich wohl nichts Besonderes; sie machen das christliche Bekenntnis schlechthin aus. Die Art und Weise jedoch, wie Guardini sich immer wieder und unter immer wieder anderen Aspekten der Frage nach der Unterscheidung des Christlichen und damit nach der Bedeutung der biblischen Offenbarung gestellt hat, würden es nicht verdienen, übersehen oder vergessen zu werden. Das Thema zieht sich durch sein gesamtes Werk, besonders deutlich wird es etwa in den Schriften *Religion und Offenbarung* (Würzburg 1958) oder *Die Offenbarung, ihr Wesen und ihre Formen* (ebd. 1940), es beherrscht aber auch die Schriften seines literarischen Nachlasses. Veröffentlicht wurde daraus zum Glück der Band, der gerade zu diesem Thema Wesentliches zu sagen hat: *Die Existenz des Christen*[13]. Es handelt sich dabei um die Niederschrift von Vorlesungen aus den Jahren 1958–1961 an der Universität München. Guardini geht es um die Fragen: „Wie ist die Existenz dessen geartet, der auf den Anruf der Offenbarung durch Glauben antwortet; der mit diesem Glauben ernst zu machen sucht? . . . Wie findet der Glaubende sich selbst im Dasein vor? Welche Werte erschließen sich ihm? Von welchem ersten Anfang geht seine Lebensbewegung aus und wohin richtet sie sich? In welchem Verhältnis steht er zur Welt, zum anderen Menschen, zu den Inhalten des Lebens?“[14] Guardini hat „nicht die geringste Absicht, das Christsein als ‚modern‘ erscheinen zu lassen und das in ihm, was mit dem biblischen Ausdruck des ‚Ärgernisses‘ gemeint ist, abzuschwächen“.[15] „Das zu sagen“, schreibt Guardini zur Einführung, „ist um so wichtiger, als heute der Begriff des ‚Christlichen‘ oft nicht nur ungenau gebraucht, sondern auch einfachhin mißbraucht, mit Gesichtspunkten und Ansichten verkoppelt wird, mit denen er nichts zu tun hat. Das aber bewirkt, daß er sich verfälscht und verschleift. Dadurch wird ein Vorgang verstärkt, der mit der Neuzeit beginnt, und den wir ‚Säkularisierung‘ nennen. Überall begegnen wir Begriffen, Wertungen, Ordnungsformen, seelischen Haltungen, die aus dem Raum der Offenbarung und des durch sie bestimmten Lebens stammen – denken wir an die Lehre von der Schöpfung oder von der Gnade. Diese Begriffe haben sich weithin von ihrer Wurzel gelöst und sind zum Ausdruck für allgemeinethische, kulturelle, politische Zusammenhänge geworden.“[16]

Dementsprechend ist Guardini bemüht, das Christlich-Eigentliche nicht nur in seiner Reinheit, sondern auch in seiner Schärfe herauszuheben. Er verweist nochmals auf den biblischen Begriff des Ärgernisses und fährt fort: „Wenn die Offenbarung ist, was sie zu sein behauptet, nämlich ein Herantreten Gottes an die Welt aus seiner heiligen Freiheit heraus, dann kann es gar nicht anders sein, als daß sich von hier aus die Möglichkeit des Widerspruchs ergibt; als daß dieses Herantreten Gottes, sein Anruf und seine Forderung vom unmittelbaren Dasein her als ungemäß, ja als störend empfunden werden. Diese Momente werden wir nicht ausglätten. Wir werden das Ärgernis der Offenbarung nicht ausräumen. Im Gegenteil: sobald wir ihm begegnen, werden wir es als ein Anzeichen verstehen, daß es sich hier um Wesentliches handelt.“[17] Im einzelnen behandelt Guardini dann die Themen: Glaube und Offenbarung, Die Urschuld und der christliche Geschichtsbegriff, Die Erlösung und die Person Jesu Christi, Der Fortgang des Werkes Christi in der Geschichte: die Kirche, Der christliche Einzelne.

Im Gegensatz zu manchen Büchern, die noch zu Lebzeiten Guardinis und später zu den Themen „Christus" und „Christsein" angeboten wurden und mit allen möglichen „Ismen" und Philosophemen derart vollgestopft sind, daß auch der einigermaßen Kundige oft nur mit Mühe herauslesen kann, was wohl gemeint sein soll, wirkt das Werk Guardinis geradezu reinigend und wohltuend.

Am 17. Februar 1965 feierte die Münchner Universität mit einem Festakt in der großen Aula den 80. Geburtstag von Romano Guardini. Der Jubilar bedankte sich mit einem Vortrag über das Thema *Wahrheit und Ironie*.[18] Vordergründig ging es ihm dabei um eine Analyse des eigentümlichen Phänomens der platonischen Ironie, letztlich war diese kurze Dankrede jedoch ein Bekenntnis. Am Anfang faßt er zusammen, wie er seine eigene Aufgabe verstanden hat: „Es war schön, in beständiger geistiger Begegnung zu fragen, was ‚christliche Weltanschauung' bedeute. Die Frage meint natürlich nicht, die christliche Überzeugung sei eines jener unverbindlichen Gedankengebilde, die man gemeinhin mit dem Wort ‚Weltanschauung' bezeichnet. Sie ist Glaube und Antwort auf die Offenbarung. Gemeint ist vielmehr, daß von dieser Offenbarung her sich ein Blick auf die Welt, ein Bild ihres Wesens, ein Urteil über Werte öffnet, wie das sonst nicht möglich ist. Ebenso wie umgekehrt von der Welt und ihren Problemen her Fragen an die Offenbarung ergehen, die in dieser sonst schweigende Inhalte zum Reden bringen. Und daß daher in immer neuer, wechselseitiger Begegnung eine fruchtbare Erhellung des christlichen Daseins gewonnen wird."[19]

Am Schluß spricht Guardini über sein Verhältnis zur Wahrheit. Er geht von Sokrates aus, den Platon einerseits als durch die Erkenntnis der Wahrheit so in seinem Wesenskern unzerstörbar zeichnet, daß er mit vollkommener Ruhe in den Tod gehen könne, andererseits aber zugleich als einen, der gar kein Lehrer sein will und sich auf das Entschiedenste dagegen wehrt, selbst so zu sein, daß seine Schüler sich auf ihn verlassen dürften. Dann sagt Guardini:

„Was bedeutet das, wenn eine so unerschütterbare Wahrheitszuversicht, eine so strenge Verpflichtung zum Denken mit so seltsamer Ungemäßheit verbunden wird?

Auf jeden Fall keine Skepsis, so daß eigentlich Sokrates – wie Nietzsche gemeint hat – selbst zu den Sophisten gerechnet werden müßte, sondern sie folgt aus dem tiefsten Wesen dieses Wahrheitserlebnisses selbst.

Platon hat die Sinn-Macht der Wahrheit offenbar in einer Weise erlebt, welche die Erkenntnis absoluter Gültigkeit der Idee mit der Erfahrung menschlicher Unzulänglichkeit verband. Und die Ironie des Erkennens besteht darin, daß der Denkende erkennt, was über sein Vermögen der Realisierung des Erkannten hinausgeht. ‚Wahrheit' ist, wie ein Augustinianer des hohen Mittelalters, etwa Bonaventura sagen würde, keine rationalistische Simplizität, sondern ein *excessivum,* und die Situation des erkennenden Menschen ist dadurch charakterisiert, daß er erfährt: Es gibt wohl die absolute Wahrheit, er aber kann sie, da er selbst nicht absolut ist, mit seiner endlichen Geisteskraft nicht adäquat realisieren. Er fühlt sich in einem Zustand der Ungemäßheit, die nicht Skepsis ist, sondern deren Gegenteil: eine Sinn-Erfahrung, die sich selbst durchschaut und beurteilt.

Ich weiß nicht, ob diese wenigen Sätze das Gemeinte vor die Augen bringen konnten: ein Wissen um die Wahrheit und zugleich ein Wissen um die Inkommensurabilität der eigenen Kraft ihr gegenüber; eine Erkenntnis der eigenen Ungemäßheit, aus der aber nicht Skepsis, sondern höchste Zuversicht hervorgeht.

Es wäre, glaube ich, gut platonisch, zu sagen, der Mensch verrate seinen Adel, wenn er sich von dem her verstehe, was unter ihm ist. Vielmehr lebe er erst dann richtig, wenn er von dem herab lebe, was über ihm ist – auch wenn er nicht fähig ist, es zu begreifen, und er dabei sich selbst manchmal sonderbar vorkomme, *mala geloiōs,* wie es in der ‚Politeia' vom jungen Glaukon heißt."[20]

Trutz Rendtorff

KARL BARTH

(1886–1968)

Karl Barth ist Repräsentant einer Generation von Theologen, die durch die Erschütterungen des Ersten Weltkriegs zutiefst bestimmt wurde und in der Erfahrung einer Zeitenwende die Herausforderung zu fundamentaler theologischer Neubesinnung erkannte. Er hat diese Zeitenwende nicht nur erfahren, sondern zu einer eigenen theologischen Position geführt, mit der er maßgeblichen Einfluß auf das Selbstverständnis protestantischer Theologie und Kirche in diesem Jahrhundert gewonnen hat. Insofern verbindet sich mit der Theologie Karl Barths selbst eine Wende in der Theologie.

Diese Position hat ihre zeitgeschichtliche Relevanz am Beginn der nationalsozialistischen Herrschaft nachhaltig unter Beweis gestellt; denn das theologische Denken Karl Barths spielte durch seinen direkten persönlichen Einsatz für die Formierung der Bekennenden Kirche im Dritten Reich eine führende Rolle, vor allem in der Barmer Theologischen Erklärung von 1934. So wurde Barth zum Zeugen der von ihm geprägten *Theologischen Existenz*.

Über seine vielfältige aktive theologische Zeitgenossenschaft hinaus ist Karl Barth durch das monumentale Werk seiner *Kirchlichen Dogmatik* (seit 1932) so etwas wie ein „Kirchenvater des 20. Jahrhunderts“ geworden; mit diesem wohl umfangreichsten systematisch-theologischen Opus der Neuzeit hat er den inneren Gang der Theologie nach allen Seiten bestimmt und geprägt. Deswegen ist die Theologie Karl Barths ein Markstein für die Ortsbestimmung der Theologie der Neuzeit geworden.

I. Leben als theologische Existenz

Die äußeren Stationen des Lebensweges von Karl Barth sind wenig spektakulär, aber jeweils als Operationsbasis für seine theologische Wirksamkeit von Belang. Das Datum, mit dem der Ruf Karl Barths über Jahrzehnte unlöslich verbunden blieb, ist das Jahr 1922, in dem sein wohl bekanntestes Buch, der *Römerbrief* in 2. Auflage erschien. Über die Wirkung, die von diesem Buch ausging, hat er später selbst gesagt, er sei sich vorgekommen wie jemand, der in einem Glockenturm aufwärts steige und dabei aus Versehen am Glockenseil gezogen habe. Die – unbeabsichtigte – Wirkung, die von den Glockenschlägen ausgegangen sei, hat Barth selbst als Metapher für das gänzlich außergewöhnliche Echo verwendet, das er mit diesem Werk hervorrief. Barth war zu diesem Zeitpunkt 44 Jahre alt und gerade 1921 auf eine Professur für reformierte Theologie nach Göttingen berufen worden, der ersten Station seines akademischen Weges.

Am 16. Mai 1886 in Basel geboren, entstammte er einer echt Schweizer Theologenfamilie. Sein Vater wurde in der für die Schweizer protestantische Theologie des 19. Jahrhunderts charakteristischen Parteienbildung in liberale und positive Theologen zu der Fraktion der positiven Theologen gerechnet und in dieser Eigenschaft als Nachfolger von Adolf Schlatter 1889 nach Bern geholt, wo Barth seine Jugend verbrachte. Die theologische Prägung durch den Vater führte allerdings dazu, daß der junge Barth, nachdem er sich zum Studium der Theologie entschlossen hatte, zunächst in das Lager der „Opposition" überging und gegen den Widerstand des Vaters seine entscheidenden theologischen Studienjahre in Berlin (1906f.) bei dem großen liberalen Kirchenhistoriker Adolf Harnack und später (1908f.) bei dem bedeutenden Schüler Albrecht Ritschls, dem systematischen Theologen Wilhelm Herrmann in Marburg verbrachte, wo er auch sein Studium abschloß.

Im Blick auf die spätere umfassende und radikale Kritik an der liberalen protestantischen Theologie, mit der Barth den nachhaltigsten Einfluß auf das Verständnis der neueren Theologiegeschichte ausgeübt hat, ist diese Studienbiographie insofern von Bedeutung, als sich sein theologisches Denken zeit seines Lebens als ein inneres und äußeres Gespräch mit dieser Gestalt der Theologie und dabei vor allem mit Schleiermacher, dem „Kirchenvater des 19. Jahrhunderts", vollzogen hat. So ist es nicht überraschend, daß die theologischen und philosophischen, religiösen und praktischen Motive der liberalen Theologie auch noch in der späteren Abwendung von ihr tiefe Spuren in seinem eigenen theologischen Denken hinterlassen haben.

Auf die Göttinger Professur wurde Barth berufen aus seinem Amt als Pfarrer in der kleinen Schweizer Gemeinde Safenwil, in der er von 1911 an als Pfarrer tätig war. In diese Zeit fällt der Ausbruch des Ersten Weltkrieges, bei dem die öffentliche Stellungnahme seiner theologischen Lehrer in Deutschland für die Kriegspolitik des Kaiserreiches ebenso zu heftiger Irritation Karl Barths beitrug wie die Haltung der Sozialdemokraten, denen sich der junge Pfarrer im Einflußbereich der Schweizer Religiös-sozialen Bewegung und angesichts seiner eigenen Arbeitergemeinde verbunden wußte.

Das von vielen Freunden und Zeitgenossen geteilte Gefühl, die Zeit verlange nach einer neuen, tieferen Einsicht in die theologischen Grundlagen und Grundkräfte der Wirklichkeit, wurde von Barth zielstrebig in eine Art Standortbestimmung gegossen, die er in der Form des *Römerbriefes* abfaßte, an dessen erster Gestalt er in den Kriegsjahren arbeitete und die Ende 1918 (mit dem Erscheinungsdatum 1919) erschien.

Diese theologische Selbstklärung des Standortes in einer sich radikal verändernden Umwelt bedeutete biographisch den entscheidenden Einschnitt; denn sie beendete zugleich auch eine Phase, in der Barth in vielfacher Weise an sozialpolitischen und religiös-sozialen Aktivitäten beteiligt war, die zunächst in eine ganz andere Richtung als die der akademischen Theologie wiesen. Dieser Einschnitt ist von Karl Barth selbst in einem Vortrag vor Repräsentanten der Religiös-sozialen Bewegung in Tambach 1919 unmißverständlich formuliert worden; das ihm dort gestellte Thema „Der Christ in der Gesellschaft", das neben Vorträgen anderer zu den Themen „Der Christ im Staat" und „Der Christ in der Kirche" behandelt werden sollte, wurde von ihm gleich eingangs dahin umformuliert, daß nicht vom Christen, sondern zuvor und zuerst von „Christus" zu sprechen sei und die Rede vom Reiche Gottes von jeder gesellschaftspolitischen oder sozialrevolutionären Redeweise radikal zu unterscheiden sei. Damit endete für Barth eine direkte politische oder soziale Tätigkeit, noch bevor sie begonnen hatte. Das ist später von vielen seiner Anhänger bedauert worden, ist aber von entscheidender Bedeutung für Barths Weg in die Theologie geworden.

Der Karl Barth, der 1922 in Göttingen auf der Szene der akademischen Theologie erschien, tat dies mit einer bewußt ansetzenden Kritik an der wissenschaftlichen Theologie. Der *Römerbrief,* vor allem in seiner 2. Auflage von 1922, ist eine „Pfarrerstheologie", d. h. eine Theologie im Dienst der aktuellen Predigt und Verkündigung des Wortes Gottes, voller religiöser Unmittelbarkeit gegenüber der wissenschaftlichen Selbstdisziplinierung der akademischen Theologie. Dieser Ausbruch aus der wissenschaftlichen Theologie geschah mit einem Buch, das sich auf dem Felde der exegetischen Theologie, der Auslegung des Neuen Testaments bewegte, die die Domäne der historisch-kritischen Schriftforschung war. Vergleicht man Barths *Römerbrief* etwa mit dem Kommentar aus der Feder des bedeutenden Gelehrten Hans Lietzmann, so wird die Differenz schlagend deutlich. Während bei H. Lietzmann der gelehrte wissenschaftliche Apparat das Schriftbild beherrscht, kommt Barth praktisch ohne jede Anmerkung aus und legt den Römerbrief in der Sprache unmittelbarer Anrede und Betroffenheit aus. In einer expressionistischen, appellativen und direkt normativ einhergehenden Sprache ist dieses Buch gezielt antiwissenschaftlich konzipiert und hat insofern bei den Fachgelehrten zunächst nur erstauntes Achselzucken hervorgerufen. Die Wahl des Themas aber erinnerte in seinem Anspruch an Paulus, Augustin und Luther, d. h. sie stellte den Autor als einen dar, der die Mitte der christlichen Theologie vom Neuen Testament her für seine eigene Position literarisch reklamierte.

In der Göttinger Lehrtätigkeit, die von 1922–1925 reichte, spielte vor allem die Auseinandersetzung mit Emanuel Hirsch (geb. 1888) eine entscheidende Rolle, der als Schüler Karl Holls (1866–1926) ein Vertreter der Lutherrenaissance war und als Übersetzer und Ausleger von S. Kierkegaard eine andere Art der Wende der Theologie verfolgte, die sich der besonderen religiösen Sendung der Zeit auf dem Wege einer protestantisch-politischen Geschichtstheologie zu vergewissern suchte.

In dieser Zeit, am Beginn der zwanziger Jahre, formierte sich überall die Generation der Nachkriegstheologen in die für die neuere Theologie charakteristischen Fronten. Um sich die theologische Situation biographisch zu verdeutlichen, seien hier die Namen und Geburtsdaten der Gruppe von Theologen genannt, die nunmehr das Gesicht der Theologie zu prägen begannen und alle ungefähr dem gleichen Jahrgang entstammten: Friedrich Gogarten (geb. 1887), Rudolf Bultmann (geb. 1884), Emil Brunner (geb. 1889), Paul Tillich (geb. 1886), Paul Althaus (geb. 1888), Werner Elert (geb. 1885). Die beherrschende und hervorragende Gestalt der protestantischen Theologie am Beginn des Jahrhunderts war Ernst Troeltsch (1865–1923), der bereits im Alter von sechsundfünfzig Jahren starb, so daß diese neue Generation schnell ein Feld beherrschte, auf dem keine großen „Väter" oder Autoritäten mehr vorhanden waren. Gerade die Auseinandersetzung mit E. Troeltsch hat für Barth eine äußerst wichtige Rolle gespielt.

Von dieser Gruppe bildeten F. Gogarten, R. Bultmann und E. Brunner zusammen mit Karl Barth den Kern der sogenannten *„Dialektischen Theologie"*, die auch als „Theologie der Krise" bezeichnet wurde und sich um das Organ der von G. Merz redigierten Zeitschrift *Zwischen den Zeiten* gruppierte, die ab 1922 bis zum Beginn des Dritten Reiches bestand. Diese Zeitschrift war das herausragende Podium der neuen theologischen Bewegung.

Im Jahre 1925 wurde K. Barth nach Münster berufen. Im folgenden Jahr 1926 erschien sein erster Entwurf einer *Christlichen Dogmatik,* die davon Zeugnis ablegt, daß K. Barth die Ausarbeitung seiner theologischen Position über eine Neubewertung und Aktualisierung der klassischen Themen und Methoden der altprotestantischen Dogmatik des 16. Jahrhunderts in Szene zu setzen suchte.

Der Weg in diese Richtung war die sachliche Konsequenz aus seiner These, daß die neuere Theologie seit Schleiermacher, aber mit Einschluß ihrer Vorgänger in Pietismus und Aufklärung, einen falschen, nämlich anthropologisch orientierten Weg gegangen sei und daß darum eine Erneuerung der Theologie vor dieser Epoche der Theologiegeschichte ansetzen müsse, um zum Worte Gottes, zur biblischen Lehre und zum Dogma zurückzufinden. So konnte Barth in L. Feuerbachs These, Christologie sei wesentlich Anthropologie, die berechtigte Zusammenfassung der geheimen Intentionen der neueren Theologie erblicken.

In diese Zeit fällt auch Karl Barths erste direkte Begegnung und Auseinandersetzung mit der katholischen Theologie, die er in ihrer besonderen, von der modernen Problematik nicht unmittelbar angefochtenen Tradition als einen ernstzunehmenden Partner im theologischen Gespräch empfand.

Den Höhepunkt seiner akademischen Wirksamkeit in Deutschland bildete die Zeit seiner Bonner Lehrtätigkeit, zu der er 1930 auf den Lehrstuhl berufen wurde, den Ernst Troeltsch 1892 für kurze Zeit innegehabt hatte. Hier setzt Barth noch einmal neu an, indem er den ersten Entwurf der christlichen Dogmatik von 1927 als noch zu anthropologisch verwarf und den Plan zu der *Kirchlichen Dogmatik* entwickelte, deren Ausarbeitung nun seinen gesamten weiteren Lebensweg begleiten und bestimmen sollte.

Karl Barth (1886–1968)

Der erste Band erschien 1932 als *Lehre vom Wort Gottes* und enthält bereits die deutliche Absage an seine bisherigen Weggefährten F. Gogarten, R. Bultmann, aber auch E. Brunner, die Barth alle auf die eine oder andere Weise wieder auf den Weg Schleiermachers bzw. des Neuprotestantismus einschwenken sah.

Vor allem aber zeichnet sich jetzt auch die Auseinandersetzung mit der radikalen Veränderung der politischen Situation am Ende der Weimarer Republik ab. Karl Barth, der 1931 der SPD beigetreten war, hat sich zwar nicht direkt und öffentlich an der politischen Auseinandersetzung um Verfassung und Struktur der Republik beteiligt und seine wachsende theologische und kirchliche Autorität in der seit etwa 1930 um sich greifenden Verwirrung nicht unmittelbar zur Stützung der gefährdeten Demokratie ins Feld geführt. Er war vielmehr der Überzeugung, daß „eine bessere kirchliche Dogmatik ein letztlich wichtigerer und soliderer Beitrag auch zu Fragen und Aufgaben wie etwa die der deutschen Befreiung sein möchte" (Vorwort zu *Kirchliche Dogmatik,* Bd. I, 1, XII); aber zu ausdrücklicher Stellungnahme sah er sich dann dort gefordert, wo es nach der nationalsozialistischen Machtergreifung um die innere und äußere Ordnung der Kirche ging.

Von reformierten Kirchenführern um Rat angegangen, engagierte sich Barth mit großer Entschiedenheit in den Fragen der Bildung einer dem NS-Staat korrespondierenden Reichskirche und lieferte der sich bildenden innerkirchlichen Oppositionsbewegung wesentliche theologische und kirchliche Argumente. Nicht der politische, sondern allein der kirchliche Widerstand war sein Thema, weil Barth in der Bewegung der „Deutschen Christen" die neue, weltanschaulich verzerrte und entstellte Gestalt einer natürlichen Theologie sah, gegen die sich seine ganze theologische Leidenschaft richtete. Die Auseinandersetzung in der Kirche war ihm vor allem und in erster Linie die Auseinandersetzung mit einer Häresie.

Der Kampf um die Freiheit und Selbständigkeit der Kirche gegenüber dem totalitären Staat vereinigte aber, unabhängig von diesem theologischen Urteil, Theologen, Pfarrer und Christen aus nahezu allen Schulen und Lagern. Die Verbindung dieses Kampfes mit einer machtvoll argumentierenden theologischen Position, die zudem auch ein deutlich innerprotestantisch-konfessionelles Gepräge trug, führte zwar auch die Gründe für theologisch-kirchliche Spannungen innerhalb der Bekennenden Kirche mit sich, die weit über die Zeit nach 1945 lebendig geblieben sind. Insgesamt aber war es gerade die Entschiedenheit des theologischen Denkens Karl Barths, die der Bekennenden Kirche dazu verhalf, in den Anfängen der Auseinandersetzung politische und kirchenpolitische Rücksichten ganz zurückzustellen und sich um eine deutlich formulierte theologische Position zu scharen. Die Barmer Theologische Erklärung von 1934, die den entscheidenden inhaltlichen und dann auch organisatorischen Kristallisationspunkt für die Entwicklung der Bekennenden Kirche darstellte, trägt in wesentlichen Partien Karl Barths Handschrift und verleiht seinem Namen kirchengeschichtlichen Rang und Bedeutung.

Nachdem Barth sich 1934 weigerte, als Bonner Universitätsprofessor den uneingeschränkten Eid auf den Führer abzuleisten, wurde er nach erfolgreicher Bekämpfung einer Strafentlassung aus dem Staatsdienst am 21. 6. 1935 in den Ruhestand versetzt und im selben Monat noch auf eine Professur an der Theologischen Fakultät in Basel berufen. Hier, an seinem Geburtsort, verbrachte Barth dreiunddreißig Jahre als theologischer Lehrer bis zu seinem Tode am 10. Dezember 1968. In Basel arbeitete er kontinuierlich an der *Kirchlichen Dogmatik.* Von hier aus rief er aber auch zu direktem politischem und militärischem Widerstand gegen das Dritte Reich auf, im Sinne eines gerechten christlichen Krieges, in dem z. B. jeder „tschechische Soldat . . . auch für die Kirche Jesu Christi streite" (Brief an den tschechischen Kirchenführer und Professor Hromadka vom 19. 9. 1938).

Von Basel aus beteiligte er sich nach 1945 lebhaft und entschieden an den Diskussionen um den deutschen Wiederaufbau. Als einer der Hauptredner war er 1948 an der Gründung des Ökumenischen Rates der Kirchen in Amsterdam beteiligt. Von hier aus nahm er an der Entwicklung des Zweiten Vatikanischen Konzils aus der Ferne und, in einer Reise nach Rom 1966, auch aus der Nähe Anteil.

Seine umfangreichen und zahlreichen Briefe zeigen im Rückblick, daß Karl Barth auf allen Stationen seines Lebens Theologie und Zeiterfahrung immer auf intensivste und höchst subjektiv engagierte Weise mit seiner eigenen Stellung in Kirche und Theologie verbunden hat und mit dem Aufruf zur pointierten kritischen Stellungnahme nicht sparte, sondern im Gegenteil selbst immer wieder dazu das Vorbild abgegeben hat.

II. Das Werk Karl Barths – der innere Gang seines theologischen Denkens

Jede Darstellung des theologischen Werkes von Karl Barth muß der Tatsache Rechnung tragen, daß es sich nicht um ein abgeschlossenes, vollendetes und förmlich beendetes Werk handelt, sondern um ein, nicht nur förmlich, unabgeschlossenes, unbeendetes und offenes Werk theologischen Denkens. Die Theologie Karl Barths hat das theologische Denken in Bewegung gebracht, teilweise in sehr heftige, mit Konfrontation und schroffen Gegensätzen ausgestattete Bewegung, wofür sich schon früh die Bezeichnung „Dialektische Theologie" eingebürgert hat. Barth selbst hat diese offene Bewegung des theologischen Denkens nach innen, im Gang vor allem der großen Dogmatik selber praktiziert, die in jedem Schritt der Entfaltung auch wieder Neuanfang, Anstoß zu neuer, auch sich selbst korrigierender Bewegung war. Die Erregung der polemischen Auseinandersetzung, mit der sich der *Römerbrief* 1922 den Zeitgenossen unvergeßlich eingeprägt hat, hat sich dem ganzen Prozeß seines theologischen Weges mitgeteilt und in ihm fortgesetzt.

Dieser so überaus charakteristische Sachverhalt hängt mit dem theologischen Programm dieser Theologie zusammen: Es ging Barth darum, die Theologie aus der Umklammerung durch das neuzeitliche philosophische und säkulare Bewußtsein zu befreien, von der Apologetik, der Verteidigung der christlichen Theologie vor dem Ansturm des modernen Denkens weg zu einer ureigenen, selbstbestimmten offensiven Bewegung der Theologie vorzustoßen. Auf allen Stufen seines theologischen Weges ist Barth bewußt gewesen, daß die Entscheidungen über Inhalt und Wahrheit der christlichen Theologie dort fallen, wo das Denken seinen Ausgangspunkt nimmt, „ontisch wie noetisch" (seinsmäßig wie erkenntnismäßig), um eine Formel zu verwenden, die Barth in der Beschäftigung mit Anselm als eine Art methodischen Schlüssel erfunden hatte (*Fides quaerens intellectum. Anselms Beweis der Existenz Gottes im Zusammenhang seines theologischen Programms,* 1931). Deswegen ist der besondere Rang und die spezifische Modernität Karl Barths darin zu sehen, daß er die Konsequenzen des neuzeitlichen Bewußtseins, wie es in der Aufklärung und im Deutschen Idealismus sich gebildet hatte, bitter ernst nahm, als einen Weg, auf dessen Befolgung der Mensch, ontisch wie noetisch, die Stelle Gottes und seiner Offenbarung besetzte und restlos ausfüllte.

Jede Vermittlung auf dieser Ebene, wie sie das Programm der protestantischen Theologie zwischen Schleiermacher und Ernst Troeltsch war, erschien ihm darum als ein fauler und falscher, zum Scheitern verurteilter Kompromiß, der mit der Kapitulation der Theologie vor der Anthropologie enden muß. Aus dieser, also der spezifisch neuzeitlichen Konstellation, geht das schroffe, kompromißlose und radikale Nein hervor, mit dem Barth jeder Anknüpfung der Theologie an Bewußtsein, Erleben und Erfahrung des Menschen entgegentrat. Das machte vor allem den Grundton des *Römerbriefs* aus.

Dieses Nein ohne jedes Ja als ein Nein über den Menschen bildet den Anfang der Denkbewegung Karl Barths. Er spricht es besonders radikal aus, wo immer im Blick auf Gott und seine Offenbarung irgendeine Aktivität des Menschen gegenüber Gott in Rede steht. Für die erkenntnistheoretische Intention, die Barth der Theologie hier zunächst auf negativem Wege zu bereiten sucht, sind solche metaphorischen Ausdrücke besonders charakteristisch, in denen der Mensch für das Wort Gottes nur als „Hohlraum", als „Einschlagstrichter", als „Reflex" in Betracht kommt, Bildworte also, die die pure Passivität des Menschen im Verhältnis zu Gott beschreiben sollen. Gott ist in keiner, aber auch gar keiner Hinsicht in der vorhandenen Wirklichkeit des Menschen zu finden, wie Barth das in der Tangente, die den Kreis nur von außen berührt, aber nicht in ihn eingeht, beschreiben kann. Die theologische Position spricht sich so in erster Instanz in der Negation des Menschen und seiner Welt aus. Inhaltlich verwendet Barth hier kunstvoll und mit großer schriftstellerischer Kraft den Wortschatz und den Bedeutungsgehalt der religiösen, vor allem der biblischen Sprache, um Gott als das radikale Gericht über alles Menschliche zur Geltung zu bringen. Als „vernichtendes Gericht", als „das göttliche Minus vor der Klammer aller menschlichen Bewußtheiten, Grundsätzlichkeiten, Rechthabereien" (*Römerbrief* 1922, 469).

Dieses Gericht überbietet auch alle menschliche Kritik am Bestehenden mit Einschluß jeder politischen oder sozialen Revolution, es bedeutet die Kritik alles Bestehenden überhaupt. Wenn es darum noch eine Ermächtigung zum menschlichen Reden von Gott gibt und geben kann, dann aus keiner Mächtigkeit oder Fähigkeit des Menschen heraus. Die Religion des Menschen ist insofern, statt ein anhebender und erste Schritte bereitender Weg zu Gott zu sein, die letzte Bastion, die der Mensch von sich aus gegen die Wirklichkeit Gottes aufrichtet. Diese Bastion muß erst restlos geschliffen werden, bevor der Blick auf die wahre, nämlich ohnmächtige Stellung des Menschen vor Gott frei wird.

Dies alles findet sich in einprägsamster Rhetorik im *Römerbrief* und den gleichzeitig verfaßten *Reden und Aufsätzen* Karl Barths. Damit hat Barth die Auseinandersetzung um die Möglichkeit christlicher Theologie unter den Bedingungen der Neuzeit in derjenigen Front und Entgegensetzung aufgenommen, die von der radikalen, religionskritischen Aufklärung formuliert worden ist, und diese Frontstellung als die eigentliche Herausforderung für die Theologie verstanden. Von da aus erhält die Aufgabe der Theologie einen epochalen Zuschnitt, der sich als besonderes Epochenbewußtsein der eigenen theologischen Sendung mitgeteilt hat. Die Übernahme der Religions- und Theologiekritik in die Bewegung einer theologischen Antikritik ist denn auch für den Stil der theologischen Arbeit im Wirkungskreis von Karl Barth zutiefst bestimmend geworden.

Doch wäre dieses Nein in seiner Radikalität nur formal bestimmt, wenn nicht gesehen würde, daß Barth die Motive zu einem konstruktiven theologischen Denken aus der Situation des Pfarrers empfangen hat, der nun doch und dennoch eben das tun muß und soll, was der Mensch eigentlich von sich aus gerade nicht kann: von Gott sprechen! In einem Vortrag vor der Versammlung der „Freunde der christlichen Welt", die den liberalen Kreisen nahestand, zu denen Barth von seiner Studienzeit her gehörte, hat Barth „das Wort Gottes als Aufgabe der Theologie" auf folgende Formel gebracht: „Wir sollen als Theologen von Gott reden. Wir sind aber Menschen und können als solche nicht von Gott reden. Wir sollen Beides, unser Sollen und unser Nicht-Können, wissen und eben damit Gott die Ehre geben. Das ist unsere Bedrängnis. Alles andere ist daneben Kinderspiel." (*Das Wort Gottes als Aufgabe der Theologie* (1922), in: *Das Wort Gottes und die Theologie. Gesammelte Vorträge,* 1925, 158).

Der Pfarrer als Prediger des Wortes Gottes ist der Schnittpunkt von Theorie und Praxis der Theologie. Mit der Predigt ist eine Aufgabe faktisch und unausweichlich gestellt, die als solche gerade nicht mit dem individuellen religiösen Vermögen des Pfarrers identisch ist, sondern davon unterschieden werden muß. In der Erfahrung des Pfarrers kommt so ein theologischer Anspruch zum Durchbruch, der auch durch die historische und philosophische Kritik gerade nicht aufgehoben und relativiert werden kann. Auch die radikale Religionskritik hat die Existenz dieser faktischen Aufgabe, von Gott zu reden, nicht erledigt. Die theologische Existenz des Pfarrers, methodisch und inhaltlich, in einem solchen theologischen Wissen zu gründen, das die Geltung dieses Anspruches auch vollständig unabhängig von seiner menschlichen Realisierung zur Sprache bringt, das ist das spezifisch konstruktive Motiv der Theologie Karl Barths und zugleich der Schlüssel für deren spezifische Wirkung in der Kirche.

Dieses in solcher Aufgabe verborgene Ja aber kommt zu seiner eigenständigen Entfaltung noch nicht so sehr im *Römerbrief,* sondern erst in der *Kirchlichen Dogmatik.* Ihr bereitet das Nein des Römerbriefes insofern den Weg, als damit die Richtung bestimmt wird, die unbedingte Souveränität Gottes gegenüber aller Kritik so stark zu machen, daß in ihrem Gefolge auch die Unabhängigkeit und Selbständigkeit der Kirche im Wesentlichen ihres Auftrages zu denken möglich wird.

Die *Kirche* ist darum der Ort, an dem das theologische Denken Karl Barths sich zunächst verankert, nachdem das große Nein verkündet und vielfach variiert seine kritische Wirkung erzielt hat. So fallen die Neukonzeption der Theologie als ausdrücklich *kirchliche* Theologie und die zeitgeschichtliche Notwendigkeit, die Selbständigkeit der Kirche gegenüber dem totalitären Staat zu behaupten, zeitlich und inhaltlich zusammen.

Der erste Band der *Kirchlichen Dogmatik,* der 1932 erschien, macht klar, in welchem Sinne Barth diese Kirchlichkeit verstanden wissen will. Darum soll dieser Einsatzpunkt hier etwas genauer erläutert werden. Der Satz „Theologie ist eine Funktion der Kirche" enthält die These: „Die Kirche bekennt sich zu Gott, indem sie von Gott redet." (*Kirchliche Dogmatik,* I, 1, 1932, 1. Die folgenden Zitate sind aus diesem Band.) Die Aufgabe der Theologie besteht darin, nach „der Übereinstimmung der der Kirche eigentümlichen Rede von Gott mit dem Sein der Kirche" zu fragen (2). Die noetische, die Erkenntnis Gottes explizierende Rede von Gott soll gemessen werden an der ontischen, das Sein der Kirchen begründenden Voraussetzung dieses Redens. Das Sein der Kirche aber, so sagt Barth in der für ihn charakteristischen Wendung, ist „Jesus Christus: Gott in seiner gnädigen offenbarenden und versöhnenden Zuwendung zum Menschen" (3).

Die Standortbestimmung, die Barth dabei im Auge hat, wird in folgender Weise herausgearbeitet: „Nach links ist zu sagen: Das Sein der Kirche ist actus *purus,* göttliche, mit sich selbst anfangende und nur aus und durch sich selbst einsichtige, also anthropologisch nicht vorverständliche Handlung." (41) „Nach links", damit ist die liberale Theologie gemeint, Barths Kritik daran, das theologische Wirklichkeitsverständnis in Verbindung mit dem Vorverständnis des Menschen zu bestimmen, etwa im Sinne einer „existential- ontologischen Möglichkeit", wie sie Rudolf Bultmann in seiner hermeneutischen Theologie (im Anschluß an Martin Heidegger) konsequent entwickelt hat. „Nach links" heißt darum auch, jede Verbindung der Theologie mit einem allgemeinen Wahrheitsverständnis abzuwehren. Die Exklusivität der theologischen Erkenntnis ist nicht vom Menschen her bestimmbar, sondern in Berufung auf eine göttliche, mit sich selbst anfangende Handlung: das ist die Offenbarung Gottes.

Entsprechend unternimmt Barth dann die Abgrenzung zur anderen Seite: „Nach rechts ist zu sagen: Das Sein der Kirche ist *actus* purus, freie Handlung, nicht kontinuierlich-vorfindliche Beziehung; Gnade ist Ereignis personaler Zuwendung, nicht übertragener dinghafter Zustand" (ebd.). Nach dieser Seite hin wird also ein Begriff der Kirche als Institution, als sakramentaler Anstalt, als selbständiger Instanz der Vermittlung von Gnade mit eigenem Gewicht abgewehrt.

In Kurzform enthalten diese beiden Abgrenzungen die Summe aller theologischen Frontstellungen, in denen Barth sich bewegt. „Links" und „rechts", Neuprotestantismus und Katholizismus sieht Barth zusammen als die Summe aller Fehlwege der Theologie. Ihnen stellt er jetzt „das Sein Jesu Christi" entgegen als des einen Wortes Gottes. Nicht der Mensch ist das Subjekt der Kirche, auch die Kirche ist nicht ihr eigenes Subjekt. Das Subjekt der Kirche ist „das Sein Jesu Christi" und damit Gott selbst, der sich in Jesus Christus offenbart.

Dies kann in gewisser Weise als der Schlüssel der Barthschen Theologie angesehen werden, die theologische Neubestimmung des Subjektbegriffes, der ontisch und noetisch als der Begriff Gottes in Jesus Christus erfaßt wird und in seiner Exklusivität und Dominanz jedem anderen Subjekt von Mensch und Kirche übergeordnet und entgegengestellt wird. Die Barthsche Theologie entfaltet sich insofern im Horizont der neuzeitlichen Subjektivitätsproblematik. Der Weg vom *Römerbrief* zur *Kirchlichen Dogmatik* ist gekennzeichnet als ein Weg, der mit einer direkten Entgegenstellung zwischen der Subjektivität des Menschen und der Subjektivität Gottes anhebt. Dabei sieht es so aus, als ob zwischen der Subjektivität des Menschen und der Subjektivität Gottes ein direkter Gegensatz auf der gleichen Ebene gedacht werden müsse. Die Denkbewegung der *Kirchlichen Dogmatik* läuft darauf zu, daß Barth in immer neuen Ansätzen aus diesem Gegensatz herauszutreten sucht, um alles in das umfassende Verständnis der Subjektivität Gottes als der einen, alles bestimmenden Wirklichkeit aufzunehmen, Theologie als Gotteslehre im strengen und zugleich universalen Sinne. Damit aber tritt das Ja vor das Nein.

Aufbau und Durchführung der *Kirchlichen Dogmatik* folgen diesem Programm, in dessen Vollzug die negativ-kritischen Gegenpositionen von innen her in die Selbstentfaltung des theologischen Denkens eingeholt und in das Offenbarungsdenken integriert werden. Theologie als *Christologie,* Christologie als *Trinitätslehre,* Trinitätslehre als *Offenbarungslehre,* Offenbarungslehre als *Lehre vom Wort Gottes,* Lehre vom Wort Gottes als *Entfaltung der Wirklichkeit Gottes* in der Verkündigung der Kirche, so schreitet die Denkbewegung von dem ausformulierten, theologieimmanenten Ansatz voran zu einer teilweise weitreichenden christologischen Revision des Lehrbestandes der Dogmatik. Tatsächlich also geht Karl Barth in der Veränderung des dogmatischen Denkens nicht hinter die Neuzeit zurück, sondern geht in der kritischen Veränderung sogar weit über die Revisionen hinaus, die manche der früheren theologischen Denker des 18. und 19. Jahrhunderts vollzogen haben.

Einige dieser Revisionen, die zugleich auch immer eine Selbstkorrektur des Barthschen Denkens darstellen, seien hier benannt. In der Gotteslehre stößt Barth auf das Problem der *Prädestination* (*Kirchliche Dogmatik* II, 2): Hat Gott, wie vor allem der orthodoxe Calvinismus lehrte, eine doppelte Vorherbestimmung beschlossen, den einen zur Erwählung, den anderen zum Gericht? Diese Frage stellte sich einst von der Betrachtungsweise des frommen Menschen her, der nach einer Erklärung dafür sucht, daß es in der Welt Gläubige und Ungläubige gibt und dieser Unterschied doch irgendwie mit der Alleinwirksamkeit Gottes verbunden werden soll. Die Antwort auf diese Frage: Es ist Gott, der die einen so und die anderen so vorherbestimmt hat. Barth verwirft diese Prädestinationslehre, weil sie unterstellt, daß *Gott* neben seiner Offenbarung in Jesus Christus, indem er sich zum Erlöser der Menschen selbst bestimmt hat, noch ein anderes, nicht offenbares Wort sei, das das Gegenteil von Jesus Christus und seiner Erwählung bedeuten würde. Ist Gott aber im Sein Jesu Christi offenbar, dann kann auch nur dieses eine Wort der Erwählung in Jesus Christus gelten; folglich sind in Jesus Christus alle Menschen zum Heil erwählt. An die Stelle des Nein tritt so das exklusive Ja Gottes in Jesus Christus, das keine andere Position neben sich mehr zuläßt. Man hat darum mit Recht vom *Triumph der Gnade* als einem Grundzug der Barthschen Theologie sprechen können.

Analog verfährt Barth in der *Anthropologie*. Die Stellung des Menschen vor Gott ist der prekäre Punkt, an dem die neuere protestantische Theologie die Bedingung der Möglichkeit christlichen Verstehens und christlichen Lebens festzumachen suchte. Das unbedingte Nein gegen jede anthropologische Theologie wird von Barth jetzt, in der *Kirchlichen Dogmatik,* in ein ebenso unbedingtes Ja aufgehoben: Der Mensch, das ist vor allem und allein *Jesus als der Mensch vor Gott,* Jesus als der Mensch, den Gott erwählt hat und in dem alle Menschen erwählt sind. Indem Jesus die Stellung des Menschen im theologischen Denken einnimmt, wird die Anthropologie zu einer Verwirklichung der Christologie, zu einer Darstellung der „Menschlichkeit" Gottes. Und entsprechend bekommt die einst verworfene „natürliche" Theologie, christologisch gereinigt, in der Bejahung des Schöpfungswortes Gottes einen neuen Stand in der Kirchlichen Dogmatik, im höheren Chor des Offenbarungswissens.

Ähnlich verhält es sich bei Barths Umgang mit der *Ethik*. In der kritischen Phase seiner Theologie fungierte das Stichwort „Ethik" als Inbegriff für alle Versuche des Menschen, zumal in der katholischen wie in der liberalen Theologie, sich seiner eigenen Möglichkeiten und Fähigkeiten gegenüber der Alleinwirksamkeit Gottes zu vergewissern. In der *Kirchlichen Dogmatik* wird nunmehr die Ethik als Teil der Entfaltung der Dogmatik jeweils deren Hauptstücken zugeordnet und thematisiert. Als eine der Dogmatik immanente Ethik, allerdings eben nur in dieser Unterordnung, wird die Ethik von Barth als eine Freiheitslehre, als Lehre von der Freiheit Gottes, die sich in der Befreiung des Menschen fortsetzt, bestimmt und in vielen Einzelzügen ausgearbeitet.

Das Hauptstück der *Kirchlichen Dogmatik* ist die *Versöhnungslehre,* als „Mitte aller christlichen Erkenntnis" (*Kirchliche Dogmatik,* IV, 1, VII), die noch einmal eine Dogmatik in der Dogmatik darstellt und deren Architektur eine spekulative Leidenschaft erkennen läßt, die Barth am deutlichsten als dogmatischen Epigonen oder Erneuerer des Systemdenkens des Deutschen Idealismus zeigt. Sie kann nicht in wenigen Strichen nachgezeichnet werden. Die kirchengeschichtlich folgenreichste Revision, die Barth hier unternimmt, soll aber besonders hervorgehoben werden. Sie ist in der Aufwertung und Neuformulierung der Lehre vom *prophetischen Amt Jesu Christi* zu finden (IV, 3). Denn mit dieser Lehre vom prophetischen Amt Jesu Christi wird die gesamte Ekklesiologie als Lehre von der Kirche, ihrer Geschichte und ihres Auftrages zurückgenommen auf Jesus Christus als den sich selbst verkündenden Herrn. Barth argumentiert so: Gott hat sich zwar faktisch für die Offenbarung Jesu Christi an die Kirche, an die Existenz einer christlichen Gemeinde gebunden; aber diese faktische Bindung ist – theologisch bzw. christologisch gesehen – nicht unbedingt notwendig. Gott kann in Jesus Christus auch seine eigenen Wege gehen und die Welt ist darum nicht ausschließlich auf die Kirche angewiesen. Darum ist die Universalität der Offenbarung in der Welt nicht an den Vollzug des Kircheseins der Kirche gebunden. Das prophetische Amt Jesu Christi zielt auf die Universalität seiner Offenbarung in aller Welt und ist darum nicht durch die empirischen Grenzen der Kirche geregelt. Hier wird schlaglichtartig deutlich, welche Sprengkraft dem Reden vom prophetischen Amt innewohnt, wie es heute zu einer in der protestantischen Ökumene viel berufenen Formel geworden ist.

In diesen Zusammenhang gehört dann auch die kritische Destruktion der *Sakramentenlehre,* wie sie in Barths theologischer Theorie der Taufe angelegt ist, die als Fragment nach seinem Tode veröffentlicht wurde (IV, 4). Sie gipfelt in einer lebhaften Bestreitung der Kindertaufe, weil die Taufe als die aktive und selbständige Antwort des Menschen auf Gottes Ja zu ihm konzipiert wird und als dieses eigene, autonome Ja des Menschen darum auch nicht in den Kategorien eines Sakramentes, das der Mensch empfängt, ausgedrückt werden kann. So zeigen sich gerade am Ende des Denkweges der Kirchlichen Dogmatik viele neue Anstöße, die über das hinausweisen, was Karl Barth selbst ausgearbeitet hat, und eindrucksvoll unterstreichen, daß und wie es sich hier um eine Theologie in Bewegung handelt.

III. Die Bedeutung der Theologie Karl Barths als Einholung der Neuzeit in die Dogmatik

Über die Bedeutung der Theologie Karl Barths hat es auf allen Stufen ihrer Entwicklung die heftigsten Auseinandersetzungen gegeben, die auch nach seinem Tode nicht beendet sind. Das kann bei einer Theologie, die sich über eine solche Fundamentalpolemik ins Spiel gebracht hat und den Streit ausdrücklich gesucht hat, auch nicht anders sein. Der Streit gehört zu ihrer nun schon klassisch zu nennenden Bedeutung unlöslich hinzu.

Den einen galt und gilt die Barthsche Theologie als eine grandiose Wiederherstellung der vorneuzeitlichen Dogmatik, als ein höchst anspruchsvolles Unternehmen *theologischer Restauration*. Für diese Deutung sprechen die extensiven Bemühungen Barths, nicht nur die klassischen Themen der alten Dogmatik (bis hin zur Engellehre) aufzunehmen und neu zu bedenken, sondern vor allem auch das Gespräch mit der Bibel, den Kirchenvätern und Theologen aller Jahrhunderte zu führen, so daß die *Kirchliche Dogmatik* auch eine Fülle exegetischer und dogmengeschichtlicher Einzeltraktate enthält wie in keinem anderen theologischen Werk. Der Reichtum der christlichen Theologie aller Zeiten tritt hier überwältigend hervor.

Für diese Deutung spricht auch die Tatsache, daß Barth sich weitgehend aus der wissenschaftlichen Diskussion der Theologie im Sinne historischer, religionsgeschichtlicher, philosophischer und erkenntnistheoretischer Fragestellungen herausgezogen hat und auch, wo er auf entsprechende Themen und Fragestellungen eingegangen ist, doch nirgends methodisch und inhaltlich den Diskussionsstand akzeptiert und respektiert hat, der für die wissenschaftliche Diskussion im engeren Sinne maßgeblich war und ist. Dies ist ihm immer wieder vorgehalten worden und hat auch zu erheblichen Verständigungsschwierigkeiten geführt, zumal in der Diskussion mit Barth immer wieder der Eindruck entstand, seine Theologie sei nicht wirklich offen für die theologische Diskussion, sondern verlange, vor dem Eintritt in die Diskussion, eine Unterwerfung unter seine dogmatischen Prämissen. Dieser Eindruck des Autoritären bildet insofern eine spezifische Scheidelinie in Zustimmung und Ablehnung seines theologischen Denkstils. Wo dieser Denkstil von Schülern Barths ohne die entsprechende Substantialität seines Denkens tradiert worden ist, hat sich dieser Eindruck dann noch eher verfestigt.

Dieser Deutung fügt sich nicht, daß die Barthsche Theologie in wesentlichen Bezügen selbst *traditionskritisch* und vor allem auch *kirchenkritisch* ist und insofern spezifisch neuzeitliche Züge hat. Darum gibt es gute Gründe für eine Deutung, die in der Barthschen Theologie eine dogmatisch verschlüsselte Rezeption neuzeitlichen Denkens erblickt. Dafür spricht die zentrale Rolle der erkenntnistheoretischen Problematik, sofern sie letztlich auf das kompetente Subjekt von relevanter Wirklichkeitserkenntnis hin zugespitzt wird und dem Kantischen Theorem folgt, daß alle Welterkenntnis letztlich durch Selbsterkenntnis vermittelt ist. Daß Barth Offenbarung auf die *Selbst*offenbarung Gottes hin radikalisiert und als Selbstbekundung der Subjektivität Gottes bestimmt hat, ist dafür ein ebenso deutliches Indiz wie sein durchgehendes Drängen darauf, alle theologische Wirklichkeitserkenntnis als durch diese Selbstoffenbarung Gottes vermittelt zu qualifizieren. Auch die tiefgreifenden Revisionen, die er an klassischen Deutungen der Dogmatik vorgenommen hat, lassen sich zwanglos und ohne Gewaltsamkeit als Umformulierung der Theologie im Lichte des neuzeitlichen Autonomie- und Freiheitsverständnisses erklären. Damit wird die spezifisch theologisch-christologische Inhaltlichkeit seiner Theologie nicht gleichgültig oder nur zum Darstellungsmittel herabgewürdigt. Denn die besondere Leistung Barths besteht gerade darin, nicht die traditionelle Theologie dem neuzeitlichen Denken angepaßt zu haben, sondern die in bestimmten Hinsichten aporetische Debatte um die Selbstbegründung des Subjektes von Freiheit durch die These von dem ontologischen Vorrang der Freiheit Gottes vor der menschlichen Selbsterfassung von Freiheit transzendiert zu haben. Das aber war und ist nur über den besonderen christologischen Gehalt der Theologie möglich und denkbar.

Gegen diese Deutung der Theologie Barths als spezifisch neuzeitlicher theologischer Theorie spricht, daß Barth selbst jedenfalls immer und zuerst auf der Unverrechenbarkeit und Besonderheit der christlichen Theologie beharrt hat und sich jedenfalls nicht daran beteiligt hat, ihr einen solchen allgemeinen Status im Kontext der neuzeitlichen Denkgeschichte zu geben. Es bleibt die Frage, ob eine solche Theologie dazu von sich aus fähig ist.

So ist die Theologie Barths keiner ihrer Deutungen vorbehaltlos zu subsumieren. Damit ist sie aber zum Thema weitergehender und anregender Auslegung und Interpretation geworden, wie es zum Merkmal eines Klassikers der Theologie gehört.

IV. Wirkungsgeschichte in der wirklichen Geschichte

Die Barthsche Theologie hat Schule gemacht, aber seine Schüler im engeren Sinne haben – mit wenigen gewichtigen Ausnahmen (E. Jüngel) – kaum etwas zur Vertiefung und Ausweitung des Verständnisses seiner Theologie beigetragen. Darum ist die Wirkungsgeschichte der Barthschen Theologie angemessen nur im Zusammenhang mit den Impulsen zu sehen, die gleichzeitig von den theologischen Konzeptionen R. Bultmanns, F. Gogartens, E. Brunners, P. Tillichs und P. Althaus' ausgegangen sind. Sie stellen wichtige und eigenständige Alternativen im Verständnis neuzeitlicher Theologie dar, die sich dem Autoritätsanspruch einer exklusiven Offenbarungstheologie nicht fügen und deswegen auch zu größerer hermeneutischer Besinnung, zu stärkerer Offenheit für die humane Welterfahrung, zu differenzierterer Aufnahme von Phänomenen der Kultur und der Geschichte, zu ernsthafterem kirchlichen Sinn einladen, wo die Barthsche Theologie, für sich genommen, eher zu Abgrenzung und Dominanz verführen könnte.

Darum kann es nicht verwundern, daß die Bewegung des theologischen Denkens in diesem Jahrhundert, die so sehr von Barth bestimmt ist, außerhalb des „Barthianismus" produktive Wege findet, eine Wirkung eher außerhalb als innerhalb der Schule nimmt. In diesen Zusammenhang gehört auch die fruchtbare Begegnung mit der katholischen Theologie (H. U. v. Balthasar, H. Küng). Abgesehen von dieser, hier nicht mehr im einzelnen zu verfolgenden, Wirkungsgeschichte ist eine eher rückläufige, allein auf einen möglichen politischen Impuls zielende Barthrezeption zu beobachten, die das große theologische Werk Barths zugunsten seiner religiös-sozialen Anfänge und vermuteten politischen Implikationen auf Aussagen reduziert, die Barth hätte machen sollen, aber tatsächlich eben nicht gemacht hat. Diese für den heutigen politischen Barthianismus charakteristische Wirkungsgeschichte führt aber eher aus der Theologie Karl Barths heraus, als daß sie in sie einführte. Daß sie überhaupt sich entwickeln kann, hängt natürlich mit der Wirkung Karl Barths selbst zusammen, nämlich in der Formierung des kirchlichen Widerstandes im Dritten Reich, der damals allerdings kein politischer Widerstand war und für dessen politischen Charakter es bei manchen Barthianern einen gleichsam noch unabgegoltenen Nachholbedarf gibt. Ob die Barthsche Theologie dafür verantwortbare und kontrollierbare Kriterien an die Hand gibt, ist eine noch völlig offene Frage, die nur vorübergehend durch eine besonders forsche Anspruchssprache verdeckt werden kann.

Die der theologischen Denkbewegung der Kirchlichen Dogmatik eigene Dynamik jedoch trägt über diese zeitgeschichtlichen Fixierungen genauso hinaus wie über die Frontstellungen, in denen sich diese Theologie einst gebildet hat. Als christliche Aufklärungstheologie des 20. Jahrhunderts mit einer noch unausgemessenen theologischen Universalität und humanen Weite bleibt sie noch zu entdecken. Ihre Verbindungsfähigkeit mit anderen, nichttheologischen Sehweisen der Wirklichkeit ist noch zu erproben. Die Überzeugung Barths, daß die Theologie immer wieder neu anfangen müsse und sich nicht über die Sache stellen dürfe, der sie zu dienen hat, findet sich auch in Barths eigenem Wort von Gottes „Übergang in das freie Land des Menschen und des Menschlichen". Das ist auch wieder eine Einladung zu theologischer Bescheidenheit, folgt man dem Gedanken, Gott dürfte wohl „der kleinste Seufzer und das kleinste Lachen des Menschen wichtiger sein als der Dienst der wichtigsten Institutionen, der Bau der großartigsten Apparate, die Entfaltung der tiefsten oder höchsten Ideen" (*Kirchliche Dogmatik* IV, 3, 763).

Eberhard Rolinck

PAUL TILLICH

(1886–1965)

Paul Tillich gehört zu den Theologen, die die Neuorientierung der protestantischen Theologie nach dem Ersten Weltkrieg getragen und die Theologie des 20. Jahrhunderts geprägt haben. Sein Denken ist durch und durch geschichtlich, situationsbezogen, erfahrungsnah und praxisorientiert. Der praktischen Theologie der Gegenwart gab er entscheidende Impulse.

I. Leben

Paul Tillich wurde am 20. August 1886 in Starzeddel, einem Dorf in der Mark Brandenburg, geboren.[1] Sein Vater war lutherischer Pfarrer, die Mutter kam aus dem reformierten Protestantismus des Rheinlands. Als Tillich vier Jahre alt war, wurde sein Vater als Superintendent in die ostelbische Kleinstadt Schönfließ berufen. Das Leben in dieser ländlichen, mittelalterlich geprägten Stadt ließ bei Tillich, wie er selbst berichtet, eine enge Beziehung zur Natur und ein lebendiges Gefühl für Geschichte wachsen. Eindrücke in Kirche und Pfarrhaus waren für ihn ein erstes Erleben des Heiligen, in dem er später die Grundlage seiner gesamten theologischen Arbeit sah. Das Meer, das er in regelmäßigen Ferien an der Ostsee erlebte, und ähnlich die Großstadt, nachdem sein Vater 1900 Konsistorialrat in Berlin wurde, machten auf ihn den gleichen, sein Leben hindurch oft wiederholten Eindruck von Unendlichkeit und Dynamik. Als stärksten Gegensatz dazu erfuhr er die patriarchalische Strenge des Vaters und die autoritäre Struktur der preußischen Gesellschaft. Nach dem frühen Tod der Mutter (1903) mußte er sich in einem langen und schmerzhaften Prozeß von der väterlichen Autorität lösen, ein Durchbruch, der ihn „gegen jedes System des Denkens oder Lebens, das Unterwerfung fordert, immun gemacht" hat (GW 12,63).

Tillich befaßte sich schon während der Schulzeit gründlich mit Philosophie. 1904 begann er sein theologisches Studium in Berlin und setzte es in Tübingen und Halle fort. Die für ihn wichtigsten Lehrer waren der Philosoph Fritz Medicus, der ihn mit dem deutschen Idealismus vertraut machte, und Martin Kähler, der „Verkünder der theologischen Rechtfertigungslehre, Kritiker von Idealismus und Humanismus" (GW 12,31), wie Tillich ihn nannte. Beide halfen ihm, zur geistigen Existenz auf der Grenze von Philosophie und Theologie zu finden. Nach Abschluß des Studiums und philosophischer Promotion arbeitete Tillich einige Jahre als Hilfsprediger, erwarb in dieser Zeit den Grad eines Lizentiaten der Theologie und bereitete seine Habilitation vor.

Den entscheidenden Wendepunkt in Tillichs Leben – „den ersten, letzten und einzigen" (Pauck, 1978, 54) – bildete *der Erste Weltkrieg,* an dem er als Feldprediger teilnahm. Das Erlebnis des Grauens an der Front veränderte ihn völlig. Auf tiefe Depressionen folgte der Zorn über eine Gesellschaft, in der dieser Krieg möglich gewesen war. Die Welt, in der er aufgewachsen und Theologe geworden war – bürgerliche Gesellschaft, preußische Monarchie, traditionelles Luthertum –, wurde ihm ganz und gar fragwürdig. Er wurde religiöser Sozialist und fand zu einem unkonventionellen Lebensstil, beides fortan Komponenten seines Lebens, denen seine Theologie ihre Originalität, Dynamik und Erfahrungsnähe verdankt. Er stand mit beiden Beinen in der Gegenwart und dachte theologisch im Horizont der Welt, in der er ein Leben lebte, das ebenso vielseitig wie intensiv wie zeitweise chaotisch war. Zudem war er äußerst dialogfähig und sensibel für die Reaktionen seiner Gesprächspartner und Studenten. In deren Fragen deckte er durch schöpferisches Zuhören und Antworten Dimensionen auf, die dem Fragesteller oft gar nicht bewußt waren. Bereits in seinen Vorlesungen als Privatdozent in Berlin (1919–1924) erwies er sich als faszinierender Lehrer. Vorlesungen zu halten blieb für ihn immer eine echte Leidenschaft.

Von den zahlreichen und sorgfältig gepflegten Kontakten, Begegnungen und Freundschaften mit Wissenschaftlern, Künstlern und Politikern wurde für seine weitere theologische Entwicklung in diesen Jahren die Mitarbeit in einer Gruppe des Religiösen Sozialismus entscheidend wichtig. Die Berliner Gruppe um Carl Mennicke, der er sich anschloß, war ein Arbeitskreis von Philosophen, Theologen, Volkswirtschaftlern und Juristen, der seine besondere Aufgabe in der politischen und geistigen Situation der zwanziger Jahre darin sah, die Kluft zwischen Sozialismus und Christentum, „zwischen der säkularen Orthodoxie der marxistischen Bewegungen auf der einen Seite und der religiösen und kirchlichen Orthodoxie der lutherischen Tradition auf der anderen Seite" (GW 13,235) zu überbrücken. Dadurch sollte ein entscheidendes Hindernis für eine christlich-sozialistische Neuordnung der Gesellschaft aus dem Weg geräumt werden, die dem *Religiösen Sozialismus* als einziger Ausweg aus dem Chaos nach dem Ersten Weltkrieg erschien. Die Gruppe arbeitete trotz ihrer politischen Zielsetzung vorwiegend theoretisch, und Tillich wurde bald ihr führender philosophischer und theologischer Denker. Für ihn selbst bedeutete das „den endgültigen Bruch mit dem philosophischen Idealismus" (GW 7,18) und die Konzentrierung seines Denkens auf eine Geschichtsphilosophie und -theologie, deren Mitte der Begriff *„Kairos"* bildet. Tillich bezeichnete mit Kairos die einmalige und unwiederholbare Möglichkeit der Realisierung des geschichtlich Neuen in entscheidenden Augenblicken der Geschichte. Die Berliner Gruppe des Religiösen Sozialismus verstand die Situation nach dem Ersten Weltkrieg in diesem Sinne als einen Kairos. Für Tillich selbst wurde der

Religiöse Sozialismus, wie er später in einem Rückblick schreibt, „mehr und mehr der Kristallisationspunkt meines gesamten Denkens" (GW 12,48).

Kaum weniger befruchtend als die Gespräche der Religiösen Sozialisten war für Tillich seine Begegnung mit der Welt der Künstler und der Bohème. Nachdem seine erste Frau ihn verlassen hatte, stürzte er sich in eine Vielfalt von Freundschaften und Abenteuern. Dabei machte er die Erfahrung, daß diese Lebensweise seine geistige Arbeit vor der bei ihm offenkundigen „Gefahr der deduktiven Gewaltsamkeit, der die bluthafte Fülle immer neuer Anschauungen der Wirklichkeit fehlt"[2], schützen konnte. In ruhigere Bahnen kam sein Leben für kurze Zeit, als er 1924 Hannah Werner heiratete und kurz darauf einem Ruf nach Marburg folgte. Tillich litt unter dem Provinzialismus der kleinen Universitätsstadt und war froh über die Berufung nach Dresden, wo er 1925–1929 an der Technischen Hochschule Religionswissenschaft lehrte und bald Zugang zum künstlerischen und gesellschaftlichen Leben dieser Stadt fand. Die letzte Professur, die Tillich in Deutschland erhielt, war ein philosophischer Lehrstuhl in Frankfurt (1929–1933). Tillichs „Genie der Freundschaft" zog hier gleich neue Gesprächspartner an: Ernst Bloch, Max Horkheimer, Theodor W. Adorno und Kurt Riezler wurden seine Freunde.

Tillich geriet in diesen Jahren, in denen er und seine Freunde dem Nationalsozialismus entgegentreten mußten, mehr und mehr in die aktive Politik hinein, wurde Mitglied der SPD und Mitherausgeber der „Neuen Blätter für den Sozialismus" und setzte sich als Dekan der Philosophischen Fakultät für die jüdischen Studenten ein. Ihm war deutlich bewußt, was auf dem Spiel stand und was zu erwarten war, wenn der Kairos der zwanziger und dreißiger Jahre ungenutzt blieb. Würden die Nationalsozialisten siegen, schrieb er 1932, dann „ist der Selbstvernichtungskampf der europäischen Völker unvermeidlich. Die Rettung der europäischen Gesellschaft vor der Rückkehr in die Barbarei ist in die Hand des Sozialismus gegeben" (GW 2,364). Die Barbarei konnte nicht aufgehalten werden und forderte bald ihre Opfer. Tillich gehörte zur ersten Gruppe deutscher Hochschullehrer, die 1933 aus dem Universitätsdienst entlassen wurden. Nach langem Zögern ging er Ende Oktober 1933 nach New York ins Exil.

Das Schicksal der Emigration anzunehmen und fruchtbar zu machen, ist ihm nicht leicht geworden. Im Licht des biblischen Exodus-Motivs sah er sie als religiöse Situation. Am Union Theological Seminary in New York, das ihm eine Gastprofessur angeboten hatte, fand er seine erste Zuflucht. Außerdem lehrte er an der Columbia University Philosophie, wurde bald in philosophische und theologische Gesprächskreise aufgenommen und arbeitete führend in verschiedenen Emigrantenorganisationen mit. Erst 1937 erhielt er eine feste Anstellung, 1940 wurde er amerikanischer Staatsbürger und ordentlicher Professor.

Das außergewöhnliche Echo, das ihn für die fünfziger und sechziger Jahre zum bedeutendsten Theologen Amerikas werden ließ, fand er erst gegen Ende der vierziger Jahre. Er verstand den großen Erfolg seiner Theologie in den

USA als Verpflichtung, nahm einen großen Teil der zahllosen Aufforderungen zu Vorträgen und Veröffentlichungen an, war seit 1948 auch häufig zu Gastvorlesungen in Europa, lehnte aber jeden Ruf an eine deutsche Universität ab. „Ich muß dem Schicksal der Emigration treu bleiben"[3], schrieb er im deutlichen Bewußtsein, daß er auch als Theologe von den und für die Menschen lebte, bei denen er ein Echo fand.

Den Kreis seiner unmittelbaren Gesprächspartner dehnte er in den fünfziger Jahren vor allem auf Psychoanalytiker und Psychotherapeuten aus, darunter Karin Horney, Erich Fromm und Rollo May. Frucht dieser Gespräche war sein Buch *Der Mut zum Sein,* das sein bekanntestes Werk wurde und eine große Wirkung hatte. Sein Hauptwerk, die *Systematische Theologie,* deren Entstehung sich über vier Jahrzehnte erstreckte, kam bei der Fülle der Aufgaben und Reisen, die er auf sich nahm, nur sehr langsam voran. Erst im letzten Jahrzehnt seines Lebens konnte er diese Arbeit zum Abschluß bringen, obwohl diese Jahre für ihn alles andere als ein ruhiger Lebensabend waren. Er hat bis zu seinem Tod als Universitätsprofessor gelehrt, 1955–1962 in Harvard und 1962–1965 in Chicago. Dort starb er am 22. Oktober 1965.

II. Werk

Schon ein kurzer Blick auf Tillichs Leben kann einen deutlich hervortretenden Grundzug nicht übersehen: Tillich will über Grenzen hinweg vermitteln, will Gegensätze überbrücken und Menschen ins Gespräch bringen, die sich in verschiedenen Lagern glauben. Tillichs Leben ist bewußte Existenz auf der Grenze, die er „Symbol für meine ganze persönliche und geistige Entwicklung" (GW 12,13) nennt. Sein ganzes Werk steht im Dienst dieser Grenzen überschreitenden Vermittlung, ist getragen von einer in verschiedenen Bereichen der menschlichen Lebenswelt erworbenen Lebenserfahrung und macht die Erfahrungs- und Situationsbezogenheit programmatisch zum methodischen Prinzip theologischer Arbeit: „Die Aufgabe der Theologie ist Mittlerdienst. Mittlerdienst zwischen dem ewigen Kriterium der Wahrheit, wie sie im Bilde Jesu als des Christus anschaubar ist, und den wechselnden Erfahrungen von Individuen und Gruppen, ihren sich ändernden Fragestellungen und ihren Kategorien zur Wahrnehmung der Wirklichkeit" (GW 7,13).

Die beiden Pole christlicher Theologie, die unwandelbare Wahrheit der Botschaft und die immer neue, gewandelte Situation der Gegenwart in einer fruchtbaren Spannung zu halten, keinen der Pole aufzugeben, sondern eine dynamische wechselseitige Beziehung zwischen ihnen herzustellen, das ist bei Tillich beinah von Anfang an das Ziel seiner philosophischen und theologischen Arbeit. Je mehr es ihm gelingt, in dieser Absicht seine *Systematische Theologie* zu entwickeln, um so größer wird auch die methodische Klarheit, denn „Methode und System bestimmen sich gegenseitig" (ST 1,73). Tillich nennt seine aus der Verbindung eigener Lebenspraxis und theoretischer Arbeit

Paul Tillich (1886–1965)

entstandene theologische Denkweise die *Methode der Korrelation.*[4] Sie hat ihren Kern darin, daß sie existentielle Fragen des Menschen – Fragen, die sich aus der unmittelbaren Erfahrung des eigenen Existierens ergeben und das Ganze unserer Existenz betreffen – in Beziehung zu den Antworten bringt, die im Offenbarungsereignis gegeben sind. Diese Korrelation muß im Grunde nicht hergestellt, sondern eigentlich nur aufgedeckt werden, denn „Menschsein bedeutet: nach dem eigenen Sein fragen und . . . Antworten auf die Frage nach dem eigenen Sein erhalten" (ST 1,76). Nur innerhalb der Korrelation von Frage und Antwort kann die im Offenbarungsereignis gegebene Antwort verstanden werden. Gotteserfahrung und Selbsterfahrung sind untrennbar. Die Analyse der menschlichen Situation und Selbstinterpretation ist, auch wenn sie Material aus Psychologie und Soziologie, aus Kunst und Dichtung benutzt, eine vorwiegend philosophische Aufgabe, also radikales, kritisches Fragen, auf das der Theologe aus einer grundsätzlich nicht theoretischen, sondern existentiellen Haltung letzten Betroffenseins vom Offenbarungsereignis Antworten zu geben versucht. Dabei sind Frage und Antwort voneinander zugleich unabhängig und abhängig. Unabhängig, weil weder die Antwort aus der Frage noch die Frage aus der Antwort abzuleiten ist. Ohne eine zuvor gestellte Frage des Menschen ist die in seine Situation hineingesprochene Offenbarungsantwort eben keine Antwort. Und doch gibt es eine wechselseitige Abhängigkeit von Frage und Antwort. Die Antwort wird zunächst von der Existenzerfahrung und der aus ihr hervorgehenden Frage her verstanden und strukturiert, aber im Verstehungsprozeß zeigt sich, daß die Antwort die Frage korrigiert und zu einem neuen Selbstverständnis bringt. Erst die Frage, der so die Augen geöffnet sind, macht volles Verstehen und Annahme der Antwort möglich. Die Beziehung von Frage und Antwort in der Methode der Korrelation ist also nicht statisch, sondern ein dynamischer und dialektischer Prozeß. Es geht Tillich dabei nicht um eine Übersetzung aus religiöser Sprache in Alltagssprache, sondern um die Erschließung des Zugangs zur religiösen Sprache, um die Eröffnung eines schöpferischen Umgangs mit *religiösen Symbolen.*[5] Weil von Gott gar nicht anders als symbolisch geredet werden kann, bleibt die Theologie an die konkreten, im Offenbarungsgeschehen entstandenen Symbole gebunden. Sie kann nichts anderes tun, als diese Symbole mit Hilfe der Methode der Korrelation zum Sprechen zu bringen und lebendig zu erhalten. Nicht die Theologie, sondern nur die lebendigen religiösen Symbole erschließen die Tiefendimension der Wirklichkeit und der Existenz, die sonst verschlossen bleibt: die Dimension des Heiligen, oder, wie Tillich sie nennt: die religiöse Dimension.

Tillich diagnostiziert in der Entwicklung der westlichen Welt in seiner Generation den drohenden Verlust der Dimension oder Tiefe, den Verlust der Frage nach dem Sinn des Lebens und der Antwort darauf.[6] Die religiösen Symbole sprechen für viele Menschen nicht mehr, weil die Religionen selbst ihre Symbole oft nicht mehr als Symbole verstehen, als etwas, was über sich selbst hinausweist auf transzendente Wirklichkeit, sondern sie wörtlich nehmen und als Inhalte auf die gleiche Ebene mit wissenschaftlich erforschbaren Tatsachen stellen. Um diesen die religiöse Dimension verschüttenden Mißbrauch der religiösen Symbole zu überwinden und die wesentliche Funktion der Religion zu verdeutlichen, in deren Dienst die religiösen Symbole stehen, macht Tillich eine wichtige begriffliche Unterscheidung zwischen zwei verschiedenen Aspekten der Religion, zwischen *Religion im weiteren* und *Religion im engeren Sinn*.[7]

Religion im weiteren Sinn ist die Dimension der Tiefe, die Frage nach dem letzten Sinn, „das Ergriffensein von dem, was uns unbedingt angeht" (GW 5,41), also kein besonderer Bereich neben den anderen Bereichen der Kultur, sondern eine Dimension aller Bereiche, eine Qualität der Begegnung mit der Wirklichkeit. Die religiöse Dimension bedarf aber, solange der Mensch von seinem wahren Sein entfremdet ist, der besonderen Ausdrucksformen neben anderen,[8] der Religion im engeren Sinn: „Religion als das Leben einer sozialen Gruppe, die ein gemeinsames letztes und unbedingtes Anliegen ausdrückt, eine Erfahrung des Heiligen, sowohl in mythischen und kultischen Symbolen als auch in moralischen und gesellschaftlichen Lebensformen" (GW 13,449). Die beiden begrifflich unterscheidbaren, aber nie voneinander getrennten Aspekte der Religion stehen in einem dialektischen Verhältnis zueinander: Das Ergriffensein vom Unbedingten bedarf der Konkretisierung und verneint sie zugleich. Jede Religion trägt ein kritisches prophetisches Element in sich selbst, das ihr immer wieder zeigt, wie groß der Abstand ist zwischen den religiösen Symbolen und der transzendenten Wirklichkeit Gottes, auf die sie hinweisen. „Um von Gott handeln zu können, muß sich die Religion daher im Namen des Gottes, den sie bejaht, immer selbst verneinen" (GW 7,133). Die Unbedingtheit des Ergriffenseins hält jede konkrete Religion in einer unauflöslichen Spannung von Unbedingtheit und Konkretheit.

Die Frage, wie diese Spannung von Unbedingtheit und Konkretheit durchzuhalten ist, versucht Tillich mit dem Begriff der *Theonomie* zu beantworten.[9] Er meint damit eine konkrete geschichtliche Situation in einer bestimmten Kultur, in der Religion kein Sonderbereich neben der Kultur ist; in der alle Lebensformen dieser Kultur erfüllt und geprägt sind vom Unbedingten als ihrem tragenden Grund. Tillich findet dafür die Formel: „Religion ist die Substanz der Kultur, und Kultur ist die Form der Religion" (ST 3,285). Die theonome Einheit von Religion und Kultur ist gefährdet und löst sich durch geschichtlichen Wandel auf, wenn autonome Kritik an entleerten und erstarrten Formen heteronome Reaktionen hervorruft, die für die aus der Erfahrung des Unbedingten gewachsenen Lebensformen selbst Unbedingtheit beanspruchen. Dann erhebt sich die autonome Kritik vom Korrektiv zum Konstitutiv, löst sich aus der Einheit der Theonomie, zerbricht selbst in Rationalismus und Skepsis und endet in Zynismus und Sinnlosigkeit, in die schließlich totalitäre Kräfte eindringen können. Trotzdem ist der geschichtliche Prozeß nicht umkehrbar. Nicht durch romantische Restauration kann eine neue Theonomie entstehen, sondern nur durch das Durchstehen der inneren Problematik der

Autonomie bis zu dem Punkt, wo sie sich wieder selbst transzendiert und die Frage nach dem verlorenen Sinn neu stellt. Es gibt also keine endgültige Aufhebung der Spannung von Unbedingtheit und Konkretheit in einer vollendeten Theonomie, sondern nur den immer erneuten Versuch, aus der Erfahrung des Unbedingten in einem kreativen Prozeß neue Lebensformen zu schaffen und sie vor der Erstarrung und Entleerung zu schützen. „Der Kampf von Autonomie und Theonomie ist . . . der dialektische Stachel der Geschichte, der sie nie zur Ruhe kommen läßt“ (GW 1,272). „Theonomie ist nicht Erfüllung, sondern das innergeschichtliche Abbild der Erfüllung . . . Sie ist nicht das Reich Gottes, sondern das fragmentarische, vorwegnehmende, immer gefährdete Bild des Reiches Gottes in einer spezifischen Periode der menschlichen Geschichte.“ (GW 6,156)

Wie kann die Möglichkeit und Notwendigkeit neuer Lebensformen der Religion in einer bestimmten geschichtlichen Situation erkannt und realisiert werden? Das Neue drängt sich nicht auf, es kann nur wirklich werden, wenn einzelne oder Gruppen sich der Verantwortung für die Gegenwartssituation stellen und das Wagnis der Entscheidung für eine bestimmte Praxis auf sich nehmen. Tillich nennt dieses in verantwortliches Handeln mündende Ergriffensein von der Chance des Hier und Jetzt einen *gläubigen Realismus,*[10] weil der Glaubende mitten in der konkreten geschichtlichen Wirklichkeit einen unbedingten Anspruch erfährt, der die Wirklichkeit transparent macht für ihre eigene Tiefe. „Wenn die Wirklichkeit so mit dem Auge des gläubigen Realismus gesehen wird, ist sie etwas Neues geworden.“ (GW 4,101)

Es ist bezeichnend, daß Tillich hier nicht etwa sagt: „. . . wird etwas Neues sichtbar.“ Für den, der sich dem Anspruch des Hier und Jetzt stellt, bricht das Neue schon herein, nicht als unausweichliche Notwendigkeit des geschichtlichen Fortschritts, sondern als greifbare Möglichkeit, für die gekämpft werden muß. Das Neue ist zugleich gegeben und gefordert. Das ist für Tillich die Erfahrung eines *Kairos*[11]: „Kairos in diesem Sinne ist der geschichtliche Augenblick, in welchem etwas Neues, ewig Bedeutsames sich in zeitlichen Formen, nämlich in den Möglichkeiten und Aufgaben einer besonderen Zeitepoche offenbart“ (GW 3,76). Der Kairos ist Verheißung und Forderung. Er kann deshalb von einem distanzierten Beobachter gar nicht erkannt werden, sondern nur von dem, der existentiell von der Situation seiner Zeit betroffen ist und sich handelnd in ihr engagiert. Durch Menschen, die an einer historischen Situation in ihrer Tiefe teilnehmen, „wird der mögliche Kairos zum wirklichen Kairos. Wer einen Kairos verkündigt, hilft ihn zu schaffen. Er selbst ist ein Element in der Gesamtsituation“ (GW 6,153).

Tillich spricht hier, wenn auch in mehr geschichtsphilosophischen als theologischen Begriffen, im Grunde von nichts anderem als vom Glauben, der die Welt verändert, von der Wahrheit des Glaubens, die gefunden wird, wenn sie getan wird. Die Wahrheit, auch die Wahrheit des Glaubens, hat für Tillich Entscheidungscharakter: sie erschließt sich nur dem, für den sie in seiner konkreten schicksalhaften Situation wichtig wird und eine Entscheidung verlangt.

eine unausweichliche Entscheidung für oder gegen die Wahrheit, die die Situation verwandeln kann. Trotzdem bleibt die Entscheidung in die einmalige Situation eingebunden und deshalb überholbar durch neue Erfahrungen. Die konkrete Gestalt der Glaubenserfahrung und der damit verbundenen Veränderung der profanen wie religiösen Lebensformen erweist sich gerade dadurch als „Gestalt der Gnade" (GW 7,40), daß sie nicht für die endgültige gehalten wird, sondern sich offen hält für ein neues Durchbrechen verwandelnder Glaubenserfahrung. Das heißt auch: was hier und jetzt das „einzig Wahre" ist, muß doch dem Protest und der Kritik ausgesetzt werden, um vor Fixierung und Erstarrung bewahrt zu bleiben.[12]

Der prophetische Protest gegen die Vergegenständlichung der Gnade, gegen den Versuch, etwas Bedingtes für unbedingt zu erklären, – dieser leidenschaftliche Protest ist für Tillich nicht nur eine geschichtliche Errungenschaft des Protestantismus, sondern ein unüberholbares, allgemein bedeutsames Prinzip: das *„protestantische Prinzip"*, das von der Reformation als Konsequenz der Rechtfertigungslehre entdeckt wurde. Er versucht, die *Rechtfertigungslehre* neu zu formulieren, um sie dem modernen Menschen als Antwort auf die Erfahrung der Bedrohtheit, der Sinnlosigkeit und der Verzweiflung verstehbar zu machen.[13] „Rechtfertigung allein aus Gnade durch Glauben" kann für Tillich in der gegenwärtigen Situation nur heißen: radikales Anerkennen der menschlichen Grenzsituation, unbedingtes Nein gegen jeden Versuch des Menschen, sich zu sichern und seiner Situation zu entkommen, unbedingtes Ja zum Menschen, so wie er ist, ohne Vorbedingungen. In Jesus Christus wird das vorbehaltlose Ja Gottes zum Menschen sichtbar. Glauben heißt, sich davon ergreifen und verwandeln lassen, das Ja Gottes annehmen, obwohl man sich unannehmbar fühlt. Selbst radikaler Zweifel an Gott schließt die Glaubenserfahrung des Bejahtseins nicht aus, solange der Zweifel im letzten Ernst der Wahrhaftigkeit durchgehalten wird. Tillich kann deshalb von der „Rechtfertigung des Zweiflers" reden.[14] Sie geschieht als „Durchbruch der Gewißheit, daß die Wahrheit, die der Zweifler sucht, der Lebenssinn, um den der Verzweifelte ringt, nicht das Ziel, sondern die Voraussetzung alles Zweifels bis zur Verzweiflung ist" (GW 8,91). Der Mut, die Verzweiflung anzunehmen, ist bereits Glaube, ein absoluter Glaube ohne konkrete Symbole, ja vielleicht selbst ohne theistische Gottesvorstellung. Auch dieser Glaube ist noch von der Macht Gottes getragen. „Der Mut zum Sein gründet in dem Gott, der erscheint, wenn Gott in der Angst des Zweifels untergegangen ist." (GW 11,139)

Eine solche radikale Zuspitzung der Rechtfertigungslehre relativiert alle Inhalte des Glaubens. Der Schritt zum „protestantischen Prinzip" ist nur konsequent. Der Protest gegen jede Verabsolutierung einer endlichen, bedingten Wirklichkeit wird zum Korrektiv und zur Kritik jeder konkreten Verwirklichungsgestalt des Glaubens. Das heißt durchaus nicht, es könne oder dürfe keine konkrete Gestalt des Glaubens geben. Im Gegenteil, Tillich hält hier die in der Rechtfertigungslehre entwickelte Einheit von Ja und Nein darin durch, daß er die „Gestalt der Gnade" als notwendige Voraussetzung der prophetischen

Kritik sieht. Gestaltung und Protest, priesterliches und prophetisches Element stehen in Spannung zueinander und sind doch aufeinander angewiesen.[15] Der Protestantismus war und ist immer in der Gefahr, sich aus dieser Einheit zu lösen, das Korrektiv zum Konstitutiv zu machen und das Kind der religiösen Lebensformen und Symbole mit dem Bade der Kritik an magischen Elementen auszuschütten. Tillich sieht in dieser Individualisierung und Intellektualisierung des Glaubens die entscheidende Gefährdung des Protestantismus. Das Christentum der Zukunft stellt er sich deshalb als Verbindung von sakramental-symbolischem und prophetisch-kritischem Denken vor, als eine Art „evangelischen Katholizismus" (GW 7,157), der katholische Substanz und protestantisches Prinzip in fruchtbarer Spannung vereint und von sich selbst sagen kann: „So haben wir unser Christentum, als hätten wir es nicht." (RR 2,27)[16]

In Tillichs Interpretation des aus der neu verstandenen reformatorischen Rechtfertigungslehre entwickelten „protestantischen Prinzips" ist es begründet, daß er innerhalb der protestantischen Theologie bewußt eine Position zwischen dem Typus der „orthodoxen" bzw. „dialektischen" Theologie einerseits und dem Typus der „liberalen" bzw. „existentialen" Theologie andererseits einnimmt: „Meine Theologie kann verstanden werden als ein Versuch, den Konflikt zwischen diesen beiden Typen der Theologie zu überwinden. Sie will aufzeigen, daß die in diesen Bezeichnungen ausgedrückte Alternative nicht gültig ist, daß die meisten der einander entgegengesetzten Behauptungen der Ausdruck eines veralteten Stadiums des theologischen Denkens sind und daß . . . das protestantische Prinzip selber alte und neue Orthodoxie, alten und neuen Liberalismus verbindet." (GW 7,26)

Tillich rühmt an der *liberalen Theologie*[17] den Durchbruch zur konsequenten historisch-kritischen Arbeit, das wissenschaftliche Interesse für die kultur- und religionsgeschichtlichen, die soziologischen und psychologischen Bedingungen der geschichtlichen Konkretionen des christlichen Glaubens, die Einsicht in die Notwendigkeit, schließlich und vor allem den Protest gegen die „geheiligte Heteronomie" (GW 7,27) eines in einem supranaturalistischen Offenbarungsverständnis begründeten Anspruchs auf absolute Autorität der „reinen Lehre". In diesen Punkten tritt Tillich entschieden für das Erbe der liberalen Theologie ein. Trotzdem grenzt er seine eigene theologische Position deutlich von ihr ab. Er wirft der liberalen Theologie vor, „die prophetische Kritik des protestantischen Prinzips durch die rationale Kritik der wissenschaftlichen Methode ersetzt" (GW 7,136), den christlichen Glauben auf schöpferische Selbstverwirklichung des Menschen reduziert, die geschichtliche Offenbarung in Kultur- und Religionsgeschichte aufgelöst zu haben, die Selbstentfremdung des Menschen zu übersehen und deshalb nur eine „Selbsterlösung" durch eine auf Ethik reduzierte Verkündigung Jesu zu kennen, nur das „Gesetz" also, nicht das „Evangelium", die Botschaft von der „neuen Wirklichkeit" in Jesus als dem Christus.

Die Kritik der protestantischen Orthodoxie formuliert Tillich in seiner Auseinandersetzung mit Karl Barth und der *„dialektischen“ Theologie.*[18] „Die Wahrheit nicht nur der Barthschen, sondern jeder Theologie . . ., die den Namen verdient“ (GW 7,254), sieht er in der Betonung der radikalen Transzendenz Gottes und der Unverfügbarkeit seiner Offenbarung. Er hält aber die „dialektische“ Theologie nicht für wirklich dialektisch, denn sonst würde sie das Offenbarungsereignis nicht als einen isolierten, von außen einbrechenden Fremdkörper in der Geschichte sehen. Für Tillich heißt dialektisches Verständnis der Offenbarung gerade, daß diese nicht ausschließlich an bestimmte isolierte zeitliche und räumliche Vorgänge gebunden wird, sondern daß die Geschichte als ganze im Licht der Offenbarung als Offenbarungsgeschichte erscheint, in der die entscheidende Offenbarung vorbereitet und aufgenommen wird. Deshalb kritisiert er die undialektische Entgegensetzung von Offenbarung und Religionsgeschichte bei Barth, die Trennung von Offenbarung und Kultur, das Nein zu Religionsphilosophie und historisch-kritischer Forschung und die Interpretation des Reiches Gottes als etwas vollkommen Ungegenwärtigem jenseits der Geschichte. Tillich fragt die „dialektische“ Theologie nach der Voraussetzung der dialektischen Negation der menschlichen Möglichkeiten in der Geschichte, nach dem „Ja, das die Voraussetzung des Nein ist“ (GW 7,218). Ohne dieses Ja wird der Glaube ein Werk des Gesetzes, eine Bejahung des Absurden. Tillich findet das Ja, das Fundament des Glaubens, in der in Jesus als dem Christus in der Geschichte gegenwärtigen „Neuen Wirklichkeit“, die kein Fremdkörper in der Geschichte ist oder die Geschichte aufhebt, sondern in ihr und durch sie wirkt.

Tillichs *Offenbarungsverständnis*[19] ist von der Absicht geprägt, die falsche Alternative von liberaler und orthodoxer Theologie zu überwinden. Er will Offenbarung weder supranaturalistisch als das beziehungslose Einbrechen göttlicher Erleuchtung in die Geschichte interpretieren noch naturalistisch die Offenbarungsgeschichte mit Kultur- und Religionsgeschichte identifizieren. Offenbarung versteht er als Manifestation von etwas Verborgenem, das auch im Offenbarwerden seine Verborgenheit nicht verliert, weil es wesentlich geheimnisvoll ist. „Wird das Unbedingt-Verborgene offenbar, so muß es in dieser seiner Qualität als unbedingt Verborgenes offenbar werden“ (GW 8,34). Offenbarung fügt dem alltäglichen Wissen nichts hinzu, denn sie ist „Manifestation von etwas, das innerhalb des Zusammenhangs der alltäglichen Erfahrung begegnet und doch den gewöhnlichen Erfahrungszusammenhang transzendiert. Man weiß mehr vom Mysterium, nachdem es sich in der Offenbarung manifestiert hat. Das Mysterium ist in die Erfahrung eingetreten“ (ST 1,132). Die Offenbarungserfahrung durchbricht den Alltagszusammenhang, ohne ihn zu zerbrechen, sie beunruhigt, erschüttert, bedroht – zugleich manifestiert sich aber in ihr das Mysterium als tragender Grund, als Macht des Seins, die uns verwandelt. Offenbarung hat diese erschütternde und erneuernde Kraft immer nur für den, der in seiner konkreten Situation von ihr ergriffen wird. Es gibt keine „Offenbarung überhaupt“, die als Information, als „Offenbarungswahrheit“, aus der Situation herauszulösen wäre. „Nichts ist Offenbarung, was sich nicht mir, meiner Gegenwärtigkeit in ihrer ganzen Konkretheit, offenbart" (GW 4,105). Offenbarung geschieht also stets als Einheit von subjektivem und objektivem Geschehen, von Ergriffenwerden und Ereignis. Tillich gebraucht dafür die Begriffe „Ekstase" und „Wunder". „Ekstase" meint einen außergewöhnlichen Bewußtseinszustand, in dem die Vernunft die Einheit von Erschütterung und Erneuerung erfährt, über sich selbst hinausgetrieben und zur Erfahrung ihrer eigenen Tiefe gebracht wird, ohne daß dabei die rationale Struktur des Bewußtseins zerstört wird. Mit „Wunder" meint Tillich hier ein ungewöhnliches, erschütterndes Ereignis, das ebenfalls der rationalen Struktur der Wirklichkeit nicht widerspricht, das aber, in Ekstase erfahren, zum Zeichen für das Geheimnis des Seins wird. Das Wunder ist „eine ekstatisch erlebte Konstellation von Faktoren, die auf den göttlichen Grund des Seins hinweisen" (ST 2,174). Ekstase und Wunder bestehen nicht unabhängig voneinander, sondern nur als die beiden Seiten der Offenbarungskorrelation, in der „die Ekstase das Wunder des Bewußtseins und . . . das Wunder die Ekstase der Wirklichkeit ist" (ST 1,141) und die konkrete Situation transparent wird für das, was uns unbedingt angeht.

Ein geschichtliches Ereignis ist also nur für den ein Offenbarungsereignis, für den es in ekstatischer Erfahrung zum „Wunder" geworden ist. Historisch ist es als Offenbarungsereignis nicht objektivierbar. Für geschichtlich spätere Individuen oder Gruppen kann es nur Offenbarungsqualität haben, wenn die ursprüngliche Einheit von Wunder und Ekstase als ganze zum „Wunder" in einer neuen Offenbarungskorrelation wird. Tillich spricht dann von „abhängiger" im Unterschied zur „originalen" Offenbarung. Die Aufnahme geschichtlicher Offenbarung geschieht nicht ein für allemal, sondern in einer Offenbarungsgeschichte, die der Ort ständiger abhängiger Offenbarungen ist. Das ist für Tillich keine ständige Wiederholung des gleichen Vorgangs der Aufnahme des Gleichen, sondern ein jeweils neues und neuartiges Geschehen, denn „wenn eine Seite der Korrelation sich ändert, dann ändert sich die ganze Korrelation" (ST 1,152). Offenbarung ist auch in ihrer Aufnahme durch und durch geschichtlich, von den geschichtlichen Möglichkeiten der aufnehmenden Gruppe bestimmt und damit vom geschichtlichen Wandel des Bewußtseins betroffen. Für Tillich ist es keine Frage, daß Aufnahme von Offenbarung in religiösen Lebensformen geschieht, daß „jede Religion auf Offenbarung beruht und jede Offenbarung sich in der Form der Religion ausdrücken muß" (ST 3,127). Religion ist nicht selbst geoffenbart, sondern menschliche Antwort auf Offenbarung. Der Durchbruch der Offenbarung in der Religion kritisiert immer wieder das Unzulängliche und Verzehrende in der menschlichen Antwort. Deshalb sieht Tillich sowohl in der Entstehung sprachlicher und symbolischer religiöser Ausdrucksform als auch und gerade in religionskritischen Phänomenen der Religionsgeschichte Elemente einer vorbereitenden Offenbarung, die überall in der Religionsgeschichte gegeben sind und die Aufnahme der Offenbarung in Jesus als dem Christus möglich machen, ohne daß damit ein linearer Fortschritt innerhalb der Religionsgeschichte behauptet werden soll.[20]

Die verschiedenen Funktionen der Offenbarung – erschütternde, kritisierende, verwandelnde, erneuernde – führen in die Soteriologie. Offenbarung und Erlösung sind für Tillich eine Einheit: „Offenbarung kann nur aufgenommen werden im Gegenwärtigsein der Erlösung, und Erlösung kann nur geschehen in der Offenbarungskorrelation" (ST 1,172). Das wird besonders in Tillichs *Christologie*[21] deutlich, denn diese ist von vornherein soteriologisch konzipiert und im Ansatz durch die Frage nach Erlösung bestimmt. Der Schlüsselbegriff dieser Christologie ist das „Neue Sein", die Bezeichnung für die Wirklichkeit der Erlösung, für die neue Wirklichkeit, die in Jesus als dem Christus in die Geschichte gekommen ist. Jesus ist dadurch der Christus, daß das Neue Sein, das wesenhafte Menschsein unter den Bedingungen der Existenz, in ihm gegenwärtig ist. Nicht seine Worte oder seine Taten oder sein Leiden machen ihn zum Christus – das alles sind Manifestationen des Neuen Seins. Das Sein Jesu als des Christus hat die Qualität des Neuen Seins. Er verkörpert essentielles Sein unter den Bedingungen der Existenz, er ist das Neue Sein.

Der biblische Jesus wird als ein Mensch geschildert, der allen Bedingungen entfremdeter Existenz unterworfen ist. Er kennt Ungesichertheit, Angst, Enttäuschung, Erfolglosigkeit, Zweifel, Versuchungen, Konflikte, Irrtum. Aber diese Bedingungen der Existenz entfremden ihn nicht vom Sinn seines Lebens, trennen ihn nicht von Gott, weil er sie in die ungebrochene Einheit mit Gott hineinnimmt. Sie werden dadurch nicht aufgehoben, nicht einmal abgeschwächt, doch sie verlieren ihre entfremdende Kraft. Eben das ist für Tillich mit dem Titel „Sohn Gottes" gemeint: „Sohn Gottes heißt: die essentielle Einheit zwischen Gott und Mensch unter den Bedingungen der Existenz repräsentieren." (ST 2,121)

Für alle, die von der erlösenden Kraft des Neuen Seins in Jesus als dem Christus ergriffen werden und sie als Überwindung der Entfremdung erfahren, wird er zur sinngebenden „Mitte der Geschichte"[22]. Mit dieser Formulierung will Tillich betonen, daß das Neue Sein eine geschichtliche Dimension hat, daß Jesus als der Christus nicht von der Geschichte isoliert ist, sondern im Zusammenhang der Offenbarungs- und Erlösungsgeschichte steht und deren Mitte ist. Das ist nicht historisch verifizierbar, sondern ist „Ausdruck des wagenden Mutes des christlichen Glaubens" (ST 3,418). Die Glaubenserfahrung der Überwindung der Entfremdung kann allein die erlösende Kraft der neuen Wirklichkeit in Jesus als dem Christus bewahrheiten. „Der Glaube selbst ist die unmittelbare . . . Evidenz des Neuen Seins in und unter den Bedingungen der Existenz" (ST 2,125). Als sinngebende Mitte der Geschichte ist Jesus als der Christus auch Kriterium der Offenbarungsgeschichte. Die ungebrochene Einheit mit Gott und schließlich seine Selbstaufgabe am Kreuz macht ihn so transparent für die Offenbarung Gottes, daß die Bedingtheit der Offenbarung durch ihre konkrete Vermittlung in ihm aufgehoben und er deshalb zur entscheidenden, erfüllenden, unüberholbaren und darum „letztgültigen" Offenbarung wird.

Verifikation der Offenbarungs- und Erlösungserfahrung als Überwindung der Entfremdung der Existenz ist für Tillich nur denkbar als Teilnahme am Kampf der erlösenden Macht des Neuen Seins gegen die Entfremdung. Symbol dieses Kampfes und zugleich Symbol des in der Geschichte immer nur fragmentarischen Sieges ist das *„Reich Gottes“*[23], dessen immanent-transzendenter Doppelcharakter ihm seine geschichtlich wirksame Dynamik verleiht: „Das transzendente Reich Gottes ist nicht erreichbar ohne Partizipation an dem Kampf des innergeschichtlichen Reiches Gottes. Denn das Transzendente aktualisiert sich innerhalb der Geschichte“ (ST 3,444). Diese Dialektik hängt unmittelbar mit der Dialektik der Gotteserfahrung zusammen. Denn Gott wird für Tillich als schöpferische Macht im Geschichtsprozeß erfahren, als lebendiger Gott, dem der Mensch in seiner konkreten Situation als der ihn fragenden und befreienden Macht begegnet.[24] Diese Erfahrung hat – und nur dadurch ist sie Gotteserfahrung – eine besondere Qualität, die über alles Konkrete hinausführt: die Qualität des unmittelbaren Ergriffenwerdens von dem, was uns unbedingt angeht. Diese Qualität kann nur in symbolischer Sprache ihren Ausdruck finden, in der das völlig Konkrete über sich selbst hinausweist. Alles Reden von Gott ist symbolisches Reden und deshalb nur sinnvoll, solange es auf menschliche Erfahrung bezogen bleibt und deren selbsttranszendierendes Element erschließt.

III. Bedeutung

Was auf lange Sicht von Tillichs Theologie bleiben und wichtig sein wird, ist nicht leicht zu entscheiden. Vermutlich wird es mehr die „korrelative“ Grundstruktur seiner theologischen Existenz und seines Denkens sein als die von ihm entwickelten Lösungen der Probleme systematischer Theologie im einzelnen. Denn gerade die inhaltlichen Interpretationen der christlichen Tradition sind bei Tillich auf Grund der Struktur seiner Theologie – der grundsätzlichen Erfahrungs- und Situationsbezogenheit – stark von den geschichtlich bedingten Fragestellungen ihrer Entstehungszeit geprägt. Tillich hat eine Theologie für die Menschen seiner Zeit gemacht, die mit dieser veralten wird. Aber das eigentlich Neue an dieser Theologie, das radikale Sich-Einlassen auf die Gegenwartssituation und die Nöte der Menschen, die in ihr leben, das daraus entwickelte Programm der „Methode der Korrelation“: das ist und bleibt vorbildlich für alle künftige Theologie. Das gilt umso mehr, als Tillich nicht einfach die Gegenwärtigkeit zum Kriterium der Theologie schlechthin macht, sondern Botschaft und Situation in polarer Spannung sieht. Diese ist in einem nie abschließbaren dialektischen Prozeß durchzuhalten, in dem ständig neue Konkretisierungen des christlichen Glaubens entdeckt und verwirklicht und immer wieder kritisiert und überholt werden. Dieses dynamische theologische Denken ist nicht bloßes Interpretieren, sondern praktisch orientiert, auf Erneuerung des Lebens aus: Theologie als Funktion einer Kirche, die sich als Dienst am Kommen des Reiches Gottes in der Geschichte versteht.

IV. Wirkungsgeschichte

Mit der Struktur seiner Theologie hängt es zusammen, daß Tillich – trotz der außergewöhnlich breiten Wirkung seiner Theologie im letzten Viertel seines Lebens – nicht theologisch schulbildend gewirkt hat. Es gibt keine „Tillichianer" im gleichen Sinn, wie es „Barthianer" oder eine Bultmann-Schule gibt (oder gegeben hat). Manche der jüngsten Entwicklungen in der Theologie ist zwar bei Tillich, oft schon vor Jahrzehnten, in deutlichen Ansätzen vorweggenommen, aber ein direkter Einfluß ist kaum nachzuweisen. Das gilt z. B. für die „politische Theologie" wie für die Wiederentdeckung der „Religion", der religiösen Symbole und Lebensformen. Von einer direkten Wirkung Tillichs kann man höchstens in der praktischen Theologie sprechen, die die „Methode der Korrelation" zu konkreten religionspädagogischen Konzeptionen weiterentwickelt hat und die Erfahrungs- und Problembezogenheit des Religionsunterrichts durch Tillichs Religionsbegriff zu legitimieren versucht.[25] Die theologische Diskussion über Tillichs Werk zeugt von anhaltendem Interesse und hat kaum einen Aspekt seines Denkens unbeachtet gelassen.[26] Daß seine Theologie vorläufig war und weitergedacht werden mußte, war für Tillich selbstverständlich. Von seinem nach vierzigjähriger Arbeit abgeschlossenen Hauptwerk, der *Systematischen Theologie,* sagt er selbst, daß es fragmentarisch und fragwürdig bleibt. „Doch zeigt es das Stadium, das mein theologisches Denken erreicht hat. Aber ein System sollte nicht nur ein Punkt sein, an dem man angekommen ist, sondern auch ein Punkt, von dem man weitergeht. Es sollte wie eine Station auf dem endlosen Weg zur Wahrheit sein, an der die vorläufige Wahrheit Gestalt geworden ist". (ST 3,9)

Horst Bürkle

AIYADURAI JESUDASEN APPASAMY

(geboren 1891)

In der Geschichte der christlichen Theologie in Indien gebührt A. J. Appasamy ein vorrangiger Platz. Bei ihm wird der Brückenschlag vollzogen, der indischer Tradition verpflichtetes Denken und Grundstrukturen indischer Frömmigkeit mit christlichem Zeugnis und kirchlicher Praxis verbindet. Seine Bedeutung und sein volles Gewicht erhält der Beitrag Appasamys auf dem geschichtlichen Hintergrund vorangegangener Begegnung und Auseinandersetzung indischer Geisteswelt mit dem Christentum. Diese Geschichte trägt die Spuren mancher fehlgeschlagenen Bemühungen um eine Inkulturation des Christentums in Indien. Der Bogen spannt sich von den Anfängen jesuitischer Missionstätigkeit in Indien im 16. Jahrhundert bis zu den Erträgen eines hindu-christlichen Dialogs in der Gegenwart. Kühn waren jene Anfänge unter Roberto de Nobili (seit 1605), insofern er nicht nur in der Theorie, sondern zugleich in der kirchlich-missionarischen Praxis mit der apostolischen Weisung (1 Kor 9, 20ff.) Ernst machte und den Indern ein Inder zu werden bereit war. Der daraus sich entwickelnde und über ein Jahrhundert hinziehende sog. Ritenstreit endete schließlich mit einer Niederlage dieses bis heute Kirche und Mission herausfordernden Versuches, die Geschichte der Religionen in Indien nicht nur zur Kenntnis zu nehmen, sondern sie auch an der Entwicklung eines eigenständigen Christentums in Indien zu beteiligen.

Die Geschichte der Rezeption christlichen Gedankengutes unter Hindus zeigt auf ihre Weise, wie schwierig solcher Brückenschlag ist. In vielen Fällen blieb es bei einem Torso an assimilierbaren biblischen Elementen. Ram Mohan Roy (1772–1833), als „Vater des neuen Indiens" in die Geschichte eingegangen, ist dafür ein hervorragendes Beispiel. An der Schwelle zum modernen Indien stehend, empfindet er deutlich, daß sein Land an der Botschaft Jesu nicht mehr vorbeikommt. Er verbindet mit ihm die Erneuerung seines Landes, die Befreiung zu neuer Menschlichkeit und die Grundlage für eine neue Ethik. Aber aus dem Zugang zum Evangelium, in dem „die Gebote Jesu, der Führer zu Glückseligkeit und Frieden" – so der Titel seines Epoche machenden Buches (1820) – eine Schlüsselfunktion haben, wird schließlich das Präludium hinduistischer Renaissance. Sie führt Hand in Hand mit der nationalen Erweckung zur Reform des Hindutums und zur modernen Interpretation vedischer Tradition. Aber dieser im Namen eines vermeintlichen Urvedanta erhobene Ruf der Reformer „Zurück zu den Quellen" ist von nun an begleitet und durchwoben von abendländisch-christlichen Einflüssen und Denkanstößen. Wie ein Nebenprodukt einer oft unverändert europäisch sich gebenden christlichen Missionstätigkeit und kirchlichen Praxis entwickelt sich im 19. und 20. Jahrhundert in Indien ein moderner Hinduismus, der wesentliche Teile dem biblisch-kirchlichen Ursprungszusammenhang entlehnt und als Interpretamente einer neuen universalen Hindubotschaft verwendet. Im Dienste solcher Erneuerung steht das Werk von Männern wie Swami Vivekananda (1862–1902) und Sarvepalli Radhakrishnan (1888–1975).

Sieht man auf die zumal dem europäischen Westen entsprungenen theologischen Beiträge zur Begegnung und Auseinandersetzung mit indischem Geisteserbe seit den zwanziger Jahren unseres Jahrhunderts, so läßt sich – jedenfalls soweit sie sich kirchlich verstehen und dem missionarischen Auftrag verpflichtet sind – bei den meisten der Einfluß der sog. dialektischen Theologie nicht übersehen. Für sie bedeutete das theologische Urteil Barths und seiner Schule über alle Religion als Menschenwerk auch ein definitives Urteil über die Religionen Indiens. Die alternative Gegenüberstellung von christlichem Glauben und Religion erlaubte keine beziehungsvolle Berücksichtigung des hinduistischen Erbes für die Christen Indiens. Von da aus blieb selbst für einen so gründlichen Kenner der indischen Religionswelt wie H. Kraemer die Behandlung dieser außerchristlichen Traditionen darauf beschränkt, in ihnen den Kontrasthintergrund darzustellen, von dem sich die christliche Existenz als ‚das ganz Andere' abhebt.

Anders als in der kontinentalen Theologie und Missionswissenschaft der ersten Hälfte dieses Jahrhunderts wurde die Bemühung um das religiöse Erbe Indiens als einen theologischen und kirchlichen Bezugsstoff in der angelsächsischen Theologie nie aufgegeben. Zu ihren Vertretern im Dialog mit dem Hinduismus gehörte auch J. N. Farquhar, den Appasamy unter seinen Lehrern nennt. Sein Buch *The Crown of Hinduism,* 1913 in Oxford erschienen, war ein Versuch, die christliche Botschaft als Vollendung dessen darzulegen, was in den indischen Erlösungswegen geschichtlich vorbereitet und grundgelegt worden war. Diesen bezugnehmenden, Verwandtes aufspürenden Umgang mit der indischen Religionswelt fand Appasamy auch bei anderen christlichen Denkern, die ihn während seines Studiums in Oxford in den Jahren 1919 bis 1922 beeindruckten.

I. Leben

Man wird nicht übersehen dürfen, daß Appasamy schon durch seine Familie in einem christlichen Milieu aufgewachsen ist. Als Christ der zweiten Generation, dem die hervorragendsten Studienmöglichkeiten offenstanden, lag es nahe, daß er die Inhalte seines Glaubens im Blick auf das religiöse Erbe seines Volkes reflektierte. Wie nur wenige seiner Zeitgenossen nahm er die heute geläufige Frage und Forderung einer ‚einheimischen' Theologie und Kirche in seinem Werk vorweg. Am 3. 9. 1891 geboren, wuchs er in eine Zeit hinein, die

die edelsten Geister seines Volkes im Gefolge Mahatma Gandhis nicht nur im politischen, sondern auch im geistigen Kampf um die Unabhängigkeit Indiens sah. Durch seinen Vater war Appasamy von früh an mit dieser Aufgabe und mit dem Ringen um eine Antwort auf die Identitätsfrage des indischen Menschen vertraut. Sein Vater Dewan Bahadur A. S. Appasamy Pillai gehörte, wie der Name zeigt, zu der führenden Kaste im Tamilland. In der Familie des Vaters gehörte man zu den Verehrern des Gottes Śiva. Zu dem Traditionsreichtum des Śivaismus kam hier die reiche Kultur und Literatur des Tamil hinzu, die bis heute in Indien von besonderer Bedeutung ist. Unter dem Einfluß von H. A. Krishna Pillai wurde der Vater im Alter von vierundzwanzig Jahren im Jahre 1871 Christ und empfing die Taufe in der Zionskirche in Madras. Impulse zum Studium der indischen Traditionen gingen bereits von seinem Vater aus. Gerade als Christ interessierte er sich weiter für das indische Erbe, insbesondere nachdem er sich mit vierundfünfzig Jahren von seinem Beruf als Jurist aus dem öffentlichen Leben zurückgezogen hatte.

Die Nähe, die Appasamy als Theologe später zu den mystischen Praktiken und zur Bhaktifrömmigkeit empfand, war beeinflußt durch die Meditationspraxis seines Vaters. Er benutzte die Methoden des Yoga für eine Vertiefung der eigenen christlichen Gebetspraxis. Mit der kontemplativen Frömmigkeit ging beim Vater ein aktives Engagement als Laie im Dienste der Kirche Hand in Hand, das in seiner mehr als zwanzigjährigen Präsidentschaft der National Missionary Society ihren Ausdruck fand.

Mit dem Interesse an der indischen Religion und insbesondere am kulturellen und geistigen Erbe des Tamulenlandes verband sich beim jungen A. J. Appasamy die vom Vater vermittelte Aufgeschlossenheit für die heilige Sprache des Sanskrit und für das Tamil. Für die Art der Bildung, die er erhielt, ist der Besuch der bekannten höheren Ausbildungsstätte Indiens, des Madras Christian College, von Bedeutung. Es war ein traditionsreicher Studienort, an dem auch andere große Inder seiner Generation wie Sarvepalli Radhakrishnan ihre Ausbildung erhalten hatten. Mit einer christlichen Grundhaltung verband sich hier die der akademischen Tradition Oxfords verpflichtete Offenheit gegenüber geschichtlichem Erbe und Auftrag.

Seinem anschließenden Studium der Theologie und der Philosophie am Hartford Theological Seminary in den Jahren 1915–18 folgte ein weiteres Studienjahr auf dem Gebiet der Religionsgeschichte an der Harvard Universität, wo er den Grad eines Magisters erwarb. Im Anschluß daran setzte Appasamy seine Studien an der Universität Oxford für weitere drei Jahre fort.

1922 promovierte er dort zum Doktor der Philosophie mit einer Arbeit über *Die Mystik in der hinduistischen Bhakti-Literatur und ihr Verhältnis insbesondere zur Mystik des vierten Evangeliums*. Diese Thematik blieb der Grundtenor im theologischen Werk Appasamys. Es scheint, als ob er mit dieser Beziehung den Schlüssel zum Verständnis des Evangeliums für sich gefunden hatte. Seine zahlreichen späteren Arbeiten erscheinen wie eine Entfaltung und Variation dieses Grundansatzes. Mit ihm hängt es auch zusammen, daß *Glaube und*

Christsein für Appasamy wesentlich eine Frage der persönlichen Erfahrung und des eigenen praktischen Vollzuges sind. So abstrakt er in seiner Reflexion und so anspruchsvoll das Niveau seines Denkens sein kann, so sehr ist er mit ihnen der Unmittelbarkeit des Erlebens verpflichtet und stellt sie in den Dienst einer unmittelbaren Frömmigkeitspraxis.

Man wird in diesem Zusammenhang den Einfluß einzelner Theologen und Denker nicht übersehen dürfen, die Appasamy nicht nur gelesen, sondern während seiner Studienzeit z. T. auch persönlich kennengelernt hat. Neben dem bereits erwähnten J. N. Farquhar gehörten dazu vor allem Männer wie W. D. Mackenzie und B. H. Streeter. Auch Friedrich von Hügel hat auf ihn Einfluß ausgeübt. Ein Besuch führte Appasamy während seiner Oxfordjahre nach Marburg. Dort lernte er die ihm durch die Literatur vertrauten Rudolf Otto und Friedrich Heiler kennen. Ottos Buch *Das Heilige* war 1917 erschienen und hatte seinen Aufsehen erregenden Siegeslauf durch die Bibliotheken vor allem der angelsächsischen Welt angetreten. In seiner beschreibenden und psychologisch-analysierenden Methode vermittelte es Grundweisen des Verstehens von Religion, die dem jungen Appasamy auch als Theologen Zugang zu den tieferen Schichten der Hindufrömmigkeit eröffneten. Von Otto und von Heiler aus gab es in der Struktur der Religion etwas Übergreifendes, das es erlaubte, Verbindungen zwischen Christsein und Hindutradition zu knüpfen, ohne daß darüber Inhalte vermischt und Grenzen verwischt wurden. Diese Grundstruktur war für beide die *Mystik*. Mystik freilich nicht im engeren Sinne einer bestimmten Frömmigkeitspraxis verstanden, sondern als das Grundelement, das dem Wesen der Religion eigen ist.

Ausgerechnet in England begegnete Appasamy während seiner Studienzeit dem herausragendsten Vertreter einer genuin indischen Weise des Christseins, Sadhu Sundar Singh. Seit dieser Begegnung im Jahre 1920 war Appasamy dem Sadhu eng verbunden. Für das Verständnis der Theologie Appasamys ist diese Gestalt von entscheidender Bedeutung. Ihr hat er sein erstes theologisches Werk gewidmet, das er zusammen mit B. H. Streeter 1921 unter dem Titel *The Sadhu* herausbrachte.

Was war das Besondere an Sundar Singh, das einen solchen bleibenden Eindruck auf Appasamy ausübte? Es war diese indische Weise eines heiligmäßigen Lebens, die den eigenen religiösen Erfahrungen einen auch für andere unübersehbaren Ausdruck verleiht. In der alten Tradition indischer Heiliger mit ihrer der Welt entsagenden asketischen Lebensweise, aber auch in den inneren Betrachtungen, die der hingebenden Gottesliebe in der Bhakti-Frömmigkeit entspricht, hat Sundar Singh seinem Christuszeugnis Ausdruck zu geben versucht. Im Stile des Wanderpredigers glaubte er dem ursprünglichen Jüngerschaftsverständnis Jesu am nächsten zu kommen. Appasamy ist seinem Freund darin nicht gefolgt, aber er hat die ihm hier in der Person Sundar Singhs begegnende mystische Frömmigkeitstradition Indiens zu seinem theologischen Leitmotiv werden lassen.

Nach seiner Rückkehr nach Indien findet dieser theologische Ansatz seine

Darstellung in dem Band *Christianity as Bhakti-Marga* (1927). Sein Untertitel *A Study in the Mysticism of Johannine Writings* macht deutlich, worum es dem Autor geht. Die johanneische Denkweise wird unter dem Gesichtspunkt der Mystik als Zugang für indisches Empfinden zum Neuen Testament gewählt. 1931 folgt in Fortführung dieser theologischen Linie der Band mit dem Titel *What is Mokṣa?* Mit dem Begriff *mokṣa* wird ein zentraler Vorgang hinduistischer Frömmigkeit aufgenommen und in Beziehung gesetzt zur christlichen Erlösungserfahrung.

Während der ersten neun Jahre nach seiner Rückkehr im Jahre 1922 ist Appasamy für das englischsprachige Verlagsprogramm der Christian Literature Society in Indien tätig. In dieser Zeit widmet er sich besonders dem Studium indischer religiöser Schriften in Sanskrit. Von 1932 an lehrt er als Theologieprofessor an der anglikanischen theologischen Fakultät in Calcutta. 1942 veröffentlicht er unter dem Titel *The Gospel and India's Heritage* seinen systematischen Beitrag zu einer einheimischen christlichen Theologie in Indien. Es ist für das Verständnis des Theologen Appasamy bezeichnend, daß er im Zuge der großen ökumenischen Kirchenvereinigung im südindischen Raum zum Bischof der Diözese Coimbatore 1950 geweiht wurde. Diese Wahl war zugleich ein Beweis der Nähe und des Vertrauens zu einer theologischen Denkweise, die in ihrer Verbindung zur gelebten Frömmigkeit dem indischen Menschen besonders nahe kam. Ein Jahr bevor er 1959 in den Ruhestand trat, ehrte er den von ihm verehrten Sadhu Sundar Singh noch einmal mit einer Biographie. Auch damit schloß sich der Kreis zu seinen frühen Jahren in Europa und in Deutschland, daß die Theologische Fakultät der Universität Marburg 1960 durch die Verleihung eines Ehrendoktorates seine Verdienste um eine Theologie für Indien und um den Aufbau der Kirche von Südindien würdigte.

II. Werk und Bedeutung

1. Leben in Gott

Appasamys Theologie ist eine *Theorie der Frömmigkeitspraxis*. Nichts bleibt hier bloße Anschauung für sich, jeder Gedanke ist im Grunde Hinführung zur lebensnahen Erfahrung. Wie für den indischen Menschen Religion nicht ein Bescheidwissen über bestimmte Lehrinhalte ist, sondern auf vielfältige Weise Ausdruck und Gestalt annimmt, so steht für den indischen Theologen Appasamy fest, daß Erfahrung und Frömmigkeitsvollzug für den christlichen Glauben grundlegend sind. Mystik ist darum für ihn nicht nur eine Dimension christlichen Glaubens, sondern bezeichnet sein Wesen. Dieses Wesen besteht in einer ‚unmittelbaren Erfahrung' (F. Schleiermacher), ist „Leben in der Einheit mit Gott". *Mystik, Religion, religiöse Erfahrung, Leben in Gott* sind Bezeichnungen, die um dieses Grunderleben kreisen, das für Appasamy den christlichen Glauben ausmacht. Die „Innere Christuserfahrung" ist es, die er an seinem

Freund und Meister Sundar Singh wahrgenommen hat und die für ihn zur zentralen Definition christlichen Glaubens wird.

Ohne Zweifel steht dahinter die indische Tradition der Bhakti-Frömmigkeit, die dieses besondere Interesse bei Appasamy geweckt hat. Sein Lehrer Rudolf Otto hatte diese Tradition im Hinduismus „Indiens Gnadenreligion" genannt. Man kann sich auch dessen erinnern, daß die ersten Jesuitenmissionare der frühen Anfänge christlicher Missionsarbeit im 16. Jahrhundert in Indien in dieser religiösen Haltung bestimmte Züge der lutherischen Gnadenlehre wiederzuentdecken meinten. Jedenfalls bietet sich diese Form des Hinduismus in besonderer Weise für eine Indien nahestehende Interpretation christlichen Glaubens an.

Unter diesem Gesichtspunkt ist für Appasamy das *Gebet* als Ausdruck der Einheit mit Gott von besonderer Bedeutung. Nicht als bloßes Bittgebet, sondern als kontemplativer Vorgang der Hingabe und der Teilhabe an Gott und Christus kommt es zu seiner vollen Gestalt. Entsprechend ist für ihn auch das Sakrament primär Kommunion mit dem lebendigen Christus. Er ist „die himmlische Speise für seine Bhaktas". Die geschichtliche Dimension der Einsetzung des Abendmahles rückt in den Hintergrund angesichts des im präsentischen Geschehen sich vollziehenden Mysteriums. Entsprechend der indischen Bedeutung von *bhakti*, das im Sanskrit ein ‚Teilhaben' und eine ‚Zugehörigkeit' bedeutet, ist die Christuserfahrung für Appasamy ein gegenwärtiger Partizipationsvorgang. Der Gläubige bekommt Teil an dem erhöhten Christus. „Sein historischer Tod, gefolgt von neuem Leben, was alles vor 1900 Jahren geschah, wiederholt sich fortwährend in den Seelen der Bhaktas; so wird ‚der Tod Jesu der Weg zur mystischen Union'."[1]

Es ist der Frömmigkeitsstruktur nach dieselbe Haltung, die uns in der *Bhagavadgita* begegnet. Bhakti ist hier die Bezeichnung „derjenigen persönlichen Gottesfurcht und derjenigen Lebensführung . . ., die sich auf das Gefühl und auf die Erkenntnis, am Wesen Gottes teilzuhaben, gründen, alle Kräfte und das ganze Sein auf Gott konzentrieren, in der Liebe zu Gott und im Dienste Gottes aufgehen. Nur durch Bhakti kann man Gott schauen und ganz und gar erkennen, zu ihm kommen und in ihn eingehen".[2]

Der wesentliche Unterschied zur indischen mystischen Tradition liegt aber bei Appasamy vor allem darin, daß sich sein Bhakti Marga auf den historischen Jesus bezieht und Vergegenwärtigung eines einmaligen geschichtlichen Heilsgeschehens ist. Die indische Gottesliebe, aus deren Tradition er schöpft, hat es dagegen mit mythischen Personifikationen des absoluten Brahman zu tun. Appasamy weiß wohl, daß hier die eigentlichen Unterschiede zwischen christlicher Heilsgeschichte und den indischen Erlösungswegen liegen. Aber er scheut sich nicht, mutig den Schritt in diese Tradition der göttlichen Manifestationen indischer Glaubenswelt hinein zu tun.

Appasamy vermeidet es aus diesem Grunde im Gegensatz zu anderen zeitgenössischen indischen Theologen, die Inkarnation Jesu Christi in Begriffen der altindischen *avatāra*-Lehre zu interpretieren. Ein *avatāra* ist eine dem indischen

Glauben geläufige Herabkunft eines Gottes in wechselnden Gestalten. „Gott, nicht das abstrakte Höchste Wesen der Philosophen und Dogmatiker, sondern ein Gott, der zu persönlicher Beziehung und freundschaftlichem Verhältnis bereit ist, erscheint in sterblicher Gestalt auf Erden, um Mensch und Welt zu retten ... Gott erscheint und handelt als Mensch oder Tier, besitzt aber zu gleicher Zeit seine transzendente Macht. Hat er das Werk vollbracht, so kehrt er nach dem Vaikuntha, seinem ‚Paradies', zurück und vereinigt sich mit dem transzendenten Urbild. Inhaltlich entstammen die Avatāras verschiedenen Mythen, Legenden und Kulten."[3]

Mit dem Verzicht, auf die für die Gott-Mensch-Erscheinung Jesu Christi naheliegende Avatāra-Vorstellung zurückzugreifen, macht Appasamy zugleich den Wesensunterschied zwischen christlichem Inkarnationsverständnis und hinduistischer Mythologie deutlich. Indem er indische Bhakti-Marga für Christus in Anspruch nimmt, bricht er dieser außerchristlichen Tradition gleichsam das Herzstück heraus. Er unternimmt damit etwas, was im Grunde jeder missionarischen Grenzüberschreitung in einen anderen religionsgeschichtlichen Traditionszusammenhang eigen ist: er spricht nicht nur die Sprache seiner indischen Landsleute, er studiert nicht nur die heiligen Schriften in Sanskrit, sondern er entnimmt bestimmte vorchristliche religiöse Erfahrungswerte ihrem hinduistischen Kontext und benutzt sie als Interpretamente der biblischen Botschaft. Das Risiko, das damit verbunden ist, spiegelt sich in der Kritik, die Appasamy dafür von Seiten anderer christlicher Theologen in und außerhalb Indiens gefunden hat. Daß er sich selber der Grenzen dieses theologischen Wagnisses bewußt war, zeigt sich daran, daß er sie wie im Falle der Avatāra-Tradition deutlich zu machen wußte.

Gegenüber einem zeitlos-mythischen Mißverständnis seiner Christusmystik macht Appasamy immer wieder geltend, daß er den „theistisch-personalistischen" Gottesbegriff der Bibel gegen die indische *advaita*-Lehre betone. In dieser indischen ‚Scholastik' des großen Reformers Śankara (ca. 788–820) wird den personalen Gottesvorstellungen gegenüber dem a-personalen Prinzip des Brahman ein untergeordneter Rang zuerkannt. Gottesvorstellungen rücken hier auf einen Platz relativer Mythen und Symbole. Aber solche Symbole können wechseln, sie sind austauschbar, und der wahrhaft Erleuchtete kann schließlich auf sie verzichten. Diese vom Buddhismus beeinflußte Reformbewegung hat indisches Denken gerade in der Neuzeit stark bestimmt. Immer wieder betonen Männer wie Ramakrishna, Vivekananda, Radhakrishna und andere Vertreter eines erneuerten, gegenwartsbezogenen *Hinduismus,* daß der Hinduismus deswegen allen anderen Religionen überlegen sei, weil er ihre unterschiedlichen Gottesvorstellungen und Offenbarungsansprüche unter dem Aspekt der wahren mystischen Religion in ihnen zu tolerieren vermag. Sie alle sind Variationen des einen, allumfassenden Brahman, symbolisieren darum auf verschiedene Weise das gleiche religiöse Grundphänomen. „Das alle Bedürfnisse berücksichtigende und alle Anschauungen zu einer Einheit zusammenfassende System Śankaras ermöglichte es, die ganze brahmanisch-hinduistische religiöse und philosophische Tradition, den Götterkult und die sozialen Ordnungen unangetastet zu lassen – auch die Bhakti wurde genügend gewürdigt, aber im Ganzen absorbiert – und doch gleichzeitig eine auf einer scharfsinnigen Erkenntnistheorie fußende Erlösungslehre auszuarbeiten, welche die Gebildeten zu befriedigen vermochte. Auf der von ihm geschaffenen Grundlage konnten Denker verschiedener Richtung ihren Gottesglauben philosophisch begründen und systematisieren. . . . Śankara lieferte dem traditionellen Hinduismus eine ‚Übergangsphilosophie', die es zuläßt, in Visnu oder Śiva den Weltherrn zu sehen, weil alle Vielheit nur Schein ist und das Brahman sich in verschiedener Gestalt denken läßt."[4]

Gegen diesen hinduistischem Denken seitdem eigentümlichen Relativismus setzt Appasamy sein Bekenntnis zum *personalen Gottesglauben* als Glauben an den Vater Jesu Christi. Er bestimmt seine mystische Gottesbeziehung in Abgrenzung gegen das hinduistische Element, wie wir es kurz skizziert haben, als „den Typus von religiösem Leben, der die Communion der menschlichen Seele mit einem personalen Gott betont"[5]. Diese personale Gottesgemeinschaft sichert Appasamys „Einwohnung Gottes" im Menschen gegen das Mißverständnis einer pantheistisch-apersonalen Gottes-‚idee'. Diesem *indwelling God* entspricht auf Seiten des Menschen die in Vorstellungen der Bhakti-Tradition ausgedrückte persönliche Liebe, Freude und begeisternder Mut *(inspiring courage)*. Beides fordert sich gegenseitig: Die Gegenwart Gottes im Menschen im Sinn seiner verborgenen mystischen Einwohnung und die im Verhalten des Menschen sich manifestierende antwortende Liebe zu Gott. Zwischen beiden besteht kein Gegensatz. Indem die ethisch-sittliche Verantwortung im Sinne des Gehorsams gegen Gottes Gebot hinzukommt, ist für Appasamy die Gefahr abgewehrt, als ob es sich bei der Mystik um eine unspezifische, den Menschen aus seiner personalen Verantwortung entlassende allgemeine religiöse Erfahrung handeln könnte. Joh 15,4 („Bleibt in mir, dann bleibe ich in euch") „faßt in wunderbarer Sprache das höchste Ziel des Lebens zusammen . . . Hier haben wir den Kern des Ganzen". Diese Wechselbeziehung der Gegenwart Gottes im Menschen und des Lebens des Menschen in Gott umschreiben für Appasamy das Geheimnis christlichen Glaubens. Der Mensch reagiert auf Gott, ‚antwortet' ihm, indem er wie ein echter *bhakta* den Weg der tätigen Gottesliebe beschreitet.

2. Die Bedeutung der Heilsgeschichte

Was sich bereits in der Ablehnung der hinduistischen *avatāra*-Vorstellung für das Verständnis Jesu Christi andeutete, wird deutlicher in dem, was Appasamy hinsichtlich der *Geschichtlichkeit der Offenbarung* sagt. In Auseinandersetzung mit P. Chenchia, einem anderen indischen christlichen Denker seiner Zeit, betont er die Wichtigkeit der in der Geschichte erfolgten Offenbarung Gottes in Jesus Christus. Gegenüber einem einseitigen, nur in der persönlichen Erfahrung gründenden Glaubensverständnis verweist Appasamy auf die Heilige

Schrift, an deren Zeugnis sich der persönliche Erfahrungsglaube zu orientieren hat. Dieses Zeugnis ist unübersehbarer Hinweis darauf, daß es sich in der christlichen Offenbarung um eine ‚Heilsgeschichte' handelt, die von Menschen erlebt und bezeugt wurde. Gerade hier liegt der spezifische Unterschied zu der von ihm sonst so stark in Anspruch genommenen hinduistischen Überlieferung. Die biblischen Zeugen sorgen dafür, daß die Erfahrung Gottes im Menschen sich nicht verselbständigt. Die Schrift und ihr authentisches Zeugnis zeigen den „Christus nach dem Fleisch". „Die Evangelien, von Augenzeugen niedergeschrieben, haben den ins Fleischgekommenen für immer festgehalten."

Unter diesem Gesichtspunkt gewinnt auch die christliche Tradition und die Geschichte der Kirche ihren unveräußerlichen Wert. In den Erfahrungen von Gott geheiligter Menschen findet das geschichtliche Zeugnis der Bibel immer wieder seinen erneuten Niederschlag. Die Geschichte der Kirche als Geschichte der Auslegung heiliger Schrift (G. Ebeling) gewinnt bei Appasamy die Bedeutung immer erneuter, die Botschaft der ersten Zeugen bestätigender Christuserfahrungen.

Der Glaube ist damit zugleich die Interpretation der in der Vergangenheit erfolgten Ereignisse der Heilsgeschichte. Im Unterschied zu den Synoptikern, bei denen Appasamy mehr die einfache Leben-Jesu-Berichterstattung zu finden meint, sieht er im vierten Evangelium beides eng miteinander verbunden: den authentischen Augenzeugenbericht und die gläubige Interpretation. Daß Johannes „seine eigenen Erklärungen und seine Erläuterungen zusammen mit den Worten unseres Herrn" verbindet, ist ihm Hinweis auf beides: Die gläubige Deutung im Sinne der eigenen Beteiligung und Erfahrung bezieht sich auf das geschichtliche Geschehen. Die Geschichte Jesu ist aber keine ‚nackte' Geschichte. Vielmehr trägt sie das *pro nobis* (für uns) als Heilsgeschichte immer schon in sich und verlangt darum nach aneignender Erfahrung und gläubiger Rezeption.

3. Der Geist – der Vollender

Die Verbindung zwischen dem geschichtlichen Jesus und dem gegenwärtig erfahrenen Christus liegt im *Heiligen Geist.* Aber der Heilige Geist wird nun wiederum mit Hilfe indischer Erleuchtungsvorstellungen interpretiert. Neben der *Bhakti-Marga,* der oben bereits erwähnten hingebenden Gottesliebe, gibt es in der indischen Tradition den Weg der *Jnana Marga.* Neben der Bhakti und dem Yoga als Heilswegen kennt die Bhagavadgita als dritten Weg *Jnana,* die vertiefte Einsicht in das Wesen Gottes. Dieser Erkenntnisakt ist keineswegs im Sinne der uns geläufigen intellektuellen Vernunft zu begreifen. Vielmehr handelt es sich nach indischem Verständnis um einen Akt der Erleuchtung und Erfassung des göttlichen Geheimnisses. Solche Gotteswahrnehmung vermag nach der Bhagavadgita (7,17) die Erlösung herbeizuführen. Sie ist eine *illuminatio sanctifica,* eine heiligende Erleuchtung. Sie ermöglicht es dem Menschen, seinen schlechten *karma*-Zustand zu verbessern, also auch Sünden zu tilgen.

Was im hinduistischen Überlieferungszusammenhang eine auch spekulativ differenziert ausgebaute Methode ist, wird von Appasamy wiederum in gebrochener Weise für die Interpretation des Werkes des Heiligen Geistes in Anspruch genommen. Auch hier erscheint die Aufnahme hinduistischer Praxis als ein großes Wagnis. Aber das Ziel, eine in Indien verwurzelte und in der Bhagavadgita begegnende, bis heute weit verbreitete Anschauung und religiöse Erfahrung für die ihrer Natur nach in Indien fremde Lehre vom Heiligen Geist in Anspruch zu nehmen, lohnt Appasamy dieses Wagnis.

Man würde ihn auch hier wieder mißverstehen, wollte man in der Aufnahme dieser Vorstellungen eine indische Verdünnung der Lehre vom Heiligen Geist sehen. Auch hier gilt wie im Falle seiner Aufnahme der *Bhakti-Marga,* daß man sie nicht ‚rückwärts' in den hinduistischen Hintergrund hinein deuten darf, sondern im Sinne Appasamys nunmehr weiterführend über ihren ursprünglichen Sinnzusammenhang hinaus als Interpretament trinitarischer Geistfunktion zu verstehen hat. Sie sind sozusagen nur noch im uneigentlichen, abgeleiteten Sinne zu verstehen. Durch die Anwendung auf das Geheimnis der Trinität und den neutestamentlichen Heiligen Geist sind sie ‚gebrochen', ihres ursprünglichen ‚soteriologischen' Charakters beraubt. Indem sie aus dem heilsvermittelnden hinduistischen Zusammenhang herausgenommen sind und der Heilsvermittlung in Christus dienen, haben sie ihren vorchristlichen eigenständigen Sinn und Inhalt verloren. *Jnana* ist nicht mehr länger heilsvermittelnde Methode, die *Yoga* und *Bhakti* ergänzt, sondern sie wird jetzt zur Bezeichnung des Geschehens, das mit dem Kommen des Heiligen Geistes, der erleuchtet, heiligt und tröstet, verheißen ist. Es sind nur noch Sprach- und Begriffs-‚Hülsen', die von Appasamy mit neuem Inhalt gefüllt werden.

Natürlich ist hier die Frage nach der Grenze der Kommunikationsmöglichkeit zu stellen. Herwig Wagner hat in seiner grundlegenden Arbeit zu Appasamys theologischem Beitrag diese berechtigte Rückfrage prinzipiell und im einzelnen gestellt und theologisch begründet. Die Sprachbarrieren, die zwischen indischem Denken und der uns geläufigen und im Westen durch lange christliche Tradition gegebenen Denkweisen bestehen, sind mit Recht nicht einfach zu übersehen. Es ist auch nicht zu leugnen, daß die Anleihen an die indische Geisteswelt bei Appasamy dem Gesamtbefund biblischer Überlieferung nicht gerecht werden können. Aber er beansprucht dies auch nicht, sondern bescheidet sich damit, eine bestimmte biblische Dimension wieder ins Licht gerückt zu haben. Lassen wir uns von der Frage leiten, welche Anstöße im Werk Appasamys für eine gegenwärtige Theologie liegen, die es nicht nur mit Adressaten in Indien und deren hinduistischer Umwelt zu tun hat. Wir haben uns an einzelnen ausgewählten Themen des theologischen Gesamtbeitrages Appasamys einen Eindruck von seiner Denkweise zu verschaffen versucht. Wir wollen diesen Überblick abrunden, indem wir uns unter Berücksichtigung weiterer Themen, die in seiner indischen Theologie eine Rolle spielen, die Frage nach ihrer Bedeutung im *ökumenischen Dialog* stellen.

4. Gelebter Glaube

In der Überlieferung der Bhagavadgita, der bis heute populärsten heiligen Schrift des Hinduismus, wird der Tradition der hingebenden Gottesliebe in Gestalt der *bhakti-marga* der Weg der guten Werke und des rituellen Tuns in Gestalt der *karma-marga* an die Seite gestellt. Der Weg nach Innen in das Geheimnis der Gottesnähe soll nicht ohne Konsequenz im äußeren Verhalten bleiben.

Nun hat innerhalb der hinduistischen Denkweise dieser andere Weg seinen spezifischen Zusammenhang. Der Mensch ‚produziert' sozusagen durch sein Verhalten sein individuelles *karma,* seine persönliche Lebensqualität und sein ‚Schicksal'. Wie einer in diesem Leben sich verhält, so wird seine nächste Wiedergeburt ausfallen. In diese Folge von Ursache und Wirkung ist der Mensch nach hinduistischem Verständnis unausweichlich eingespannt. Durch *karma-marga* vermag er diesen Prozeß zu beeinflussen. Er kann Böses tilgen und damit die Chancen für die nächste Geburt aufbessern. In diesen langfristigen, nahezu hoffnungslosen Prozeß verwickelt, kommt ihm *bhakti-marga* als die Erfahrung der Nähe und Gnade seines Gottes zu Hilfe. Beide Wege fordern und ergänzen sich geradezu.

Es ist verständlich, daß Appasamy angesichts einer solchen außerchristlichen Tradition, die das Geschick des Menschen von seinem eigenen Tun und Lassen abhängig sein läßt, in besonderer Weise den apostolischen Ruf zum Gehorsam im Glauben ernst nimmt: „Schaffet eure Seligkeit mit Furcht und Zittern" (Phil 2,12). Dabei ist er sich im Klaren, daß die Voraussetzungen für den christlichen Gehorsam im Glauben wesentlich andere sind als für den Hindu. Da ist nicht mehr der Wirkungsmechanismus von Tat und Folge, der den Menschen als unaufhebbares göttliches Universalgesetz *(dharma)* festlegt, obwohl auch hier gilt: „Was der Mensch sät, das wird er ernten" (Gal 6,7). Die Voraussetzung aber für das Handeln des Gläubigen liegt in einem *Neuen Sein,* in das Gott ihn selber durch Jesus Christus versetzt. Der Christ antwortet mit seinem Leben auf empfangenes neues Leben und bringt – wie es M. Luther ins Bild faßte – wie ein Baum, seiner Natur entsprechend, die erwarteten Früchte.

Die Ernsthaftigkeit und die Unausweichlichkeit des rechten Tuns und Lassens können aber nach Appasamy für den Christen darum nicht weniger ernstgenommen werden als der Weg des *karma-marga* für seinen Hindu-Landsmann. Er widerspricht darum energisch jeder „billigen" Gnadenvorstellung, die sich die Kosten des Gehorsams im Lebensvollzug ersparen zu können meint. Für ihn liegen die Dinge nicht weniger direkt proportional wie für den dem *dharma* unterworfenen Hindu: Wo die Früchte ausbleiben, da kann es auch mit der Gotteserfahrung nicht stimmen. Unter Bezug auf Joh 15, 1–8 kann er sagen: „Gott bleibt in uns, solange wir Frucht bringen."

Damit ist nichts gesagt gegen die *Verborgenheit der Christuserfahrung* und gegen die Tatsache, daß sie sich jeder menschlichen Beurteilung entzieht. Aber Appasamy wendet sich damit gegen ein Glaubensverständnis, das weder aus dem Mysterium der Anbetung lebt und schöpft, noch sich das von Gott erwartete und ihn allein ehrende Verhalten und Tun zuzumuten bereit ist. Was Sünde ist, muß Sünde bleiben. Sie ist an sich der alarmierende Hinweis darauf, daß die ‚Sonderung' des Menschen von Gott bereits eingesetzt hat. Die Einheit mit Gott durch den Sohn, die der Glaube in der Intensität indischer *bhakti*-Erfahrung für sich in Anspruch nimmt, schließt jeden Eigenruhm in diesem Zusammenhang für den Menschen aus. Gott selber ist im Menschen wirksam und handelt durch ihn. Hier kommen reformatorische Motive auf indischem Hintergrund deutlich ins Bewußtsein. Der Mensch gibt Gott zurück, was er empfangen hat. Der Heilige Geist, so kann Appasamy sagen, bewirkt es, daß „die moralischen und geistlichen Kräfte Gottes freigesetzt werden, damit wir sie gebrauchen".

Angesichts einer zu Selbstdispens und Relativierung tendierenden christlichen Ethik in der Gegenwart ist Appasamys Forderung nach dem ‚rechten Tun und Verhalten' des Christen ein Ruf zur Besinnung auf das apostolische Zeugnis. Hier wird nicht psychologisierend und analysierend nach den gesellschaftlichen oder umweltbedingten Faktoren gefragt, die den Gehorsam des Christen dehnbar und vage erscheinen lassen, sondern nach dem ‚Kausalnexus' des Glaubens. Das Maß der Liebe weist sich am Opfer aus, das sie für den Geliebten zu bringen bereit ist.

5. *Kreuzestheologie*

Das ‚existentielle' Element in Appasamys Theologie findet sich wieder in der Art und Weise, wie es Leiden und Tod Jesu Christi in eine unmittelbare Beziehung zum gegenwärtigen Glauben setzt. Auch hier spielt die Partizipation, wie sie in der *bhakti*-Frömmigkeit zugegen ist, eine wichtige Rolle. Sie kommt auch in dieser Hinsicht der Gleichzeitigkeit am nächsten, in der die christliche Mystik Leiden und Sterben Jesu Christi als Mitleiden und Mitsterben des Gläubigen beschreibt. Die für das Erlösungsgeschehen entscheidenden Vorgänge der Heilsgeschichte bleiben nicht historische Ereignisse, sondern werden für den Mystiker immer wieder Gegenwart. So wie aus der Geburt Jesu die immer wieder neu sich ereignende Geburt in der Seele des Mystikers wird, so bekommen auch Leiden und Kreuz ihren unmittelbaren Gegenwartsbezug.

Nicht daß die heilsgeschichtlichen Ereignisse im Zusammenhang des Lebens Jesu ihre geschichtliche Bedeutung verlören, aber sie bleiben nicht nur ferne Ereignisse in historischer Distanz. Sie erfüllen ihren Sinn darin, daß der Gläubige an diesem Geschehen beteiligt wird. So kann das Sterben und Auferstehen Jesu „der Weg zur mystischen Einheit werden". In dieser Einheit wird der Glaubende beteiligt an dem, was Leiden und Auferstehung seines Herrn für ihn bewirkt haben. In solcher Korrelation zwischen dem geschichtlichen Geschehen und dem heute als seine Frucht Erfahrbaren kann es für Appasamy auch ein *Mitleiden Gottes* mit dem Leid der Menschen geben. Umgekehrt bewirkt die Anteilnahme am Leiden Christi Vertiefung und Vergegenwärtigung der Einheit mit dem Herrn, in der der Glaubende lebt.

Aus indischer religiöser Erfahrung kommt hier ein starker präsentischer Zug in die Theologie. Angesichts einer oft einseitig historisch orientierten Theologie und eines entsprechenden Bibelverständnisses in der westlichen Christenheit gewinnt solche Kategorie der ‚Gleichzeitigkeit' (S. Kierkegaard) ihre Bedeutung. Dabei kann man Appasamy nicht den Vorwurf machen, daß er die Geschichte Jesu nicht ernst nähme. Hier liegt für ihn der spezifische Unterschied und die Andersartigkeit zur hinduistischen mythisch-zyklischen Vorstellung. Für sie gibt es den geschichtlichen Stiftungscharakter göttlicher Offenbarung nicht. Die Wege, die der Hindu zu seinem Heil beschreitet, sind zeitlos gegenwärtige Erfahrungen. Alles Historische hat hier entsprechend der *māyā*-Haftigkeit von Raum und Zeit seinen relativen und damit negativen Charakter. Umso mehr gilt, was heutige hinduistische Denkweise „Realisation" nennt und was sich am ehesten mit Verwirklichung oder Verwesentlichung wiedergeben läßt.

III. Wirkungsgeschichte

In einer Zeit, die dazu neigt, auch die Inhalte des Glaubens rational zu bewältigen und damit objektivierend in die Distanz vom eigenen Leben zu rücken, bedeutet Appasamys indische Theologie einen notwendigen *Korrekturimpuls*. Für ihn steht nicht der reine Informationswert vornean, sondern die Suche nach dem, was den Menschen aus der Kraft des Evangeliums zu verändern und zu erneuern vermag. Unter diesem Gesichtspunkt ist sein mystischer Frömmigkeitstyp alles andere als ein Rückzug ins Verborgene. Gerade weil er dem Glauben wieder seine verborgene Dimension im Sinne des neutestamentlichen Geheimnisses Gottes (Eph 6,19 u. a.) zuzuerkennen bereit ist, kann er ihm auch seine Manifestationskraft als lebensverändernde göttliche Macht zugestehen. Beides bedingt sich gegenseitig.

Man hat Appasamy vorgehalten, daß seine so stark auf den gegenwärtigen Menschen und seine Beteiligung konzentrierte theologische Denkweise den objektiven biblischen Befund in die zweite Linie rücken lasse. Diese Kritik aufnehmend, könnte man im Blick auf seine indische Umgebung auch einmal umgekehrt fragen, ob nicht gerade für den aus dem Hindutum kommenden indischen Menschen die Objektivität der Heilsgeschichte und ihre historische Distanz von Gewicht sein müßten. Angesichts rein präsentischer religiöser Erfahrung läge hier die Zäsur, die biblisches Offenbarungsverständnis vom allzeit gangbaren indischen Heilsweg der verschiedenen *Margas* trennt. Aber diese Diskussion muß unter indischen Christen geführt werden. Das Echo und die Diskussion, die Appasamys theologische Beiträge in Indien ausgelöst haben, läßt eher das Gegenteil vermuten: Hier hat ein indischer Christ, dem Jesus Christus nicht nur ein theoretisches Thema seiner Reflexion ist, Saiten zum

Klingen gebracht, die für das indische Herz nicht nur vertraut klingen, sondern sehr wohl dem Lob Jesu Christi zu neuem Klang in Indien zu verhelfen vermögen. Das Urteil darüber aber wird – wie gesagt – die Geschichte der Kirche und ihrer Theologie in Indien zu fällen haben.

Aus der Sicht der westlichen Christenheit in ihrer gegenwärtigen Situation läßt sich dagegen der Stellenwert des Beitrags Appasamys deutlicher bestimmen. Information und Argument bestimmen weitgehend den Stil und die Praxis christlicher Gemeinden. Die Profanisierung des Heiligen und die Entblätterung seines Geheimnisses in die säkularen Zonen des Machbaren bedingen kirchliche Erscheinungsformen, die zunehmend extrovertiert sind. Der äußere Anspruch, den die Institution ‚Kirche' in der Öffentlichkeit erhebt, und die Impulse und Programme, die sie vermittelt, stehen oft in einem umgekehrten Verhältnis zu ihrem spirituellen Leben und zu den geistlichen Gaben, die ihr in Christus verheißen sind. In einer solchen Situation, in der sich das neuzeitliche Christentum zunehmend mehr als Faktor gesamtgesellschaftlicher Prozesse mißzuverstehen neigt, gewinnt der ökumenische theologische Beitrag des Inders A. J. Appasamy seine höchst aktuelle Note. Darum läßt sich seine Bedeutung nicht regionalisieren im Blick auf die besonderen Umstände und das kulturelle Erbe Indiens. Er ist ein hervorragendes Beispiel für die Art und Weise, in der heute die Weltchristenheit aufeinander angewiesen ist. Er signalisiert zugleich die neue *weltmissionarische Situation:* Aus der Zeit der missionarischen Dienste europäischer und nordamerikanischer Kirchen sind wir in ein Zeitalter eingetreten, in dem die Kirchen in den Ländern der Dritten Welt nicht nur selber sich ihrer nichtchristlichen Umwelt zuwenden, sondern den Kirchen des Westens wieder lebenswichtige Impulse vermitteln.

Georg Kretschmar

DIETRICH BONHOEFFER

(1906–1945)

Wenn Klassik Abgewogenheit und reife Vollendung meint, dann fällt es schwer, Dietrich Bonhoeffer unter die Klassiker der Theologie zu rechnen. Die Faszination und Wirkungsmächtigkeit dieses Mannes ist zunächst gerade von den fragmentarischen Entwürfen aus der zweijährigen Haftzeit 1943–45 ausgegangen, in denen allein er seine letzten Einsichten hinterlassen konnte. Zu diesen Fragmenten gehörte aber, für die Wirkungsgeschichte entscheidend und mit sachlichem Recht, daß sie das Vermächtnis eines Mannes sind, der für seinen aktiven Widerstand gegen ein Regime des Unrechts und der Menschenverachtung den Tod auf sich nahm. Der Zusammenklang von fragmentarischem, zukunftsweisendem Wort und gültiger Lebensentscheidung schien auch diesem Nachlaß den Stempel des Gültigen aufzuprägen; insofern wurde Bonhoeffer schnell zu einem religiösen Klassiker, einem Klassiker der Spiritualität.

In einem Brief vom 21. Juli 1944 aus der Tegeler Haftanstalt berichtet er selbst von einem Gespräch, das er dreizehn Jahre zuvor, 1931, als fünfundzwanzigjähriger frisch habilitierter Assistent bei einem Amerika-Aufenthalt mit einem französischen Freund geführt hatte und in dem es um die Frage gegangen sei, was beide mit ihrem Leben eigentlich wollten. Der Freund habe gesagt: „Ich möchte ein Heiliger werden" und, fügt Bonhoeffer an: „Ich halte es für möglich, daß er es geworden ist." Das habe ihn damals sehr beeindruckt. „Trotzdem widersprach ich ihm und sagte ungefähr: ich möchte glauben lernen. Lange Zeit habe ich die Tiefe dieses Gegensatzes nicht verstanden. Ich dachte, ich könnte glauben lernen, indem ich selbst so etwas wie ein heiliges Leben zu führen versuchte . . . Später erfuhr ich und erfahre es bis zur Stunde, daß man erst in der vollen Diesseitigkeit des Lebens glauben lernt" (WEN 401).

Die Wirkung Bonhoeffers hat sicher etwas damit zu tun, daß er dort, wo die für ihn und für viele traditionelle Erscheinungsform des Christlichen zerbrach, selbst neu glauben gelernt hat und daß die Fragmente seines Denkens dies andere lehren, aber nun eben nicht so, daß Heiligkeit als Lebensvollzug und Glaube noch als Alternativen stehen blieben. Sein Tod brachte gerade Heiligkeit und Glauben in einer neuen Zuwendung zu dem, was er „Diesseitigkeit" nannte, zusammen. Als Heiliger des Glaubens, der über die Grenzen des kirchlich Abgesicherten hinausgeschritten war, wurde er zum großen Anreger einer

Generation, die nach neuen Formen kirchlichen Glaubens und christlichen Lebens suchte.

Diese letzten Gedanken aus der Haft stehen jedoch am Ende eines theologischen Weges, in dem es in verschiedenen Stufen der Reflexion immer um den Zusammenhang von Glauben und Leben, ja Heiligkeit gegangen ist. Man darf die letzten Aussagen Bonhoeffers nicht gegenüber seiner ganzen theologischen Lebensarbeit isolieren. Deshalb ist er nicht nur religiöser Anreger oder Symbolfigur für Widerstand, sondern über den Tod hinaus das, was er im Leben war und sein wollte, theologischer Lehrer, und deshalb auch nicht nur religiöser Klassiker, sondern Klassiker der Theologie, soweit dies heute schon zu beurteilen ist.

Der Name Dietrich Bonhoeffers war bis zu seinem Tode 1945 nur einem relativ kleinen Kreis bekannt. Die Zusammenstellung der Briefe, Entwürfe, Verse und Notizen aus den Jahren der Gefangenschaft 1943/44 und ihre Edition unter dem Titel *Widerstand und Ergebung* (1950/51; 1970^2), durch die Bonhoeffer eben zum „Klassiker" wurde, ist das Werk eines anderen, eines jüngeren Schülers und Freundes, Eberhard Bethge, der auch aus dem Nachlaß die *Ethik* zusammenstellte (1948/62), ferner die Sammlung und Edition aller für eine Darstellung des Lebens und der Theologie Bonhoeffers wichtigen Texte verantwortete sowie schließlich die große Biographie des Mannes schrieb (1966). Es ist in der Theologiegeschichte selten, daß die Gestalt eines der Großen so stark fast nur durch die Mittlerdienste eines anderen bedeutenden Mannes beschreibbar wird.[1] Daraus mögen methodische Probleme erwachsen. Zunächst ist es ein Anlaß zu Respekt und Dankbarkeit, in jedem Fall aber ein Faktum, das registriert werden sollte.

I. Leben

1. Der theologische Weg

Dietrich Bonhoeffer wurde am 4. 2. 1906 in Breslau geboren. Der Vater war Professor der Psychiatrie und Neurologie, seit 1912 in Berlin, die Familie, schwäbisch-preußischer Herkunft, durch viele Beziehungen der Verwandtschaft und Freundschaft in die Kreise hineingebunden, deren liberale Traditionen die eine Seite von Kultur und Autoritätsstruktur des Kaiserreiches auch noch im Berlin der Weimarer Republik repräsentierte. Als Dietrich Bonhoeffer sich in der Tegeler Haft seine eigene Herkunft in der verschlüsselten Form eines Dramas und eines Romans vergegenwärtigen wollte, nannte er dies: „Ich begann, die Geschichte einer bürgerlichen Familie unserer Zeit zu schreiben . . ." (WEN 148)[2]

Sein Studium als evangelischer Theologe begann er in Tübingen und schloß es 1927 in Berlin mit der Promotion ab. Seine Lehrer waren die großen Männer des theologischen Liberalismus (in einem weiteren Sinn des Wortes) an der

Universität der Reichshauptstadt, allen voran Adolf von Harnack, dem er – wie gerade neuere Untersuchungen gezeigt haben[3] – besonders viel verdankte und dessen Vermächtnis in der letzten Phase seines Lebens neues Gewicht bekommen sollte. Die Doktorarbeit schrieb er bei Reinhold Seeberg, der sich selbst als „modern-positiv" einstufte, über ein ekklesiologisches Thema: *Sanctorum communio. Eine dogmatische Untersuchung zur Soziologie der Kirche.* Nach dem kirchlichen Examen und einem Auslandsvikariat in Barcelona wurde er 1929/30 Assistent bei Wilhelm Lütgert, dem Nachfolger Seebergs auf dem systematisch-theologischen Lehrstuhl. Nach der Habilitation *(Akt und Sein. Transzendentalphilosophie und Ontologie in der systematischen Theologie)* im Sommer 1930 studierte Bonhoeffer ein Jahr in New York, im Winter 1931/32 begann er seine Vorlesungen als Privatdozent in Berlin.

In die Zeit davor, Juli 1931, fällt auch die erste persönliche Begegnung mit Karl Barth. Was diese Männer damals verband, ließe sich etwas pauschal als Ablehnung des Kulturprotestantismus charakterisieren, positiv war es die Hinwendung zu dem, was vielen in der Generation der Jungen immer wichtiger wurde: Christus als Mitte des christlichen Glaubens und die Kirche als auch erfahrbare, eigene Wirklichkeit, wenngleich gerade Bonhoeffer hierfür erst eine weiterhelfende Konzeption zu entwickeln hatte. Er läßt sich aber schon damals keiner der beiden großen Aufbruchsbewegungen der deutschsprachigen evangelischen Theologie zwischen den beiden Weltkriegen zuordnen, die jene weithin gerade durch die Tradition der Berliner Fakultät repräsentierte Ära ablösen sollten; er war weder der Luther-Renaissance in ihren verschiedenen Ausprägungen verpflichtet, noch der Dialektischen Theologie.

Dafür war er der noch jungen ökumenischen Bewegung eng verbunden, was damals generell so weder von den Repräsentanten einer Neubesinnung auf Luther noch von den Dialektikern gesagt werden konnte, wohl aber den Liberalen nicht fern lag. Gerade die Unbefangenheit gegenüber anderen Formen des Christentums, die sich schon in den Briefen des Vikars aus Barcelona findet, das Interesse selbst für andere Kulturen, ließ sich damals weder bei Barth noch den Schülern Karl Holls, des Berliner Kollegen und Antipoden Harnacks, oder den meisten Erlanger Theologen finden.

Das Wort „ökumenisch" für die internationale Zusammenarbeit von Christen oder der Kirchen wurde in diesen Jahren allerdings gerade erst zu einem festen Begriff; die verschiedenen Zweige der ökumenischen Bewegung arbeiteten noch unabhängig voneinander. Der „Weltbund für Freundschaftsarbeit der Kirchen", der den jungen Berliner Dozenten engagierte, wirkte für Versöhnung im politisch-sozialen Bereich, damals ein höchst umstrittenes Feld. Gerade sich auf Luther berufende Theologen sahen in derartigen Aktivitäten Verrat an der gottgesetzten Solidarität mit der eigenen Nation. Im September 1931 wurde Bonhoeffer in Cambridge zu einem der drei europäischen Jugendsekretäre des Weltbundes gewählt und kam so in Verbindung mit der „Bewegung für Praktisches Christentum" („Life and Work"), deren Leitungsgremium seit 1929 als „Ökumenischer Rat für Praktisches Christentum" firmierte; mit der „Bewegung für Glaube und Kirchenverfassung" („Faith and Order") hatte Bonhoeffer nie etwas zu tun; den Zusammenschluß beider Bewegungen zum „Ökumenischen Rat der Kirchen", der seit 1937 vorbereitet wurde, in Amsterdam 1948, hat er nicht mehr erlebt.

2. Der Kirchenkampf

Den Umbruch im Leben Bonhoeffers brachte das Jahr 1933 mit der Machtübernahme der Nationalsozialisten in Deutschland, dem Beginn des sogenannten Kirchenkampfes in den evangelischen Landeskirchen und der Sammlung der Bekennenden Kirche. Aus dem akademischen Theologen wurde damals ein Lehrer der Kirche ganz anderer Art, der zunehmend in die Illegalität abgedrängt wurde. 1936 verlor er auch die Lehrbefugnis an der Berliner Fakultät.

Um diesen Weg zu verstehen, muß man allerdings vor 1933 einsetzen. Ob die Jahre 1931/32 durch eine „Wendung des Theologen zum Christen" zu charakterisieren sind (so Bethge), mag problematisch sein. Aber das stärkere Engagement in der kirchlichen Praxis seit der Ordination am 11. November 1931 ist unverkennbar, ebenso das Hineinwachsen in die öffentlich-kirchlichen Entscheidungsfragen. Damit wurde aber die in der Dissertation gestellte Frage nach dem Zusammenhang zwischen der in und durch Christus gesetzten Kirche – der durch den heiligen Geist aktualisierten wesentlichen Kirche – und der empirischen Gestalt der Kirche zu einem Thema höchster Brisanz. Antiklerikale Gesinnung als liberales Erbe verband sich mit der neuen Einsicht in Christus als die die Kirche bis in ihre Gestalt hinein prägende Wirklichkeit – einer Einsicht, die nun immer deutlicher erkennbar durch das Studium Luthers, überhaupt im Rückgriff auf das reformatorische Erbe, vertieft wurde.

Sie führte zur aktiven Mitarbeit in der werdenden Bekennenden Kirche, der innerkirchlichen Widerstandsbewegung gegen die neu etablierte Hierarchie und Kirchenleitung gerade in der preußischen Kirche, die sich von der zur Herrschaft gelangten Ideologie gleichschalten ließ.

Der erste Markstein dieser neuen Sammlung wurde noch vor der Machtübernahme Hitlers gesetzt durch *das Wort und Bekenntnis Altonaer Pastoren in der Not und Verwirrung des öffentlichen Lebens* vom 11. Januar 1933, das – wesentlich von Hans Asmussen initiiert – in einer Sprache, die bewußt an den reformatorischen Bekenntnissen orientiert war, den Auftrag der Kirche angesichts des Zerfalls von Recht und politischer Ordnung ideologiekritisch zu bestimmen unternahm.[4] Bonhoeffer hat diesen Text sofort im Kolleg behandelt und „mit vorbehaltloser Freude begrüßt" (GS V 339f.), allerdings auch eine folgenreiche Präzision vorgeschlagen: „Zwischen Lehre, Verkündigung und Bekenntnis der Kirche muß unterschieden werden. Lehren soll die Kirche vor aller Welt. Verkündigen muß sie sowohl Getauften wie Ungetauften. Aber bekennen soll und kann sie nur in der Gemeinde (s. Arkandisziplin)."

Der Ruf nach einem zeitgemäßen, d. h. auf die Situation bezogenen Bekenntnis durchzog dann das ganze Jahr 1933. Wenn Bonhoeffer seit August zusammen mit dem Erlanger Lutheraner Hermann Sasse an der Formulierung des *Betheler Bekenntnisses* mitarbeitete, ging es ihm gerade darum, der Irrlehre der „Deutschen Christen", einer Kirchenpartei, die sich vorbehaltlos auf den Boden des Nationalsozialismus gestellt und in manchen Kirchen und Gemeinden, besonders in Preußen, eine innerkirchliche Machtergreifung inszeniert hatte, die Wahrheit des ganzen christlichen Glaubens gegenwartsbezogen entgegenzustellen. Das Ziel wurde nicht erreicht.

Erst die formal anders angelegte *Barmer Theologische Erklärung* vom 31. Mai 1934 sollte zum sammelnden und scheidenden Symbol der Bekennenden Kirche werden. An ihr hat Bonhoeffer nicht mehr mitgearbeitet, weil er seit dem 17. Oktober 1933 Pfarrer einer der deutschen Gemeinden in London war. Obgleich nun unbestritten einer der wichtigsten Theologen der preußischen Bekennenden Kirche, war Bonhoeffer doch nie Mitglied eines ihrer Leitungsgremien, der Bruderräte. Aber er brachte in die Bekennende Kirche seine ökumenischen Beziehungen ein und vermittelte den entscheidenden Trägern dieser Bewegung im Konflikt mit den Organen der neuen Reichskirche, vor allem dem Kirchlichen Außenamt unter Bischof Heckel, sein Bild vom deutschen Kirchenkampf. Der Ökumenische Rat für praktisches Christentum nahm schon im Juli 1934 in Fanø klar für das Anliegen der Bekennenden Kirche Stellung. Man hätte damals Bonhoeffer ihren ökumenischen Repräsentanten in London nennen können.

Wenn man seine besondere Stellung im Vergleich zu anderen führenden Köpfen wie Karl Barth oder Martin Niemöller anzeigen will, muß seine Position zu zwei Hauptkonfliktpunkten genannt werden, zur „Judenfrage" und zum Selbstverständnis der Bekennenden Kirche.

Das neue Regime, das seine antisemitische Ideologie nie versteckt hatte, erließ im April 1933 die ersten Gesetze, die Menschen jüdischer Herkunft die bürgerliche Gleichberechtigung entzogen. Die evangelische Pfarrerschaft sah sich in der Regel erst dort angesprochen und betroffen, wo versucht wurde, diese Praxis in die Kirche zu übernehmen und getaufte Christen jüdischer Herkunft in ihren kirchlichen Rechten beeinträchtigt wurden. Seit August 1933 formierte sich hier der Widerstand, eine der Wurzeln der Bekennenden Kirche. Bonhoeffer hatte schon im Frühjahr das Thema aufgegriffen und die politische Verantwortung der Kirche ins Spiel gebracht. In einem am 15. April 1933 abgeschlossenen, im Juni noch gedruckten Vortrag *Die Kirche vor der Judenfrage* (GS II 44–53) lehnte er jede erzwungene Ausweisung judenstämmiger Christen in eine Sondergemeinschaft als Kirchenspaltung ab und zählt drei Möglichkeiten kirchlichen Handelns auf: Die Kirche hat den Staat bei seiner Verantwortung zu behaften; sie „ist den Opfern jeder Gesellschaftsordnung in unbedingter Weise verpflichtet, auch wenn sie nicht der christlichen Gemeinde angehören"; „die 3. Möglichkeit besteht darin, nicht nur die Opfer unter dem Rad zu verbinden, sondern dem Rad selbst in die Speichen zu fallen". Die beiden ersten Möglichkeiten sieht er als verpflichtende Forderungen der

Dietrich Bonhoeffer (1906–1945)

Stunde, „die Notwendigkeit des unmittelbaren politischen Handelns der Kirche hingegen ist jeweils von einem ‚evangelischen Konzil' zu entscheiden und kann mithin nie vorher kasuistisch konstruiert werden" (48f.).

Um das Thema des verbindlichen gemeinsamen Handelns ging es auch in der anderen Streitfrage. Die Bekennende Kirche hatte in Barmen theologisch die Grenze gegenüber dem Einbruch der nationalsozialistischen Ideologie in die Kirche und insbesondere den „Deutschen Christen" scharf gezogen; die Bekenntnissynode in Dahlem 1935 zog daraus insofern rechtliche Konsequenzen, als der vom Staat anerkannten Reichskirchenregierung der Gehorsam aufgekündigt wurde und eigene Organe für die rechtmäßige Kirchenleitung im Reich und den deutschchristlich bestimmten („zerstörten") Landeskirchen eingesetzt wurden. Was war damit geistlich geschehen, im Blick auf die Ekklesialität der Bekennenden Kirche, auf das Verständnis der Konfessionsunterschiede, die seit dem 16. Jahrhundert die abendländische Kirche spalteten, auf die werdende Ökumene, von der Bonhoeffer so sehnsüchtig das künftige ‚Evangelische Konzil' erhoffte? Die Bekennende Kirche hat – um das vorweg zu sagen – auf diese Fragen nie eine klare gemeinsame Antwort gefunden. Schon daß Bonhoeffer sie unmißverständlich stellte, hat ihn isoliert.

Seine eigene Position geht wieder davon aus, daß Glaube und Gestalt untrennbar sind: „Extra ecclesiam nulla salus. [Außerhalb der Kirche kein Heil.] Die Frage nach der Kirchengemeinschaft ist die Frage nach der Heilsgemeinschaft. Die Grenzen der Kirche sind die Grenzen des Heils. Wer sich wissentlich von der Bekennenden Kirche in Deutschland trennt, trennt sich vom Heil." Ferner: „Der Glaube ist an die Heilsoffenbarung Gottes gebunden. Von hier aus weiß er von keinem anderen Heil als in der sichtbaren Kirche. Von hier aus ist er nicht frei, das Heil Gottes anderswo zu suchen als dort, wo die Verheißung gegeben ist. Heil jenseits der Kirche ist für ihn grundsätzlich nicht erkennbar und kann darum auch niemals ein Lehrpunkt werden." So schrieb Bonhoeffer im Juni 1936 und entfachte einen Sturm der Entrüstung (GS II 217–241, hier 238f.).

Schon im Jahr zuvor hatte er gewagt, die gleiche Frage an die Ökumene zu richten: „Wie kann die Ökumene Kirche sein und ihren Anspruch darauf begründen? . . . Kirche gibt es nur als bekennende Kirche, d. h. als Kirche, die sich zu ihrem Herrn und gegen seine Feinde bekennt. Bekenntnislose oder bekenntnisfreie Kirche ist nicht Kirche, sondern Schwärmerei und macht sich zum Herrn über Bibel und Wort Gottes. Bekenntnis ist die mit eigenen Worten ausgesprochene formulierte Antwort der Kirche auf das Wort Gottes in der hl. Schrift. Zur wahren Einheit der Kirche aber gehört die Einheit im Bekenntnis." Damit soll nicht der Dialog abgebrochen, sondern seine Voraussetzung geklärt werden; denn „die Bekennende Kirche bekennt nicht in abstracto, sie bekennt nicht gegen die Anglikaner oder Freikirchlicher, sie bekennt im Augenblick nicht einmal gegen Rom, geschweige denn bekennt der Lutheraner heute gegen die Reformierten, sondern sie bekennt in concretissimo gegen die deutsch-christliche Kirche und gegen die neue heidnische

Kreaturvergötzung; der Antichrist sitzt für die Bekennende Kirche nicht in Rom oder gar in Genf, sondern er sitzt in der Reichskirchenregierung in Berlin". (GS I 240–261, hier 250, 253f.).

Es hat gute Gründe, daß diese Radikalität, Konsequenzen zu ziehen, sich nicht durchgesetzt hat. Letztlich war es diese Frage, an der 1936 die Einheit der Bekennenden Kirche zerbrach; konkret ging es darum, ob eine Zusammenarbeit mit einer neuen, vom Staat eingesetzten Kirchenleitung, den „Kirchenausschüssen", möglich wäre, die nun von Männern gebildet wurden, denen persönlich in der Regel keine Neigung zur deutsch-christlichen Irrlehre nachgesagt werden konnte.

Doch die Thesen Bonhoeffers blieben theologisch auch unter denen umstritten, die kirchenpolitisch auf seiner Seite standen. Die Abwendung vom theologischen Liberalismus auch der eigenen Herkunft ist unmißverständlich; in den angelsächsischen Kirchen, die ihm bei dem Stichwort Ökumene vor allem vor Augen standen, war dies eine weiterhin höchst lebendige Tradition, hier konnte er kaum auf ein positives Echo hoffen. In Deutschland war die Relativierung des vorgegebenen Bekenntnisstandes im Blick auf das aktuell geforderte Bekenntnis der Lehre und Tat faktisch ein Angriff auf die bewußten Lutheraner auch in der Bekennenden Kirche. Bonhoeffer kam aus der preußischen Kirche, in der seit dem 19. Jahrhundert Lutheraner und Reformierte in einer Union zusammengeschlossen waren. Der Rückbezug auf das reformatorische Bekenntnis schien das Recht solcher Unionen in Frage zu stellen. Für Bonhoeffer gab es hier Aufgaben, aber keine wirklichen Probleme. Seine Erfahrung von Ökumene verstärkte diese Wertung noch. Die verbindende Kraft überlieferten gemeinsamen Bekenntnisses trat nicht in den Blick. Aber die damit gewonnene wahrhaft „katholische" Basis gegen jeden Konfessionalismus konnte auch in die Zukunft weisen.

Die eigene nächste Zukunft Bonhoeffers war von einem neuen Auftrag bestimmt, den ihm der Preußische Bruderrat 1935 erteilte und der die Enttäuschung mit der Kirche 1933, die dazu beigetragen hatten, ihn nach England zu führen, und nun auch innerhalb der Bekennenden Kirche, zurückdrängte: Im Zuge des Aufbaus eigener Institutionen der Bekennenden Kirche in der altpreußischen Union sollten auch Predigerseminare für junge Theologen entstehen, die sich gewissensmäßig nicht den staatlich anerkannten Kirchenleitungen in den „zerstörten" Kirchen unterstellen konnten, Ausbildungsstätten, die, auf Spenden der Gemeinden angewiesen, naturgemäß auch in der staatlichen Wertung in zunehmendem Maße in die Illegalität gedrängt wurden. Dietrich Bonhoeffer wurde aus London zurückgeholt, um die Leitung des pommerschen Predigerseminars zu übernehmen, das am 26. April 1935 auf dem Zingsthof seine Arbeit aufnahm und im Juni nach Finkenwalde ostwärts Stettin verlegt wurde. Nach der polizeilichen Schließung im September 1937 wurde die Ausbildungsarbeit in sogenannten Sammelvikariaten in hinterpommerschen Gemeinden bis in die ersten Kriegsjahre hinein fortgeführt.

Dieser neue Abschnitt im Leben Bonhoeffers sollte die wohl menschlich beglückendste Phase werden. Hier fand er Schüler und gewann Freunde. Das Thema der Verwirklichung von Kirche erhält eine neue Gestalt in doppelter Weise: Die klassischen Fächer der Vorbereitung auf den pfarramtlichen Dienst werden ergänzt durch die Besinnung auf die Konsequenzen des Glaubens für jeden einzelnen anhand der Bergpredigt. „Nur der Glaubende ist gehorsam und nur der Gehorsame glaubt." (N 55) Daraus ist die 1937 erschienene Schrift *Nachfolge* entstanden.

Das Seminar gab aber auch die Möglichkeit, ältere Pläne zu verwirklichen, eine vita communis nach dem Modell anglikanischer Orden für den Kern des Kreises, der als Dienstgruppe für das Seminar, letztlich der ganzen Kirche zur Verfügung stehen sollte: das „Bruderhaus". Das Ende Finkenwaldes 1937 brachte auch dies Experiment zum Abschluß, eine Kommunität im eigentlichen Sinn ist daraus nie geworden. Aber Konzeption und Erfahrungen legte Bonhoeffer 1939 der Öffentlichkeit in der kleinen Schrift *Gemeinsames Leben* vor. In einem Brief hatte er 1936 das Ziel umrissen: „Zweierlei müssen die Brüder, die in schnellem Wechsel bei uns im Seminar sind, lernen: erstens ein gemeinschaftliches Leben im täglichen strengen Gehorsam gegen den Willen Jesu Christi, in der Übung im geringsten und im höchsten Dienst, den christliche Brüder einander leisten sollten; sie müssen die Kraft und Befreiung, die im brüderlichen Dienst und im gemeinsamen Leben einer christlichen Gemeinde liegt, erkennen lernen. Denn das werden sie brauchen. Zweitens sollen sie lernen, der Wahrheit allein zu dienen in der Erforschung der Schrift und ihrer Auslegung in Predigt und Unterricht . . . Es muß dazu ein Stamm von Brüdern da sein, die ohne Worte zu machen durch ihr Zusammenleben die anderen mithineinziehen. Das ist das Bruderhaus." (DB 524) Die Angaben über die Bedeutung des liturgischen Lebens differieren etwas.[5] Daß Theologie im Gottesdienst wurzelt, hatte Bonhoeffer auch früher gelehrt. Meditation und das Angebot der Beichte gehörten zum Bruderhaus.

Die ökumenische Arbeit ging weiter, immer stärker geprägt durch die Verschärfung der politischen Lage innen und außen. In die Zeit nach der Schließung Finkenwaldes fallen die ersten Verbindungen zur deutschen politisch-militärischen Widerstandsbewegung. Nächste Angehörige lebten bereits in der Emigration. Bonhoeffer, nun ohne kirchlichen Auftrag und ohne berufliche Absicherung, prüfte, ob er wenigstens zeitweise den gleichen Weg gehen sollte; im Frühjahr 1939 ist er in England, im Sommer in Amerika; kurz vor Kriegsbeginn kehrt er nach Deutschland zurück, wissend, daß die Katastrophe bevorsteht.

3. Widerstand

Die folgenden Jahre sind zunehmend davon bestimmt, daß Bonhoeffer – durch die Familie, den Schwager Hans von Dohnanyi, vermittelt – sich in der Widerstandsgruppe engagiert, die ihr Zentrum im Amt der militärischen Abwehr des Oberkommandos der Wehrmacht selbst hatte, von dessen Leiter, Admiral

Wilhelm Canaris, zumindest gedeckt. Die verschiedenen Widerstandskreise hatten kaum Kontakt zueinander. So hat es Bonhoeffer nie voll zur Kenntnis genommen, daß sich später auch Männer aus dem letzten Überrest der gescheiterten Reichskirche von 1933/34, dem Kirchlichen Außenamt, aus seinen Gegnern und Konkurrenten im Bereich der ökumenischen Beziehungen, der Widerstandsbewegung anschlossen.[6] Über die Gräben ließen sich keine Stege mehr bauen.

Diese eigentümliche Konstellation verweist auf ein biographisches Faktum, das doch wieder ein theologisches Problem umschreibt. Um christliche Verwirklichung ging es auch in diesen Aktivitäten. Daß sie in Isolierung gegenüber kirchlichen Instanzen, auch der Bekennenden Kirche, geschehen mußten, war sachlich unvermeidbar, entsprach auch der wachsenden Distanz zur Haltung der Bekennenden Kirche im Kriege. Doch ging es bei dieser Verwirklichung inhaltlich nicht mehr um die Gestalt der Kirche vom Christusbekenntnis her, sondern um politische Verantwortung nun in Zusammenarbeit mit Menschen, die ihren Weg nicht von der Nachfolge Christi her verstanden. Für Bonhoeffer selbst war es der Weg vom Pazifisten zum Widerstandskämpfer.

Die Stufen dieser Besinnung lassen sich teilweise an den Entwürfen zu einer *Ethik* ablesen, dem großen Projekt, an dem Bonhoeffer nun in mehreren Schüben 1939 bis 1941 arbeitete, zuletzt, um die Jahreswende 1940/41, im Kloster Ettal in Oberbayern (DB 803/11). Hier entdeckt und beschreibt er die Kategorie des Vorletzten, der Verantwortung für die vorläufige Ordnung der Welt. Hieran wird, noch einmal neu gewendet, der in der Tegeler Haft fragmentarisch entwickelte Plan einer neuen Theologie des Glaubens in der Diesseitigkeit anknüpfen.[7]

Seit dem Sommer 1940 führte Bonhoeffer ein Doppelleben. Er war weiterhin Pfarrer im Dienste der preußischen Bekennenden Kirche, zunächst als Visitator für Ostpreußen, seit November 1940 beurlaubt zu wissenschaftlicher Arbeit. Daneben war er V-Mann der deutschen Abwehr. Auf Reisen in die Schweiz, nach Norwegen, Schweden, Italien nutzte er seine alten ökumenischen Kontakte, um über kirchliche Stellen den Verantwortlichen der westlichen Regierungen die Pläne und Ziele der deutschen Widerstandsbewegung mitzuteilen. Gleichzeitig hielt er so die Verbindung zwischen der Bekennenden Kirche und ihren Freunden im Ausland aufrecht. Sein Hauptansprechpartner in Genf war Willem A. Visser't Hooft, Generalsekretär des noch in Bildung begriffenen Ökumenischen Rates der Kirchen. Am 31. Mai 1942 traf er in Sigtuna mit Bischof George Bell von Chichester zusammen,[8] dessen intensive Versuche, das britische Kabinett zu einer die deutsche Widerstandsbewegung ermutigenden Erklärung über die alliierten Kriegsziele zu bewegen, allerdings fehlschlugen.

Am 5. April 1943 wurde Bonhoeffer zusammen mit seinem Schwager Hans von Dohnanyi und anderen Verschwörern verhaftet, ihn brachte man in das Wehrmachtsuntersuchungsgefängnis Tegel. Ein Aktenfund im September 1944 legte die Rolle der Abwehr im Widerstand weitgehend bloß, am 8. Oktober 1944 wurden die Inhaftierten dem Reichssicherheitshauptamt überstellt. Im Februar 1945 kam Bonhoeffer in das Konzentrationslager Buchenwald. Am 9. April 1945 wurde er im Konzentrationslager Flossenbürg nach einem summarischen Standgerichtsurteil hingerichtet, zusammen mit Admiral Canaris und anderen Männern der Widerstandsgruppe und am gleichen Tage wie Hans von Dohnanyi in Sachsenhausen. Am 23. April wurden sein Bruder Klaus und sein Schwager Rüdiger Schleicher umgebracht, die gleichfalls an der Verschwörung beteiligt waren.

Während der Haft in Tegel konnte Bonhoeffer noch legale und illegale Verbindungen zur Außenwelt halten. Die Entwürfe für das Buch, in dem er seine neuen Einsichten festhalten wollte, stammen aus den letzten Monaten in Tegel, schon aus der Zeit nach dem Scheitern des Attentates vom 20. Juli 1944. Aus den Monaten danach sind nur noch einige Verse und sehr wenige, private Briefe bekanntgeworden.

Seit der Verhaftung hat Bonhoeffer an keinem Gottesdienst mehr teilnehmen können; von wenigen Besuchen von Gefängnispfarrern abgesehen, brachen alle kirchlichen Kontakte ab, außer dem Briefwechsel mit Angehörigen und Eberhard Bethge. Ein Vergleich zwischen den Entwürfen dieser Zeit und den Konzeptionen für den kirchlichen Wiederaufbau nach einem Sieg der Widerstandsbewegung, 1942/43 niedergeschrieben (GS II 433/40), läßt erkennen, wie sehr diese Monate in Tegel als neue Phase seines theologischen Weges zu gelten haben (Peters 18). In ihnen führt Bonhoeffer nicht Begonnenes zur Reife, sondern beginnt noch einmal neu, oft im Anschluß an seine Anfänge im Banne der Berliner Fakultät. Allerdings ist dies Neue kaum so zu erfassen, daß nun die Nachfolge Christi gegenüber dem Interesse an der in ihrer Eigenständigkeit erkannten Gesellschaft unwichtig geworden sei; auch nicht in einer Überwindung der konservativen Züge seines Gesellschaftsbildes – dagegen sprechen schon die literarischen Versuche dieser Monate; und auch nicht darin, daß jetzt die Gedanken nicht mehr durch die Auseinandersetzung mit den Problemen des Kirchenkampfes bestimmt seien; nicht einmal durch die Aufgabe, das ‚Danach' zu gestalten – das geschah eigentlich auch schon in der *Ethik*; sondern eher so, daß die Welt, in der Glauben zu lernen und zu leben ist, aufgrund der eigenen Betroffenheit neu so scharf als *Diesseitigkeit* erfaßt ist, heute und für die Zukunft, daß auch die Aufgabe des Christen und der Kirche in der Welt neu beschrieben werden muß.

II. Das theologische Werk

1. Die Situation

Leben, im Sinne einer besonderen, prägenden Biographie, und Lehre lassen sich bei Dietrich Bonhoeffer nicht auseinanderreißen. In einem weiten Sinn genommen gilt das zwar von aller christlichen Theologie, daß sie – bewußt oder unbewußt – situationsbezogen ist, weil sie Gottes Heilstat in Christus für den Menschen, die Welt als ihr Thema hat. Doch betrifft solche Situationsgebundenheit Bonhoeffer in einem sehr spezifischen Sinn. Er hat selbst einmal formuliert, „daß eine Erkenntnis nicht getrennt werden kann von der Existenz, in der sie gewonnen ist" (N 22). Ein solcher Satz spiegelt nicht nur den neuzeitlichen Rückbezug des Denkens auf das Subjekt des Denkenden, er will auch nicht nur einen hermeneutischen Schlüssel bieten, um Verstehen über die Grenzen der jeweiligen Existenzerfahrung hinaus zu ermöglichen und Mißverständnisse zu vermeiden, sondern sieht alle Theologie einer vorgegebenen Wirklichkeit zugeordnet und auf Verwirklichung angelegt. Dann ist es nicht verwunderlich, wenn die Themen und Schwerpunkte des Denkens und des Engagements sich entsprechend den Veränderungen der Lebenswelt verschieben und doch der Zusammenhang ohne Bruch erkennbar bleibt.

So ist die Zuordnung von Christusglaube, Ekklesiologie und Ethik für Bonhoeffer immer tragend geblieben. Die Kontinuität zeigt sich auch darin, daß er stets den Einzelnen der Gemeinschaft, der Kirche zugeordnet hat und beide, den Christen und die Kirche, in der Verantwortung für die Welt als politisch-soziale Wirklichkeit sah. Man kann hierfür auf die Familientradition verweisen und das Erbe Harnacks. Jedenfalls unterschied ihn diese Unbefangenheit, von der politischen Verantwortung der sichtbaren Kirche für den Dienst an Frieden und Völkerversöhnung her zu denken, Anfang der dreißiger Jahre und im aktiven Widerstand während des Krieges von einem anderen theologischen Entwurf, der sich auf Luther berief und für den in der Zeit seit dem Ersten Weltkrieg der Name „Zwei-Reiche-Lehre" aufgekommen war.[9] Andererseits war auch für Bonhoeffer das verpflichtende Erbe der Reformation wesentlich mit dem Namen Luther bezeichnet. Im Rückblick erscheint der hier angesprochene Konflikt als ein noch nicht abgeklärtes Thema innerhalb lutherischer Theologie in Deutschland im Gefolge der Ablösung vom Staatskirchentum. Wenn Bonhoeffer noch in seinem Entwurf für Sofortmaßnahmen nach einem geglückten Umsturz 1943 niederschrieb: „Die landeskirchlichen Sonderinteressen, denen noch gewisse traditionell-geschichtliche und konfessionelle Hemmungen zugrunde liegen, wären durch eine starke kirchliche Führung gewiß binnen kurzem zu überwinden" (GS II 435), belegt dies zwar, wie fremd ihm tragende Überzeugungen in der bewußt lutherischen Theologie in Deutschland geblieben waren. Dies darf aber nicht den Blick dafür verstellen, daß er selbst, in die auch nach seiner eigenen Überzeugung allein angemessene ökumenische Perspektive gerückt, stets ein lutherischer Theologe war.

Reformatorisches Erbe umschloß dabei sowohl die Autorität der Schrift wie den Ernst der dogmatischen Fragestellung und den pastoraltheologischen Anspruch. Das verband Bonhoeffer mit der dialektischen Theologie; nur hat er vom „Worte Gottes" weniger in der spezifischen Weise Karl Barths gesprochen, für ihn ging es immer konkret um Christus. Weiter übernahm er nicht das Mißtrauen gegen die natürliche Theologie und damit gegen Philosophie in der Theologie (GS III 110/26).

2. Umgang mit der Schrift

Die Wiederentdeckung der Kraft des Wortes Gottes in der Bekennenden Kirche hatte weithin einen Umgang mit der Schrift zur Folge, der alle modernen Erkenntnisse der historisch-kritischen Exegese souverän zu überspringen schien, insbesondere die religionsgeschichtlich gedeutete Differenz zwischen Altem und Neuem Testament.[10] Das Alte Testament wieder als Buch der Kirche zu lesen, gehörte dabei sicher in den Zusammenhang des Kampfes gegen den Antisemitismus der nationalsozialistischen Ideologie.

Dies alles trifft auch für Bonhoeffer zu. Sein „applikativer Bibelrealismus" (G. Krause) prägt die Auslegung der Bergpredigt in *Nachfolge*. Er tritt jedoch bereits in der Vorlesung im Wintersemester 1932/33 über *Schöpfung und Fall* hervor, einer Meditation über Gen 1–3, die er dann auch im Druck erscheinen ließ. „Wenn die Genesis ‚Jahwe' sagt, so meint sie historisch-psychologisch gesehen nichts als Jahwe, sie redet aber theologisch, d. h. von der Kirche her gesehen, von Gott. Daß Gott der Eine Gott ist in der ganzen Heiligen Schrift, mit diesem Glauben steht und fällt die Kirche und die theologische Wissenschaft." (SF 12) Dieser Satz der Druckausgabe war durchaus programmatisch-polemisch gemeint, er weist auch auf die selbstverständliche Distanz von jedem Fundamentalismus.

Das eigentlich Überraschende ist dann in der Auslegung selbst der unbefangene Umgang mit den archaisch-mythischen Aussagen des Textes: „Mythos, kindliche, phantastische Ausmalung der grauen verborgenen Vorzeit – so sagt die Welt. Gottes Wort, geschehen am Anfang der Geschichte, vor der Geschichte, jenseits der Geschichte und doch in der Geschichte; Weltentscheidung, wir selbst die Betroffenen, die Gemeinten, die Angeredeten, die Angeklagten, die Verurteilten, die Ausgestoßenen, Gott selbst – der segnende und verfluchende; unsere Vorgeschichte wirklich unsere eigene, jedes Einzelnen Anfang, Schicksal, Schuld, Ende – so sagt die Kirche Christi." (SF 56)

In der Tegeler Haft hat sich Bonhoeffer noch intensiv mit Rudolf Bultmanns Programm der Entmythologisierung auseinandergesetzt, wie es seit 1941 vorlag, und kritisiert, daß es nicht weit genug gehe. „Nicht nur ‚mythologische' Begriffe wie Wunder, Himmelfahrt etc. (die sich ja doch nicht prinzipiell von den Begriffen Gott, Glaube etc. trennen lassen), sondern die ‚religiösen' Begriffe schlechthin sind problematisch. Man kann nicht Gott und Wunder voneinander trennen." (WEN 311) Auch jetzt ist für ihn „diese Mythologie (Auferstehung etc.) die Sache selbst" (WEN 360). Ohne hier schon auf die nichtreligiöse Interpretation einzugehen, heißt das doch, daß für Bonhoeffer das Problem Bultmanns gar nicht bestand. Der Konflikt zwischen der Sprache der Bibel und dem säkularen Bewußtsein ist nicht durch Interpretation zu lösen, sondern weist auf Stufen der Erkenntnis, die ihren Grund darin haben, daß christlicher Glaube Geheimnis ist.

Solcher Umgang mit der Schrift gibt keine methodische Anleitung für die Exegese. Er löst die Spannung zwischen der Autorität des Wortes Gottes in der Schrift und dem historisch-kritischen Bewußtsein nicht, sondern blendet bestimmte Fragen aus. Auch das ist noch nicht der entscheidende Punkt. Bonhoeffer stellt vielmehr das rechte Verstehen der Schrift so radikal in die Kirche, daß die Frage berechtigt wird, ob dies noch mit der reformatorischen Überzeugung zusammenstimmt, daß die Schrift „sui ipsius interpres" sei, sich selbst verbindlich und verpflichtend auslegt. Gerade eine solche Frage reißt aber das für diesen Theologen Untrennbare wieder auseinander. Es geht nicht um kirchliche Autorität über die Schriftauslegung, sondern um die Kirche als den Ort, an dem die Kraft der Schrift erfahren wird. Das ist dann wieder nicht primär ein hermeneutisches Problem, sondern das durchgehende Thema der Verwirklichung.

3. Christus und die Kirche

Bonhoeffer nannte seine Dissertation von 1927 (erschienen 1930) im Untertitel „eine dogmatische Untersuchung zur Soziologie der Kirche". Die empirische Kirche gründet in der gottesdienstlichen Versammlung, deshalb ist sie „sanctorum communio", „Gemeinschaft der Heiligen" nach der Wendung des Apostolischen Glaubensbekenntnisses. Ihre personale Einheit hat sie in Christus. Um die paulinische Lehre von der Kirche als dem Leibe Christi aufzunehmen, hat Bonhoeffer damals die pneumatologisch gemeinte Aussage Hegels „Gott als Gemeinde existierend" aufgegriffen und umgebildet: „Christus als Gemeinde existierend" (SC 144 Anm.; 145). An dieser Formulierung arbeitete er in den folgenden Jahren weiter. Mag der Akzent ursprünglich auf der Kirche als Kollektivperson gelegen haben (Feil 145f.), so tritt schon kurze Zeit später heraus, daß er die Wendung nun benutzt, um zu zeigen, daß Christus der Grund der Kirche ist (AS 89/95). Entfaltet wird dies in der Christologie-Vorlesung vom Sommersemester 1933, die E. Bethge auf Grund von Kollegnachschriften rekonstruiert hat (GS III 166/243). Seitdem kann die Christologie als Mitte der Theologie Bonhoeffers bezeichnet werden. Ihr ist die *Nachfolge* zugeordnet, und die Tegeler Entwürfe werden – beinahe gegenläufig zur Dissertation, in der die empirische Kirche christologisch gedeutet ist – nun von der Inkarnation und vom Kreuz Christi her die Gestalt der Kirche der Zukunft normieren.

Auch die Christologie-Vorlesung ist Fragment geblieben; das Semester war zu Ende, ehe der Dozent den dritten Teil, „Der ewige Christus", vortragen konnte, in dem vermutlich die Verbindung zur Trinitätslehre hergestellt werden sollte. Bonhoeffer hat, wie die meisten zeitgenössischen lutherischen Dogmatiker, anders als Karl Barth, die Christologie nicht von der Gotteslehre her entfaltet. Gemeinsam mit Barth setzt er beim „gegenwärtigen Christus" ein, es geht auch ihm um „Christus als Wort", den gepredigten Christus, doch wird dies Wort nur so Offenbarung, daß es Anrede ist; der gegenwärtige Christus ist – ganz nach lutherischer Tradition – der Christus „pro me", für mich, für uns. Wieder ließe sich die Linie ausziehen: Nur weil die Kirche durch diesen Christus bestimmt ist, der „für uns" lebte und starb – „pro nobis" ist die Formulierung des Nizänums – und auferstanden ist, konnte Bonhoeffer in Tegel die Vision einer Kirche „für andere" entwerfen (WEN 415). In der Vorlesung von 1933 kommt die Verbindung von Christologie und Ekklesiologie noch anders in den Blick: „Jesus ist der gegenwärtige Christus als Gekreuzigter und Auferstandener. Das ist die erste christologische Aussage ... Christus ist als Person gegenwärtig in der Kirche. Das ist die zweite christologische Bestimmung ... Nur weil in der Kirche Verkündigung und Sakramente sich vollziehen, kann nach dem Christus gefragt werden." (GS III 178)

Deshalb ist die Gestalt des gegenwärtigen Christus dreifach zu entfalten: Christus als Wort, als Sakrament, als Gemeinde. Wie sehr Bonhoeffer damit Elemente der Vätertheologie aufnahm, vor allem Gedanken Augustins, mag ihm selbst nicht bewußt gewesen sein.[11] Der Rückgriff auf Luther, gerade den neuentdeckten jungen Luther, ist unverkennbar. Was man vielleicht noch dem Aufriß des Augsburger Bekenntnisses von 1530 entnehmen kann – daß die Gnadenmittel, die die Kirche konstituieren (CA 7), nichts anderes sind als die Weisen, in denen uns Christus in seine Gemeinschaft zieht –, ist hier in großartiger, über die Tradition der lutherischen Dogmatiken weit hinausgehender Form zum Ansatz für die Entfaltung des Christusbekenntnisses geworden.

Die eigentliche Auseinandersetzung mit dieser Tradition bringt erst der II. Hauptteil „Der geschichtliche Christus". Dem ganzen vorangestellt ist noch eine Meditation über den Ort der christologischen Frage: „Lehre von Christus beginnt im Schweigen ... Im demütigen Schweigen der anbetenden Sakramentsgemeinde treiben wir hier Christologie ... Jedoch nicht in der Kirche, sondern im Hörsaal." (GS III 167) Voraussetzung dieses ganzen Denkens ist, daß es ein Innen und ein Außen gibt. Im Sinne der früher zitierten Unterscheidung von Lehre, Verkündigung und Bekenntnis[12] wurzelt Theologie im Arcanum und bleibt auch als öffentliches Reden vor aller Welt darauf angewiesen, daß solches Reden aus der schweigenden Anbetung kommt, aus dem innersten Lebensvollzug der Kirche, in dem der Verkündiger steht. Solche Sätze lehren verstehen, weshalb Bonhoeffer noch in Tegel die Wahrheit des Christusbekenntnisses nicht im Sinne Bultmanns durch Entmythologisierung, sondern durch Rücknahme in das Arcanum festhalten wollte. Sicher muß eine derartige Überzeugung auf eine sehr eigenständige Pastoraltheologie drängen.

Achten wir jedoch zunächst darauf, was in diesem Rahmen aus der Formel „Christus als Gemeinde existierend" wird: Unter dem Gesichtspunkt der Gegenwart Christi rückt Kirche an die Seite von Wort und Sakrament, sie ist selbst Wort Gottes und hat sakramentalen Charakter. „Die Gemeinde *ist* der Leib Christi, nicht sie *bedeutet* den Leib Christi. Der Begriff des Leibes auf die Gemeinde angewandt ist nicht nur ein Funktionsbegriff, der sich lediglich auf die Glieder dieses Leibes bezöge, sondern er ist umfassend und zentral Begriff der Existenzweise des erhöhten und erniedrigten Gegenwärtigen." (GS III 193)[13] Die Freude an der rhetorischen Zuspitzung ist auch durch die Kollegnachschriften hindurch zu spüren. Daß es sich nicht nur um Rhetorik handelt, sollten die ekklesiologischen Konsequenzen zeigen, die Bonhoeffer im Kirchenkampf aus solchen Einsichten zog. Nur von der so radikal von der Gegenwart Christi her verstandenen Kirche konnte das „extra ecclesiam nulla salus" [Außerhalb der Kirche kein Heil] gelten. Schon im Sommer 1933 war dies keine Theologie der Sicherheit und des Triumphes; dagegen grenzt er sich in doppelter Weise ab: Christi „Sein als Gemeinde hat wie das als Wort und Sakrament die Gestalt des Ärgernisses. Sofern sie Gemeinde ist, ist sie nicht mehr in der Sünde. Aber sie bleibt in der Welt des alten Adam . . . Sie bleibt menschlich in der Buße." (GS III 194)

In den späteren Schriften taucht die Formel „Christus als Gemeinde existierend" nicht mehr auf. Aber die Christologie bleibt Zentrum auch in der Finkenwalder Zeit. Nachfolge ist eben Voraussetzung und Vollzug des Christusbekenntnisses. „Nachfolge ist Bindung an Christus . . . Ein Christentum ohne den lebendigen Jesus Christus bleibt notwendig ein Christentum ohne Nachfolge . . . Ein Christentum, in dem es nur den Vatergott, aber nicht Christus als den lebendigen Sohn gibt, hebt die Nachfolge geradezu auf. Hier gibt es Gottvertrauen, aber nicht Nachfolge. Allein weil der Sohn Gottes Mensch wurde, weil er Mittler ist, ist Nachfolge das rechte Verhältnis zu ihm . . . Nur der Mittler, der Gottmensch kann in die Nachfolge rufen." (N 30f.) Bonhoeffer kann gerade in solche Überlegungen dogmengeschichtliche Verweise einbringen (N 208). Das Thema „Christus als Gemeinde existierend" wird unter dem paulinischen Stichwort „Leib Christi" angesprochen: „Der Leib Christi nimmt Raum ein auf Erden" (N 220) ist ein Satz, der von der Inkarnation zur „sichtbaren Gemeinde" überleitet. Nachfolge ist aber zunächst Ruf an den einzelnen, wenn sie auch ihren Ort in der Kirche hat. Sein Weg von der Taufe bis zur Verwandlung in das Bild Christi (N 275/82) steht nun im Vordergrund. Was vom Christen generell gilt, trifft in besonderer Weise den Boten, den zum Dienst des Amtes Berufenen. Christologisch ist auch dieser Dienst in der Kirche begründet: Der Christ „braucht den Bruder allein um Jesu Christi willen. Der Christus im eigenen Herzen ist schwächer als der Christus im Worte des Bruders; jener ist ungewiß, dieser ist gewiß" (GL 9). Auch das ist übrigens Rückgriff auf eine klassische Argumentationsfigur Luthers. Christologie der Nachfolge und christologische Begründung der Pastoraltheologie liegen in dieser Zeit unscheidbar ineinander.

In der *Ethik* hebt von der Inkarnation und der in ihr gründenden Rechtfertigung aus die neue Sicht der Weltwirklichkeit an: „Nicht weil der Mensch und seine Wirklichkeit der göttlichen Bejahung würdig gewesen wäre, hat Gott ihn angenommen, wurde Gott Mensch . . . Von diesem Handeln Gottes her, von dem Wirklichen, von Jesus Christus her, empfängt nun die Wirklichkeit ihr Ja und ihr Nein, ihr Recht und ihre Schranken . . . Weder der pseudolutherische Christus, der allein dazu da ist, das Faktische zu sanktionieren, noch der radikal-schwärmerische Christus, der jeden Umsturz segnen soll, sondern der menschgewordene Gott Jesus, der den Menschen angenommen und mit ihm die Welt geliebt, gerichtet und versöhnt hat, ist der Ursprung wirklichkeitsgemäßen Handelns." (E 243f.) „Wirklichkeitsgemäß ist das christusgemäße Handeln, weil es die Welt Welt sein läßt, weil es mit der Welt als Welt rechnet und doch niemals aus dem Auge läßt, daß die Welt in Jesus Christus von Gott geliebt, gerichtet und versöhnt ist." (245)

Schon hier sei angemerkt, daß diese Zuordnung und Unterscheidung genau das anspricht, was in der lutherischen Zwei-Reiche-Lehre eigentlich intendiert ist und was damals in der Tat von so manchem Theologen dazu benutzt wurde, „das Faktische zu legitimieren". Was der Unterschied zwischen einem Verhalten ist, in dem die Wirklichkeit der Welt angenommen wird, und einem Sanktionieren des Faktischen, wird damit zur ethischen Kernfrage. Ethik hat es jedoch nicht damit zu tun, Patentlösungen zu finden. Annahme der Wirklichkeit hieß für Christus Annahme der Schuld des Menschen. Bonhoeffer entwickelt hieraus, daß Schuldübernahme für den Christen in neuer Weise zur Nachfolge wird: „Als der Sündlose nimmt Jesus die Schuld seiner Brüder auf sich und unter der Last dieser Schuld erweist er sich als der Sündlose. In diesem schuldlos-schuldigen Jesus Christus hat nun jedes stellvertretend verantwortliche Handeln seinen Ursprung . . . Wer sich in der Verantwortung der Schuld entziehen will, löst sich aber auch aus dem erlösenden Geheimnis des sündlosen Schuldtragens Jesu Christi und hat keinen Anteil an der göttlichen Rechtfertigung, die über diesem Ereignis liegt." (E 256)[14]

Gewiß sind solche Sätze nicht privatistisch als Legitimationsversuch für die eigene verantwortliche Entscheidung zum konspirativen Widerstand zu interpretieren, aber sie werden sich auch nicht ohne den Rückbezug auf die Gewissensfragen und die Erfahrungen jener Jahre verstehen lassen. Das hebt die Gültigkeit der Aussage nicht auf. Hier ist es zunächst wichtig zu sehen, daß die Antwort auf solche Fragen wieder von der Christologie, von der Inkarnation her gefunden wird.

Dies darf nicht vergessen werden, wenn es gilt, die Entwürfe aus der Tegeler Haft zu verstehen. In der „Diesseitigkeit" geht es noch einmal um die von Christus angenommene Welt. „Wenn man völlig darauf verzichtet hat, aus sich selbst etwas zu machen – und dies nenne ich Diesseitigkeit, nämlich in der Fülle der Aufgaben, Fragen, Erfolge und Mißerfolge, Erfahrungen und Ratlosigkeiten leben –, dann wirft man sich Gott ganz in die Arme, dann nimmt man nicht mehr die eigenen Leiden, sondern die Leiden Gottes in der Welt ernst, dann wacht man mit Christus in Gethsemane, und ich denke, das ist Glaube." (WEN 402) Das Dasein-für-andere ist Nachfolge; „Glaube ist Teilnehmen an diesem Sein Jesu. (Menschwerdung, Kreuz, Auferstehung)." (414)

Wenn man fragt, wer so zu leben berufen ist, bleibt die Doppelheit der Finkenwalder Zeit im Grunde bestehen: Es sind Aussagen über das Leben des Christen schlechthin in der Profanität; aber sie sind noch immer auch ein Stück Pastoraltheologie. Wenn Bonhoeffer von der Kirche der Zukunft schreibt: „Sie wird die Bedeutung des menschlichen ‚Vorbildes' (das in der Menschheit Jesu seinen Ursprung hat und bei Paulus so wichtig ist!) nicht unterschätzen dürfen" (416), dann denkt er doch konkret an die Pfarrer. Und schließlich ist die Rede von der neuen Arkandisziplin, in der die Geheimnisse des Glaubens vor Profanierung behütet werden (312; vgl. 306, 328), Wiederaufnahme eines Themas, das schon den jungen Dozenten beschäftigte. Das Gebet bleibt das Pendant zum Tun des Gerechten in der Profanität (328), wie es den Rahmen des Nachdenkens über Christus absteckte und wie es Bonhoeffer selbst gehalten hat, als er zum Galgen geführt wurde.[15]

Für den theologischen Lehrer Bonhoeffer war die Christologie nicht nur ein zentrales christliches Lehrstück, sondern das lebendige Herz des Glaubens und Lebens der Kirche, an ihr und mit ihr hat er selbst glauben gelernt. Seine Christologie war bis zuletzt die klassische *Inkarnationslehre,* die auf das Kreuz und die Auferstehung des Herrn zielt. Christologie bleibt *Soteriologie,* untrennbar mit der Verwirklichung von Kirche verbunden.

4. Gestalt der Kirche

Christologie drängt bei Bonhoeffer immer zur Ekklesiologie. Als er im Sommersemester 1932 über *Das Wesen der Kirche* las – dies Kolleg ist von Otto Dudzus rekonstruiert worden (GS V 228/75) –, hatte sich die geistige Situation gegenüber der Zeit der Dissertation bereits verändert. Das Ziel von 1927, die Einsichten der neuen Disziplin Soziologie aufzugreifen und in das dogmatische Verstehen von Kirche einzubringen, ist nicht mehr im Blick. Offenbar reichen die soziologischen Beschreibungskategorien nun nicht mehr zu; selbst wichtige Einsichten erweisen sich inzwischen als ambivalent. Die Prognose etwa: „Die kommende Kirche wird nicht ‚bürgerlich' sein" (SC 277), hat Bonhoeffer nie zurückgenommen; aber so sprachen nun viele. Der Satz stand in einem Abschnitt „Kirche und Proletariat", der schon für die Druckfassung 1930 gestrichen worden war. Der dort entwickelte Gedankengang lag nicht weit ab von dem, was – sprachlich etwas anders gewendet – 1933 gerade von manchen „Deutschen Christen" vorgetragen werden sollte. Selbst der Ruf nach Gemeinschaft bekam einen fatalen Beigeschmack. Jetzt wendet Bonhoeffer sich gegen die Parole „Wir brauchen Kirche" und konstatiert hart, fast in der Art des später von ihm kritisierten Offenbarungspositivismus: Es ist „sinnlos zu fragen, ob wir Kirche brauchen. Gott hat gesprochen, sich uns in der Kirche geoffenbart. Kirche Christi ist der Ort der Offenbarung Gottes. Dies will unsere Anerkennung." (GS V 230) Zugespitzt gesagt: „ ‚Sanctorum Communio' ist . . . als kritische Bestätigung derjenigen volkskirchlichen Realität angelegt, in der Bonhoeffer sich vorfand." (Huber 100) Den Kirchenkampf hat er wie viele andere dann gerade als Krise dieser Realität erfahren.

Damit ist das Bemühen, Soziologie und dogmatische Ekklesiologie miteinander zu verknüpfen, sicher nicht diskreditiert, und wichtige Einsichten der Dissertation waren nicht überholt. Das gilt für Einzelkonzeptionen wie der einer Differenzierung von Predigt-, Tauf- und Abendmahlsgemeinde (SC 179), die fast zur Stufung wird; jedenfalls ist die Abendmahlsgemeinde „der kleinste der drei konzentrischen soziologisch-geschiedenen Kreise, und sie ist sowohl Quellpunkt der gemeindlichen Wirklichkeit, wie in ihr alles Leben zusammenströmt" (186).[16] Auch an solche Gedanken wird die spätere Rede von der *Arkandisziplin* anknüpfen. Vor allem aber bleibt die Überzeugung, daß es in der Lehre von der Kirche stets um die empirische, die konkrete Kirche geht. Allerdings bedarf solche Sprache nun der kritischen Begründung, zumal damals unter Berufung auf Luther das Theologumenon von der Unsichtbarkeit der wahren Kirche neu zum Kennzeichen der reformatorischen Ekklesiologie erhoben worden ist.[17]

Die Linien der Antwort Bonhoeffers sind schon in der Dissertation vorgezeichnet: Die *empirische Kirche* ist von Wort und Sakrament bestimmt; ihre konkrete Erscheinung ist die zum Gottesdienst versammelte Ortsgemeinde. Wie fruchtbar dieser Ansatz ökumenisch ist, sehen wir heute wohl deutlicher als früher,[18] er ist patristisch und reformatorisch. Die Konflikte des Kirchenkampfes brachen dann nicht nur auf der Ebene der Ortsgemeinde auf; wenn Bonhoeffer von Gestalt redet, meint er etwas anderes, Fundamentaleres als Struktur oder Verfassung. Auch 1932 behandelte er unter der Überschrift *Gestalt der Kirche* die Beziehung zu Adam und zu Christus und faßt dies am Ende unter den Bestimmungen zusammen, daß Christus selbst die Gemeinde ist, daß er ihr Herr ist und daß er Bruder ist in der Gemeinde (SC 249). Von diesen Grundaussagen her hat er auch später gedacht; nach 1934 hätte er sich dafür auf die 3. Barmer These berufen können. Während diese Definition der Kirche als Gemeinde von Brüdern, die allein Christi Eigentum ist, unmißverständlich auf konkrete Konflikte über Fragen der Kirchenverfassung zielt, bleiben Bonhoeffers Beschreibungen der Kirche als Bruderschaft auch in der Finkenwalder Zeit gegenüber jeder Auswertung für Kirchenordnung merkwürdig spröde, war doch sogar das Verhältnis von Bruderschaft und Amt in der Schwebe geblieben. Nur dort, wo die Grundbestimmungen der Kirchengemeinschaft selbst auf dem Spiel standen wie vor allem in der *Judenfrage,* hat er sich intensiv auch mit Verfassungsfragen beschäftigt. Die empirische Kirche ist nicht am modernen Institutionsbegriff festgemacht, sondern an der ursprünglichen Verwirklichung des Christseins. Dann ist seine Terminologie aber nicht mehr leicht mit der gegenläufigen Rede von der unsichtbaren Kirche zu verrechnen.

Es geht hier nicht nur um einen Wortstreit oder einen der Klärung bedürftigen unterschiedlichen Sprachgebrauch. Bonhoeffers Ausgangspunkt ist unbestreitbar lutherisch-reformatorisch. Er zeigt, daß es einen Weg gibt, die Ekklesiologie über die längst mißverständlich gewordene Antithese sichtbar/unsichtbar hinauszuführen, ohne damit jede Ordnungsfrage sofort zu sakralisieren. Luther hatte unsichtbare oder verborgene und sichtbare Kirche – im Rückgriff auf Augustin – unterschieden, um die seiner Überzeugung nach falsche Okkupation des Wortes Kirche durch eine ihr Amt nicht ausübende oder mißbrauchende Hierarchie zu bekämpfen. Gerade in einen derartigen Kampf sah sich auch die Bekennende Kirche gestellt, wenn sie die geistliche

Legitimität der 1933 etablierten Organe der Reichskirche bestritt. Doch für diesen Kampf brauchte Bonhoeffer das Stichwort der unsichtbaren Kirche nicht, benutzten es doch gerade manche seiner Gegner, um damit zu begründen, weshalb der Christ unter fast jeder Gestalt von äußerem Kirchenregiment seinen Glauben leben könne.

Das neue Kriterium, um wahre und falsche Kirche zu unterscheiden, ist das *Bekenntnis* als notwendiges Korrelat zur Verkündigung. „Es wird gepredigt, damit bekannt wird; und wo bekannt wird, entsteht neue Predigt. Kein Gottesdienst darf ohne Bekenntnis sein. Dies unterscheidet die Gemeinde vom Publikum. Die Gemeinde muß bekennen oder verleugnen. Sie kann nicht unentschieden bleiben wie das Publikum." (GS V 258) Solches Bekennen ist – wir sahen es bereits[19] – dem Arcanum zugeordnet, denn letztlich ist es Bekenntnis vor Gott. Damit unterscheidet sich solche Rede vom Bekenntnis deutlich von der Berufung auf den öffentlich-rechtlichen Bekenntnisstand einer Territorialkirche. Während die ausgesprochenen Lutheraner in der Bekennenden Kirche in der Regel versuchten, überliefertes Bekenntnis und aktuelles Bekennen heute zusammenzuhalten, befürchtet Bonhoeffer stets, daß die Berufung auf den Bekenntnisstand zum Vorwand genommen werden könnte, dem heute geforderten Bekennen auszuweichen oder sich konfessionalistisch in überholte Abgrenzungen einzumauern. Symptomatisch hierfür ist, daß die eigentlich schon von Harnack übernommene Frage, ob das Apostolikum als gottesdienstliches Bekenntnis zureiche, ihn noch in Tegel beschäftigen wird (GS V 258f.; WEN 415): Die scheidende Kraft des Bekenntnisses kommt nur dem konkreten Bekennen heute zu.

In einem Katechismusentwurf der Finkenwalder Zeit fügte er den überlieferten beiden Zeichen (notae) der Kirche, Wort und Sakrament, als drittes das Bekenntnis des Namens Jesu an (GS III 359). Die Zugehörigkeit zur Bekennenden Kirche konnte deshalb für ihn Kriterium der Kirchengemeinschaft sein.[20] Insofern steht Bekennen der Nachfolge nicht fern, es ist auch an Konkretion, Verwirklichung orientiert. Subjekt des Bekenntnisses ist an sich die Kirche, aber Bonhoeffer hat sich stets dagegen gewandt, daß der einzelne sich hinter den Glauben der Kirche zurückzieht, im Bekennen wie in der Nachfolge ist er unvertretbar.

So eindrucksvoll dieses Bild ist, die Fragen nach dem Verhältnis von vorgegebener Lehre und aktuellem Bekennen, von Glauben der Kirche und Überzeugung des einzelnen sind damals nicht wirklich geklärt worden. Das zeigt sich schon daran, daß es auch im Bekenntnis heute um Lehre geht und Bonhoeffer sich sachlich durchaus an reformatorische Lehre gebunden weiß.[21] Andererseits hat sich eben seine ekklesiologische Wertung der Bekennenden Kirche nicht durchgesetzt. Im Rückblick gesehen liegt Bonhoeffers Bedeutung wohl gerade darin, daß er Kirchengemeinschaft nur als Bekenntnisgemeinschaft beschreiben konnte, ohne jede Relativierung der Wahrheit (vgl. GS I 179/80), und dennoch die Frage nach der Tragfähigkeit der überlieferten Bekenntnisunterschiede mit der gleichen Radikalität stellte. Die Unbefangenheit im Durchmustern der ekklesiologischen Entwürfe aller Epochen der Kirchengeschichte in der Vorlesung von 1932 und späte Stichworte aus Tegel klingen auch hier zusammen: „Was glauben wir wirklich?, d. h. so, daß wir mit unserem Leben daran hängen? Problem des Apostolikum?, falsche Frage, überholte Kontroversfragen, spez. interkonfessionell; die lutherisch-reformierten – (teils auch katholischen) – Gegensätze sind nicht mehr echt. Natürlich kann man sie jederzeit mit Pathos repristinieren, aber sie verfangen doch nicht mehr. Dafür gibt es keinen Beweis, davon muß man einfach auszugehen wagen. Beweisen kann man nur, daß der christlich-biblische Glaube nicht von diesen Gegensätzen lebt und abhängt." (WEN 415) Beweisen kann man hier in der Tat nichts. Auch was christlich-biblischer Glaube ist, steht mit auf dem Spiel, wenn man Bonhoeffers These überprüfen will. Daß dies im Dialog wirklich geschieht, hat er nicht mehr erleben können.

Ein anderes ekklesiologisches Thema reicht ebenfalls in die Frühzeit zurück und ist uns bereits begegnet: die Suche nach der auch institutionellen Möglichkeit für ein gemeinsames Handeln der (evangelischen) Kirchen, zugespitzt die Frage eines *ökumenischen Konzils*. Sie taucht in der Vorlesung von 1932 auf (GS V 260), wird im folgenden Jahr bei den Überlegungen zur *Judenfrage* aufgegriffen (GS II 49) und begleitet Bonhoeffer noch lange Zeit (vgl. GS I 261). Vor allem geht es nun dabei um verbindliches Reden zu ethischen Fragen, das Thema ist deshalb eng verknüpft mit dem Problem der politischen Verantwortung der Kirche. Denn es gibt klare Grenzen zwischen Kirche und Staat, daran hat Bonhoeffer stets festgehalten. In dem Fragment gebliebenen Tegeler Entwurf *Über die Möglichkeit des Wortes der Kirche an die Welt* (E 376/84) konnte er sogar dem fragwürdigen Stichwort von der Eigengesetzlichkeit der weltlichen Ordnungen ein relatives Recht zugestehen (384). „Das Wort der Kirche an die Welt kann kein anderes sein als das Wort Gottes an die Welt. Dieses heißt Jesus Christus und das Heil in seinem Namen." (379) Deshalb gibt es keine unterschiedliche Moral für die Welt und für die Gemeinde, Dekalog und Bergpredigt gehören darum untrennbar zusammen. „Die Verkündigung der Kirche an die Welt kann immer nur Jesus Christus im Gesetz und Evangelium sein." (382)

Daraus folgt: „Für die Kirche gibt es hier ein doppeltes Verhalten: Sie wird einerseits abgrenzend negativ in der Autorität des Wortes Gottes solche Wirtschaftsgesinnungen oder -formen für verwerflich erklären müssen, die den Glauben an Jesus Christus offensichtlich hindern. Andererseits wird sie positiv nicht in der Autorität des Wortes Gottes, sondern nur in der Autorität des verantwortlichen Rates christlicher Fachleute ihren Beitrag zu einer Neuordnung geben können. Beide Aufgaben sind streng zu unterscheiden. Diese erste Aufgabe ist die des Amtes, die zweite die der Diakonie, die erste göttlich, die zweite irdisch, die erste die des göttlichen Wortes, die zweite die des christlichen Lebens. Hier aber gilt: doctrina est coelum, vita est terra (Luther)." (E 384) Zu bestimmen, welche Wirtschaftsformen oder politischen Systeme den Glauben an Jesus Christus offensichtlich hindern, mag eine nur schwer einlösbare Aufgabe sein, wenn hierüber ein kirchlicher Konsens erreicht werden soll. Unbestreitbar ist diese klare Differenzierung der Aufgaben der Zwei-Reiche-Lehre zuzuordnen. Das Lutherzitat „Die Lehre ist Himmel, das Leben ist Erde" betont den Abstand zwischen den beiden Weisen, in denen Kirche das wahrnehmen soll, was man später gern ihren Öffentlichkeitsauftrag nannte. Auch auf dem Boden einer Theologie, die Gottes Auftrag für die Kirche und für Staat und Gesellschaft deutlich unterscheidet, und ohne Analogieschlüsse von der Ordnung der Kirche zu der des Staates[22] ist es möglich zu begründen, daß und wie Kirche nicht nur auf ihre Glieder einwirkt, sondern auch auf die Gestaltung der öffentlichen Dinge Einfluß nimmt.

Der Satz von der relativen Eigengesetzlichkeit der weltlichen Ordnungen, die ihre Grenze im Gesetz des in Christus geoffenbarten Gottes hat, steht in nicht nur zeitlicher Nähe zur Anerkennung der Mündigkeit der Welt und zur Diesseitigkeit.

Ging es schon in der *Nachfolge* vor allem um das Tun des einzelnen, wenn auch in der „sichtbaren Gemeinde" (N 220/45), der Gemeinde der „Heiligen" (N 246/74), so scheint in den Entwürfen aus Tegel die Kirche ganz zurückzutreten. Man hat den Weg Bonhoeffers unter die Überschrift stellen können „Von der Kirche zur Welt" (H. Müller), gerade unter Berufung auf *Widerstand und Ergebung*. Unbestreitbar sind diese Entwürfe eine Absage an viele Elemente überkommener Kirchlichkeit und an manches, was gerade der Bekennenden Kirche teuer und wert gewesen ist. Aber sie proklamieren nicht das Ende der Kirche. Im *Entwurf einer Arbeit* vom August 1944 sollte sich der dritte und letzte Teil ausschließlich mit der Kirche befassen (WEN 415f.); schon dies zeigt, daß es Kirche offenbar auch in der mündigen Welt gibt. Gerade um Kirche-für-andere zu sein, also dienende Gemeinde, wird sie eben Kirche sein müssen. Es ist nicht erkennbar, daß auch nur einer aus der Fülle der seit 1927 zusammengetragenen christologischen Aspekte nun gestrichen wäre. Das Institutionelle ist allerdings noch mehr zurückgetreten, aber wir sahen schon, daß die Sichtbarkeit der Kirche nie an der Institution im engen Verständnis des Wortes orientiert gewesen ist, sondern immer auf das Arcanum bezogen war. Auch die neue Rede von der Arkandisziplin ist nicht als bezogen auf das letzte Residuum einer sich in die Verborgenheit zurückziehenden Kirche zu werten, sondern weiterhin auf den Quellort des Glaubens, Bekennens und Lebens der Kirche.

5. Themen der Ethik

Weil Kirche für Bonhoeffer immer sichtbare Kirche war, gehört für ihn zur Ekklesiologie auch das verantwortliche Tun. Es sind nur noch drei Aspekte herauszuheben: „teure Gnade", „die letzten und die vorletzten Dinge" sowie „Tun des Gerechten". In diesen Themen ging es Bonhoeffer letztlich um eine Klärung dessen, was Rechtfertigung allein aus Glauben, allein aus Gottes Gnade heißt und wie diese reformatorische Lehrtradition gegen Mißverständnisse und Mißbrauch zu schützen sei. Glauben und Heiligung gehörten für ihn zusammen – trotz der zu Anfang zitierten distanzierenden Reflexion.

Am Anfang der *Nachfolge* stehen die Sätze: „Billige Gnade heißt Rechtfertigung der Sünde und nicht des Sünders. Weil Gnade doch alles allein tut, darum kann alles beim alten bleiben. ‚Es ist doch unser Tun umsonst'. Welt bleibt Welt, und wir bleiben Sünder ‚auch in dem besten Leben'. Es lebe also auch der Christ wie die Welt, er stelle sich der Welt in allen Dingen gleich und unterfange sich ja nicht – bei der Ketzerei des Schwärmertums! – unter der Gnade ein anderes Leben zu führen als unter der Sünde!" (N 13f.) Aber Gnade dispensiert nicht vom Werk, sondern ruft zum Gehorsam. Das Faszinierende dieses Buches ist eigentlich nicht diese These, die im Stil des Predigers, nicht des akademischen Lehrers vorgetragen, gemeinchristliche und gut reformatorische Gewißheiten ausspricht, sondern jener „applikative Bibelrealismus" (G. Krause), in dem der einfältige Gehorsam gefordert wird. Die Kompliziertheit ethischer Probleme rückt nicht in den Blick. Auch wenn Bonhoeffer dies so nicht wollte: es ist eben doch die kleine Gruppe, deren Weg ausgeleuchtet wird.

Die Unterscheidung zwischen dem „Letzten" und dem „Vorletzten" in der *Ethik* will dann gerade die Verantwortung für das menschliche Leben im Irdischen, in dieser Welt begründen. „Gottes Barmherzigkeit mit einem Sünder will und kann nur als Gottes letztes Wort mit einem Sünder gehört werden, oder es wird gar nicht gehört . . . Es gibt kein Wort Gottes, das über seine Gnade hinausgeht. Mehr als ein vor Gott gerechtfertigtes Leben gibt es nicht." (E 131) In diesen Sätzen spricht sich die Wiederentdeckung der Eschatologie aus, die gerade bei Bonhoeffer in so vielfältiger Weise zum Ausdruck kommt. Hier sollen sie die korrespondierende Einsicht vorbereiten, daß auch die vergehende Welt Ort verantwortlichen menschlichen Handelns ist. Die Spannung darf weder durch eschatologischen Radikalismus noch durch eine Ethik des Kompromisses aufgehoben werden. Die Alternative zu beidem begründet Bonhoeffer wieder christologisch: „Eine allein auf der Menschwerdung aufgebaute christliche Ethik würde leicht zu der Kompromißlösung führen, eine allein auf Kreuz und Auferstehung Jesu aufgebaute Ethik würde dem Radikalismus und der Schwärmerei verfallen. Nur in der Einheit löst sich der Widerstreit." „Christliches Leben ist Leben mit dem menschgewordenen, gekreuzigten und auferstandenen Jesus Christus, dessen Wort als ganzes uns in der Botschaft von der Rechtfertigung des Sünders aus Gnaden begegnet." (E 139, 141) Bewahrung des Lebens ist Wegbereitung für das Letzte, das rettende oder richtende Wort. „Der Hungrige braucht Brot, der Obdachlose Wohnung, der Entrechtete Recht, der Vereinsamte Gemeinschaft, der Zuchtlose Ordnung, der Sklave Freiheit. Es wäre eine Lästerung Gottes und des Nächsten, den Hungrigen hungrig zu lassen, weil gerade des Nächsten Not Gott am nächsten ist. . . . Wenn der Hungernde nicht zum Glauben kommt, so fällt die Schuld auf die, die ihm das Brot verweigerten. Dem Hungernden Brot verschaffen ist Wegbereitung für das Kommen der Gnade." (145f.) Dieser Satz wirft auch

Licht auf die Unterscheidung von „Amt" und „Diakonie" beim öffentlichen politischen Reden der Kirche, obwohl sich die beiden Gegenüberstellungen nicht einfach identifizieren lassen. Es ist wichtig zu sehen, daß Bonhoeffer auch sein Engagement im Widerstand als solchen Dienst im „Vorletzten" gesehen hat; der Kampf gegen Hitler war nicht apokalyptisch motiviert und kein Kreuzzug, dennoch sah er ihn als eine Tat des Gehorsams. Damit ist sie nicht aus der Schuldverflechtung herausgenommen. Gerade so weist das verantwortliche Handeln im „Vorletzten" auf die Rechtfertigung des Sünders.

Aus dem Vorletzten ist in den Tegeler Überlegungen dann das „Diesseitige" geworden. „Unsere Kirche, die in diesen Jahren nur um ihre Selbsterhaltung gekämpft hat, als wäre sie ein Selbstzweck, ist unfähig, Träger des versöhnenden und erlösenden Wortes für die Menschen und für die Welt zu sein. Darum müssen die früheren Worte kraftlos werden und verstummen, und unser Christsein wird heute nur in zweierlei bestehen: im Beten und im Tun des Gerechten unter den Menschen." (WEN 328) Normen für dies Verhalten sind offenbar die großen alten bürgerlichen Tugenden, „Maß, Echtheit, Vertrauen, Treue, Stetigkeit, Geduld, Zucht, Demut, Genügsamkeit, Bescheidenheit", wie sie in dem *Entwurf einer Arbeit* aufgezählt werden (WEN 416). Diesen Maßstäben getreu hatten Menschen verschiedener Religiosität sich im Widerstand gegen ein Regime verbündet, das diese Tugenden pervertierte. Es gab andere Theologen, die zur gleichen Zeit gerade die Ambivalenz solcher Werte herausarbeiteten, ebenfalls im Rückgriff auf die konkreten Erfahrungen besonders des Krieges.[23] Bonhoeffer entwirft auch jetzt wie in der *Nachfolge* das Bild des schlichten Gehorsams. Sich hier zu bewähren war für ihn das Gebot der Stunde, mehr noch, Gottes in dieser Zeit. Das ist nicht die letzte Summe der Ethik des Gefangenen. Es ist Beschreibung einer Zeit des Übergangs: „Es ist nicht unsere Sache, den Tag vorauszusagen – aber der Tag wird kommen –, an dem wieder Menschen berufen werden, das Wort Gottes so auszusprechen, daß sich die Welt darunter verändert und erneuert." (WEN 328) Auch das Warten und Schweigen im Vorletzten kann mit letzter Verbindlichkeit auf einen Christen zukommen. Wenn man an der *Nachfolge* ihren elitären Charakter kritisiert, wird man sehen müssen, daß auch dieses Tegeler Programm konkret nicht weniger elitär ist.[24] Aber im Sinne Bonhoeffers geht es bei der Verwirklichung des Glaubens nicht um ein Zählen, sondern um Gehorsam.

Fragt man nach dem Ertrag der Schriften Bonhoeffers für die theologische Ethik, findet sich wenig wirklich Originelles, aber manches ist zukunftweisend. Das hängt damit zusammen, daß *Nachfolge* kein wissenschaftliches Buch war und die geplante Monographie nicht über verschiedene Ansätze hinauskam; es durfte nicht Aufgabe des Herausgebers sein, die oft noch disparaten Stücke zur Einheit zusammenzuschmieden. Fragen, die Bonhoeffer existenziell tief betrafen, wie Recht und Pflicht zum Widerstand, konnten aus verständlichen Gründen nicht offen behandelt werden.[25] Die Begrifflichkeit des „Vorletzten" und „Letzten" hat eine lange Vorgeschichte bei Bonhoeffer selbst (Feil 297/303). Die Wendung vom „Tun des Gerechten" mag eine Gelegenheitsformulierung sein. Selbst dort, wo Bonhoeffer am eigenständigsten war, in der Mandaten-Lehre der Ethik, baute er Anregungen aus, die er aus der Dogmatik August Vilmars erhalten hatte (so G. Krause 62). Aber es kann sich nicht darum handeln, den unabgeschlossenen Entwürfen zur Ethik den Charakter des Klassischen zuzuweisen. Ihre Bedeutung liegt darin, zu sehen, wie Bonhoeffer in mehrfachen Anläufen von der Kritik an aller natürlichen Theologie im Gegenüber zur Christusoffenbarung zu einer *Theologie des Natürlichen* zurückfindet, ohne die christologischen Einsichten preiszugeben. Wenn es auch nicht gelingen kann, aus den verschiedenen Impulsen in *Nachfolge,* den *Ethik*-Entwürfen und den Tegeler Gedankensplittern ein Ganzes zu machen, so haben sie, an unterschiedlichen Situationen orientiert, in unterschiedlicher Weise Anregungen gegeben. Sie mögen mehr zum spirituellen als zum ausgereiften theologischen Erbe Bonhoeffers gehören. Und doch sind sie Theologie, denn jeweils anders gewendet halten sie die Zusammengehörigkeit von Christusbekenntnis, Ekklesiologie und Ethik fest.

6. Christus und die mündige Welt

Dies Fragmentarische gilt von den *Tegeler Entwürfen* erst recht. Daß es nicht angeht, sie gegenüber den sonstigen Arbeiten Bonhoeffers zu isolieren, ist immer wieder deutlich geworden. Häufig brechen Impulse der frühen Berliner Zeit wieder auf, die in den Jahren des Kampfes seit 1933 verdeckt waren. Dazu gehört die Rehabilitation des Liberalismus (WEN 411). Das mag Folge der Lektüre in der Haft sein oder einfach davon, daß der Gefangene nun Zeit zum Nachdenken hatte. Aber er wollte in diesen Entwürfen doch einen neuen Anfang setzen; so sind sie auch stets, seit sie bekannt wurden, verstanden worden. Die kritische Beurteilung des Weges der Bekennenden Kirche samt der damit verbundenen Kritik an Karl Barth kann hier beiseite bleiben. Die Behauptung, in den Jahren seit 1933 hätte die Bekennende Kirche der Bruderräte – das ist „unsere Kirche" – immer nur um ihre eigene Selbstbehauptung gekämpft, ist hier zunächst nur Negativfolie, von der sich das Bild der Zukunft abheben soll. Für diese Zukunftsschau ist aber eine andere, weiter ausholende Deutung von Geschichte stärker wirksam geworden, die Geschichte der Neuzeit als „Bewegung in der Richtung auf die menschliche Autonomie", in der Gott immer mehr an den Rand gedrängt wurde. Soll diese Entwicklung nicht apologetisch bekämpft, sondern akzeptiert werden, dann lautet das Thema der Zukunft: *Christus und die mündig gewordene Welt* (WEN 356ff.). Diese mündige Welt ist religionslose Welt. So gewendet heißt die gleiche Aufgabe dann: „Wie kann Christus der Herr der Religionslosen werden?" (WEN 306)

Diese Analyse ist nur von der Voraussetzung der Barth'schen Religionskritik her möglich gewesen, die Bonhoeffer früh übernommen hatte (DB 978), mag immer sie bei ihm geschichtlich und nicht systematisch begründet sein

(Huber 118). Religion ist eine sekundäre Überformung des christlichen Glaubens, charakterisiert eben durch diese neuzeitliche Entwicklung, in der das Religiöse ein Teilbezirk des menschlichen Lebens geworden ist, an Innerlichkeit und den Grenzerfahrungen von Leid, Schuld, Tod orientiert. Religionslose Interpretation des Glaubens wäre die Rückgewinnung der Ganzheit des Lebens vor Gott, wozu auch die „Diesseitigkeit" des Glaubens gehört. Gegen die Aufteilung von Christus und Welt auf „zwei miteinander konkurrierende Räume" hatte sich schon die *Ethik* gewandt (211), damit auch gegen die Trennung zwischen dem Profanen und Sakralen. Sie wird dort von der Christuswirklichkeit überwunden. In den gleichen Bahnen denkt Bonhoeffer auch in Tegel.

Das Thema der verschiedenen „Räume" kommt allerdings nicht zum Abschluß; denn die Frage nach dem „Raum" der Kirche wird zwar gestellt, aber nicht beantwortet. Zwei mit einander in Konkurrenz stehende Räume darf es nicht geben. Aber die Arkandisziplin, in der das Geheimnis des Glaubens zu behüten ist, bleibt doch ein Gegenpol zur Profanität der mündigen Welt.

Gegen diesen ganzen Aufriß ließen sich verschiedene Einwände erheben. Ist ein solcher Begriff von Religion wirklich brauchbar? Läßt sich das Geschichtsbild, das sich wesentlich der Dilthey-Lektüre verdankt, unbesehen übernehmen? Kann man es als „prophetisch-apokalyptische Geschichtsdeutung" beurteilen (so G. Krause 63)? Bonhoeffer hat selbst versucht, die Geschichtsanalyse durch eine christologische Begründung zu ersetzen oder zu ergänzen: „Der Gott, der mit uns ist, ist der Gott, der uns verläßt (Mk 15,34)! Der Gott, der uns in der Welt leben läßt ohne die Arbeitshypothese Gott, ist der Gott, vor dem wir dauernd stehen. Vor und mit Gott leben wir ohne Gott. Gott läßt sich aus der Welt herausdrängen ans Kreuz, Gott ist ohnmächtig und schwach in der Welt und gerade und nur so ist er bei uns und hilft uns. Es ist Mt 8,17 ganz deutlich, daß Christus nicht hilft kraft seiner Allmacht, sondern kraft seiner Schwachheit, seines Leidens!" (WEN 394) Im *Entwurf einer Arbeit* wird die Transzendenz Gottes vom „Für-andere-Dasein Jesu" her gedeutet (WEN 414). Christsein ist dann „Teilnehmen am Leiden Gottes im weltlichen Leben" (395). Diese Chiffren zu übersetzen, hieße in die Aufgabe eintreten, die Bonhoeffer sich selbst gestellt hatte. Es wird erlaubt sein, damit zu rechnen, daß diese Sätze ihm auch dazu verholfen haben, sein eigenes Geschick zu verstehen.[26]

Deutlicher werden die Aussagen dort, wo es um die Konsequenzen für die Kirche geht. „Die Kirche ist nur Kirche, wenn sie für andere da ist. Um einen Anfang zu machen, muß sie alles Eigentum den Notleidenden schenken. Die Pfarrer müssen ausschließlich von den freiwilligen Gaben der Gemeinden leben, evtl. einen weltlichen Beruf ausüben. Sie muß an den weltlichen Aufgaben des menschlichen Gemeinschaftslebens teilnehmen, nicht herrschend, sondern helfend . . . Sie muß den Menschen aller Berufe sagen, was ein Leben mit Christus ist, was es heißt, ‚für andere dazusein'." (WEN 415f.) Eine gewisse Verlegenheit bereitet, daß gerade hier die Kirche zunächst als Institution, in ihren Amtsträgern, angesprochen ist. Doch es ist angemessen, daß dem neuen Bild der Kirche eine neue Pastoraltheologie entspricht. Jedenfalls ist auch für Bonhoeffer, wie es seit dem Mittelalter immer im Abendland war, Kirchenreform zunächst Reform des geistlichen Amtes. Das Weitere hat er dann nur als Fragen formulieren können: „Was bedeutet eine Kirche, eine Gemeinde, eine Predigt, eine Liturgie, ein christliches Leben in einer religionslosen Welt?" (WEN 306) Bonhoeffer hat diesen Neuanfang nicht als Katastrophe, sondern als neue Freiheit gewertet. Der Fortgang der Geschichte hat seine Prognosen nicht unmittelbar bestätigt.

Gerade daß die *Tegeler Entwürfe* nicht ausgeführt worden sind, gab vielen die Möglichkeit, sich mit ihnen zu identifizieren. Sie haben so Impulse ausgelöst, die den Namen Bonhoeffers um die Erde getragen haben, kirchenkritische und kirchenreformerische Impulse. Die Chiffren dieser Entwürfe sind dabei unterschiedlich gefüllt worden, nicht immer in einem Sinne, der durch Bonhoeffers Theologie gedeckt gewesen wäre. Denn auch in den *Tegeler Entwürfen* für die Aufgaben einer neuen Theologie und für eine neue Gestalt der Kirche sind Christologie, Ekklesiologie und Handlungsanweisung miteinander verwoben.

III. Bedeutung und Wirkungsgeschichte

Die Bedeutung der Theologie Bonhoeffers ist von ihrer Wirkungsgeschichte kaum zu trennen. Der Blick war so lange auf die Fragmente in *Widerstand und Ergebung* fixiert, daß andere Aspekte als die der kirchlichen Erneuerung erst spät bemerkt und bearbeitet wurden. Seine Bedeutung für die Auseinandersetzungen der dreißiger Jahre liegt sicher vor allem darin, wie er auf die judenfeindliche Politik des damaligen Regimes in Deutschland reagiert hat sowie in seiner Funktion als Verbindungsmann zwischen Bekennender Kirche und Ökumene. Beides war theologisch begründet. Seine Wertung des Bekenntnisses stellt aber auch ökumenische Aufgaben für die Zukunft. Wichtiger als Einzelthemen ist wohl, wie er in immer neuen Anläufen Christusbekenntnis, theologisches Verstehen der Kirche, ethisches Engagement und Spiritualität miteinander verbunden hat, nicht in einem geschlossenen System, sondern so, daß er Wege weist, Fragen stellt und selbst zum Vorbild geworden ist.

Die Wirkungsgeschichte Dietrich Bonhoeffers setzt mit der Veröffentlichung von Auszügen aus seinen Schriften und einiger Verse und Fragmente aus der Tegeler Haft schon im Dezember 1945 durch den noch im Aufbau befindlichen Ökumenischen Rat in Genf ein. Die Schrift trug den Titel *Das Zeugnis eines Boten*. 1952 erschien *Widerstand und Ergebung,* von Eberhard Bethge zusammengestellt. Von Anfang an konzentrierte sich die Wirkungsgeschichte damit auf die letzten Entwürfe der Haftzeit und stand in einem internationalen, ökumenischen Rahmen. Die Kontroversen um das Verständnis dieser Entwürfe vor allem in der sogenannten „Gott ist tot-Theologie" sind eher ein Teil der Auslegungsgeschichte. Für die Forschung arbeitet heute ein

Internationales Bonhoeffer-Komitee. Die Vision einer Kirche für andere oder Kirche für die Armen ist von zahlreichen Erneuerungsbewegungen aufgenommen worden. Die Schrift *Gemeinsames Leben* wird auch heute in vielen Kommunitäten und Ordensgemeinschaften gelesen.

Wieweit kirchliche Entscheidungen als Wirkung der Theologie Bonhoeffers verstanden werden können, ist meist schwer zu entscheiden. Bei der Vorbereitung lutherischer Stellungnahmen zum Rassenproblem im südlichen Afrika hat das Studium seiner Schriften eine wichtige Rolle gespielt, das gilt für den Swakopmund-Appeal von 1975 und die Erklärung der Vollversammlung des Lutherischen Weltbundes in Daressalam 1977.

Es wird wenig Theologen des 20. Jahrhunderts geben, deren Bücher so verbreitet sind und auch gelesen werden. Die Wertschätzung des Märtyrers bezeugen zahlreiche nach ihm benannte Kirchen im deutschsprachigen Gebiet.

BIBLIOGRAPHIEN

RICHARD SIMON

1. Quellen

Es gibt keine Gesamtausgabe und keine kritischen Einzelausgaben, sondern nur die Originalausgaben, teilweise als unveränderte photomechanische Neudrucke, ohne kritische Einleitungen.
- Histoire critique du Vieux Testament. Nouvelle (5.) édition. Rotterdam 1685 (Neudruck Frankfurt/M. 1967) (= Histoire).
- Histoire critique du texte du Nouveau Testament. Rotterdam 1689 (Neudruck Frankfurt/M. 1968) (Deutsch von *J. S. Semler.* Halle 1776).
- Histoire critique des versions du Nouveau Testament. Rotterdam 1690 (Neudruck Frankfurt/M. 1967) (Deutsch von *J. S. Semler.* Halle 1777–1780, 2 Bde.).
- Histoire critique des principaux commentateurs du Nouveau Testament. Rotterdam 1693 (Neudruck Frankfurt/M. 1969).
- Réponse au livre intitulé Sentimens de quelques théologiens de Hollande sur l'Histoire critique du Vieux Testament, par le Prieur de Bolleville . . . Rotterdam 1685 (Neudruck Frankfurt/M. 1973).
- Nouvelles observations sur le texte et les versions du Nouveau Testament. Paris 1695 (Neudruck Frankfurt/M. 1973).
- Histoire de l'origine et des progrès des revenus ecclésiastiques. Bd. I. Frankfurt (in Wirklichkeit wahrscheinlich Rotterdam) 1684. Nouvelle et dernière (4.) édition, augmentée d'un second Volume. Basle (Rouen) 1706.
- Lettres choisies. Rotterdam (^{1}1700) ^{2}1702 (Neudruck Frankfurt/M. 1967). Nouvelle (4.) édition, revué, corrigée et augmentée d'un volume, et de la Vie de l'auteur par *M. Bruzen de la Martinière.* Amsterdam 1730.
- Bibliothèque critique . . . Amsterdam 1708–1710, 4 Bde.
- Critique de la Bibliothèque des auteurs ecclésiastiques . . . publiés par *M. Ellies du Pin* . . . Paris 1730.
- Vgl. auch die Dokumente und Inedita bei *Auvray,* S. 197–229.

(Jean Le Clerc [Johannes Clericus]), Sentimens de quelques Théologiens de Hollande, sur l'Histoire Critique du Vieux Testament, composée par *R. Simon.* Amsterdam 1685.
- Défense des Sentimens de quelques Théologiens de Hollande . . . Contre la Réponse du Prieur de Bolleville. Amsterdam 1686 (Neudruck Frankfurt/M. 1973).

Ezechiel Spanheim: Lettre à un ami (1678). In: *Simon,* Histoire, 565ff.

Baruch de Spinoza: Theologisch-politischer Traktat, hrsg. von *G. Gawlick.* Hamburg 1976.

2. *Bibliographie*

A.-M. P. Ingold, Essai de Bibliographie Oratorienne. Paris 1880–1882 (Neudruck Gregg Int. Publishers, Farnborough, Hants., England 1968), 121–163 (auch separat: Basel 1882); *Auvray,* 179–196.

3. *Biographien*

Autobiographische Notiz: *Auvray,* 200f.

(Sanson [Zéphirin]), Mémoires pour servir à l'histoire de la vie et des ouvrages de feu M. Simon. In: Journal littéraire de La Haye 3, 1714, 225–230 = Journal de Sçavans, ed. Amsterdam, Juin 1714, 613–621 (deutsch: Deutsche Acta Eruditorum. Leipzig 1714, III, T. 26, 168–175).

Anon: Notice sur les hommes célèbres de Normandie (ca. 1714–1720), ed. Cochet: Galerie dieppoise. Dieppe 1862, 327–381.

(J. P. Niceron): Mémoires pour servir à l'histoire des hommes illustres de la République des lettres. Paris (1727ff.) ^{2}1729. Bd. I, 321–245; X, 21–23; 2. T., 58–75.

A. Bruzen de la Martinière: Eloge historique de Richard Simon, prêtre: Simon, Lettres choisies I^{4}, 1–100.

L. Batterel: Mémoires domestiques pour servir à l'histoire de la congrégation de l'Oratoire, publiés par A. Ingold et E. Bonnardet (5 Bde.). Paris 1902–1911, Bd. IV, 233–295.

4. *Sekundärliteratur*

Auvray, Paul: Richard Simon (1638–1712). Paris 1974.

Bernus, Auguste: Richard Simon et son Histoire critique du Vieux Testament. Lausanne 1869 (Neudruck Genf, Slatkin Reprints, 1969).

Graf, Karl Heinrich: Richard Simon: Beiträge zu den theologischen Wissenschaften von den Mitgliedern der theologischen Gesellschaft zu Straßburg, 1. Heft, Jena 1847, 158–242.

Hazard, Paul: Die Krise des europäischen Geistes (frz. Original: La crise de la conscience européenne) 1680–1715 (Paris 1935). Hamburg 1939 (Neudruck 1965), 217–237.

Kraus, Hans-Joachim: Geschichte der historisch-kritischen Erforschung des Alten Testaments. Neukirchen ^{2}1969.

Margival, Henri: Essai sur Richard Simon et la critique biblique au XVIIe siècle. Paris 1900 (Neudruck Genf 1970).

Mirri, Francesco Saverio: Richard Simon e i metodo storicocritico de B. Spinoza. Firenze 1972.

Steinmann, Jean: Richard Simon et les origines de l'exégèse biblique. Paris 1960.

Stummer, Friedrich: Die Bedeutung Richard Simons für die Pentateuchkritik. Münster (W.) 1912.

NIKOLAUS LUDWIG GRAF VON ZINZENDORF

1. *Quellen*

- Hauptschriften, hrsg. von *E. Beyreuther/G. Meyer,* 6 Bde. u. Erg.bde. Hildesheim 1962–1978.

- Materialien und Dokumente, hrsg. von *E. Beyreuther/G. Meyer/A. Molnár,* Hildesheim 1970ff. (Reihe 1–4).
- Texte zur Mission, hrsg. von *H. Bintz,* Hamburg 1979.
- Zinzendorf und die Herrnhuter Brüder. Quellen zur Geschichte der Brüder-Unität von 1722–1760, hrsg. von *H.-C. Hahn/H. Reichel,* Hamburg 1977.

2. Zur Bibliographie

Lepel, Wilhelm Heinrich Ferdinand Karl Graf von: Verzeichnis der Schriften des Grafen Ludwig von Zinzendorf. Stettin 1824.

3. Zur Biographie

Beyreuther, Erich: Zinzendorf-Biographie Bd. 1–3. Marburg a. d. Lahn 1957–1961. Bd. 1: Der junge Zinzendorf. 1957. Bd. 2: Zinzendorf und die sich allhier beisammen finden. 1959. Bd. 3: Zinzendorf und die Christenheit. 1961.

Erbe, Hans-Walter: Zinzendorf und der fromme hohe Adel seiner Zeit. Leipzig 1928.

Reichel, Gerhard: Die Anfänge Herrnhuts. Ein Buch vom Werden der Brüdergemeine. Herrnhut 1922.

- Der „Senfkornorden" Zinzendorfs. Ein Beitrag zur Kenntnis seiner Jugendentwicklung und seines Charakters. T. 1: Bis zu Zinzendorfs Austritt aus dem Pädagogium zu Halle 1716. Leipzig 1914 (Berichte des theol. Seminars der Brüdergemeine in Gnadenfeld. H. 9).

Schrautenbach, Ludwig Carl Freiherr von: Der Graf von Zinzendorf und die Brüdergemeine seiner Zeit. Hrsg. von *F. W. Kölbing.* Gnadau und Leipzig 1851.

Spangenberg, August Gottlieb: Leben des Herrn Nicolaus Ludwig Grafen und Herrn von Zinzendorf und Pottendorf. 8 Theile. Barby 1773–1775.

4. Zur Theologie

Aalen, Leiv: Die Theologie des jungen Zinzendorf. Berlin und Hamburg 1966 (Arbeiten zur Geschichte und Theologie des Luthertums. Bd. 16).

Becker, Bernhard: Zinzendorf im Verhältnis zu Philosophie und Kirchentum seiner Zeit. Geschichtliche Studien. Leipzig 1886.

Bettermann, Wilhelm: Theologie und Sprache bei Zinzendorf. Gotha 1935.

Beyreuther, Erich: Studien zur Theologie Zinzendorfs. Gesammelte Aufsätze. Neukirchen-Vluyn 1962.

Dose, Kai: Die Bedeutung der Schrift für Zinzendorfs Denken und Handeln. Theol. Diss. Bonn 1971 (Masch.).

Eberhard, Samuel: Kreuzes-Theologie. Das reformatorische Anliegen in Zinzendorfs Verkündigung. München 1937.

Hickel, Helmut: Das Abendmahl zu Zinzendorfs Zeiten. Hamburg 1956 (Herrnhuter Hefte 9).

Meyer, Dietrich: Der Christozentrismus des späten Zinzendorf. Eine Studie zu dem Begriff „täglicher Umgang mit dem Heiland". Bern und Frankfurt/M. 1973 (Europ. Hochschulschriften. Reihe 23. Theologie Bd. 25).

Motel, Heinz: Zinzendorf als ökumenischer Theologe. Herrnhut 1942.

Müller, Joseph Theodor: Zinzendorf als Erneuerer der alten Brüderkirche. Festschrift des theologischen Seminariums der Brüdergemeine in Gnadenfeld zum Gedächtnis der Geburt Zinzendorfs am 26. Mai 1700. Leipzig 1900.

Renkewitz, Heinz: Zinzendorf. Herrnhut 1935.

– Im Gespräch mit Zinzendorfs Theologie. Vorträge aus dem Nachlaß. Hamburg 1980.

Ruh, Hans: Die christologische Begründung des ersten Artikels bei Zinzendorf. Zürich 1967 (Basler Studien zur Historischen und Systematischen Theologie. Bd. 7).

Unitas Fratrum. Hrsg. von *Mari P. van Buijtenen, Cornelius Decker, Huib Leeuwenberg.* Utrecht 1975.

Uttendörfer, Otto: Zinzendorf und die Mystik. Berlin (1950).

Wettach, Theodor: Kirche bei Zinzendorf. Wuppertal 1971.

Wollstadt, Hanns-Joachim: Geordnetes Dienen in der christlichen Gemeinde. Dargestellt an den Lebensformen der Herrnhuter Brüdergemeine in ihren Anfängen. Göttingen 1966 (Arbeiten zur Pastoraltheologie. Hrsg. von Martin Fischer und Robert Frick. Bd. 4).

JOHANN SALOMO SEMLER

1. Quellen

– Vindiciae plurium praecipuarum lectionum codicis graeci Novi Testam. adversus Guilielm. Whiston Anglum atque ab eo latas leges criticas. Halae 1750.

– Versuch einer näheren Anleitung zu nützlichem Fleisse in der ganzen Gottesgelehrsamkeit für angehende Studiosos Theologiae. Halle 1757.

– *D. Sigmund Jacob Baumgartens* Evangelische Glaubenslehre. Mit einigen Anmerkungen, Vorrede und historischen Einleitung, herausgegeben von *D. Johann Salomon Semler,* 3 Bde. Halle 1759–1760.

– Historische und kritische Sammlungen über die so genannten Beweisstellen in der Dogmatik. 2 Bde. Halle und Helmstädt 1764–1768.

– Institutio brevior ad liberalem eruditionem theologicam. Halae 1765–1766.

– Q. Sept. Flor. Tertulliani opera. Recensuit *Joh. Salomo Semler,* Vol I–VI. Halae 1770–1776.

– Abhandlung von freier Untersuchung des Canon; nebst Antwort auf die tübingische Vertheidigung der Apocalypsis. 4 Bd. Halle 1771–1775.

– Versuch eines fruchtbaren Auszugs aus der Kirchengeschichte. Halle 1773–1778.

– *Richard Simons* Kritische Schriften über das neue Testament. Erster Theil. Welcher die kritische Historie des Textes des neuen Testaments enthält. Aus dem Französischen übersetzt von *Heinrich Matthias August Cramer.* Nebst einer Vorrede und mit Anmerkungen begleitet von *D. Johann Salomon Semler.* Halle 1776.

– Versuch einer freieren theologischen Lehrart, zur Bestätigung und Erläuterung seines lateinischen Buches. Halle 1777.

– *D. Joh. Salomo Semlers* Lebensbeschreibung von ihm selbst abgefaßt. 2 Teile. Halle 1781–1782.

– Ueber historische, gesellschaftliche und moralische Religion der Christen. Leipzig 1786.

– *D. Joh. Salomo Semlers* letztes Glaubensbekenntnis über natürliche und christliche Religion. Mit einer Vorrede herausgegeben von *Chr. Gottfr. Schütz.* Königsberg 1792.

2. *Sekundärliteratur*

Gastrow, Paul: Joh. Salomo Semler in seiner Bedeutung für die Theologie mit besonderer Berücksichtigung seines Streites mit G. E. Lessing. Gießen 1905.

Heß, Hans-Eberhard: Theologie und Religion bei Johann Salomo Semler. Ein Beitrag zur Theologiegeschichte des 18. Jahrhunderts (Diss. Kirchl. Hochschule Berlin) 1974 (Werk- und Literaturverzeichnis).

Hirsch, Emanuel: Geschichte der neueren evangelischen Theologie. Bd. IV. Gütersloh (1951) ^{5}1975.

Hohlwein, H.: Semler, Johann Salomo. In: Religion in Geschichte und Gegenwart (RGG) 5, 1696–1697.

Hornig, Gottfried: Semlers Dogmengeschichtsschreibung und Traditionskritik. Zur Analyse der Argumente und Kriterien. In: Denkender Glaube. Festschrift für C. H. Ratschow. Berlin 1976, 101–113.

– Die Anfänge der historisch-kritischen Theologie. Johann Salomo Semlers Schriftverständnis und seine Stellung zu Luther. Göttingen 1961 (Literatur).

Rendtorff, Trutz: Kirche und Theologie. Die systematische Funktion des Kirchenbegriffs in der neueren Theologie. Gütersloh ^{2}1970.

Schmittner, Wolfgang: Kritik und Apologetik in der Theologie J. S. Semlers. (Theol. Existenz heute. Neue Folge Nr. 106) München 1963.

JOHANN MICHAEL SAILER

1. *Werke*

Die wichtigsten Originalausgaben sind im Text genannt.

– Johann Michael Sailer's sämtliche Werke, unter Anleitung des Verfassers hrsg. v. *Joseph Widmer.* 40 Bände. Sulzbach 1830–1841, Supplementband 1855 (weist erhebliche Lücken auf, besonders zu den frühen Werken; Textwiedergabe manchmal mangelhaft).

2. *Sonstige Quellen*

Schmid, Christoph von: Erinnerungen aus meinem Leben, II: Der hochselige Bischof Johann Michael von Sailer. Augsburg 1853.

Schiel, Hubert: Johann Michael Sailer. Leben und Briefe. I: Leben und Persönlichkeit in Selbstzeugnissen, Gesprächen und Erinnerungen der Zeitgenossen. II: Johann Michael Sailer. Briefe (hier S. 641–665: Verzeichnis des Schrifttums von Sailer, S. 666–680: Verzeichnis des Schrifttums über Sailer bis 1952). Regensburg 1948–1952.

3. *Sekundärliteratur*

Schwaiger, Georg: Johann Michael von Sailer (1751–1832), in: *H. Fries – G. Schwaiger* (Hrsg.): Katholische Theologen Deutschlands im 19. Jahrhundert, I, München 1975, 55–93.

Schwaiger, Georg: Johann Michael Sailer. Der bayerische Kirchenvater. München – Zürich 1982 (mit Quellen u. Lit.).

Schwaiger, Georg, und *Mai, Paul* (Hrsg.): Johann Michael Sailer und seine Zeit. Regensburg 1982 (Beiträge zur Geschichte des Bistums Regensburg, 16).

Weitere Sekundärliteratur siehe in den Anmerkungen zu diesem Beitrag.

FRIEDRICH SCHLEIERMACHER

1. Quellen

- Sämmtliche Werke (= SW), 30 erschienene Bände in 3 Abteilungen. Berlin 1834–64. Eine Kritische Gesamtausgabe, deren beide erste Bände 1980 erschienen sind, wird unter der Leitung von *Hans-Joachim Birkner* sowie von *Gerhard Ebeling, Hermann Fischer, Heinz Kimmerle* und *Kurt-Victor Selge* in Kiel und nunmehr auch in Berlin bearbeitet.
- Entwürfe zur Philosophischen Ethik, hrsg. von *O. Braun.* Leipzig ²1927 (Nachdruck Aalen 1967) = Werke. Auswahl in 4 Bänden, Bd 2 = Philosophische Bibliothek Bd 137.
- Aus Schleiermachers Leben. In Briefen. Bd 1.2. Berlin ²1860. Bd 3.4, hrsg. von *L. Jonas/W. Dilthey.* Berlin 1861–63 (Nachdruck Berlin 1974).
- Briefe an die Grafen zu Dohna, hrsg. von *J. L. Jacobi.* Halle 1887.
- Kurze Darstellung des theologischen Studiums (¹Berlin 1811. ²Berlin 1830), hrsg. von *H. Scholz.* Darmstadt ⁴1961. Vgl. SW I, Bd 1.
- Dialektik, hrsg. von *H. Odebrecht.* Leipzig 1942 (Nachdruck Darmstadt 1976). Vgl. SW III, Bd 4/2.
- Der christliche Glaube nach den Grundsäzen der evangelischen Kirche im Zusammenhange dargestellt (¹1821/22), hrsg. von *H. Peiter.* Berlin 1980. ²1830/31, hrsg. von *M. Redeker.* Berlin 1960. Vgl. SW I, Bd 3.4.
- Die christliche Sitte nach den Grundsäzen der evangelischen Kirche im Zusammenhange dargestellt (= CS), hrsg. von *L. Jonas.* Berlin 1843 (= SW I, Bd 12).
- Christliche Sittenlehre (Einleitung). Nach größtenteils unveröffentlichten Hörernachschriften hrsg. von *H. Peiter.* Stuttgart 1982 = Teilabdruck aus: Das christliche Leben nach den Grundsätzen der evangelischen Kirche im Zusammenhange dargestellt (Ormigabzüge), hrsg. von *H. Peiter,* Berlin (Humboldt-Universität) 1969.
- Platons Werke von F. Schleiermacher. Teil 1–3. Berlin ²1817–28. Neuausgabe in: Rowohlts Klassiker der Literatur und der Wissenschaft. Hamburg 1957–59.
- *Bauer, Johannes* (Hrsg.): Schleiermachers letzte Predigt. Marburg 1905.
- Über die Religion. Reden an die Gebildeten unter ihren Verächtern. Berlin 1799. Neuabdruck u. a. in der Philosophischen Bibliothek Bd 255. Vgl. SW I, Bd 1.
- Sendschreiben über seine Glaubenslehre an Lücke, hrsg. von *H. Mulert.* (Studien zur Geschichte des neueren Protestantismus 2). Gießen 1908.

2. Sekundärliteratur

Barth, Karl: Die protestantische Theologie im 19. Jahrhundert. Berlin ³1961.

Baur, Ferdinand Christian: Primae Rationalismi et Supranaturalismi historiae capita potiora. Pars II. Tübingen 1827.

– Selbstanzeige dieses Programms in: Tübinger Zeitschrift für Theologie 1828, 1. Stück, 220–264.

Birkner, Hans-Joachim: Schleiermachers christliche Sittenlehre im Zusammenhang seines philosophisch-theologischen Systems. (Theol. Bibl. Töpelmann 8). Berlin 1964.

– Theologie und Philosophie. (Theol. Exist. heute 178). München 1974.

Dilthey, Wilhelm: Leben Schleiermachers (^{1}1870), hrsg. von *M. Redeker*. Berlin ^{3}1970.

Ebeling, Gerhard: Dogmatik des christlichen Glaubens. Bd 1–3. Tübingen 1979.

Heinrici, Carl Friedrich Georg: D. August Twesten nach Tagebüchern und Briefen. Berlin 1889.

Hertel, Friedrich: Das theologische Denken Schleiermachers. (Studien zur Dogmengeschichte u. systematischen Theologie 18). Zürich/Stuttgart 1965.

Hirsch, Emanuel: Geschichte der neuern evangelischen Theologie. Bd 4.5. Gütersloh 1952–54.

Mulert, Hermann: Die Aufnahme der Glaubenslehre Schleiermachers. In: Zeitschrift für Theologie und Kirche 18 (1908), 107–139.

Tillich, Paul: Religion des konkreten Geistes. Friedrich Schleiermacher. Stuttgart 1968 (Vorabdruck aus: Gesammelte Werke, Ergänzungsband 2).

Weymann, Volker: Glaube als Lebensvollzug und der Lebensbezug des Denkens. Göttingen 1977.

Weitere Literaturhinweise bei *Terrence N. Tice:* Schleiermacher Bibliography. (Princeton Pamphlets 12). Princeton Theological Seminary Princeton 1966 (meine ersten Korrekturen und Ergänzungen in: Zeitschrift für Kirchengeschichte 79 (1968), 424–427).

FERDINAND CHRISTIAN BAUR

1. Quellen

– Symbolik und Mythologie oder die Naturreligion des Alterthums. In zwei Theilen. Stuttgart 1824 und 1825 (Nachdruck Aalen 1978).

– Das Manichaeische Religionssystem nach den Quellen neu untersucht und entwickelt. Tübingen 1831 (Nachdrucke Göttingen 1928 und Hildesheim 1973).

– Der Gegensatz des Katholizismus und Protestantismus nach den Principien und Hauptdogmen der beiden Lehrbegriffe. Mit besonderer Rücksicht auf Herrn Dr. Möhler's Symbolik, in: Tübinger Zeitschrift für Theologie 5 (1833), 1–438. Separatausgabe Tübingen 1834, ^{2}1836 (erweitert).

– Die christliche Gnosis oder die christliche Religions-Philosophie in ihrer geschichtlichen Entwiklung. Tübingen 1835 (Nachdruck Darmstadt 1967).

– Die sogenannten Pastoralbriefe des Apostels Paulus aufs neue kritisch untersucht. Stuttgart und Tübingen 1835.

– Die christliche Lehre von der Versöhnung in ihrer geschichtlichen Entwicklung von der ältesten Zeit bis auf die neueste. Tübingen 1838.

– Die christliche Lehre von der Dreieinigkeit und Menschwerdung Gottes in ihrer geschichtlichen Entwicklung. 3 Bände. Tübingen 1841 und 1843.

– Paulus, der Apostel Jesu Christi. Sein Leben und Wirken, seine Briefe und seine Lehre.

Ein Beitrag zu einer kritischen Geschichte des Urchristentums. Stuttgart 1845, ²1866/1867 (Nachdruck Osnabrück 1968).
- Kritische Untersuchungen über die kanonischen Evangelien, ihr Verhältnis zu einander, ihren Charakter und Ursprung. Tübingen 1847.
- Lehrbuch der christlichen Dogmengeschichte. Stuttgart 1847, ²Tübingen 1858, ³Leipzig 1867 (Nachdruck Darmstadt 1968).
- Die evangelisch-theologische Fakultät vom Jahr 1777 bis 1812; Die evangelisch-theologische Fakultät vom Jahr 1812 bis 1848. In: Geschichte und Beschreibung der Universität Tübingen. Verfaßt von *K. Klüpfel*. Tübingen 1849, 216–247, 389–426.
- Das Markusevangelium nach seinem Ursprung und Charakter. Nebst einem Anhang über das Evangelium Marcions. Tübingen 1851.
- Die Epochen der kirchlichen Geschichtsschreibung. Tübingen 1852.
- Das Christenthum und die christliche Kirche der drei ersten Jahrhunderte. Tübingen 1853, ²1860. Die dritte Auflage erschien unter dem Titel: Kirchengeschichte der drei ersten Jahrhunderte (= Geschichte der christlichen Kirche. Erster Band). Tübingen 1863 (Nachdruck Leipzig 1969).
- Die Tübinger Schule und ihre Stellung zur Gegenwart. Tübingen 1859, ²1860.
- Die christliche Kirche vom Anfang des vierten bis zum Ende des sechsten Jahrhunderts in den Hauptmomenten ihrer Entwicklung. Tübingen 1859, ²1863 (= Geschichte der christlichen Kirche. Zweiter Band) (Nachdruck Leipzig 1969).
- Die christliche Kirche des Mittelalters in den Hauptmomenten ihrer Entwicklung. Nach des Verfassers Tod hrsg. von *Ferdinand Friedrich Baur*. Tübingen 1861, ²Leipzig 1869 (= Geschichte der christlichen Kirche. Dritter Band) (Nachdruck Leipzig 1969).
- Kirchengeschichte des Neunzehnten Jahrhunderts. Nach des Verfassers Tod hrsg. von *Eduard Zeller*. Tübingen 1862, ²Leipzig 1877 (= Geschichte der christlichen Kirche. Fünfter Band) (Nachdruck Leipzig 1969).
- Kirchengeschichte der Neueren Zeit, von der Reformation bis zum Ende des Achtzehnten Jahrhunderts. Nach des Verfassers Tod hrsg. von *Ferdinand Friedrich Baur* (= Geschichte der christlichen Kirche. Vierter Band). Tübingen 1863 (Nachdruck Leipzig 1969).
- Vorlesungen über neutestamentliche Theologie. Hrsg. von *Ferdinand Friedrich Baur*. Leipzig 1864 (Nachdruck mit einer Einführung von *W. G. Kümmel* Darmstadt 1973).
- Drei Abhandlungen zur Geschichte der Alten Philosophie und ihres Verhältnisses zum Christentum. Neu hrsg. von *Eduard Zeller*. Leipzig 1876 (Nachdruck Aalen 1978).
- Ausgewählte Werke in Einzelausgaben. Hrsg. von *Klaus Scholder*. Fünf Bände. Stuttgart-Bad Cannstatt 1963, 1966, 1970, 1975.

2. Zur Bibliographie

Die bisher vollständigsten Überblicke über Baurs Publikationstätigkeit und die nach seinem Tode veranstalteten Ausgaben von Vorlesungen finden sich bei:

Fraedrich, Gustav: Ferdinand Christian Baur der Begründer der Tübinger Schule als Theologe, Schriftsteller und Charakter. Gotha 1909, 376–382;

Hodgson, Peter Crafts: The Formation of Historical Theology. A Study of Ferdinand Christian Baur. (Makers of Modern Theology. Edited by *Jaroslav Pelikan*) New York (Harper & Row, Publishers) 1966, 285–289;

Harris, Horton: The Tübingen School. Oxford (Clarendon Press) 1975, 266–274.

3. Sekundärliteratur

Barnikol, Ernst: Das dogmengeschichtliche Erbe Hegels bei und seit Strauß und Baur im 19. Jahrhundert. In: Theologische Literaturzeitung 85 (1960), 847–850.
– Der Briefwechsel zwischen Strauß und Baur. Ein quellenmäßiger Beitrag zur Strauß-Baur-Forschung. In: Zeitschrift für Kirchengeschichte LXXXIII (1962), 74–125.
– Ferdinand Christian Baur als rationalistisch-kirchlicher Theologe. Mit den Nachrufen und der Gedenkvorlesung für Ernst Barnikol von *Gerhard Wallis, Erhard Peschke* und *Wolfgang Gericke.* (Aufsätze und Vorträge zur Theologie und Religionswissenschaft) Berlin (DDR) 1970.
Bauer, Karl: Ferdinand Christian Baur als Kirchenhistoriker. In: Blätter für württembergische Kirchengeschichte N.F. XXV (1921), 1–38; XXVI (1922), 1–60.
Dilthey, Wilhelm: Ferdinand Christian Baur. In: Gesammelte Schriften. IV. Band. Stuttgart und Göttingen ^{4}1968, 403–432.
Geiger, Wolfgang: Spekulation und Kritik. Die Geschichtstheologie Ferdinand Christian Baurs. (Forschungen zur Geschichte und Lehre des Protestantismus. Zehnte Reihe, Band XXVIII) München 1964.
Hilgenfeld, Adolf: Ferdinand Christian Baur nach seiner wissenschaftlichen Entwickelung und Bedeutung, ein akademischer Vortrag zu Jena am 21. Juni 1892. In: Zeitschrift für wissenschaftliche Theologie 36/1 (1893), 222–244.
Jens, Walter: Eine deutsche Universität. 500 Jahre Tübinger Gelehrtenrepublik. In Zusammenarbeit mit *Inge Jens* unter Mitwirkung von *Brigitte Beekmann.* München 1977.
Lang, Wilhelm: Baur und Strauß. In: Ders., Von und aus Schwaben. Geschichte, Biographie, Litteratur. 3. Heft. Stuttgart 1886, 1–31.
– Ferdinand Christian Baur und David Friedrich Strauss. In: Preußische Jahrbücher CLX (1915), 474–504; CLXI (1915), 123–144.
Liebing, Heinz: Historisch-kritische Theologie: zum 100. Todestag Ferdinand Christian Baurs am 2. Dezember 1960. In: Zeitschrift für Theologie und Kirche 57 (1960), 302–317.
Nigg, Walter: Die Kirchengeschichtsschreibung. Grundzüge ihrer historischen Entwicklung. München 1934.
Pölcher, Helmut: Adolf Hilgenfeld und das Ende der Tübinger Schule. Untersuchungen zur Geschichte der Religionswissenschaft im 19. Jahrhundert. Teil I: Hilgenfelds wissenschaftlicher Weg. Teil IV: Briefe und Register. Diss. phil. Erlangen Nürnberg 1961 (Maschinenschrift).
Pfleiderer, Otto: Zu Ferdinand Christian Baur's Gedächtnis. In: Protestantische Kirchenzeitung für das evangelische Deutschland 39 (1892), 565–573.
– Ferdinand Christian Baur. In: Das Neunzehnte Jahrhundert in Bildnissen. Band II. Hrsg. von *Karl Werckmeister.* Berlin 1899, 162–164.
Rapp, Adolf: Baur und Strauß in ihrer Stellung zu einander und zum Christentum. In: Blätter für württembergische Kirchengeschichte 52 (1952), 95–149; 53 (1953), 157; 54 (1954), 182–185.
Schmid, Heinrich: Baur und die Tübinger Schule. In: Real-Encyklopädie für protestantische Theologie und Kirche. 20. Band. Gotha 1866, 762–794.
Schneider, Ernst: Ferdinand Christian Baur in seiner Bedeutung für die Theologie. München 1909.
Scholder, Klaus: Baur, Ferdinand Christian (1792–1860). In: Theologische Realenzyklopädie. Band V. Berlin und New York 1980, 352–359.

Schuffels, Klaus: Ferdinand Christian Baur im Spiegel von fünf bisher unbekannten Briefen. In: Blätter für württembergische Kirchengeschichte 68/69 (1968/69), 385–408.

JOHANN ADAM MÖHLER

1. Quellen

– Die Einheit in der Kirche oder das Prinzip des Katholizismus, dargestellt im Geiste der Kirchenväter der drei ersten Jahrhunderte, Tübingen 1825; historisch-kritische Ausgabe hrsg., eingeleitet und kommentiert von *Josef Rupert Geiselmann.* Köln 1957.
– Athanasius der Große und die Kirche seiner Zeit. Mainz 1827.
– Symbolik oder Darstellung der dogmatischen Gegensätze der Katholiken und Protestanten nach ihren öffentlichen Bekenntnisschriften. Mainz 1832; historisch-kritische Ausgabe hrsg., eingeleitet und kommentiert von *J. R. Geiselmann.* Köln 1960/61.
– *J. I. Döllinger* (Hrsg.): Dr. J. A. Möhler's gesammelte Schriften und Aufsätze. 2 Bände. Regensburg 1839/40.

2. Zu Möhlers Leben

Lösch, Stephan: Johann Adam Möhler. Band 1: Gesammelte Aktenstücke und Briefe. München 1928. Der vorgesehene 2. Band ist nicht erschienen.
Wörner, Balthasar: Johann Adam Möhler. Ein Lebensbild. Mit Briefen und kleineren Schriften Möhler's hrsg. von *Pius Bonifacius Gams.* Regensburg 1866.

3. Sekundärliteratur

Eschweiler, Karl: Johann Adam Möhlers Kirchenbegriff. Das Hauptstück der katholischen Auseinandersetzung mit dem deutschen Idealismus. Braunsberg 1930.
Geiselmann, Josef Rupert: Die Einheit der Kirche und die Wiedervereinigung der Konfessionen. Wien 1940.
– Lebendiger Glaube aus geheiligter Überlieferung. Der Grundgedanke der Theologie Johann Adam Möhlers und der katholischen Tübinger Schule (Die Überlieferung in der neueren Theologie, Bd. I–II). Freiburg-Basel-Wien ^{2}1966.
– Die theologische Anthropologie J. A. Möhlers. Ihr geschichtlicher Wandel. Freiburg 1955.
– Die katholische Tübinger Schule. Ihre theologische Eigenart. Freiburg 1964.
Geisser, Hans: Glaubenseinheit und Lehrentwicklung bei Johann Adam Möhler (Veröffentlichungen des Konfessionskundlichen Instituts des Evangelischen Bundes, Band 18). Göttingen 1971.
Scheele, Paul-Werner: Einheit und Glaube. Johann Adam Möhlers Lehre von der Einheit der Kirche und ihre Glaubensbegründung. München-Paderborn-Wien 1964.
– Johann Adam Möhler (Wegbereiter heutiger Theologie, hrsg. *H. Fries* u. *J. Finsterhölzl*). Graz-Wien-Köln 1969.
Tüchle, Hermann (Hrsg.): Die eine Kirche. Zum Gedenken J. A. Möhlers 1838–1938. Paderborn 1939.
Vigener, Fritz: Drei Gestalten aus dem modernen Katholizismus. Möhler/Diepenbrock/Döllinger. München-Berlin 1926.

Wagner, Harald: Die eine Kirche und die vielen Kirchen. Ekklesiologie und Symbolik beim jungen Möhler (Beiträge zur Ökumenischen Theologie, Band 16). München-Paderborn-Wien 1977.

IGNAZ VON DÖLLINGER

1. *Hauptwerke Döllingers*

- Die Lehre von der Eucharistie in den drei ersten Jahrhunderten. Mainz 1826.
- Lehrbuch der Kirchengeschichte, 2 Bde. Regensburg 1836–1838, ^{2}1843.
- Die Reformation, ihre innere Entwicklung und ihre Wirkungen im Umfange des Lutherischen Bekenntnisses, 3 Bde. Regensburg 1846–1848, I^{2} 1851.
- Luther. Eine Skizze. Freiburg i. B. 1851 (Separatdruck nach Wetzer-Welte's Kirchenlexikon VI, 1851, 651–678).
- Hippolytus und Callistus oder die römische Kirche in der ersten Hälfte des 3. Jahrhunderts. Regensburg 1853.
- Heidentum und Judentum. Vorhalle zur Geschichte des Christentums. Regensburg 1857.
- Christentum und Kirche in der Zeit der Grundlegung. Regensburg 1860, ^{2}1868.
- Kirche und Kirchen, Papsttum und Kirchenstaat. Historisch-politische Betrachtungen. München 1861.
- Die Vergangenheit und Gegenwart der katholischen Theologie. In: Verhandlungen der Versammlung katholischer Gelehrten in München, hrsg. von *P. Gams*. Regensburg 1863, 25–59. Neudruck in: *J. Finsterhölzl,* Ignaz von Döllinger, Graz – Wien – Köln 1969, 227–263.
- Die Papstfabeln des Mittelalters. München 1863, Neudruck Frankfurt a. M. 1962.
- Der Papst und das Konzil. Von Janus. Leipzig 1869, ^{2}1892. Neudruck der 2. Aufl.: Das Papsttum. Darmstadt 1969.
- Römische Briefe vom Konzil. Von Quirinus. München 1870. Über den starken Anteil von J. Acton: *V. Conzemius,* Die „Römischen Briefe vom Konzil". In: Römische Quartalschrift 59 (1964) 186–229; 60 (1965) 76–119.
- Ungedruckte Urkunden und Tagebücher zur Geschichte des Konzils von Trient, 1. u. 2. Abt. Nördlingen 1876.
- Über die Wiedervereinigung der christlichen Kirchen. Nördlingen 1888.
- Akademische Vorträge, 3 Bde. Nördlingen – München 1888–1891.
- Geschichte der Moralstreitigkeiten in der römisch-katholischen Kirche seit dem 16. Jahrhundert, hrsg. von I. von Döllinger und *H. Reusch,* 2 Bde. Nördlingen 1889.
- Beiträge zur Sektengeschichte des Mittelalters, 2 Bde. München 1890. Neudruck Darmstadt 1968.
- Briefe und Erklärungen von I. von Döllinger über die Vaticanischen Decrete: 1869–1887. München 1890. Neudruck 1968.
- Kleinere Schriften, hrsg. von *F. H. Reusch*. Stuttgart 1890.

2. *Briefe*

Ignaz von Döllingers Briefe an eine junge Freundin, hrsg. von *H. Schrörs*. Kempten 1914.

Ignaz von Döllinger – Lord Acton, Briefwechsel 1850–1890, hrsg. von *V. Conzemius,* 3 Bde. München 1963–1971.

Ignaz von Döllinger – Charlotte Lady Blennerhassett, hrsg. von *V. Conzemius*. München 1981.

3. *Bibliographie des Schrifttums von Döllinger*

St. Lösch: Döllinger und Frankreich. München 1955, 499–548. Übersetzungen von Werken Döllingers ebenda 549–556.

J. Finsterhölzl: Die Kirche in der Theologie Ignaz von Döllingers bis zum ersten Vatikanum, hrsg. von *J. Brosseder,* Göttingen 1975, 539–542 (541 f. Verzeichnis der Handschriften u. Vorlesungsnachschriften).

Victor Conzemius: Döllinger, Johann Joseph Ignaz (1799–1890). In: Theologische Realenzyklopädie, Bd. 9 (1982), 20–26.

4. *Literatur (mit Schrifttumsverzeichnis)*

Conzemius, Victor: Döllinger, Johann Joseph Ignaz (1799–1890). In: Theologische Realenzyklopädie, Bd. 9 (1982), 20–26.

Finsterhölzl, Johann: Die Kirche in der Theologie Ignaz von Döllingers bis zum ersten Vatikanum. Hrsg. von *J. Brosseder.* Göttingen 1975.

Friedrich, Johannes: Ignaz von Döllinger. Sein Leben auf Grund seines schriftlichen Nachlasses, 3 Bde. München 1899–1901.

Klausnitzer, Wolfgang: Päpstliche Unfehlbarkeit bei Newman und Döllinger. Innsbruck – München – Wien 1980.

Neuner, Peter: Döllinger als Theologe der Ökumene. Paderborn – München – Wien – Zürich 1979.

Schwaiger, Georg: Ignaz von Döllinger (1799–1890). In: Katholische Theologen Deutschlands im 19. Jahrhundert, hrsg. von *Heinrich Fries* und *Georg Schwaiger.* Bd. 3. München 1975, 9–43.

Weitere Sekundärliteratur siehe in den Anmerkungen zu diesem Beitrag.

JOHN HENRY NEWMAN

1. *Quellen*

– Gesamtausgabe der Werke von John Henry Newman: Uniform Edition. London 1868–1881. Photomechanischer Neudruck: Cardinal Newmans Complete Works. Edited in 40 Volumes by Christian Classics. Westminster Maryland.

In Taschenbuchausgaben sind zugänglich: Apologia, Idea of a University, Development of christian doctrine, A. Grammar of assent, Loss and Gain, Callista.

– Autobiographical writings. Edited with Introduction by *Henry Tristram* of the Oratory. London/New York 1956.

– The letters and diaris of John Henry Newman. Edited at the Birmingham Oratory by *Jan Ker, Thomas Gornall* and *Charles Stephen Dessain*. Oxford 1961–1981.

– Philosophical Notebooks. Louvain 1969–1970.

– Stray Essays on controversial subjects. London 1890.

– Meditations and Devotions. London 1893.

– Sermon Notes of John Henry Newman. Edited by Fathers of the Birmingham Oratory London 1913.

– The life of John Henry Cardinal Newman based on his private Journals and his correspondence by *Wilfrid Ward*. London 1912.

2. Deutsche Übersetzungen und Textsammlungen

Feuling, D./Przywara, E./Simon, P.: J. H. Kardinal Newman. Gesammelte Werke.
I. Briefe und Tagebücher 1801–1845. München 1928.
II. Betrachtungen und Gebete. München 1924.

Haecker, Th.: Philosophie des Glaubens. München 1921.

– Die Entwicklung der christlichen Lehre. München 1927.

– Die Kirche und die Welt. Predigten. München 1938.

– Der Traum des Gerontius. Freiburg 1939.

– Das Mysterium der Dreieinigkeit und Menschwerdung Gottes. Leipzig 1940.

Laros, M.: J. H. Kardinal Newman. Ausgewählte Werke. 10 Bände. Mainz 1921–1940.

Laros, M./Becker, W./Artz, J.: Ausgewählte Werke von J. H. Kardinal Newman. 9 Bände. Mainz 1956–1975.

J. H. Newman Predigten. Gesamtausgabe. Eingeleitet und übertragen von der *Newman-Arbeitsgemeinschaft der Benediktiner von Weingarten*. 11 Bände. Stuttgart 1948–1961.

J. H. Newman. Selbstbiographie nach seinen Tagebüchern. Stuttgart 1959.

Przywara, E./Karrer, O.: J. H. Kardinal Newman. Christentum. Ein Aufbau aus seinen Werken. Freiburg 1922.

Schmidthues, K.: John Henry Newman. Die Einheit der Kirche und die Mannigfaltigkeit ihrer Ämter. Freiburg 1938.

Karrer, O.: Kardinal J. H. Newman. Die Kirche. Einsiedeln-Köln 1945–1946.

– Texte zu christlicher Lebensgestaltung. Christliches Reifen. Einsiedeln-Köln 1946.

Lipgens, W.: John Henry Newman. Frankfurt 1958.

Reich, W.: John Henry Newman. Das große Ärgernis. Ein Selbstbildnis Zürich 1954.

Strolz, W.: John Henry Newman. Ausschau nach Gott. Freiburg 1961.

Worte des Herzens. Von John Henry Newman. Ausgewählt und eingeleitet von *J. Mann*. Freiburg 1981.

3. Zur Bibliographie

Newman Studien, Hrsg. von *H. Fries* und *W. Becker*. Bd. 1–11 Nürnberg 1948–1981.

4. Sekundärliteratur

Artz, Johannes: Newman-Lexikon. Mainz 1975.

Barry, Walter: Newman. London 1904.

Biemer, Günter: Überlieferung und Offenbarung. Die Lehre von der Tradition nach John Henry Newman. Freiburg 1960.

Bischofsberger, Erwin: Die sittlichen Voraussetzungen des Glaubens. Zur Fundamentalethik John Henry Newmans. Mainz 1974.

Blennerhasset, Charlotte: John Henry Kardinal Newman. Ein Beitrag zur religiösen Entwicklungsgeschichte der Gegenwart. Berlin 1904.

Boekraad, A. J.: The Personal Conquest of Truth according ac J. H. Newman. Louvain 1955.

– The argument of Conscience to the Existence of God according to J. H. Newman. Louvain 1961.

Bouyer, Louis: Newman. Sa vie. Sa spiritualité. Paris 1952.

Brechtken, Josef: Kierkegaard-Newman. Wahrheit und Existenzmitteilung. Meisenheim 1970.

Bremond, Henri: Newman. Essai de biographie psychologique. Paris 1906.
Culler, A. Dwight: The Imperial Intellect. Study of Cardinal Newmans Educational Ideal. New Haven 1955.
Dessain, Charles Stephen: John Henry Newman. Anwalt redlichen Glaubens. Freiburg-Basel-Wien 1981.
Ender, Erwin: Heilsökonomie und Rechtfertigung. Eine Untersuchung über die Heilsfrage bei John Henry Newman. Essen 1972.
Flanegan, Philipp: Newman. Faith and believer. London 1946.
Fries, Heinrich: Die Religionsphilosophie Newmans. Stuttgart 1948.
Guitton, Jean: La philosophie de Newman. Essai sur l'idée de développement. Paris 1933.
Klausnitzer, W.: Die päpstliche Unfehlbarkeit bei J. H. Newman und I. von Döllinger. Ein historisch-systematischer Vergleich. Innsbruck 1980.
Laros, Mathias: Kardinal Newman. Mainz 1921.
Lease, Gary: Witness to the faith. Cardinal Newman on the teaching Authority of the Church. London 1970.
Mann, Josef: Newman als Kerygmatiker. Leipzig 1965.
May, John Lewis: Konvertit und Kardinal. Geist und Gestalt John Henry Newmans. Graz-Salzburg-Wien 1948.
Missner, Paul: Papacy and Development. Newman and the Primacy of the Pope. Leiden 1976.
Mc. Grath, Fergal: Newmans University. Idea and Reality. Dublin 1971.
Nédoncelle, Maurice: La philosophie religieuse de Newman. Strasbourg 1946.
Pol, W. H. van de: Die Kirche im Leben und Denken Newmans. Salzburg 1937.
Przywara, Erich: Einführung in Newmans Wesen und Werk. Freiburg 1923.
– Religionsbegründung Max Scheler-Newman. Freiburg 1923.
Renz, Wolfgang: Newmans Idee einer Universität. Probleme höherer Bildung. Freiburg/Schweiz 1958.
Schiffers, Norbert: Die Einheit der Kirche nach Newman. Düsseldorf 1956.
Seynaeve, Jakk: Cardinal Newman's Doctrine on Holy Scripture. Louvain 1953.
Stern, Jean: Bible et tradition chez Newman. Aubier 1967.
Theis, Nicolas: John Henry Newman in unserer Zeit. Nürnberg o. J.
Trevol, Meriol: Newman. The Pillar of Cloude – Light in Winter. London 1962.
Tristram, Henry: Newman and his friends. London 1933.
Walgraeve, J. H.: Newman. Le développement du dogme. Toulouse-Paris 1957.
Ward, Maise: Young Mr. Newman. London 1948.
Willam, Franz Michel: Aristotelische Erkenntnislehre bei Whateley und Newman. Freiburg 1960.
Zanin, Ernesto: La Chiesa nell'Esperienza Religiosa di J. H. Newman. Undine 1980.
Zeno, O. F. M. Cap: John Henry Newman, Zekerheid. Hilversum 1963.

WILHELM LÖHE

1. Quellen

– Gesammelte Werke, hrsg. von *Klaus Ganzert,* bisher 10 Bände. Neuendettelsau 1951 ff. (es fehlen die Tagebücher und Briefe).
– Drei Bücher von der Kirche. Stuttgart 1845.

– Der evangelische Geistliche. Dem nun folgenden Geschlecht evangelischer Geistlicher dargebracht. Stuttgart 1852.

2. *Sekundärliteratur*

Deinzer, Johannes: Löhes Leben aus seinem schriftlichen Nachlaß zusammengestellt. Nürnberg-Gütersloh 1874–1892. ^{3}Gütersloh 1901.

Hebart, Siegfried: Wilhelm Löhes Lehre von der Kirche, ihrem Amt und Regiment. Ein Beitrag zur Geschichte der Theologie im 19. Jahrhundert. Neuendettelsau 1939.

Kantzenbach, Friedrich Wilhelm: Gestalten und Typen des Neuluthertums. Beiträge zur Erforschung des Neokonfessionalismus im 19. Jahrhundert. Gütersloh 1968.

– (Hrsg.): Wilhelm Löhe – Anstöße für die Zeit. ^{2}1972 (mit weiterer Literatur).

– Die „befreundeten Gegner". Ekklesiologische Konzepte rund um Wilhelm Löhe. In: Zeitschrift für bayerische Kirchengeschichte 44, 1975, 114–142.

– Programm der Theologie. Denker, Schulen, Wirkungen. Von Schleiermacher bis Moltmann. München ^{2}1978, 66–71.

Kressel, Hans: Wilhelm Löhe. Der lutherische Christenmensch. Berlin 1960 (mit weiterer Literatur).

Lauerer, Hans: Die Diakonissenanstalt Neuendettelsau 1854–1954. Neuendettelsau 1954.

Mook, Philippe: Guillaume Löhe. Sa vie et ses écrits. Paris 1879.

Müller, Gerhard: Wilhelm Löhes Theologie zwischen Erweckungsbewegung und Neukonfessionalismus. In: Neue Zeitschrift für Systematische Theologie 15, 1973, 1–37.

Rau, Gerhard: Pastoraltheologie. Untersuchungen zur Geschichte und Struktur einer Gattung praktischer Theologie. München 1970.

Schaaf, John L.: Wilhelm Löhes Relation to the American Church. A Study in the History of Lutheran Mission (theol. Dissertation). Heidelberg 1961.

Schmidt, Martin: Wort Gottes und Fremdlingschaft. Die Kirche vor dem Auswanderungsproblem des 19. Jahrhunderts. Erlangen und Rothenburg o. T. 1953, 47–92.

SØREN KIERKEGAARD

1. *Quellen*

– Kierkegaards *Samlede Vaerker* liegen auf dänisch in drei Ausgaben vor, die erste von der Jahrhundertwende, die zweite von 1920–1936, beide mit ausführlichen Registerbänden. In eher wissenschaftlichen Zusammenhängen zitiert man meist nach der 2. Ausgabe, obwohl eine dritte Ausgabe herauskam.

Seine „*Nachgelassenen Papiere*" erschienen 1869–1881 in einer kürzeren Ausgabe, während die Gesamtausgabe *Papirer* in 20 Bänden von 1909–1948 in Kopenhagen herauskam.

– Dazu kommen *Breve og aktstykker* (Briefe und Akten) in zwei Bänden von 1953/54.

Kierkegaards Werke sind in alle Hauptsprachen übersetzt. Auf deutsch liegen drei Ausgaben vor:

H. Gottsched/Chr. Schrempf. Jena 1909–1912;

– *E. Hirsch.* Düsseldorf 1950ff.

– *H. Diem/W. Rest.* Köln-Olten 1950ff.

– Die Tagebücher 1834–1855. Auswahl und Übersetzung von *Th. Haecker* 1923. Innsbruck ²Leipzig 1941, ⁴München 1953.
– Die Tagebücher. Ausgewählte, neugeordnet und eingeleitet von *H. Gerdes*. 5 Bände. Düsseldorf 1962–1974.

2. *Sekundärliteratur*

Adorno, Theodor W.: Kierkegaard. Konstruktion des Ästhetischen. Frankfurt 1962.
Anz, Wilhelm: Kierkegaard und der deutsche Idealismus. Tübingen 1956.
Dempf, Alois: Kierkegaards Folgen. Leipzig 1935.
Diem, Hermann: Die Existenzdialektik von Sören Kierkegaard. Zollikon-Zürich 1950.
– Sören Kierkegaard, Spion im Dienste Gottes. Frankfurt 1957.
Guardini, Romano: Der Ausgangspunkt der Denkbewegung Kierkegaards. In: Unterscheidung des Christlichen. Mainz 1935, 466–496.
Haecker, Theodor: Der Buckel Kierkegaards. Zürich 1947.
– Der Begriff der Wahrheit bei Sören Kierkegaard. In: Opuscula. München 1949, 153–223.
Hirsch, Emmanuel: Kierkegaard-Studien. Gütersloh 1930–1933.
Kampmann, Theoderich: Kierkegaard als religiöser Erzieher. Paderborn 1949.
Löwith, Karl: Kierkegaard und Nietzsche. Frankfurt 1933.
Przywara, Erich: Das Geheimnis Kierkegaards. München-Berlin 1929.
Rehm, Walter: Kierkegaard und der Verführer. München 1948.
Richter, Liselotte: Der Begriff der Subjektivität bei Kierkegaard. Würzburg 1934.
Ruttenbeck, Walter: Sören Kierkegaard. Der christliche Denker und sein Werk. Berlin 1929.
Schrempf, Christoph: Sören Kierkegaard. Jena 1927–1928.
Schüepp, Guido: Das Paradox des Glaubens. Kierkegaards Anstöße für die christliche Verkündigung. München 1964.
Theunissen, Michael: Der Begriff ‚Ernst' bei Sören Kierkegaard. Freiburg-München 1958.

ALBRECHT B. RITSCHL

1. *Werke*

– Die Entstehung der altkatholischen Kirche. Bonn ¹1850; ²1857 (2. Aufl. entscheidend; Abkürzung: EaK).
– Die christliche Lehre von der Rechtfertigung und Versöhnung. 1. Die Geschichte der Lehre. Bonn 1870; ²1882; ³1889. – 2. Der biblische Stoff der Lehre. Bonn 1874; ²1882; ³1889. – 3. Die positive Entwicklung der Lehre. Bonn 1874; ²1883; ³1888 (Abkürzung: RV I, II oder III).
– Unterricht in der christlichen Religion. Bonn 1875; ²1881; ³1886; ⁴1890; ⁵1895. – Kritische Ausgabe: Die christliche Vollkommenheit. Ein Vortrag. Unterricht in der christlichen Religion (Hg. *C. Fabricius*). Leipzig 1924. – Neuausgabe 1. Aufl.: Unterricht in der christlichen Religion (Hrsg. *G. Ruhbach*) (Texte zur Kirchen- und Theologiegeschichte 3). Gütersloh 1966 (Abkürzung: UR).
– Geschichte des Pietismus. 1. Geschichte des Pietismus in der reformierten Kirche.

Bonn 1880. – 2. Geschichte des Pietismus in der lutherischen Kirche des 17. und 18. Jahrhunderts. 1. Abt. Bonn 1884. – 3. Geschichte des Pietismus in der lutherischen Kirche des 17. und 18. Jahrhunderts. 2. Abt. Bonn 1886 (Abkürzung: GP I, II oder III). Repr. Berlin 1966.

2. *Sekundärliteratur*

Courth, Franz: Das Wesen des Christentums in der Liberalen Theologie, dargestellt am Werk Fr. Schleiermachers. Ferd. Chr. Baurs und A. Ritschls (Theologie im Übergang 3). Frankfurt/M.-Bern-Las Vegas 1977, 334–488.

Hök, Gösta: Die elliptische Theologie Albrecht Ritschls. Uppsala 1942 (XIII–XXXIV: ältere Literatur für den Zeitraum 1880–1940).

Kantzenbach, Friedrich Wilhelm: Albrecht Ritschls Unterricht in der christlichen Religion (1875). In: Programme der Theologie. Denker, Schulen. Wirkungen von Schleiermacher bis Moltmann. München 1978, 104–111.

Lotz, David W.: Ritschl & Luther. A Fresh Perspective on Albrecht Ritschl's Theology in the Light of His Luther Study. Nashville-New York 1974 (Literatur 203–211; neuere Arbeiten 204–206).

Meijering, E(ginhard) P(eter): Theologische Urteile über die Dogmengeschichte. Ritschls Einfluß auf von Harnack (Beihefte der Zeitschrift für Religions- und Geistesgeschichte XX). Leiden 1978.

Ritschl, Otto: Albrecht Ritschls Leben I (1822–1864). Freiburg/Br. 1892; Albrecht Ritschls Leben II (1864–1889). Freiburg/Br. 1896 (Abkürzung: Leben).

– Ritschl, Albrecht B. In: Realencyklopädie für protestantische Theologie und Kirche XVII ([3]1906) 22–34.

– Albrecht Ritschls Theologie und ihre bisherigen Schicksale. In: Zeitschrift für Theologie und Kirche, Neue Folge 16 (1935) 43–61.

Schäfer, Rolf: Ritschl. Grundlinien eines fast verschollenen dogmatischen Systems (Beiträge zur historischen Theologie 41). Tübingen 1968 (Literatur 208–215).

ALFRED LOISY

1. *Quellen*

– Histoire du canon de l'Ancien Testament. Paris 1890.
– Histoire du canon du Nouveau Testament. Paris 1891.
– Etudes bibliques. Amiens 1894, [2]1901.
– La religion d'Israël. Paris 1901, [3]1933.
– Etudes évangéliques. Paris 1902.
– L'Evangile et l'Eglise. Paris 1902, [5]1929; deutsch: Evangelium und Kirche. München 1904.
– Autour d'un petit livre. Paris 1903, [2]1904.
– Le quatrième Evangile. Paris 1903, [2]1921.
– Les Evangiles synoptiques. Traduction et commentaire, 2 Bde. Ceffonds 1907f.
– Simples réflexions sur le décret du Saint-Office ‚Lamentabili sane exitu' et sur l'Encyclique ‚Pascendi dominici gregis'. Ceffonds 1908.

– Quelques lettres sur des questions actuelles et sur des événements récents. Ceffonds 1908.
– Leçon d'ouverture du cours d'histoire des religions au Collège de France. Ceffonds 1909.
– L'Evangile selon Marc. Paris 1912.
– Choses passées. Paris 1913.
– Les mystères païens et le mystère chrétien. Paris 1914, ²1930.
– La religion, Paris 1917, ²1924.
– Essai historique sur le sacrifice, Paris 1920.
– La morale humaine. Paris 1923, ²1928.
– L'Evangile selon Luc. Paris 1924.
– Les Actes des Apôtres. Traduction nouvelle avec introduction et notes. Paris 1925.
– Religion et humanité. Paris 1926.
– Mémoires pour servir à l'histoire religieuse de notre temps, (3 Bde). Paris 1930f.
– La naissance du christianisme. Paris 1933.
– Y a-t-il deux sources de la religion et de la morale? Paris 1933, ²1934.
– Les origines du Nouveau Testament. Paris 1936.
– George Tyrrell et Henri Bremond. Paris 1936.
– La crise morale du temps présent et l'éducation humaine. Paris 1937.

2. *Sekundärliteratur*

Bader, Dietmar: Der Weg Loisys zur Erforschung der christlichen Wahrheit. (Freiburger theologische Studien Bd. 96) Freiburg-Basel-Wien 1974.

Beßmer, Julius: Philosophie und Theologie des Modernismus. Freiburg 1912.

Bremond, Henri (Pseudonym: *Leblanc, Sylvain*): Un clerc qui n'a pas trahi. Alfred Loisy d'après ses Mémoires. Paris 1931.

Gisler, Anton: Der Modernismus. Einsiedeln 1912.

Heiler, Friedrich: Der Vater des katholischen Modernismus. Alfred Loisy (1857–1940). München 1947.

Heiler, Friedrich: Alfred Loisy. In: *Schultz, Hans Jürgen* (Hrsg.), Tendenzen der Theologie im 20. Jahrhundert. Eine Geschichte in Porträts. Stuttgart u. a. 1966, 62–68.

Holl, Karl: Der Modernismus. In: *ders.,* Gesammelte Aufsätze zur Kirchengeschichte Bd. III. Tübingen 1928, 437–459.

Houtin, Albert: Histoire du modernisme catholique. Paris 1913.

Hulshof, Jan: Wahrheit und Geschichte. Alfred Loisy zwischen Tradition und Kritik. Essen 1973.

Kübel, Johannes: Geschichte des katholischen Modernismus. Tübingen 1909.

Loome, Thomas Michael: Liberal Catholicism – Reform Catholicism – Modernism. A Contribution to a new Orientation in Modernist Research (Tübinger Theologische Studien Bd. 14). Mainz 1979.

Marlé, René: Au coeur de la crise moderniste. Le dossier inédit d'une controverse. Lettres de M. Blondel, H. Bremond, F. von Hügel, A. Loisy, F. Mourret, J. Wehrlé . . . Paris 1960.

Neuner, Peter: Religion zwischen Kirche und Mystik. Friedrich von Hügel und der Modernismus. Frankfurt 1977.

– Religiöse Erfahrung und geschichtliche Offenbarung. Friedrich von Hügels Grundlegung der Theologie (Beiträge zur ökumenischen Theologie Bd. 15). München-Paderborn-Wien 1977.

Petre, Maude: Alfred Loisy. His Religious Significance. Cambridge 1944.
Poulat, Emile (Hrsg.): Alfred Loisy. Sa vie – son oeuvre. Paris 1960.
– Histoire, dogme et critique dans la crise moderniste. Paris 1962.
Ranchetti, Michele: The Catholic Modernists. A Study of the Religious Reform Movement 1864–1907. London 1969 (aus dem Italienischen).
Rivière, Jean: Le Modernisme dans l'Eglise. Etude d'histoire religieuse contemporaine. Paris 1929.
Schaeffler, Richard: Der ‚Modernismus-Streit' als Herausforderung an das philosophisch-theologische Gespräch heute, In: Theologie und Philosophie 55 (1980), 514–534.
Schnitzer, Joseph: Der katholische Modernismus (Die Klassiker der Religion Bd. 3). Berlin 1912.
– Katholizismus und Modernismus. München 1912.
Schoof, Mark: Der Durchbruch der neuen katholischen Theologie. Ursprünge – Wege, Strukturen. Wien-Freiburg-Basel 1969.
Schroeder, Oskar: Aufbruch und Mißverständnis. Zur Geschichte der reformkatholischen Bewegung. Graz-Wien-Köln 1969.
Trippen, Norbert: Theologie und Lehramt im Konflikt. Die kirchlichen Maßnahmen gegen den Modernismus im Jahre 1907 und ihre Auswirkungen in Deutschland. Freiburg-Basel-Wien 1977.
Tyrrell, George: Das Christentum am Scheideweg. München-Basel 1959.
Vidler, Alec: A Variety of Catholic Modernists. Cambridge 1970.
Weinzierl, Erika (Hrsg.): Der Modernismus. Beiträge zu seiner Erforschung. Graz-Wien-Köln 1974.

ERNST TROELTSCH

1. *Werk*

a) *Werksammlungen*

– Die Soziallehren der christlichen Kirchen und Gruppen. (Gesammelte Schriften, Bd. I) Tübingen 1912 (Neudruck: Aalen ^{3}1977). (Im Text: I).
– Zur religiösen Lage, Religionsphilosophie und Ethik. (Gesammelte Schriften, Bd. II) Tübingen 1913 (Neudruck: Aalen ^{2}1977). (Im Text: II).
– Der Historismus und seine Probleme: I: Das logische Problem der Geschichtsphilosophie. (Gesammelte Schriften, Bd. III) Tübingen 1922 (Neudruck: Aalen ^{2}1981). (Im Text: III).
– Der Historismus und seine Überwindung. Fünf Vorträge. Eingeleitet und hrsg. von *Friedrich von Hügel*. Berlin 1924 (Neudruck: Aalen ^{2}1979). (Im Text: HÜ).
– Spektator-Briefe. Aufsätze über die deutsche Revolution und die Weltpolitik 1918–22. Mit einer Einleitung von *Friedrich Meinecke* hrsg. von *Hans Baron*. Tübingen 1924 (Neudruck: Aalen 1966).
– Aufsätze zur Geistesgeschichte und Religionssoziologie. Hrsg. von *Hans Baron*. (Gesammelte Schriften, Bd. IV) Tübingen 1925 (Neudruck: Aalen ^{2}1981). (Im Text: IV).
– Deutscher Geist und Westeuropa. Gesammelte kulturphilosophische Aufsätze und Reden. Hrsg. von *Hans Baron*. Tübingen 1925 (Neudruck: Aalen 1966).
– Die Absolutheit des Christentums und zwei weitere Schriften zur Theologie. Eingeleitet von *Trutz Rendtorff*. (Siebenstern-Taschenbuch 138) München-Hamburg 1969.

b) Weitere Schriften in Auswahl

- Vernunft und Offenbarung bei Johann Gerhard und Melanchthon. Untersuchungen zur Geschichte der altprotestantischen Theologie. Göttingen 1891.
- Die Selbständigkeit der Religion. In: Zeitschr. f. Theologie u. Kirche (ZThK) 5 (1895), 361–436; 6 (1896), 71–110; 167–218.
- Geschichte und Metaphysik. In: ZThK 8 (1898), 1–69.
- Die wissenschaftliche Lage und ihre Anforderungen an die Theologie. Tübingen-Freiburg-Leipzig 1900. (Im Text: WL).
- Die Absolutheit des Christentums und die Religionsgeschichte. Tübingen ^{1}1902, ^{2}1912, ^{3}1929. Neuausgabe in: *Ernst Troeltsch:* Die Absolutheit des Christentums. (Siebenstern-Taschenbuch 138) München-Hamburg 1969, 11–131.
- Religionswissenschaft und Theologie des 18. Jahrhunderts. In: Preußische Jahrbücher 114 (1903), 30–56. (Im Text: RTh).
- Das Historische in Kants Religionsphilosophie. Zugleich ein Beitrag über Kants Philosophie der Geschichte. In: Kantstudien 9 (1904), 21–154.
- Psychologie und Erkenntnistheorie in der Religionswissenschaft. Eine Untersuchung über die Bedeutung der Kantischen Religionslehre für die heutige Religionswissenschaft. Tübingen 1905, ^{2}1922.
- Protestantisches Christentum und Kirche in der Neuzeit. In: *Paul Hinneberg* (Hrsg.): Die christliche Religion mit Einschluß der israelitisch-jüdischen Religion. (Die Kultur der Gegenwart. Ihre Entwicklung und ihre Ziele, Teil 1, Abtlg. 4) Berlin-Leipzig 1906, 253–458. Ein neuer Abdruck der 2. Aufl. von 1909 mit Nachtrag zur Literatur erschien selbständig unter dem Titel: Geschichte der christlichen Religion. (Die Kultur der Gegenwart. Ihre Entwicklung und ihre Ziele, hrsg. von *Paul Hinneberg,* Teil 1, Abtlg. 4, 1, II. Hälfte) Berlin-Leipzig 1922.
- Die Bedeutung des Protestantismus für die Entstehung der modernen Welt. Erstmals in: Histor. Zeitschr. (HZ) 97 (1906); 2. erweiterte Aufl. selbständig erschienen: (Historische Bibliothek, Bd. 24) München 1911 (Neudruck: Aalen 1963).
- Die Trennung von Staat und Kirche, der staatliche Religionsunterricht und die theologischen Fakultäten. Tübingen 1907.
- Die Bedeutung der Geschichtlichkeit Jesu für den Glauben. Tübingen 1911. Neuausgabe in: *Ernst Troeltsch:* Die Absolutheit des Christentums. (Siebenstern-Taschenbuch 138) München-Hamburg 1969, 132–162.
- Augustin, die christliche Antike und das Mittelalter. Im Anschluß an die Schrift „De Civitate Dei". (Historische Bibliothek, Bd. 36) München 1915. (Neudruck: Aalen 1963).
- Glaubenslehre. Nach Heidelberger Vorlesungen aus den Jahren 1911 und 1912. Mit einem Vorwort von *Marta Troeltsch.* Hrsg. von *Gertrud von le Fort.* München-Leipzig 1925 (Neudruck: Mit einer Einleitung von *Jacob Klapwijk.* Aalen 1981).

c) Briefsammlungen

- Briefe an Friedrich von Hügel 1901–1923. Eingeleitet und hrsg. von *Karl-Ernst Apfelbacher* und *Peter Neuner.* (Konfessionskundliche Schriften des Johann-Adam-Möhler-Instituts Nr. 11) Paderborn 1974. (Im Text: BrH).
- Briefe aus der Heidelberger Zeit an Wilhelm Bousset 1894–1914, hrsg. von *Erika Dinkler – von Schubert.* In: Heidelberger Jahrbücher 20 (1976), 19–52.

Die 1981 gegründete Ernst-Troeltsch-Gesellschaft e. V. in Augsburg (Postanschrift: Ernst-Troeltsch-Gesellschaft e. V. Universität Augsburg, Alter Postweg 120, D-8900 Augsburg) unterstützt eine kritische Gesamtedition der Werke Troeltschs und den Aufbau eines Troeltsch-Archivs an der Universität Augsburg.

2. *Bibliographie*

Eine ausführliche, nicht vollständige Bibliographie der Werke Troeltsch ist mitgeteilt in: IV, 863–872. Eine so gut wie vollständige Bibliographie ist:

Graf, Friedrich Wilhelm – Ruddies, Hartmut (Hrsg.): Ernst Troeltsch-Bibliographie. Tübingen 1982.

Veröffentlichte oder geplante englische Übersetzungen sind verzeichnet in:

Ernst Troeltsch: Writings on Theology and Religion. Translated and ed. by *Robert Morgan* and *Michael Pye*. London 1977, 253–255.

3. *Sekundärliteratur*

Apfelbacher, Karl-Ernst: Frömmigkeit und Wissenschaft. Ernst Troeltsch und sein theologisches Programm. (Beiträge zur ökumenischen Theologie, Bd. 18) München-Paderborn-Wien 1978 (Lit.).

Becker, Gerold: Neuzeitliche Subjektivität und Religiosität. Die religionsphilosophische Bedeutung von Heraufkunft und Wesen der Neuzeit im Denken von Ernst Troeltsch. Regensburg 1982.

Benckert, Heinrich: Ernst Troeltsch und das ethische Problem. (Studien zur systematischen Theologie, H. 10) Göttingen 1932.

Bosse, Hans: Marx – Weber – Troeltsch. Religionssoziologie und marxistische Ideologiekritik. (Gesellschaft und Theologie. Abtlg.: sozialwissenschaftliche Analysen Nr. 2) München-Mainz 1970.

Clayton, John P. (Hrsg.): Ernst Troeltsch and the Future of Theology. Cambridge u. a. 1976. (Hier 196–214: *Jacob Klapwijk:* Bibliography.)

Fischer, Hermann: Christlicher Glaube und Geschichte. Voraussetzungen und Folgen der Theologie Friedrich Gogartens. Gütersloh 1967.

Groll, Winfried: Ernst Troeltsch und Karl Barth – Kontinuität im Widerspruch. (Beiträge zur evangelischen Theologie, Bd. 72) München 1976.

Günther, W.: Die Grundlagen der Religionsphilosophie Ernst Troeltsch'. (Abhandlungen zur Philosophie und ihrer Geschichte, H. 24) Leipzig 1914 (Lit.).

Hügel, Friedrich von: On the Specific Genius and Capacities of Christianity Studied in Connection with the Works of Professor Ernst Troeltsch. In: *ders.:* Essays and Addresses on the Philosophy of Religion, I. London-New York 1921, 144–194.

Klapwijk, Jacob: Tussen historisme en relativisme. Een studie over de dynamiek von het historisme en de wijsgerige entwikkelingsgang van Ernst Troeltsch. Assen 1970.

Köhler, Rudolf: Der Begriff a priori in der modernen Religionsphilosophie. Eine Untersuchung zur religionsphilosophischen Methode. Leipzig 1920.

Köhler, Walther: Ernst Troeltsch. Tübingen 1941.

Kollmann, Erik C.: Eine Diagnose der Weimarer Republik. Ernst Troeltschs politische Anschauungen. In: Historische Zeitschrift 182 (1956), 291–319.

Lessing, Eckhard: Die Geschichtsphilosophie Ernst Troeltschs. (Theologische Forschung. Wissenschaftliche Beiträge zur kirchlich-evangelischen Lehre, Nr. 39) Hamburg-Bergstedt 1965.

Pannenberg, Wolfhart: Erwägungen zu einer Theologie der Religionsgeschichte. In: *ders.:* Grundfragen systematischer Theologie. Gesammelte Aufsätze. Göttingen 1967, 252–295.

– Die Begründung der Ethik bei Ernst Troeltsch. In: *ders.:* Ethik und Ekklesiologie. Gesammelte Aufsätze. Göttingen 1977, 70–96.

Rendtorff, Trutz: Ernst Troeltsch. In: *Martin Greschat* (Hrsg.): Theologen des Protestantismus im 19. und 20. Jahrhundert, Bd. II. (Urban-Taschenbuch 285) Stuttgart u. a. 1978, 272–287.

Renz, Horst – Graf, Friedrich Wilhelm (Hrsg.): Troeltsch-Studien. Untersuchungen zur Biographie und Werkgeschichte. Mit den unveröffentlichten Promotionsthesen der „Kleinen Göttinger Fakultät" 1888–1893. Gütersloh 1982.

Ruh, Ulrich: Säkularisierung als Interpretationskategorie. Zur Bedeutung des christlichen Erbes in der modernen Geistesgeschichte. (Freiburger theologische Studien. Bd. 119) Freiburg-Basel-Wien 1980. (Hier 123–171: Säkularisierung – Begriff und Problem im Werk von E. Troeltsch).

Schmidt, Gustav: Deutscher Historismus und der Übergang zur parlamentarischen Demokratie. Untersuchungen zu den politischen Gedanken von Meinecke, Troeltsch, Max Weber. (Historische Studien, Heft 389) Lübeck-Hamburg 1964.

Troeltsch, Hermann A.: Beiträge zur Geschichte der Familien Troeltsch. (Privatdruck) Passau 1973.

Wichelhaus, Manfred: Kirchengeschichtsschreibung und Soziologie im 19. Jahrhundert und bei Ernst Troeltsch. (Heidelberger Forschungen Nr. 9) Heidelberg 1965.

SERGEJ N. BULGAKOV

1. *Werke*

Eine *Gesamtausgabe* der Werke Bulgakovs fehlt noch.
Eine ausführliche *Bibliographie* in: *L. A. Zander,* Bog i mir (Mirosozercanie otca Sergija Bulgakova) (Gott und Welt [Die Weltschau Vater Sergij Bulgakovs]), Bd. II. Paris 1948, 347–378.

– Kapitalizm i zemledělie (Kapitalismus und Landwirtschaft), 2 Bde., S.-Petersburg 1900.

– Ot marksizma k idealizmu (Vom Marxismus zum Idealismus). S.-Petersburg 1903 (Neudruck: Frankfurt a. M. 1968).

– Kratkij očerk političeskoj ėkonomii (Grundriß der politischen Ökonomie). Moskau 1907.

– Dva grada. Izslědovanija o prirodě obščestvennych idealov (Zwei Städte. Untersuchungen über die Natur der gesellschaftlichen Ideale), 2 Bde., Moskau 1911 (Nachdruck: Farnborough 1971).

– Filosofija chozjajstva (Philosophie der Wirtschaft). Moskau 1912 (Nachdruck: Farnborough 1971).

– Očerki po istorii ėkonomičeskich učenij I (Studien über die Geschichte der ökonomischen Lehren I). Moskau 1913 (1918^2).

- Svět Nevečernij (Das Abendlose Licht). Moskau 1917 (Nachdruck: Farnborough 1971).
- Tichija dumy (Stille Gedanken). Moskau 1918 (Nachdruck: Paris 1976).
- Filosofija imeni (Philosophie des Namens). Paris 1953.
- Die Tragödie der Philosophie. Darmstadt 1927.
- Kupina Neopalimaja (Der brennende Dornbusch). Paris 1927.
- Drug Ženicha (Der Freund des Bräutigams). Paris 1927.
- Lěstvica Iakovlja (Die Jakobsleiter). Paris 1929.
- Ikona i ikonopočitanie (Die Ikone und die Ikonenverehrung). Paris 1931.
- Agnec Božij (Das Lamm Gottes). Paris 1933.
- Utěšitel' (Der Tröster). Paris 1936.
- The Wisdom of God. A brief summary of sophiology. New York-London 1937.
- Nevěsta Agnca (Die Braut des Lammes). Paris 1945 (Nachdruck: Farnborough 1971).
- Apokalipsis Ioanna (Die Offenbarung des Johannes). Paris 1948.
- Pravoslavie (Die Orthodoxie), Paris o. J. (in frz. Fassung bereits 1932, in engl. 1935 erschienen).

In deutscher Sprache erschienen u. a.:
- Rezension: *Kautsky, Karl,* Die Agrarfrage. Eine Übersicht über die Tendenzen der modernen Landwirtschaft und die Agrarpolitik der Sozialdemokratie. In: Archiv f. soziale Gesetzgebung und Statistik, Hrsg. *H. Braun,* Bd. 13 (1899), 710–734.
- Die naturphilosophischen Grundlagen der Wirtschaftstheorie. In: Archiv f. Sozialwissenschaft und Sozialpolitik, Hrsg. *W. Sombart,* Bd. 36 (1913), 359–393 (Kapitel aus Bulgakovs Hauptwerk „Philosophie der Wirtschaft").
- Was ist die Wirtschaft?, In: Internationale Bibliothek für Philosophie, Bd. V. Prag 1942.
- Kosmodizee. In: Östliches Christentum. Hrsg. *N. v. Bubnoff* und *H. Ehrenberg,* Bd. II. München 1925, 195–245 (Kapitel aus Bulgakovs Hauptwerk „Das Abendlose Licht").
- Was ist das Wort? In: Festschrift Th. G. Masaryk. Bonn 1930, 25–46.
- Das geistliche Amt. In: Die Weltkonferenz für Glauben und Kirchenverfassung. Deutscher amtlicher Bericht über die Weltkirchenkonferenz zu Lausanne (1927), Hrsg. *H. Sasse.* Berlin 1929, 320–325.
- Die Tragödie der Philosophie. Darmstadt 1927.
- Zur Frage nach der Weisheit Gottes (Thesen zum Vortrag über die Sophiologie, vorgelegt auf der englisch-russischen Theologenkonferenz in Mirfield, The Society of Resurrection, am 28. April 1936). In: Kyrios 2 (1936), 93–101.
- Die christliche Anthropologie. In: Kirche, Staat und Mensch. Russisch-orthodoxe Studien (= Kirche und Welt. Studien und Dokumente. Hrsg. Forschungsabteilung des Ökumenischen Rates für Praktisches Christentum, Bd. 2), Genf 1937, 209–255.
- Thesen über die Kirche. In: Procès-Verbaux du premier Congrès de Théologie Orthodoxe à Athènes. 29 Novembre–6 Décembre 1936, Hrsg. *H. S. Alivisatos.* Athen 1939, 127–134.
- Mein Leben in der Orthodoxie und im Priesteramt. In: Kirche im Osten 2 (1959), 50–61.
- Meine Ordination. In: Kirche im Osten 9 (1966), 22–30
- Meine Heimat. In: Kirche im Osten 18 (1975), 11–19.
- Sozialismus im Christentum? Eingeleitet, übersetzt und herausgegeben von *H.-J. Ruppert,* Göttingen 1977.

2. *Sekundärliteratur*

Andresen, C. (Hrsg.): Handbuch der Dogmen- und Theologiegeschichte, Bd. II. Göttingen 1980, 544–548 *(R. Slenczka).*

v. Beyme, K.: Politische Soziologie im zaristischen Rußland. Wiesbaden 1965.

v. Bismarck, K./Dirks, W. (Hrsg.): Christlicher Glaube und Ideologie, Stuttgart-Berlin-Mainz 1964, 86–89 *(L. Zander).*

Crum, W. F.: The Doctrine of Sophia according to Sergius N. Bulgakov. Cambridge/Mass. 1965.

Dahm, H.: Grundzüge russischen Denkens. Persönlichkeiten und Zeugnisse des 19. und 20. Jahrhunderts. München 1979, 283–338.

Gloede, G. (Hrsg.): Ökumenische Profile. Brückenbauer der einen Kirche, Bd. I. Stuttgart 1961, 325–331 *(L. Zander).*

Graves, Ch.: Die Theologie des Hl. Geistes bei S. Bulgakov. Diss. Basel 1971.

Iljin, W. N.: Die Lehre von Sophia der Weisheit Gottes in der neuesten russischen Theologie (Im Zusammenhang mit der Onomatodoxie). In: West-östlicher Weg II (1929), 170–185; 225–230.

v. Ivànka, E./Tyciak, J./Wiertz, P. (Hrsg.): Handbuch der Ostkirchenkunde. Düsseldorf 1971, 97ff. *(B. Schultze).*

Kindersley, R.: The First Russian Revisionists. A Study of ‚Legal Marxism' in Russia. Oxford 1962.

Lossky, N. O.: History of Russian Philosophy. New York 1951, 192–232.

Ruppert, H.-J.: Die Kosmodizee S. N. Bulgakovs als Problem der christlichen Weltanschauung. Diss. Heidelberg 1978.

– Eschatologie und Utopismus im russischen Denken. In: Materialdienst, hrsg. von der Ev. Zentralstelle für Weltanschauungsfragen der EKD 10/1981, 276–288.

Schultz, H. J. (Hrsg.): Tendenzen der Theologie im 20. Jahrhundert. Eine Geschichte in Porträts. Stuttgart-Berlin-Olten-Freiburg i. Br., 2. Aufl. 1967, 114–119 *(F. Heer).*

Schultze, B.: Russische Denker. Ihre Stellung zu Christus, Kirche und Papsttum. Wien 1950, 333–358.

Sereschnikoff, K.: Die Kenosis-Lehre Sergej Bulgakovs. In: Kyrios 4 (1939/40), 142–150.

Slenczka, R.: Ostkirche und Ökumene. Die Einheit der Kirche als dogmatisches Problem in der neueren ostkirchlichen Theologie. Göttingen 1962, 149–170.

Zander, L.: Die Weisheit Gottes im russischen Glauben und Denken. In: Kerygma und Dogma 2 (1956), 29–53.

PIERRE TEILHARD DE CHARDIN

1. *Werke*

– In den Éditions du Seuil, Paris, liegen im Rahmen der *Werkausgabe* folgende Bände vor:

1: Le Phénomène Humain (1955). 2: L'Apparition de l'Homme (1956). 3: La Vision du Passé (1957). 4: Le Milieu Divin (1957). 5: L'Avenir de l'Homme (1959). 6: L'Energie Humaine (1962). 7: L'Activation de l'Energie (1963). 8: La Place de l'Homme dans la

Nature (1963). 9: Science et Christ (1965). 10: Comment je crois (1969). 11: Les directions de l'avenir (1973). 12: Ecrits du temps de la guerre (1976). 13: Le Cœur de la Matière (1976).

Davon sind deutsch erschienen

a) im Walter-Verlag, Olten (mit teils anderer Bandnummerierung und nicht immer identischem Inhalt):

- 2: Das göttliche Milieu. Ein Entwurf des inneren Lebens (1962). 3: Das Auftreten des Menschen (1964). 4: Die Schau in die Vergangenheit (1965). 5: Die Zukunft des Menschen (1963). 6: Die menschliche Energie (1966). 7: Die lebendige Macht der Evolution (1967). 9: Wissenschaft und Christus (1970). 10: Mein Glaube (1972).

b) im Verlag C. H. Beck, München:

- Der Mensch im Kosmos (Le phénomène humain) (1959).
- Die Entstehung des Menschen (Le groupe zoologique humain) (1961). Jetzt in der französischen Werkausgabe Band 8.

c) im Verlag Karl Alber, Freiburg-München:

- Frühe Schriften (Auswahl aus Écrits du temps de la guerre) (1968).

Die vor allem die Geologie und Paläontologie betreffenden *naturwissenschaftlichen Schriften* Teilhards liegen in einer Faksimile-Ausgabe vor:

- L'Œuvre scientifique. Textes réunis et édités par *Nicole* et *Karl Schmitz-Moormann,* Préface de *Jean Piveteau* de l'Institut. 11 Bde. Olten 1971.

2. *Briefe*

Briefe aus Ägypten 1905–1908. Vorwort von *Henri de Lubac.* Anmerkungen von *Henri de Lubac* und *Auguste Demoment.* Freiburg-München 1965.

- Lettres d'Hastings et de Paris 1908–1914. Introduction par *Henri de Lubac.* Annotations par *Auguste Demoment* et *Henri de Lubac.* Aubier-Montaigne, Paris 1965.
- Entwurf und Entfaltung. Briefe aus den Jahren 1914–1919. Herausgegeben von *Alice Teillard-Chambon* und *Max Henri Bégouën.* Einleitung von *Claude Aragonnès (Marguerite Teillard-Chambon).* Freiburg-München 1963.
- Maurice Blondel/Pierre Teilhard de Chardin. Briefwechsel (1919). Herausgegeben und kommentiert von *Henri de Lubac.* Freiburg-München 1967.
- Lettres intimes à Auguste Valensin, Bruno de Solages, Henri de Lubac, André Ravier 1919–1955. Introduction et notes par *Henri de Lubac.* Aubier-Montaigne, Paris 1974.
- Geheimnis und Verheißung der Erde. Reisebriefe 1923–1939. Gesammelt und dargeboten von *Claude Aragonnès (Marguerite Teillard-Chambon).* Freiburg-München ^{3}1963.
- Briefe an Léontine Zanta (1923–1939). Herausgegeben von *Michel de Certeau.* Eingeleitet von *Robert Garric* und *Henri de Lubac.* Freiburg 1967.
- Briefe an eine Marxistin (1926–1952). Mit einem Vorwort von *René d'Ouince.* Olten 1971.
- Briefe an eine Nichtchristin (1938–1950). Olten 1971.
- Pilger der Zukunft. Neue Reisebriefe 1931–1955. Gesammelt und dargeboten von *Claude Aragonnès (Marguerite Teillard-Chambon)* Freiburg-München ^{3}1963.
- Pierre Leroy, Lettres familières de Pierre Teilhard de Chardin mon ami. Les dernières années 1948–1955. Le Centurion, Paris 1976.

3. *Tagebücher*

– Tagebücher I. 26. August 1915 bis 22. September 1916. Olten 1974.
– Tagebücher II. 2. Dezember 1916 bis 13. Mai 1918. Olten 1975.
– Tagebücher III. 14. Mai 1918 bis 25. Februar 1920. Olten 1977.
Alle Bände herausgegeben von *Nicole* und *Karl Schmitz-Moormann*.

4. *Biographien*

Cuénot, Claude: Pierre Teilhard de Chardin. Leben und Werk. Übersetzt und bearbeitet von *Karl Schmitz-Moormann*. Olten 1966.
Cuénot, Claude: Teilhard de Chardin (Ecrivains de toujours) Seuil. Paris 1963.
Hemleben, Johannes: Pierre Teilhard de Chardin in Selbstzeugnissen und Bilddokumenten. Reinbek 1966.
Lukas, Mary and Ellen: Teilhard. Doubleday, New York 1977.
d'Ouince, René: Un prophète en procès: Teilhard de Chardin. Bd. I: Dans l'Eglise de son temps. Bd. II: L'avenir de la pensée chrétienne. Aubier-Montaigne, Paris 1970.
Schiwy, Günther: Teilhard de Chardin. Sein Leben und seine Zeit. 2 Bde. München 1981.
Speaight, Robert: La Vie de Pierre Teilhard de Chardin. Seuil, Paris 1970.

5. *Sekundärliteratur*

Barthélemy-Madaule, Madeleine: Bergson et Teilhard de Chardin. Seuil, Paris 1963.
– La Personne et le drame humain chez Teilhard de Chardin. Seuil, Paris 1967.
Crespy, Georges: Das theologische Denken Teilhard de Chardins. Stuttgart 1963.
Daecke, Sigurd Martin: Teilhard de Chardin und die evangelische Theologie. Göttingen 1967.
Gläßer, Alfred: Konvergenz. Die Struktur der Weltsumme Pierre Teilhards de Chardin. (Eichstätter Studien Neue Folge IV) Kevelaer 1970.
Haas, Adolf: Teilhard de Chardin-Lexikon. Grundbegriffe – Erläuterungen – Texte. Freiburg 1971.
Klein, Wolfgang: Teilhard de Chardin und das Zweite Vatikanische Konzil. Paderborn 1975.
de Lubac, Henri: Teilhard de Chardins religiöse Welt. Freiburg 1969.
– Der Glaube des Teilhard de Chardin. Wien-München 1968.
– Teilhard missionnaire et apologiste. Éditions Prière et Vie, Toulouse 1966.
– Teilhard posthume. Réflexions et souvenirs. Fayard, Paris 1977.
– Pierre Teilhard de Chardin: Hymne an das Ewig-Weibliche. Mit einem Kommentar von Henri de Lubac. Einsiedeln 1968.
de Solages, Bruno: Teilhard de Chardin, témoignage et étude sur le développement de sa pensée. Préface du comte Bégouën. Privat, Toulouse 1967.

RUDOLF BULTMANN

1. *Quellen*

– Der Stil der paulinischen Predigt und die kynisch-stoische Diatribe. Göttingen 1910.
– Die Geschichte der synoptischen Tradition. Göttingen 1921, [7]1967.

– Jesus. Berlin 1926. ^{6}1964.
– Glauben und Verstehen. Gesammelte Aufsätze, Bd. I, Tübingen 1933, ^{5}1964 (Abkürzung GV).
– Das Evangelium des Johannes, Göttingen 1941, ^{9}1964.
– Neues Testament und Mythologie. Das Problem der Entmythologisierung der neutestamentlichen Verkündigung. In: *H. W. Bartsch:* Kerygma und Mythos, Band I. Hamburg-Bergstedt 1948 (Abkürzung KM).
– Theologie des Neuen Testaments. Tübingen 1948ff., ^{5}1965.
– Das Urchristentum im Rahmen der antiken Religionen. Zürich 1949. (rowohlts deutsche enzyklopädie 157/158. Reinbek 1969).
– Glauben und Verstehen. Gesammelte Aufsätze, Band II. Tübingen 1952, ^{4}1965.
– *Jaspers, Karl – Bultmann, Rudolf:* Die Frage der Entmythologisierung. München 1954.
– Marburger Predigten. Tübingen 1956.
– Geschichte und Eschatologie. Tübingen 1958, ^{2}1964.
– Glauben und Verstehen. Gesammelte Aufsätze, Band III. Tübingen 1960, ^{3}1965.
– Jesus Christus und die Mythologie. Das Neue Testament im Licht der Bibelkritik. Hamburg 1964.
– Glauben und Verstehen. Gesammelte Aufsätze, Band IV. Tübingen 1965, ^{2}1967.
– Exegetica. Aufsätze zur Erforschung des Neuen Testaments. Ausgewählt, eingeleitet und herausgegeben von *Erich Dinkler.* Tübingen 1967.
– Die drei Johannesbriefe. Göttingen 1967.
– *Barth, Karl – Bultmann, Rudolf:* Briefwechsel. Herausgegeben von *Bernd Jaspert.* Zürich 1971.
– Der zweite Brief an die Korinther. Herausgegeben von *Erich Dinkler.* Göttingen 1976.

2. *Sekundärliteratur*

Althaus, Paul: Das sogenannte Kerygma und der historische Jesus. Gütersloh 1958.
Barth, Karl: Rudolf Bultmann. Ein Versuch ihn zu verstehen. Zürich ^{3}1964.
Bartsch, Hans Werner: Entmythologisierende Auslegung. Aufsätze aus den Jahren 1940–1960. Hamburg-Bergstedt 1962.
– Kerygma und Mythos. Bd. I–VI. Hamburg-Volksdorf 1948–1960.
Boutin, Maurice: Relationalität als Verstehensprinzip bei Rudolf Bultmann. München 1974.
Dieckmann, Bernhard: „Welt" und „Entweltlichung" in der Theologie Rudolf Bultmanns. Zum Zusammenhang von Welt- und Heilsverständnis. München-Paderborn-Wien 1977.
Dinkler, Erich: Zeit und Geschichte. Dankesgabe an Rudolf Bultmann zum 80. Geburtstag. Tübingen 1964.
Ebeling, Gerhard: Theologie und Verkündigung. Ein Gespräch mit Rudolf Bultmann. Tübingen 1963.
Fries, Heinrich: Mythos und Offenbarung. In: Fragen der Theologie heute. Zürich-Köln 1957, 11–43.
– Bultmann-Barth und die katholische Theologie. Stuttgart 1955.
– Entmythologisierung und theologische Wahrheit. In: Gott in Welt (Festgabe für Karl Rahner). Freiburg 1964, Bd I, 366–391.
Fuchs, Ernst: Das Programm der Entmythologisierung. Bad Cannstatt 1954.
Gogarten, Friedrich: Entmythologisierung und Kirche. Stuttgart 1953.

Greshake, Gisbert: Historie wird Geschichte. Bedeutung und Sinn der Unterscheidung von Historie und Geschichte in der Theologie Rudolf Bultmanns. Essen 1969.
Hasenhüttl, Gotthold: Der Glaubensvollzug. Eine Begegnung mit Rudolf Bultmann aus katholischem Glaubensverständnis. Essen 1963.
Hollmann, Klaus: Existenz und Glaube. Entwicklung und Ergebnisse der Bultmann-Diskussion in der katholischen Theologie. Paderborn 1972.
Kinder, Ernst (Hrsg.): Ein Wort lutherischer Theologie zur Entmythologisierung. München 1952.
Klaas, Walter: Der moderne Mensch in der Theologie Rudolf Bultmanns. Zollikon-Zürich 1947.
Marlé, René: Bultmann und die Interpretation des Neuen Testaments. Paderborn 1959.
– Bultmann et la foi chretienne. Paris 1967.
Ott, Heinrich: Geschichte und Heilsgeschichte in der Theologie Rudolf Bultmanns. Tübingen 1955.
Robinson, James M.: Kerygma und historischer Jesus. Zürich 1960.
Schmitthals, Walter: Die Theologie Rudolf Bultmanns. Tübingen ^{2}1967.
Schnübbe, Otto: Der Existenzbegriff in der Theologie Rudolf Bultmanns. Ein Beitrag zur Interpretation der theologischen Systematik Bultmanns. Göttingen 1959.
Sölle, Dorothee: Politische Theologie. Auseinandersetzung mit Rudolf Bultmann. Stuttgart 1971.
Tödt, Heinz Eduard: Rudolf Bultmanns Ethik der Existenztheologie. Gütersloh 1978.
Vonessen, Fritz: Mythos und Wahrheit. Bultmanns Entmythologisierung und die Philosophie der Mythologie. Einsiedeln 1964.
Zahrnt, Heinz: Die Sache mit Gott. Die protestantische Theologie im 20. Jahrhundert. München 1966.

ROMANO GUARDINI

1. *Werke*

– Die Lehre des heiligen Bonaventura von der Erlösung. Düsseldorf 1921.
– Von heiligen Zeichen. Mainz 1922 u. 1966.
– Der Gegensatz, Versuche zu einer Philosophie des Lebendig-Konkreten. Mainz 1925 u. 1955.
– Das Gute, das Gewissen und die Sammlung. Mainz 1929, ^{5}1962.
– Briefe über Selbstbildung. Mainz 1930.
– Vom lebendigen Gott. Mainz 1930, ^{7}1963.
– Religiöse Gestalten in Dostojewskijs Werk (Leipzig 1932, ^{5}München 1964)
– Wille und Wahrheit. Geistliche Übungen. München 1933, ^{5}1958.
– Christliches Bewußtsein. Versuche über Pascal. Leipzig 1935, ^{3}1956, dtv 1962.
– Die Bekehrung des Aurelius Augustinus. München 1935 u. 1950.
– Die Unterscheidung des Christlichen. Mainz 1935, ^{2}Mainz 1963.
– Der Engel in Dantes Göttlicher Komödie. Dante Studien I. München 1937 u. 1951.
– Der Herr, Betrachtungen über die Person und das Leben Jesu Christi. Würzburg 1937, ^{14}Paderborn 1980, Herder-TB ^{2}1982.
– Das Wesen des Christentums. Würzburg 1938, ^{4}Würzburg 1953.
– Hölderlin. Weltbild und Frömmigkeit. Leipzig 1939 u. 1955.

- Welt und Person. Würzburg 1939, [5]1962.
- Der Rosenkranz. Würzburg 1940, [7]1964.
- Die Offenbarung, ihr Wesen und ihre Formen. Würzburg 1940.
- Das Harren der Schöpfung. Eine Auslegung von Röm 8,17–39. Würzburg 1940.
- Die letzten Dinge. Würzburg 1940, [6]1966.
- Vorschule des Betens. Einsiedeln-Zürich 1943, [6]1960.
- Der Tod des Sokrates. Berlin 1943, [4]Düsseldorf 1952.
- Freiheit – Gnade – Schicksal. München 1948, [5]1967.
- Glaubenserkenntnis. Würzburg 1949, Herder-TB 1963.
- Das Ende der Neuzeit. Würzburg 1950, [9]1965.
- Die Macht, Versuch einer Wegweisung. Würzburg 1951, [5]1960.
- Nur wer Gott kennt, kennt den Menschen. Würzburg 1952 u. 1953.
- Rainer Maria Rilkes Deutung des Daseins. München 1953 u. 1961.
- Gegenwart und Geheimnis. Eine Auslegung von fünf Gedichten Eduard Mörikes. Mit einigen Bemerkungen über das Interpretieren. Würzburg 1957 u. 1967.
- Landschaft der Ewigkeit. Dante-Studien II. München 1958.
- Religion und Offenbarung. Würzburg 1958.
- Gebet und Wahrheit. Meditationen über das Vaterunser. Würzburg 1960.
- Das Christusbild der paulinischen und johanneischen Schriften. Würzburg 1961.
- Der Anfang aller Dinge. Meditationen über Genesis Kap. I–III. Würzburg 1961.
- Sprache – Dichtung – Deutung. Würzburg 1962.
- Sorge um den Menschen. I. Würzburg 1962 u. 1963; II. Würzburg 1966.
- Tugenden. Meditationen über Gestalten sittlichen Lebens. Würzburg 1963 u. 1967.
- Systembildende Elemente in der Theologie Bonaventuras. Leiden 1964.
- Stationen und Rückblicke. Würzburg 1965.
- Die Kirche des Herrn. Würzburg 1965, Herder-TB 1968.
- Liturgie und liturgische Bildung. Würzburg 1966.
- Theologische Briefe an einen Freund. München-Paderborn-Wien 1976.
- Die Existenz des Christen. München-Paderborn-Wien 1976, [2]ebd. 1977.
- Wahrheit des Denkens und Wahrheit des Tuns. Notizen und Texte. Aus nachgelassenen Aufzeichnungen hrsg. von *Felix Messerschmid.* Paderborn-München-Wien-Zürich 1–3, 1980.

2. *Bibliographie*

Mercker, Hans: Bibliographie Romano Guardini. Paderborn-München-Wien-Zürich 1978.

3. *Sekundärliteratur*

Balthasar, Hans Urs von: Romano Guardini. Reform aus dem Ursprung. München 1970.
Biser, Eugen: Interpretation und Veränderung. Werk und Wirkung Romano Guardinis. Paderborn-München-Wien-Zürich 1979.
Kuhn, Helmut: Romano Guardini. Der Mensch und sein Werk. München 1961.
Schlette, Heinz Robert: Romano Guardini – Werk und Wirkung. Bonn 1973.
Wechsler, Fridolin: Romano Guardini als Kerygmatiker. Paderborn 1973.

KARL BARTH

1. *Quellen*

- Der Römerbrief. Zürich 1919, Nachdruck 1963.
- Der Römerbrief. 2., neu bearbeitete Auflage, München 1922.
- Die Auferstehung der Toten. Eine akademische Vorlesung über I Korinther 15. München 1924.
- Das Wort Gottes und die Theologie. (Gesammelte Vorträge Bd. 1) München 1924.
- Die christliche Dogmatik im Entwurf. Bd. 1. Die Lehre vom Worte Gottes. Prolegomena zur Christlichen Dogmatik. München 1927.
- Die Theologie und die Kirche. (Gesammelte Vorträge Bd. 2) München 1928.
- Fides quaerens intellectum. Anselms Beweis der Existenz Gottes im Zusammenhang seines theologischen Programms. München 1931, 2., neu durchgesehene Auflage (Zürich-)Zollikon 1958.
- Die Kirchliche Dogmatik. Alle Bände Zürich. Bd. 1: Die Lehre vom Wort Gottes. Teil 1. 1932, ^{9}1975; Teil 2. 1938, ^{6}1975; Bd. 2: Die Lehre von Gott. Teil 1. 1940, ^{5}1975; Teil 2. 1942, ^{5}1974; Bd. 3: Die Lehre von der Schöpfung. Teil 1. 1945, ^{4}1970; Teil 2. 1948, ^{3}1974; Teil 3. 1950, ^{2}1961; Teil 4. 1951, ^{3}1969; Bd. 4: Die Lehre von der Versöhnung. Teil 1. 1953, ^{3}1975; Teil 2. 1955, ^{2}1964; Teil 3. 1959, ^{2}1974; Teil 4. (Fragment) 1967. Registerband 1970.
- Credo. Die Hauptprobleme der Dogmatik dargestellt im Anschluß an das Apostolische Glaubensbekenntnis. München 1935.
- Evangelium und Gesetz. (Theologische Existenz Heft 32) München 1935.
- Rechtfertigung und Recht. (Theologische Studien Bd. 1) Zollikon 1938.
- Eine Schweizer Stimme. 1938–1945. Gesammelte Vorträge und Schriften. Zollikon-Zürich 1945.
- Christengemeinde und Bürgergemeinde. (Theologische Studien Bd. 20) Zollikon-Zürich 1946.
- Die protestantische Theologie im 19. Jahrhundert. Ihre Vorgeschichte und ihre Geschichte. Zürich 1947, ^{3}1960.
- Das Geschenk der Freiheit. Grundlegung evangelischer Ethik. (Theologische Studien Bd. 39) Zollikon-Zürich 1953.
- Der Götze wackelt. Zeitkritische Aufsätze, Reden und Briefe von 1930 bis 1960. Hrsg. von *Karl Kupisch*. Berlin 1961, ^{2}1964.
- Einführung in die evangelische Theologie. Zürich 1962. München und Hamburg (Siebenstern-Taschenbuch 110) 1968.
- Ad Limina Apostolorum. Zürich 1967.
- Letzte Zeugnisse. Zürich 1969.

2. *Zur Bibliographie*

Ein Verzeichnis der von Barth bis 1966 publizierten Texte findet sich in:

Antwort. Karl Barth zum siebzigsten Geburtstag am 10. Mai 1956. Zollikon-Zürich 1956, 945–957, und in:

Parrhesia. Karl Barth zum achtzigsten Geburtstag am 10. Mai 1966. Zürich 1966, 709–716.

Seit 1971 ist eine *Gesamtausgabe* im Erscheinen begriffen.

Ausführliche Bibliographien der Literatur zu Barth finden sich bei:

Härle, Wilfried: Sein und Gnade. Die Ontologie in Karl Barths Kirchlicher Dogmatik. (Theologische Bibliothek Töpelmann Bd. 27) Berlin 1975, 352–416.

Kwiran, Manfred: Index to Literature on Barth, Bonhoeffer and Bultmann. 1977.

3. Sekundärliteratur

Anfänge der dialektischen Theologie. Teil I und II. Hrsg. von *Jürgen Moltmann*. (Theologische Bücherei Bd. 17/1 und 2) München 1962, [4]1977.

Balthasar, Hans Urs von: Karl Barth. Darstellung und Deutung seiner Theologie. Köln 1951, Einsiedeln [4]1976.

Bouillard, Henri: Karl Barth. 2 Bde. Aubier 1957.

Busch, Eberhard: Karl Barths Lebenslauf. Nach seinen Briefen und autobiographischen Texten. München 1975, [3]1977.

Busch, Eberhard: Karl Barth und die Pietisten. Die Pietismuskritik des jungen Karl Barth und ihre Erwiderung. (Beiträge zur evangelischen Theologie Bd. 82) München 1978.

Dannemann, Ulrich: Theologie und Politik im Denken Karl Barths. (Gesellschaft und Theologie, Bd. 22) München und Mainz 1977.

Gestrich, Christof: Neuzeitliches Denken und die Spaltung der dialektischen Theologie. Zur Frage der natürlichen Theologie. (Beiträge zur Historischen Theologie Bd. 52) Tübingen 1977.

Jüngel, Eberhard: Gottes Sein ist im Werden. Verantwortliche Rede vom Sein Gottes bei Karl Barth. Eine Paraphrase. Tübingen 1965, [3]1976.

Klappert, Bertold: Die Auferweckung des Gekreuzigten. Der Ansatz der Christologie Karl Barths im Zusammenhang der Christologie der Gegenwart. Neukirchen-Vluyn 1971, [2]1974.

Krötke, Wolf: Sünde und Nichtiges bei Karl Barth. (Theologische Arbeiten Bd. 30) Berlin (DDR) 1971.

Küng, Hans: Rechtfertigung. Die Lehre Karl Barths und eine katholische Besinnung. Mit einem Geleitbrief von Karl Barth. (Horizonte Bd. 2). Einsiedeln 1957, 4., erweiterte Auflage Einsiedeln 1964.

Marquardt, Friedrich Wilhelm: Theologie und Sozialismus. Das Beispiel Karl Barths. (Gesellschaft und Theologie. Abteilung: Systematische Beiträge Nr. 7) München und Mainz 1972, [2]1972.

Rendtorff, Trutz: Radikale Autonomie Gottes. Zum Verständnis der Theologie Karl Barths und ihrer Folgen. In: Theorie des Christentums. Historisch-theologische Studien zu seiner neuzeitlichen Verfassung. Gütersloh 1972, 161–181.

Rendtorff, Trutz (Hrsg.): Die Realisierung der Freiheit. Beiträge zur Kritik der Theologie Karl Barths. Gütersloh 1975.

Steck, Karl Gerhard/Dieter Schellong: Karl Barth und die Neuzeit. (Theologische Existenz heute Nr. 173) München 1973.

Stadtland, Tjarko: Eschatologie und Geschichte in der Theologie des jungen Karl Barth. (Beiträge zur Geschichte und Lehre der Reformierten Kirche Bd. 22) Neukirchen-Vluyn 1966.

Stock, Konrad: Anthropologie der Verheißung. Karl Barths Lehre vom Menschen als dogmatisches Problem. (Beiträge zur evangelischen Theologie Bd. 86) München 1980.

PAUL TILLICH

1. *Quellen*

– Gesammelte Werke, hrsg. v. *Renate Albrecht,* Bd. 1–14. Stuttgart 1959–1975 (zit. GW).
– Ergänzungs- und Nachlaßbände zu den Gesammelten Werken, Bd. 1–5. Stuttgart 1971–1980 (zit. EGW).
– Systematische Theologie, Bd. 1–3. Stuttgart 1956–1966 (zit. ST).
– Religiöse Reden, Folge 1–3. Stuttgart 1952–1964 (zit. RR).

2. *Exemplarische Sekundärliteratur*

Amelung, Eberhard: Die Gestalt der Liebe. Paul Tillichs Theologie der Kultur. Gütersloh 1972.

Di Chio, Vito: Didaktik des Glaubens. Die Korrelationsmethode in der religiösen Erwachsenenbildung der Gegenwart. Zürich 1975.

May, Rollo: Paulus. Reminiscences of a Friendship. New York 1973.

Nörenberg, Klaus-Dieter: Analogia Imaginis. Der Symbolbegriff in der Theologie Paul Tillichs. Gütersloh 1966.

Pauck, Wilhelm u. Marion: Paul Tillich. Sein Leben und Denken, Bd. 1: Leben. Stuttgart 1978.

Rolinck, Eberhard: Geschichte und Reich Gottes. Philosophie und Theologie der Geschichte bei Paul Tillich. Paderborn 1976.

Schedler, Kenneth: Natur und Gnade. Das sakramentale Denken in der frühen Theologie Paul Tillichs (1919–1935). Stuttgart 1970.

Track, Joachim: Der theologische Ansatz Paul Tillichs. Göttingen 1975.

Ulrich, Thomas: Ontologie, Theologie, gesellschaftliche Praxis. Studien zum Religiösen Sozialismus Paul Tillichs und Carl Mennickes. Zürich 1971.

Wehr, Gerhard: Paul Tillich (rowohlts monographien, 274). Reinbek 1979.

Zahrnt, Heinz: Die Sache mit Gott. München 1966, 382–467.

AIYADURAI JESUDASEN APPASAMY

1. *Werke*

– The Sadhu (mit *B. H. Streeter*). London 1921 (deutsch: Der Sadhu. Christliche Mystik in einer indischen Seele. Stuttgart-Gotha 1922).
– An Indian Interpretation of Christianity. Madras 1924.
– Christianity as Bhakti Marga. A Study in the Mysticism of the Johannine Writings. Madras (1928) 1930².
– Temple Bells. Readings from Hindu Religious Literature. Calcutta 1930.
– Church Union. An Indian View. Madras 1930.
– What is Moksa? A Study in the Johannine Doctrine of Life. Indian Studies no. 3. Madras 1931.

– Christ in the Indian Church. A Primer of Christian Faith and Practice. Madras 1935.
– The Gospel and India's Heritage. London u. Madras 1942.
– The Christian Theology in India – The Place of Religious Experience, Poona Theological Conference, Dec. 12–17, 1942.
– The Christian Task in Independent India, London 1951.
– Cross is Heaven. Life and Writings of Sadhu Sundar Singh. World Christian Books no. 13. London 1957².
– Sundar Singh. Calcutta u. London 1958 (deutsch: Sundar Singh, ein indischer Zeuge des lebendigen Christus. Basel o. J. 1960).

2. *Sekundärliteratur*

Gurukul Theological Research Group (*P. David,* Chairman), A Christian Theological Approach to Hinduism. Being Studies in the Theology of *A. J. Appasamy, V. Chakkarai* and *P. Chenchia,* by the Gurukul Theological Research Group of the Tamilnad Christian Council. Madras 1956.

Wagner, Herwig: Erstgestalten einer einheimischen Theologie in Südindien. Ein Kapitel indischer Theologiegeschichte als kritischer Beitrag zur Definition von „einheimischer Theologie". München 1963.

DIETRICH BONHOEFFER

1. *Quellen*

– Sanctorum Communio. Eine dogmatische Untersuchung zur Soziologie der Kirche (1930). München 1960⁴ (= SC).
– Akt und Sein. Transzendentalphilosophie und Ontologie in der systematischen Theologie (1931). München 1976⁴ (= AS).
– Schöpfung und Fall (1933) – Versuchung (1938). München 1968 (= SF; V).
– Nachfolge (1937). München 1976¹¹ (= N).
– Gemeinsames Leben (1939). München 1966¹² (= GL).
– Ethik (1948, 1962⁶). München 1975⁸ (= E).
– Widerstand und Ergebung (1952). Neuausgabe. München 1970 (= WEN).
– Gesammelte Schriften, Bd. I–VI. München 1965/74 (= GS).

Maria von Wedemeyer; The other letters from prison. Philadelphia 1967.

Bonhoeffer-Auswahl, hrsg. von *Otto Dudzus,* Bd. 1–4. (GTB 149–152). Gütersloh 1977².

2. *Biographien u. a.*

Bethge, Eberhard: Dietrich Bonhoeffer. Eine Biographie (1967). München 1969³ (= DB).
– Dietrich Bonhoeffer in Selbstzeugnissen und Bilddokumenten (rm 236). Reinbek 1967.

Scholder, Klaus: Die Kirchen und das Dritte Reich, Bd. 1. Frankfurt u. a. 1977.

3. Reihen und Monographien, Aufsätze

Die mündige Welt, Bd. I–V. München 1955/69.

Internationales Bonhoeffer Forum, 1–3. München 1976/80.

Altenähr, Albert: Dietrich Bonhoeffer, Lehrer des Gebets. Würzburg 1976.

Ebeling, Gerhard: Die nicht-religiöse Interpretation biblischer Begriffe (1955). In: Wort und Glaube I. Tübingen 1960, S. 90–160.

Feil, Ernst: Die Theologie Dietrich Bonhoeffers. Hermeneutik/Christologie/Weltverständnis. München 1971.

Mayer, Rainer: Christuswirklichkeit. Grundlagen, Entwicklung und Konsequenzen der Theologie Dietrich Bonhoeffers. Stuttgart 1969.

Müller, Gerhard Ludwig: Bonhoeffers Theologie der Sakramente. Frankfurt 1979.

– Für andere da. Christus – Kirche – Gott in Bonhoeffers Sicht der mündig gewordenen Welt. Paderborn 1980.

Müller, Hanfried: Von der Kirche zur Welt. Leipzig 1966².

Peters, Tiemo Rainer: Die Präsenz des Politischen in der Theologie Dietrich Bonhoeffers. Mainz u. München 1976.

Phillips, John A.: The Form of Christ in the World. A study of Bonhoeffer's Christology. London 1967.

Rieger, Julius: Dietrich Bonhoeffer in England. Berlin 1966.

Schönherr, Albrecht: Sanctorum communio. Dietrich Bonhoeffer als Theologe der Kirche. In: Monatsschrift für Pastoraltheologie 45, 1956, 327–339.

Weizsäcker, Carl Friedrich von: Gedanken eines Nichttheologen zur theologischen Entwicklung Dietrich Bonhoeffers. In: Der Garten des Menschlichen. München 1977, 454–478.

ANMERKUNGEN

Henning Graf Reventlow: Richard Simon

Die in der Bibliographie genannten Monographien werden nur mit dem Verfassernamen zitiert.

[1] Vgl. *R. Leconte,* Pour la troisième centenaire de Richard Simon (1638–1712). In: Nouvelle revue apologétique 67/68, 1938/9, 32–45. „Wer erinnert sich an Richard Simon? Sein Leben ist schlecht bekannt, seine Werke sind unauffindbar, wie viele würden nicht einmal seinen Namen kennen, wenn sie ihn nicht bei Bossuet gefunden hätten?“ (32)

[2] Vgl. bes. die neuesten Monographien von *Steinmann* und *Auvray.*

[3] Vgl. ihre Charakterisierung bei *Steinmann,* 19f.

[4] *Auvray,* 12, zitiert einen zeitgenössischen Hirtenbrief des zuständigen Erzbischofs.

[5] Vgl. zu ihm *Auvray,* 15, Anm. 2.

[6] Vgl. die Notiz seines Biographen *Sanson,* bei *Auvray,* 17f.

[7] Vgl. zu ihm den Artikel in der Theologischen Realenzyklopädie, Bd. 7, 1981, 88–93.

[8] Nach einem Bericht seines Biographen Martinière. In: *Simon,* Lettres choisies, Bd. I^4, 99. – *K. H. Graf,* 239, Anm., bezweifelt die Zuverlässigkeit dieser Anekdote. Martinière sei damals und auch später gar nicht am Ort des Geschehens gewesen. – Vgl. jedoch zu anderen Versionen des Vorgangs und seiner Wahrscheinlichkeit *Auvray,* 150–152.

[9] Urschriftlich erhalten, abgedruckt bei *Auvray,* 202f.

[10] Sie fiel an die Kathedralkirche von Rouen und enthielt nach einem Verzeichnis von 1746 viele wertvolle Handschriften, auch eigenhändige Simons, und von ihm mit Randbemerkungen versehene Bücher. Das meiste ging in der Revolution verloren.

[11] *Auvray,* 210f., druckt die Inschrift seines Epitaphs.

[12] Vgl. die Bibliographie mit den Arbeiten aus dem 19. Jahrhundert über ihn.

[13] Eine Ausnahme machen die durch *Semler* neuaufgelegten beiden Bände zum Neuen Testament, s. u.

[14] Fides Ecclesiae Orientalis . . ., Paris 1674 (voller Titel bei *Auvray,* Bibliographie, Nr. A 2).

[15] Zum Verhältnis Simons zum Judentum vgl. *M. Yareni,* La vision des Juifs et du judaisme dans l'oeuvre de Richard Simon. In: Revue des études juives 129, 1970, 179–203.

[16] Factum . . . (abgedruckt in: Bibliothèque critique, Bd. I, 109–131).

[17] Ausführliche Darstellung der Vorgänge bei *Bernus,* 24–30; vgl. auch *Steinmann,* 93–96; *Auvray,* 36–38.

[18] Ausgabe 1685 (1967), 352ff.

[19] *E. Spanheim,* Lettre à un ami . . ., Paris 1678; Amsterdam 1679. In: Histoire, Ausgabe 1685, 565ff. Den Inhalt behandelt am eingehendsten *Mirri,* 72ff.

[20] Réponse à la Lettre de Mr. Spanheim . . . In: Histoire, 625ff.

[21] Vgl. zu ihm *Kraus,* 70ff.

[22] Vgl. das Literaturverzeichnis.

[23] Défense de Sentimens de quelques théologiens de Hollande . . . Contre la réponse du Prieur de Bolleville, Amsterdam 1686 (Nachdruck Frankfurt a. M. 1973).

[24] Vgl. *Auvray,* 106.

25 *Arnauld,* Difficultés présentées à M. Steyart.

26 Beispiele bei *Auvray,* 136.

27 Vgl. dazu *Reventlow,* Bibelautorität und Geist der Moderne, 1980, passim.

28 Leider wurde im Jahre 1967 nicht die 4. Aufl. von 1730 mit der Lebensbeschreibung Martinières, sondern die unvollständige 2. Aufl. von 1702 nachgedruckt.

29 U. a. enthält sie langatmige und verschrobene Auseinandersetzungen mit einem seltsamen Buch *P. Faydits:* Remarques sur Virgile et Homère et sur le style poétique de l'Ecriture Sainte, Paris 1705, in dem auch Simon angegriffen worden war.

30 In älterer Zeit besonders *Bernus* und *Margival,* in jüngster *Steinmann* und *Auvray.*

31 *Bernus,* 3.

32 *Stummer, Deville, Steinmann. Margival,* ein Schüler A. Loisys, will anscheinend Simon zu einem Ahnherrn des katholischen Modernismus machen.

33 Vgl. dazu Klassiker der Philosophie. Hrsg. von *O. Höffe.* Bd. I, 1981, 338–359.

34 Zu dem Verhältnis vgl. bes. *Mirri.*

35 Histoire, Preface, fol. 3b.

36 Vgl. zu ihm *Kraus,* 133ff.; außerdem *E. Sehmsdorf,* Die Prophetenauslegung bei J. G. Eichhorn. Göttingen 1971.

37 Vgl. zu ihnen Religion in Geschichte und Gegenwart (RGG)[3], Bd. I, 1556f.

38 Vgl. zu ihm *P. Auvray,* Le P. Jean Morin (1591–1659). In: Revue Biblique 66, 1959, 397–414; *Kraus,* 46f.

39 Vgl. dazu *Graf,* 180; *Kraus,* 47.

40 Vgl. *Kraus,* 47ff.

41 Vgl. Histoire, 5, 38, 204ff., 629.

42 Bekannt sind u. a. *J. Usshers* „Annales Veteris et Novi Testamenti", 1650–54. Noch Newton hat solchen chronologischen Spekulationen aufgrund der biblischen Zahlenangaben nachgehangen.

43 Histoire, 5.

44 Vgl. dazu auch *Stummer,* 5–35.

45 Vgl. *B. de Spinoza,* Theologisch-politischer Traktat. Hrsg. von *G. Gawlick,* Hamburg 1976, 139ff.

46 Graf, 172.

47 Vgl. Histoire, 2ff., 15ff. „Prophetes ou Ecrivains publics", „Scribes ou Prophetes", „que les mots de Scribes & Prophetes sont synonymes", 17 u. ö.

48 Histoire, 15, vgl. 3, 16 u. ö. Religiöse und Staatsangelegenheiten waren dabei, in einer Theokratie, miteinander verbunden.

49 Histoire, 3, 16ff.

50 Histoire, 70.

51 Er beruft sich dafür auf *Josephus,* Contra Apionem: Histoire, 2.

52 Dieses sollte vor allem bei der Zensur dem Werk eine wohlwollende Aufnahme sichern. Zu der Divergenz zwischen Vorwort und eigentlichem Inhalt des Werkes vgl. schon *Mirri,* X.

53 Histoire, Preface, fol. 3c.

54 Histoire, Preface, fol. 4a.

55 *Spanheim* in *Simon,* Histoire, 608.

56 Histoire, 629, vgl. 4. – Zur Auffassung von „Tradition" bei Simon und dem grundsätzlichen Unterschied zum katholischen Traditionsverständnis vgl. *Mirri,* 70–84.

57 Histoire, Preface, fol. 3c–4a.

58 Histoire, 8.

59 Vgl. dazu *Reventlow,* Hauptprobleme der biblischen Theologie im 20. Jahrhundert, Darmstadt 1983, II. 2c und 3.

60 Vgl. dazu bes. *Mirri,* 36ff.

61 Traktat, Ausg. *Gawlick,* 80.

62 Ebd. 67.

63 Vgl. dazu *Mirri,* XIV, 77.

64 Zu dem spanischen Spätscholastiker L. Molina (1535–1600) und den Molinisten vgl. Religion in Geschichte und Gegenwart (RGG)[3], Bd. IV, 1088f.

65 Vgl. oben Anm. 27.

66 Außer den Artikeln von *Reuß* und *Nestle* in der Realencyklopädie für protestantische Theologie und Kirche ist be-

sonders der Beitrag von *K. H. Graf* (welcher zu den Begründern der literarkritischen Schule von Graf/Kuenen/Wellhausen gehört) zu erwähnen.

[67] Vgl. das Literaturverzeichnis.

Dietrich Meyer: Nikolaus Ludwig Graf von Zinzendorf

[1] *Otto Uttendörfer,* Mystik, 23.

[2] *N. L. v. Zinzendorf,* Hauptschriften Erg.Bd. 10, CX.

[3] 5. Discurs, 40.

[4] Büdingische Sammlung, Bd. I, Vorrede.

[5] Teutsche Gedichte, 1. Aufl., 305.

[6] Jüngerhaus-Diarium 30. 9. 1749.

[7] Zinzendorf und die Herrnhuter Brüder, 425.

[8] Unitas Fratrum. Beiträge aus der Brüdergemeine. Hamburg 1977. Heft 2, 75ff.

[9] Büdingische Sammlung, Bd. 1, 41.

[10] *Hans Joachim Wollstadt,* Geordnetes Dienen, 123ff.

[11] *Kai Dose,* Die Bedeutung der Schrift, 266ff.

[12] *Samuel Eberhard,* Kreuzes-Theologie, 23, Anm. 13.

[13] Apologetische Schlußschrift, 553.

[14] *Wilhelm Bettermann,* Theologie und Sprache, 12.

[15] Jüngerhaus-Diarium 2. 9. 1751.

[16] Siegfrieds Bescheidene Beleuchtung, 88f.

[17] Zinzendorf und die Herrnhuter Brüder, 265.

[18] *Bernhard Becker,* Zinzendorf, 366ff.

[19] Londoner Predigten I, 215.

[20] *Heinz Motel,* Zinzendorf als ökumenischer Theologe, 91ff.

Philipp Schäfer: Johann Salomo Semler

[1] *Emanuel Hirsch,* Geschichte der neueren evangelischen Theologie im Zusammenhang mit den allgemeinen Bewegungen des europäischen Denkens. 4. Bd. Gütersloh 1951, 50.

[2] *Walter Nigg,* Die Kirchengeschichtsschreibung. Grundzüge ihrer historischen Entwicklung, München 1934, 121.

[3] *Johann Salomo Semler,* Versuch eines fruchtbaren Auszugs der Kirchengeschichte, 1. Bd. Halle 1773, 23.

[4] Ebd., 3. Bd., 1778, 149.

[5] *Walter Nigg,* a. a. O., 129.

[6] *Hirsch,* IV, 54.

[7] *Johann Salomo Semler,* Versuch einer freieren theologischen Lehrart. Halle 1777, 158/159.

[8] Historische Einleitung in die dogmatische Gottesgelehrsamkeit, in: Baumgartens evangelische Glaubenslehre, 1. Bd., hrsg. von *Johann Salomo Semler.* Halle 1759, 35.

[9] *Gottfried Hornig,* Die Anfänge der historisch-kritischen Theologie. Johann Salomo Semlers Schriftverständnis und seine Stellung zu Luther. Göttingen 1961, 73.

[10] *Semler,* Historische Einleitung, 37.

[11] *Semler,* Versuch einer freieren Lehrart, 179.

[12] Ebd., 161.

[13] *Hirsch,* IV, 87.

Georg Schwaiger: Johann Michael Sailer

[1] Nachweise bei *Georg Schwaiger:* Johann Michael Sailer. Der bayerische Kirchenvater, München – Zürich 1982, 166–178.

[2] *Philipp Funk:* Von der Aufklärung zur Romantik. Studien zur Vorgeschichte der Münchener Romantik, München 1925 (im Mittelpunkt steht der „Sailerkreis" in Landshut).

[3] *Lorenz Lang/Hubert Schiel:* Johann Michael Sailer I, Regensburg 1948, 76.

[4] *Ignaz Weilner,* Gottselige Innigkeit. Die Grundhaltung der religiösen Seele nach Johann Michael Sailer, Regensburg 1949.

[5] *Hubert Schiel:* Geeint in Christo. Bischof Sailer und Christian Adam Dann, ein Erwecker christlichen Lebens in Württemberg, Schwäbisch Gmünd 1928; *ders.,* Sailer und Lavater, Köln 1928. Dazu die Quellenzeugnisse mit Briefen bei *Hubert Schiel:* Johann Michael Sailer, I–II, Regensburg 1948–1952. – *Friedrich Wilhelm Kantzenbach,* Johann Michael Sailer und der ökumenische Gedanke, Nürnberg 1955. *Franz Georg Friemel,* Johann Michael Sailer und das Problem der Konfession, Leipzig 1972.

[6] *Hubert Schiel:* Bischof Sailer und Ludwig I. von Bayern. Mit ihrem Briefwechsel, Regensburg 1932.

[7] *Hubert Schiel:* Johann Michael Sailer I, Regensburg 1948, 607f.

[8] Berlin, 29. März 1823. *Schiel,* Sailer I, 628.

[9] *Melchior von Diepenbrock:* Geistlicher Blumenstrauß, Sulzbach ²1852, XI–XIII.

[10] Weihbischof Michael Wittmann an Bischof Alexander Fürst von Hohenlohe (20. Juni 1832): *Rupert Mittermüller,* Leben und Wirken des frommen Bischofes Michael Wittmann von Regensburg, Landshut 1859, 415.

[11] Clemens Brentano an Franz Brentano (9. Juli 1832): *Schiel,* Sailer I, 724.

[12] *Hubert Schiel,* Sailer I, 33.

[13] *Hubert Schiel,* Sailer I, 33.

[14] Autobiographie von 1819: Sailers sämtliche Werke, hrsg. v. *J. Widmer,* Bd. 39, 266.

[15] *Hans Graßl:* Aufbruch zur Romantik. Bayerns Beitrag zur deutschen Geistesgeschichte 1765–1785, München 1968, 350.

[16] *Sailer:* Theorie des weisen Spottes, München 1781, 135.

[17] Die geistige Auseinandersetzung Sailers mit der zeitgenössischen Philosophie ist eingehend untersucht: *Gerard Fischer,* Johann Michael Sailer und Immanuel Kant, Freiburg 1953; *ders.,* Johann Michael Sailer und Johann Heinrich Pestalozzi. Der Einfluß der Pestalozzischen Bildungslehre auf Sailers Pädagogik und Katechetik, unter Mitberücksichtigung des Verhältnisses Sailers zu Rousseau, Basedow, Kant, Freiburg 1954; *ders.,* Johann Michael Sailer und Friedrich Heinrich Jacobi. Der Einfluß evangelischer Christen auf Sailers Erkenntnistheorie und Religionsphilosophie in Auseinandersetzung mit I. Kant. Mit einem Forschungsnachtrag der Beziehungen der Sailerschen Moraltheologie zur materialen Ethik Kants, Freiburg 1955. – *Barbara Jendrosch,* Johann Michael Sailers Lehre vom Gewissen, Regensburg 1971. – Dazu die Aufsätze von *Franz Georg Friemel* und *Barbara Wachinger* [Jendrosch] in: Johann Michael Sailer und seine Zeit, hrsg. v. *Georg Schwaiger* u. *Paul Mai,* Regensburg 1982.

[18] *Heinz Marquart,* Matthäus Fingerlos (1748–1817), Göttingen 1977.

[19] *Barbara Jendrosch,* Johann Michael Sailers Lehre vom Gewissen, Regensburg 1971, 253f.

[20] Ebd. 254f.

[21] Sailers sämtliche Werke, hrsg. v. *J. Widmer,* Bd. 19, 269.

[22] *Karl Gastgeber,* Gotteswort durch Menschenwort. Johann Michael Sailer als Erneuerer der Wortverkündigung, Wien 1964; *Johann Hofmeier,* Seelsorge und Seelsorger. Eine Untersuchung zur Pastoraltheologie Johann Michael Sailers, Regensburg 1967; *Manfred Probst,* Gottesdienst in Geist und Wahrheit. Die liturgischen Ansichten und Bestrebungen Johann Michael Sailers, Regensburg 1976. Dazu die Aufsätze von *Konrad Baumgartner, Konrad Feiereis, Franz Georg Friemel, Johann Hofmeier, Manfred Probst, Barbara Wachinger* [Jendrosch] in: Johann Michael Sailer und seine Zeit, hrsg. v. *Georg Schwaiger* u. *Paul Mai,* Regensburg 1982.

[23] *Melchior von Diepenbrock:* Geistlicher Blumenstrauß, ^{2}1852, XXIII.

[24] *Hubert Schiel:* Sailer I, 318.

[25] Geistlicher Blumenstrauß, ^{2}1852, XIII.

[26] Clemens Brentano an Luise Hensel, 23. Okt. 1818. *Schiel,* Sailer I, 564.

[27] Clemens Brentano an Luise Hensel, 17. Nov. 1818. *Schiel,* Sailer I, 571f.

[28] Siehe Anm. 21.

Hermann Peiter: Friedrich Schleiermacher

[1] Vgl. meine historische Einführung in die Glaubenslehre[1], S. XVII–XIX sowie meine historische Einführung in die Sittenlehre.

[2] Anders der Wortlaut in Zeitschrift f. Historische Theologie 21 (1851), 147, anders a. a. O. 150, anders bei *Johannes Bauer,* 1905, 34.

[3] *Martin Redekers* Ausgabe enthält eine Synopse, der sich entnehmen läßt, welche Leitsätze der 2. denen der 1. Auflage entsprechen.

[4] Näheres in meiner Einleitung in die Sittenlehre und in *Martin Honeckers* Nachwort.

[5] So *Hans-Joachim Birkner,* 1964, 21.

[6] Näheres in meiner historischen Einführung in die Glaubenslehre[1], S. XXXV–LVIII.

Friedrich Wilhelm Graf: Ferdinand Christian Baur

[1] Paulus, der Apostel Jesu Christi. Sein Leben und sein Wirken, seine Briefe und seine Lehre. ^{2}1866/67. Nachdruck Osnabrück 1968, 3f.

[2] Lehrbuch der christlichen Dogmengeschichte. ^{3}1867. Neudruck Darmstadt 1974, 59. Der Spiegel – die klassische Reflexivitätsmetapher – wird von Baur mehrfach als ein Bild für geschichtliche Aufklärung bemüht: wie ein Mensch in einem Spiegel sich selbst anzuschauen vermag, kann die Gegenwart im Medium der Geschichte ein Bild ihrer selbst erzeugen. Zur Gegenwartsrelevanz der Geschichte vgl. auch: Lehrbuch der christlichen Dogmengeschichte. ^{2}1867. Neudruck Darmstadt 1974, X–XII, und: Geschichte der christlichen Kirche. Zweiter Band. ^{2}1863. Neudruck Leipzig 1969, VIII.

[3] Dies betont vor allem *Klaus Scholder:* Ferdinand Christian Baur als Historiker. In: Evangelische Theologie 21 (1961), 435–458, bes. 449.

[4] Vgl. *Klaus Schuffels:* Der Nachlaß Ferdinand Christian Baurs in der Universitätsbibliothek Tübingen und im Schiller-Nationalmuseum Marbach/Neckar. In: Zeitschrift für Kirchengeschichte 79 (1968), 375–384, und *Horton Harris:* The Tübingen School. Oxford (Clarendon Press) 1975, 263–266.

[5] Vgl. *Karl Bauer:* Zur Jugendgeschichte von Ferdinand Christian Baur (1805–1807) (Mit Benutzung der Akten des ev.-theol. Seminars in Blaubeuren). In: Theologische Studien und Kritiken 95 (1923/24), 303–313.

[6] Vgl. *Carl Hester:* Gedanken zu Ferdinand Christian Baurs Entwicklung als Historiker anhand zweier unbekannter Briefe. In: Zeitschrift für Kirchengeschichte 84 (1973), 249–269.

[7] Kirchengeschichte der drei ersten Jahrhunderte. [3]1863. Neudruck Leipzig 1969, 26–28, und: An Herrn Dr. Karl Hase. Beantwortung des Sendschreibens ‚Die Tübinger Schule' 1855, 85f.

[8] *David Friedrich Strauß:* Christian Märklin. Ein Lebens- und Charakterbild aus der Gegenwart (1850). In: Gesammelte Schriften von David Friedrich Strauß. Eingeleitet und mit erklärenden Nachweisungen versehen von *Eduard Zeller.* Bd. 10. Bonn 1878. 177–359, 191. Vgl. darüberhinaus *Gotthold Müller:* Ferdinand Christian Baur und David Friedrich Strauss in Blaubeuren (1821–1825). In: Glaube, Geist, Geschichte. Festschrift für Ernst Benz zum 60. Geburtstage am 17. November 1967. Hrsg. von *G. Müller* und *W. Zeller.* Leiden 1967, 217–230, sowie die Biographie über einen weiteren bekannten Schüler Baurs schon aus der Blaubeurer Zeit: *Fritz Schlawe,* Friedrich Theodor Vischer. Stuttgart 1959, 8–18.

[9] Strauß berichtet davon, daß Baur seine überforderten Schüler „bei Herodot . . . in die höhere Mythologie, bei Livius in die Probleme der Niebuhrschen Geschichtskritik einführte" (a.a. O., 190).

[10] So Baur in einem Brief vom 2. 11. 1822 an seinen Schüler L. A. Bauer. Vgl. *C. Hester:* a.a.O., 265.

[11] *Friedrich Wilhelm Joseph von Schellings* sämmtliche Werke. Erste Abtheilung. Dritter Band. Stuttgart und Augsburg 1858, 603.

[12] So Baur in einem Brief vom 26. 7. 1823 an seinen Bruder Friedrich August, der erstmals, aber fehlerhaft von *Heinz Liebing* publiziert wurde: Ferdinand Christian Baurs Kritik an Schleiermachers Glaubenslehre. In: Zeitschrift für Theologie und Kirche 54 (1957), 225–243. Die nötigen Korrekturen finden sich bei *Ernst Barnikol:* Das ideengeschichtliche Erbe Hegels bei und seit Strauß und Baur im 19. Jahrhundert. In: Wissenschaftliche Zeitschrift der Martin-Luther-Universität Halle-Wittenberg. Gesellschafts- und sprachwissenschaftliche Reihe 10 (1961), 281–328, bes. 316–318.

[13] Vgl. *Carl E. Hester:* Schleiermachers Besuch in Tübingen. In: Werkschriften des Universitätsarchivs Tübingen. Hrsg. von *Volker Schäfer.* Reihe 1, Heft 6: Bausteine zur Tübinger Universitätsgeschichte, Folge 1. Tübingen 1981, 127–144. (Den Hinweis auf diesen informativen Aufsatz verdanke ich Herrn V. Drehsen, Universität Tübingen.)

[14] Vgl. *Friedrich Daniel Ernst Schleiermacher:* Über seine Glaubenslehre, an Herrn Dr. Lücke. Erstes Sendschreiben. Zweites Sendschreiben (1829). In: Schleiermacher-Auswahl. Hrsg. von *Heinz Bolli.* München und Hamburg 1968, 120–175, bes. 123–124, 161–163.

[15] Dies ist Baurs eigene Darstellung der Bedenken, die der supranaturalistische Dogmatiker J. C. F. Steudel im Auftrag der Fakultät gegen seine Berufung vorbrachte. Vgl. *F. Chr. Baur:* Die evangelisch-theologische Fakultät vom Jahr 1812 bis 1848. In: Geschichte und Beschreibung der Universität Tübingen. Verfaßt von *K. Klüpfel.* Tübingen 1849, 389–451, 402f.

[16] Dem Pantheismus-Verdacht wurde Baur insbesondere in einem Gutachten des Fakultätsmitglieds F. G. von Süskind unterstellt. Vgl.: Bemerkungen über den idealistischen Pantheismus der neueren Zeit (1826). In: Friedrich Gottlieb von Süskind's Vermischte Aufsätze meist

theologischen Inhalts. Nach seinem Tode gesammelt und hrsg. von seinem Sohne, *M. Karl Friedrich Süskind.* Stuttgart 1831. Zum Kontext des Arguments vgl. den von mir geschriebenen Teil der Einleitung zu: Die Flucht in den Begriff. Materialien zu Hegels Religionsphilosophie. Hrsg. von *Friedrich Wilhelm Graf* und *Falk Wagner* (= Deutscher Idealismus. Philosophie und Wirkungsgeschichte in Quellen und Studien. Bd. 6.) Stuttgart 1982, 24–60.

[17] Vgl. *Horton Harris:* Die Verhandlungen über die Berufung Ferdinand Christian Baurs nach Berlin und Halle. In: Zeitschrift für Kirchengeschichte 84 (1973), 233–248.

[18] Dazu finden sich eindrucksvolle Belege in einer kurz nach Baurs Tod von seinem Schwiegersohn geschriebenen Charakteristik: *Eduard Zeller,* Ferdinand Christian Baur. In: *Ders.,* Vorträge und Abhandlungen. Erste Sammlung. ²Leipzig 1875, 389–479, bes. 400ff.

[19] Vgl. *Rudolf Seyerlen:* Ferdinand Christian Baur als akademischer Lehrer und Mensch, ein akademischer Vortrag am 21. Juni 1892. In: Zeitschrift für wissenschaftliche Theologie 36/I (1893), 244–254, 250.

[20] Lebenserinnerungen von Robert von Mohl 1799–1875. (Hrsg. von *Dietrich Kerler.*) 1. Bd. Stuttgart und Leipzig 1902, 192.

[21] Baurs Rede wurde von einigen Vertretern des württembergischen Pietismus so heftig kritisiert, daß er den ursprünglichen Plan einer Veröffentlichung aufgab. Sie wurde dann erst von Baurs Sohn publiziert: Gratulationsschrift des Gymnasiums zu Tübingen für die Vierte Säcularfeier der Universität Tübingen 9–11 August 1877. Tübingen 1877, 1–22.

[22] Vgl. *Reinhard Müth:* Bekenntnis zu Schwarz-Rot-Gold. Die freiheitlich-nationale Idee in der Tübinger Studentenschaft von 1813 bis 1848. In: 500 Jahre Eberhard-Karls-Universität Tübingen. Beiträge zur Geschichte der Universität Tübingen 1477–1977. Hrsg. von *H. Dekker-Hauff, G. Fichtner* und *K. Schreiner.* Tübingen 1977, 251–284, sowie *ders.,* Studentische Emanzipation und staatliche Repression. Die politische Bewegung der Tübinger Studenten im Vormärz, insbesondere von 1825 bis 1837 (Contubernium. Beiträge zur Geschichte der Eberhard-Karls-Universität Tübingen Bd. 11) Tübingen 1977, bes. 198f.

[23] Rede zur Feier des Gedächtnisses . . ., in: Gratulationsschrift . . ., 19f.

[24] A.a.O., 5f.

[25] A.a.O., 14.

[26] A.a.O., 6.

[27] Kirchengeschichte des Neunzehnten Jahrhunderts. Von Dr. *Ferdinand Christian Baur.* Nach des Verfassers Tod hrsg. von *Eduard Zeller.* Tübingen 1862, 6 u. ö.

[28] *R. Seyerlen,* a.a.O., 247. Eine positive Anspielung auf den emanzipatorischen Geist der Zeit findet sich etwa in der 1847 geschriebenen „Vorrede" zum Lehrbuch der christlichen Dogmengeschichte. ²1867. Neudruck Darmstadt 1974, VIII.

[29] Zu Baurs Auseinandersetzung mit Möhler kann auf eine sehr materialreiche und informative Untersuchung von *Peter Friedrich* verwiesen werden: Ferdinand Christian Baur als Symboliker (Studien zur Theologie und Geistesgeschichte des Neunzehnten Jahrhunderts Bd. 12) Göttingen 1975, bes. 125–190. Friedrich kommt das Verdienst zu, Teile der Symbolik-Vorlesung von 1828/29 ediert zu haben. Zum Streit zwischen Baur und Möhler, der eine breite literarische Debatte zur Folge hatte, an dem zahlreiche prominente Vertreter der akademischen Theologie aus beiden Konfessionen sich beteiligten, vgl. in diesem Buche den Beitrag von *H. Wagner.*

[30] So wurde Baur vom Kölner Erzbischof *F. A. von Spiegel* in einem Brief an den Preußischen Kultusminister K. F.

von Stein zu Altenstein beurteilt. In: Johann Adam Möhler. Bd. I. Gesammelte Aktenstücke und Briefe. Hrsg. und eingeleitet von *Stephan Lösch*. München 1928, 195–197.

31 Vgl. *Friedrich Wilhelm Graf:* Kritik und Pseudo-Spekulation. David Friedrich Strauß als Dogmatiker im Kontext der positionellen Theologie seiner Zeit (Münchener Monographien zur historischen und systematischen Theologie Bd. 7) München 1982, 69 ff.

32 *Ferdinand Christian Baur.* Ausgewählte Werke in Einzelausgaben. Bd. 2. Stuttgart-Bad Cannstatt 1963, 267 ff.

33 Schon in Symbolik und Mythologie trägt Baur die aus der Entgegensetzung zur griechischen Religion gewonnene Behauptung vor, „daß die Idee der Individualität und Persönlichkeit mit dem innersten Geiste des Christenthums aufs wesentlichste zusammenhängt" (II, 452). Diese Bestimmung des Christentums als der Religion der Individualität findet sich auch noch in den späten Publikationen Baurs.

34 Ausgewählte Werke . . . Bd. 2, 267.

35 A. a. O., 269.

36 *Karl Gerhard Steck:* Ferdinand Christian Baur (1792–1860). In: *Martin Greschat* (Hrsg.), Theologen des Protestantismus im 19. und 20. Jahrhundert, Bd. 1. Stuttgart, Berlin, Köln, Mainz 1978, 59–73, 68.

37 Ausgewählte Werke . . . Bd. 2, 290.

38 Brief Baurs an Arnold Ruge vom 29. Juli 1838. In: Arnold Ruges Briefwechsel und Tagebuchblätter aus den Jahren 1825–1880. Hrsg. von *Paul Nerrlich.* Erster Band 1825–1847. Berlin 1886, 141. Vgl. Ausgewählte Werke . . . Bd. 1. Stuttgart-Bad Cannstatt 1963, 267–320, und von *Hengstenbergs* zahlreichen Angriffen auf Baur vor allem: Die kritische Schule Dr. Baur's in ihrem Verhältniß zur Kirche . . . In: Evangelische Kirchenzeitung 39 (1846), Sp. 449–451, 457–460, 465–468, 473–475, 526–644, 549–551.

39 Die christliche Lehre von der Versöhnung in ihrer geschichtlichen Entwicklung von der ältesten Zeit bis auf die neueste. Tübingen 1838, 1.

40 Ebd.

41 Ebd.

42 Kritische Beiträge zur Kirchengeschichte der ersten Jahrhunderte, mit besonderer Rücksicht auf die Werke von Neander und Gieseler. In: Theologische Jahrbücher 4 (1845), 207–312, 238 f.

43 A. a. O., 239.

44 Zum Problem vgl.: *Alois Emanuel Biedermann,* Ferdinand Christian Baur, geb. den 21. Januar 1792, gest. den 2. Dezember 1860. In: Alois Emanuel Biedermann. Ausgewählte Vorträge und Aufsätze mit einer biographischen Einleitung von *J. Kradolfer.* Berlin 1885, 105–185, 134.

45 Geschichte der christlichen Kirche. Zweiter Band. ^{2}1863. Nachdruck Leipzig 1969, VI.

46 Das Manichäische Religionssystem nach den Quellen neu untersucht und entwikelt. 1831. Nachdruck Göttingen 1928, V.

47 Vgl. *Henrik Samuel Nyberg:* Forschungen über den Manichäismus. In: *Geo Widengren* (Hrsg.), Der Manichäismus (Wege der Forschung Bd. CLXVIII) Darmstadt 1977, 3–28, bes. 6.

48 Das Christliche des Platonismus oder Sokrates und Christus. In: Ferdinand Christian Baur. Drei Abhandlungen zur Geschichte der alten Philosophie und ihres Verhältnisses zum Christentum. Neu hrsg. von *Eduard Zeller.* 1876. Neudruck Aalen 1978, 288–376, hier 246, 314 und XII.

49 A. a. O., 376.

50 Die christliche Lehre von der Versöhnung, 4.

51 Predigt zur Vorbereitung auf das Säcularfest der Uebergabe der Augsburgischen Confession bei Verlesung der 21 ersten Artikel derselben an II. Trinit. Über das gewöhnliche sonntägliche

Evangelium Luc. 15,1–10, in der Stadtkirche, den 20. Juni 1830, gehalten von Prof. Dr. *Baur*. In: Feier des dritten Säcularfestes der Uebergabe der Augsburgischen Confession auf der Universität Tübingen. Hrsg. von Mitgliedern der evangelisch-theologischen Fakultät. Tübingen 1830, 93–101, 100.

[52] Ebd.

[53] Drei Abhandlungen zur Geschichte der alten Philosophie, 376.

[54] Ausgewählte Werke . . . Bd. 1, 145.

[55] A. a. O., 74.

[56] Paulus, der Apostel Jesu Christi. Sein Leben und Wirken, seine Briefe und seine Lehre. Ein Beitrag zu einer kritischen Geschichte des Urchristentums. 1. Theil. [2]1866. Neudruck Osnabrück 1968, VI.

[57] *Eduard Zeller,* Vorwort. In: Theologische Jahrbücher 1 (1842), Vf.

[58] Vgl. vor allem *Rudolf Bultmann,* Glauben und Verstehen. Gesammelte Aufsätze. 1. Band. [6]Tübingen 1966, 65–67, sowie *ders.,* Theologie des Neuen Testaments. [6]Tübingen 1968, 591 f.

[59] Weil die „Autonomie des Selbstbewußtseins . . . etwas anderes als der Gehorsam des Glaubens" sei, warnte beispielsweise *Ernst Wolf* 1963 ausdrücklich davor, „heute wieder theologisch an Baur anknüpfen zu wollen und etwa eine Renaissance von Baur und Troeltsch in einem heraufzuführen": Einführung. In: Ausgewählte Werke . . . Bd. 2, VII–XXV. Eine entsprechende Warnung formuliert auch *Ernst Käsemann,* Einführung. In: Ausgewählte Werke . . . Bd. 1, VIII–XXV.

[60] *Ernst Troeltsch:* Der Historismus und seine Probleme. Gesammelte Schriften, 3. Bd. Tübingen 1922, 743.

[61] Vgl. *Adolf von Harnack:* Lehrbuch der Dogmengeschichte. 1. Band. Vierte neu durchgearbeitete und vermehrte Auflage. Tübingen 1909, 11 und 35–37.

[62] *Otto Pfleiderer:* Ferdinand Christian Baur. In: Das Neunzehnte Jahrhundert in Bildnissen. Hrsg. von *Karl Werckmeister.* Bd. II. Berlin 1899, 163.

[63] Vgl. *Ernst Troeltsch:* Adolf v. Harnack und Ferd. Christ. v. Baur. In: Festgabe von Fachgenossen und Freunden A. von Harnack zum siebzigsten Geburtstag dargebracht. (Hrsg. von *Karl Holl.*) Tübingen 1921, 282–291.

[64] Die christliche Lehre von der Versöhnung, 5.

[65] Symbolik und Mythologie, XI.

Georg Schwaiger: Ignaz von Döllinger

[1] Alle Zitate aus Döllingers Jugendzeit bei *J. Friedrich:* Ignaz von Döllinger, I. München 1899, 60–69.

[2] Ebd. 103.

[3] *Giacomo Martina:* Pio IX (1846–1850). Rom 1974.

[4] *J. J. I. v. Döllinger:* Kirche und Kirchen, Papsttum und Kirchenstaat. München 1861, XXI.

[5] Ebd. XXIX–XXXII.

[6] Ebd. III f.

[7] *Manfred Weitlauff:* Joseph Hergenröther (1824–1890). In: Katholische Theologen Deutschlands im 19. Jahrhundert, hrsg. von *Heinrich Fries* und *Georg Schwaiger,* II. München 1975, 471–551.

[8] *Herman H. Schwedt:* Das römische Urteil über Georg Hermes (1775–1831). Ein Beitrag zur Geschichte der Inquisition im 19. Jahrhundert. (Römische Quartalschrift, 37. Supplementheft) Rom – Freiburg – Wien 1980.

[9] *Joseph Pritz:* Anton Günther (1783–1863). In: Katholische Theologen Deutschlands im 19. Jahrhundert, hrsg. von *Heinrich Fries* und *Georg Schwaiger,* I. München 1975, 348–375.

[10] *Manfred Weitlauff:* Der Fall des

Würzburger Kirchenhistorikers Johann Baptist Schwab (1811–1872). In: Historische Kritik in der Theologie, hrsg. von *Georg Schwaiger*. Göttingen 1980, 245–284; *Klaus Ganzert:* Die Theologische Fakultät der Universität Würzburg im theologischen und kirchenpolitischen Spannungsfeld der zweiten Hälfte des 19. Jahrhunderts. In: Vierhundert Jahre Universität Würzburg, hrsg. von *Peter Baumgart*. Neustadt a. d. Aisch 1982, 317–373.

[11] *Georg Schwaiger:* Die Münchener Gelehrtenversammlung von 1863 in den Strömungen der katholischen Theologie des 19. Jahrhunderts. In: Kirche und Theologie im 19. Jahrhundert, hrsg. von *Georg Schwaiger*. Göttingen 1975, 125–134.

[12] Textausgaben siehe bei den Hauptwerken Döllingers.

[13] Propheten und Vorläufer. Wegbereiter des neuzeitlichen Katholizismus. Zürich – Einsiedeln – Köln 1972, 93f.

[14] Ebd. 94f.

[15] Dazu die in Abschnitt V genannten neueren Arbeiten über das I. Vatikanum, besonders das Tagebuch des Bischofs Ignatius von Senestrey, hrsg. von *Klaus Schatz* (1977). Vgl. Anm. 19.

[16] Vgl. *J. Friedrich:* Ignaz von Döllinger, III. München 1901, 477–622.

[17] *Ignaz von Döllinger – Lord Acton,* Briefwechsel, III. München 1971, 36f.

[18] *Giacomo Martina:* Pio IX, 1846–1850, Miscellanea Historiae Pontificiae vol. 38. Rom 1974.

[19] *Klaus Schatz:* Kirchenbild und päpstliche Unfehlbarkeit bei den deutschsprachigen Minoritätsbischöfen auf dem I. Vatikanum, Miscellanea Historiae Pontificiae, vol. 40. Rom 1975; *Ignatius von Senestrey:* Wie es zur Definition der päpstlichen Unfehlbarkeit kam. Tagebuch vom I. Vatikanischen Konzil. Hrsg. von *Klaus Schatz*. Frankfurt a. M. 1977.

[20] *Gabriel Adriányi:* Ungarn und das I. Vaticanum. Köln 1975.

[21] *August Bernhard Hasler:* Pius IX., 1846–1878, Päpstliche Unfehlbarkeit und 1. Vatikanisches Konzil, 2 Bde. Stuttgart 1977, mit ausführlicher Bibliographie.

Karl H. Neufeld: Albrecht Ritschl

[1] Vgl. Leben und *O. Ritschl*. In: Realenzyklopädie f. protestantische Theologie und Kirche (RE) XVII, 22–34.

[2] Übersicht bei *Lotz,* 204–206 (Recent secondary works on Ritschl); vgl. Ritschlianer. In: Religion in Geschichte und Gegenwart (RGG) V (^{3}1961) 1117–1119.

[3] *Schäfer*.

[4] So *H. Thielicke,* Theologie des Geistes (Der evangelische Glaube: Grundzüge der Dogmatik 3). Tübingen 1978, 508; 560.

[5] *O. Ritschl*. In: Zeitschrift f. Theologie und Kirche (ZTK) 16 NF (1935) 43.

[6] Vgl. Allgemeine Deutsche Bibliographie (ADB) XXVIII 661f. und RE XVII, 34–39.

[7] Vgl. *M. Stiewe,* Das Unionsverständnis Friedrich Schleiermachers, Witten 1969; *G. Ruhbach* (Hrsg.), Kirchenunionen im 19. Jahrhundert, Gütersloh ^{2}1968.

[8] Kölner Ereignis, K. Kirchenstreit (1837–1842); vgl. RGG III (^{3}1959) 1698f. und Lexikon für Theologie und Kirche (LThK) VI (^{2}1961) 394f.

[9] Nach *G. Hermes* (1775–1831), vgl. LThK V (^{2}1960) 258–261 und *H. Schwedt,* Das römische Urteil über G. Hermes. Rom 1976.

[10] (1792–1860), vgl. Neue deutsche Biographie (NDB) I (1953) 670f. und *F. W. Bautz* (Hrsg.), Biograph.-Bibliogr. Kirchenlexikon I, Hamm 1975,

427f.; *H. Stephan-M. Schmidt,* Geschichte der evangelischen Theologie in Deutschland seit dem Idealismus. Berlin ³1973, 190–196.

[11] (1799–1867), vgl. RGG V (³1961) 1197–1199; *H. Stephan-M. Schmidt,* a. a. O., 238–241; *Kantzenbach,* 83–89.

[12] Vgl. ADB XXIX (1889) 761f.; *K. H. Neufeld,* Adolf von Harnack. Paderborn 1977, 43–49.

[13] *A. von Zahn-Harnack,* Adolf von Harnack, Berlin ²1951, 94.

[14] RV I (1870), RV II (1874), RV III (1874).

[15] GP I (1880), GP II (1884), GP III (1886).

[16] ADB XXIX (1889) 763.

[17] UR (1875); benutzt nach Ausgabe *Ruhbach* (1966).

[18] UR (1966) Einführung 5.

[19] *A. Harnack,* Ritschl und seine Schule. In: Reden und Aufsätze II. Giessen 1904, 351.

[20] Ebd., 357 (Harnack hält diese Basis nicht für möglich).

[21] RV I, Vorrede zur 1. Auflage III.

[22] *A. Harnack,* Ritschl . . . (Anm. 19) 353.

[23] Ebd., 355.

[24] Ebd., 354.

[25] Ebd.

[26] GP I, 24.

[27] Ebd., 36–61; die für Ritschls Denken charakteristische Gegenüberstellung umfaßt alle früheren Elemente.

[28] Vgl. ebd., 40 im Anschluß an Confessio Augustana 20 und Apologia Conf. Aug. III, 4. 46. 180–182 VIII, 73. 74.

[29] Ebd., 40; vgl. auch 56f.

[30] Ebd., 93.

[31] Ebd., 80–98; Grund des Unternehmens und Motiv für R.s Theologie.

[32] Ebd., 38.

[33] Ebd.

[34] *A. Harnack,* Ritschl. . . (Anm. 19) 353f.

[35] Ebd., 354.

[36] Ebd.

[37] EaK, 330.

[38] Vgl. ebd., 336–365; die kirchen- und dogmengeschichtliche Monographie läßt nicht klar entscheiden, ob der Historiker oder Systematiker Ritschl im Vordergrund steht.

[39] *Lotz,* 40.

[40] Vgl. RV I, 86–140 „Der Gedanke der Rechtfertigung im Mittelalter", bes. 109–117 „Der heilige Bernhard" und GP I, 7–22 (Reformation in der abendländischen Kirche des Mittelalters) sowie 45–60.

[41] *A. Harnack,* Ritschl . . . (Anm. 19) 355.

[42] Ebd.

[43] *Lotz,* 142–161.

[44] Zu nennen ist vor allem *Th. Harnack,* Luthers Theologie I/II. Erlangen 1862/1886. Im Vorwort zu Bd. II, 1–25, krit. Auseinandersetzung mit Ritschls Lutherstudien.

[45] Vgl. RV I, 153f.

[46] Vgl. *M. Rade,* Unkonfessionalistisches Luthertum. Erinnerung an die Lutherfreude in der Ritschl'schen Theologie. In: ZKT 18 NF (1937) 131–151.

[47] Vgl. *Lotz,* 55, Anm. 82.

[48] *O. Ritschl,* in: ZKT 16 NF (1935) 51f.

[49] Offenbarung und Glaube sind Grundlagen evangelischer Theologie; jede ‚Theologia naturalis' wird zurückgewiesen; vgl. *Lotz,* 48f.

[50] Vgl. RV I, 21f.

[51] Ebd., 25.

[52] Ebd., 26.

[53] *O. Ritschl.* In: ZKT 16 NF (1935) 52.

[54] Bonn 1881 (²1887); Erkenntnistheorie ist notwendig, Metaphysik objektivistisch. Ritschl meint hier die wahre Intention Luthers wieder aufzugreifen.

[55] *I. Kant,* Die Religion innerhalb der Grenzen der bloßen Vernunft (1793); vgl. dazu RV I, 438–459.

[56] Vgl. *Ch. Walther,* Der Reich-Gottes-Begriff in der Theologie Richard

Rothes und Albrecht Ritschls. In: Kerygma und Dogma 2 (1956) 115–138; Zitat ebd. 116.

[57] Nachdrücklich *W. Klaas,* Ritschls „Unterricht in der christlichen Religion" und Karl Barths Abrisse der Dogmatik. In: Antwort. K. Barth zum 70. Geburtstag. Zollikon 1956, 388–398. Die Zwischenstufe stellt *A. Harnack,* Das Wesen des Christentums (1900), her.

[58] UR, §§ 5–33 (15–33), dazu *Kantzenbach,* 104–111.

[59] UR, §§ 34–54 (35–47).

[60] Ebd., §§ 55–77 (49–65).

[61] Ebd., §§ 78–90 (67–78).

[62] Ebd., § 11 (19); vgl. *A. Ritschl,* Theologie und Metaphysik. Bonn ^{2}1887, 22: „Denn auch die Bestimmung Gottes als Liebe habe ich nur aus der durch Christus vermittelten Erkenntnis seiner Gemeinde aufgenommen".

[63] *A. Harnack,* Rezension zur 3. Auflage von UR, In: Theologische Literaturzeitung (ThLZ) 12 (1887) 82–86; Zitat 85.

[64] Ebd., 86.

[65] UR, 11 (Vorwort).

[66] *Kantzenbach,* 106.

[67] UR, § 1 (13).

[68] Ebd., § 3 (13).

[69] Ebd., § 53 (45).

[70] Vgl. *A. Harnack.* In: ThLZ 12 (1887) 82.

[71] Vgl. *A. Harnack,* Zur gegenwärtigen Lage des Protestantismus. In: Reden und Aufsätze II. Giessen 1904, 139, wo begründend hinzugefügt ist: „denn seine Eigenart bestand darin, daß er die beiden Elemente des Protestantismus, das doktrinäre und das originalreligöse, verstärkt und in enger Verbindung gehalten hat. Aber wie er in dieser Hinsicht eine Ausnahme bildet, so zeigte auch die Aufnahme seiner theologischen Arbeit, daß der Protestantismus für diese seine Haltung keine Sympathie und kein Verständnis mehr besaß".

Peter Neuner: Alfred Loisy

[1] *Friedrich Heiler,* Der Vater des katholischen Modernismus. Alfred Loisy (1857–1940). München 1947, im Folgenden: Heiler.

[2] Mémoires pour servir à l'histoire religieuse de notre temps, 3 Bde. Paris 1930f., hier: I, 61, im Folgenden: Mém. I–III.

[3] L'Evangile et l'Eglise. Paris 1902. Die vermehrte zweite Auflage wurde übersetzt von *Joh. Grière-Becker* (Pseudonym *Joseph Sauer*): Evangelium und Kirche. München 1904, hier 95. Die folgenden Zitate mit bloßer Seitenangabe sind aus dieser Übersetzung entnommen.

[4] In: Theol. Literaturzeitung 29 (1904) Sp. 59.

[5] *Maurice Blondel,* Histoire et Dogme, les lacunes philosophiques de l'exégèse moderne. In: La Quinzaine 1904, deutsch: Geschichte und Dogma. Mainz 1963.

[6] Leçon d'ouverture du cours d'histoire des religions au Collège de France. Paris 1909, 25f.

[7] L'Evangile selon Marc. Paris 1912. 36.

[8] La naissance du christianisme. Paris 1933.

[9] Zitiert bei: *Oskar Schroeder,* Aufbruch und Mißverständnis. Zur Geschichte der reformkatholischen Bewegung. Graz–Wien–Köln 1969, 93.

[10] Nach *O. Schroeder,* 88.

[11] La crise morale du temps présent et l'éducation humaine. Paris 1937, 242.

[12] *Richard Schaeffler,* Der ‚Modernismus-Streit' als Herausforderung an das philosophisch-theologische Gespräch heute, In: Theologie und Philosophie 55 (1980), 514–534, hier 514.

Karl-Ernst Apfelbacher: Ernst Troeltsch

[1] Die „kleine Göttinger Fakultät“ von 1890. In: Die Christliche Welt (CW) 34 (1920), Sp. 281–283, 282.

[2] Briefe aus der Heidelberger Zeit an Wilhelm Bousset 1894–1914. Hrsg. von *Erika Dinkler – von Schubert*. In: Heidelberger Jahrbücher 20 (1976), 23.

[3] *Wolfgang Drechsel:* Die Beziehungen Ernst Troeltschs zur bayerischen Landeskirche. In: *Horst Renz – Friedrich Wilhelm Graf,* 1982, 76.

[4] Vgl. BrH, 38.

[5] Vgl. *Gustav Ecke,* Die theologische Schule Albrechts Ritschls. Berlin 1897.

[6] *Walther Köhler,* 1941, 1.

[7] *Eduard Spranger:* Ernst Troeltsch als Religionsphilosoph. In: Philosophische Wochenschrift und Literatur-Zeitung 2 (1906), 42.

[8] *Ferdinand Kattenbusch:* In Sachen der Ritschlschen Theologie. In: CW 12 (1898), Sp. 59–62; 75–81. Troeltschs Erwiderung: Zur theologischen Lage. In: CW 12 (1898), Sp. 627–631; 650–657.

[9] *Eduard Spranger:* A. a. O., 42.

[10] Vgl. *Ulrich Pretzel:* Ernst Troeltschs Berufung an die Berliner Universität. In: *Hans Leussink u. a.* (Hrsg.): Studium Berolinense. Aufsätze und Beiträge zu Problemen der Wissenschaft und zur Geschichte der Friedrich-Wilhelms-Universität zu Berlin. Berlin 1960, 507–514.

[11] Bespr. über *Adolf Jülicher,* Die Entmündigung einer preußischen theologischen Fakultät in zeitgeschichtlichem Zusammenhange. Tübingen 1913. *Eberhard Vischer:* Die Zukunft der evangelisch-theologischen Fakultäten. Tübingen 1913. In: Theol. Literaturzeitung (ThLZ) 38 (1913), Sp. 401–403.

[12] *Gertrud von le Fort:* Hälfte des Lebens. Erinnerungen. München ^{3}1965, 122f.

[13] Freiheit und Vaterland. In: Deutsche Politik 3 (1918), 72–78, 77.

[14] Vgl. *Karl-Ernst Apfelbacher,* 1978, 260.

[15] A. a. O., 261.

[16] Ein Auswahlband: Tübingen 1924.

[17] Vgl. z. B. *Hans Volkelt:* Demobilisierung der Geister? Eine Auseinandersetzung vornehmlich mit Geheimrat Prof. Dr. Ernst Troeltsch. München 1918.

[18] Vgl. *Gottfried Mehnert:* Evangelische Kirche und Politik 1917–1919. Düsseldorf 1919, 62.

[19] Näheres in: BrH, 39–41.

[20] Vgl. *Otto Hintze:* Troeltsch und die Probleme des Historismus. In: Histor. Zeitschr. (HZ) 135 (1927), 188–239.

[21] Deutscher Geist und Westeuropa, 201.

[22] A. a. O., 194.

[23] Vgl. *Alfred Schüler:* Christlicher Personalismus. Gedanken zu Ernst Troeltschs Werk. In: *Philipp Weindel – Rudolf Hofmann* (Hrsg.): Der Mensch vor Gott. Beiträge zum Verständnis der menschlichen Gottbegegnung. Festschrift für Theodor Steinbüchel zum 60. Geburtstag. Düsseldorf 1948, 264–277.

[24] *Adolf von Harnack:* Rede am Sarge Ernst Troeltschs. In: CW 37 (1923), Sp. 104–105.

[25] Geschichte und Metaphysik, 1898, 9.

[26] Vgl. Glaubenslehre, 1925, 1.

[27] Bespr. über *W. Günther:* Die Grundlagen der Religionsphilosophie Ernst Troeltsch'. Leipzig 1914. In: ThLZ 41 (1916), Sp. 448–450, Sp. 449.

[28] A. a. O., 450. Auch in: IV, 818.

[29] Vgl. Die Absolutheit des Christentums und die Religionsgeschichte, ^{3}1929, 91.

[30] Vgl. IV, 94.

[31] *Karl Barth:* Der christliche Glaube und die Geschichte. In: Schweizerische

Theologische Zeitschrift 29 (1912), 1–18; 49–72.

[32] *Wilhelm Herrmann:* Die Lage und Aufgabe der evangelischen Dogmatik in der Gegenwart (1907). In: ders.: Schriften zur Grundlegung der Theologie. Teil II. Hrsg. von *Peter Fischer-Appelt.* (Theologische Bücherei, Bd. 36/II) München 1967, 1–87, 7.

[33] Katholizismus und Reformismus. In: Internationale Wochenschrift für Wissenschaft, Kunst und Technik 2 (1908), Sp. 15–26, 21.

[34] Vgl. *Peter Neuner:* Religiöse Erfahrung und geschichtliche Offenbarung. Friedrich von Hügels Grundlegung der Theologie. (Beiträge zur ökumenischen Theologie, Bd. 15) München-Paderborn-Wien 1977, 303–310.

[35] Vgl. z. B. *Paul Honigsheim:* Die Staats- und Soziallehren französischer Jansenisten im 17. Jahrhundert. Heidelberg 1914 (Nachdruck: Darmstadt 1969). *Herbert Schöffler:* Wirkungen der Reformation. Religionssoziologische Folgerungen für England und Deutschland. Frankfurt 1960.

[36] Vgl. *Theodor Schieder:* Die deutsche Geschichtswissenschaft im Spiegel der Historischen Zeitschrift. In: HZ 189 (1959), 1–104, 28.

[37] Näheres vgl. *Karl-Ernst Apfelbacher,* 1978, 32.

[38] Zit. bei *Walther Köhler,* 1941, 399.

[39] *Karl Barth:* Die kirchliche Dogmatik. Bd. III, 3. Zollikon-Zürich 1950, 113.

[40] *Rudolf Bultmann:* Glauben und Verstehen. Bd. I. Tübingen [7]1972, 2.

[41] *Paul Tillich:* Impressionen und Reflexionen. (Gesammelte Werke. Bd. 13) Stuttgart 1972, 23.

[42] Tübingen [15]1979.

[43] Leipzig 1920.

[44] Vgl. *James Luther Adams:* Why the Troeltsch revival? Reasons for the renewed interest in the Thought of the great German Theologian Ernst Troeltsch. In: The Unitarian Univeralist Christian 29 (1974), H. 1 u. 2.

[45] *Ernst Benz:* Ideen zu einer Theologie der Religionsgeschichte. Wiesbaden 1960, 39.

[46] In: Werk und Wirken Paul Tillichs. Stuttgart 1967, 187–203.

[47] *Wolfhart Pannenberg,* 1967, 253f.

[48] *Trutz Rendtorff,* 1978, 286f.

Hans-Jürgen Ruppert: Sergej N. Bulgakov

[1] Vgl. Lenins Briefe an Potreso (in: Social-demokratičeskoe dviženie v Rossii I. Moskau. Leningrad 1928, 34; 41; 48) und an seine Mutter (bei *R. Kindersley,* The First Russian Revisionists. Oxford 1962, 204). Es war im übrigen in einer Rezension von Bulgakovs Dissertation „Kapitalismus und Landwirtschaft", in der der damalige V. Ul'janov zum erstenmal sein Pseudonym „Lenin" verwandt hat.

[2] Vgl. *R. de la Vega/H. J. Sandkühler* (Hrsg.), Marxismus und Ethik. Texte zum neukantianischen Sozialismus. Frankfurt/M. 1970, 25f.

[3] Vgl. *R. Luxemburg,* Die Akkumulation des Kapitals. Ein Beitrag zur ökonomischen Erklärung des Imperialismus. In: *Dies.,* Gesammelte Werke, Bd. 5: Ökonomische Schriften. Berlin 1975.

[4] Er wurde 1812 als ein illegitimer Sohn eines adligen Russen (Ivan Jakovlev) und der Stuttgarter Beamtentochter Luise Haag, die dieser als Haushälterin nach Rußland mitgenommen hatte, geboren. Zum Zeichen, daß er „das Kind seines Herzens" war, aber den Familiennamen nicht tragen durfte, nannte ihn sein Vater „Herzen".

[5] *S. N. Bulgakov,* Christentum und

Sozialismus. In: *Ders.*, Sozialismus im Christentum?, Göttingen 1977, 40.

[6] *S. Bulgakov*, Svět Nevečernij. Moskau 1917, 28.

[7] *S. Bulgakov*, Vojna i russkoe samosoznanie. Moskau 1915, 20.

[8] Aus konspirativen Gründen erfolgte die Gründung der „Befreiungsunion" unter der Führung des in Stuttgart im Exil weilenden P. Struve während einer Schwarzwald-Wanderung der aus Rußland angereisten Vertreter in verschiedenen Bahnhofsrestaurants zwischen Triberg und Schaffhausen. Vgl. dazu *G. Fischer*, Russian Liberalism. From Gentry to Intelligentsia. Cambridge/Mass. 1958.

[9] Ergebnis sind vor allem seine Studien: „Über das Urchristentum", „Das Urchristentum und der neueste Sozialismus" und „Apokalyptik und Sozialismus" in dem Sammelband „Zwei Städte" (Moskau 1911) und „Die Professorenreligion", „Die Krise des Christentums im modernen Protestantismus", „Hat Jesus gelebt?" und „Christentum und Mythologie" in dem Sammelband „Stille Gedanken" (Moskau 1918).

[10] Kritisch zu Troeltschs Vortrag „Die Bedeutung der Geschichtlichkeit Jesu für den Glauben" (1911) äußert er sich in seinem Beitrag „Die Krise des Christentums im modernen Protestantismus".

[11] *S. N. Bulgakov*, Apokalyptik und Sozialismus. In: *Ders.*, Sozialismus im Christentum? 103.

[12] Ebd., 80.

[13] Ebd., 116.

[14] Ebd., 121.

[15] *S. N. Bulgakov*, Očerki po istorii ėkonomičeskich učenij, Bd. I. Moskau 1913, 29.

[16] Apokalyptik und Sozialismus, 119.

[17] *S. Bulgakov*, Dva grada. Izslědovanija o prirodě obščestvennych idealov, 2 Bde. Moskau 1911 (Nachdruck: Farnborough 1971).

[18] *S. Bulgakov*, Filosofija chozjajstva. Čast' pervaja. Mir kak chozjajstvo. Moskau 1912 (Nachdruck: Farnborough 1971). Auszüge in deutscher Übersetzung in: Archiv für Sozialwissenschaft und Sozialpolitik, Hrsg. *W. Sombart*, Bd. 36 (1913), 359–393 und in: Internationale Bibliothek für Philosophie, Bd. V. Prag 1942. Es existiert auch eine japanische Übersetzung.

[19] *S. Bulgakov*, Svět Nevečernij. Sozercanija i umozrěnija. Moskau 1917 (Nachdruck: Farnborough 1971). Auszüge in deutscher Übersetzung in: Östliches Christentum, Hrsg. *N. v. Bubnoff* und *H. Ehrenberg*, Bd. II. München 1925, 195–245.

[20] *R. Slenczka*, Ostkirche und Ökumene. Die Einheit der Kirche als dogmatisches Problem in der neueren ostkirchlichen Theologie. Göttingen 1962, 153f.

[21] In: Die Weltkonferenz für Glauben und Kirchenverfassung. Deutscher amtlicher Bericht über die Weltkirchenkonferenz zu Lausanne (1927), Hrsg. *H. Sasse*. Berlin 1929, 320–325. Vgl. dazu auch noch: *H.-J. Ruppert*, Das Prinzip der Sobornost' in der russischen Orthodoxie. In: Kirche im Osten 16 (1973), 32–39.

[22] Nach L. Zander sollen Bulgakovs Anregungen allerdings von der Vorbereitenden Kommission der Fortsetzungskonferenz in Lund (1952) aufgenommen worden sein (Ökumenische Profile, Bd. I, 330).

[23] *Prot. S. Bulgakov*, Kupina neopalimaja. Paris 1927.

[23a] *L. Zander*, Otec Sergij Bulgakov (Kratkij očerk ego žizni i tvorčestva), in: *Prot. Sergij Bulgakov*, Pravoslavie. Paris o. J., S. 21.

[24] *S. Bulgakov*, Divine Gladness. In: A Bulgakov Anthology, Hrsg. *J. Pain/N. Zernov*. London 1976, 179.

[25] *S. Bulgakov*, Zur Frage nach der Weisheit Gottes. In: Kyrios 2 (1936), 98.

[26] Ukaz des Moskauer Patriarchats Nr. 1651 vom 7. 9. 1935.

[27] Sendschreiben der Bischofssynode

der Russischen Orthodoxen Kirche im Ausland Nr. 341 vom 18. (31.) 3. 1927.

[28] Nach der neuesten Darstellung dieses „Sophia-Streits" von *Igumen Gennadij (Ejkalovič),* Delo Prot. Sergija Bulgakova (Istoričeskaja kanva spora o Sofii). San Franzisko 1980, 3, hat diese Verurteilung „nicht den Charakter einer gesamtorthodoxen Verurteilung seiner Lehre als Häresie und ist deshalb bloß Ausdruck der eigenen theologischen Meinung ihrer Verfasser", die ohne den Hintergrund der Auseinandersetzungen in der russisch-orthodoxen Emigration um den Kurs des Metropoliten Evlogij (4) und gegen die ökumenischen Bestrebungen Bulgakovs (10) überhaupt nicht verständlich seien.

[29] Vgl. Delo Prot. Sergija Bulgakova, 5.

[30] Svět Nevečernij, 212.

[31] Ebd., 180.

[32] *L. A. Zander,* Bog i mir (Mirosozercanie otca Sergija Bulgakov), Bd. I. Paris 1948, 271.

[33] Zur Frage nach der Weisheit Gottes, 96.

[34] *Prot. V. V. Zen'kovskij,* Istorija russkoj filosofii, Bd. II. Paris 1950, 438f.

[35] *R. Slenczka,* Ostkirche und Ökumene, 162.

[36] *L. A. Zander,* Bog i mir, Bd. I, 181.

[37] *R. Slenczka,* Lehre und Bekenntnis der Orthodoxen Kirche: Vom 16. Jahrhundert bis zur Gegenwart. In: Handbuch der Dogmen- und Theologiegeschichte, Bd. II. Göttingen 1980, 547.

[38] *Prof. Prot. S. Bulgakov,* Ešče k voprosu o Sofii, Premudrosti Božiej. In: Put' 50 (1936). Priloženie, 6.

[39] *Prot. S. Bulgakov,* Central'naja problema sofiologii. In: Vestnik RSCD 101–102 (1971), 104.

[40] Vgl. das Sommerlied von Paul Gerhardt: „Ich singe mit, wenn *alles singt.*"

[41] *H. Dahm,* Grundzüge russischen Denkens. München 1979, 290.

[42] Dahm weist daraufhin (319), daß schon bei Augustin eine ähnliche Unterscheidung von „zwei Weisheiten" vorliegt: *Augustin* unterscheidet im II. Buch seiner „Confessiones" (15, 20) die „sapientia deo plane coaeterna et aequalis, per quam creata sunt omnia" und die „sapientia prior omnium creata, intellectualis natura, mens rationalis et intellectualis, quae creaturam temporis antecedit".

[43] *S. Bulgakov,* Svět Nevečernij, 6.

[44] Ebd., 21f.

[45] *S. Bulgakov,* Ipostas' i ipostasnost' (Scholia k Světu Nevečernemu). In: Sbornik statej posvjaščennych P. B. Struve. Prag 1925, 358. Zur Sophiologie als Parallele zum Palamismus vgl. auch *L. Zander,* Die Weisheit Gottes im russischen Glauben und Denken. In: Kerygma und Dogma 2 (1956), 39f.

[46] Svět Nevečernij, 215.

[47] Vgl. ebd., 225.

[48] *Prot. S. Bulgakov,* Filosofija imeni. Paris 1953, 74f.

[49] Svět Nevečernij, 255.

[50] Ebd., 252.

[51] Ebd., 227.

[52] Ebd., 227f.

[53] *N. Berdjaev,* Iz ėtjudov o Jakobě Beme. Ėtjud II. Učenie o Sofii i androgine. Ja. Beme i russkija sofiologičeskija tečenija. In: Put' 21 (1930), 58.

[54] Ebd., 57.

[55] *N. Berdjaev,* Samopoznanie (Opyt filosofskoj avtobiografii). Paris 1949, 175f.

[56] Art. „Sophiologie". In: Die Religion in Geschichte und Gegenwart^3 VI, 147.

[57] Wie bei Solov'ev ist die Sophiologie auch bei Bulgakov mit visionären Erlebnissen verbunden. Die sophiologischen Visionen der kaukasischen Berge, der Sixtinischen Madonna und der Hagia Sophia (deutsch bei *B. Schultze,* Russische Denker. Wien 1950, 337ff.; 352ff.) haben ihre Parallelen bei Solov'ev (Sahara), aber auch bei Teilhard de Chardin.

[58] Die Neigung zur Theosophie war

besonders groß bei A. Belyj, der einige Jahre bei Steiner in Dornach verbrachte.

59 Grundzüge russischen Denkens, 310–316.

60 Ebd., 313.

61 *V. S. Solov'ev,* Čtenija o Bogočelověčestvě. In: *Ders.*, Sobranie sočinenij, 12 Bde., 2. Aufl. S.-Petersburg 1911 ff., Bd. III, 149 f.

62 Vorwort zu: Ot marksizma k idealizmu. S.-Petersburg 1903, XX.

63 *Svjašč. G. Klinger,* O. Tejar de Žarden i pravoslavnaja tradicija. In: Vestnik RSCD 106 (1972), 119 (zuerst poln. in: Zycie i Myśl, Warschau, Nr. 6–7/1968, 154–167). Kernstelle bei Bulgakov: *Prot. S. Bulgakov,* Agnec Božij. Paris 1933, 374.

64 De civitate Dei XII/15.

65 *L. A. Zander,* Bog i mir. Bd. I, 313.

66 Ebd., 294 f. unter Bezug auf *Prot. S. Bulgakov,* Nevěsta Agnca. Paris 1945, 451.

67 *Prot. S. Bulgakov,* Dogmatičeskoe obosnovanie kul'tury. In: Věstnik RSCD 5/Nr. VII (1931), 8.

68 Ebd., 10.

69 Ebd.

70 Vgl. zu diesem Problem *P. Brunner,* Vom Wesen der Kirche. In: Pro Ecclesia, Bd. II, Berlin-Hamburg 1966, 283.

71 *S. Bulgakov,* Svět Nevečernij, 269.

72 Ebd., 268.

73 *Prot. S. Bulgakov,* Kupina neopalimaja, 246 f.

74 Svět Nevečernij, 206.

75 Erklärung zum Ersten Glaubensartikel.

76 *S. Bulgakov,* Ipostas' i ipostasnost', 361.

77 *Prot. S. Bulgakov,* Lěstvica Iakovlja. Paris 1929, 178.

78 Ebd., 170 unter Bezug auf Off 5, 13; Ps 102; Ps 142; Dan 3,58.

79 Ebd.

80 Nevěsta Agnca, 23.

81 Bog i mir. Bd. I, 185.

82 Ebd., 186.

Alfred Gläßer: Pierre Teilhard de Chardin

1 *Teilhard de Chardin, Pierre,* deutsche Werkausgabe X, 216, 219. Im folgenden wird die französische Werkausgabe unter Angabe des Bandes und der Seitenzahl zitiert, die deutsche Werkausgabe durch D gekennzeichnet (XD, 216, 219).

2 IID, 153 ff.

3 XD, 220.

4 VID, 215 f.

5 *Cuénot, Claude:* Présentation de Pierre Teilhard de Chardin. In: *Szekeres, Attila* (éd.): Le Christ Cosmique de Teilhard de Chardin. Seuil 1969, 21–58, 23 note 1.

6 A. a. O., 23.

7 La Nostalgie du front (1917).

8 XII, 329.

9 XII, 471.

10 L'Apport spirituel de l'Extrême-Orient (1947).

11 XIII 39.

12 *Cuénot:* Présentation, 47. *Bravo, Francisco:* La Vision de l'Histoire chez Teilhard de Chardin. Paris 1970, 128 ff.

13 XIII, 50 f.

14 Vgl. *Teilhard de Chardin, Pierre:* Pilger der Zukunft. Freiburg/München ^{3}1963, 172.

15 Begriffsbildung von Cournot. Vgl. *Cournot, Antoine-Augustin:* Considérations sur la marche des idées et des événements dans les temps modernes (1872). (Prés. par *F. Mentré*) Boivin 1934, I, 11.

16 Position Ludwig Molinas im Streit über Vorherbestimmung und Freiheit des Menschen im Heilsplan Gottes.

17 Anders bei *Crespy, Georges:* Der Gott für uns. Stuttgart 1968, 131 ff.

18 *Dobzhansky, Theodosius:* The Biology of Ultimate Concern. The World

Publishing Company 1969, 118–121, 126, 134.

[19] *Thorpe, William H.:* Der Mensch in der Evolution. München 1969, 85.

[20] *Portmann, Adolf:* Der Pfeil des Humanen. Freiburg/München ^{4}1962, 59f.

[21] *Whitehead, Alfred N.:* Process and Reality. Cambridge University Press 1929, 497.

[22] *Altner, Günter:* Schöpfungsglaube und Entwicklungsgedanke in der protestantischen Theologie zwischen Ernst Haeckel und Teilhard de Chardin. Zürich 1965, 60, 80, 114–116. *Hofer, Helmut* und *Altner, Günter:* Die Sonderstellung des Menschen. Stuttgart 1972, 164, 209.

[23] *Szekeres, Attila:* „Honest to God" de l'Évêque Robinson et la Tâche Véritable de la Théologie Contemporaine. In: *Ders.:* Le Christ Cosmique, 403–434.

[24] *Crespy, Georges:* Der Gott für uns, 92f., 160.

[25] *Szekeres, Attila:* La Pensée Religieuse de Teilhard de Chardin et la Signification Théologique de son Christ Cosmique. In: *Ders.:* Le Christ Cosmique, 331–402, 379ff., 394ff., 386f., 400f.

[26] *Faessler, Marc:* L'Anthropologie selon Karl Barth et Teilhard de Chardin. In: *Szekeres:* Le Christ Cosmique, 207–267, 225, 252, 232; Vgl. 428ff.

[27] *Daecke, Sigurd Martin:* Teilhard de Chardin et la Théologie de l'Avenir. In: *Szekeres:* Le Christ Cosmique, 269–302, 275f., 258ff., 298ff.

[28] A. a. O., 297.

Werner Dettloff: Romano Guardini

[1] Vgl. Der christliche Sonntag, 21. 4. 1957, 122.

[2] *Theoderich Kampmann,* Das Geheimnis des Alten Testaments. München 1962, 353.

[3] *Fridolin Wechsler,* Romano Guardini als Kerygmatiker. Paderborn 1973, 133.

[4] ^{2}Mainz 1963, 459–472.

[5] Siehe die beiden Bände: Sorge um den Menschen I. Würzburg 1962 u. 1963; II ebd. 1966.

[6] Würzburg 1952 u. 1953.

[7] Vgl. dazu *F. Wechsler,* a. a. O., 67–122.

[8] Gemeint ist die Schrift: Der Anfang aller Dinge. Meditationen über Genesis Kap. I–III. Würzburg 1961.

[9] Interpretation der Welt. Herausgegeben von *Helmut Kuhn, Heinrich Kahlefeld* und *Karl Forster* in Verbindung mit der Katholischen Akademie in Bayern. Würzburg 1965, 599–618, hier 599.

[10] Würzburg 1940.

[11] Vom Wesen katholischer Weltanschauung. In: Die Unterscheidung des Christlichen, ^{2}Mainz 1963, 7–33.

[12] Das Wesen des Christentums. ^{4}Würzburg 1953, 11.

[13] ^{2}München-Paderborn-Wien 1977.

[14] A. a. O., 9f.

[15] A. a. O., 11.

[16] Ebd.

[17] A. a. O., 12.

[18] Erschienen in: Stationen und Rückblicke, Würzburg 1965, 41–50.

[19] A. a. O., 43.

[20] A. a. O., 49f.

Eberhard Rolinck: Paul Tillich

[1] Zur Biographie vgl. Tillichs autobiographische Skizzen (GW 12, 13–77); *May* 1973; *Wilhelm u. Marion Pauck* 1978; *Wehr* 1979.

[2] Zit. nach *Pauck,* 1978, 93.

[3] Zit. nach *Pauck,* 1978, 255.

[4] Vgl. ST 1, 73–80; 2, 19–22; *Vito Di Chio,* 1975, bes. 144–168.

[5] Vgl. GW 5, 196–244; 8, 139–148; ST 1, 277–282; *Klaus Dieter Nörenberg,* 1966.

[6] Vgl. GW 5, 43–50.

[7] Vgl. GW 5, 32–42; 9, 82–119.

[8] „Wenn ich gefragt werde, was der Beweis für den Sündenfall der Welt ist, pflege ich zu antworten: die Religion selber, nämlich eine religiöse Kultur neben einer weltlichen Kultur – ein Tempel neben einem Rathaus, das Abendmahl des Herrn neben einem täglichen Abendessen, das Gebet neben der Arbeit, Meditation neben Forschung, *caritas* neben *eros*" (GW 9, 86).

[9] Vgl. GW 1, 271–283, 386–388; 2, 94–104; 6, 19–25; 9, 13–46; ST 1, 103–105, 175–178; 3, 279–289; *Eberhard Rolinck,* 1976, 90–96.

[10] Vgl. GW 4, 77–106; *Eberhard Amelung,* 1972, 167–171.

[11] Vgl. GW 6, 9–41; ST 3, 419–423; *Thomas Ulrich,* 1971, 126–131; *Rolinck,* 1976, 79–90.

[12] Vgl. GW 7, 29–69.

[13] Vgl. GW 7, 70–83; ST 2, 190–192; 3, 257–263; *Kenneth Schedler,* 1970, 93–103.

[14] Vgl. GW 8, 85–100, 122–126, 177–181.

[15] Vgl. GW 7, 124–132, 151–170.

[16] Zwischenbilanz: Ausgehend von Tillichs Biographie führte der Weg in sein Werk über sein Selbstverständnis, seine Methode, seine religions- und geschichtsphilosophische Konzeption bis zu seinem eigentlich theologischen Standort. Im folgenden wird diese Position als eine zwischen „orthodoxer" und „liberaler" Theologie vermittelnde dargestellt, dann wird exemplarisch in seine *Systematische Theologie* eingeführt.

[17] Vgl. GW 7, 26f., 133–140, 258–262; *Rolinck,* 1976, 29–35.

[18] Vgl. GW 7, 216–262; 8, 49–52; 12, 187–193; *Schedler,* 1970, 68–77.

[19] Vgl. GW 1, 353–356; 8, 31–69; ST 1, 129–158; *Rolinck,* 1976, 196–211.

[20] Vgl. GW 1, 343–364; 6, 56–61; EGW 4, 144–156; ST 1, 164–172; 3, 167–171, 384–386.

[21] Vgl. GW 6, 83–96; 8, 205–239; ST 2, 107–194.

[22] Vgl. ST 1, 158–164; 3, 171–176, 414–423.

[23] Vgl. GW 6, 133–136; ST 3, 407–411.

[24] Vgl. GW 8, 111–122, 141–144; ST 1, 247–332.

[25] Vgl. *Di Chio,* 1975.

[26] Die Sekundärliteratur zu Tillich umfaßt bis 1982 über 750 Titel.

Horst Bürkle: Aiyadurai Jesudasen Appasamy

[1] Bhakti Marga, 110. Dieses und die folgenden Zitate bei *H. Wagner,* Erstgestalten einer einheimischen Theologie in Südindien. München 1963, 86.

[2] *J. Gonda,* Die Religionen Indiens, Bd. II. Stuttgart 1960, 270.

[3] A. a. O., Bd. I, 249.

[4] A. a. O., Bd. II, 87.

[5] Zit. bei *H. Wagner,* a. a. O., 47.

Georg Kretschmar: Dietrich Bonhoeffer

[1] Dadurch bekommen umgekehrt die Berichte und Interpretationen anderer Schüler oder Weggefährten Bonhoeffers ein besonderes Gewicht, meist bestätigend, bisweilen leicht andere Akzente setzend; vgl. etwa den Art. Bonhoeffer,

Dietrich von *Gerhard Krause* in Theologische Realenzyklopädie (TRE) VII (1981), 55–66; ferner *Wolf-Dieter Zimmermann* (Hrsg.), Begegnungen mit Dietrich Bonhoeffer. München 1965[3].

[2] Jetzt vollständig als: Fragmente aus Tegel, hrsg. von *Renate* und *Eberhard Bethge*. München 1978, hier 15.

[3] *Reinhart Staats,* Adolf von Harnack im Leben Dietrich Bonhoeffers. In: Theologische Zeitschrift 37, 1981, 94–122; vgl. zuvor schon *C.-J. Kaltenborn,* Adolf von Harnack als Lehrer Dietrich Bonhoeffers (Theologische Arbeiten 31). Berlin 1973.

[4] *Klaus Scholder,* 233–238.

[5] *Eberhard Bethge,* DB 505, schreibt „Die Liturgik wurde nur mit geringer Sorgfalt behandelt" und notiert die kirchenpolitische Indifferenz der meisten damaligen Liturgiker als Grund für Zurückhaltung in Finkenwalde. Etwas anders akzentuiert *G. Krause:* „Zehn Kurse erfahren hier das am Tageszeitengebet und Lebensordnungen anglikanischer Klöster orientierte, vom angegliederten ‚Bruderhaus' mitgestaltete Bruderschaftsleben" (TRE 7, 56). *Karl Ferdinand Müller* (gest. 1974), der spätere Hrsg. von „Leiturgia. Handbuch des evang. Gottesdienstes", I–V, 1954/70, berichtete, daß er durch Bonhoeffer in Finkenwalde Liturgiker geworden sei.

[6] Das gilt für *Eugen Gerstenmaier,* seit 1936 im Kirchlichen Außenamt (KA), auch Dozent ohne Lehrbefugnis, der zum Kreisauer Kreis gehörte; *Friedrich Wilhelm Krummacher,* seit 1934 im KA, arbeitete später im „Nationalkomitee Freies Deutschland" mit. Das Nebeneinander trat am schärfsten heraus, als am 31. 5. 42 in Schweden sowohl Gerstenmaiers Vertrauter Schönfeld – mit dem Bonhoeffer Verbindung hatte – wie Bonhoeffer völlig unabhängig voneinander Bischof *Bell* in Schweden aufsuchten. Vgl. dazu aus Bonhoeffers Sicht Bethge, DB 890ff.; von der anderen Seite *Eugen Gerstenmaier,* Streit und Friede hat seine Zeit. Ein Lebensbericht. Frankfurt u. a. 1981, zu Bonhoeffer bes. 287f.

[7] Im Zusammenhang einer neuen Weltzuwendung nach den fast klösterlichen Jahren in Finkenwalde wird man auch die Verlobung mit *Maria von Vedemeyer* am 17. 1. 43 zu nennen haben (DB 885/8).

[8] DB 850/9, vgl. Anm. 6, ferner *Armin Boyens,* Kirchenkampf und Ökumene 1939–1945. München 1973.

[9] Zur neueren Diskussion hierüber vgl. *Ulrich Duchrow* (Hrsg.), Zwei Reiche und Regimente. Ideologie oder evangelische Orientierung. Internationale Fall- und Hintergrundstudien zur Theologie und Praxis lutherischer Kirchen im 20. Jh. Gütersloh 1977; *Niels Hasselmann* (Hrsg.), Gottes Wirken in seiner Welt. Zur Diskussion um die Zweireichelehre, Bd. I–II (Zur Sache 19. 20). Hamburg 1980.

[10] Das ließe sich etwa an *Hans Asmussen* zeigen. Vgl. ferner *Carsten Nicolaisen,* Die Auseinandersetzung um das Alte Testament im Kirchenkampf 1933–1945. Evang. theol. Diss. Hamburg 1966.

[11] Daß er die Väter bei Harnack studiert hatte, steht fest. Aussagen zum Herrenmahl wie GS III 192 sind ohne Kenntnis der irenäischen Tradition kaum denkbar. Dann hat Bonhoeffer damals aber die Wertungen Harnacks bewußt korrigiert, vgl. dazu *Staats* (Anm. 3).

[12] S. 382.

[13] Diese Aussagen sind unpräziser als die Definition des II. Vatikanischen Konzils, daß die Kirche „in Christus gleichsam das Sakrament, das heißt Zeichen und Werkzeug für die innigste Vereinigung mit Gott wie für die Einheit der ganzen Menschheit" ist (Kirchen-Konstitution 1). Doch Bonhoeffers Sätze lassen sich als Brücke zu dieser Definition verstehen.

[14] *Heinz Joachim Held,* Schuldübernahme als Ausdruck der Christusnachfolge

bei Martin Luther und Dietrich Bonhoeffer. In: *Ernst Feil/Ilse Tödt* (Hrsg.), Konsequenzen. Dietrich Bonhoeffers Kirchenverständnis heute. München 1980, 140–168.

[15] DB 1038.

[16] *Wolfgang Huber,* Wahrheit und Existenzform. Anregungen zu einer Theorie der Kirche bei Dietrich Bonhoeffer. In: *Feil/Tödt* (Hrsg.), Konsequenzen, 87–139, hier 96–100.

[17] Das trifft vor allem für *E. Hirsch* zu.

[18] Vor allem auf Grund der „eucharistischen Ekklesiologie", die in der orthodoxen Theologie entwickelt wurde.

[19] S. 394.

[20] Vgl. den Katechismusversuch aus der Finkenwalder Zeit mit der Frage: Welches ist die rechte Kirche Christi, der du zugehörst? Antwort: Es ist die Bekennende Kirche in Deutschland (GS III 359).

[21] *Hans J. Reese,* Bekenntnis und Bekennen. Vom 19. Jahrhundert zum Kirchenkampf der nationalsozialistischen Zeit. Göttingen 1974.

[22] *Karl Barths* Vortrag „Christengemeinde und Bürgergemeinde" wurde allerdings erst 1946 gehalten.

[23] z. B. *Helmut Thielicke,* Fragen des Christentums an die moderne Welt, 1944.

[24] Von Elite zu sprechen lag Bonhoeffer damals sowieso nicht ganz fern, Fragm. aus Tegel 100; 161.

[25] *Eberhard Bethge,* Bonhoeffers politischer Widerstand und seine theologische Begründung. In: Bonhoeffer noch aktuell? Protokoll Nr. 123/1977 der Evangelischen Akademie Hofgeismar, 28–47.

[26] Die Aussagen wären dann partiell auch Märtyrertheologie, vergleichbar etwa dem Nachsinnen des *Ignatius von Antiochien* über seinen sicher bevorstehenden Tod, den er von der Nachfolge Christi her in eucharistischen Kategorien deutet (Brief an die Römer 4).

PERSONENREGISTER

Das Personenregister enthält die Eigennamen aus Hauptteil und Anhang. Bei den „Klassikern" verweisen die *kursiv* gesetzten Seitenzahlen auf die jeweilige Darstellung, die dazugehörige Bibliographie und die Anmerkungen. Die Porträtabbildungen lassen sich über das Abbildungsverzeichnis S. 481 auffinden.

SACHREGISTER

ABBILDUNGSVERZEICHNIS

DIE AUTOREN

Apfelbacher, Karl-Ernst, geb. 1940, studierte katholische Theologie und Philosophie in Freiburg/Brsg. und München. 1977 Dr. theol., München; 1980–1982 Akademischer Rat am Institut für Fundamentaltheologie und ökumenische Theologie in München; 1982 Professor für Fundamentaltheologie und ökumenische Theologie an der Theologischen Fakultät Jerusalem, Dormition Abbey. *Veröffentlichungen:* Frömmigkeit und Wissenschaft. Ernst Troeltsch und sein theologisches Programm, 1978. *Mithrsg.:* Ernst Troeltsch: Briefe an Friedrich von Hügel 1901–1923, 1974. Aufsätze in Zeitschriften und Sammelwerken.

Bürkle, Horst, geb. 1925, o. Prof. für Religions- und Missionswissenschaft an der Universität München. *Veröffentlichungen u. a.:* Dialog mit dem Osten, 1955; Mahatma Gandhi, 1969; Die Reaktion der Religionen auf die Säkularisierung, 1969; Einführung in die Theologie der Religionen, 1977; Missionstheologie, 1979. *Herausgeber:* Indische Beiträge zur Theologie der Gegenwart, 1966; Theologie und Kirche in Afrika, 1968; Theologische Beiträge aus Papua Neuguinea, 1978.

Dettloff, Werner, geb. 1919, Dr. theol.; 1962 Privatdozent München; 1963 o. Professor, Vorstand des Grabmann-Instituts zur Erforschung der mittelalterlichen Theologie und Philosophie an der Universität München; Mitglied der Societas Internationalis Scotistica und der Società internazionale di Studi Francescani. *Veröffentlichungen:* Die Lehre von der acceptatio divina bei Johannes Duns Scotus mit besonderer Berücksichtigung der Rechtfertigungslehre, 1954. Die Entwicklung der Akzeptations- und Verdienstlehre von Duns Scotus bis Luther mit besonderer Berücksichtigung der Franziskanertheologen, 1963. Beiträge in Lexika, Sammelbänden, Festschriften und in der Theologischen Realenzyklopädie. Rund 25 Aufsätze in theol. Zeitschriften. *Mitherausgeber:* Festschrift für M. Schmaus, 1967; Veröffentlichungen des Grabmann-Instituts seit 1967; Zeitschrift Wissenschaft und Weisheit. Übersetzung: E. Gilson, Joh. Duns Scotus.

Fries, Heinrich, geb. 1911 in Mannheim, studierte Theologie an der Universität Tübingen. Promotion zum Dr. theol. 1942. Habilitation 1945. Ernennung zum Dozenten an der Universität Tübingen 1946. Ernennung zum o. ö. Professor für Religionsphilosophie und Fundamentaltheologie in Tübingen 1950. Seit 1958 o. ö. Professor für Fundamentaltheologie an der Universität München. Seit 1964 gleichzeitig Vorstand des Instituts für Ökumenische Theologie der Universität München. Seit 1979 emeritiert. *Bücher (Auswahl):* Die Religionsphilosophie Newmans, 1948. Die katholische Religionsphilosophie der Gegenwart. Der Einfluß Max Schelers auf ihre Formen und Gestalten, 1949. Bultmann – Barth und die katholische Theologie, 1955. Glauben – Wissen, 1960. Aspekte der Kirche, 1963. Ärgernis und Widerspruch. Christentum und Kirche im Spiegel gegenwärtiger Kritik, 1965. Herausgeforderter Glaube, 1968. Ein Glaube – Eine Taufe – Getrennt beim Abendmahl?, 1971. Abschied von Gott?,

1971. Ökumene statt Konfessionen?, 1977. Glaube und Kirche im ausgehenden 20. Jahrhundert, 1979. Dienst am Glauben, 1981. *Herausgeber:* Newman-Studien, 1948–1980. Handbuch theologischer Grundbegriffe, 1962/63. Beiträge zur ökumenischen Theologie, 1967–1981. Wegbereiter heutiger Theologie, 1969–1976. Katholische Theologen Deutschlands im 19. Jahrhundert (mit Georg Schwaiger), 1975. Theologie in Freiheit und Verantwortung (mit Karl Rahner), 1981. *Bibliographie:* Festschrift zum 60. Geburtstag: Begegnung, Beiträge zu einer Hermeneutik des theologischen Gesprächs, 1972. Auf Wegen der Versöhnung, 1982.

Gläßer, Alfred, geb. 1931, studierte Philosophie und Theologie in Eichstätt und München. 1957 Priester der Diözese Eichstätt; 1968 Dr. theol., München; 1971 Professor für Fundamentaltheologie an der Phil.-Theol. Hochschule Eichstätt; 1973 o. Professor für Fundamentaltheologie an der Katholischen Universität Eichstätt. *Veröffentlichungen:* Konvergenz. Die Struktur der Weltsumme Pierre Teilhards de Chardin, 1970. Kirche kontra Gesellschaft?, 1976.

Graf, Friedrich Wilhelm, geb. 1948 in Wuppertal, studierte Evangelische Theologie und Geschichte 1968–1973 in Wuppertal, Tübingen und München. Dr. theol. München 1978. Vikariat in München 1979–1980. Seitdem Akademischer Rat auf Zeit am Institut für Systematische Theologie der Universität München. *Veröffentlichungen:* Die Politisierung des religiösen Bewußtseins. Die bürgerlichen Religionsparteien im deutschen Vormärz: Das Beispiel des Deutschkatholizismus, 1978. Kritik und Pseudo-Spekulation. David Friedrich Strauß als Dogmatiker im Kontext der positionellen Theologie seiner Zeit, 1982. Ernst Troeltsch Bibliographie (zusammen mit H. Ruddies), 1982. Beiträge zu systematisch-theologischen sowie theologie- und kirchengeschichtlichen Themen.

Kantzenbach, Friedrich Wilhelm, geb. 1932, studierte Theologie, Philosophie, Germanistik und Anglistik, legte beide theologische Examen ab, promovierte in Marburg, habilitierte sich in Erlangen für historische Theologie. 1958 Professor, 1965 Berufung nach Straßburg (Ökumenische Forschung), seit 1968 wieder Augustana-Hochschule Neuendettelsau, 1982 Berufung zum o. Prof. in der Philosoph. Fakultät Saarbrücken. *Veröffentlichungen:* Zahlreiche Bücher, Aufsätze und Abhandlungen, darunter: Christentum in der Gesellschaft, 2 Bde, 1975/76, Programme der Theologie, ^{2}1978. Evangelischer Geist und Glaube im neuzeitlichen Bayern, 1980.

Kretschmar, Georg, geb. 1925, studierte evangelische Theologie in Tübingen, Heidelberg und Oxford. Dr. theol. Heidelberg 1950, Habilitation für Kirchengeschichte Tübingen 1953. Dozent für Kirchengeschichte 1954–1956 in Tübingen, o. Professor für Neues Testament und Kirchengeschichte 1956–1967 in Hamburg, o. Professor für Kirchengeschichte und Neues Testament in München seit 1967, jeweils in der evang.-theol. Fakultät. *Veröffentlichungen:* Studien zur frühchristlichen Trinitätstheologie, 1956. Der Taufgottesdienst in der alten Kirche, 1970. Beiträge in Zeitschriften und Lexika zu patristischen, reformations- und missionsgeschichtlichen, liturgiewissenschaftlichen und ökumenischen Themen.

Meyer, Dietrich, geb. 1937, studierte Theologie in Tübingen, Basel, Bonn und Hamburg. Dr. theol. Hamburg 1965, Pfarrer in Holpe 1966, Lehrer für Kirchengeschichte an der

Near East School of Theology in Beirut 1967–1970. Besuch der Archivschule Marburg 1971–1973, ab 1976 Leiter des Archivs der Ev. Kirche im Rheinland. *Veröffentlichungen:* Der Christozentrismus des späten Zinzendorf, 1973. Schriftleiter der Zeitschrift „Unitas Fratrum". Zeitschrift für Geschichte und Gegenwartsfragen der Brüdergemeine. Hamburg 1977ff.

Neufeld, Karl, geb. 1939. Philosophiestudium 1962–1965 München-Pullach; Theologiestudium 1966–71 Frankfurt/M., Lyon-Fourvière, Dr. theol. Paris, 1975; Wiss. Assistent bei Karl Rahner, München 1971–73; Redaktionsmitglied „Stimmen der Zeit" 1974–78; Habilitation Universität Innsbruck; seit Herbst 1978 apl. Professor der Theol. Fakultät der Pontifica Università Gregoriana Rom. *Veröffentlichungen:* Bibliographie Henri de Lubac SJ (mit M. Sales), ²1974. La crise contemporaine (mit J. Greisch und Chr. Theobald), 1973. Adolf von Harnack, 1977. Konflikt mit der Kirche, 1979.

Neuner, Peter, geb. 1941. Studium kath. Theologie in München, Promotion 1976, Habilitation 1978, Privatdozent in München für Fundamentaltheologie und ökumenische Theologie 1978. Seit 1980 Professor für Fundamentaltheologie an der kath.-theol. Fakultät der Universität Passau. *Wichtigste Veröffentlichungen:* Religiöse Erfahrung und geschichtliche Offenbarung, 1977. Religion zwischen Kirche und Mystik, 1977. Döllinger als Theologe der Ökumene, 1979. Aufsätze zur Problematik des Modernismus und zu ökumenischen Fragen.

Peiter, Hermann, geb. 1935, 1964 Promotion, 1968 Habilitation, 1974 Assistent in Regensburg, 1978 Privatdozent in Kiel. April 1981 Mitarbeiter am Bucer-Institut (Münster). Seit Oktober 1981 Arbeitslosengeldempfänger. *Veröffentlichungen:* Beiträge zum Thema „Schleiermacher" in der Monographie „Theologische Ideologiekritik" (1977) sowie in mehreren Zeitschriften. 1980 Ausgabe der Glaubenslehre Schleiermachers, Musterband für die 1. Abteilung der Kritischen Gesamtausgabe. Darin: Schleiermachers christliche Sittenlehre (mit Einleitung) (im Druck).

Rendtorff, Trutz, geb. 1931. Studium der evangelischen Theologie, Philosophie und Soziologie in Kiel, Bloomington (USA), Göttingen, Basel und Münster. Promotion zum Dr. theol. 1956 in Münster, Habilitation im Fachgebiet Systematische Theologie 1961 ebenda, Ordination für das geistliche Amt 1961, nach Assistenten- und Privatdozententätigkeit seit 1968 o. Professor für Systematische Theologie an der Universität München. *Veröffentlichungen u. a.:* Die soziale Struktur der Gemeinde, ²1957. Kirche und Theologie, ²1970. Theorie des Christentums, 1972. Gesellschaft ohne Religion? 1975. Die Realisierung der Freiheit. Beiträge zur Kritik der Theologie Karl Barths (Hrsg.) 1975. Ethik, 2 Bde., 1980/81.

Reventlow, Henning, geb. 1929, studierte evangelische Theologie in Kiel, Heidelberg, Bethel und Göttingen. Dr. theol. Göttingen 1958, Habilitation für Altes Testament Kiel 1960. Dozent für Altes Testament 1961–1964 in Kiel, 1964–1965 in Göttingen, o. Professor für Altes Testament seit 1965 in Bochum in der evang.-theol. Fakultät. *Veröffentlichungen u. a.:* Das Amt des Propheten bei Amos, 1962. Prophetisches Ich bei Jeremia, 1963. Rechtfertigung im Horizont des Alten Testaments, 1971. Bibelautorität und Geist der Moderne, 1980. Außerdem weitere Monographien und Beiträge zu Zeitschriften und Sammelbänden.

Rolinck, Eberhard, geb. 1937. Studium der Philosophie und Theologie in Münster, Paris, München. 1969–1978 Wissenschaftlicher Assistent. 1974 Theologische Promotion in München. 1978 Professor für Katholische Theologie und ihre Didaktik an der Pädagogischen Hochschule Westfalen-Lippe, Abteilung Münster. *Veröffentlichungen:* Paul Tillich und der Religiöse Sozialismus, 1969. Humanismus statt Religion? (zus. mit H. R. Schlette), 1970. Geschichte und Reich Gottes. Philosophie und Theologie der Geschichte bei Paul Tillich, 1976. Erfahrung, Kritik und die Inhalte religiösen Lernens, 1977. Offenbarung – Erfahrung – Gemeinschaft, 1978.

Ruppert, Hans-Jürgen, geb. 1945. 1964–1970 Studium der ev. Theologie und der osteuropäischen Geschichte in Frankfurt am Main, Mainz und Tübingen. 1971/72 Stipendiat des Ökumenischen Rates am Päpstlichen Orientalischen Institut in Rom. 1972–1977 wissenschaftlicher Assistent am Ökumenischen Institut der Universität Heidelberg. Promotion Heidelberg 1978. 1977–1981 im Pfarrdienst der Ev. Kirche in Hessen und Nassau. Seit 1981 wissenschaftlicher Referent bei der Ev. Zentralstelle für Weltanschauungsfragen der EKD und verantwortlicher Redakteur der Zeitschrift „Materialdienst“. *Veröffentlichungen:* Zur rechtlichen Stellung des Priesters in der Russischen Orthodoxen Kirche. In: Kirche im Osten 15 (1972), 17–33. Das Prinzip der Sobornost' in der russischen Orthodoxie. Ebenda 16 (1973), 22–56. Einige Bemerkungen zur Lehre des Evangelischen Erwachsenenkatechismus. In: Kerygma und Dogma 23 (1977), 233–255. S. N. Bulgakov, Sozialismus im Christentum? (eingeleitet, übersetzt und herausgegeben) Göttingen 1977. Die Kosmodizee S. N. Bulgakovs als Problem der christlichen Weltanschauung (Ungedr. Dissertation), Heidelberg 1978. L. Regel'son, Der Mensch ist Liebe. Das Ideal der Sobornost' und die menschliche Persönlichkeit (Einführung). In: Impulse Nr. 16/1981 (Ev. Zentralstelle für Weltanschauungsfragen). Religiöser Utopismus und Eschatologie im russischen Denken. In: Materialdienst 44 (1981), 276–288. 4. Gespräch mit der Anthroposophie in Bad Boll. In: Materialdienst 45 (1982), 20–22. Vom Licht der Wahrheit. Zum 100. Geburtstag von P. A. Florenskij (erscheint 1982).

Schäfer, Philipp, geb. 1934. Studium der Philosophie und Theologie in Tübingen, Würzburg, München. 1969 Dr. theol., 1973 Habilitation in München. Professor für Dogmatik an der Universität Passau. *Wichtigste Veröffentlichungen:* Philosophie und Theologie im Übergang von der Aufklärung zur Romantik. Dargestellt an Patriz Benedikt Zimmer, 1971. Kirche und Vernunft. Die Kirche in der katholischen Theologie der Aufklärungszeit, 1974. Einführung in das Glaubensbekenntnis, Mainz 1979.

Schwaiger, Georg, geb. 1925, studierte Philosophie, Geschichte und katholische Theologie in Regensburg und München. 1950 Dr. theol., München. 1955 Habilitation für das Fach Kirchengeschichte an der theologischen Fakultät der Universität München; seitdem hier Dozent für Kirchengeschichte, 1962 o. Professor für Bayerische Kirchengeschichte, 1971 o. Professor für Kirchengeschichte des Mittelalters und der Neuzeit in der Katholisch-Theologischen Fakultät der Universität München. Verfasser zahlreicher Arbeiten, besonders zur Geschichte des Papsttums, zur bayerischen Kirchengeschichte und zur nordischen Reformationsgeschichte; seit 1981 o. Mitglied der Kommission für bayerische Landesgeschichte bei der Bayerischen Akademie der Wissenschaften.

Sløk, Johannes, geb. 1916. Theologiestudium in Kopenhagen ab 1943, Dr. theol. 1947, Aarhus, Assistent 1944, Lektor 1949, Professor 1959. Heute Professor für Ethik und Religionsphilosophie in Aarhus. *Bücher:* Die Anthropologie Kierkegaards, 1954. Tradition og Nybrud, Pico della Mirandola, 1957. Platons dialog Protagoras, 1963. Eksistentialisme, 1964. Det absurde teater og Jesu forkyndelse, 1968. Shakespeare og Kierkegaard, 1972. Nicolaus Cusanus og hans filosofiske system, 1974. Cusanus' dialog om visdommen, 1974. Kierkegaard – humanismens tænker, 1978. Teologiens elendighed, 1979. Da Kierkegaard tav, 1980.

Wagner, Harald, geb. 1944. Philosophisches und theologisches Studium in Frankfurt und München, Studium der Theologie in Rom. Priesterweihe 1968, 1972 Dr. theol., 1972–1974 Kaplan, 1976 Habilitation für das Fach Fundamentaltheologie, München. 1976 Wissenschaftl. Assistent in Marburg, Lehraufträge in Gießen und Kassel. Seit 1980 Prof. für Kath. Theologie (Schwerpunkt: Systematische Theologie) an der Pädagogischen Hochschule Schwäbisch Gmünd. 1981 Professor an der Phil. Theol. Hochschule Fulda und Direktor des Kath. Theol. Seminars an der Philipps-Universität Marburg. *Wichtige Veröffentlichungen:* An den Ursprüngen des frühkatholischen Problems, 1973. Die eine Kirche und die vielen Kirchen, 1977. Einführung in die Fundamentaltheologie, 1981.